対外関係と文化交流

田中健夫著

思文閣史学叢書

思文閣出版

目次

第一部　中世日本と東アジア

第三部　文化交流史点描

第一部　中世日本と東アジア

中世における明・朝鮮・琉球との関係

一　明との関係の成立と展開

1　明の太祖と征西将軍府

明帝国の成立

中国安徽省濠州（いまの鳳陽）の貧農の子に生まれた朱元璋が、苦しい戦いののちに揚子江中下流域を手に入れて、南京応天府で太祖として帝位についたのは一三六八年の正月であった。かれは国号を大明とし、年号を洪武と定めた。

この年、かれの北伐軍は、元の大都（いまのドロンノール）を占領、モンゴルの勢力を完全に華北から追いはらった。一三七一年（洪武四）には、四川に拠っていた明玉珍の子明昇が降伏し、一三八二年（洪武十五）には雲南の梁王（モンゴル王族）も滅び、中国全土が明帝国の支配下に入り、ようやく理想の中華回復が成った。

明の太祖朱元璋が活躍した十四世紀の後半は、日本においても、朝鮮においても動乱の時代であった。建武元年は一三三四年で、朱元璋七歳のときであり、一三五〇年（観応元）には、日本では観応の擾乱といわれる大内乱期をむかえ、高麗の沿岸には倭寇の大集団が行動をはじめていた。そして一三五一年、中国では紅巾の軍（元末における宗教的農民反乱）が起こり、これに身を投じた朱元璋によって、異民族による征服王朝の元はやがてその命脈を断たれるこ

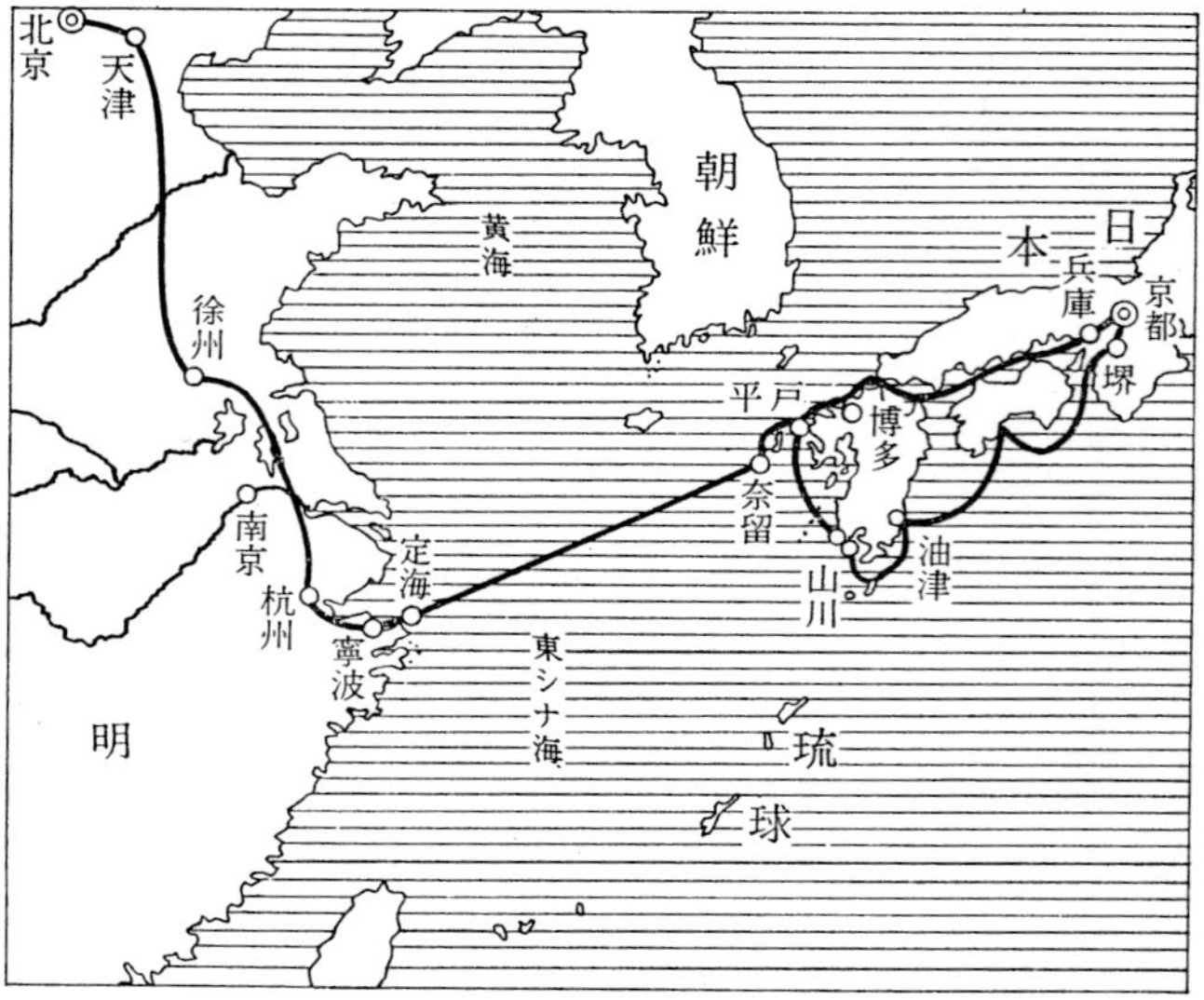

15・6世紀の日明交通路

とになったのである。

朱元璋の明帝国建国の原理は、儒教主義にもとづく中華帝国の再建である。すなわち「中華の主」は同時に「天下の主」であり、華夷の弁を明らかにし、四夷は中華に朝貢するという国際的秩序体制を確立することが明建国の原理であった。

太祖の日本詔諭

『皇明資治通紀』によると、太祖は即位した年の洪武元年の十一月に、はやくも安南・占城《チャンパ》・高麗とともに日本にも使者を派して建国を告げさせている。『明実録』では、翌洪武二年（正平二十四・応安二）正月の記事に、日本・占城・爪哇《ジャワ》・西洋諸国に即位を告げたことを記し、さらに三月の記事に、呉用顔・宗魯・楊載らを占城・爪哇・日本等の国に使させたと記している。

太祖の日本国王にあてた詔書は、当時シナ大陸沿岸に暴威をふるっていた倭寇に対するいきどおりを露骨に表明している。

間者《ちかごろ》、山東来リ奏スルニ、倭兵シバシバ海辺ニ寇シ、人ノ妻子ヲ生離シ、物命ヲ損傷スト、故ニ書ヲ修シテ、特ニ正統ノ事ヲ報ジ、兼ネテ倭兵越海ノ由ヲ諭ス、詔書到レルノ日、モシ臣ナラバ表ヲ奉ジテ来庭セヨ、不臣ナラバ則チ兵ヲ修メテ自ラ固メ、永ク境土ヲ安ンジテ、以テ天休ニ応ヘヨ、必ズ寇盗ヲナスガ如クンバ、朕マサニ舟師ニ命ジテ諸島ニ揚帆セシメ、ソノ徒ヲ捕絶シ、直チニソノ国ニ抵リテ、ソノ王ヲ縛スベシ、（原漢文、『明実録』）

倭寇に対する強硬な抗議であり、強迫的言辞をふくんだものである。

ここに見える明からの最初の要求が、中華中心の国際秩序への参加の要求（朝貢）と倭寇禁止の要求の二点であったことは、以後の両国の関係の展開のうえに重要な伏線となっている。

楊載らは九州にきて、南朝の懐良《かねよし》親王のもとに至って太祖の詔書を呈したが、親王はこれに対して、使者五人を斬り、楊載らを三か月間にわたって拘留するという処置をもってこたえた。親王がこのような峻厳な態度を示した理由については、これまでは太祖の詔書の書辞の不遜をとがめたためであるといわれており、千古の快事と称されていたが（辻善之助『増訂海外交通史話』）、それだけが理由だったとは考えられない。

楊載渡来の時期は征西将軍府にとっては多忙多難をきわめていた時期であった。正平二十三年（一三六八、洪武元）は南朝後村上天皇崩御、翌正平二十四年には南朝の柱石楠木正儀が北朝に降り、懐良親王はついに東上を断念せざるを得ない状態に追いこまれ、仏道三昧の生活を余儀なくされていたのである。このような南北朝の動きをみることによって、征西将軍府が、太祖のよびかけを正面からうけとめることができなかった一斑の理由を理解することができるのではないだろうか。

日本正君は懐良親王　明の使者が征西将軍府を目ざしてきたのは、単にそれが地理的に至近の場所にあったというだけではなく、征西将軍府を日本の外客接待の公式の役所たる大宰府の後身、すなわち日本を代表する君主の代理機関と意識していたことによるものと考えられる。そして京畿地方における南北朝両勢力の対立は、明ではその実態についてなんら明確な認識をもってはいなかったのである。のちになるが、太祖は征西将軍について「向者《さきには》、国王良懐表ヲ奉ジテ来貢ス、朕以テ日本正君トナス、所以《ゆえ》ニ使ヲ遣シテ其意ニ答ヘシム」（原漢文、『明実録』）といっている。懐良親王は太祖にとっては日本正君すなわち正式の交渉相手であり、それ以外のもの――たとえば室町幕府など――と交渉をもつということは絶対に考えられないことであったらしい。

それゆえ、明では、このような征西将軍府の拒絶的な態度にもかかわらず、翌洪武三年（一三七〇）に、ふたたび山東萊州府同知趙秩を詔諭の使者として征西将軍府に送ってよこした。このときの詔書の内容は、前回のものと大差ないが、高麗・安南、占城・爪哇・西洋瑣里などの諸国が天命にしたがい臣と称して入貢したことを告げ、「華夷之分」を強調して日本の朝貢をうながしたものであり、日本の僧侶などの被虜人一五人を送還してきた。

征西将軍府では、これに対して、翌年僧祖来ら九人を答礼使として明に派遣し、表箋とともに馬・方物を贈り、被虜男女七十余口を送還した（『明実録』）。これは、明代における日本からの最初の使節派遣であった。表箋とは、表文とか単に表とかよばれるもので、諸国の王から中国皇帝にあてた正式の外交文書である。

もっとも、このことは明側の記録に見えているだけであって、日本側には表箋を送ったことを実証する材料はない。中間者の明使節が懐良親王の表箋を偽作したということも考えられなくはない。

洪武五年（一三七二、文中元、応安五）、明では、嘉興府天寧寺の仲猷祖闡と金陵瓦官教寺の無逸克勤を派遣し、大統暦と文綺紗羅とを征西将軍府にもたらした。大統暦とは明の暦で、元統が作ったもの。暦法は元の授時暦から消長法をのぞいたもので、洪武元年から中絶の時期をはさんで二八〇年間行なわれた（平山清次『暦法及時法』）。暦をうけ正朔を奉ずるということは、日本が国家として明に対して臣属することを意味していた。征西将軍府としては、これは受領しなかったことはいうまでもなく、かえって仲猷らを拘置した。仲猷らはもともと、征西将軍府を日本を代表する機関と考え、征西将軍府との間に外交関係をむすぶことを目的として渡来したものであったが、かれらは博多滞留中に、日本には南朝のほかに北朝の持明院統の天皇が京都にあることを知った。仲猷らは一三七三年（応安六）には京都にのぼったが、室町幕府との間に外交関係をむすぼうとする努力は別に行なわなかったようである。仲猷らは翌一三七四年（洪武七、応安七）五月、使命を果たすことなく帰国した。

太祖の時代、日本から明に遣使した例は一〇回ほどあった（佐久間重男「明初の日中関係をめぐる二、三の問題」『北海道大学人文科学論集』四）。『明実録』により、これを表示すれば左のとおりである。

明初遣使表

回数	年代	遣使者	使者	備考
一	洪武四年（応安四 一三七一）十月	日本国王良懐	僧祖来	表箋を進め、馬・方物を貢す。
二	洪武七年（応安七 一三七四）六月	日本国（足利義満）島津氏久	僧聞渓円宣・子建浄業・喜春 僧道幸・通事尤虔	表文なく貢を却く。陪臣にしても表を奉るは越権とし、私人の入貢とみなして却く。
三	洪武七年六月	日本国（不明）	不明	所掠瀕海民一〇九人を送還。
四	洪武八年（永和元 一三七五）正月	日本国（不明）	不明	入貢。
五	洪武九年（永和二 一三七六）四月	日本国王良懐	沙門廷用文圭	奉表、馬および方物を貢す。
六	洪武十二年（康暦元 一三七九）閏五月	日本国王良懐	劉宗秩・通事尤虔・兪豊	上表、馬および刀・甲・硫黄等を貢す。

七	洪武十三年（康暦二 一三八〇）五月	日本国王良懐	僧慶有	無表、不誠を以て却く。
八	洪武十三年九月	征夷将軍源義満	僧明悟・法助	無表、義満の奉丞相書をもたらす。貢を却く。
九	洪武十四年（永徳元 一三八一）七月	日本国王良懐	僧如瑤	貢を却く。
十	洪武十九年（至徳三 一三八六）十一月	日本国王良懐	僧宗嗣亮	上表、方物を貢す。却く。

右のほか純然たる私的通貢者としては、日本高宮山報恩寺僧霊枢・其徒霊照、日本国僧宗嶽ら七一人、日本商人滕八郎などの名が記録されている。

中国側では、征西将軍（良懐）を日本正君すなわち正式の日本国王と認めていたので、日本からの派遣船はいわゆる国王良懐の表文をもってゆくことを建て前とし、これをもたぬ船は拒否されるのが例であったから、征西将軍府の失墜後であっても、日本船はなんらかのかたちで国王良懐の名称を用いねばならなかったらしいのである（佐久間前掲論文）。

しかし、良懐名義のたび重なる遣使朝貢は、かれの要求する倭寇禁止の不履行、表文の不備などの理由により拒否されるようになった。このうち第二回と第八回に足利義満による遣使が明からの拒否にあったことは注目に価する。義満が日本の代表としてみとめられなかったのは、この時期には明ではあくまでも征西将軍府を正式の相手としていたことの証左にもなる。

林賢《りんけん》の事件

洪武十九年（一三八六、元中三、至徳三）に、日明通交関係に破局をもたらした林賢の事件が起こった。『明史稿』によると、このころ左丞相胡惟庸なるものが帝位を奪う計画を立てた。そのために日本の援助をうけようとして、まず寧波《ニンポー》衛指揮林賢と結び、いつわって賢の罪を奏して日本に流し、日本の君臣と賢とを通じさせた。ついで胡惟庸は賢の職をもとにもどすように奏請し、使を派してこれを日本から召還し、内密に書を日本の王に送って軍兵の援助を要請した。林賢は一足さきに明に帰り、日本国王は僧如瑤に四百余人の兵をさずけて、いつわって入貢させ、巨燭を献じさせて、そのなかに火薬・刀剣をかくしておいた。しかし、如瑤が到着したときは、すでに胡惟庸の敗退したあとで、この密計は不発に終った、という。胡惟庸が密告され誅殺されたのは洪武十三年正月のことであった。ところが洪武十九年に至って、この事件に林賢が関係していたこと、日本国王も一役買っていた事実が発覚し、林賢は一族とともに処刑された。

この事件後、太祖は報復措置として、日本との通交を断絶する方針をとった。太祖は海禁を厳重にし、沿海の軍備を充実して倭寇の猖獗にそなえなければならなかった。

2　足利義満の対明外交開始

足利義満が正式の外交関係を明との間にむすぶことができたのは応永八年(一四〇一)以後のことである。明では恵帝の建文三年にあたる。

足利義満の使節派遣

すでにみたように、義満には、はやくから明と交渉をもとうとする意志があり、その遣使は洪武七年(一三七四)と同十三年(一三八〇)の二回、明側に記録されている。しかし、いずれも明からは正式に日本を代表する政権の使節としては認められず、朝貢を許されなかった。洪武七年には、義満は征夷大将軍にはなっていたが、まだ十七歳の弱年であり、この年、今川了俊がはじめて九州探題として九州に下向しており、幕府の九州経略はようやくその緒についた時期であった。洪武十三年には義満は生長して二十三歳の壮齢に達しており、いわゆる花の御所北小路室町の新邸が完成したのはこの年の六月であった。義満の遣使が九月であったことから考えると、遣使は室町第の造営と関連した幕府の勢威を誇示するための一手段であったのかも知れない。

応永八年（一四〇一）はそれより二〇年後になるが、その間に義満は、准三后となり（永徳三、一三八三年）、東国を遊覧し（嘉慶二、一三八八年）、厳島に参詣し（康応元、一三八九年）、山名氏を討ち（明徳二、一三九一年）、ついで懸案の南北朝の合体に成功し（一三九二年）、征夷大将軍を辞して太政大臣にのぼり（応永元、一三九四年）、さらに太政大臣を辞して薙髪して道義と称し、九州探題今川了俊を召還（一三九五年）、大内義弘を堺に敗死せしめる（一三九九年）、という順風満帆の経歴を重ねていた。しかし、この時期の義満は実質的には幕府の最高権力者であったが、名目上はすでに将軍の職をしりぞいたいわば隠居の身であったことに注目せねばならぬ。このことは、義満が伝統的な外交慣習をやぶって、新たに「日本国王」という立場で明と折衝を開始しようとするのに無関係ではなかったように思えるのである。

このほか、この時点では、すでに国の内外において、東アジア通交機構への参加を可能にするいくつかの条件が醸成されていたのである（六九―七三頁参照）。

『善隣国宝記』によると、応永の初年、筑紫の商客肥富《こいつみ》が大明から帰国して、両国通信の利を述べ、義満は使者を明に送ることを決定したという。筑紫の商客とは博多商人のことである。正使には同朋衆の祖阿（素阿弥）がえらばれ、肥富が副使にあてられた。

明に送った文書は東坊城秀長が起草し、世尊寺行俊が清書したもので、「日本准三后道義、書ヲ　大明皇帝陛下ニ上《たてまつ》ル」と書きはじめられ、往古の規法にしたがって遣使するといい、金一〇〇〇両・馬一〇匹・薄様一〇〇〇帖・扇一〇〇本・屛風三雙・鎧一領・筒丸一領・劔一〇腰・刀一柄・硯筥一合・同文台一箇を献じ、海島漂寄者若干人をたずね出して送還するというものであった（『善隣国宝記』『康富記』）。

道義は義満の法諱である。海島漂寄者を還すとは文字どおり解すれば、漂着者を送り返すということになるが、実は倭寇によってとらえられた中国人を送還することをこのように表現したのである。

遣明使の一行は、翌応永九年(一四〇二)に帰国したが、明使天倫道彝・一庵一如をともない帰った。義満は唐船を見物するために、わざわざ兵庫におもむいた。ついで義満は明使の一行を北山第で引見した。明帝からの国書は、建文四年(一四〇二)二月初六日の日付になっていて恵帝からのものである。ここには「ナンジ日本国王源道義、心ヲ王室ニ存シ、愛君ノ誠ヲイダキ、波濤ヲ踰越シテ遣使シ来朝ス」(原漢文)という問題の文章と、大統暦を班示して正朔を奉ぜしめるという文言があった(『善隣国宝記』)。

この文書について、二条満基は、今度の明からの返牒は、もってのほかの書様であり、これは天下の重大事だ、という感想を述べている(『福照院関白記』)。

足利義満が明使を迎えたときのようすは、つぎのようであった。公卿一〇人・殿上人一〇人がおのおの染装束を着用し、近衛良嗣と菊亭(今出川)公行が惣門まで参向、楽人が一曲を奏し、義満が海老色の法服、白地金襴の平袈裟を着て四脚門まで出むかえ、明人は明帝の詔書を頭上に捧げて前行した。北山殿寝殿庇間に満広席を敷き、母屋出衣以下善美をつくし、荘厳をきわめた。高机を母屋の前に立て、その上に明帝の詔書をおき、義満はまず焼香し、つぎに三拝、そののち跪いてこれを拝した。

このような態度に対して、前管領斯波義将は、ゆきすぎであると内々批判し、三宝院満済も同様にあまり満足できないと述べている(『満済准后日記』)。

天倫・一庵ら明使の日本滞在中に、明の本国では恵帝にかわって成祖永楽帝が即位したことが報ぜられた。明側の事情が判明しないままに、義満は絶海中津に命じて二通の国書すなわち恵帝に対するものと成祖に対するものとを作製させた。

「日本国王臣源」

応永十年（一四〇三）、天竜寺の堅中圭密を正使とする遣明使の一行が、明使の天倫・一庵らとともに兵庫港を発して明にむかった。このとき明の成祖に呈した義満からの文書は、「日本国王臣源表ス」にはじまるもので、成祖の即位を賀し、方物を献ずることを述べたものである。『善隣国宝記』には、年号の部分にただ「年号　日」とだけ書いてある。これは恵帝と成祖のいずれに呈したらよいかわからない文書の案文だったので年号を記すことができなかったのであろう。実際には、おそらく入明後に成祖に対して臣属の意を示す「永楽」の年号が記入されたのであろう。

この文書の様式に対する『善隣国宝記』の編者瑞渓周鳳の感想は、当時の知識人の見解を代弁するものと思われ、きわめて重要である。すなわち日本国王と称することについては、「かの国で日本の将相をもって王ということは、こちらを尊重していうことであるから、かまわない。しかし、いま表文の中でみずから王を称することは、かの国の封を用いることになるので不可である」とし、臣という文字の使用については「臣字の使用はいけない。やむをえなければ、日本国の下に常のように官位を書き、その下の氏と諱の間に朝臣の二字を加えればよい。これは日本の公家の恒例で、臣字は日本の天皇に属していることを示しているだけである。外国の臣となる疑いを避けることができる」という意味の意見を述べている。年号のことについても、日本の年号を使用すべきことを述べ、そうしないなら干支だけを記せばよい、としている。瑞渓は、またこれらの意見を当代一流の大学者清原業忠にただしたところ同意をえたとも記している（『善隣国宝記』）。

ともあれ、成祖は、即位をつげる詔諭使節として左通政趙居任・行人張洪・僧禄司右闡教道成らを、永楽元年（一四〇三）八月十四日に日本に遣わして入貢をうながそうとしていたときだったので、同月九日に日本からの使節がさきに寧波に到達したのであるからすこぶるこれを歓待した（佐久間重男「永楽帝の対外政策と日本」『北方文化研究』2）。成祖は、ただちに返書をつくり、趙居任を使者とし、堅中に同行させて日本に送った。応永十一年（一四〇四）、堅中らは帰国し、五月十六日、義満は北山第に明使を引見した。

冊封関係の成立

そのときの明帝の詔書には「爾《なんじ》日本国王源道義、天ノ道ヲ知リ理ノ義ニ達ス、朕大宝ニ登レバ、即チ来リ朝貢ス、帰嚮ノ速カナル、褒嘉スルニ足ルアリ、モツテ印章ヲ錫《たま》ヒ、世爾《よよ》ノ服ヲ守ラシム」（原漢文）とあった（『善隣国宝記』）。印章というのは「日本国王之印」と彫りつけた亀鈕《ちゅう》の金印で、光輝人をてらし、両手でも提持しがたいものであったという。

金印をうけることは、義満が明の皇帝から日本国王に封ぜられたことを意味する。そして、それはこのときまでの日本の伝統的な対外関係の否定と転換であり、明帝国を中心とする国際的秩序――冊封関係――のなかにくみいれられたことを意味するのである。またこのことは、明側からみれば、明を中核とする東アジア国際通交機構の完成ということもできるであろう。

永楽勘合一〇〇道がもたらされたのもこのときである。渡航船の証明としての勘合の制度は元代外国貿易のために設けられた半印勘合文簿の制があり、明代では太祖が内政に用いた批文半印勘合文簿の制が存し、洪武十六年（一三八三）以後暹羅に羅字勘合を支給したのをはじめとして外客にもこれを適用したのである。日本に対する勘合の授与は朝貢船（正式の通交者）と海賊船（倭寇）とを区別するうえに重要な意味をもつことになった。

ついで応永十二年（一四〇五、永楽三）、三〇〇人の明使一行が来朝し、五月朔日に義満はこれを北山第において引見した。

成祖の勅書は永楽二年（応永十一）十二月初二日付のもので「皇帝、日本国王源道義ニ勅諭ス、（中略）、又能ク朝命ヲ遵奉シ、壱岐・対馬諸島ノ人ヲ禁止シ、海浜ノ害ヲナササシメズ、用心勤至、尤モ嘉スベシトナス」（原漢文）とし、対馬・壱岐の倭寇の禁止を高く評価している。『明史藁』によると、永楽二年十一月に義満が対馬・壱岐の倭寇の首魁二〇人をとらえて明に送ったことを示す記事があるが、これと対応するものであろう。

応永十三年にも明使俞士吉の来朝があった。義満は唐船を見物するために兵庫に下向、五月九日から十八日まで、また同二十日から六月七日まで滞在している。

明の国書は、倭寇の鎮圧を謝し、印章・誥命《こうめい》・褒錫を賜わるものである、としている。また成祖はこのとき日本の山（阿蘇山と思われる）を封じて「寿安鎮国之山」とし、みずから碑文を作製して贈った（『明実録』）。

応永十四年（一四〇七）にも明使がきた。『教言卿記』は、八月五日義満は北山第に明人を迎え、先例のような儀式があったとし、今度鵝眼《ががん》十万五千貫宋人進上の風聞があるが珍重だ、としている。鵝眼は銅銭のことで、宋人は明人のことである。明の国書の別幅によれば、明からの回賜は「花銀一千両、計四十錠、銅銭一万五千貫」である。国書の内容は、義満が倭寇を平げて所獲の倭寇を送ったことを謝したものである。

佐久間重男氏は、倭寇の献上について、捕獲倭寇の献上は洪武初年における倭寇による被虜人の送還と同様の意図による奴隷交易の変型で、義満の実益主義を如実に示すものである、としている（佐久間前掲論文）。

以上が、足利義満の時代における両国公式交渉の概略であるが、明としては、この交渉を通じて、太祖以来日本にもとめつづけていた二つの要求を二つながら達成することができた。一つは日本の統一政権の首長（日本国王）を中国中心の国際通交機構——華夷世界——の一翼に加えること、他の一つは倭寇禁止の要求である。義満の死後、成祖が周全渝を日本に派遣し、義満の死を弔し、祭文をささげ、恭献王の諡号を贈ったのもこのためであろう。

3　室町幕府の対明通交拒否と復活

足利義持の通交拒否と成祖の日本征伐計画

応永十五年（一四〇八）、明の成祖は周全渝を日本に派して、足利義満の死を弔わせたが、また嗣子足利義持を封じて日本国王を嗣がしめ、錦綺紗羅六〇匹をあたえた（『明実録』）。応永十六年七月五日、義持は明使を北山第に引見し、応永十七年四月に、堅中圭密らを周全渝の帰国に同行させて入明させ、諡号賜与の恩を謝せしめた（『明史』）。

応永十八年（一四一一）、明使王進が渡来したが、京都に入ることを許されず、九月九日に兵庫より帰国した。義持の通交拒絶は、国際秩序の確立と維持とを願望する明の成祖にとっては、かなりの衝撃だったようで、このとき明では日本討伐の計画が立てられたらしい。

朝鮮の太宗十三年（応永二十、一四一三）三月、朝鮮の賀正使通事林密が明の北京から帰って、朝鮮につぎのような報告をもたらした。すなわち、正月二十日に、明の皇帝が林密に、「日本国老王（義満）は事大は誠を以ってし、倭寇もなくなったが、いま嗣王（義持）は草窃がわが国を侵擾するのを禁じようともせず、父の像を壁にかけて其の目を刺す有様である。その不道はかくの如きである。朕は兵船万艘を発してこれを討とうと思う。なんじの朝鮮もこれにあづかり知るべきである」と語ったというのである。この報告をうけた朝鮮王太宗は、明皇帝が通事に戯語するはずはあるまいから、征倭の挙は五月か六月のうちにあるであろうとし、それがもし実行に移されるような場合には、朝鮮が日本と通交していることが朝鮮・明の関係の障害になるだろう、とおそれている（『李朝実録』）。

この問題は、倭寇の活動状況とも関連させて考えなくてはならないが、義持の通交拒否による国際秩序の破綻は明にとってはかなり重大な意味をもつ事件であり、それは東アジア通交機構の一環を構成する朝鮮にとってもまた密接な関係をもつできごとであったことを語っている。

義持は義満の子でありながら、父の政策に対してはつねに批判的であった。とくに斯波義将を重用し、義満死去の際に朝廷から太上天皇の号を義満に贈ろうとしたのを辞退した事件は有名である。しかし、義持が対明外交をうち切った原因には、父の政治にはことごとく反対するという特殊な感情のほかに、かねがね義満の対明政策をこころよく思わなかった義持自身の意見や、公武の外交批判の世論などが反映していたに相違ない（田中義成『足利時代史』）。

このような経緯にもかかわらず、明の征倭の挙はついに実行されず、成祖は応永二十四年（永楽十五、一四一七）刑部員外郎呂淵らを日本に送り、捕虜とした倭寇を送還するとともに、修交の回復をはからせた。この使節は、応永二十五年に日本にきたが、空しく帰国し、その翌年、呂淵はふたたび使節として日本に渡来した。

このとき呂淵がもたらした明の国書には、義持が朝貢しないことや、倭寇が辺境を荒らすことを責め、明の師旅は陸軍も精鋭で、元兵が水楫に弱かったのとは異なると示威し、群臣は兵を発して義持の罪を問おうと請うが、義満の賢を思い、また軍馬の禍が百姓におよぶのを見るにしのびない、と述べている。威嚇的言辞に満ちたものであるが、さきに朝鮮にもたらされた報告とあわせ考えると、かならずしも空文とのみいいきることはできない。

これに対して義持は、昔元兵百万はみな功なくして海におぼれたが、これは実に神兵が陰で助けたのである。古来日本では神の霊験があらたかなことは国史に明らかである、いま朝貢しないからといって兵を用いて来襲しようとも、われわれは城を高くする必要もなく堀を深くする必要もない、路をひらいて迎え討つばかりである、とこたえている（『善隣国宝記』）。売り言葉に買い言葉というような言辞のやりとりであるが、また義持の外交断絶の決意の一端もここから読みとれるであろう。

明側の希望にもかかわらず、明使呂淵は使命を果たすことができないままに帰国した。そして義持の在世中はついに通交の回復をみることができなかった。

義持が死んだのは正長元年(応永三十五年、一四二八)正月十八日であるが、翌日、義持の弟義円が青蓮院から入って嗣となり、翌永享元年には義教と改めて将軍職をついだ。

足利義教の通交復活

義教は、将軍になると、ただちに対明通交回復をくわだてた。この年に日本に渡来した朝鮮の回礼使朴瑞生は、その帰国報告のなかで、日本国王は朝鮮国王を仲介として明に服事しようとする意図がある、といっている。朝鮮では、これを明に転奏することの可否が論じられたが、多数がこれに反対した(『李朝実録』)。

義教の対明外交方針は、田中義成氏などが指摘しているように、義満のそれを大幅に修正したものであった(『足利時代史』)。しかし、義教の政治的生涯が幕府独裁権確立のためにささげられている点を考慮すると、日明冊封関係の回復は、その重要政策の一つと考えられていたとみてもよい。

あたかもこのときは、明の宣宗の時代である。宣宗宣徳帝は、宦官鄭和に第七次南海遠征を行なわせるなど積極的に対外政策を推進したので有名であるが、華夷体制の維持にはとくに熱意を示した。宣宗は即位以来、四方の諸国が朝貢してくるのに日本の朝貢がないことにかんがみ、日本との通交回復に着手することにした。義持が成祖との間に正式の外交関係を絶って以来、倭寇の活動はふたたび激化し、明としては武力をもってこれをおさえる以外に方途を失っていた。永楽十七年(応永二十六、一四一九)史上有名な遼東の望海堝の戦いで倭寇勢力に一大衝撃をあたえはしたものの、なお倭寇の侵寇は断続していたのである。だから正式に外交関係を復活することによって倭寇を鎮静にみちびくことは、宣宗にとっては、緊急の要務でもあった。

宣徳七年(永享四、一四三二)、宣宗は内官柴山《さいざん》に、日本との通交を回復させるように命じた。それは琉球を仲介として宣宗の勅書を日本に伝えさせようとするものであった。しかし、柴山は、宣徳八年琉球に渡っただけで、日本に渡ることをやめて帰国してしまった（宮田俊彦「日明・琉明関係の開始」下『日本歴史』二〇三）。

一方、義教は永享三年（一四三一）から遣明船の派遣を準備し、翌四年には明の渡来僧龍室道淵を正使とする五隻の船団が兵庫を出発して明にむかった。一行は翌五年五月、北京に入り、宣宗に表文を呈した。その表文は惟肖得巌の作で「日本国臣源義教」と署名し、日本国王の称号は用いず、いくぶん義満時代に対する反省と配慮がみられはしたが、年号は依然として明のものを用い宣徳と書いた（『東海璚華集』）。

このとき、宣宗は一行に内官雷春らをつけて日本に送り、宣徳勘合一〇〇道を送った。明使の日本渡来はこれが最後となった。

4　遣明船貿易の展開

遣明船貿易の趨勢

応永八年（一四〇一）に、足利義満が対明交渉をはじめてから、遣明船の派遣は約一世紀半の間に一九回あった。しかしこれらの遣明船はすべてが等質の状態で派遣されたわけではなく、いくつかの段階の変遷があった。まず遣明船に関する一覧表を次頁以下に掲げよう。

第一次から第八次までの遣明船がすでに述べた足利義満と義持の時代の遣明船である。この時代の渡航船はすべて幕府の名義で経営されたものであった。

第九次と第一〇次の遣明船が義教の通交復活後のものである。幕府船のほかに有力な社寺や大名が使船の経営者として参加している。

第一一次から第一四次までの四回の遣明船は足利義政の時代のものである。この時期の遣明船から、明の制限規定や、日本国内における細川・大内二氏の抗争などが反映して、内容がかなりかわってきた。

遣明船一覧表

回数	出発年代	入明年代	正使名	渡航船	船数	渡航人員	上京人員	備考
一	一四〇二（応永八・建文三）	一四〇一	祖阿	幕府船				一四〇二年、明使天倫道彝をともない帰国。
二	一四〇三（応永一〇・永楽元）	一四〇三	堅中圭密	幕府船			三〇〇余	一四〇四年、明使趙居任をともなって帰国。
三	一四〇四（応永一一・永楽二）	一四〇四	明室梵亮	幕府船	三八			一四〇五年、明使をともない帰国。
四	一四〇五（応永一二・永楽三）	一四〇五	（源通賢）	幕府船				一四〇六年、明使潘賜をともない帰国。
五	一四〇六（応永一三・永楽四）	一四〇七	堅中圭密	幕府船			七三	一四〇七年、明使をともない帰国。
六	一四〇八（応永一五・永楽六）	一四〇八	堅中圭密	幕府船			一〇〇余	一四〇九年、明使周全渝をともない帰国。
七	不明	一四〇八		幕府船				
八	不明	一四一〇	堅中圭密	幕府船				一四一一年、明使王進をともない帰国。
九	一四三二（永享四・宣徳七）	一四三三	龍室道淵	幕府船・相国寺船・山名船・大名寺社十三家船・三十三間堂船	五		二二〇	一四三四年、明使雷春をともない帰国。
一〇	一四三四（永享六・宣徳九）	一四三五	恕中中誓	幕府船・相国寺船・大乗院船・山名船・三十三間堂船	六			一四三六年、帰国。

一一	一四五一(宝徳三 景泰二)	一四五三	東洋允澎	天竜寺船・伊勢法楽舎船・九州探題船・大友船・大内船・大和多武峰船	九	一、二〇〇	三五〇余	一四五四年、帰国。島津船は計画だけあったが実現しなかった。
一二	一四六五(寛正六 成化元)	一四六八	天与清啓	幕府船・細川船・大内船	三			一四六九年、帰国。
一三	一四七六(文明八 成化一六)	一四七七	竺芳妙茂	幕府船・相国寺勝鬘院船	三	三〇〇		一四七八年、帰国。堺商人湯川宣阿の請負。
一四	一四八三(文明一五 成化一九)	一四八四	子璞周瑋	幕府船・内裏船	三		三〇〇カ	一四八六年、帰国。
一五	一四九三(明応二 弘治六)	一四九五	尭夫寿蓂	幕府船・細川船	三		三〇〇カ	一四九六年、帰国。
一六	一五〇六(永正三 正徳元)	一五一一	了庵桂悟	大内船・細川船	三	六〇〇	五〇(南京)	一五一三年、帰国。ほかに細川船一隻が一五〇九年に入明した。
一七	一五二〇(永正一七 正徳一五) 不明	一五二三カ 一五二三	宗設謙道 鸞岡瑞佐	大内船 細川船	三 一	三〇〇余 一〇〇余		両船は寧波で抗争。(寧波の乱)
一八	一五三八(天文七 嘉靖一七)	一五四〇	湖心碩鼎	大内船	三	四五六	五〇	一五四一年、帰国。
一九	一五四七(天文一六 嘉靖二六)	一五四九	策彦周良	大内船	四	六三七	五〇	一五五〇年、帰国。

すなわち第一一次の遣明船は一九回のなかで最大の規模のものであったが、明ではこの後遣明船派遣回数や船数を制限して一〇年一貢、船数三、人員三〇〇に制限することになった。いわゆる〝宣徳要約〟とか〝永享条約〟とかよ

ばれるものである（小葉田淳『中世日支通交貿易史の研究』）。

第一二次の遣明船は、帰国時が応仁の乱の時期にあたり、国内における細川・大内両氏の対立が遣明船のうえに明瞭な影をおとした。三隻のうち、大内船をのぞく二隻は、大内氏の勢力圏内の通航をさけるために、土佐沖を回航して堺に帰着しなければならなかった。ここにおいて堺は新しい貿易港として登場する機会をめぐまれた。

第一三次の遣明船は、細川氏と結んだ堺商人湯川宣阿の請負によって経営された点で大きな特色をもっている。これまで、遣明船は、帰国後搭載貨物の価格の一〇分の一にあたる額を経営者が収めていた。抽分とよばれるものである。この抽分銭にあたる三〇〇〇貫とか四〇〇〇貫とかを渡航に先だって前納するのが抽分請負である。

第一四次と第一五次の遣明船も前回同様堺商人の手で運営された。

第一六次から第一七次にかけては、細川・大内二氏の間に、遣明船派遣の権利をめぐる熾烈な争いが展開された。その結果、第一七次の遣明船が明の寧波に入港したとき、両者の対立は極点に達して爆発した。明では、ために嘉靖八年（享禄二、一五二九）、浙江市舶太監を廃止した。

第一八次および第一九次の遣明船は、大内氏の独占下に経営されたものであるが、大内氏の滅亡とともに遣明船の派遣も絶え、以後ついに復活することがなかった。

遣明船貿易推移の諸段階

以上一九次にわたる遣明船の派遣を段階的にとらえたらどのようになるか。これについては、栢原昌三氏・三浦周行氏・木宮泰彦氏・小葉田淳氏・竹内理三氏・堀池春峰氏・佐々木銀弥氏など諸家の見解がある。区分の論拠はそれぞれ異なるが、そのうち主なものを表示すれば、次頁の第一表のとおりである（田中健夫『中世対外関係史』・佐々木銀弥「海外貿易と国内経済」『講座日本史』3所収、参照）。

このような先学の所論を参考折衷して、私は遣明船の段階を次頁の第二表のように考えてみたい。

第一表　遣明船の時期区分に関する諸家の見解

<table>
<tr><th>遣明船の回数</th><th>栢原昌三氏</th><th>三浦周行氏</th><th>木宮泰彦氏</th><th>小葉田淳氏</th></tr>
<tr><td>1</td><td rowspan="8"></td><td rowspan="8">第一期</td><td rowspan="8">第一期</td><td rowspan="11">上</td></tr>
<tr><td>2</td></tr>
<tr><td>3</td></tr>
<tr><td>4</td></tr>
<tr><td>5</td></tr>
<tr><td>6</td></tr>
<tr><td>7</td></tr>
<tr><td>8</td></tr>
<tr><td>9</td><td rowspan="3">上期</td><td rowspan="3">第二期</td><td rowspan="11">第二期</td></tr>
<tr><td>10</td></tr>
<tr><td>11</td></tr>
<tr><td>12</td><td rowspan="8">下期</td><td rowspan="8">第三期</td><td rowspan="4">中</td></tr>
<tr><td>13</td></tr>
<tr><td>14</td></tr>
<tr><td>15</td></tr>
<tr><td>16</td><td rowspan="4">下</td></tr>
<tr><td>17</td></tr>
<tr><td>18</td></tr>
<tr><td>19</td></tr>
</table>

第二表　遣明船の時期区分私案

<table>
<tr><td>1</td><td rowspan="8">前期</td><td rowspan="8">成立期</td><td rowspan="8">幕府独占時代</td></tr>
<tr><td>2</td></tr>
<tr><td>3</td></tr>
<tr><td>4</td></tr>
<tr><td>5</td></tr>
<tr><td>6</td></tr>
<tr><td>7</td></tr>
<tr><td>8</td></tr>
<tr><td>9</td><td rowspan="9">中期</td><td rowspan="3">発展期</td><td rowspan="3">有力社寺大名経営時代</td></tr>
<tr><td>10</td></tr>
<tr><td>11</td></tr>
<tr><td>12</td><td rowspan="6">継承期</td><td rowspan="6">細川・大内氏対立時代</td></tr>
<tr><td>13</td></tr>
<tr><td>14</td></tr>
<tr><td>15</td></tr>
<tr><td>16</td></tr>
<tr><td>17</td></tr>
<tr><td>18</td><td rowspan="2">後期</td><td rowspan="2">衰退期</td><td rowspan="2">大内氏独占時代</td></tr>
<tr><td>19</td></tr>
</table>

時期は、前・中・後の三区分とする。前期は、第一次から第八次までで、日明外交関係成立期である。中期は、第九次から第一七次まで、日明関係発展の時期、後期は第一八次・第一九次で衰退期である。さらに中期は、応仁の乱を中心にして二期にわかち、発展期（第九次から第一一次まで）、継承期（第一二次から第一七次まで）とする。

これを遣明船経営の面から見れば、前期は幕府独占時代。中期は有力社寺・守護大名経営時代。中期のうち後半は、細川・大内二氏対立時代。後期は、大内氏独占時代と、いいかえることもできる。

日明間の貿易品

日明間の貿易は、進貢貿易と、それに付随した公貿易ならびに私貿易の三種があった。遣明船は朝貢船であるから、進貢物を明の皇帝へ献上し、明の皇帝はこれに頒賜（回賜）をあたえるのであるが、これは一種の貿易であった。

輸入品のなかで、日本国内の経済発展と大きな関係をもつ銅銭は、足利義満の時代の頒賜品には多くふくまれていたが、宝徳三年（一四五一）度の船以後は、ほとんどあたえられなかった。

日本国王（足利将軍）に対する頒賜は、白金二〇〇〇両・粧花絨錦四匹・紵糸二〇匹・羅二〇匹・紗二〇匹・綵絹二〇匹、国王の夫人に対する頒賜は、白金一〇〇〇両・粧花絨錦二匹・紵糸一〇匹・羅八匹・紗八匹・綵絹一〇匹が規格になっていた。いずれも奢侈品である。

公・私貿易に対する給価は、銭・絹・布で支払われた。したがってこれが輸入品になる。ところが、応仁以後（第一二次以後）は、銭は私貿易によって中国商品とかえてもち帰ることが多くなり、永正三年（一五〇六）度の場合などは、日本から逆に銅銭をもちだして中国商品を購入している。私貿易における輸入品には、生糸・絹織物のほかに糸綿・布・薬草・砂糖・陶磁器・書籍・書画・紅線および各種の銅器・漆器などの調度品類があった。

輸出品としては、まず進貢物が考えられる。はじめは一定の規格はなかったが、永享四年（一四三二）度以後にはだいたい品目にも数量にも規格ができた。馬二〇匹・黒漆鞘柄太刀一〇〇把・撒金鞘太刀二把・長刀一〇〇柄・硫黄一万斤・鎧一領・瑪瑙大小二〇塊・硯一面・金屛風三副・扇一〇〇把・鎗一〇〇柄、の一一種である。以後馬の数が減じたことがあるが他の数量には変化がなかった。

公貿易は、遣明船の附搭貨について、明の政府との間に取引きされる貿易である。主要な輸出品は、刀剣・硫黄・銅・蘇木・扇ならびに蒔絵の漆器・屛風・硯などの工藝品である。硫黄・銅などの鉱産物が多いのは、日宋貿易以来の傾向であるが、刀剣の数量が増加したのは遣明船貿易の特色である。とくに寛正六年（一四六五）以後の船では、官収買は刀剣と琉黄に限られるようになった。このときは、実に三万余把の刀剣が銭三万貫余で取引きされた。

扇は、宋代以来中国では珍重され、進貢物のほかにも多く輸出された。永享四年（一四三二）度に二二〇〇本（代四四〇貫文）、寛正六年（一四六五）には三〇〇文の扇子三〇〇本、二〇〇文の扇子八〇本の数量が知られる。宝徳三年（一四五一）度遣明船の咲雲瑞訴は、一扇をもって『翰墨全書』一部にかえたという。

佐藤進一氏は、太刀屋座および扇商座は室町幕府侍所の直接支配下にあった商業組織らしいとしているが（「室町幕府論」旧版岩波講座『日本歴史』7所収）、もし太刀と扇の生産が幕府の独占下におかれていたとするならば、幕府の対外政策を考えるうえで、きわめて重要な指摘といわなければならない。

銅の輸出は、永享四年（一四三二）の遣明船からはじまり、宝徳三年（一四五一）の遣明船は九隻で一五万四五〇〇斤、天文七年（一五三八）の船は三隻で二九万八五〇〇斤を送っている。明の技術書『天工開物』は、日本の棹銅には銀が多くふくまれていて、精錬によって銀を分離したことを記している。当時の銀貿易の隆盛を勘考するならば、明における日本銅の需要はこのような点にも原因がひそんでいたのかもしれない。

蘇木は、蘇枋とも丹木とも書かれる東インド原産の植物で、赤色染料または薬材として珍重されたが、これが主要輸出品の一つとなりえたのは、この時期のアジア通交の特殊事情にもとづいている。明が国初以来海禁という一種の鎖国政策を行なったために、これまでは中国を経由して日本に輸入されていたものが、この時期には、琉球を中心とする南海中継貿易発展の結果、南海→琉球→日本→明、というコースをたどって、日本から逆に明に輸出されることになったのである。永享四年度の遣明船では、二〇〇〇斤を輸出したにすぎなかったが、宝徳三年度の船は、実に一〇万六〇〇〇斤の多量を輸出している。しかし、このときは正使東洋允澎が帰途南京でその一部を返却された。

このような貿易品の品目は、遣明船が途絶した後でも、ほとんど変化がなかった。鄭若曽の『籌海図編』に「倭好」としてあげられているものは、倭寇活動による輸入品と考えてよいが、生糸・糸綿・布・綿紬（絹織物）・錦繡・紅線・水銀・針・鉄鍊・鉄鍋・磁器・古文銭・古名画・古名字・古書・薬材・氈毯・馬皆氈・粉（白粉）・小食蘿・漆器・醋である。古文銭については、日本では自鋳することがなく、もっぱら中国銭を使用していることを述べ、一〇〇〇文が銀四両にあたるとしている。ただし福建私新銭ならば一〇〇〇文が一両二銭である、ともしており、福建あたりの私鋳銀もまた多量に日本に輸入されていたことを明らかにしている。遣明勘合船が廃絶したのちに日本から輸出したものは銀である。当時、東アジアの市場を支配するものは銀であったが、戦国時代における日本国内の銀山開発、銀産出の急増がこれに対応した。ポルトガル船の日本来航もその主目的は、日本銀の搬出にあったのである。

二　朝鮮との通交と貿易

1　今川・大内二氏と朝鮮

多元的通交関係

明との関係が明の朝貢政策という大方針を軸にして構成されたのに対し、朝鮮との関係はより複雑な要素から構成されている。すなわち、日明関係は原則的には明皇帝と室町将軍が一元的に一本のパイプでつながれたのに対し、日朝関係の場合は、朝鮮国王―室町将軍、朝鮮国王―諸大名、朝鮮国王―諸豪族・諸商人、というように、多元的に、数本、数十本のパイプでつながれ、その舞台まわしの役を対馬の宗氏が果たしたところに大きな特色がある。

この原因は、朝鮮側が日本との通交の最大の課題を倭寇の禁止と考えたところにもとめられなくてはならない。朝鮮にとっては、外交とか通商とかはすべて倭寇禁止の大命題に属する二次的な課題にすぎなかった。これに対し、日本側が朝鮮にもとめたものは、倭寇・大名・幕府などそれぞれに異なったものであった。倭寇――経済的に恵まれない地方の住民――にとっては生活安定の条件や物資の獲得がその目的であり、大名や幕府にとっては大蔵経等の文化財の獲得や貿易の利益の追求がその主要目的となった。このような両者の要求の合致点に多元的な通交関係が発生したのである。

朝鮮の場合、日本との外交関係の諸問題は、すべて倭寇の問題と表裏の関係にあるできごとであった。

今川氏と朝鮮

高麗の辛禑《しんぐう》王時代の室町幕府に対する使節派遣は次表のとおり五回であった。

第二次以降の使節の渡来に今川了俊が関係をもっていることは注目せられねばならない。今川了俊が九州に下向したのは応安三年（建徳元、一三七〇、高麗恭愍王十九）の十二月であった。了俊の九州経営の方針は、まず懐良親王・菊池武光らの守備する征西将軍府の所在地大宰府を攻撃占領することであった。

高麗からの使節一覧表

回数	年代	使節名	備考
一	辛禑王元年（永和元 一三七五）	判典客寺羅興儒	幕府より私信の回答をうけた。
二	〃三年（永和三 一三七七）	判典客寺安吉常	安吉常は日本で病死。しかし九州探題今川了俊との連係がとれた。
三	〃三年	前大司成鄭夢周	今川了俊の使僧信弘とともに帰国。
四	〃四年（永和四 一三七八）	版図判書李子庸 前司宰令韓国柱	李子庸は今川了俊より捕虜二三〇余人を得て帰国。韓国柱は大内義弘の軍兵とともに帰国。
五	〃五年（康暦元 一三七九）	検校礼儀判書尹思忠	

九州についた了俊は在地の諸勢力を逐次懐柔して、応安五年八月には、ついに大宰府を陥して、一二年間にわたった征西将軍府極盛の時代を終結させた（藤田明『征西将軍宮』・川添昭二『今川了俊』・杉本尚雄『菊池氏三代』）。

これより、了俊の勢力は順次南下し、永和元年（一三七五）には肥後に入って水島に陣し、菊池氏最後の拠点にせまろうとした。了俊はこの水島合戦において勝ちを一挙に決しようとし、九州の三大守護勢力である少貳冬資・大友親世・島津氏久の来援をもとめた。大友親世がまず来陣し、ついで島津氏久が到着したが、少貳冬資はひとり来着しなかった。了俊は氏久に冬資の来陣をうながすよう依頼し、冬資もついに氏久の勧誘に応じて来陣した。ところが了俊は酒宴の最中に冬資を暗殺してしまった。面目を失った氏久は、ただちに陣を解いて帰国した。親世は了俊の慰撫に一応は応じたが、のちには了俊にそむくことになり、了俊は孤立状態におちいった。それに乗じて南朝軍が蜂起し、了俊は水島を撤退せざるをえなくなった。

幕府は大内氏をして了俊をたすけさせることにし、大内弘世の子義弘は手兵三〇〇をひきいて豊後にゆき、ついで肥前に入った。ここにおいて了俊の軍もいきおいを回復した。

永和三年（一三七七）六月、了俊はすすんで肥後志々木原に陣したが、高麗使節安吉常が日本に派遣されたのはこの月であった。了俊は、倭寇の禁止が容易でないことを率直に告げ、可能な範囲で誠意を示そうとした。かつては征西将軍府が明使との応接において示した態度とは大きな差異があった。

同年九月、了俊は肥後桜井に陣していたが急遽博多にもどった。この博多帰還について瀬野馬熊氏は、高麗使節鄭夢周との会見のためであったとし、その理由として、了俊が高麗との交易の利益を思ったこと、高麗との敵対関係は九州経営上憂慮すべきものであったこと、倭寇の禁止は南朝勢力に打撃をあたえるものでもあったこと、などをあげている（『瀬野馬熊遺稿』）。

了俊は辛禑王三年（一三七七）に鄭夢周に付して倭寇による高麗被虜人数百人を送還、同五年には李子庸の帰還に際して二三〇余人を送還、恭譲王三年（明徳二、一三九一）にはみずから六八人を送還するなど、かなり積極的な努力をくりかえした。

今川氏以外で直接高麗と交渉をもった例は、辛禑王五年に大内義弘がその麾下の朴居士に兵一八六人を付して送ったことがあるくらいで、高麗朝末期の交渉は今川氏が独占していたような観があった。

つぎに李朝鮮時代になってからの交渉をみよう。応永元年（朝鮮太祖三、一三九四）七月、了俊は朝鮮の使僧梵明に付して被虜男女六五九人を送還し、同年十月朝鮮王は了俊に鵓鴿《ほっこう(いえばと)》三双をおくり、十二月には了俊から朝鮮王に対して大蔵経の賜与を請求した。翌応永二年七月、日本国回礼使崔龍蘇が朝鮮から派遣され、了俊は被虜男女五七〇余人を送還して、大蔵経の賜与を謝したが、了俊が朝鮮に送った書中には、永年壱岐・対馬に力をつくし、倭寇の八～九割は減少することができたと豪語している。このことがあった翌月の閏七月、了俊は突如九州探題の職を解かれて、八月には怱々として京都に帰り、今川氏と朝鮮との関係は終末をつげた。

大内氏と朝鮮

今川了俊が九州から去ったのち、了俊にかわって朝鮮貿易に乗りだしてきたのは、かつて了俊をたすけて九州に出陣し、足利氏と結んで発展し、周防・長門・石見三国の守護を兼ね、南北朝の和解を周旋した大内義弘である。義弘は了俊にかわって九州探題になることをのぞんでいたほどで、対朝鮮交渉にははじめから積極的であった。すでに、義弘は高麗辛禑王五年（一三七九、康暦元）に高麗に書を送ったことがあったが、それ以外には今川了俊の全盛時代には高麗との通交のことはなかった。

李朝鮮の時代になると、義弘は応永二年（太祖四、一三九五）十二月に、朝鮮に人を送って物を献じ、翌年三月には通竺・永琳の二禅僧を送って禁賊と擄掠人還送のことを報じ、あわせて大蔵経を求めさせた。

応永四年にも義弘は永範・永廓を派したが、このとき、大相国（足利義満）の命によって壱岐・対馬の賊を禁ずるのに力をつくしていることを申し送っている。

朝鮮ではこれに対して前秘書監朴惇之をもって回礼使に任じて日本に送った。朴惇之の使命は、大内氏に謝意を表わすだけでなく、足利義満に対しても敬意を表し、倭寇の禁止を要求することであった。朴惇之の一行は応永五年の夏渡来し、山口を経て八月には京都に入り、義満に倭寇の禁止を要求した。義満はこれを快諾し、惇之の一行は翌年六月帰国した。

このとき、義満は百余人の被虜人を送還し、使者を派して大蔵経の板木と仏具とを求めさせた。これが李朝鮮に対する室町幕府の最初の使節派遣であるが、大内氏と朝鮮との通交が、室町幕府と朝鮮との通交へと発展した過程は注目されなければならない。

応永六年（定宗元、一三九九）七月、大内義弘は、先祖が百済からでていることをいい立てて朝鮮に土田を求請した。大内氏が百済王の子孫であるという所伝にもとづいたもので、先祖の縁故の地に土地を賜わりたい、というものであった。朝鮮側ではこの突飛な要求に朝議紛糾したが、大勢は賜田を不可とした。ところが、義弘は、この年の十月幕府にそむいて応永の乱を起こし、十二月には堺で敗死してしまったから、土田請求のことも自然と沙汰やみになってしまった。

しかし、義弘の没後も大内氏は防・長二州によって勢力を維持しており、朝鮮との通交は従来どおり行なわれた。そして盛見をはじめ持世・政弘・義隆など大内氏の滅亡に至るまで、かなり頻繁な通交が行なわれた（御薗生翁甫『大内氏史研究』・瀬野馬熊『瀬野馬熊遺稿』・福尾猛市郎『大内義隆』）。

今川氏および大内氏と朝鮮との通交は、一面では大宰府外交の伝統をうけつぐものであったが、他面では朝鮮側が倭寇取締りの実力者とみなした大勢力をその折衝の相手と考えたことにも由来する。そして、対朝鮮交渉と倭寇禁止とは、今川・大内の両氏にとって、対外的にも対内的にも達成しなければならぬ仕事であり、しかも有利な事業と考えられたのである。室町幕府としては、この現実をそのまま容認し、みずからは守旧の態度を持してあえて外交権を急いで幕府の手中に集中することはしなかったのである。

2　室町幕府と朝鮮

伝統的外交と室町幕府

朝鮮の太祖李成桂は、即位の年（一三九二、明徳三）に、交隣の最初のこころみとして、僧覚鎚を室町幕府におくり倭寇の禁止を要求した。これに対し足利義満は、相国寺の絶海中津に命じて答書させた。

日本国相国承天禅寺ノ住持沙門某、端粛シテ高麗国門下府ノ諸相国閣下ニ復シ奉ル、仲冬ノ初、貴国ノ僧覚鎚来リ、諸相国ノ命ヲ将テ書ヲ我ガ征夷大将軍府ニ達シ、諭スニ海寇イマダ息マズ両国釁ヲ生ズルヲ以テス、コノ事誠ニ来言ノ如シ、海隅ノ民教化ヲ敗壊スルハ、実ニ我ガ君臣ノ耻ヅル所ナリ、今マサニカサネテ鎮西守臣ニ命ジ、賊船ヲ禁遏シ、俘虜ヲ放還セントス、必ズマサニ両国ノ鄰好ヲ備ヘ、永ク二天ノ歓心ヲ結ブベシ、実ニ願フ所ナリ、然レドモ我ガ国ノ将臣、古ヨリ疆外ニ通問ノ事ナシ、是ヲ以テ直チニ来教ニ答フルコトアタハズ、仍ツテ釈氏某ニ命ジ、代書シテ敬ヲ致サシム、礼ヲ慢ニスルニ非ザルナリ、今臣僧寿允ヲ遣シ、細ニ情実ヲ陳ベシム、乞フ僉察セヨ、不宣、

明徳三年壬申十二月廿七《ママ》

（原漢文、『善隣国宝記』）

この文書は、日明正式外交開始前の幕府の方針、および朝鮮通交に対する態度をみるうえで重要である。

文書の充先は「高麗国門下府諸相国」となっているが、覚鎚の来朝が「仲冬初」すなわち十一月になっているところから考えれば、覚鎚は高麗からではなく李朝鮮から派遣されたものとみるべきである。ちなみに高麗王朝の倒壊は同年の六月、李朝鮮の建国は七月である。しかし、朝鮮の国号が定まったのは太祖二年（一三九三）であるから、こ

のときの国号はもとのまま高麗を称していたのである。

文書の末尾に「我ガ国ノ将臣、古ヨリ疆外ニ通問ノ事ナシ、是ヲ以テ直チニ来教ニ答フルコトアタハズ」とあるのは、外交権行使の主体は古来天皇にあったことを述べたものであり、この時点では、室町将軍はみずからを将臣と位置づけて、外交権の行使を自己の権限外のことと考えていたことを明瞭に示している。これはさきに室町政権最初の外交事件として、高麗恭愍王のとき、元征東行中書省の咨文に対してとった幕府の措置（中村栄孝『日鮮関係史の研究』・同『日本と朝鮮』参照）の延長であったといえよう。

朝鮮から室町幕府に送ってよこした文書の充書がどのようであったかは明確でないが、幕府はみずからを「征夷大将軍府」と称し、年号は日本の「明徳」を使用している。文書の内容は、朝鮮側の要請に答えて、倭寇の禁止を約束し、俘虜を送還し、鄰好を修めることを希望したもので、かれの要求を積極的にうけいれている。

この回答にみられる幕府の朝鮮に対する態度は、内実はすすんで通交の路をひらこうとしながらも、なお伝統的外交慣習を逸脱しようとする意図はなかったことを明らかにしている。高麗時代以来かれと関係のあった今川了俊が李朝鮮になってからも何ら中央と連絡をとることなしに直接に頻繁な交渉を展開していったのにくらべれば、幕府の態度はきわめて慎重であり、旧慣に忠実であったといわなければならない。九州探題今川了俊には大宰府の後継者としての意識が濃かったのに対し、京都の幕府には律令機構の継承者としての意識はいまだ薄かったという差異が存したのかもしれない。

応永四年（太祖六、一三九七）十一月、大内義弘は僧永範・永廓を朝鮮につかわした。そのとき、義弘が送った文書には足利義満の命をうけて壱岐・対馬の禁賊に力をつくしていることを記している。朝鮮では回礼使朴惇之を派遣することになった。惇之が京都に至って義満に関したことについてはすでに述べたとおりである。

室町幕府外交政策の転換

ここにおいて室町幕府は、はじめて朝鮮に使者を送ることになったのであるが、幕府はやはりこのときも伝統的政策を固執して直接朝鮮王に国書を送るということはせずに大内氏に代弁させている。

応永九年（一四〇二）六月に「日本国大相国」の使者が朝鮮に至り、七月には朝鮮の議政府から「日本国大将軍」に書を送って禁賊を謝し、俘虜の送還を要求した。

応永十一年（一四〇四、太宗四）にも幕府の使者周棠が朝鮮におもむいた。李朝『太宗実録』同年八月の条には「日本遣使来聘ス、且土物ヲ献ズ、日本国王源道義ナリ、日本国防長刺史大内多多良盛見亦礼物ヲ献ズ」（原漢文）とある。「源道義」は足利義満の法号で、大内氏とともに使を派していることは前例のとおりである。しかし、ここでは「日本国王」の名称が記録されていること、および国王の使者が大内氏とは一応独立したかたちで派遣されていることに注目しなければならぬ。義満が明の冊封をうけたのは、既述のように応永九年（一四〇二）で、義満が外交文書にみずから「日本国王」を称した最初は応永十年に明に派遣した堅中圭密の一行に付した表文である。そして、朝鮮に対して日本国王使が派遣されたのは応永十一年が最初であった。

このことは、義満の朝鮮に対する態度の形式上の大きな変革といわなければならない。明徳三年（一三九二）の絶海中津の朝鮮に対する答書に見えた「我ガ国ノ将臣、古ヨリ疆外ニ通問ノ事ナシ、是ヲ以テ直チニ来教ニ答フルコトアタハズ」という対朝鮮の方針は、このときをもって放棄されたのである。なんとなれば、義満はすでに「将臣」すなわち天皇の臣ではなく「日本国王」であり、外交権の行使者だったからである。そして日本国王は、朝鮮国王とともに、明皇帝を中軸として形成される東アジア国際通交機構の一翼をになう存在となったのである。

この後、十六世紀中葉、宣祖の初年の足利義昭の遣使にいたるまで、日本国王使の朝鮮訪問は前後六十余回にわたって記録に見え、そのたびごとに国書の交換が行なわれた。日本国王使の渡航の目的は、朝鮮国王の吉凶慶弔、大蔵経や仏典・仏具の求請、社寺造営料の募縁、明との通交の斡旋依頼、貿易の利益の獲得等であった。

朝鮮では、日本国王使の渡来に対しては、太宗時代から数回にわたって回礼使を派して報聘し、世宗以後は日本通信使を派遣してこれに応じた（中村栄孝『日本と朝鮮』・李鉉淙『朝鮮前期対日交渉史研究』）。

3　朝鮮初期の対日政策と応永の外寇

朝鮮の対倭寇政策

朝鮮の太祖・太宗の倭寇対策は大きな成果をあげ、倭寇は分解変質を余儀なくされた。倭寇がたどったおもな方向は、かれの懐柔政策にそって投化倭人・使送倭人・興利倭人となることで、一部はなお海賊として残存した。投化倭人とは、朝鮮で倭寇の首領者に帰順来投をすすめ、来投したものは優遇して田地や家財をあたえ、妻までめとらせて安住の地をえさせるという政策である。使送倭人と興利倭人とは、朝鮮の通商許可の線にそってあらわれたものである。使送倭人は日本の西日本諸豪族の使人という名儀で朝鮮に渡って貿易にしたがうもの、興利倭人は独立の貿易商人である。

ところが、平和な通交関係がひらかれると、投化倭人の数は激増し、使送倭人や興利倭人は陸続として朝鮮沿岸各地に入港貿易するようになり、朝鮮側の経済的・軍事的負担は増大する一方となった。使送倭人増加の様相について、応永二十六年（一四一九）に、朝鮮の許稠は、はじめ日本の使臣は少なかったが近時は一刀を献ずるものも使臣と称して貿易をもとめ、もたらす財貨は絡繹として道路や駅夫は弊害をうけることが少なくない、といっている。

朝鮮の貿易制限

このような日本人の無制限の渡航に対して朝鮮では大きな不安をいだき、その制限に着手した。まず、興利倭人に対する貿易場が、太宗の初年に富山浦・乃而浦《ないじ》の二港に限定された。世宗八年（一四二六）には制限をゆるめて塩浦《えんぽ》を加えた。この三港が三浦《さんぽ》とよばれ朝鮮初期の開港場となった。

浦所が定められたため、自然ここに定住する日本人ができ、かれらは恒居倭人とよばれた。ついで渡航者を対象とする制限規定が設けられた。応永十四年（太宗七、一四〇七）には行状の制度が施行された。興利船は日本の居住地の首領から支給される渡航証明書を持参しなければならないという制度である。応永二十一年（太宗十四、一四一四）には使送船に対しても制限が加えられた。すなわち、日本国王・対馬島主・大内氏・少弐氏・九州探題など十処の使者以外は渡航を許さない、というもので、これを対馬の宗貞茂から各地に通達させた。この場合、朝鮮通交の統制の仲介者として対馬の宗氏がえらばれたことは注意しなければならない。

宗氏と朝鮮

宗氏と朝鮮の間に正式な通交関係ができたのは応永四年（一三九七）以後のようである。応永四年の正月、朝鮮にいた倭寇が蔚州の知州事李殷を捕えて対馬に逃げかえるという事件があった。朝鮮では二月に通事前少監朴仁貴以下五人の使者を対馬に派遣して送還を要求した。同年四月、朴仁貴は再度対馬に至り、朝鮮国門下左政丞趙浚らの書を日本国対馬島守護李大卿に致した。「李大卿」とあるのは「宗大卿」のあやまりであろう。当時の対馬の支配者として考えられるのは宗頼茂である。これが李朝鮮の対馬島主との交渉を示す最初の文書である。

翌応永五年五月、対馬から被虜朝鮮人八人と倭人九人が朝鮮に送られ、倭人は各州に分置された。

さらに翌応永六年（定宗元、一三九九）七月、日本国対馬島都惣官宗貞茂が方物および馬六匹を献じて、かれが対馬の支配者の地位についたことを知らせる書契を送った。

このころから対馬と朝鮮との通交は頻繁になった。この時期は、朝鮮と室町幕府との通交がしだいに減少し、大内盛見の遣使もまれな時期であったから、朝鮮では倭寇の取締り役として大いに宗氏に期待したのであった。やがて応永十三年、宗貞茂が父霊鑑の死を報じて米豆二〇〇石をあたえられたのをはじめとして、毎年多量の米豆が朝鮮から対馬に送られた。応永十七年に三〇〇石、十八年に三〇〇石、二十年に四二五石、二十一年は若干石、二十三年に二八四石、二十四年に一〇〇石という数量が記録されている（高木真太郎『応永外寇の前後』）。これは、経済的に貧困な対馬に食糧を送ることによって、倭寇の再発を防ごうとしたのである。

倭寇を禁止するために努力した宗貞茂の行動は、朝鮮側からはきわめて高く評価された。応永二十五年（一四一八）三月、貞茂が風病を発して薬材を朝鮮に求めたとき、受職倭人の平道全は「貞茂が無病のときは賊船は薩摩州を通過して中国江南の地に向っていたが、貞茂が病んだので賊人は朝鮮の沿岸を行動するようになった」といっている。応永二十五年四月、貞茂が没したという報が朝鮮に達すると、太宗はとくに弔慰使李藝を派遣して厚く弔った。

応永の外寇

応永二十五年の対馬の宗貞茂の死は、太宗に倭寇再発の懸念を起こさせた。貞茂の子都都熊丸《つつくまる》（貞盛）はまだ幼少で、対馬では海賊の首領といわれる早田《そうだ》左衛門大郎らが勢力をふるい、島内の統制も十分ではなかった。

あたかもこの翌応永二十六年の五月に倭船五十余隻が朝鮮庇仁県都豆音串《とおんかん》に突入し、兵船を焼くという事件が起こった。ついで倭船三八隻は霧暗に乗じて海州の延平串を襲った。このときの賊のいい分は、「自分たちは朝鮮を目標としてきたのではなく中国を目的としているものである。ただ食糧がなくなったのでここにきた。前日の都豆音串の戦いは汝の国人が先に手をだしたので、やむなく応戦したのだ」というものだった。

この事件を機とし、倭寇が出撃した虚に乗じて対馬を討つという太宗の決断がくだった。このとき太宗はすでに王位を世宗に譲っていたが、大事の裁決権はなおその手に保留されており、とくに軍事については、すべてが太宗の処断にまかされていた。それに倭寇の道を断つために対馬を征伐するということは前例もあった。高麗末の対馬征伐や、朝鮮太祖の対馬征伐計画がそれである。

五月、太宗は都体察使李従茂より人を対馬につかわして征伐の理由を通達させた。六月に入ると、太宗は出兵にさきだってその意向を内外に声明した。その文は、対馬が倭寇の根拠地であることを述べているほかに「対馬ノ島タル、モトコレ我国ノ地」（原漢文）という文があって注目される。すなわち、太宗は、対馬はもともと朝鮮の領土であると考えていたのである。

六月十九日、三軍都体察使李従茂は巨済島を発して対馬にむかった。兵船は、京畿一〇艘・忠清道三二艘・全羅道五九艘・慶尚道一二六艘・総計二二七艘。ソウルより赴征の諸将以下官軍および従人あわせて六六九、甲士・別牌・侍衛・営鎮属および自募強勇雑色軍・元騎船軍あわせて一万六六一六、総計一万七二八五人という大軍で、その六五日分の糧食を用意していた。朝鮮軍は対馬の浅茅湾《あそう》に入って尾崎に泊し、ついで進んで船越に柵をおき、さらに仁位《にい》に上陸したが対馬の伏兵にあって敗退した。宗貞盛は朝鮮軍に対して暴風期が近づいていることを警告し、停戦修好を求めた。ここにおいて朝鮮軍は七月三日、全軍を巨済島に撤収させた。朝鮮ではこれを己亥東征とよび、対馬では糠嶽戦争とよんでいる。

七月十七日、外寇の直後、太宗は兵曹判書趙末生に命じて書を対馬島主都都熊丸（貞盛）に送らせた。貞茂の時代以来朝鮮が対馬にほどこした恩恵を説き、ひるがえって倭寇が朝鮮の沿海を侵したことを責め、対馬の貧困をあげて、このままでは対馬は坐して死をまつばかりであるから全島民をあげて朝鮮に移住降伏せよ、というものである。そのかわり、島主には官職をさずけ、島民の生活を安定させよう、といっている。

これに対する宗貞盛（都都熊丸）の口頭による返答を朝鮮側の記録によってみると、対馬を朝鮮の属州とし、巨済島に移り、印信を賜わるならば命にしたがう、というものであった。朝鮮では、対馬を慶尚道に加え、貞盛には「都都熊丸」という印をあたえ、以後は対馬の人はすべて宗氏の書契をもったものだけを接待することにして、翌応永二十七年閏正月に、その旨を対馬に通告した。彼我の交渉は、中間の者の欺瞞によって工作された路線の上で成立したのである。応永の外寇後の折衝はここに一応落着したかにみえたのであるが、実はこの後にあとをひく問題がのこされていたのである。

回礼使宋希璟の渡来

応永の外寇後の折衝が落着をみようとしていた応永二十六年の十一月、数年ぶりで日本国王の使僧無涯亮倪らが九州摠兵官（九州探題渋川満頼）の使者とともに仏典の求請を名目にして朝鮮をおとずれた。この遣使が行なわれた事情はつぎのとおりである。応永の外寇のとき、朝鮮では在留の日本人のうち対馬人は拘留したが、九州人には酒食を給して送還した。これをみた九州探題渋川満頼は、朝鮮側の真意をはかりかねて、博多の宗金を京都に送って幕府の意向をさぐらせることにした。宗金は、かつて博多に住していた陳外郎《ちんういろう》が京都で将軍義持と親しかったので、外郎を介して将軍に意を通じた。ところが、このときはすでに少貳氏から明の兵船一〇〇〇隻と朝鮮の兵船三〇〇隻からなる連合軍が来襲したという報告が京都に届いていた。幕府は、少貳氏の報告と渋川氏の情報とにいちじるしい相違があるのをみて、真相をさぐらせるために、博多妙楽寺の無涯亮倪を正使とし、陳外郎の子平方吉久を副使として応永二十六年十一月に朝鮮におもむかせることにしたのである（『老松堂日本行録』）。

朝鮮では無涯の一行に大蔵経などのものを回賜し、回礼使宋希璟を付して日本に送り、日本の国内情勢をさぐらせることにした。宋希璟は無涯とともに応永二十七年の二月には対馬に着いた。ここで希璟は、当時対馬島内の実権をにぎっていた早田左衛門大郎から、対馬が慶尚道に属するということについて抗議をうけ、もし少貳氏がこのことをきけば百戦百死これを争うであろうと聞かされた。ここにおいて、希璟は、すでに回復したと信じられていた応永の外寇後の通交関係は、中間の折衝に当ったものが捏造したものであって、まったく砂上の楼閣にすぎなかったことを知った。

四月に希璟の一行は京都に入った。ここでも一行は冷遇をうけた。このころは日明関係も危険な状態にあり、足利義持は強硬な態度で父の対明外交態度を否定したが、その折に明・朝鮮の連合軍が来襲したという少貳氏の注進が届いたので、将軍は朝鮮をはなはだしくうらんでいたという。しかし、希璟と幕府との折衝は、通事として活躍した明人魏天や等持寺の僧や博多の宗金などの努力によって円滑に進行し、希璟は一応は来朝の目的を達することができた。希璟の朝鮮ソウルへの帰着は同年の十月である。

朝鮮使節の幕府観

このとき希璟の通事として渡来した尹仁甫の報告は、朝鮮の日本認識という点でいくつかの重要な問題をふくんでいる。この報告は、幕府が、明・朝鮮連合軍来襲の報告を信じて朝鮮に対して警戒的であったことを記し、室町幕府については、日本の国は国家の倉庫がなく、ただ富者をして財政を支持させている、国王(将軍)の命令はただ都の付近に行なわれるだけで、土地はみな諸豪族に分けられている、としている。朝鮮側が室町将軍を日本国王とよびながらも、こののちこれを日本との通交の代表者とみなすことを避けた最大の原因は、将軍権威が微弱であるというこのときの認識が大きく影響しているように考えられる。日本と朝鮮とのあいだには、日明間におけるような一元的外交関係が成立しなかったが、その主要原因の一つに、このような朝鮮側の日本認識をあげることができるであろう。

この認識は、一〇年後に渡来した通信使朴瑞生によっても明確にうけつがれている。すなわち、朴瑞生は、御所(足利将軍)と修好することは交隣の道ではあるが、倭寇の禁止にはあまり役に立たないから、今後朝鮮としては、やむをえない報聘の場合のほかは遣使する必要はない、と極言している。そして大内氏や宗氏などと「厚往薄来」してその心を喜ばせる方が禁賊のためには有効だと述べている。

かくて、宋希璟の渡来は一応の成果をおさめ、朝鮮側の日本認識をいちじるしく増大させる結果をもたらしはしたが、応永の外寇後の彼我の交渉はまたふりだしにもどってしまったのである。

この後両者の交渉は遅々として進捗せず、応永三十年(世宗五、一四二三)に、対馬征伐の中心人物であった朝鮮の上王太宗が死に、政治の実権が世宗に移るまで回復をみることができなかった。

4 朝鮮世宗の通交統制

世宗の交隣融和政策

朝鮮の世宗は〝海東の堯舜〟とたたえられたほどの英明の君主であり、その治世は李朝の黄金時代といわれた。日本との関係もこの世宗の時代(一四一九〜一四五〇、応永二十六〜宝徳二)を通じて大いに整備され、通交に関する制限的規定が逐次制定され、日朝の関係は制度的にも明確なものとなって、これにつづく時代の基礎がおかれた。とくに太宗が死んだ応永三十年(世宗五、一四二三)から嘉吉三年(一四四三)にいたる二〇年間が日朝関係史上に占める意義は大きい。

通交制限の規定には、通交者に銅製の私印(図書)をあたえて統制優遇する授図書の制、対馬島主に権限をあたえて通交者を統制する対馬島主書契の制・対馬島主文引の制、通交船の数に制限を加えた歳遣船の定約などがあり、ほかに浦所・倭館の規定、釣魚禁約、上京道路や通交者の接待に関する規定などがあった。これらに関する諸先学の論著はかなり多い。中村栄孝氏『日鮮関係史の研究』・瀬野馬熊氏『瀬野馬熊遺稿』・長正統氏「中世日鮮関係における巨酋使の成立」(『朝鮮学報』四一)などがあり、拙著『中世海外交渉史の研究』・同『倭寇と勘合貿易』・同『中世対外関係史』においてもこれに論及するところがあった。

このように世宗の時代になって、急激に貿易の体制が整備されるようになった原因としては、(一)倭寇の危機がいちじるしく減少したこと、(二)貿易の発展によって朝鮮側の経済的負担が増大したこと、(三)朝鮮側の日本認識が拡大して、もっとも適切な通交統制策として対馬宗氏の利用が考えられたこと、(四)朝鮮の明に対する顧慮があったこと、などが考えられる。しかしこれらの原因を明確にみつめて、決断をもって両国和平通交の路をひらいたのは、太宗の武断と対比される世宗の宥和策すなわち交隣を重視する意志に求められなくてはならない。

世宗は応永の外寇後の日本人捕虜の還送にかなり寛大な態度を示した。さきには倭寇による朝鮮人捕虜の送還問題が両国通交上の重要課題であったのだが、今度は皮肉にも日本人捕虜の送還が問題となったのである。また、世宗は興販のために朝鮮に渡航する日本人に対してはとくに便宜をはかって優遇し、対馬島の飢餓をきけば食糧を送り、また飢民が来投すればうけいれて安置した。

宗氏の対応　一方、対馬の宗氏は、朝鮮側の統制策に対応しながら、これらを有効に利用することによって対馬島内における領国支配の体制をかためていった。すなわち、さきに述べた対馬島主書契の制度は朝鮮から規制されたものであったが、島主文引の制度は逆に宗氏が朝鮮に申入れて定めさせたものであった。このほか、朝鮮南面の多島海における漁業権も宗氏が独占的に掌中にすることに成功し、これを領国支配のうえに活用したのである（長節子「対馬島宗氏領国支配の発展と朝鮮関係諸権益」『朝鮮学報』三九・四〇合併特輯号・同「おふせん論考――孤草島釣魚に関する一考察――」『朝鮮学報』三六、参照）。

5　通交貿易関係の推移

通交者の地域別構成　朝鮮との関係は、明との関係とちがって制度も複雑だが通交貿易者の範囲や階層もまた複雑であった。

まず通交貿易者の出身の地域を検討してみる。日本側には材料はないが、朝鮮側の史料にはかなりこまかく書きとめられているので、それらをひろいあげてみよう。朝鮮の『李朝実録』のうち『太祖実録』『定宗実録』『太宗実録』は一三九二年から一四一八年までの記録であるが、そのなかに、日本からの通交者六二名の名前を知ることができる（グラフ(1)）。同様に『世宗実録』の一四一九年から一四四三年（癸亥約条の年）までは九三人である（グラフ(2)）。『海東諸国紀』は一四七一年の成立だが、それ以前の日本関係の詳しい記録で、実に一七四名の名前を記している（グラフ(3)）。『成宗実録』は一四七〇年から一四九四年までで一三二名である。この時代は通交者数の増加が頂点に達した時代である（グラフ(4)）。作表にあたっては肥前とくに松浦地方の通交者数がきわめて多いので、九州とは分離して壱岐とともに一地域と考えた。九州とあるのは肥前・壱岐以外の九州の諸地域である。

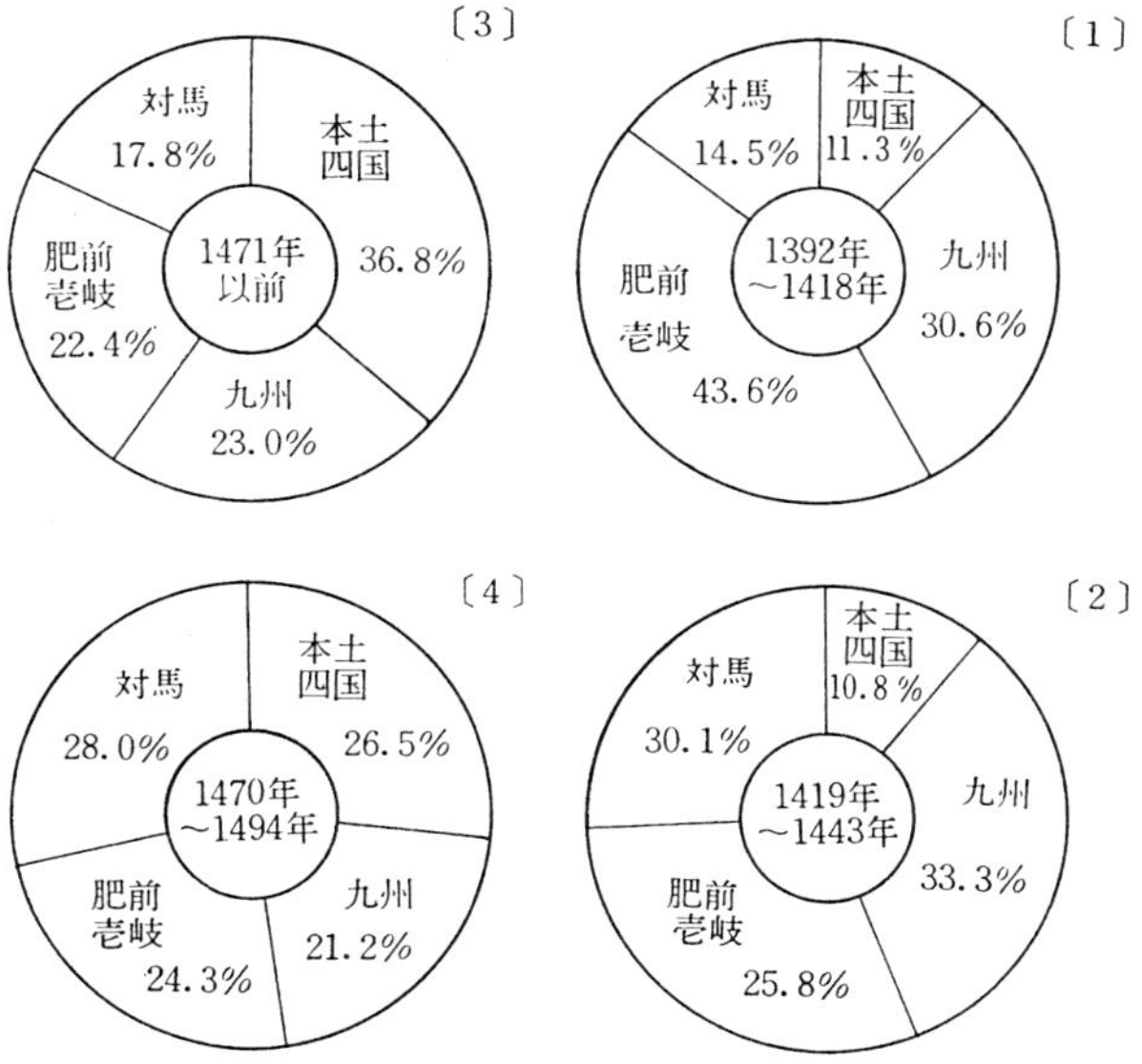

通交貿易者の地域別構成

ここに示したのは人名の数だけの比率であって、個人の貿易回数などは明らかにはしていないが、対馬は人名の数の面だけでも各時代を通じて重要な地位にあることが理解できよう。グラフ(1)は倭寇時代にひきつづいていた時代で、対馬の勢力はあまり大きくない。それに反して九州地区の比率が高くなっている。これは博多を中心とする貿易商人の活動が活発となり、それに薩隅地方の貿易者が南海貿易との関係で大きく進出してきたからである。グラフ(2)は世宗の時代で、応永の外寇などがあり、対馬の勢力は一時的に後退したのであるが、世宗の交隣政策の線にそって盛んに進出するようになり、その比率も高くなっている。グラフ(3)は『海東諸国紀』によるものである。この図で本土の比率が急に増大しているのは、朝鮮で観音現像・雨花舎利という仏教の奇瑞があり、瀬戸内海地域の小豪族までも、それを理由に多数渡航したためである。グラフ(4)は、それにつづいてやはり本土の通交者の数が多い。この通交者の傾向はだいたい一五一〇年（永正七）の三浦の乱の前まで継続したとみてもよい。

三浦の乱ののちは、対馬が乱で断絶した通交の回復に努力をつづけた時期であり、貿易の回復が対馬を中心に行なわれたために貿易権の対馬集中という現象をまねくことになるのである。

通交関係推移の諸段階　朝鮮との関係も、明との関係と同様にその推移をいくつかの段階に分けて考えることができる。この問題でも早く見解を発表したのは三浦周行氏で、三期に分ける方法をとっている（「足利時代に於ける日鮮貿易に関する一考察」『青丘学叢』四）。

第一期は、朝鮮の開国以来創業の時期、制度がいまだ備わらなかったから、これに乗じて日本から朝鮮に渡航するものが多く、やや濫に失した時代、第二期は、応永の外寇から三浦の乱にいたる時期、太宗の意にでた応永の外寇は効果をあげなかったが、その後日本人の渡航者や居留民に厳重な制限を加え、ついには富山浦・乃而浦・塩浦のいわゆる三浦居留民の不平不満が争乱に発展した時代、第三期は、三浦の乱後の時期、朝鮮は日本との通交を徹底的に制限し、日鮮関係が悲境におかれた時代、とする。

応永の外寇・癸亥約条（嘉吉条約）・三浦の乱を、日朝通交の転換期とする見方は、三浦氏だけでなく諸家の一致した見解であり、私もこれに同調したいと思う。

日本と朝鮮との関係を動かした力が、彼我両国の政治経済事情にもとめられるのは当然であるが、日本側のもっとも大きな勢力である室町幕府は足利義満の時代には積極的な態度をみせたが、以後はあまり大きな関心は示していない。足利将軍の対朝鮮通交は、義満の死後、朝鮮世宗の時代に入ると激減する。すなわち、太宗期における足利氏の遣使は一四回、世宗期は一一回であるが、年平均をとれば、太宗期の毎年一回強が世宗期には三〜四年に一回という激減ぶりである。このことについて、田村洋幸氏は、義満時代の対朝鮮通交は皮相的な大陸文物の要求にすぎないものであったので、日朝通交の性格が明瞭になった世宗期には、主流から取りのこされることになったのだとしている（田村洋幸『中世日朝貿易の研究』）。世宗期以後における日朝通交の主流とは何か。それは対馬を中核として行なわれた両国の通交にほかならない。

日朝間の貿易品

朝鮮は産業経済発達の段階が明とはちがい、また日本とも異なっていた。日本側も、畿内・九州・対馬などでそれぞれ経済発達の段階がまちまちであり、朝鮮に対してもとめるものもそれぞれ相違していた。輸入品の動向をおおまかにいえば、十四世紀における倭寇活動の段階で略奪の対象となったのは官米と人民（奴隷）とであったが、平和な通交関係になると織物と仏典とが輸入品の中枢を占めるようになった。食糧の米豆は、わずかに対馬を対象に送られてきたにすぎない。

織物の輸入が多かったのは、朝鮮で織物が貨幣的な機能をもつものとして生産され、流通していたことと関係がある。高麗時代は、五升布という麻布が布貨として使用されていたが、李朝に入ると紙幣や銅銭も用いられた。これらの貨幣は一般にはなかなか通用せず、世宗朝以後には木綿布と正布（麻布）が主として貨幣の役目を果たした。

日本への輸入品は、李朝の初期では虎皮・豹皮・貂皮・彩花席・苧布・麻布・綿紬・人参・松子・蜂蜜などであったが、一四二三年（応永三十、世宗五）以降は、正布・綿紬・白苧布・黒麻布が回賜品になり、一四四三年の癸亥約条

（嘉吉条約）以後は正布・綿紬にならんで綿布が多く輸入されるようになった。成宗朝になると、綿布は正布・綿紬とともにますます多量に輸入された。朝鮮戸曹の発表によると、日本人に対する木綿布の支給量は、一四七五年（文明七、成宗六）が二万七二〇八四、翌年が三万七四二一匹だったという。織物の輸入は年を追って増大し、一四八六年（文明十八、成宗十七）には日本人に対し朝鮮では布貨五〇万匹を支出、一四八八年には夏季三か月だけで一〇万余匹の布帛が日本に回賜品として送られ、朝鮮政府の貯蔵量はわずか八〇万匹になってしまったという。

これら布帛類の大部分は木綿布であった。一四九〇年（延徳二、成宗二十一）に朝鮮に至った対馬の宗貞国の特使は、絹布・麻布は日本にもあるが木綿はない、と称して木綿の支給を希望している。このころ対馬に対して支出された綿布だけでも一四八八年に六三〇六四、一四九一年には一万九〇六匹、翌年は一万五二四五匹の大量になっていた。しかし木綿生産がようやく日本国内に普及した近世初頭にいたると、朝鮮貿易の比重は中世の場合ほど重要な意味をもたなくなってきた（小野晃嗣「本邦木綿機業成立の過程」『日本産業発達史の研究』所収・周藤吉之「高麗末期より朝鮮初期に至る織物業の発達」『社会経済史学』一二ノ三）。

高麗版の大蔵経が多量に輸入されたのも日朝貿易の特色である。李朝鮮では儒教を奨励し、従来国教的な地位にあった仏教を圧迫したので、六千数百余巻におよぶ大蔵経は朝鮮国内での価値を失い、恰好の輸出品に転じた。一三八九年（元中六、高麗辛昌王元）から一五三九年（天文八、朝鮮中宗三十四）までの一五〇年間に、日本から大蔵経を求請すること八三回におよび、四三部が渡来した（管野銀八「高麗版大蔵経に就いて」『朝鮮史講座』所収・竹内理三「中世寺院と外国貿易」『歴史地理』七二ノ一・二）。

輸出品には、日本国内の生産品と中継物資とがある。国内生産のものは、銅・硫黄・金などの鉱産物である。十六世紀中葉以後になれば銀が多量に輸出されている。太刀や扇などの工藝品も、対明貿易ほどではないが記録されている。中継物資は、染料・香料・薬材・陶器などの南海や明の貨物で、琉球を介して日本に入ったものが多い。このような物資の流通関係は、明の海禁政策と琉球商人の海上活動と、それをうけとめた博多や堺の商人の行動によってみちびきだされたものであった。

日朝通交体制の崩壊

朝鮮世宗の末年からつぎの成宗の初年にかけて、朝鮮では歳遣船の定約を中軸として通交秩序の確立と制限強化の方針をすすめた。その具体的な内容は、親日宰相として知られる申叔舟が一四七一年(文明三)に撰した『海東諸国紀』に詳しい。同書「朝聘応接紀」の条をみると、使舡定数・諸使定例・使船大小船夫定額・給図書・諸使迎送・三浦熟供・三浦分泊・上京人数・三浦宴・路宴・京中迎餞宴・昼奉盃・京中日供・闕内宴・礼曹宴・名日宴・下程・例賜・別賜・留浦日限・修船給粧・日本船鉄釘体制・上京道路・過海料・給料・諸道宴儀・礼曹宴儀・三浦禁約・釣魚禁約、にわけて詳細に述べている。

十五世紀の末年にいたって日朝貿易上の変化が起こった。それは、日本船が積載して朝鮮にもたらす金および銅の数量がにわかに増加したためである。朝鮮では官営の公貿易だけではこれに応ずることが困難になり、一時私貿易をも許さざるを得なくなった(一四八五~一四九四)。その結果、貿易額が増大しただけでなく、金・銅の貿易を公貿易を原則とすることにもどしたのちも密貿易が盛んとなり、その禁断が困難となって恒居倭の暗躍に拍車をかけた。このような貿易事情に加えて、成宗末年からつぎの燕山君の時代にかけて、朝鮮では王室と貴族の奢侈生活と政治の弛緩によって国庫の欠乏をまねき、日本船の接待や貿易の米豆・絹布・綿布の支給などにもこと欠くありさまになった。恒居倭や対馬島人には、朝鮮官憲を軽侮して海賊行為におよぶものが生じた(中村栄孝『日鮮関係史の研究』)。

三浦の乱

一五〇六年(永正三)中宗が即位して、諸政の一新をはかり、日本との貿易にも統制を強化し旧例にもどすことに努力した。ところが釜山などの地方官憲には功をあせって日本人の反感を買うものがあらわれた。

恒居倭人を中心とする三浦在留の日本人は、対馬島主宗盛順の応援をえて永正七年（一五一〇）大挙して武装蜂起した。しかし朝鮮政府軍の反撃をうけて恒居倭人は対馬に撤退した。これが三浦倭変、日本でいう三浦の乱である。

この争乱の結果、朝鮮と対馬との関係は断絶した。したがって宗氏の文引をうけて往来する船舶はいっさい渡航することができなくなった。対馬では、足利氏にたよって朝鮮との通交を回復しようと策し、永正九年（一五一二、中宗七）に朝鮮との間に壬申約条を成立させることに成功した。しかし、三浦居留は認められず、歳遣船は二五艘に半減され、受図書人も制限をうけることになった。往来の港も薺浦（乃而浦）一港に限定された。

この後、宗氏は朝鮮と交渉して貿易港に釜山を追加させ、歳遣船を三〇艘にまで増すことができた。

宗氏の朝鮮貿易独占

ところが天文十三年（一五四四、中宗三十九）、日本船二〇余隻が慶尚道蛇梁鎮を襲撃する事件があった。これは甲辰蛇梁の変とよばれるものだが、このため事態はふたたび三浦の乱直後の通交断絶の状態にもどってしまった。三年後、朝鮮の明宗は日本国王使と丁未約条をむすんで対馬島主歳遣船二五艘を復活した。

弘治元年（一五五五、明宗十）、日本の五島列島を根拠地にしていた明人王直を首魁とする大海賊団が七十余隻の船団で全羅道方面を行動し、大いに朝鮮の朝野を戦慄させた。乙卯倭変とか達梁倭変とかよばれるものである。対馬宗氏はこの機会をとらえて、海賊の取締りと情報の提供とを好餌として交渉し、歳遣船を三〇隻に復することに成功した。これが丁巳約条とよばれる。

三浦の乱後の時期は、三浦周行氏が日朝関係史上の悲境の時期と規定したほどで、対馬の対朝鮮貿易はいちじるしく苦境においこまれた。対馬では、これに対し朝鮮との通交貿易権を宗氏の手中に集中し、その利益を対馬一島で独占するという方策をもって対応した（中村栄孝『日鮮関係史の研究』・田中健夫『中世海外交渉史の研究』）。

このような日朝貿易の傾向は文禄慶長の役の直前までつづいたと考えてよいであろう。

三　琉球との関係

南蛮船の渡来　日本の南北朝時代にあたる十四世紀の後半は東アジアの海上交通は澎湃たる気運のみなぎった時期であった。この時期に南蛮船とよばれる南方地域の船が日本をおとずれるようになった。

遣明船貿易家楠葉西忍の父ヒジリは応安七年（一三七四）に渡来した天竺人だったといわれる。この場合の天竺はどこをさすのか明確ではないが、おそらくは南方のいずれかの地域であろう。康暦二年（一三八〇）ころ渡来した奇叟異珍も南蛮人で、薩摩で曹洞宗に帰依し、のち加賀の仏陀寺に住した（新村出「日本南国関係史料補遺」『新村出選集』二、所収）。嘉慶二年（一三八八）には暹羅の船が日本にきて、一年ほど滞在してから高麗にむかった。暹羅船は李朝鮮の太祖六年（応永四、一三九七）にもふたたび朝鮮にむかったが、途中で倭寇に捕えられ、のがれてようやく朝鮮に入ることができた。

応永十五年（一四〇八）と応永十九年の二度、若狭小浜に南蛮船の来着があった。国王亜烈進卿から日本の国に対して生象一匹・黒山馬一隻・孔雀二対・鸚鵡二対、そのほかのものを進上した。これはスマトラの旧港（パレンバン）の船である（小葉田淳『中世南島通交貿易史の研究』・和田久徳「十五世紀初期のスマトラにおける華僑社会」『お茶の水女子大人文科学紀要』二〇所収）。

『李朝実録』によると、応永十三年（太宗六、一四〇六）から応永十九年にかけて、爪哇の使者陳彦祥が朝鮮と通交したことがみえ、その間に倭寇に襲われたり、博多に寄港したりしたことを記している。

応永二十六年にも南蛮船が薩摩に来着した。これは博多に来航した船が倭寇の難をさけて薩摩の町田家久の所領に仮碇泊したものである。九州探題渋川満頼父子は、これに対して博多への回航と警固とを命じた。この南蛮船もスマトラ船であった（和田前掲論文）。

『海東諸国紀』は博多について、「琉球・南蛮商舶所集之地」と書いているが、室町時代前期の南蛮船の九州地方への来航はかなり頻繁だったようである。

琉球船の海外活動　琉球では察度が一三五〇年（観応元）に即位して中山王となり、明と朝貢関係をむすび、琉球の三山（山北・中山・山南）のなかで、政治的にも経済的にも優位に立つようになった。

明の海禁政策は、結果的には新興琉球王朝のために海上活動のみちを開くことになった。すなわち、中国商人が海外で活動することを禁止されたことが琉球商人に物資中継者としての広範な活動の舞台を提供することになったのである。

応永年代から寛正・文正年間ころまでに琉球の室町幕府に対する遣使は盛んに行なわれ、だいたい三〜四年に一度くらいの来航があった。琉球船は将軍におくる献上品のほかに沈香・蘇木などの香薬類、南蛮絹・南蛮酒などの中継南海物資をもたらした。また中国銭も琉球船が中継して日本にもたらす重要なものの一つであった。このうち香薬類は日本人の手を経て、さらに明や朝鮮に再輸出された。

琉球船の九州来航は、畿内来航よりも一層頻繁であった。肥前の金源珍、対馬の早田六郎次郎などは、朝鮮—対馬—肥前—薩摩—琉球という航路のうえで盛んに活躍した（田中健夫『中世海外交渉史の研究』『中世対外関係史』）。

琉球船の畿内来航がもっとも盛んだったのは永享年間で、応仁の乱後には、ほとんどその来航が絶えた。けだし瀬戸内海の通航が戦乱と海賊の横行によってはばまれたからであろう。

琉球船が来航しなくなると、兵庫や堺の商人は、薬種・香料・染料などの入手のみちを失った。このころ遣明船貿易で博多商人の勢力を圧倒して勃興期にあった堺商人は、すすんで琉球渡航の船をみずからの手で経営するようになった。

幕府は文明三年（一四七一）、島津氏に対して堺辺から琉球に渡海するものが多いことをつげ、今後幕府の印判をもたないものは渡航することを禁じ、とくに船中に銅銭を積んだものがあれば取りおさえて京都に運上させることにした（『前編薩藩旧記雑録』）。文明六年には幕府は島津氏に対し、和泉の小島林太郎左衛門尉・堺の湯川宣阿・小島三郎左衛門の船を琉球に渡航させたことを伝えている。

琉球と島津氏

琉球と地理的にもっとも近い距離にあった有力守護大名は島津氏である。対馬の宗氏がその地理上の位置を利用して朝鮮貿易を独占しようと策したのと同様に、島津氏もまた琉球貿易の独占をはかった。薩摩にのこる所伝では、嘉吉元年（一四四一）に島津忠国が将軍足利義教から琉球をあたえられたとなっているが、このことは琉球の関知するところではなく、琉球は独自の立場で薩摩との友好関係を保っていた（喜舎場一隆「中世薩琉交通の性格――修好国・附庸国の問題について――」『海事史研究』一一）。そして、文明のころから琉球では正式の通交船としてあや船を島津氏に派遣した。これは島津氏の世主嗣立を賀したり、三州平定を祝ったりする政治的性格の強い派船であった（喜舎場一隆「「あや船」考」『日本歴史』二四一）。

永正五年（一五〇八）、島津忠治は琉球国王に書状を送って、島津氏の印判をもたない商人が琉球に渡航するようなことがあったら琉球側で点検して、明証がなければ船も貨物も没収してほしい、といっている。これは琉球貿易における島津氏の独占を琉球側にも承認させようとするものであった。

島津氏にはまたつぎのような所伝がある。すなわち永正十三年（一五一六）、備中国蓮島の住人三宅和泉守国秀が琉球を襲撃しようとして兵船一二隻で薩摩坊ノ津に碇泊したことがあったが、島津忠隆が国秀を誅殺し、これより二〇年後国秀の党類がふたたび琉球征伐を計画したが、島津氏がまた阻止という。しかし、この事件には不審な点が多く、むしろ島津氏によって作りあげられた事件のような印象をうけるのである（本書「三宅国秀の琉球遠征計画をめぐって」参照）。

永禄二年（一五五九）の那覇主部中から島津氏の老臣にあてた書状には、島津氏の印判のない船は認めないということを記している。このころには島津氏の独占体制もようやく確立したのであろう。

十六世紀になると、琉球船の貿易活動はしだいに少なくなり、中華にはまったく衰えてしまった。東アジア海域では、明の海禁政策の破綻から中国海商の海上活動がはじまり、かれらは直接に南方や日本との取引きを行ない、またポルトガル船がマラッカを占領して、中国沿岸を北上して直接日本との貿易関係に入るというような事態が生まれてきた。かくて、ながい間琉球が果たしてきた中継貿易者の役割は中国海商やヨーロッパ貿易商人に奪われ、琉球商人の東アジア海域における存在意義はいちじるしく減少したのである。

〔後記〕　本稿は昭和四十二年（一九六七）ころ執筆し、同五十三年に刊行された森克己・沼田次郎編『対外関係史』〈体系日本史叢書5〉の第四章・第五章として発表したものである。栗原朋信・森克己・山脇悌二郎・沼田次郎・下村富士男・今井庄次の各氏が分担して共同執筆したが、私が担当したのは中世後半の部分で、引用文をすべて読み下し文にしたのは叢書の編集方針にしたがったからである。

内容は拙著『中世対外関係史』や本書所収の他の論考と重複する部分が多いが、中世における東アジア諸国との関係を概観したものなので、補正のうえ本書の巻首におくことにした。

足利義満の外交

非難される足利義満の外交

幕末の政情が騒然としていた文久三年（一八六三）の二月、京都の三条河原に、尊氏・義詮・義満の足利三将軍の木像の首がさらされた。北野の万年山等持院には足利家十五代の位牌が納めてあり、さらに、尊氏から義満までの三代は木像が安置されていた。いわゆる勤皇の志士が同寺に忍びこんで、木像の首を刎ね、これを人目につく三条河原に獄門にしたのである。その罪状書というのをみると、「名分を正すの今日に至り、鎌倉以来の逆臣は一々吟味を遂げ、誅戮致すべきのところ、この三賊は巨魁たるによりて、まづその醜像へ誅を加ふる者なり」（原文は漢文まじりの和文）と書いてあった。

勤皇の志士たちにとって足利義満は尊氏・義詮とともに逆賊の巨魁だったのである。周知のように義満は尊氏・義詮とともに室町幕府の基礎を固めた人物である。徳川武家政権の存在を否定しようとする勤皇の志士たちが、強固な室町政権——それは鎌倉幕府よりはるかに強大であり、江戸幕府の武家政治の前提となるものであった——の定礎者をこのように憎悪したのはあながち驚くにはあたらないが、義満という人物はその他の面でもとかく評判がよくなかった。

義満が驕慢な独裁者であったというイメージが形成されるには、それなりの由来があった。武家として幼くして征夷大将軍になったばかりでなく、公家の最上位の太政大臣にのぼり、人臣として最高の官位をきわめ、出家しては法皇の行動をまね、死後は太政天皇の尊号が贈られようとしたこと、義満は皇胤であるという説があって、皇位を奪おうという意志があったかもしれないという説があること等である。そして、さらに加うべきは、かれが中国の明との間に外交関係をひらいて、明の皇帝から日本国王に封ぜられ、みずからもまた日本国王を称したことである。

足利義満が明の皇帝から冊封をうけたことはふつう屈辱外交とか卑屈外交とかといわれている。このようなかれの外交を屈辱とか卑屈とかみる見方は、皇室中心の歴史叙述が盛んになった明治時代以降に作り出されたものではない。

幕末の国学者黒川春村（一七九九〜一八四六）は、その著『碩鼠漫筆』に「足利将軍王爵の批判」として、

室町将軍贈太政大臣源義満公ハ、ひたぶるに明《ミン》国の帝を欽慕し、彼国の王爵を愛《(受カ)》られ、或ハ永楽銭数万貫を乞取などして、皇国の恥辱を遺されたりし事、浅ましともいはんかたなし、もし其後に、彼豊太閤の西征だになからましかバ、何れの代にかハ会稽を雪く期のあらむ、

と記して、義満の外交を痛罵し、豊臣秀吉の外征を賞揚している。しかもなお注意すべきは、このような義満批判もカラゴコロを去ろうとする国学隆盛の風潮の中ではじめて生まれ出たものではなく、義満在世の時代からすでにひろく存在したものだったのである。そのことについてはのちに述べよう。

このような義満批判に対し義満の立場を弁護する論もまったくなかったわけではない。弁護者の一人は江戸時代有数の儒者新井白石である。白石は、その著『読史余論』では義満のことを「此人驕恣の性にて、信義なき人におはしき」と酷評しながらも、『白石小品』のなかでは、

義満ノ御事、世ニハ驕姿《(恣)》ナルコト共オハシケル由ヲ申ス、然レトモ、勇武モ父祖ニスグレ、器量モ我国ニアマル程ニモオハセシニヤ、其武四海ノ乱ヲ定メ、其文万民ノ肩ヲ息フホトニハ至リ玉ハサレトモ、北朝ノ御事ヲモヨク沙汰シテ、其身モ人臣ノ位ヲ極メテ、身死シ玉フニ及ヒ、太上天皇ノ号ヲモ進《(まい)》ラセラレ、異朝ノ天子モ、我国ノ国王ニ封シ玉ヒ、恭献ノ謚ヲモ贈リ玉ヘリ、将軍ノ御事ヲ公方ト申マヰラセテ、其儀洞中ノ式ヲ用ヒラル、コ

トモ、又武家ノ永式ヲ定メオカレシコトモ、皆々此時ニ備ハリヌレハ、コレモアナカチニ傾ケ申スヘキ御事ニハアラス、

として、義満の行動が武家政治確立の過程で高く評価さるべきであることを述べている。白石が世評に対抗しながらも、このように義満の行為を弁護しようとしたのは、白石自身の心中に徳川将軍の独裁的政治権力を確立しようとする強い意図があり、その立場から義満の行為を観察した場合、それは「アナカチニ傾ケ申ス」すなわち軽々に非難してはならないことであったのである。

以上のような非難と弁護の両論の中で、問題にしなければならないのは、義満が何故このような形で外国との関係を結んだのかということであり、またそれは果して世にいわれるような屈辱の外交ときめつけてよいものであろうかということである。

この二つの疑問を解くためには、まず当時東アジアに行なわれていた外交の慣習はいかなるものであったか、それに対して義満がどのような対応を示していったかという問題が取りあげられなくてはならない。

東アジアの国際秩序

歴史の流れは先例の踏襲とその打破とによって進行する。先例はそれが積み重ねられたとき慣習となり、容認されたときに伝統という美名を冠せられるのである。ところで東アジアにおける対外関係の先例——慣習——とはいかなるものであったろうか。

古来、東アジアにおいてもっとも力をもっていたのは漢民族であり、かれらによってうち立てられた国家としての中国は東アジアの中心に位を占めるものであった。そのため漢民族は古くから民族的優越思想をもちつづけてきた。それが中華思想とよばれるものである。この中華思想は、背後にいつも夷狄の存在を予想していたので華夷思想ともよばれる。「中」は地理上の中心という意味よりも観念的文化的に世界の中心であることを意味し、「華」は一般に

ハナの咲く繁栄の地と考えられている。「中華」とは漢民族の自己の国土と文化とに対する強い自負に満ちあふれた自称ということができよう。

中華思想によれば、数多くの種族の結合によって統一された世界が天下であり、天下の支配者が天子（皇帝）であった。天子は天の命令にもとづいてその徳をひろめて周辺の異民族を徳化して礼と法との秩序をうち立てることを理想とした。礼と法とがあまねく行なわれる文化地帯が華夏で、その中心が中華または中国であり、それ以外の地域は四夷と考えられた。四夷すなわち東夷・西戎・南蛮・北狄は、当然中国の文化を敬慕すべきものであり、四夷の君長は、自分自身かあるいは使者を天子のもとに送って土産の物を献じて朝見の礼をとるべきであると考えられた。これが朝貢である。明の太祖洪武帝は「中国は内にいて夷狄を制し、夷狄は外にいて中国を奉ずべきだ」といっている。

朝貢した四夷の支配者は、天子とのあいだに君臣・父子・兄弟・舅甥などの統属の関係をむすぶのがふつうであったが、なかにはこのような関係はむすばずに、ただ朝貢だけが許されるという場合もあった。朝貢に対してはその代償として頒賜（回賜ともいう）があった。これは天子から見返りの物貨をあたえられることであるが、天子はその徳を誇示するために献上品よりも上質で多量の品物をあたえるのが常であった。そのため朝貢は、朝貢者の側から見るときわめて割のよい貿易と考えられた。

中国の皇帝が夷狄の首長を国王として認めて関係をむすぶことを冊封というが、日本の主権者が、中国の皇帝から日本国王として冊封されたのは、かの有名な卑弥呼が「親魏倭王」の称号をうけたのをはじめとして、中国の南北朝時代の宋のとき倭の五王が冊封された例と、十五世紀になり中国の明のときに足利義満以下の足利将軍が成祖永楽帝以下の冊封をうけた例など、数例にすぎない。隋唐の時代には朝貢使として日本から遣隋使・遣唐使の派遣はあったが冊封の事実はなかった。宋の時代は、一般には朝貢関係のない私的通交だけが行なわれていた時代と理解されているが、宋では日本からの渡航僧侶を一種の朝貢者として遇していたようである。文禄慶長の役のとき、明の神宗万暦帝が豊臣秀吉を冊封しようとして拒否された事実もよく知られている。

以上のような東アジアにおける国際秩序は、中国と四夷の諸国との関係ばかりでなく、四夷の国相互のあいだの関係にも適用された。ちなみに朝鮮では外交の大方針として「事大交隣」をかかげた。中国に対しては大国としてこれに従属奉仕し、日本に対しては隣国として対等の友好善隣の関係をもとうというのである。日本の場合は、中国が大国であることは認めながらも、これに対して対等の立場に立とうとした。このことは聖徳太子の隋に対する外交以来、律令政権の一貫した外交方針であり、日本が藩属国として中国を宗主国と仰いだことはなかったのである。一方日本は朝鮮半島諸国に対してはつねに日本よりも一段低い国として意識し、日本に朝貢する国として待遇しようとしたのである。

中華思想を基調とした東アジアの国際的秩序は、中国王朝自体の盛衰があり、また周辺諸国の動向も一様ではなかったので、かならずしも持続的に維持されたわけではないが、基本的には近代以前のアジア諸国の動きを規制するものだったのである。このような国際秩序の中における日本の外交権の行使者は、たとえ中国と日本のあいだに冊封の関係がないとしても、中国から考えて日本国王に相当するものでなければならなかった。すなわち律令政権の主権者である天皇または上皇をのぞいては日本外交権の行使は考えられなかったのである。

平清盛はしばしば僭上のふるまいがあり、しかも日宋貿易を熱望していたことで有名であるが、かれの場合でも自身を日本国王として宋の皇帝に対したことはなかった。承安二年（一一七二）八月宋の孝宗は明州刺史（地方官）の手を経て後白河法皇と清盛とに対して物を贈ってきたが、後白河法皇に対するものは「賜日本国王物色」、清盛に対するものは「送太政大臣物色」と明記して区別してあったのである。この称号の使い方の例は義満の外交を考える上で重要な伏線となるものなのである。

明の皇帝から拒否された足利義満

足利義満が明との間に正式の外交関係を結んだのは応永八年（一四〇一）の使節派遣以後のことである。この年は明の恵帝の建文三年である。しかし、義満がはじめて明との間に交渉をもとうと意図したのはそれよりもさらに三〇年近くもさかのぼる明の太祖洪武帝の時代であった。

明の太祖が、苦しい戦いののちに揚子江中下流の地域から蒙古の勢力を駆逐して、南京応天府で帝位につき、年号を洪武と定め、大明帝国を創建したのは一三六八年（応安元）である。太祖は、漢民族に対する征服者としての蒙古の影響を排除することに努力し、漢民族の伝統を継承して言語・風俗・習慣を純化することにつとめたが、諸外国に対しては中華思想にもとづく国際秩序の回復を求めたのである。

太祖は即位の翌年にあたる洪武二年（一三六九）には、占城《チャンパ》・爪哇《ジャワ》や東南アジアの諸国に使を送るとともに日本にも使者を派遣した。このとき太祖が日本国王にあてた外交文書（『明実録』には「賜日本国王璽書」と記されている）の内容を要約すれば、第一に中国を中心とした東アジアの国際秩序に日本が加わること、第二に中国大陸沿岸に暴威をふるっている倭寇を取締ること、の二点であった。倭寇は十四世紀の中葉以来朝鮮半島の沿岸および内陸で猛威をふるい、その行動地域はさらに南方にのびて中国大陸沿岸を侵し、倭寇の禁圧は新興の明政府にとって大きな宿題となっていたのである。とくに、倭寇はしばしば朝鮮や明の人民を捕虜として連れ帰ることがあった。奴隷として転売することを目的としたものと考えられる。このような治下の人民が捕虜とされ海外に連れ去られるという事件は、統治者としては見過すことを許されない大問題であった。太祖が日本国王にあてた外交文書の中の二つの命題は、かれにとっては、避けて通ることのできない、絶対に解決しなくてはならない問題だったのである。

ところで、明の太祖がこのときの文書の充先とした「日本国王」とはいったいなにものだったのであろうか。当時、日本の国内は南北朝の争乱期で、明の使者楊載らが渡来した北九州の博多の地は、南朝の征西将軍宮懐良親王の手中にあった。楊載らが博多の地を目ざしてきたのは、おそらく単にこの地が交通上の要地であったという理由だけではあるまい。それよりも、博多は古来大宰府の外港として鴻臚館がおかれていた場所であるという意味の方が大きかったのであろう。鴻臚館は外国の使臣や商客が来航した場合、それを接待する場所として設けられた律令制下の一機関であった。すなわち博多を領有するものは、明側からみれば、日本政府の正式の外交機関たる大宰府の機能を執行するものと意識されていたにちがいないのである。

しかも、日本における南北両朝対立内乱の事情などは、明側ではまったく関知しない事実であったわけであるから、博多においては当然日本国王の代理のものが明使の応接にあたるものと考えられたのである。太祖にとって征西将軍宮懐良親王は疑いもなく日本国王またはその分身として意識されたのである。のちになるが太祖は懐良親王について「国王良懐表ヲ奉ジテ来貢ス、朕以テ日本正君トナス、所以《ゆえ》ニ使ヲ遣シテ其ノ意ニ答ヘシム」(『明実録』、原漢文)といっている。ここでは懐良親王が国王良懐といいかえられている。中国の外交慣習としては皇帝の交渉の相手となることができるのは諸国の王だけであったから、懐良親王は太祖にとっては日本ではただ一人の交渉相手である王と考えられたのである。

しかし、この時点における懐良親王は、南朝と北朝との抗争の渦のなかできわめて困難な立場におかれていた。そこで、親王は太祖の要求を正面からうけとめることはせずに、使者を拘留し、通交を拒否するという態度をもってその回答とした。けれども、太祖はこのような懐良親王の拒絶にもかかわらず、洪武三年(一三七〇、応安三)にふたたび使節を懐良親王のところに送ってよこした。さすがに、このときには懐良親王も態度を緩和して馬などの貢物とともに倭寇によって捕えられ日本に連れてこられた中国人の男女被虜人七十余人を送還した。こののち、懐良親王と太祖とのあいだには使者の往復がはじまり、太祖の時代では洪武十九年までの間に日本から一〇回ほど使者が明に渡航した。このように両国の間には正式の外交関係が成立しないままで推移したが、洪武十九年に明で林賢の事件という疑獄事件が起こり、それには日本人も関係していたことがわかり、太祖は日本との通交を断念してしまった。

この太祖時代の日明交渉は、古い歴史叙述では懐良親王が日本の国体を護るために明側の要求を拒絶した快挙として賞されているが、はたしてそのような考え方があたっているるであろうか。私はこの時期の交渉が成立しなかった理由は、太祖が懐良親王（征西将軍宮）を日本政府の正式の代表（日本国王）と考えて交渉したことと、これに応待した懐良親王が日本国王（あるいはその代理者）としての実力をもっていなかったこととの二点にあったのではないかと考えている。

この明の太祖時代に行なわれた日明交渉の時期に、足利義満が遣使した事実が、明側に二回記録されていることは注目されてよいことである。それは洪武七年（一三七四）と洪武十三年（一三八〇）の二回であるが、この二回の遣使では、義満はいずれも日本国王として登場したものではなく、そのために外交文書の形式が不備であるという理由で明帝から通交を許されなかったのである。この二回の義満の交渉の事実は明側にだけ記録されていて日本側にはなんの記録ものこっていない。

洪武七年（応安七）の遣使について『明実録』は、

日本国遣僧宣聞渓・浄業・喜春等来朝ス、馬及ビ方物ヲ貢スルモ、詔シテ之ヲ却ク、時ニ日本国持明ナルモノ良懐ト争ヒテ立ツ、宣聞渓等ハソノ国臣ノ書ヲモタラシテ中書省ニ達スルモ表文ナシ、上命ジテソノ貢ヲ却ク、

（原漢文）

という記事をのせている。持明とは持明院統の皇統すなわち北朝の後円融天皇のことである。そして国臣とは北朝の

臣すなわち足利義満その人であった。義満はこのとき十七歳で、十一歳のときに征夷大将軍になってから六年を経過していたが、全国の統一はまだ緒についたばかりであった。文書の充先が明の中書省になっていることも重要である。中書省は詔勅の出納をつかさどる役所で、日本の中務省にあたる。日本の国臣として、直接に皇帝に対して文書を送ることはせずに、明の国臣で自分とは同等と考えられる役所の中書省に対して文書を送ったのは、これまでの外交慣習を義満が遵守したからにほかならない。そして、この外交慣習に忠実であったために、義満は表文の不備という事態をまねかざるを得なかったのである。表文は、表箋とも単に表ともいわれ、諸国の王が明皇帝にあてた正式の外交文書で、明では表文の所持が朝貢の絶対的条件とされていたのである。しかし、国王でなく国臣にすぎない義満の使者が表文を持参するということはありえないことであった。そして、その結果、義満の使節が明側から拒絶されたのも、また当然の帰結であったのである。

太祖時代における義満の第二回の遣使は、洪武十三年(康暦二、一三八〇)の秋に行なわれた。この年、義満はすでに二十三歳の壮齢に達しており、いわゆる花の御所北小路室町の新第が完成したのはこの年の六月のことである。義満の遣使は、この室町第の造営と関連した幕府勢力誇示のための一手段か、あるいは通交によって貿易の利を得ようと意図したものであったのかもしれない。このときの義満の外交文書には「征夷将軍源義満奉丞相書」と書かれていて、前回と同様日本の国臣として中国の丞相(大臣)にあてたものであった。そして、中国側は、前回同様表文がなく、しかも「辞意倨慢」であるという理由で義満の入貢をしりぞけたのである。

義満、日本国王となる

ようやく応永八年(一四〇一)における義満の遣使について述べる段階になったが、義満が入貢を拒否された洪武十三年(一三八〇)から数えておよそ二〇年の歳月が流れている。この間に義満は准三后となり(二十六歳)、東国に下り富士を見ると称して示威を行ない(三十一歳)、厳島に参詣して中国地方にもにらみをきかせ（三十二歳）、有力守護の山名氏を討ち（三十四歳）、ついで南北朝合体の偉業を達成した（三十五歳）。さらにかれは、武家最高位の征夷大将軍を辞して公家として最高位の太政大臣にのぼり（三十七歳）、ついで太政大臣を辞して出家し九州探題今川了俊を召還して九州の統治を手中におさめ（三十八歳）、また幕府の強力な敵対勢力であった大内義弘を堺に敗死させる（四十二歳）というまさに順風満帆の経歴を重ねていた。応永八年には義満は四十四歳で、実質上は幕府の最高権力者であったが、名目上はすでに将軍の職も太政大臣の職も退いたいわば隠居の身になっていた。このことは義満が伝統的な外交慣習を破って明との外交を積極的に開始しようとしたことと無縁ではなかったと考えられるのである。

禅僧瑞渓周鳳が書いた『善隣国宝記』は、応永八年の遣使について、応永の初年に博多商人の肥富《こいつみ》というものが、明から帰国して、義満に日明通交の利益を述べ、義満は使節派遣にふみ切ったと書いている。もとよりこれは応永八年の遣使についてだけ述べたもので、太祖時代の二回の遣使とは関係ない。

義満は側近で同朋衆の祖阿を選んで正使とし、肥富をこれにそえて副使とした。のちには正使はかならず五山の僧侶から選任されたが、それから考えるとこの最初の使節任命は異例であった。

明に送った文書は公家の東坊城秀長が起草し、世尊寺行俊が清書した。注目すべきことは、この文書が「日本准三后道義、書ヲ　大明皇帝陛下ニ上ル」（原漢文）と書きはじめられていることである。義満は自分のことを以前のように「国臣」とも「征夷大将軍」とも称さず、単に「准三后」と称した。准三后というのは、太皇太后・皇太后・皇后に準ずる待遇のことで、はじめ親王・法親王・摂政・女御・大臣にあたえられたものであるが、のちには名目的な名誉称号になったものである。義満があえて武家の最高位でも公家の最高位でもないこの称号をえらんだのは、武家とか公家とかいう立場にとらわれない立場を主張したいためではなかったろうか。

義満が道義という法名を使用したことも、同様な意識にもとづくものと考えられるのである。また充先を大明皇帝陛下としたのも、太祖時代に充先を中書省としたり丞相とした前例とはいちじるしく相違している。いわゆる隠居の身分であるので、旧来の規式にはとらわれずにこのような表現をとったのであろう。しかもなおこの文書には「往古ノ規法」に従って遣使するのであるということが述べられている。伝統的外交慣習と多少異なる立場に立ちながらもその枠の中で行動していることをわざわざ表わしたもので、この時点の義満にはまだ自身を日本国王に擬するだけの態度は示されていなかった。

義満は、貢物として、金一〇〇〇両・馬一〇匹・薄様一〇〇〇帖・扇一〇〇本・屛風三双・鎧一領・胴丸一領・劔一〇腰・刀一柄・硯箱一合・同文台一箇を献じ、さらに海島漂寄者若干人をたずね出して送った。海島漂寄者とは、文字通りに解釈すれば、明人で日本に漂着したものということであるが、実は倭寇によって捕えられた明人捕虜のことであった。倭寇による捕虜の送還が日明両国をむすぶ重要なきずなであることが、すでに義満には十分に理解されていたのである。

応永八年に入明した祖阿らの一行は、翌応永九年に明使天倫道彝と一庵一如とをともなって帰着したが、義満はわざわざ兵庫まで出かけてこれを迎え、唐船を見物した。

義満は、ついで京都の北山第において明使を接見した。このときの様子は『満済准后日記』に詳しく書き留められている。公卿一〇人・殿上人一〇人がおのおの染装束を着用し、近衛良嗣と菊亭(今出川)公行が惣門まで参向する。楽人が一曲を奏し、義満は海老色の法服に白地金襴の平袈裟を着用して四脚門まで出迎える。明使は皇帝の詔書を頭上に高く捧げて前進する。北山第の寝殿の庇間に満広席(敷物)を敷き、母屋も出衣も善美をつくし、荘厳をきわめた。高机を母屋の前に立て、その上に明帝の詔書をおき、義満はこれにむかってまず焼香し、ついで三拝し、ひざまずいてこれを拝した。このようなものものしい儀礼については、当時から管領斯波義将が行き過ぎだと指摘し、三宝院の満済も同様の意見だといっていた。

このときの詔書は、明の恵帝からのもので、中に「ナンジ日本国王源道義、心ヲ王室ニ存シ、愛君ノ誠ヲイダキ、波濤ヲ踰越シテ遣使シ来朝ス」(原漢文)という問題の文章と、大統暦を班示して正朔を奉じさせるという文句があった。大統暦というのは明の暦で、元統の作製にかかり、暦法は元の授時暦から消長法をのぞいたもので、洪武元年から中絶の期間をはさんで二八〇年間行なわれた。暦をうけ正朔を奉ずるということは、明の年号を使用することで、これは日本が国家として明に臣属することを意味していた。ちなみに高麗も朝鮮も中国の正朔を奉じていたから、独自の年号はなく、すべて中国の年号を用いていたのである。ただ高麗や朝鮮では国内ではかならずしも明の年号を用いずに干支で処理することが多かった。この大統暦は、すでに洪武五年(一三七二、応安五)太祖のとき懐良親王のもとにもたらされたことがあったのであるが、懐良親王はうけることを拒否したのである。

このような新しい外交の事態をめぐって、公家層の反撥は強かった。関白二条満基は、その日記のなかに「今度の返牒の書式はまったくとんでもないものである。これは天下の重大事だ」(原漢文)という感想をもらしている。これは、日本国王の称号や大統暦の班示ということが、従来の伝統的外交の立場に立つものにとっては到底考えもおよばないことだったからである。

明使天倫と一庵とが日本に滞在している間に、明の本国では恵帝の位を奪って成祖永楽帝が即位し、このことが日本に報ぜられた。義満としては、明側の事情が判明しないので、絶海中津に二通の外交文書、すなわち恵帝にあてるものと成祖にあてるものとを作製させた。かくて、応永十年(一四〇三)二月三日、天竜寺の堅中圭密を正使とする遣明使の一行が天倫・一庵らとともに兵庫を発して明にむかったのである。

このとき義満から成祖に呈した文書は、明らかに表文の型式にかなったものであって、「日本国王臣源表ス」(原漢文)という文字にはじまり、成祖の即位を賀し、土産のものを献ずることが述べてあった。『善隣国宝記』に載せられたこの文書の写しをみると、年号の部分にはただ「年号　日」とだけ書いてある。これは恵帝と成祖とのどちらに呈したらよいかわからない文書だったので年号を明記することができなかったからであろう。成祖に対して提出した文書には、おそらく明皇帝に臣属の意をあらわす「永楽」という明の年号が書き加えられていたものと思われる。

この義満の文書は当時から、多くの知識人によって問題にされた。瑞渓周鳳はこの文書の中で日本国王と称したこと、臣の字を用いたこと、年号のことについてつぎのような見解を示している。すなわち、日本国王と称することについては、かの国(明のこと)がわが国の将相をさして王というのはこちらを推尊しているのだからかまわないが、こちらからの表文のなかにみずから王と称するのは、かの国の封を用いることになる(日本国王に封ぜられること)のでよろしくない。臣の字を使用したのもいけない。やむをえなければ日本国の下にいつものように官位を書けばよい。その下の氏と諱の間に朝臣の二字を書いてもよい(日本国准三后源朝臣義満のような表現をさす)。これならば、こちらの恒例であって、臣の字はこちらの天皇に属することを示すものであり、外国に臣属する疑いをさけることができる。また表文の末にかの国の年号を書くのもよろしくない。わが国の年号は『唐書』『玉海』等の中国の書物にも多く載っているのであるから、かの国の博物の君子は当然日本には古くから年号があることを知っているはずである。だから日本年号の使用は当然なのである。もし日本年号を使用しないなら、すべて年号の記載を省略し甲子(十干十二支)だけを書けばよろしい。これは上古年号のなかった時の例である、と。

瑞渓はこのことを当代一流の大学者清原業忠に質したところ、年号のことも朝臣のことも、その通りだという解答を得た。瑞渓は、このことは他日外交文書にたずさわるものに対して教えておかねばならないことだとして『善隣国宝記』に書きのこしたのである。

さきの二条満基や斯波義将・満済准后の感想といい、この瑞渓や業忠の感想といい、義満の外交態度は、その開始の当初から日本の知識人の顰蹙を買っていたのである。その理由は、義満の外交がこれまでの日本外交の慣習をいちじるしく無視し逸脱したいわゆる屈辱の外交であったからにほかならない。

このとき成祖は、即位を告げる詔諭使に左通政趙居任・行人張洪・僧録司右闡教道成等を任じ、永楽元年八月十四日に日本に派遣して入貢をうながそうと計画していたのであるが、その矢先の同月九日に日本からの使節が寧波に到着したのである。当然のことながら成祖はこれを喜んですこぶる歓待した。

成祖はただちに義満に対する返書をつくり、趙居任を使者とし堅中に同行させて日本にむかわせた。

応永十一年（一四〇四）堅中等は明使とともに帰国し、五月十六日、義満は明使を北山第に引見した。そのときの成祖の詔書には「ナンヂ日本国王源道義、天ノ道ヲ知リ理（地カ）ノ義ニ達ス、朕大宝ニ登レバ、即チ来リ朝貢ス、帰響ノ速カナル、褒嘉スルニ足ルアリ、モツテ印章ヲ錫《たま》ヒ、世々ナンジノ服ヲ守ラシム」（原漢文）と書かれてあった。

印章は「日本国王之印」と彫ってあり、上部には亀の形の鈕《ちゅう》のある金印で、金色に輝き、両手でもちあげられないほどの重さであったという。金印をうけたということは義満が明の皇帝から日本国王に封ぜられたことを示す明らかな証拠である。そして、そのことは日本が伝統的外交慣習を離れて、明皇帝を中心に形成される国際秩序の中にくみいれられたことを意味した。

かつて、渡辺世祐氏が、義満は明の冊封をうけたのではない、という論を発表したことがある。その論旨は、豊臣秀吉が引き裂いたと伝えられる「特ニナンヂヲ封ジテ日本国王トナス」（原漢文）という誥命《こうめい》（国王の辞令書）はいまに伝えられている（当時石川家、現在は大阪城内にある大阪市立博物館の所蔵になっている）のに対し、義満が明からあたえられた誥命は現存しない、だから義満には冊封の事実がなかった、というのである。しかし、これはいささか暴論で、史料がないから事実までも存在しなかったとはいかなる初歩の歴史研究者でもいわないことであろう。たしかに渡辺氏がいうように義満がうけたことを示す誥命は現存してはいない。しかし応永十三年（永楽四）の成祖の詔には「印章ヲ賜ヒ、コレニ申《かさ》ヌルニ誥命ヲ以テシ、コレニ重ヌルニ褒錫ヲ以テス」とあるし、宣徳九年（一四三四）八月二十三日付の宣宗の別幅にも誥命を賜うということが見えている。このことは、現物が現存していなくても、足利将軍が明の皇帝の誥命をうけたのは事実であることを明確に物語っている。そのうえ、明からは大統暦を班示して正朔を奉じさせるといってきているのであるし、冊封のしるしである金印も送ってきたのである。しかも、日本側の義満は日本国王を称し、臣を称しているのである。冊封は疑う余地のない事実だったのである。

永楽勘合一〇〇道がもたらされたのもこのときである。勘合とは中国には古くからある割符（合札）によって所持者の身分を証明する制度である。この勘合は日本ばかりでなく暹羅などに対しても給与された。勘合を所持する外国船は朝貢船に限られ、海賊船や密貿易船と区別する効果をもったのである。すでに述べたように朝貢は割のよい貿易であったから、のちには勘合船の派遣をのぞむものが有力守護大名や有力寺社の中から現われ、その配下の博多商人や堺商人などまでも勘合の取得に狂奔するようになった。しかし、明帝から勘合があたえられるのは日本国王に限られていたから、勘合をうけることは室町幕府にとっては重要な財源を確保することにつながっていた。

ついで翌応永十二年（永楽三、一四〇五）には明使一行三〇〇人が渡来し、義満はまたこれを北山第で引見した。成祖の勅書は、義満が倭寇禁止のため努力していることを褒めている。義満が対馬や壱岐の倭寇の首魁二〇人を捕えて明に送ったからである。

翌応永十三年にも明使兪士吉の来朝があった。義満は唐船を見物するために兵庫に下向し、五月から六月の間をこの地ですごした。このときの成祖の勅書も倭寇の鎮圧を謝しているが、さらに日本の山（阿蘇山と思れる）を封じて「寿安鎮国之山」とし、みずから碑文を作製して送ってよこしたのである。

応永十四年にも明使がきた。八月五日義満は北山第に明人を迎え、先例のような儀式があったが、このとき義満は明から寄贈された輿に乗り明使を惣門まで出迎えた。明使からは銅銭一万五〇〇〇貫が贈られた。

日本では、八世紀には和銅開珎の鋳造があったが、経済の発達がともなわず銭貨の流通はしばらく行なわれていなかった。ところが平安時代の末ごろから銭貨の流通がさかんとなり、日本では統一貨幣が鋳造されないままに輸入の宋銭がかなりの範囲に流通していた。このような状態は、鎌倉・南北朝の時代を経ていよいよすすみ、室町時代の経済生活は貨幣なしには考えられない段階に達していた。ところで輸入中国銭は勘合船による通交以外には日本に入ってこないということになれば、日本国王（足利将軍）は朝貢貿易によって流通貨幣を独占すると同じ効果をもつことができるのである。明銭のうちの永楽通宝はのちに日本の基準通貨となったものであるが、このようなことは幕府が日本経済のなかで占める地位を高めることになったと考えられるのである。

以上が義満の時代における日明両国の公的交渉の経過であるが、明としてはこの交渉の過程を通じて太祖以来明が日本に求めつづけてきた二つの要求を二つながら達成することができた。一つは日本を代表する統一政権の首長（日本国王）を中国中心に形成される国際社会の一角に加えること、他の一つは倭寇を禁止して沿海人民の安寧を保つことである。

義満の死後、成祖が周全渝を日本に派遣して義満の喪を弔し、祭文をささげ、恭献王の謚号を贈ったのも、義満の外交を高く評価し、その行動を徳としたからである。

一方、義満は、日本国王として自己の地位を日本国内のいかなる権威にも束縛されることのない絶対者とすることに成功し、また貿易の利や銅銭の独占輸入によって経済的にも幕府の立場を優位におくことに成功したのである。

義満が明に対して日本国王になったという事実は、日本と明との間だけの局限されたできごとではなかった。義満は、東アジア国際社会において日本国王となったのである。このことは、朝鮮との関係に明瞭にあらわれている。

朝鮮国王と日本国王

朝鮮の建国者太祖李成桂は、即位の年（一三九二、明徳三）に交隣の最初のこころみとして僧覚鎚を義満のもとに送ってよこして倭寇の禁止を要求した。倭寇の問題は、朝鮮の建国者にとっては第一番に解決しなければならない問題だったからである。

この要求をうけた義満が朝鮮に送った返書はつぎのようなものであるが、相国寺の絶海中津の文書という形式をとった。このことは、明に対して示した義満の態度と同様の考え方から出たものであって、この段階における義満の朝鮮に対する態度を知るうえで重要である。なおこの年、義満は三十五歳で南北両朝の合体に成功していた。

日本国相国承天禅寺ノ住持沙門某、端粛シテ高麗国門下府ノ諸相国閣下ニ復シ奉ル、仲冬ノ初、貴国ノ僧覚鎚来リ、諸相国ノ命ヲ将《もっ》テ書ヲ我ガ征夷大将軍府ニ達シ、諭スニ海寇イマダ息マズ両国釁《きん》ヲ生ズルヲ以テス、コノ事誠ニ来言ノ如シ、海隅ノ民教化ヲ敗壊スルハ、実ニ我ガ君臣ノ耻ヅル所ナリ、今マサニカサネテ鎮西守臣ニ命ジ、賊船ヲ禁遏シ、俘虜ヲ放還セントス、必ズマサニ両国ノ鄰交ヲ備ヘ、永ク二天ノ歓心ヲ結ブベシ、実ニ願フ所ナリ、然レドモ我ガ国ノ将臣、古ヨリ疆外ニ通問ノ事ナシ、是ヲ以テ直チニ来教ニ答フルコトアタハズ、仍ツテ釈氏某ニ命ジ、代書シテ敬ヲ致サシム、礼ヲ慢ニスルニ非ザルナリ、今臣僧寿允ヲ遣シ、細ニ情実ヲ陳べシム、乞フ僉察セヨ、不宣、

明徳三年壬申十二月廿七（ママ）

（原漢文）

充先は高麗国門下府諸相国となっているが、覚鎚の渡来したのが仲冬初すなわち十一月であったことから考えれば、覚鎚は高麗からではなく李氏の朝鮮から派遣されたのである。ちなみに高麗王朝の滅亡は同年の六月、李朝鮮の建国は七月であるが、この時期にはまだ朝鮮の国号は定まっていなかった。

文書の末尾の「我ガ国ノ将臣、古ヨリ疆外ニ通問ノ事ナシ、是ヲ以テ直チニ来教ニ答フルコトアタハズ」の文言は、当時の幕府の外交の態度を明確に示すものである。すなわち日本では臣下のものが外国と通交した例がないから国臣であるものが外交のことを行なうわけにはゆかない、というのである。そこで、義満が太祖にあてて文書を送るという形式はとらずに、絶海が朝鮮の諸大臣に文書を送るという形で両国の交渉をもとうとしたのである。「釈氏某」とあるのは絶海のことである。この時点では、義満は外交権の行使を自己の権限外と意識していたことは明瞭である。朝鮮から送ってよこした文書の充先がどのように記されていたか明らかではないが、義満はみずからの幕府のことを征夷大将軍府と書き、年号は日本の明徳を使用したのである。

文書の内容は、朝鮮の要請を妥当とし、倭寇の禁止と被虜朝鮮人の送還とを約束し、隣交を修めることを希望したもので、積極的な態度を示したといえよう。

この回答に見られる義満の朝鮮に対する態度は、内実では朝鮮との通交開始を熱望しながらも、なお外面では伝統的外交慣習を逸脱しようとする意図はなかったことを明らかにしている。高麗朝の時代からかれと交渉をもっていた今川了俊が李朝鮮の時代になっても、なんら京都の中央政府と連絡をとることなしに直接頻繁な対朝鮮の交渉を行なっていたのとくらべると、義満の態度はきわめて慎重であり、旧慣に忠実だったということができよう。九州探題今川了俊には大宰府の後継者としての意識が強かったのに対し、義満には律令機構の継承者としての意識はいまだ薄かったという差異があったのかもしれない。

応永四年（太祖六、一三九七）十一月、大内義弘は僧永範・永廓を朝鮮に送った。そのとき義弘が送った文書には、義満の命をうけて壱岐・対馬の倭寇取締りに力をつくしていると書いてあった。朝鮮側は回礼使朴惇之を派遣し、惇之は京都に至って義満に閲した。ここにおいて義満は使者を朝鮮に送ることになったのであるが、このときも伝統的政策を固執して、義満から直接朝鮮国王に外交文書を送ることはしなかった。

ついで応永九年（一四〇二）六月にも「日本国大相国」の使者が朝鮮に至り、七月には朝鮮の議政府から「日本国大将軍」に書を送って禁賊を謝し、倭寇による被虜人の送還を要求した。

応永十一年（一四〇四、朝鮮太宗四）に義満の使者周棠が朝鮮におもむいたが、このことについて朝鮮の『太宗実録』は「日本遣使来聘ス、且土物ヲ献ズ、日本国王源道義ナリ、」（原漢文）と記している。これは義満のことが日本国王として朝鮮側に記された最初の記事である。すでに述べたように、義満が明の成祖から冊封されたのは応永九年（一四〇二）のことであり、義満がはじめて明に対する外交文書に「日本国王」を称したのは応永十年のことであった。

義満が朝鮮に対しても日本国王になったということは、日朝関係史上の画期と称してもよい。さきの明徳三年（一三九二）の絶海中津の朝鮮に対する答書にみられた対朝鮮の伝統的方針は、この時点をもって放棄されたのである。義満はすでに「将臣」ではなく「日本国王」であり、外交権の行使者だったからである。そして日本国王は、朝鮮国王とともに、明皇帝を中軸として形成される東アジア国際通交機構の一翼をになう存在となったのである。

義満外交の環境

義満の性格を医学的立場から論じて服部敏良氏は、クルト・シュナイデルの説く自己顕示欲性の性格にあたるだろうとしている。シュナイデルによると、この種の性格所有者は、非常な感情動揺・むら気・エゴイズム・自己感情の亢進・つねに中心に立ちたい欲求・新奇なものへの魅力・好奇心・芝居的なロマンチックな傾向等を有しているとのことである。このような義満の性格を考えると、外交の問題はまさにかれの自己顕示欲を満足させるに十分な対象であったといえよう。

義満には異常と思われるほどの外国崇拝と異国趣味とがあった。若干の例をあげてみよう。

応安七年（一三七四）天竺人ヒジリというものが渡来して相国寺にいた。この場合は天竺人といってもインド人とは限らず、漠然と南方地域からきた人という意味であろう。義満はこの天竺人に強い関心を示し、相国寺であうとさっそくこれを北山第に連れていって側近においた。後年遣明船貿易家として活躍する楠葉西忍は、このヒジリと河内楠葉の女との間に生まれた混血児であった。

中国人通事の魏天を愛したり、博多に渡来していた医師陳外郎（宗敬）を京都に招こうとした事実なども同様な関心にもとづくものであった。

義満はまた応永改元のとき、年号の一字に明の洪武の「洪」の字をいれようとして公家の非難をうけたことがある。明使応接の際の義満の態度も異常で、明使が日本に着くと、義満はたいてい妻妾子女とともに兵庫まで出迎えて見物し、明使の入洛には善美をつくして迎えた。応永十四年（一四〇七）義満は明使とともに常在光院の紅葉を見物したことがあるが、そのときはみずから唐人の装束をつけ、唐人にかつがせた唐輿に乗ったという。

さらに義満は中国の書画を愛し、徽宗皇帝はじめ牧渓・馬遠・梁楷等の宋元名画を数多く蒐集し、その鑑賞眼には卓抜したものがあった。

しかし、このような自己顕示欲と異国趣味とだけで義満の外交がつくりあげられたのではない。いかにかれの性格や嗜好が強くても、環境がそれにともなわなければかれの行動は生まれなかったはずである。つぎに義満外交の環境を形成した内外のいくつかの要素について述べてみよう。

第一は、義満の時代にはすでに日本国内に中国文化受容の態勢が醸成されていたことである。

平安時代には日本人の中国文化に対する関心がうすれて国風文化が成立したと一般にいわれているが、このことは国風文化の成立を誇張して表現したものであって、実情はかならずしもこのような図式的なものではなかった。中国文化は、なお日本の先進文化としての優位をもちつづけており、公家や僧侶など日本の知識人の胸底には中国崇拝の気風は根強く秘められていた。

鎌倉時代になると、大陸で宋元王朝の交替があり、宋の亡命僧が多く日本に渡来した。かれらは中国ではいずれも一流の人物であって、かれらの大挙渡来によって日本禅林の地位は中国のそれに劣らないものとなったのである。これらの亡命僧をうけいれるのにもっとも熱心だったのは執権北条氏や北九州の少貳・大友などの武士であった。新興の武士階級にとっては禅宗の教養のほかに禅僧のもっている中国の貴族社会の教養、とくにその生活文化が大きな魅力だったのである。武士は禅宗との接触によって中国の貴族文化にふれることができ、武家社会のなかに中国文化受容の基盤がつちかわれたのである。

第二は、鎌倉時代を経過して武家政権の外交面における発言権が大きくなっていたことである。すでにくりかえし述べたように武士は本来外交権の行使者ではなかった。しかし平清盛の日宋貿易や、鎌倉政権の大宰府——伝統的対外関係管理機関——の接収によって武士が対外関係面に進出する布石がおかれたのである。しかも、これにひきつづいて元寇という空前の対外事件が起こり、武士は蒙古使者との数度の応接や文永・弘安の戦闘の舞台に登場することを余儀なくされた。この間に武士が公家と交替して外交権の行使者となるべき諸種の条件が着々と積み重ねられていったのである。けれども、これは日本国内における事情であって、外国は大宰府機構の実質的変改を知らなかった。そのため、南北朝争乱の段階で明の太祖が正式に日本を代表するものと考えたのは征西将軍であって足利将軍ではなかった。義満は、今川了俊に命じて伝統的権威の牙城である征西将軍府を壊滅させ、さらにその今川了俊を九州から放逐することによって、九州を室町幕府権力の下にしたがえ、ようやく海外にむかって日本の統一政権の首長としての立場を誇示することができるようになったのである。

第三は、足利義満自身の意向である。すなわち明の冊封によって、義満は日本国内では何ものにも拘束されない絶対者の立場に立つことができたし、経済面においても銅銭の独占輸入などによって幕府の権威を保つことができると考えたからである。伝統的外交の放棄が世の非難をあびるものであることを知りながら、この挙にふみきるには、それ相当の理由があったと考えなくてはならない。

第四は、明の国内事情である。明は征服王朝である蒙古族の元を倒してそれにかわった国である。それゆえ朝貢貿易の体制を維持することは、漢民族の民族意識を高揚するためにも、明にとっては重要事であった。明の対外政策は、宋や元とちがい、朝貢は歓迎するけれども外国船との貿易はあまり重視しなかった。実よりも名を重んじた外交政策だったのである。それゆえ、太祖時代には日本正君と見なした懐良親王以外との交渉はまったく考えられなかったのである。

義満の交渉が太祖時代には拒否されたのに、恵帝・成祖の時代になって成功したのは何故であろうか。義満が祖阿らを派遣した応永八年（一四〇一）は明では恵帝の建文三年である。このとき恵帝は弱冠二十五歳、新帝として即位して日もなおあさく、しかも叔父にあたる燕王棣《てい》と靖難の役で交戦中であった。新帝は、このような苦しい事態のなかで日本の朝貢を大きく評価したにちがいない。そして義満に返書を送り、大統暦を班示し、正朔を奉ぜしめるという使者を派遣したのである。この使者が日本に滞在しているあいだに、恵帝は燕王すなわち成祖永楽帝によって位を奪われたのである。日本の使者堅中圭密は、明に入ったときに成祖即位のことが明らかになったので「日本国王臣源表ス」の書き出しのある表文を呈したのである。日本入貢は、靖難の役後、国民の関心を海外にむけさせ、自己中心の秩序維持をはかろうとしていた成祖にとってもまことに好都合なできごとであったにちがいない。すなわち義満と成祖とは相互の国内事情を背景にして、その意思と利害の一致点を見いだすことができたのである。

第五としては東アジア海上の国際的条件を考えなくてはならない。ここで問題になるのは倭寇の存在である。倭寇が掠奪対象としたものの一つが朝鮮半島や大陸沿岸の人民であったことについてはすでに述べた。そして被虜人は奴隷とされ各地に転売された。これは人道上の重大問題であって、明も朝鮮も日本も琉球もこれと無関係であることは許されなかった。琉球の那覇は東アジアにおける奴隷の市場になった。かくて倭寇による被虜人は東アジア諸国をむすぶ重要な契機となったのである。

以上のような国内外の環境が、義満という特異な人物を得たときに、はじめて日本国王の冊封という現象を生みだしたのであった。

義満外交の否定と継承

義満以前の日本の外交慣習によれば、外交権の行使者はつねに律令政権の主宰者に限られていた。そして中国に対しては朝貢の礼をとりながらも、中国を宗主国と仰ぎ日本を藩属国と自認して中国の年号を使用したことはなかった。義満の外交はこの伝統的外交慣習を二つとも打破してしまった。武家政権の主宰者が日本国王として対外的な立場を明確にし、しかも中国の年号をその外交文書に使用して中国に臣属する態度を示したのである。このことは外交権行使者としての武家政権の確立を立証するものであった。

しかし、このような義満の外交は、かれの在世中からすでに非難の渦のなかにあった。そして義満が死ぬと、たちまちにしてかれの外交政策は実子の義持によって否定されてしまったのである。

義持は、義満の子でありながら、父の政策に対してはつねに批判的であった。とくに斯波義将を重用し、義満死去のとき朝廷から義満に太上天皇の尊号が贈られようとしたのを辞退した事件は有名である。義満が義持の弟の義嗣を溺愛してとかく義持を疎外したので、義持はことごとに義満の政策には反対の立場をとった。義持が義満の死後義満の像を壁にかけ、その目を刺しているという噂は、遠く明にまで伝ったほどである。しかし、義持の義満外交否定は、そのような個人的な好悪の感情だけが原因だったとは到底考えられない。やはり義満外交非難の風潮が義持にそのような態度をとらせたと推量するのが妥当であろう。

義持の没後、弟の義教が将軍になると、明との修交はたちまちに義満時代の通りにもどされた。義教はその生涯を室町将軍の独裁的体制を確立するためにささげた人物であるが、かれの立場からすれば日明の関係は義満の時代のように維持さるべきものであったのである。しかし、さすがに世論の動向をはばかって、かなりの修正が加えられた。義満外交の方針は、こののちに豊臣政権にも徳川政権にも影響をおよぼしつつ、基本的には幕末までつづくのであるが、それにはつねに否定しようとする動きと継承しようとする動きとが作用した。

こののち勘合制度による遣明船が廃止になるまでの時代は、幕府権力の実体は義満の時代とは大きな相異があったが、基本的には義満時代の外交政策が継承されていたということができるであろう。勘合船の廃止後九州の諸大名は盛んに明に船を送ったが、いずれも正式の朝貢船ではないという理由でしりぞけられた。

戦国群雄割拠の時代を経て、豊臣秀吉の統一政権が誕生するが、秀吉の対外政策は、外交権は武家政権にあるとする点では義満外交の継承といえぬこともないが、概していえば、義満外交を否定するものであった。義満の外交が東アジアの国際秩序を認めて、それに参加するという形をとっているのに対し、秀吉の場合は東アジアに国際秩序が存在することを無視するところから出発している。「唐入り」と称するかれの中国四百余州の征服計画、勘合とは貿易のことと勝手に解釈して冊封とは関係なしに貿易だけをすすめようとする態度などにそれは如実に表現されている。周知のように、秀吉を冊封することが明側としてはかなりの譲歩と思われていたのに対し、秀吉はこれを明の無礼とうけとったのである。秀吉のことは、明や朝鮮の外交文書に「日本国王」と記されたことはあるが、みずからは「関白」の称号を用い、冊封をうけることはなかった。

江戸幕府の場合は、義満のときのように典型的な形での東アジア国際秩序への参加ではなかったが、いちおう義満外交の継承ということができる。徳川家康は朝鮮や琉球を介して勘合の給付とか貢路開通のことを要請したのであるが、いずれも成功には至らなかった。しかし朝鮮との間には正式の外交関係を成立させ、幕末に至っている。江戸時代には清をはじめオランダや琉球との間に盛んに通商貿易が行なわれたのであるが、日本と正式の外交関係のあったのは朝鮮一国だけであり、江戸幕府と朝鮮との関係は東アジアの国際社会のなかで大きな意義をもっていた。しかし、江戸幕府には「日本国王」号の使用にはかなりのためらいがあった。徳川秀忠は、その外交文書に「日本国源秀忠」と書いたり、「日本国主」と書いたりした。しかしこのような曖昧な称号では東アジア国際社会に通用しないことを知っていた対馬の宗氏は、中間でこれを「日本国王」号に書改めて交渉し、朝鮮との国交をむすんでしまったのである。義満外交を継承しようとする意向と伝統的外交を守ろうとする意向とは相剋しながら作用し、ために国書改竄の欺瞞外交が推進されることになったのである。こののち幕府は外交の体例を正し、朝鮮への外交文書には「日本国王」号を使用しないことにした。朝鮮側からは「日本国大君殿下」と書くことにし、日本からはただ「日本国源某」とだけ記すことにしたのである。年号は、朝鮮側は宗主国である中国の年号を用い、日本側では日本の年号を使用することにした。このように、徳川政権は伝統的外交への顧慮によって多少跛行的ではあるが基本的には義満外交の方針を継承した外交体制をつくりあげたのである。

新井白石は儒教主義にもとづいて積極的に幕政改革を行ない、将軍の独裁的権力の確立をはかった人物であるが、かれは対朝鮮政策においても種々の改革を行ない、そのなかで「日本国王」号の復活をはかった。これは多くの人の反撃にあい、白石のときだけで、かれの引退後はまたもとの「大君」号にもどされてしまったのであるが、将軍を覇者であると同時に王者すなわち日本の完全な支配者として位置付けようとしている点で、これは義満外交のそのままの継承というべきものであった。本稿のはじめに引用した白石の義満評も、このような志向を土台に組みたてられたものであったにちがいない。

幕末、欧米諸国の船が来航すると外交権の問題は白熱化する。武家による外交権を死守しようとする動きが強かったにもかかわらず、天皇の存在を無視することができなくなった。これは伝統的外交の復活と見ることができるのではないだろうか。そして日本は明治維新を迎え、一方中国大陸の清も東アジアにおける国際秩序の中心たる地位を喪失した。義満のときからはじめられた武家政権による外交は、ここにおいて完全に消滅し、やがて近代外交がはじまるのである。

〔**後記**〕　本稿は昭和四十八年（一九七三）中央公論社の『歴史と人物』十月号に「義満屈辱外交の内幕」の題で発表したものである。

勘合符・勘合印・勘合貿易

一　諸辞書に見える「勘合符・勘合印・勘合貿易」

「勘合符」「勘合印」「勘合貿易」の用語は、室町時代の対明関係の記述においては一般に使用され、史的名辞として固定している感があって、あまり疑問ももたれていないようである。しかし、はたしてこれらの用語は正確な内容を適切に表現しているものとして、その流通を容認してよいのであろうか。

本稿は、「勘合符」という用語は不必要なこと、「勘合印」の用語は混乱して使用されていること、「勘合貿易」の用語はかならずしも適切ではないことを論じて大方の御示教を仰ごうとするものである。

最初に一般の理解度を知るために現在もっとも広く利用されていると思われる新村出氏の『広辞苑(第二版)』(一九六九年)の記述を引用しよう。

かん‐ごう《ガフ》**【勘合】**①考え合わせること。しらべ合わせること。②勘合符の略。**‐‐いん【勘合印】**勘合符に押す印。**‐‐せん【勘合船】**室町時代、勘合符を携えて貿易のために明(みん)に行った船。**‐‐ふ【勘合符】**明朝が倭寇(わこう)や私貿易をおさえるため室町幕府に与え、正式の使船の証とした割符(わりふ)。勘合。

「勘合」の①は言葉の本来の意味を述べたもので問題にすることはないのだが、問題になるのは②以下の記述である。

念のために、同辞典の第一版（一九五五年）をみたらつぎのように書いてあった。

かん-ごう《ガフ》【勘合】①考え合わせること。しらべ合わせること。②室町時代、中国・朝鮮・琉球などへ遣わす将軍家の文書に朱印を押したこと。③勘合符の略。**--いん**【勘合印】勘合符に押す印。**--せん**【勘合船】勘合印を得て貿易のために外国に行った船。**--ふ**【勘合符】我国と明朝との間で、往来・通商の証として与えた割符(わり)。割合。

『広辞苑』の第二版では第一版にあった②の項目を削除し、「勘合船」「勘合符」の説明を多少改めていることがわかる。ちなみに『岩波国語辞典（第三版）』は『広辞苑（第一版）』の説明を転用したにすぎない。

ところで、『広辞苑（第一版）』の②の記事は、ながい間もっとも権威ある国語辞書とされてきた上田万年・松井簡治氏共著『大日本国語辞典』（一九一五年初版）の記述を踏襲したものらしいことが明らかなので、それをつぎに引用する。

かん-がふ《ゴウ》（勘合）**一** 勘(カンガン)へ合はすること。（例文略）**二** かんがふふ（勘合符）の略。運歩色葉集「勘合自二大唐一出二日本一象牙符也」

三 古へ琉球・朝鮮・支那等への御内書に、朱印を押されしこと。

かんがふ-いん《ゴウ》（勘合印）（**名**）勘合符に捺す証印。

かんがふ-せん《ゴウ》（勘合船）（**名**）古へ外国と往来したる官許の船の称。

かんがふ-ふ《ゴウ》（勘合符）（**名**）古へ我が国と支那明国との間にて、来往通商の公認を証する為めに用ひたる割符。

『広辞苑』も、そのもととなった『大日本国語辞典』も、いずれも記述は曖昧不正確であるばかりか誤りさえもふくんでいるのである。

最近の辞書で、最多の語彙と用例とを誇る『日本国語大辞典』（一九七三年初版）はどうなっているであろうか。

かん-ごう：ガフ【勘合】〘名〙①（―する）調べ合わせること。照合すること。（例文略）②「かんごうふ（勘合符）」の略。＊大乗院寺社雑事記‐文明五年六月一七日「此勘合を船一艘宛に持之て、其船中人数を書付也。外官何人、仁凡何人と書之、一号船・二号船・三号船と書之、一号船は惣船の頭也」＊鹿苑日録‐明応八年九月一九日「中道而龍安寺与泉南之界人相謀以奪レ之、大内御レ之、今以二此物一寄二附于東福一、故一号三号之両船勘合見レ付レ之」

かんごうの印（いん）勘合符（かんごうふ）へ押した印。＊浄瑠璃・源頼家源実朝鎌倉三代記‐五「四百余州を往来の勘合の印（いン）」

かんごう-せんカンガフ：【勘合船】〘名〙室町時代、勘合符（かんごうふ）を携えて、対明貿易に従った船。＊日葡辞書「Cangŏxen（カンガウセン）〈訳〉昔、日本からシナへ渡った船の名」

かんごう-ふカンガフ：【勘合符】〘名〙室町時代、対明貿易（勘合貿易）で、正式の遣使船であることを証明し、同時に船数を制限するために明から発行された渡航許可証。当時日本のほかに、アジア諸国に発行された。明船の携行する日字勘合と遣明船が持参する本字勘合の紙券があり、各々行先で台帳と照合された。勘合紙。勘合。

かんごう-ぼうえきカンガフ：【勘合貿易】〘名〙室町時代、幕府と中国の明朝との間で、勘合符を用いて行なわれた貿易。実際の経営には主として九州・四国方面の有力守護や中央の大寺社、大都市の商人がたずさわったが、「日本国王」すなわち幕府が明帝に朝貢するという形式をとらなければならなかった。日本からの輸出品には刀剣・硫黄・銅・扇などがあり、明からの輸入品として銅銭・絹・書画などがある。（以下略）

「勘合符」のところではその文字の使用された用例を一つもあげず、「勘合」のところではわざわざ「勘合」の称が略称としてでなく使用されている用例をあげながら「勘合」の説明には「勘合符の略」という従来の説明をそのまうけついでいるのは一体どうしたわけなのであろうか。のちに述べるが「勘合符」という言葉は後世作られた用語であり、実際には「勘合」あるいは「勘合紙」という称が用いられていたのである。これは辞典記事の執筆者の不用意の誤りとしか考えようがない。ひとたび先入観念となったものはなかなか改め難いことをまざまざと見せつけられる思いがするのである。

『大日本国語辞典』の㊂と『広辞苑（第二版）』の②は、私の推測では『伊勢貞助雑記』によったものである。『伊勢貞助雑記』の記事はもともと不十分・不明瞭なものなのではあるが、それが『広辞苑（第二版）』と『日本国語大辞典』に採用されなかった理由もよくわからない。このことについてはのちに再述する。

小型辞典として定評のある久松潜一監修『改訂新潮国語辞典』（一九七四年）の説明はつぎの通りである。

カンゴウ【勘合】ーガフ㊀照らし合わせて真偽を正すこと。〔字類抄〕〔日ポ〕㊁「勘合符」の略。〔運歩色葉〕㊂室町時代、シナ・朝鮮・琉球（リュウキュウ）などへ遣（ツカ）わす将軍家の文書に朱印を押したこと。**ーイン【ー印】**勘合符におした証印。**ーセン【ー船】**勘合符を交付されて貿易を許された船。**ーフ【ー符】**室町時代に、日本からの貿易船に対して、明（ミン）の政府が証明として交付した割符（ワリフ）。

記述は前記の諸辞書と多少の相違があるが大綱において異なるところはない。ただ本辞書には挿絵が付いており大内氏の「通信符」の印面と、『戊子入明記』の「勘合料紙印形」（図版参照）の半印の一つの部分だけが載せられている。このことは半印の部分が一枚の勘合であることを予想させるので、きわめて錯覚を招きやすい。実際に『続史籍集覧』も栢原昌三氏もこの半印部分のみをもって一枚の勘合と考えており、私自身もかつて同様の錯覚をしていたことがある。

大野晋・佐竹昭広・前田金五郎氏編『岩波古語辞典』（一九七四年）の記述はつぎのようである。

かんがふ《ゴウ》**【勘合】**①考えあわせること。（例文略）②明（みん）が他国との通交において、相手国の正式の使船であることを証明するために交付した符。明はわが室町幕府にこれを交付し、のち朝鮮もこれに倣《なら》った。勘合符。「類船の―を検す」〈允彭入唐記宝徳四・八〉。**ーせん**【勘合船】室町時代、勘合符を受けて中国と通商した船。〈日葡〉**ーふ**【勘合符】「勘合」(2)に同じ。室町時代には、通常、「勘合」と称した。「洪武永楽より已降、―を以て一歳に一往還の船」〈羅山林先生文集一二〉

つぎに日本最大の漢和辞典といわれる諸橋轍次氏の『大漢和辞典』（一九五六年）を引用しよう。

【勘合】《カンガフ》 ❶割符をつきあはせる。調べ合せる。〔唐律、擅興〕執レ兵之司、得二左符一、皆用二右符一勘合、始従レ発レ兵之事一。〔宋史、兵志〕令レ可二勘合一。❷外国交通許可証として授けるわりふ。符契。〔大学衍義補、備二規制一、函節之制〕漢書、南粤王剖レ符通レ使、今世藩国朝貢者、皆給以二勘合一、本レ此。〔居家必用〕勘合、即古之符契也。❸明代、各役所に於て、銭糧を収支するときに用ひた割符。〔明律、戸律、倉庫、那移出納〕凡各衙門、収二支銭糧物等物一、已有二文案勘合一。❹清代、官吏が公務で出張する時に給した証明書をいふ。〔清会典、兵部〕凡差給レ駅者、皆験以二郵符一、曰二勘合一。〔六部成語、兵部、勘合、注解〕馳駅官兵到二一站一之時、必将二兵部発給之憑拠一送二交地方官一、勘験符合無レ差、方供二給一切之物一、此憑即曰二勘合一。

『勘合契』《カンガフケイ》　勘合符に同じ。

『勘合船』《カンガフセン》　勘合符を受けて外国と貿易することを官許された船。勘合符を見よ。

『勘合符』《カンガフフ》　室町時代、貿易船と海賊船とを区別するために、我が国から明に行く正式の貿易船に対して明から交付せられた割符。

ここでは、当然のことながら中国文献の「勘合」の用例が中心になっており中国歴代で「勘合」の用語がどのように使用されてきたかが明らかであり、「勘合」を日明関係のみの史的名辞として固定することが不当であることを教えてくれている。ただし、「勘合符」の説明は前掲の諸辞書と変らない。

右にあげた諸辞書のそれぞれの記事についてはいちいち批判を加えることはやめ、「勘合」「勘合符」「勘合貿易」について以下に私見を述べ、諸辞書の説明との相異について読者の批判を仰ぎたいと思う。

なお本問題に関係のある先学の研究には栢原昌三氏「日明勘合貿易に於ける細川大内二氏の抗争」（『史学雑誌』二五ノ九・一〇、二六ノ二・三）、同氏「日明勘合の組織と使行」（『史学雑誌』三一ノ四・五・八・九）、木宮泰彦氏『日華文化交流史』（一九五五年、冨山房）、小葉田淳氏『中世日支通交貿易史の研究』（一九四一年、刀江書院）等があり、関係の史料はほとんど洩れなく採りあげられ、すでに通説とされているものを改めている点が少なくない。また拙文「勘合符の形状」（『日本歴史』一四九）および拙著『倭寇と勘合貿易』（一九六一年、至文堂）においても、いくつかの問題点について触れた。本稿は、以上の先学および拙文の所論を整理し、再検討し、その反省をふくめて執筆したものである。

なお今後の叙述で、栢原・木宮・小葉田諸氏の所説を引くときは、名前だけをあげて、論文名や著書名はいちいち記さないことにする。

二　勘合と「勘合符」

勘合に関する明の礼部咨文

日明間の勘合の制度について、その内容が最も克明に説明されている史料は、応仁二年（一四六八）の入明記録たる『戊子入明記』に収められている明の礼部の咨文である。（1）

行在礼部為関防事、該
欽依照例編置日本国勘合、査得洪武十六年間、欽奉
大（太）祖皇帝聖旨、南海諸番国地方遠近不等、毎年多有番船往来、進貢及做売買的（マヽ）的人多有仮名託姓、事甚不実、

難以稽考、致使外国不能尽其誠欵、又怕有去的人詐称朝廷差使、到那裏生事、需索擾害他不便、恁礼部家置立半印勘合文簿、但是朝廷差去的人及他那裏老(差カ)来的、都要将文書、比対硃墨子(字カ)号、相同方可聴信、若比対不同、或是無文書的、便是仮的、都拏将来、欽此除欽遵外、今置日字一号至一百号勘合一百道、底簿二扇、本字一号至一百号勘合一百道、底簿二扇、内将日字号勘合幷日本二(字カ)号底簿二扇、収留在(マヽ)、及将本字勘合幷日字号底簿一扇、差人齎赴日本国、収受将本字号底簿一扇、発福建布政司収貯、今後但有進

貢及一応客商買売来者須於本国関塡勘合内、開写進

貢方物件数、本国幷差来人附搭物件、及客商物貨乗坐海船幾隻、船上人口数目、逐一於勘合上開写明白、若

朝廷差使臣到本国、須要比対硃墨字号、相同方可遵行、使臣回還本国、如有贈送物件、亦須於勘合内逐一報来、庶知遠方礼意、如無勘合、及比対不同者、即係詐偽、将本人解送、赴京施行、今将日字号底簿一扇、本字号勘合一百道、発去日本国収受、書塡比対施行、

右置訖、

宣徳捌年陸月　日

咨文の内容は、まず勘合制度の由来を述べて明の太祖が洪武十六年（永徳三、一三八三）にはじめたとし、[2] つぎに制度設置の目的については、進貢・通商の船に「仮名託姓、事甚不実」のあることをあげて、それを弁別するために「半印勘合文簿」をおき、「硃墨字号」を比対する制を定めたとしている。勘合の制が中国に渡航する外国の進貢船・通商船に対する渡航証明のための制であり、それ以上のものではなかったことは、明らかである。

咨文のつぎの叙述は日明間の勘合制度の具体的な説明である。勘合の発行者は明の礼部で、皇帝の代がわりごとに一〇〇道ずつ発行された。「日本」の二字を分けて、日字号勘合一〇〇道、同底簿二扇、本字号勘合一〇〇道、同底

簿二扇を作製し、それを左表のように日明両国に配分した。

字号	勘合	底簿
日字	一〇〇道（礼部）	二扇（一扇礼部、一扇室町幕府）
本字	一〇〇道（室町幕府）	二扇（一扇礼部、一扇浙江布政司）

明では成祖の永楽元年（一四〇三）に外国からの船舶に関する一切の事務を行なう役所として市舶司を浙江（寧波）・福建（泉州）・広東（広州）の三か所に設置した。市舶司は布政司の下におかれていた。このうち浙江市舶司は日本[3]、福建市舶司は琉球、広東市舶司は占城・暹羅などの南方諸国の船の管理を職務とした。

日本船は「本字壱号」「本字弐号」等の勘合を数字の順序にしたがって所持して渡航し、浙江の布政司と北京の礼部とで底簿と照合検査され、それが終ると勘合は礼部に没収された。明から船が来る場合は逆になるわけであるが、明船が日字号勘合を所持して来日したという史料は現在のこっていない。

日本に送られてきた勘合は、永楽・宣徳・景泰・成化・弘治・正徳の各勘合である[4]。新勘合をうけるときは旧勘合の未使用分は返納することになっていたし[5]、弘治・正徳の勘合の残りは大内氏に保管されていたが行方不明になってしまったというから、勘合の実物が日本に伝えられる条件は一つもなかったわけである。

勘合の形状

勘合の形状については、すでに『日本歴史』一四九号所載の拙文で、縦二尺七寸（約八二センチメートル）、横一尺二寸（約三六センチメートル）ほどの紙片であったことを論証した[6]。その際半印について推定した点は、のちに中村栄孝氏から教示をうけて修正することができた。勘合の形状を推定させる唯一の史料は『戊子入明記』（天竜寺妙智院所蔵）に「勘合料紙印形」として掲げられている宣徳元年編置の勘合の図である。

次頁の図版は史料編纂所所蔵の謄写本によったものである。

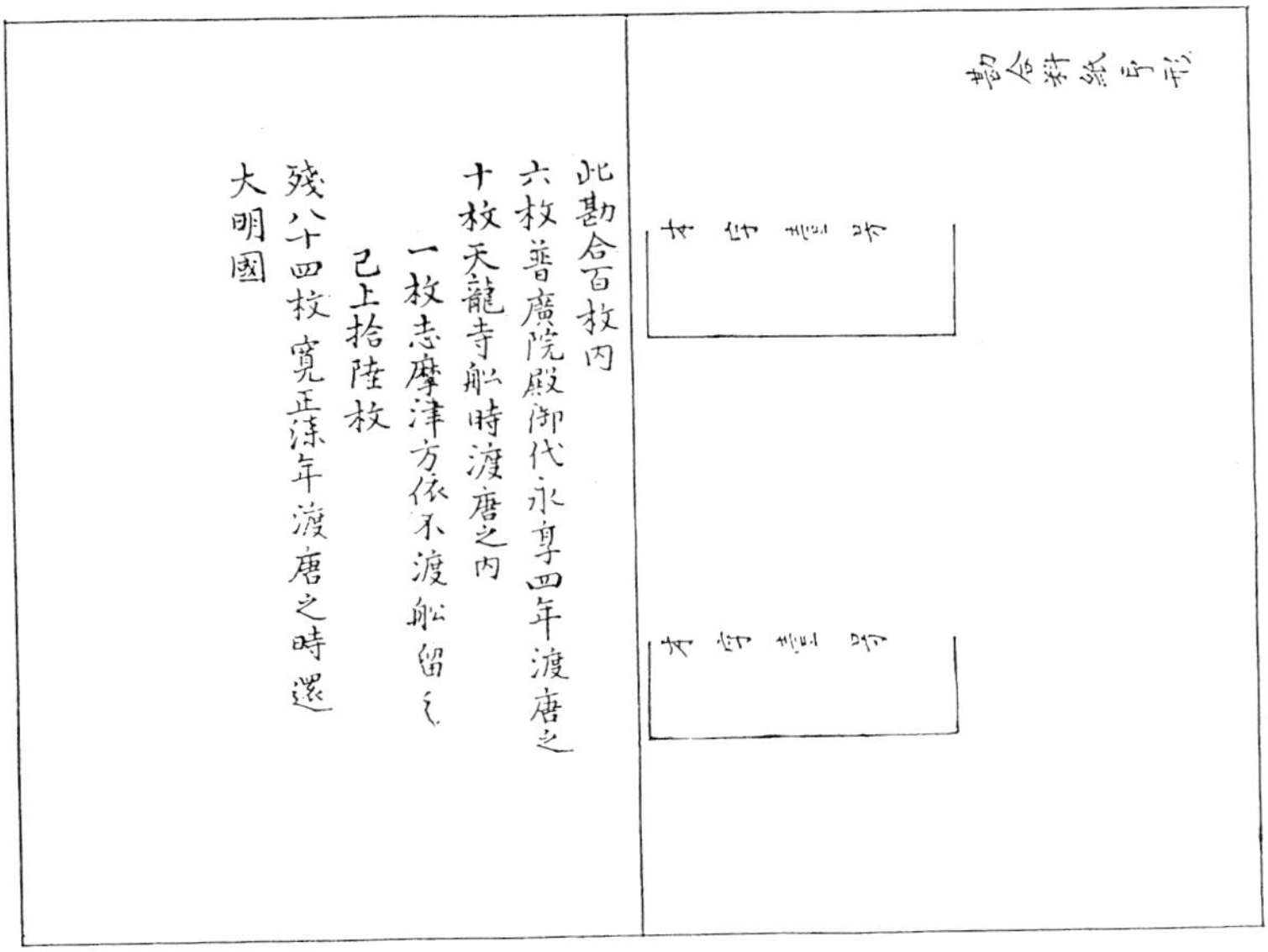

半印についてかつて私の考えたことは、

（一）「本字壹号」という印文のある印を縦二尺七寸、横二尺四寸の料紙の中央に捺し、捺印ののち料紙を縦に中央で折半して、左を勘合、右を底簿とする。

（二）「本字壹号」という印文の印章そのものを中央から折半して左右の二印を作製し、縦二尺七寸、横一尺二寸の料紙二枚にそれぞれ捺し、左印を捺したものを勘合とし、右印を捺したものを底簿とする。

という二つの解釈で、（一）は、栢原氏の示した見解を参考にしたもの、（二）は、朝鮮から大内氏に送られてきて現存している「通信符」の印が(7)、印そのものを折半したものであることからの連想による推定で、底簿二扇ということから考えると（二）の方が妥当ではあるまいか、とした。

中村栄孝氏も『戊子入明記』の「勘合料紙印形」を立論の根拠としているが、私のたてた二つの解釈をともに否定し、つぎのような新しい推論を発表した(8)。

これを見ると、「本字壱号」の半印がふたつならべて書かれている。したがって、日字号・本字号（前者は明側用に、後者は日本側用につける記号）の印をつくり、底簿の料紙をあてて印をおし、番号は筆で書きいれたものにちがいない。検閲するとき「比対硃墨字号相同」といわれるから、あるいは朱印で、番号が墨書されているか、あるいはその逆か、いずれにせよ、朱・墨両用であったかと思われる。日字号の底簿一扇と本字号の勘合百通が日本側に渡され、逆に本字号の底簿二扇と日字号の底簿一扇および勘合百通が明に保管されるので、いずれも底簿二扇をつくるから印形が二ヵ所のこっているわけであろう。（中略）「勘合」は、今日の割り印で、中国風にいうならば「騎縫」の印で、公文書などの原・案の両者を重ねて、合わせ目におすことから起こったもの、現在、公文に「契」印が使われているのと、同じ意味である。

論旨明快であって、「勘合料紙印形」に半印影が二か所あることの理由もよくわかる。中村氏はさらにこの推論を補強する意味で朝鮮における勘合の例をひき、

朝鮮の『経国大典』礼典に「勘合式」があって、

凡干銭・粮・発兵・発馬・検屍・大辟等移文、摺附元簿面、交際処書塡経印、分為半行、以憑後考、

と字号の書きいれ方を説明した上で、

某年月日、書塡某字第幾号勘合、

と規定しているから「勘合」の作り方がわかるであろう。

としている。

別幅の意味

礼部咨文のつぎの規定は、勘合に書きこむべき事目についてである。これによると、使節の人名、同乗の商客の人名、進貢物件数、乗船者の附搭物件、客商の貨物、船舶の数、船内の人口数等を逐一記

入することになっている。おそらく、料紙の印影のある部分の裏を返してこれらのことを記したのであろう。「勘合」のことを「批文勘合」ともいうのであるが、栢原氏によれば、批文とは裏書のことであり、ここに記入されたことが事実か否かを験案することには字号の比対よりも大きな意味が存したとしている。

この批文勘合は、日本国王（足利将軍）から礼部にあてた文書であるから本来は同位者間の往復文書としての咨文の名でよばれるべきものであるが、日本国王から明皇帝にあてた表文に附属する文書という意味で『善隣国宝記』『大明別幅幷両国勘合』等では一般に「別幅」の称を用いている。

勘合の保管

勘合の管理の状態は、次に引く『蔭凉軒日録』長享元年（一四八七）十月三十日の記事がよく示している。このときの日録の記者は亀泉集証である。

> 早旦、謁東府、勘合事可取出由、以堀河殿白之、乃被命調阿、鑰子二ヶ自御前出、愚請取之、乃往御倉前、調阿取出勘合箱、愚請取開鎖子、封之字御符付之、箱内勘合之大冊有之、幷勘合百枚、以青色木綿裹之、成化之勘合也、御下文、勘合之大冊有之、幷勘合九十九（一）枚有之、以黄色之木綿裹之、栖老代景泰勘合三枚取出之、各三枚充也、其記録在箱内、今日又景泰勘合壱枚取出之、愚記云、景泰勘合壱枚第拾　依伊勢守被□（申カ）請被出之、長享元年丁未十月晦日、如此書以入置箱中、所解御符幷勘合壱枚、鑰子二ヶ進御前、封字之御符一枚自御前出、愚又往御倉、勘合箱之鎖子付之、第拾勘合一枚、堀河殿被渡伊勢右京公、愚乃退出、

これを見れば、勘合と底簿（勘合の大冊とあるもの）とは青色と黄色の木綿でつつまれて箱に収められ、その箱には二つの鍵がかけられ、その上に将軍の「封」の字の符をつけて、幕府の御倉に保管されていたことが明らかである。箱の開封は将軍の面前で蔭凉軒主亀泉の立会のもとに行なわれたのである。箱の形態は天文十二年の『渡唐方進貢物諸色注文』によって知られる。蓋は縦二尺八寸五分、横一尺三寸五分、外は朱、内は黒漆、板は厚さ四分の杉柾、蓋

は深蓋であった。なお昔時は箱の面に蒔絵の竜があったが近年はない、としている。この箱が中国からもたらされたものか日本で作られたものか明らかではないが、中国製のものと考えてよいのではあるまいか。

『戊子入明記』に記されている勘合の取扱いの記事も、『蔭凉軒日録』の記しているところと大差はない。

一、表状料紙五枚於籾井方調之、

蔭凉軒渡之申、

一、御印　勘合　籾井方殿中持参、

一、御表状御印推事、於　御前季瓊西堂召具箴首座推之、開箱事仙阿、勘合事於殿中自季瓊西堂紹本請取之申、

大和守モ参上申、

一、御印箱・勘合箱、　公方様御封有之、

勘合は表文の料紙や日本国王印などと共に幕府の御倉に納められていて、奉行の籾井某から蔭凉軒主季瓊真蘂に渡され、将軍の面前で同朋衆の仙阿が箱をあけ、奉行人立会のもとに将軍が日本国王印を表文に捺すことになっており、それが終ると将軍は印の箱と勘合の箱とに封をしたのである。

勘合の称呼

管見のおよぶかぎりでは、室町時代に「勘合符」という呼称で「勘合」がよばれた例は見あたらない。すべてただ「勘合」だけである。少しく用例を拾ってみよう。「勘合紙」(『蔭凉軒日録』寛正六年六月十四日条)、「勘合一枚」(『同』長享元年十月二十七日条)、「宣徳之勘合」「景泰之勘合」「景泰勘合」(『同』同年十月二十九日条)、「勘合之大冊」(『同』同年十月三十日条)、「勘合一百道幷底簿一百道一扇」(『鹿苑日録』明応八年八月十九日条)、「成化勘合九十八張」「景泰勘合八十七張」(『同』明応八年十二月二十三日条)等である。ほかにさきにあげた『戊子入明記』の「勘合料紙」「勘合百道」や『允澎入唐記』の「日本勘合」や『善隣国宝記』の「新勘合之符信」「勘合者

盖信符也」「本字勘合五拾柒通」「日字勘合壱百通」というのが目につく。また『翰林葫蘆集』第七の中の「送貞友竹遊大明国序」には「以勘合為符信」の文字が見える。『運歩色葉集』や『節用集』などの辞書類をみても「勘合」は出てくるが「勘合符」はない。このようなことから考えれば「勘合」について現行の諸辞書のいう「勘合符の略」という説明は不当であることが明らかであろう。

金牌勘合

『明実録』をみると、『武宗実録』巻七、弘治十八年(永正二年、一五〇五)十一月甲午の条に、

命工部、鋳造日本等国幷雲南四夷車里軍民宣慰使司等衙門金牌七十面、

とある。また『明史』巻三二、外国三、日本伝には、

(弘治)十八年冬、来貢、時武宗已即位、命如故事、鋳金牌合給之、

とある。この二つの記事からみれば金牌勘合なるものが明から日本に贈られたことになるが、栢原昌三氏はこの年(永正二年)に日本船の渡航がなかったこと、武宗即位後に発行された正徳勘合は永正八年渡航の船がもち帰っていること、金牌勘合は従来明国政府が西北蕃族の土官衙門に給するもので、日明間の半印勘合文簿とは制度がまったく異なるものであることをあげ、この種の勘合が日本船に給せられるはずはない、とした。私もこの見解に従って『明実録』および『明史』の記事は誤記であったと解しておきたい。(9)

通信符

室町時代におけるもっとも掲出語の多い国語辞書として知られる『運歩色葉集』(元亀二年京大本)には「勘合《カウ》」についてつぎのような説明を加えている。

自二大唐一出《ス》二日本《ニ》一象牙之破符也、

ところが、「象牙之破符」は大唐すなわち明から日本に贈られてきたものではなく、実は朝鮮国王から日本国王(足利義政)にあてて贈ってきた通信符だったのである。この象牙符は現存せず、記録の上でのみ存在したことが確認で

きるものである。朝鮮の成宗がその五年（成化十、文明六、一四七四）に、日本国王（足利義政）の要請によって象牙符一〇枚を作り、これを折半し、右符を日本に贈り、遣使のさいに携行させ、左符を朝鮮に留めて験察することにしたのである。符は円形で周四寸五分、径一寸五分、両面にそれぞれ「朝鮮通信」および「成化十年甲午」と篆刻し、かつ第一から第十まで番号があったという。この符の使用法は、符験として持参し、検証がすめば、また携行して帰るものであった。[10]『運歩色葉集』の「破符」（割符）の表現も象牙符に対する説明としては適切であったということができよう。この象牙符は広義の勘合の一種であることはまちがいないが、日明間の勘合とはまったく形式を異にするものであった点に注意を喚起しておきたいと思う。なお『運歩色葉集』が通信符をもって大唐の勘合とした誤りは『大日本国語辞典』以下の現行の諸辞書の説明にまでうけつがれ、影響をおよぼしたことはすでに見た通りである。なお「通信符」と称するものにはこの象牙符のほかに朝鮮国王から大内氏に送られた銅印があった。[11]

琉球渡海勘合

『大日本古文書　島津家文書之二』に、朝倉義景から島津義久にあてた文書がある。琉球渡海に関するものであるが、年代は永禄十年（一五六七）ころと推定される。

今度琉球渡海勘合之儀、令申候処、御同心之旨、本望此事候、仍太刀一腰左、馬一疋送給候、為悦之至候、殊使者在国中、種々御懇切之間、御入魂之故候、必期渡船之刻候、猶永興寺可有御演説候、恐々謹言、

七月廿三日　　　　　左衛門督義景（花押）

謹上　嶋津修理大夫殿

応仁の乱後、島津氏は琉球との関係をふかめ、通交の独占を企図するようになり、永正五年（一五〇八）島津忠治は琉球王にあてて、「専願、自今以後不帯我印判往来商人等、一々令点検之、無其支証輩者船財等悉可為貴国公用」と記した書状を送った。[12]この要求が実現したのは半世紀後の永禄二年（一五五九）で、同年三月三日付で、那覇主部中

から島津氏の宿老河上久朗・伊集院忠倉・村田経定にあて「万一無御印判船者、申合候様用申間敷候、就其無理子細共候ハヽ、可致其成敗候、可有御心得候、於此方難成事等者、以一通可申入候、於向後仰恩下外無他候」(13)と書き送り、琉球では島津氏の印判状を所持した船とだけ通交することを承認した。朝倉義景の書状にいうところの「勘合」は、おそらくこの「御印判」のことであって、日明間の勘合とは関係なく、島津氏の発行した琉球への渡航証明と解すべきであろう。

豊臣秀吉と勘合

文禄二年（一五九三）豊臣秀吉は「大明与日本和平相定条々」を明の勅使に示す講和の七条件として発表した。『大日本古文書　毛利家文書之三』に収められているものを見ると、その第二条に「一、勘合之義、可申談事」と記されている。これに対比される『太閤記』所引の「大明へ被遣御一書」の第二条には「一、両国年来依間隙、勘合近年及断絶矣、此時改之、官船・商舶可有往来事」(14)と見える。二つの文章から考えると、秀吉の「勘合」に関する理解は「官船・商舶往来の一形式」という程度のものだったことが想像されるのであって、勘合の制が施行された本来の意味は理解されていなかったようである。この時代にはすでに勘合は貿易の一形式という認識が存在していたのであろうか。

徳川家康と勘合

徳川家康は、その政権の体制が整うのにともなって外国関係を整備し、明との通交回復を切望した。島津氏が琉球を征討した翌年の慶長十五年（一六一〇）、駿府にあって外事を担当していた本多正純はつぎの折紙書状を島津家久（羽柴陸奥守）に送った。(15)

尚以、唐口へ之義、御手前直ニ御越候事にてハ御座有ましく候、御人数計可参候間、其御心得可被成候、以上、

急度申入候、仍かんごう不相調ニ付而、唐口へ少々御人数可被遣旨、被　思召候条、内々其御用意候而、御意御待可被成候、為御普請御人数為御上候事、御無用ニ候、猶唐口へ御人数被遣候事者、いつにても此方よりの御一

左右次第ニ可被成候、恐々謹言、

本多上野介

壬二月十日　　正純（花押）

羽柴陸奥守殿

これによれば、徳川政権は「かんごう」の復活をもとめていたが、その交渉が順調に進まないので「唐口へ少々」出兵する意志があり、島津氏にはその準備のために名古屋城の普請役を免除するというのである。

このことと関係するものとおもわれるが、同年十二月、本多正純は明国福建道総督軍務都察院都御史所にあて通交の復活を要求する書状を送った。[16] その中に、

今将継前時之絶、而興比年之廃、欲修遣使之交、而索勘合之符、

という文章があった。ここには「勘合之符」の授受が両国通交の回復と同義に理解されていたことが示されている。なおこの文書は本多正純が差出人になっているけれども、末尾に「御印」とあって、家康の意志によって書かれたものであることは明瞭である。来航明人周性如をしてこの文書を福建に送らせたが回答は得られなかったという。[17]

なお同時のものと推定される長谷川藤広から明国福建道総督御史陳子貞にあてた国交回復要求の文書[18]の中にも勘合のことが見えている。

日本之通於貴国、上古置而不論、洪武・永楽以降、以勘合符、一歳一往還之船無負其信、而二三十年来交隣盟寒、異域路阻、今吾国主源君平日愛華夏之風、而有意于勘合、有日于此矣、方是時也、吏目周性如到我邦、余因言於国主以和平通交之事、則降賚印書、彼亦約以来歳商船及勘合符同来也、

内容は事実に反する点が多いが二か所だけ注目しておきたい。すなわち「勘合符」の文字があることと、家康が日

明国交の再開に関心を持っている事実を「有意于勘合」と表現していることである。もっとも「勘合符」の方は本多正純書状の「勘合之符」と同様で、「勘合の符」と読んだのかもしれず、とくに「勘合符」という新名称の源流とすることはできないかもしれない。家康の勘合に対する理解は、秀吉の勘合に対する理解の系統に属するもので、明との関係、とくに貿易関係を一般に勘合と理解していたことを示している。なお家康はこのころしきりに異国渡海朱印状を発行しているが、家康の勘合に関する理解の仕方は、このようなこととの関連において考えてみる必要があろう。

以上勘合に関する諸問題について検討したが、名称としての「勘合符」は家康のときにはじめてあらわれたことと、それすらかならずしも固有名詞であったかどうかは不明であることを明らかにした。「勘合符」という称呼は誤りではないけれども不必要な称呼であると考える所以である。

三　室町時代の外交文書の印章と「勘合印」

勘合印の問題を考える前に、印章とは何か、という問題を一応説明しておこう。荻野三七彦氏は『国史大辞典』「いんしょう」の項目で、定義説明として、

今日では俗に「はんこ」とも称し、証拠の表示としてものにしるし使われる。「印の用たる、実に信をとるにあり、公私これによりてすなはち嫌疑を決す」との中国後漢代の印章観はいまもそのまま通じている。

という。これをみても明らかなように、勘合＝かんがえ合せる、という機能は印章がその発生の時点からすでに持っていたものなのである。そのことから考えるならば「勘合印」という名称は、いかにも奇妙な呼称とおもわれる。もし諸辞書のいうように勘合印の意味を限定して「勘合符に押す印」と考えるならば、他の印には勘合の機能が存在しないような印象をあたえることになり、これも納得できない。日本から外国に送った文書に用いた印章も、外国の文

書に用いられた印章も、本来差出人とその立場とを明らかにするためのものであり、勘合することを目的にして使用されたのではなかったのだろうか。「勘合印」の用語はこのように混乱して使用されているのであるが、以下、日本から外国に送った文書に捺された印章を検討しながらこの問題について考えてみたい。

「日本国王之印」

日本国王の金印は応永十一年（一四〇四）に明の成祖から足利義満に贈られたものであるが、誥命（辞令書）・冠服とともに冊封のしるしとしてきわめて重要な意味を担うものであった。[19] 印文は『満済准后日記』永享六年六月三日条に「仍自唐朝進印ニモ日本国王之印トエリ付置候」とあることによって「日本国王之印」であったことが知られる。

『蔭凉軒日録』の寛正六年（一四六五）六月十四日の記事に、

> 遣唐疏上被押金印、仍読誦之、別幅未製、又重可被押金印也、金印付亀形、（中略）愚老眼難弁故、召具集箴首座共押金印也、千阿奉之、金印匣幷景泰年中到来勘合紙九十七枚、匣被付御封也、遣唐疏幷匣、以別幅未調之故、未渡于巨座本都寺、而先預置之、（中略）亀形金印光輝照人、斤両尤重、而以両手難提持、実国家遺宝也、

とある。これによってわかることは、(1)金印は遣唐疏すなわち日本国王（足利将軍）から明の皇帝に送る正式文書たる表文に捺すものであること、(2)別幅（勘合＝礼部にあてた咨文）にも捺すものであること、(3)金印は勘合と共に保管され、その使用は蔭凉軒主（このときは季瓊真蘂）が国王の面前で行ない、国王の封を必要としたこと、[20] (4)金印には亀形の鈕《ちゅう》がついていて、[21] 光輝人を照らし、両手でも提持し難いほどの重さがあったこと、等である。

また『蔭凉軒日録』の同年同月二十七日の条によると「金印箱」には鎖子がかけてあったことを記している。現在毛利博物館に伝えられている印盒は「雲竜鍮金印箱」の名称で昭和五十二年（一九七七）十月に東京国立博物館の「東洋の漆工芸」展に出品されたが、施錠できる漆の箱で、同特別展の図録の解説には、十五〜六世紀のもので、縦一九

・〇センチメートル、横一四・四センチメートル、高さ二二・二センチメートルであるとしている。ただ、この箱が大内氏から毛利氏へと伝えられたものであることは明らかだが、後述する木印の箱として造られたのか、もともとは金印の箱であったものが、金印の紛失後木印の箱として転用されたものだったのかの疑問をいだかせるのである。漆工藝の知識が乏しいので断言できないが、この印盒は中国において作製され、日本に送られてきたものと考えてよいかとおもう。

表文および別幅に捺した金印が日本国王印であったことは『善隣国宝記』によっても知られる。すなわち、「文明七年乙未遣大明表」として掲げられている足利義政の表文には、末尾の「成化拾壱年乙未秋捌月廿八日　日本国王臣源義政」とあるところで、義政の二字を四角でかこみ、「日本国王印」と注記しており、封紙も「日本国王臣源義政」の「義政」の部分を四角でかこみ「日本国王印也」と注記している。同日付の別幅では末尾に「成化拾壱年捌月廿八日　日本国」とある部分の「成化拾壱」の四字を四角でかこみ、「日本国王印也」と注記している。(22)

金印の保管は勘合の保管とともに厳重をきわめたのであるが、細川・大内二氏の勘合争奪の過程で紛失してしまった。『続善隣国宝記』に収められている嘉靖六年（大永七、一五二七）日本国王源義晴の礼部あての咨文には、

前代所賜金印、頃因兵乱失其所在、故用花判而為信、琉球僧所知也、伏希　尊察、妙賀・素卿帰国之時、賜新勘合幷金印、則永以為宝、

と記されている。金印を失ったため花押で代用しているので、金印と新勘合とを贈ってもらいたいというのである。

金印紛失の一件については栢原昌三氏と小葉田淳氏とに詳しい研究がある。栢原氏によると、天文七年（一五三八）以後の外交文書に用いられた日本国王印は山口の大内氏のもとにあった木印だという。この木印は現在毛利博物館に「通信符」の銅印とともに所蔵されているものであるが、「日本／国王／之印」と三行に篆書陽刻したもので、印面

は単廓方形で、大きさは縦横ともに一〇・〇センチメートルであり、側面に「日本国王臣源」の墨書がある。延享五年（一七四八）七月、毛利宗広の点検のとき、当時御宝蔵改役であった浦元伴の書いた「此印ハ大内義隆殿大明国へ紙ヲ遣シ書物ヲ造ラシメ此印ヲ用ユ（下略）」という添紙があるとのことである。(23) 栢原氏は、この印は大内氏が幕府の允許をうけ金印を模して彫製し、金印の実物が紛失したのちに、これを天文年間の遣明文書に使用したものであろう、とした。これに対し、小葉田淳氏は、さきに引用した『続善隣国宝記』の勘合・金印要求の咨文は細川高国の意趣によって書かれたものであり、かならずしも真実を伝えるものではなく、金印は勘合とともに大内氏に渡っていた可能性があるとし、天文両度の遣明国書に用いられた印が木印であるという栢原氏の考え方に疑問を提出している。両説とも論拠とするところに多少曖昧な点があるので、にわかに判定を下すことはできないが、陶晴賢の乱後毛利氏がうけついだのは金印ではなく木印であったことは事実であり、何故このような木印が彫製されねばならなかったかという真相はなお未解決のままのこされている。

文禄慶長の役の講和交渉のときも金印のことが問題になった。明で秀吉の冊封を決定したとき、日本にはすでに金印はなかった。もし旧印があれば新国王はこれを使用するのが常例であったので、万暦二十三年（文禄四、一五九五）明では日本の使者の小西飛騨守如安（内藤忠俊）の要求に答えて誥命・詔勅・印章の賜与を決定した。『神宗実録』巻二八一、万暦二十三年正月庚辰条には「日本自永楽初錫封、賜有亀紐金印、時小西飛供称、旧印已無、似宜另行鋳給、故兼有是請、詔従之」と記されている。講和の交渉にあたり秀吉が明皇帝の冊封を拒否したことはよく知られているが、不思議なことに誥命は石川家に伝えられて現在は大阪市立博物館に所蔵されているし、(24) 金印もまた明使に返却されなかったのである。そればかりでなくこの印はのちに、朝鮮に送った徳川家康名義の国書に使用されたのである。中村栄孝氏は、明の冊封使から秀吉に伝達された金印は対馬宗氏の手に移って家康名義の外交文書に用いられた疑いがあるとし、小西行長・景轍玄蘇・柳川調信・宗義智が外交の折衝に参加していたので、金印が対馬に伝えられた可能性が大きい、としている。(25)

「体信達順」の印

『善隣国宝記』寛正六年乙酉（一四六五）遣大明書の末尾に双廓方形の印影が写してある。「体信／達順」の四字を二行に篆書陽刻したものである。木宮泰彦氏は『蔭凉軒日録』寛正六年六月十四日条に見える遣唐疏と金印に関する記事のうち、遣唐疏が『善隣国宝記』所収の瑞渓周鳳作の遣大明書のことであるところから推論して、「体信達順」の印がすなわち金印であるとしている。(26) 表文には「日本国王之印」を使用するのが原則である。何故この印影が『善隣国宝記』のこの場所に記入されたのか、またこの印が「日本国王之印」とどのような関係にあったのかは審らかにできない。

「徳有隣」の印

室町幕府と朝鮮との関係を『善隣国宝記』所収の外交文書によってみると、朝鮮の文書は明の年号を使用して将軍のことを日本国殿下または日本国王殿下と称している。これに対し幕府から朝鮮に送る文書は原則として明の年号は用いず、ただ干支のみを記し、まれに日本年号を用いた。また相手を朝鮮国王殿下とよび、将軍自身のことは「日本国源義教」とか「日本国源義政」と署していて、日本国王を称した例はない。もっとも『李朝実録』には数例の日本国王を称した文書が収められている。

『善隣国宝記』によると、朝鮮に送る文書には可漏子《かろす》（封紙）を使用しなかったことを記し、印は将軍の諱の上に捺したことを図示している。印文は『善隣国宝記』には示されていないが足利将軍は「徳有隣」の印を用いていた。(27)

なお『善隣国宝記』と『李朝成宗実録』巻七元年（一四七〇）八月庚午条および九月辛丑条によれば、応仁乱後足利義政が朝鮮国王に対し「再賜金印」を要求し、朝鮮側では「悉考旧籍、曽無送印之事、況鄰境列国、以印相送於名義何如」という理由で、これを拒否した事実が知られるのであるが、これと「徳有隣」の印との関係はわからない。

『朝鮮送使国次之書契覚』の天正八年（一五八〇）八月二十一日条および同月二十五日条に、「国王殿之御印」を捺した「国王殿之注進之短書」「国王殿之御吹挙、一号・二号・三号」をもった船が、上官人が景轍玄蘇、船頭が柳川権介という構成で対馬から朝鮮に渡航したことを記しているが、「国王殿之御印」の印文については明らかにしてない。あるいはこの「徳有隣」の印が捺してあったのかもしれない。

この「徳有隣」の印は琉球国王にあてた将軍の文書にも用いられている。『蔭涼軒日録』長禄二年（一四五八）十二月十四日条の記事がこれを示している。

琉球国返章御印、御但(衍)伊勢備後殿方、以天龍寺長老十如被仰也、徳有隣之印子也、籾井方森五郎衛門入道為使者来、即付封渡之、但御印三処印之、御書之後、年号第二字之上印之、封章上、畏琉球国和字之第二字之上印之、折紙、賜物之後印之、三所謂、

保管は勘合や金印と同様に籾井氏があたり、将軍が封を加えるものであったことがわかる。また印材が桜であり、小箱に入れられていたことが、同日録の文明十八年（一四八六）五月二十九日条に記されている。

『運歩色葉集』は、充書の「りうきう国のよのぬしへ」の「きう国」の部分に朱印が捺してある御内書形式の文書の写しを掲げている。[28] 御内書形式の文書に朱印を捺すことは異例のことであったから、『伊勢貞助雑記』では、

おもてむきの御内書に朱印の御事不理覚悟候、又古府案候も不及見候、琉球国人(ヘカ)御朱印を出され候御事は、勘合と申て、各別の御儀にて候、大唐・琉球・高麗、此三ケ国へは勘合と号して、彼三ケ国より調進申、其を出され候事候、下々にわりふなとゝ申やうなる儀候、

と説明している。御内書形式の文書に朱印を捺して外交文書とすることは「各(格)別の御儀」すなわち特別の例であることを説明したものであるが、明はともかく琉球・朝鮮からも勘合が幕府に送られてくるように書いてあることや勘合

を一般でいう割符《わりふ》と解していることは、すでに本稿で縷述したところから事実ではないことは明瞭であろう。ちなみに本稿の冒頭で示した『大日本国語辞典』の勘合の説明の第三項と『広辞苑（第一版）』の勘合の説明の第二項などが『伊勢貞助雑記』に拠っていることは明らかである。『広辞苑（第二版）』と『日本国語大辞典』とがこれを省いたのは『伊勢貞助雑記』の説明が不明瞭で納得できなかったためであろうか。

「通信符」の印　通信符については、大内氏に対し朝鮮国王から造給された「通信符」の銅印と日本国王（足利将軍）に対して朝鮮国王から造給された円筒形の象牙符の二種類があったことはすでに述べた。この二つの「通信符」は、まさに勘合印・勘合符とよばれるにふさわしいものであったといえよう。

朝鮮の図書　図書は、朝鮮国王から通交修好する特定の日本人に対して贈与された銅製の私印である。実名を刻し、まれに姓名・氏名をあらわしたものがあり、使者は朝鮮におもむく場合に文書に捺して証拠としたのである。

図書は、日本人の請求によって朝鮮国王から授けられ、その所有者が死没すると相続者はこれを朝鮮に返納し、新しく相続者名義のものをうけることになっていた。授与にあたり朝鮮では見様を紙に捺して礼曹と典校署（印篆をつかさどる役所）におき、また浦所（開港場）にも分置して、日本人の書契の真為をたしかめる基準とした。日本では図書のことを通俗的に勘合印と称していた。(29)

なお、『大日本古文書　蜷川家文書之一』一〇八頁には、寛正三年（一四六三）に天竜寺侍衣禅師にあてた斯波義廉書状案があり、朝鮮国通信のことにつき先代が朝鮮から贈られた印子が必要なのだが紛失してしまったので、新印の再給を朝鮮に依頼したい旨を記している。ここに印子とか新印とか記されているのは図書のことであって、この要求が朝鮮からかなえられたことは『李朝成宗実録』巻一三、二年（文明三、一四七一）十二月己卯条の記事によって知ることができる。

また、福岡県玄海町宗像神社に勘合印と伝えられる印が所蔵されており、これを図書と考えているひともあるが、私は図書とは別系統の印であろうと思っている。

以上、日本から外国に出された外交文書の印章の大略を検討したが、「勘合印」の意味を広義にとれば、すべての印章はこれにあてはまることになる。また「勘合印」の意味を狭義にとり、「勘合に捺す印」とするならば、勘合＝別幅＝咨文に捺す印、すなわち「日本国王之印」だけが「勘合印」であるということになる。しかし「日本国王之印」のもつ機能の第一は中国皇帝が冊封した日本国王の象徴であることであって、表文に捺す印としての意味の方が大きく、別幅＝勘合に捺すことの意味は「日本国王之印」の第二義的なものといわなければならない。「日本国王之印」をとくに「勘合印」とよばなければならぬという理由はない。

「勘合」および「印章」についての一般の理解が不足・不明確であったために、「勘合印」の称呼もまた少なからぬ混乱を招くことになったのであろう。

四　日明貿易と「勘合貿易」

「勘合貿易」という称呼は、日明貿易の実質を明瞭に把握した史的名辞ということができるであろうか。あるいは日明貿易の形態を正確に表現した史的名辞といいうるのであろうか。「勘合」が日明通交にとって一体何であったかを再吟味するのが本項の課題である。

明では、自国の商船が自由に外国に渡航することを禁止する海禁令を実施し、来航の外国船に対しては勘合の制を設けて朝貢船以外の渡航を許さなかった。このため日明間における貿易は、密貿易をのぞけば朝貢遣明船による貿易が唯一のものであった。また明の使臣が日本にくるときは、その船に貿易用の貨物を搭載することが認められていた。遣明船に積む貨物は、明の皇帝に対する日本国王からの進貢物、使臣の自進物、将軍・使臣・客商・従商等の附搭物、であった。この貿易にはつぎの三つの形態があった。

㈠進貢貿易　遣明船は朝貢船であるから日本国王（足利将軍）の進貢物を明の皇帝に捧げるのが建て前である。使節もまた自進物として皇帝に貢物を献じた。これらの進貢に対しては巨額の頒賜（回賜）があり、一種の割りのよい貿易と考えられた。馬・太刀・硫黄・瑪瑙・金屏風・扇・鎗などを進貢し、白金や絹織物・銅銭などがあたえられた。

㈡公貿易　遣明船の附搭物について明の政府との間で取引きされる貿易である。附搭物とは、幕府の貨物、遣明船経営者の貨物、遣明船に搭乗を許された客商・従商の貨物である。これらは北京に送られるのが建て前で、北京で価格がきめられて取引きされた。蘇木・銅・硫黄・刀剣類等の日本品に対して銅銭・絹・布等が支払われた。

㈢私貿易　寧波における牙行との貿易、北京における会同館市易、北京から寧波への帰路の沿道で行なわれる貿易の三つがあった。牙行は明の政府から官許を得た特権商人で、遣明船の貨物の受託販売、遣明船が日本に持帰る貨物の受託購入などにあたった。私貿易によって日本にもたらされた貨物は、生糸・絹織物をはじめ糸綿・布・薬材・砂糖・陶磁器・書籍・書画・紅線および各種の銅器・漆器等の調度品であった。

以上のことは小葉田淳氏の著書の要約等であって、戦前から明確にされていたところであるが、一般にはかならずしも十分に理解されておらず、ある高校日本史教科書の「当時明側は民間貿易を一切禁止しており、入貢が公貿易としての性質をもっていたから、義満はこれによって事実上の貿易の利益を独占した」という説明などは貿易の内容を的確に把握して記述したものとは考えられない。[30] このような叙述が行なわれる背景には、従来通説とされてきた日明貿易は勘合貿易であり、それは「勘合符を用いて行われた貿易」（『日本国語大辞典』）であるという曖昧な通念が作用していることを指摘できるのではなかろうか。

すでに述べたように「勘合」は渡航証明書であって、貿易の許可を目的としたものではなかったのである。「勘合」の裏面は別幅として附搭貨物の記入などが行なわれたが、「勘合」そのものは本来直接貿易とは関係がなかったのである。あえて「勘合」と貿易との関係をつけるならば、「勘合」を所持した「勘合船」[31]だけが渡航できたのだから、貿易できたのも「勘合船」だけであったということである。したがって、「勘合船貿易」という造語ならば「朱印船貿易」という造語と同系列の用語として理解することができるのである。ところが「勘合貿易」というと、諸辞書に書かれているように「勘合符を用いて行われた貿易」というふうに取られやすく、「勘合」が渡航証明書以上に貿易証明書としての機能までも有していたような印象をあたえることになるのである。これにくらべれば「日明貿易」「遣明船貿易」などの用語の方が誤解ははるかに少ないであろう。

また貿易の形態から日明貿易を考えるならば「進貢貿易」「朝貢貿易」「進上貿易」あるいは「朝貢回賜貿易」などの表現をとる方が、より貿易の実態に即しているのであって、「勘合貿易」という用語はこの面から考えても適当とは思われない。

むすび

ひとたび歴史的名辞として学界あるいは一般から認められた言葉は、たといそれが不適当なものであっても、それを改めるには大きな努力の積み重ねが要求される。「勘合・勘合符・勘合貿易」もその例から漏れるものではない。私自身、従来先学が用いているというだけの理由でこれらの用語を無批判に使用してきたことを告白しなければならない。あえて私自身の反省のためと一般の理解を正すことを期して拙文を草したのである。すなわち本稿は、㈠「勘合符」の名辞は「勘合」とのみ記せば足りること、㈡「勘合印」という称呼はきわめて乱雑不明確に用いられているので、その使用には慎重を要すべきこと、㈢「勘合貿易」の称は日明間の関係を把握する用語としては曖昧であり、むしろ誤解を招くおそれの方が多い、という三点を述べたものであるが、室町時代の国際関係を再検討するための一つの基礎的な手がかりとして認識してもらうことができるならば、本稿の目的は達せられるのである。叙述にあたって、史的名辞の成立事情やその説明に力点をおいたために、東アジアの通交関係全体のなかで問題を考察するという視点が薄れ、不十分な箇所が少なくなかった。大方の御批判をお願いしたい。

（1）この文書は、栢原昌三の論文以来、礼部制書とよびならわされているが、㈠明の礼部が日本国王（足利将軍）を同位対等の相手と考えていたこと、㈡『善隣国宝記』下、所収の宣徳玖年捌月弐拾参日付の礼部充足利義教の咨文のなかに「日本国今填本字壱号勘合壱道為（謝脱カ）恩事、宣徳捌年陸月初拾日、准礼部日字壱号勘合咨文、該欽差内官雷春等齎捧誥命并給賜等物、勘合底簿、（以下略）」の文章があることから考えると、対等同位者相互間の公文書としての咨文の称呼の方が適当であろう。

（2）『明太祖実録』巻一五三、洪武十六年四月乙未条に、暹羅・占城・真臘等の諸国に対して勘合を頒付したことを記している。なお『大明会典』巻一〇八、礼部六六、朝貢四、「朝貢通例」の条にも説明がある。

（3）礼部咨文では、日本船が福建布政司の管理下に置かれたように書いてある。このことにつき、栢原昌三は『憲章類編』の「本朝初由大小琉球、迂繞福建至浙」とある文をあげ、明初には日本船は琉球・台湾を経て福建に至り、さらに寧波に赴いたのであろうとし、木宮泰彦もこの説を踏襲した。これに対し、小葉田淳は、宋元以来日本船はほとんど漏れなく明州（寧波）を目的として渡航しているから、咨文の「福建布政司」は「浙江布政司」の誤記である、としている。従うべき意見と思う。なお栢原も、永享六年（一四三四）以後は浙江布政司に移ったという見解をとっている。

（4）『入明略記』には、嘉靖の勘合を策彦周良がうけたことが記されているが、真偽のほどは明らかにできない。

（5）『善隣国宝記』下、所収の宣徳玖年捌月弐拾参日付礼部充足利義教咨文に「今開、壱、謝恩表文壱通、齎繳永楽年号本字勘合五拾柒通、同日字勘合壱百通、底簿壱扇」とあり、『蔭凉軒日録』寛正六年六月十四日条に「自大唐到来勘合紙百枚内十六枚用之、残八十四枚、即今可被返也」とあるのをはじめとして、各勘合が明に返還された事情は、栢原・小葉田の論文に詳述されている。

(6) 浅野長武「明成祖より足利義持に贈れる勅書に就いて」(『史学雑誌』二九ノ一)は、永楽六年十二月二十六日付の成祖の勅書に関する研究であるが、これによると、勅書の大きさは縦一尺三寸(約三九・四センチメートル)、横二尺三寸七分五厘(約七二・〇センチメートル)である。偶然の符合かと思うが、勘合料紙の大きさとほぼ匹敵する。当時外交文書として日明両国間を往来した文書の大きさは大体このくらいのものだったのかもしれない。

(7) 縦五・四センチメートル、横一・六センチメートルの銅製の印で、現在山口県の毛利博物館に所蔵されている。単廓で字面は篆字で「通信符」の文字を陽刻し、これを半分に切断して、右符が大内氏に送られた。側面に「朝鮮/国賜大内殿通信/右符」の文字が彫ってあり、背面に「景泰四年七月日造給」とあることから景泰四年(享徳二年、一四五三年)に造給されたものであることがわかる。印面の写真は『日本歴史』三三六の口絵にある。

(8) 中村栄孝『日鮮関係史の研究』上、一八七—一八八頁。

(9) 金牌勘合についてはなお『大明会典』巻一〇八、礼部六六、朝貢四、「朝貢通例」の条、および『続文献通考』巻三三、「朝貢通例」の条、参照。

(10) 『李朝成宗実録』巻四八、五年十月己酉条。『同』巻四九、五年十二月丙申条。『続善隣国宝記』。中村栄孝、前掲書、一八五—一八六頁。

(11) 注7参照。

(12) 『前編旧記雑録』巻四二。

(13) 『大日本古文書　島津家文書之二』四一一—四一二頁。

(14) 『続善隣国宝記』にも同文の文書がある。

(15) 『大日本古文書　島津家文書之二』三四四頁。

(16)(17)(18) 『羅山先生文集』巻一二、外国書上。

(19) 『善隣国宝記』。田中健夫『中世対外関係史』六六—六八頁。なお琉球国王は明から鍍金銀印をあたえられていた(『明太祖実録』巻一五一、洪武十六年正月丁未条。『大明会典』巻一〇五、礼部六三、朝貢一、「東南夷上」の琉球国条)。

(20) 『蔭凉軒日録』寛正六年六月二十九日条には「別幅金印、御対面後、於伶人間被押之」とある。また同『日録』延徳四年七月四日条にも金印を捺した時の様子が記されている。

(21)『明太宗実録』巻二四、永楽元年十月乙卯条には、「賜日本国王冠服錦綺紗羅及亀紐金印」とある。
(22)『蔭凉軒日録』延徳四年七月二日条にも遣明表を収録し、印を捺す箇所を示しているが、『善隣国宝記』とまったく同じである。『蔭凉軒日録』が『善隣国宝記』を写したのかもしれない。
(23)『日本歴史』三三六の口絵の写真と解説、参照。
(24)大庭脩「豊臣秀吉を日本国王に封ずる誥命について―我が国に現存する明代の誥勅―」(『関西大学東西学術研究所紀要』四)参照。
(25)慶暹『海槎録』宣祖四十年三月十五日条。中村栄孝『日鮮関係史の研究』中、二〇九―二一〇頁。同「豊臣秀吉の日本国王冊封に関する誥命・勅諭と金印について」(『日本歴史』三〇〇)。
(26)木宮泰彦『日華文化交流史』五六一頁。
(27)中村栄孝、注(25)論文、参照。
(28)京都大学文学部国語国文学研究室編『元亀二年　京大本運歩色葉集』七四頁。
(29)中村栄孝「朝鮮初期の受図書倭人」(『日鮮関係史の研究』上、所収)、田中健夫「「吉見」の図書について」(『中世対外関係史』所収)参照。
(30)ちなみにこの高校日本史教科書は「幕府は対馬の宗氏を仲介として国交(朝鮮との―引用者)をととのえ、西国の大名や博多の商人が通信符を用いて貿易を行った」という記述をしている。すでに述べたように幕府以外通信符を朝鮮からうけたことが知られるのは大内氏だけで、博多商人が朝鮮からうけたのは図書(私印)である。
(31)『邦訳日葡辞書』を見ると、Cangŏ xen という項目があり、「日本からシナへ渡航した昔のある種の船の名」としてある。この辞書が長崎で刊行されたのは一六〇三～四(慶長八～九)年であるから、かなりはやい時代から「勘合船」の用語は一般に用いられていたらしい。

〔後記〕　本稿は昭和五十五年(一九八〇)七月十二日に日本海事史学会第一八回総会特別講演で発表し、翌年の『日本歴史』第三九二号に掲載した。本書に収録するにあたり一部訂正・加筆・削除した。昭和五十四・五年度文部省科学研究費による「前近代対外関係史の総合的研究」の研究成果の一部である。

文書の様式より見た足利将軍と琉球国王の関係

中世における日本本土と琉球との関係を解明しようとするとき、避けて通ることができない三つの問題がある。第一は室町幕府および畿内地方の大名・商人と琉球との関係、第二は博多商人・対馬商人・倭寇等をふくむ九州地方の諸勢力と琉球との関係、第三は島津氏と琉球との関係の検討である。このうち、第二の問題については拙稿「日鮮貿易における博多商人の活動」（拙著『中世海外交渉史の研究』所収、一九五九年、東京大学出版会）および「朝鮮・琉球間における中世の対馬」（『朝鮮学報』三九・四〇合併特輯号、のち主要部分を拙著『中世対外関係史』に収載、一九七五年、東京大学出版会）において、第三の問題については拙稿「三宅国秀の琉球遠征計画をめぐって――その史料批判と中世日琉関係史上における意義について――」（竹内理三博士古稀記念会編『続封建制と武家社会』所収、一九七八年、吉川弘文館、本書に収録）において考察したことがあるので、本稿では第一の問題たる室町幕府と琉球との関係を検討の対象にする。この問題については、戦前に発表された小葉田淳氏『中世南島通交貿易史の研究』（一九三九年、日本評論社）と東恩納寛惇氏『黎明期の海外交通史』（一九四一年、帝国教育会出版部）の中で主要な史料はほとんど漏れなく紹介されており、とくに追加すべきものはないのであるが、史料内容の検討についてはなおいくつかの重要な問題がのこされているように思われる。本稿は外交文書の様式の検討を手がかりとして幕府と琉球との通交の特質を明らかにし、さらにその作業を通じて東アジア国際社会における日本本土と琉球との関係の位置づけをこころみようと意図するものである。

一　琉球の外交文書

外交文書の様式は、一国の国際的地位を端的に表現するものであり、当事者は文書様式の選択について慎重な配慮をするのがふつうである。したがって外交文書の様式の検討は、国際関係史研究の基礎作業として最初にとりあげられねばならない課題である。

中世の東アジアにおいて外交文書とよばれるものは大部分が漢文の文書であって、琉球の外交文書の場合も例外ではない。明代には中国を中心とする国際間の秩序が形成されており、琉球はその秩序に組みこまれることによって国内統一を完成し、海外発展を推進したのであるから、漢字文化圏との交流は琉球の歴史の展開と不可分の関係にあったのである。

琉球には外交文書の集成としての『歴代宝案』がある。『歴代宝案』は、永楽二十二年（一四二四）から同治六年（一八六七）までの文書を収録し、一集・二集・三集に分かれている。中世の文書を収録しているのは一集であるが、その内容は、明・清の皇帝の詔勅、礼部咨、福建布政使司等咨、琉球国王（世子）表箋、琉球国王（世子）咨、符文、執照、弘光文稿、隆武文稿、監国魯王文稿、朝鮮諸国王彝回咨、琉球国王移諸国之咨、執照、山南王併懐機文稿、使琉球録、からなる。咨は同列同位にある官司間を連絡する公文書であり、朝鮮や南海の諸王と琉球王の間の往復文書は咨であった。彝は夷で中国に対して用いた辞であるが、朝鮮国王の文書は十五世紀のものは咨ではなく書契型式のものが多かった。琉球国王から中国の皇帝に呈する文書は表（奏）、皇后・皇太子に呈する文書は箋である。中国にあてた咨は十六世紀以前は礼部あてが多く、十七世紀には福建布政使司（琉球船の管理にあたる役所）や巡撫・巡視（地方官）等にあてたものが出てくる。符文は進貢船の証明書で、上京する官員（一般には都通事）に付した。執照は進貢船以下すべての渡航船に給付した渡航証明書である。朝鮮や南海諸国への渡航船は執照をもったが符文は不要であった。

以上述べたことは小葉田淳氏の詳細な研究ですでに明らかにされていることを要約したのであるが、(1)これら表・咨等の外交文書の様式は中国とその周辺諸国との交渉においては厳格に守られていた。ちなみに日本国王（足利将軍）が明の皇帝に呈する文書が表（疏）、明の礼部や浙江布政使司にあてた文書が咨であった。(2)また暹羅《しやむ》国王は礼部と同位であって、暹羅の内使武官が礼部に咨をあてた場合は分を犯したものとして拒否されたのである。(3)

『歴代宝案』に収録されている文書の相手国は、明・清をはじめとして朝鮮・安南・暹羅・三仏斉旧港（パレンバン）・爪哇《じやわ》・満剌加《まらつか》・蘇門答剌《すまとら》・仏大泥《ぱたに》・巡達《すんだ》である。これらの諸国と琉球の間には漢文で中国式の外交文書の往来があったのである。しかし日本と琉球との往復文書は『歴代宝案』の中には一通も見出すことができない。このことは琉球にとって日本が漢文文書による通交の相手国としては意識されていなかったことを物語るものであり、琉球と日本との関係を考えるうえできわめて重要な前提となるのである。

二　足利将軍の文書とその特質

足利将軍と琉球国王との間に往復した外交文書の正文は現在は一通ものこっていない。ただ管見では足利将軍が琉球国王にあてた文書のうちわずかに四通の写しだけが諸書のなかに確認することができるだけである。

第一の文書は、『運歩色葉集』（元亀二年京大本）所収の応永二十一年（一四一四）の文書である。文言は、

　御文くハしく見申候、しん上の物ともたしかにうけとり候ぬ、
　　応永廿一年十一月廿五日
　　りう［きう国］のよのぬしへ

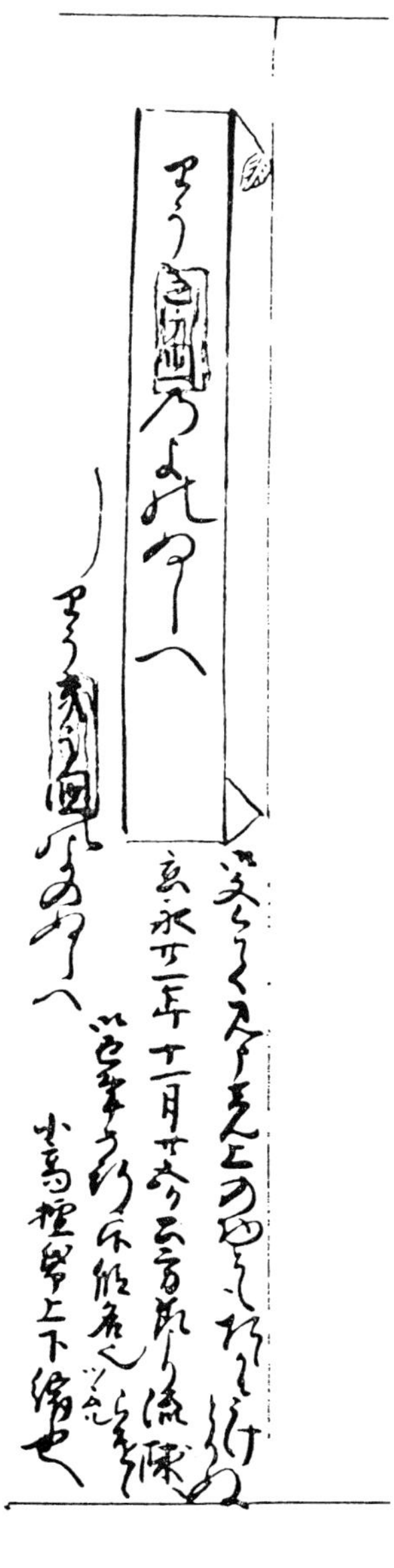

とあり、「公方様より流《（琉）》球へ被遣候御返書如斯ニ候、仮名也、小高檀紙上下縮《ツツムル》也」と注記している。これは年代から考えれば足利義持が琉球国王尚思紹にあてた文書である。図版で示したように「りうきう国のよのぬしへ」と記した封紙があり、充書と封紙の「きう国」の三字分を朱の四角でかこみ、印章が捺されていたことを示している。ちなみに京都大学文学部国語学国文学研究室編『運歩色葉集』（一九六九年、臨川書店）は二色刷りであって、印章部分が朱であったことを明示している。

第二の文書は江戸時代に成島良譲が編纂した『後鑑』巻一五六、永享八年（一四三六）九月条に「御内書案載」として収録されているものである。

おふみくはしく見申候、進物どもたしかにうけとり候ぬ、めでたく候、まいねんふねをも人をもあま《（わカ）》たさるべく候、

永享八年九月十五日

りうきう国のよのぬしへ

とあり、年代から考えれば足利義教から琉球国王尚巴志にあてた文書である。印章等についての記載はない。

第三の文書は、『御内書引付』に収められている永享十一年（一四三九）の文書で、

文くハしく見申候、しん上の物たしかにうけとり候ぬ、めてたく候、

永享十一年三月七日　御印判

りうきう国のよのぬしへ

とあり、これも足利義教から尚巴志にあてた文書である。また、文書の前に「琉球国へ御返書、御料紙高引上下ヲ少キル、横ハ其まゝ」という注記がある。

第四の文書は『室町家御内書案』下に収められている大永七年（一五二七）に足利義晴から琉球国王尚清にあてたものである。

御ふミくハしく見申候、進上の物ともたしかにうけとり候ぬ、又この国と東《(東)》羅国とわよの事申とゝのへられ候、めでたく候、

大永七年七月廿四日　御判在之

りうきう国のよのぬしへ

同書は、この文書につづけて

そうしては此御もん言にては有ましく候、

うけとり候ぬ、めてたく候、此分

又舟なとをりうきう国よりわたし、色々の物進上時ハ、又もんこんかハり候、

うけとり候ぬ、まいねんに舟をもわたさるへく候、
一番の御文言ハ、から・日本のわよをりうきうよりあつかひ《（曖）》につき候て、かくの分候、

と琉球国王あての文書の一般の書様を示している。

なお、これらの文書が辞書・引付の類の中に書き留められたということは、偶然に書き写されてのこったのではなく、後日の証拠として書式をのこしておくことを意図したものと解すべきであろう。

右に掲げた四つの文書から、足利将軍が琉球国王にあてた文書の特質を抽出すると、つぎの五点をあげることができよう。すなわち、㈠仮名書きの文書であること、㈡御内書様式の文書であること、㈢年号の記載があること、㈣印章が使用されていること、㈤充書に「琉球国王」を用いずに「りうきう国のよのぬしへ」を用いていること、である。以下、この五点につきやや詳細に検討を加えてみよう。

㈠　仮名書きの文書

『実隆公記』永正六年（一五〇九）四月二十八日条と同二十九日条に、琉球国（尚真王）あての書状の様式について三条西実隆が阿野季綱と対談したことをあげ、「琉球国書状事、大略為疏、又将軍御書為仮名、其故者最初通事女房也、仍任其例如此云々」としている。これによれば、琉球国の書状はおおむね疏すなわち上奏文・上疏文・奏文などといわれる下意上達文書の様式のものであったことが推察されるのである。(4) なお、『蔭凉軒日録』寛正六年（一四六五）六月十四日の記事では、明の皇帝に呈した表文を「遣唐疏」と記している。ちなみに、小葉田淳氏は琉球国王の文書について「琉球国王の幕府宛書契は伝はらず、其文体は他国に対するものと異なるから同一に論ずる事は困難だ」としながらも「臣称奏表したものでなく恐らく諸国王宛咨文に準ずべきものかと思ふ」としているが、(5) 琉球国王の足利

将軍にあてた文書は、他の諸外国の王にあてた咨文などの文書とは本質の異なる独特のものと考えるべきではなかろうか。『実隆公記』の記事にもどると、将軍の琉球国王あての返書は仮名文書であるが、それが用いられた理由は、最初の通事が女房であったからであるというのである。この通事が女房であったという事実に私は問題を解く鍵が秘められているように思うのである。すなわち私は仮名書状が用いられた第一の理由は琉球国王から足利将軍にあてた文書（疏）が仮名書きであったことにもっとも大きな原因があったのではないかと考えるのである。琉球国王からは、『歴代宝案』には収録されていない、漢文体ではない、仮名書きの文書が足利将軍にあてて出されていたので、足利将軍がこれに対する返書として仮名書状を用い、女房が通事にあたるのは自然のなりゆきだったのであろうと推測するのである。瑞渓周鳳の『善隣国宝記』を一見すれば明瞭であるが、明帝の詔勅に対する表文、礼部等に対する咨文等はきわめて慎重な検討を経た漢文で書かれているし、朝鮮に対してもまたそれなりに両国の地位の上下関係を意識した慎重な漢文文書が使用されているのである。琉球国王に対する場合は、先に琉球国からきた文書があり、それに対応するかたちで足利将軍の文書の様式が決定されたと考えたらいかがであろうか。

もしも、この推測が成り立つとするならば、つぎには当然琉球国王の文書の様式がどうして仮名文書になったかということが問題になるのであるが、それを理解するためには、前提として、琉球には三山統一ののち二つの教養集団が存在していた事実に注目しなければならない。二つの教養集団とは大まかな表現をとれば、一つは中国志向の教養集団、他の一つは日本本土志向の教養集団であった。

中国志向の教養集団は官生および三十六姓移民である。琉球では明との通交が頻繁になると、多くの地方官の子弟を明の国子監に留学させた。彼らは官生とよばれ、帰国後は政治・経済・文化の担い手として活躍した。(6)また明の太祖洪武帝は琉球における中国関係の通交の事務を管掌させるために三十六姓移民を琉球に送りこんだ。ほとんどが福建省の出身者であったため閩民三十六姓といわれた。琉球ではかれらに久米村に居所をあたえて優遇した。『歴代宝案』は三十六姓移民が管理し伝蔵した文書案であった(7)。日本本土の場合は五山の禅僧がその学識教養をもって外交文書の作製にあたっていたが、琉球ではその任務を渡来の中国人にゆだねたのである。

中国志向の教養集団に対し日本本土志向の教養集団を形成したのは禅宗の僧侶たちである。琉球王国の勃興に仏教が大きな役割りを果したことについては先学の指摘がある(8)。尚泰久（一四五四〜一四六〇）のときに京都の南禅寺から薩摩の宝福寺を経て琉球に渡った芥隠承琥の活動にはめざましいものがあり、広厳・普門・天竜の三寺を創建し、尚真（一四七七〜一五二六）の時代には円覚寺を建立したのであるが、かれはまた文正元年（一四六六）には琉球の使節団の一員として琉球国王の舅とともに本土に渡来したことがある。五山の禅僧とは旧知相識の関係にあったので折衝にあたって種々便宜があったことは『蔭凉軒日録』の記述によって知ることができる。琉球の禅僧が外交使節とされた一因には、日本で五山禅僧が外交のことに関与していたという事実が暗に作用していたのかもしれない。

またのちに島津氏のもとに琉球から派遣された使者は、金剛寺・報恩寺・天王寺・建善寺・天竜寺・天界寺の諸僧であり、大内氏の義弘・義興は天界寺に、相良義滋は円覚寺にあててそれぞれ文書を送っている(9)。琉球から中国や朝鮮および南方諸国に対して送った使者の大部分が閩人と琉球人であったのに対し、本土との交渉にあたったのが禅僧たちであったことは注目に価する事実であったといわねばなるまい。

なお琉球から朝鮮に送られた使者には対馬の早田六郎次郎や博多の道安などとともに自端西堂が活躍している(10)。

安里延氏は『歴代宝案』所収の熱照を整理して正議大夫・長史(正使)、使者(副使)、通事および随行者、火長、管船直康等の一覧表を作って海外渡航船の乗員の構成を明らかにしているが(11)、これをみると禅僧はこれらの船の一行に使節や通事として参加していた形跡はない。日本の遣明船の場合は、正使・副使等の使節には五山の禅僧が任じられるのが通例であったが、琉球の場合には日本本土に渡航する船とたまに朝鮮に渡る船にだけ禅僧が使節団の一員として坐乗したようである。

『明実録』『明史』『歴代宝案』などは、慶長以前の古琉球の歴史を解明するために欠くことのできない基本史料であり、そのためにこれらに記載された中国志向の教養集団の存在はとかく過大に評価されがちである。しかし、琉球国内の政治では『田名文書』などの辞令書の例でも明らかなように仮名文書が主流をなしていたようである。琉球国王が日本本土の足利将軍との交渉において、仮名文書を用い、禅僧を使節団の一員としたことの背後には、琉球にとって日本本土は厳密な意味では異文・異種の外国として認識されることがなく、同文・同種の同胞としての意識の方が先行していたのではなかったろうか。それゆえに琉球国王が足利将軍にあてた文書（疏）は外交文書としての体裁を明確にとっていたかどうかは疑問である。足利将軍の文書が当時一般の外交文書とはまったく形式を異にする仮名文書であったことは、このような琉球の本土に対する意識への反映として採用された一面もあったのではなかったろうか。

(二)　御内書様式の文書

足利将軍が琉球国王にあてた文書の様式について小葉田淳氏は「大体は附庸国に対する態である」としているが、(12) 室町時代の日本に附庸国なるものが存したのか、それに対する文書に定まった様式があったのか等についてはまったく説明がなく、立論の根拠は明示されていない。前掲の足利将軍の文書四通に即して考えるかぎり、これらの文書の様式は日本国内で上意下達文書として用いられていた御内書と考えるのが妥当であろう。『御内書案』『御内書引付』『室町家御内書案』という表題の書物に収録されていることは、はやい時期から疑われることなく御内書として扱われてきたことの証左と考えてよいであろう。御内書の様式をもってただちに附庸国に対する文書の様式と考えるのはいささか論理の飛躍になりはしないであろうか。

上島有氏は、文書としての御内書の規定の仕方について、(A)足利将軍の発給する書状形式の文書で、公的内容を有するものを広く御内書という、(B)足利将軍の発給する書状形式の文書のうち、とくに相手を見下した様式のものを御内書という、という二つの考え方があることを指摘している。(13) 琉球国王あての将軍文書には「恐々謹言」の書止がなく、また充書の敬称は「とのへ」の書式をとっていないけれども、上島氏が規定した御内書以外の様式の文書と考えるのは無理である。

『伊勢貞助雑記』(14)には御内書について詳しい説明があるが、料紙が檀紙であることについてつぎのように書いている。

御内書之御料紙ハ高檀紙なり、たんしハ大かた一尺二寸はかりのたけ候歟、然を半分ほとより宛所を緒中候得は、六寸さけて筆をたて申候を、一二字さけて認事口伝也、

さきにあげた第一の文書の注記に「小高檀紙上下縮《ツヽムル》也」とあり、第三の文書の注記に「御料紙高引上下ヲ少キル、横ハ其まゝ」とあるところから考えると、琉球国王あての文書に限って御内書に用いる料紙の上下を切りちぢめて使用したのであろう。

文章の内容は、第四の文書に「又この国と東(柬)羅国とわよの事中とゝのへられ候」の文言があるのをのぞけば、すべて進上に対する礼を述べたものであり、このことは、第四の文書を収めている『室町家御内書案』が述べている通りである。

第四の文書の「この国と東(柬)羅国とわよの事」とは、日本と柬羅国（唐国）すなわち明との和与のことという意味で

あって、寧波の乱後の明との折衝に琉球が関与したことに対し謝意を述べたのである。大永三年（嘉靖二、一五二三）に勘合船の派遣をめぐる抗争が寧波における大衝突に発展して、日明間の通交関係もこれによって途絶してしまった。寧波の乱とよばれる事件である。大永五年になって、明帝世宗は事件に関係した日本僧妙賀等を日本に帰国させることにしたが、たまたま琉球国貢使鄭縄らが滞明中だったので、その帰琉に際して日本国王（足利将軍）に対する勅書を託し、日本に転諭させることにしたのである。(15)大永七年六月には、琉球国王使として東福寺に遊学した琉球僧鶴翁智仙が幕府のもとに至り、世宗の勅書を伝え、(16)同年八月に足利義晴は世宗に表文を送って、妙賀等の送還を謝し、あわせて新勘合と金印（日本国王の印はこのとき紛失していた）との贈給を要請したのである。(17)

このときにかぎり定式通りの琉球国王あての文書ではなかったために『室町家御内書案』では、わざわざ「そうしては此御もん言にては有ましく候」と但書を加えたのである。

ともあれ、将軍文書における御内書様式の採用は、将軍が琉球国王を本土の家臣と同様の存在として意識していたか、あるいはそのように位置づけようとしていたかのいずれかを示すものと考えることができよう。

㈢　年号の記載

足利将軍が琉球国王にあてた文書は、仮名書きの御内書の形式であるのにもかかわらず年号の記載がある。御内書には年号を書かないのが常例であるのに、わざわざ年号を明記しているのである。このことを理解するためには、国際社会における年号使用の慣習に思いをいたす必要があろう。いうまでもないことであるが、年号は君主（皇帝・国王）の統治と密着したものであり、年号の使用はその使用者の政治的立場の表現でもあった。日本の国内でも、南北朝時代には、両朝年号の使用が使用者の政治的立場をあらわしていた事実はよく知られているが、国際社会における年号の使用は一層慎重であり、重要な意味があった。

明の皇帝が周辺諸国の王を冊封する場合は、誥命（辞令書）・冠服・印章などとともにかならず大統暦を贈っている。暦をうけることは明皇帝の年号を使用することであり、それは明皇帝に臣属することを意味していた。明皇帝の冊封をうけた足利義満が外交文書に明の年号を用いたのはそのためである。しかしながら、このことは固有の年号をもっていた日本の外交文書としては異例のことであり、公家や僧侶からは批判が集中したのである。[18] 朝鮮国王・琉球国王も明の皇帝の冊封をうけ、大統暦をうけたので明の年号を使用した。しかも両国王は独自の年号を定めていなかったので、外交文書だけでなく国内の政治でも公式の場合は明の年号を用いたのである。朝鮮の外交文書は、明に送るものはいうまでもなく、日本や琉球に送る文書にもすべて明の年号を使用している。琉球国王が漢字文化圏に送った文書にもすべて明の年号が用いられていることは『歴代宝案』を一見すれば明瞭である。日本にあてた文書のうち、足利将軍にあてた文書はのこっていないので年号が使用されたかどうかは知ることができないが、那覇主部中から島津氏の老臣にあてた文書や琉球国世主（国王）から嶋津式部大輔（久逸か）にあてた文書などは、いずれも書状形式の文書であって、年号の使用はない。[19]

日本から外国に送った室町時代の外交文書は『善隣国宝記』『続善隣国宝記』によって知ることができるが、明の年号を用いているのは、原則として明にあてた文書だけであって、朝鮮国王にあてた文書は明徳三年（一三九二）・応永五年（一三九八）以外は原則として干支を用いている。足利義持のときは特例で、明に対する文書にも朝鮮に対する文書にも日本の年号の「応永」を用い、さらに朝鮮に対しては朝鮮の文書が日本の年号を使用していないことを非難したりした。[20] ただ、応永十六年（一四〇九）義持を補佐したことで有名な斯波義将が「日本国管領源道将」と称して「朝鮮国議政府左右丞相」にあてた文書に永楽の明年号を用いているのは、この段階ではまだ義満時代の慣例に従っていて、義持の意向が定まっていなかったことを示している。

年代が少し下るが、島津氏が琉球国王にあてた文書は書状の形式ながらすべてに日本の年号が付けられている。(21) このことから逆推すると、日本から琉球に送った外交文書は、たとえ書状形式であっても年号を書くのが慣例であったようである。あるいはまた、はじめ将軍の文書に年号があったために島津氏がこれにならって書状に年号を書き入れ、それが慣習化したと考えられなくもない。

御内書形式の文書に年号が記載されていることは、つぎにのべる印章の使用とともに、将軍の文書に外交文書としての機能を附加するための一つの作為であったと推察することはできないであろうか。

㈣　印章の使用

外交文書における印章の使用はきわめて大きな意味をもっている。(22) 足利将軍が琉球国王にあてた文書に印章を用いたことが明記してあるのは、第一の文書と第三の文書であって、第一の文書は朱でその形を示し、第三の文書は「御印判」としている。第二の文書には印章・花押の記載がまったくなく、第四の文書は「御判」と記している。御判というのはふつう花押のことであって印章ではないことから考えると、将軍の文書には印章と花押との両方が用いられていたようにもおもわれるが、『蔭凉軒日録』や『伊勢貞助雑記』等の記事を検討してみると、琉球国あての文書には印章を用い、国内の家臣にあてた場合のように花押を用いることはなかったと推定する方が妥当であろう。

『蔭凉軒日録』長禄二年（一四五八）十二月十四日条に琉球国王にあてた返書に関する記載があり、このころにはすでに一定の書式がきめられていたことが想像されるのである。すなわち、つぎの文章がそのことを明らかに示している。

琉球国返章、御印、御但(衍カ)伊勢備後殿方、以天龍長老十如被仰也、徳有隣之印子也、籾井方森五郎衛門入道為使者来、即付封渡之、但御印三処印之、御書之後、年号第二字之上印之、封章上、畏琉球国和字之第二字之上印之、折紙、賜物之後印之、三所謂、

右の記事は、印章の保管、印文、印の捺様を明示している史料として貴重である。保管は明との通交に必要な日本国王金印や勘合や表文の料紙などと同様に幕府御倉奉行籾井氏にゆだねられていたことがわかるが、琉球国王あての文書に用いた印章がそれらと同様に鄭重な扱いをうけていた証拠といえよう。印文は「徳有隣」であるが、この印は将軍が朝鮮に送った文書にも使用したものであった。[23] 印章の使用は外交文書においては発行者の立場の一表現であり、明や朝鮮ではそれぞれ『大明会典』や『経国大典』にこまかな規定がある。日本で外交文書を管掌した蔭涼軒主の日記に書かれたこの記事は、一種の軌範または規定としての意味をもったものといえよう。

印を捺す場所は三処としているが、年号の第二字の上と封章の上と、あと一処は「折紙、賜物之後」としている。下賜品の品目を書いた折紙が副えられるのが慣例だったのであろう。図版で示した『運歩色葉集』では、充書の「きら国」の上に印影が書かれている。『蔭涼軒日録』では「御書之後、年号第二字之上」に捺印するとあるが、図版をみると年号第二字の上ではなく、充書の第二字の上になっている。他の外交文書には充書の上に印章を捺した例はなく、年号の上に捺す例ばかりであるから、『蔭涼軒日録』の記事が正しく、『運歩色葉集』は誤って写したものと推測される。封章上の「琉球国和字之第二字之上」は、『蔭涼軒日録』の記事と図版の示すところと完全に一致する。図版にみえる充書に印章を捺してあるのは、この封紙の印章の位置と混同したためかもしれない。ともあれ、琉球国王あての文書に捺す印章には一定の規式があり、それはかなり厳格に守られていたと考えてよいであろう。

ところで、琉球国王から足利将軍にあてて送った文書にも印章が用いられてはいるのであるが、それはどのような

ものであったのだろうか。文書の正文も写しものこっていないので憶測するだけであるが、それを想像させる記事は慶安三年（一六五〇）向象賢の撰した『中山世鑑』巻二にある。

琉球国三山首、先ニ臣附致シケル間、大明皇帝其欵誠ヲ嘉給テ、洪武十六年癸亥三山へ鍍金銀印及文綺等ノ物ヲ賜フ、鍍金銀印ト申スハ爾来代々国王ノ御宝物ト成テ、大明ヤ日本ナドノ往来ノ表文ニ押ス金印是也、

洪武十六年（一三八三）と十八年に中山王察度・山南王承察度・山北王帕尼芝が入貢してそれぞれ鍍金銀印と冠服をうけたことは『明実録』にも明記されている。[24] しかし重要なのは『中山世鑑』の後段に「大明ヤ日本ナドノ往来ノ表文ニ押ス金印是也」という文章である。明皇帝からあたえられた鍍金銀印は宮城栄昌氏が推定しているように多分「琉球国中山王之印」「琉球国山南王之印」というような印文が彫られていたにちがいない。[25]『明実録』には「駝紐（鈕）鍍金銀印」とあるから、駝すなわち麒麟あるいは駱駝に似た動物の鈕《ちゅう》が付けられていたと想像される。これを明の皇帝にあてた表文に用いるのは、足利将軍が明の皇帝に送った表文に「日本国王之印」なる明帝から贈られた金印を用いたのとまったく同様で、冊封をうけた国王が皇帝に対して行なう義務であり慣習であった。問題なのは琉球国王が「日本」に送った「表文」にこれを押したという『中山世鑑』の記述である。表文はいうまでもなく臣属したものが上位のものに送る文書である。『中山世鑑』の記述が事実ならば、琉球国王は仮名書きの文書であるけれども内容は上表文に相当する文書で、明の皇帝に対する上表文に用いた鍍金銀印をそのまま使用したということになる。しかし、『中山世鑑』が成立した時期が江戸時代の初期であったことから考えると、日本への表文に鍍金銀印を捺したという記事を事実としてそのまま容認するにはいささか躊躇をおぼえざるを得ないのである。

ちなみに現在知られている室町時代に琉球国王が用いた印章は二種類の「首里之印」という朱印であって、島津氏にあてた文書[26]や琉球国内で用いられた辞令書[27]などにのこっている。

御内書に印章を捺すという行為は、はやくから特例として考えられていたらしく、『伊勢貞助雑記』につぎの記載がある。

御内書に御君印出され候事候哉、おもてむきの御内書に朱印の御事不理覚悟候、又古府案候も不及見申候、琉球国人（ヘカ）御朱印を出され候御事は、勘合と申て、各別の御儀にて候、大唐・琉球・高麗・此三ケ国へは勘合と号して、彼三ケ国より調進申、其を出され候事候、下々にわりふなとゝ申やうなる儀候、

この文章には勘合と印章との理解に混乱があり、印章のことを勘合と称し、それが明・朝鮮・琉球において彫造されて日本に送られてきたように書いているが、誤りであることはいうまでもない。[28] ただ、御内書に将軍の印を捺すのは異例であるが琉球国王にあてる文書の場合にかぎり「各別（格）の御儀」として印を捺すことが定着していた事実を明らかにしている点は注目すべきであろう。

(五) 「りうきう国のよのぬしへ」という充書

琉球国王にあてた足利将軍の文書の充書は、一般の外交文書とは異なり「よのぬし」という表現をとっている。「よのぬし」は「世主」であり、琉球国内における王の固有の称呼である。もともと「琉球」という国号も中国から付けられたものであり「琉球国王」という称号もそれにともなって用いられたわけであるから、琉球国内で「琉球国王」が用いられなかったのは日本国内で「日本国王」号が用いられなかったのと同断である。

東恩納寛惇氏は、琉球国王号についてつぎのように述べている。[29]

按ずるに浦添按司察度が明の招諭を受けて入貢した時には単に琉球国王某と称して別に中山王とは称せず、その翌年大里按司承察度が入貢した時に前者と区別するために山南王某と称し、中山・山北等の名は後これに準じて

起ったものであらうと思はれる。後中山が他の二山を併合して三山統一の業を成した為めに琉球国中山王某と云ふのが公式の称呼となったものと思はれる。これと等しく王号も亦固有のものではない。固有の唱へとしては、「世《よ》の主《ぬし》」又は「あんじ」であって王と云ふ唱へはない。文明中尚円が、島津家へ宛てた文書に「金丸世主」となってゐるのが、固有の唱へ方である。

なお尚泰久の在世中に鋳造された上下天妃宮・天尊宮・天竜寺・安国寺・建善寺・広厳寺・長寿寺・大安禅寺・相国寺・万寿寺・潮音寺等の梵鐘にはすべて「琉球国王大世主」とあるが、大世主は「おほよぬし」とよみ、泰久の神号であった。(30)

琉球国王が本土の諸氏にあてた文書で明らかなのは、文明以後の文書にかぎられ、しかも島津氏関係のものしかのこっていない。(31)『島津家文書』『旧記雑録前編』から差出書として用いられた琉球国王の称号をひろってみよう。もっとも古いのは東恩納氏があげた文明年中の書状で、六月二十日付で「金丸世主」より「島津御屋形御奉行所」にあてたもので、「首里之印」の朱印が用いられている。つぎは大永六年（一五二六）ころと推定される書状で「八月朔」の日付があり「琉球国世主」から「嶋津相模守殿」すなわち忠良にあてたもので、方九・八センチメートルの「首里之印」の朱印が用いられている。つぎは、年未詳七月付の書状で差出書にはただ「世主」とだけあり、方九・六センチメートルの「首里之印」を用い、島津式部大輔（久逸か）にあてたものである。つぎの書状は「種子島殿時堯公」の充書のあるもので前二者と異なり差出書に「世主」の称がなくなり「琉球国中山王」となっている。月付は「丙辰大呂十又三蓂」とある。これは弘治二年（一五五六）十二月に相当する。以上をみると、琉球国王の書状の差出書は弘治二年の場合をのぞけば、すべて「金丸世主」「琉球国世主」「世主」というもので、「中山王」とか「琉球国王」とかの称ではない。ところが、島津氏から琉球国王にあてた書状の充書は「琉球国王殿下」とか「進上中山王」というものであったから、弘治二年の「琉球国中山王」の称はこれに対応するために例外的に自称したのかもしれない。なお島津氏にあてた琉球国王の文書にこれらの称が記される場合は、すべて漢字の「世主」で、仮名で「よのぬし」と書いたものは見あたらない。

念のために付言すると、豊臣秀吉のときの琉球国王の文書が『続善隣国宝記』に収められているが、その差出書は「琉球国王」、充書は「日本国関白殿下」とある漢文文書であり、これに対する秀吉の文書は「日本国関白秀吉」と「琉球国王(閣下)」の差出書と充書とをもった漢文文書である。足利将軍の文書とはいちじるしい相違があり、外交文書らしい様式のかなり整ったものとなっている。室町幕府と豊臣政権との琉球に対する姿勢の相違を示すものとして注目に値するものといえよう。

足利将軍の文書が「琉球国王」の充書を用いないだけでなく、漢字の「世主」も用いず、仮名書きの「よのぬし」を用いていたことの背景には、秀吉や島津氏の琉球認識とは一線を画する特殊な琉球認識が存在したことを想定することができるのであるが、将軍の文書はこの面でも外交文書としての性格が稀薄であった事実を指摘することができるのである。

三　国際社会における室町幕府と琉球との関係

足利将軍が琉球国王にあてた文書をとりあげて、その形式、内容、それが書かれた背後の事情などについて検討を加えたが、この作業によって得た知見にもとづいて、中世の東アジア国際社会における日本と琉球との関係を論じて本稿の結びとしよう。

近代以前の東アジアにおいては中国の存在が極端に大きく、国際的な秩序も中国を中心に形成されていた。とくに征服王朝たる元を倒して漢民族の支配を回復した明では天下の中心に中国をおく中華思想にもとづく中華帝国の意識が強く、四夷の君長を中国皇帝に臣属させることに意をくだいた。暹羅・朝鮮・琉球・安南の諸王、そして日本の足利将軍も明の皇帝の冊封をうけて臣属の形をとることになった。四夷の諸王から明の皇帝に送られる文書は表（箋）であり、皇帝の文書は詔・勅・制・誥などであった。冊封の関係は本来皇帝と諸王との上下の関係だけではなく、諸王相互の間にも適用されるべき性質のものであった。

朝鮮国王は明の皇帝に対して朝鮮国王であると同時に日本国王（足利将軍）に対しても朝鮮国王であり、皇帝と国王とは上下、国王相互は対等の関係が維持されるべきものであった。朝鮮ではこのために外交の基本政策として「事大交隣」を定め、『経国大典』にも文書に関するその規定を設けたほどであった。(32)

日本の場合は、中国中心の体制にはかならずしも忠実ではなかった。すなわち、原則的には、明皇帝に対しては明の年号を書いた上表文を送り、みずから日本国王と署し、臣を称したのであるが、朝鮮国王に対する文書では中国の年号は用いずに干支あるいは日本の年号を書き、みずから日本国王と称することはなかった。足利将軍が琉球国王に送った文書は、明や朝鮮に対する外交文書とは形式をまったく異にし、基本的には国内の家臣に送った御内書の形式によったものであり、ただ日本年号や印章を用いることによって区別したのである。しかもその印章は朝鮮国王にあてた文書に用いたのと同じ「徳有隣」の印だったのである。思うに、足利将軍は、朝鮮に対しては日本はつねに朝鮮の上位にあるという伝統的な国際認識を継承し、新興の琉球国王に対しては、なかば外国であり、なかば家臣であるという曖昧かつ親近の態度をとることによって、東アジア国際社会における日本の独自の立場を表明しようとしたのではなかったろうか。

琉球の外交に関する態度は、すでにみたように漢字文化圏に対するものと仮名文化圏（日本本土）に対するものを峻別していた。明や暹羅等に対しては、外交文書が三十六姓移民によって書かれ、使節には渡来中国人や琉球人が任命され、中国式秩序によって通交関係が維持されたが、日本本土に対しては日本の書状形式の文書が用いられ、国王の称号も琉球固有の「世主」が書かれ、使節には禅僧があてられた。日本本土をみる琉球の眼は他の諸外国をみる眼とは明らかに別のものであり、本土を外国として認識する傾向は薄かったようである。琉球と朝鮮との通交は、日本の博多商人や対馬の商人を介して行なわれることが多かったので、[33]一般の漢字文化圏に対する交渉とは多少様相が異なっている。

『高麗史』巻第一三七、列伝第五〇、辛昌伝、元年(洪武二十二、一三八九、康応元)八月の条を見ると、

琉球国中山王察度遣玉之、奉表長称臣、帰我被倭賊虜掠人口、献方物、硫黄三百斤、蘇木六百斤、胡椒三百斤、甲二十部、

とある。このことに関し、小葉田淳氏は疑問をなげかけてつぎのように述べている。[34]

「奉表長称臣」とあるが、かゝる事はあり得るであらうか。間もなく代つた朝鮮との通交に、太祖の初年箋を呈した事が一両度実録に記されるが、他は朝鮮・琉球間の通交は皆移咨文で為された。箋文の称は南海諸国より琉球国王に宛てた書契にも用ゐられた例がある。高麗琉球は明に於いては所謂東夷南蛮中最も恭順なるもので、遣使入貢の数も多かった。倶に明に奉表貢献の形にあった両国に於いて、琉球が高麗に「奉表長称臣」とは疑がないではなからう。

これと関連する記事が朝鮮成宗二年(文明三、一四七一)申叔舟の撰した『海東諸国紀』にも見出される。その「琉球国紀」に、

自察度始遣使以来相継不絶、進方物甚謹、或直遣国人、或因日本人商販在其国者為使、其書或箋、或咨、或致書、

格例不一、其称号・姓名亦不定、琉球去我最遠、不能究其詳、姑記朝聘名号次第、以待後考、

とある記事である。箋は下位から上位のものへ、咨と致書とは同位者の間に用いられる文書様式であるから、朝鮮にあてた琉球の文書の規式が不統一であったことはこの記事によって明らかである。東恩納寛惇氏は文書の様式が不統一だった理由を三十六姓移民が外交文書の作製にあたっていたことに帰し、「是等の人々は本来舟航に便ぜんが為めに派遣されたものであつて、文筆に達した者は少かつたやうであるから、典礼に通じなかつた事も無理ではない」としている。(35) このことも、たしかに文書の様式が不統一だったことの一因であったかもしれないが、琉球にとって朝鮮は、他の諸外国とはことなり、おもに日本人を介して通交する相手国であり、使節に禅僧が任ぜられたりすることもあることなどから考えると、むしろ朝鮮は琉球にとっては中国と日本本土との中間に位する外交上の存在として意識されていたと思われ、文書の形式が定まらなかったのは、このことに主要な原因があったのではないかと想像されるのである。

足利将軍と琉球国王は、相互に外国の君主であることは認めながらも、同文同種の者同士として一体感に近い意識で上下の関係を結んでいたようである。仮名書きの御内書様式の文書の採用、「よのぬし」という称号の使用などは一体感の表現であり、年号や印章の使用は外国であることを配慮したための措置であったと考えてよいであろう。また足利将軍が琉球国王にあてた文書に用いた「徳有隣」の印章を朝鮮国王にあてた文書にも用いていた事実は、朝鮮国王にあてた文書に原則として明の年号を用いなかった事実とともに日本・朝鮮・琉球の三国を東アジアの国際社会における特別の存在、特殊の通交圏と考えていたことの証だとすることはできないであろうか。なお朝鮮において外交の先例集とし、また事務参考書として貴重な存在とされた『海東諸国紀』が、日本の記事ばかりでなく琉球の記事をもその中にふくめている事実は、朝鮮にとっても日本と琉球とが切り離すことのできないものと考えられ、日本・

朝鮮・琉球の三国で構成される国際社会が一つの通交圏として意識されていたからではなかったろうか。琉球国王にあてた四通の足利将軍の文書の存在は、日本国王も琉球国王も、明の皇帝の冊封をうけ朝貢はしていたけれども、足利将軍と「りうきう国のよのぬし」とは明の外交体制の中に完全に組みこまれてしまうことを拒否し、それぞれに独自の外交方針を堅持し、冊封による宗属の関係等とは異なる独自の関係を維持して、東アジアの国際社会に対応していた事実を明確に物語っているのである。

(1) 小葉田淳『中世南島通交貿易史の研究』一九七―二〇六頁（一九三九年、日本評論社）、同氏「歴代宝案について」（『史林』四六―四）。
(2) 本書「勘合符・勘合印・勘合貿易」参照。
(3) 『明孝宗実録』巻二〇〇、弘治十六年六月戊申条。
(4) 勝峰月渓は高麗からの国書について「書紀には、高麗、百済からの国書を表、上表、表疏等と記して居るが、全文の掲げられたものを見ない」とし、その後の朝鮮からの国書は大抵啓の式によったようであるとしている。（同『古文書学概論』八一八頁、一九三〇年、目黒書店）。なお『蔭凉軒日録』文明十八年七月一日条と、同二日条では、朝鮮に送る外交文書を「高麗疏」と書いている。この場合の「疏」という文字の用い方は、下意上達文書と考えるよりも、むしろ「国書」という表現で示される程度の外交文書一般をさしていたことを推測させるものである。疏という文書形式については不明な点が多い。識者の御教示を仰ぎたい。
(5) 小葉田、前掲書、二四頁。
(6) 国子監留学生の記事は『明史』『明実録』をはじめ『中山世鑑』『中山世譜』の随所に散見する。これらを大観するには、野口鉄郎『中国と琉球』（一九七九年、開明書院）が便利である。なお真境名安興『沖縄一千年史』三八〇―三九〇頁（一九二三年、日本大学）参照。
(7) 『明神宗実録』巻四三八、万暦三十五年九月己亥条。東恩納寛惇「三十六姓移民の渡来」（『黎明期の海外交通史』所収、一九四一年、帝国教育会出版部）、小葉田、注1前掲著書・論文、参照。
(8) 秋山謙蔵「琉球王国の勃興と仏教」（『日支交渉史話』所収、一九三五年、内外書籍）。

（9）小葉田、前掲書、一二―一四頁。
（10）東恩納、前掲書、一二一―一二六頁。
（11）安里延『日本南方発展史』三五―四三頁（一九四一年、三省堂）参照。
長史については『親基日記』文正元年七月二十八日条によってチャクスとよばれていたことがわかる。

　同日、琉球人参洛、当御代六ケ度目、号長史《チャクスト》、於御寝殿庭前三人懸御目、三拝申了、庭ニ鋪席、
　一、女中衆見物、
　一、御供東之御縁祗候、
　一、走衆六人、上土門南候了、
　一、進物料足一千貫、其外如先々
　一、懸御目三人進物種々、自小侍所、元連、之種、為奉行執次之進上也、
（12）小葉田、前掲書、二四頁。
（13）上島有「初期の御内書について」（『古文書研究』一三）。
（14）『群書解題』第一五の井上豊氏の解題では、『伊勢貞助雑紀』は貞助の「武雑書札礼節」ができた元亀元年（一五七〇）前後に成立したものであろうとしている。
（15）『明世宗実録』巻四九、嘉靖四年三月戊寅条。『同』巻五二、同年六月己丑条。
（16）『幻雲文集』所収「鶴翁字銘并序」。
（17）『幻雲文集』所収「表」と『続善隣国宝記』とには同文の足利義晴表文と別幅とが載っている。小葉田淳『中世日支通交貿易史の研究』一四六―一五一頁（一九四一年、刀江書院）参照。
（18）田中健夫『中世海外交渉史の研究』一六五―一六九頁（一九五九年、東京大学出版会）、同『中世対外関係史』六三―七一頁（一九七五年、東京大学出版会）、本書「足利義満の外交」参照。
（19）『大日本古文書　島津家文書之二』四一一―四一二頁。『大日本古文書　島津家文書之三』二〇二―二〇三頁。
（20）『朝鮮世宗実録』巻一〇、二年十月癸卯条。
（21）『大日本古文書　島津家文書之二』四一二―四一三頁。『大日本古文書　島津家文書之三』二四一―二四二頁、二四八―二四九頁、二六一頁。『旧記雑録前編』巻四二。

(22) 外交文書に用いられた印章の概要については、勝峰、前掲書、一九七—二〇三頁、本書「勘合符・勘合印・勘合貿易」参照。

(23) 足利将軍が朝鮮国王にあてた文書に「日本国王之印」を用いず「徳有隣」の印を用いたことについては慶暹の『海槎録』に記事がある。中村栄孝『日鮮関係史の研究』中、二一〇—二一二頁(一九六九年、吉川弘文館)・同「豊臣秀吉の日本国王冊封に関する誥命・勅諭と金印について」(『日本歴史』三〇〇)参照。『蔭凉軒日録』文明十八年五月二十九日条には、この印の印材が桜であり、小箱に入れて保管されていたことが記されている。
なお、近藤正斎の『外蕃通書』第一冊には万暦三十五年(慶長十二、一六〇七)には朝鮮国王李昖(宣祖)から日本国王にあてた文書をあげ、朝鮮国王が「為政以徳」の印を用いたことを記し、方二寸五分、四篆陽文であるとしている。また同書第二冊では万暦四十五年(元和三)の李琿(光海君)の文書を掲げ、その印章の大きさが方三寸一分余であることを示し、「前ノ李昖三十五年ノ印ト小異アリ」としている。このことから考えると、朝鮮国王が足利将軍にあてた文書に用いた印章も明帝からあたえられた「朝鮮国王之印」ではなかったと思われる。文書の現物について検討したいのであるが、現在のところその存在を知ることができない。

(24) 『明太祖実録』巻一五一、洪武十六年正月丁未条。『同』巻一七〇、洪武十八年正月丁卯条。

(25) 宮城栄昌『琉球の歴史』五五—五六頁(一九七七年、吉川弘文館)。
伊波普猷『古琉球』(一九四二年、青磁社)の口絵には「実物大」として九・八センチメートル、横一〇・二センチメートルの「琉球国王之印」を朱で印刷して掲げてあるが、これは清代のものである。説明文には、
順治十年、国王尚質、来繳前朝故印、講封重給、康熙元年、冊使始至国、賜王此印、印文六字、琉球国王之印、左満右篆、不称中山、(徐葆光著『中山伝信録』中の説明)此印は清帝に奉る啓文咨文等に押捺せしものなり。
とある。清の皇帝から琉球国王にあたえられた印は、これによって知ることができる。なお『琉球新誌』下、にもこの印影が入っている(紙屋敦之氏教示)。しかし明代の鍍金銀印の実態についてはよくわからない。

(26) 『大日本古文書　島津家文書之三』二〇二頁、所収の琉球国世主書状は方九・六センチメートルの単廓陽刻の「首里之印」を用い、同書二〇九頁所収の琉球国世主書状は方九・八センチメートルの双廓陽刻の「首里之印」を用いている。印影は同書の巻末に掲げてある。なお、注31参照。

(27) 『田名文書』。東恩納、前掲書、二六七—二六八頁参照。辞令書の研究には、高良倉吉「古琉球辞令書の形式について」(『沖

縄史料編集所紀要』3、同『沖縄歴史論序説』所収、一九八〇年、三一書房）があり、「首里之印」のある仮名書きの辞令書の写真を載せている。また、安良城盛昭『新・沖縄史論』（一九八〇年、沖縄タイムス社）は、古琉球史研究における辞令書の重要性を強調している。

(28) 本書「勘合符・勘合印・勘合貿易」参照。

(29) 東恩納、前掲書、二七頁。

(30) 東恩納、前掲書、七七頁。

(31) 相田二郎『日本の古文書』上、七五二頁（一九四九年、岩波書店）には、『阿多文書』所収の琉球国代主書状の写真が掲げてある。上所は「進上」とあるが、充所は欠いている。内容は琉球船の渡航について依頼したものである。相田は「紙質書風等から判断するに、室町時代中期を降らぬもののやうである」としている。この文書は差出書が「世主」ではなく「代主」と書いてあり、その字面に朱印が捺してある。印の大きさは「首里之印」よりもはるかに小さく、印文は判読しがたい。相田は「首里之印」以前に用いられた印章と推測している。

(32) 中村栄孝「事大と交隣――外政の基本構想――」（『朝鮮―風土・民族・伝統―』所収、一九七一年、吉川弘文館）参照。

(33) 田中健夫「日鮮貿易における博多商人の活動」（前掲『中世海外交渉史の研究』所収）、同「朝鮮・琉球間における中世の対馬」（『朝鮮学報』三九・四〇合併特輯号）参照。

(34) 小葉田、前掲『中世南島通交貿易史の研究』二―三頁。

(35) 東恩納、前掲書、五四頁。

〔**後記**〕　本稿は昭和五十五年（一九八〇）六月八日に第二〇回法政大学沖縄文化研究所公開講演で「一五―一六世紀の琉球と東アジア」の題で発表したものと、同年十月二十八日に東洋文庫における昭和五十五年度秋期東洋学講座で「室町幕府と琉球」の題で発表したものとにもとづいて原稿を作成し、『南島史学』第一六号に「室町幕府と琉球との関係の一考察―琉球国王に充てた足利将軍の文書を中心に―」の題で掲載したものである。昭和五十四・五年度文部省科学研究費による「前近代対外関係史の総合的研究」の研究成果の一部である。

三宅国秀の琉球遠征計画をめぐって

――その史料批判と中世日琉関係史上における意義について――

一　三つの事件

永正十三年（一五一六）、備中の三宅和泉守国秀が、琉球遠征を目的とする兵船を率いて薩摩坊津に至ったが、薩摩守護島津忠隆のために討伐されたと伝えられる事件がある。これが第一の事件である。つづいて第二の事件が五年後の大永元年（一五二一）に起こり、備中の兵船が坊津を焼いたという。さらに二〇年ほどたって、後日譚としての第三の事件が起こった。天文の初年、三宅国秀の一党のものが足利将軍の命によって琉球遠征を企図して薩摩に下ったというものであり、薩摩の老臣がこのことを琉球に報じた連署状がのこっている。

この三つの事件は『大日本史料』(1)『史料綜覧』(2)に収録されているほか、これまでに『鹿児島県史』をはじめ伊波普猷・小葉田淳・東恩納寛惇・豊田武・比嘉春潮・喜舎場一隆等の諸氏の論著や『坊津郷土誌』等にひかれ(3)、立場はそれぞれ異なるけれども薩摩と琉球との関係史上における重要事件として注目されてきた。

しかしながら、残存史料の性格や内容を仔細に検討しながら事件の経緯をたどってみると、にわかには納得することのできないことがらのいくつかに逢着する。本稿では、この事件に関する史料について疑わしく思われる諸点を列記して大方の御教示を仰ぐとともに、島津氏と琉球との関係史の上でこの事件がもつ意味についても考えてみようとするものである。

二　事件に関係のある史料

三宅国秀の琉球遠征計画に関する三つの事件についての史料は、すべてが薩摩に伝えられたものであって、その量は多くはない。そこで、この事件に関係のある全史料を左に掲出する。

まず、第一・第二の事件関係の史料からあげる。

〔史料一〕

『西行雑録』

薩州坊津一乗院所蔵年代記抄出（中略）

永正十三年丙子三月廿八日、備中三宅和泉守、為琉球国対治、兵船十二艘下着薩州坊津、六月一日、和泉守被誅、

大永元年辛巳四月廿五日、備中兵船焼払坊津、

〔史料二〕

『前編旧記雑録』巻四十二

□(虫損)年代記

（中略）

仝

一、同年(永正十三年)、備前国蓮島三宅和泉守、誘十二艘之兵船、為責琉球国、而先着薩州之坊津、俟時之宜留滞者久矣、此

事既達上聞、故蒙三宅誅罰之命、誅戮者也、

〔史料三〕

『西藩野史』巻之八、忠隆公

十(永正)三年丙子

○備中国蓮島ノ主三宅和泉守国秀、琉球国ヲ取ラント欲シ、艨艟十二艘ヲ艤シ、薩州防(坊)津ニ来リ順風ヲ待ツ、忠隆公大ニ怒テ曰ク、夫琉球ハ我属国トシテ五世服従ス、国秀恣ニ人ノ土地ヲ貪ル、誅セスンハアルヘカラスト、将軍義植(稙)公ニ告テ軍ヲ発シ、蒙衝闘艦ニ燥荻枯葉ヲ積ンテ風ニ従ヒ火ヲ発テ国秀カ船ヲ焼ク、国秀前後顧ル事能ハス、焼溺シテ一人モ遁ル、モノナシ、

〔史料四〕

『島津国史』巻之十四、興岳公

永正十三年丙子春三月二十八日、備中蓮島或作連島、住人三宅和泉守国秀、欲取琉球、率舟師泊坊津、闘艦凡十二艘、公(島津忠隆)欲撃之、請於幕府、許之、拠興岳公旧譜、島津系図、入来院主馬家蔵年代記、第十二巻永正五年将軍義澄罷、義尹(義稙)復任征夷大将軍、此云幕府、即義尹也、島津系図以為義澄、誤也、（中略）

六月朔日、公撃三宅国秀、殺之、拠興岳公旧譜、島津系図、入来院主馬家蔵年代記、

〔史料五〕

『島津正統系図』十三代忠隆

同(永正十三年)年、備中異本作備中、連或作蓮、島之住人三宅和泉守国秀、艤兵船、将攻琉球、而先到着薩州坊津、俟時留滞日久、夫琉球者永亨(享)以来当(前カ)家附庸之国也、故言上之于将軍義澄(稙)卿、蒙治罸之厳命、誅戮之、

つぎに、第三の事件に関する史料を掲げる。

〔史料六〕

『島津家文書』

雖未申通候令啓上候、抑先年備中州蓮嶋三宅和泉守　公方様以御下知、流求《(琉球)》国へ就可罷下、至其表下国候、不慮生涯候、然間薩摩三ヶ国御芳《(旁カ)》以御張行被仰付候条、彼等一類共対薩州御芳《(旁カ)》含遺恨候、蓮嶋事我等申付在所候之条、同心之覚悟候、然処同名三郎兵衛其表下向候之処、御芳《(旁カ)》至彼仁被仰聞候段、流求《(琉球)》国為武略三宅和泉守被為生涯者、御存分之通令承知候、於無御等閑者流求《(琉球)》国江一警固申付度所存候、以無御別儀筋目預御同心候者可為祝着候、於無左様者津浦之儀被借下候者可為恐悦候、依御報重畳可得貴意候、猶巨細同名三郎兵衛可申入候、恐々謹言、

十一月五日　道詮

今岡民部太輔

徳永隼人佐殿

安来殿　参

御宿所

〔史料七〕

『島津家文書』

芳問之旨令拝閲候訖、抑先年三宅泉州国秀為貴国競望、既到当国下着候之処、貴邦当邦以同躰之儀不顧思慮即時刑戮候、依之及幾《(畿)》内此方義絶、剰日本三津之其一薩州坊津為敵破却候、雖然其国一味之上者兼日覚悟候之条無仰天候喜、其辻無御忘却此度相承候、先々祝着之至候、然間彼国秀一類含其欝憤、今又渡船之企事実候、但帯将軍家之御下知、雖軍兵下向候、於当方無許容者恐者渡船之儀難事成候歟、如前々至其方御校量者、薩隅日三州津々浦々事堅加警固、何様可遮兵船之海路候、其謂其外細砕聖現寺江令申候、定而可有演説候間省略候、恐々謹言、

天文三年
九月十六日　　　　　　　　　　老中
琉球国
三司官
天正拾年八月　日
持主来阿

〔史料八〕

『島津国史』巻之十六、大中公上

(天文三年)秋九月十六日、伊周・村右報琉球三司官書曰、往年備中蓮島住人三宅和泉守国秀、欲取琉球、船至坊津、本藩以与貴国同盟之故、遣兵撃之、遂殺国秀、近聞国秀余党将復寇貴国、故命縁海郡邑、譏関津、戒邏卒、以為之備、此輩借使《タトイ》得命於幕府、不得仮道於敝邑、其無如貴国何、茲特告示、余嘱聖現寺、不宣、拠大中公旧譜、伊周・村右、当是二人、其人不詳、而書尾云天文三九十六者、即三年九月十六日、蓋当時検依其藁不具書也、

以上列記した八つの史料が、三宅国秀事件に関する史料のすべてであるが、以下それぞれの史料について略説しよう。

『西行雑録』一冊は、水戸藩の佐々宗淳等が貞享二年（一六八五）九州・中国地方の史料を採訪したときの控で、彰考館に所蔵されたもの。「貞享乙丑之歳、佐々宗淳等奉　命使九州・中国、録見聞者為壱冊焉、丙寅之春　彰考館誌」の識語がある。東京大学史料編纂所の写本は、明治十三年（一八八〇）十月に徳川昭武氏の蔵本を謄写したものである。三宅事件に関しては「薩州坊津一乗院所蔵年代記」なるものを抄写引用しているが、この原本については、現在

その所在を明らかにすることはできない。ちなみに野村新左衛門・松下兼利両氏共編『西南方村郷土史』（一九四一年十二月発行）には、六二頁より六六頁にかけて「一乗院宝物記」なるものを掲げて、坊津一乗院の宝物名を列記しているが、このなかには「年代記」のことは記されていない。

『旧記雑録』は、一般には『薩藩旧記』あるいは『薩藩旧記雑録』の名称でよばれている。(4) 前編三六巻、後編三五巻、付録五巻よりなる。伊地知季安・伊地知季通の編した薩摩藩に関するもっとも精密詳細な史料集である。所引の『□年代記』は〔史料一〕の『西行雑録』所引の「薩州坊津一乗院所蔵年代記」または〔史料四〕の『島津国史』所引「入来院主馬家蔵年代記」と比較すると、「年代記」の称は同じだが、内容には多少の異同が存するようである。

『西藩野史』二二巻は、宝暦戊辰（戊寅カ）（八）（一七五八）十一月の得能通昭の自序のある薩摩藩の編年通史である。本稿では便宜、明治二十九年（一八九六）九月鹿児島県私立教育会編の刊本に従った。

『島津国史』三二巻は、寛政十二年（一八〇〇）山本正誼が編した島津氏の編年通史。明治三十八年（一九〇五）の刊本一〇冊がある。

『島津正統系図』三冊は島津氏宗家二九代忠義までの系図と、伊作家・相州家・総州家の系図。原本は鹿児島県所蔵。史料編纂所に謄写本がある。

『島津家文書』として掲げた〔史料六〕〔史料七〕はいずれも東京大学史料編纂所所蔵写真帖の第三四冊に収められているものである。原本は巻子本で、原題は「御文書忠久公 貞久公 師久公 氏久公 元久公 忠国公 立久公 忠昌公 勝久公 貴久公 二十五通 巻一」としている。〔史料七〕については三通の同文の案文があり、本稿では第一通目のものを掲げた。三通とも文字の異同はほとんどないが、二通目と三通目のものには第一通目にある年月日・差出書・充書および「天正拾八年八月　日　持主来阿」の添書の部分がなく、文書の冒頭の部分に、

琉球国三司官江国章　安文天文三九十六　伊周村右

と記されている。なお第三通目の文書には諸所に振仮名を付しているほか、第一通・第二通で「同躰」とあった文字を「同程」と改めているなどの相違がある。『島津国史』の文は第二通または第三通に拠ったものと思われる。

〔史料六〕〔史料七〕は琉球の王家に所蔵されていた『古案写』にも収録されている。『古案写』は文明六年（一四七四）から万暦四十一年（慶長十八、一六一三）までの薩琉・琉明関係の文書を集めたもの。もと三部にわかれており、それぞれに「古案写　全　御書院」「御書院御物　古案」「古案写　全　御書院」と記した表紙が付されていた。第二冊末尾に「承応四年乙未四月下旬中書写之」とあり、第三冊の末尾には「時乾隆二十三年戊寅二月日　清書加勢筆者雍氏伊波親雲上興隆」とある。史料編纂所本は右の三部を合わせて『琉球薩摩往復文書案』の書名を付している。昭和五年（一九三〇）一月東京市渋谷区南平台侯爵尚裕氏所蔵本を影写したものである。活版では『那覇市史　資料編　第1巻2』（一九七〇年）に収められている。

三　第一の事件の検討

前掲八つの史料は、史料自体のもつ性格と記事の物語る内容との両面から検討する必要がある。

ふつう史料は古文書・古記録・編纂書の順序でその信憑性の程度が論じられるが、八史料はおおむね編纂書の一部に収められたものであって、良質の史料とはいいがたい。ただ〔史料六〕と〔史料七〕とだけは古文書のもとの体裁をそのまま写したものであって、このなかではもっとも信頼度の高いものといえよう。

つぎに記事の内容について検討しよう。

第一の事件に関する史料として注目されるのは、〔史料一〕の典拠に引かれている「薩州坊津一乗院所蔵年代記」、

〔史料二〕の典拠とされている「□年代記」、〔史料四〕の典拠とされている「入来院主馬家蔵年代記」である。〔史料三〕および〔史料五〕はその典拠をあげていないけれども、内容からみて〔史料一〕〔史料二〕〔史料四〕あるいはそのもととなったいずれかの「年代記」によっているものと考えてよいであろう。

まず、主謀者三宅氏についての記し方からみよう。〔史料一〕は「備中三宅和泉守」、〔史料二〕は「備前国蓮島三宅和泉守」、〔史料三〕は「備中国蓮島ノ主三宅和泉守国秀」、〔史料四〕は「備中蓮島或作連島、住人三宅和泉守国秀」、〔史料五〕は「備中異本作備中（前カ）、連或作蓮、島之住人三宅和泉守国秀」としている。

吉田東伍氏『大日本地名辞書』を見ると、備中浅口郡の条に「連島《ツラシマ》」の記事があるが、「蓮島」というのは見あたらない。〔史料五〕が「連島」をとり、また『大日本史料』第九篇之六が三一一頁に『薩藩旧記』をひき、「備前（中）国蓮（連）島三宅和泉守」と傍注を付しているのは、いずれも蓮島なる地名が存在しないという前提に立つものと思われる。この「蓮島」という名称は〔史料六〕においても見られる。すなわち「備中州蓮嶋三宅和泉守」とあるのがそれである。〔史料六〕は古文書からの直接の写であるという点で、前掲〔史料一〕～〔史料五〕よりは史料としての性質はすぐれている。また〔史料六〕が〔史料二〕ないし〔史料三〕に依拠して「連島」を「蓮嶋」と書いたとは到底考えられない。そこで〔史料二〕〔史料三〕の記載は〔史料六〕をもとにして作られたと考えるのが妥当であろう。三宅和泉守の「国秀」という名乗は〔史料一〕〔史料二〕にはなく、〔史料三〕以下に見られるが、これも〔史料七〕の「三宅泉州国秀」の記載に根拠があるように思われる。このようなことから第一の事件に関する史料は、第三の事件の史料である〔史料六〕〔史料七〕、すなわち『島津家文書』所収の文書案と密接な関係があることは容易に気付くところであろう。

ところで、この三宅国秀なる人物については他に徴すべき材料がない。豊田武氏は「三宅国秀が和泉守であり、堺の司として勢力を振ってた（い脱カ）三宅氏と姓を同じうする点、堺と何等かの関係があると考えられる」[5]としているが、摂津の国衆に三宅城の城主三宅出羽守国村などという人物がいたことや、堺の町衆に材木屋三宅主計や三宅与九郎がいたことなどからの推論であろうか。[6]また「備中蓮（連）島」という記載の方を重くみても、堺には備中屋宣阿などがおり、三宅氏には備前児島の佐々木氏との関係などが考えられるので、この面からも堺との関係はある程度推察することが可能である。また当時の堺商人が琉球に渡航した事実などがあり、豊田氏はこのような背景も考慮に入れていたのかもしれない。

つぎは第一の事件が起こった年代である。各史料とも、第一の事件の発生は例外なく永正十三年（一五一六）としている。ただし、月日についての明瞭な記載があるのは〔史料一〕と〔史料四〕だけで、三宅国秀坊津下着の日を三月二十八日、国秀誅戮の日を六月一日としている。

この永正十三年には、三宅事件の他に島津氏と琉球との関係史上で特記すべき二つの事件があった。

〔史料二〕の『前編旧記雑録』巻四十二は、「□年代記」をひいて、三宅事件の記事の直前に、

一、永正十三年丙子四月廿五日、琉球国文船《アヤフネ》着岸、使僧天王寺、使者謝名大屋子云々、

とある記事を載せ、同じ「□年代記」の引用文の中に三宅事件の記事の直後につづけて、

一、同年又琉球国使船二艘着岸、使僧建善寺、使者西殿云々、

とある記事を載せている。

また『島津国史』巻之十四も、永正十三年の三月二十八日条と六月一日条との間に、

夏四月二十五日、琉球使者天王寺僧某、謝名大屋子来、拠興岳公旧譜、福昌寺年代記、

とし、さらに同年の条の中で、

冬十二月二十日、琉球使者建善寺僧某等来、拠興岳公旧譜、福昌寺年代記、

とし、天王寺僧・謝名大屋子・建善寺僧の来航のことを記している。

文船は琉球王府から島津氏に対して派遣された正式の官貢船であり、喜舎場一隆氏は文明十三年（一四八一）から慶長十六年（一六一一）までの間に前後一三回の派遣が行なわれたことを明らかにしている。[7] 永正十三年の文船は文明十三年の文船[8]につづく第二回のもので、永正十二年八月に島津忠治が没して、弟の忠隆が嗣立したのを賀するために来航したものであったという。[9] この永正十三年四月の文船来航と、同年十二月の建善寺使僧の来航とは、三宅事件と無関係だったとは考えられない。

なお、〔史料六〕および〔史料七〕は三宅事件の年代を「先年」とだけ記して、特定の年を記していないが、このことは〔史料一〕〜〔史料五〕の記事とまったく無関係と考えてよいのであろうか。「三宅和泉守国秀」の称が〔史料六〕〔史料七〕に依拠したものであるらしいことはさきに見たが、このようなことから連想すると、〔史料一〕〜〔史料五〕の永正十三年は、〔史料六〕〔史料七〕の「先年」を、のちに他の史料との関係を考えてこの年にあてたと推測することができるのではないだろうか。

永正十三年という年が薩摩と琉球との関係史のうえでどのような意義をもった年であるかを知るために、この年の前後の史料を検討してみよう。

『前編旧記雑録』巻四十二は「忠治公御譜」によって永正五年に島津忠治から琉球国王にあてた文書案を収めている。

日本国薩隅日三州太守藤原忠治奉復、緬望福地、瑞気日新、神徹森厳、尊候（侯）安泰、至祝至禱、抑我国以貴国為善隣焉、実非他国之可比量者、時義近出于不意、而互絶音問者六年于茲、然使僧而年遠銜国命踰海来、説以和好事、殊天王東堂所伝　貴命委曲領之、愚意趣具復白于和尚、見達尊聞者歟、仍差安国寺住持雪庭西堂、述回礼之義、

以献方物、表微志而已、専願自今以後不帯我印判往来商人等、一々令点検之、無其支証輩者船財等悉可為　貴国公用、伏希此一件無相違、永々修隣好而自他全国家者也、暮春過半、順時保重、誠惶恐誠敬白、

日本永正伍年三月十二日　　藤原忠治

奉復琉球国王殿下

薩隅日三州太守藤原忠治

奉書

琉球国王殿下

茲継先業於下国、職未遑達京師、早呈片書於

中山王、専在修隣好、苟非比誠於傾陽之葵藿、若敢得斉齢於閲歳之松柏乎、四海所皈一国以富尽善尽美惟徳馨、故今差安国住持雪庭西堂、謹致賀忱、献方物、伏望寛容、恐惶頓首、不宣、

永正五年三月十二日　　藤原忠治

拝呈

琉球国王殿下

右の二通の文書案が物語るところは、島津忠治が琉球の天王寺東堂の琉球帰国にあたって薩摩安国寺の雪庭を付し、文明以来の琉球に対する島津氏の「実非他国之可比量者」という特殊の関係を強調し、島津氏の印判状を持参した船舶にのみ貿易を許可されるように要請したことであって、貿易の独占を策した事実にほかならない(10)。

また『大日本古文書　島津家文書之一』三三七頁に永正十五年九月二十二日付の島津忠隆から琉球国王尚真にあて

たつぎの文書案がある。ちなみに、この文書案は『前編旧記雑録』にも『古案写』にも収められている。

謹令啓候、抑　天王和尚并　建善寺為御使節、遙預光儀候、尤当年可致回礼候之処、国家未調之間、先々就対馬守罷下候、以書状怠慢之通令申候、如何様来春以使僧、彼是可申述候、将又、進物之分別幅有之、以此趣、可被述閣下候、恐惶敬白、

永正十五年戊寅九月廿二日　　忠隆

進上　琉球国王　閣下

以上の経過を整理すると、永正五年天王寺東堂帰琉、薩摩安国寺雪庭同行、永正十三年文船で天王寺僧・謝名大屋子来薩、同年建善寺僧来薩、永正十五年に島津氏より回礼、ということになる。

『鹿児島県史』は、

忠隆が永正十五年九月琉球王に与へた書簡によれば、十五年には恰も琉使天王寺和尚及び謝那大屋子並に建善寺が薩摩に滞留してをり、右の事件（三宅事件をさす——引用者）の直後に薩摩と琉球との間に何らかの聯絡のあつたことを思はしめる。[11]

としている。謝那大屋子が永正十五年に薩摩に滞帯していたという確証はないが、三宅事件と琉使往来の事実との間に何らかの関連があったという見方は誤っていないであろう。

さきに「三宅和泉守国秀」という記載方法が〔史料六〕〔史料七〕に由来するものらしいことを述べたが、もしもふたたび大胆な想像が許されるならば、〔史料六〕〔史料七〕にみえる「先年」を、〔史料一〕〜〔史料五〕が筆録される過程で、もっとも妥当な年代にあてはめる操作をした結果、琉球使節の渡来と関係のある永正十三年という年が選ばれたとする推測が成立するのではないだろうか。さらに三宅国秀来着の三月二十八日と国秀殺害の六月一日の日

付は、文船来航の四月二十五日の前後に配することが適当と考えられたのではなかったのであろうか。その理由は『鹿児島県史』が述べているのと同工異曲ではあるが、同書が事件に関係して琉使が来航したとした因果関係を反転させ、琉使来航の年月と関連させて三宅事件の年月を想定したとすることもできるのではあるまいか。

つぎに第一の事件の内容に関する若干の疑問を列記しよう。

まず、三宅国秀坊津来着の理由である。〔史料一〕から〔史料五〕まではいずれも「為琉球国対治」「為責琉球国」「琉球国ヲ取ラント欲シ」「欲取琉球」「将攻琉球」という書き様で異なるところがない。〔史料七〕も同様の趣旨で、「先年三宅泉州国秀為貴国競望、既到当国下着候」とある。ところが〔史料六〕だけは別で、「先年備中州蓮嶋三宅和泉守　公方様以御下知、流求《琉球》国へ就可罷下、至其表下国候」とあり、琉球渡航のことは明らかに書いているが琉球遠征のことは明記していない。この史料の後半部に「流求《琉球》国為武略三宅和泉守為生涯者」とあるのは、国秀が殺害された理由が琉球遠征にあったことを薩摩側から述べたもので、国秀自身が琉球遠征の意図をもっていたことを述べたものではない。しかし、この時点ですでに島津氏側では、国秀の坊津下着の目的を琉球遠征にあると称していたことが知られるのである。

〔史料六〕のみが三宅側の史料で他はすべて島津側の史料であることが、一方が足利将軍の命によって琉球渡海を企てたとしたのに対し、他方が琉球征伐のための渡海としたのである。いずれかが真実であればいずれかが虚偽ということになるが、私は島津側の史料に対してより多くの疑問をいだかざるを得ない。その理由の第一は三宅和泉守が琉球を討つという行動の必然性が思いあたらないことであり、その第二は一二艘くらいの船団で琉球を征伐するという不自然さである。三宅国秀の素性が豊田氏の推測したように堺に関係あるものであるとするならば、貿易ルート確保のために琉球に渡ろうとし、島津氏の妨害をうけたということは十分に想像することができる。しかし、この船団が貿易を目的としたものではなく、遠征経略を目的とするものであったということは理解に苦しまざるをえない。

東恩納寛惇氏は、島津氏が琉球を附庸国と称したことに関連して、

嘉吉元年（西紀一四〇二）足利義教が、大覚寺尊宥を誅したる功によつて島津忠国に琉球を与へた事は薩藩旧記所載の貴久公旧譜に依つて知られるが、すべて此の時代の土地を与へると云ふ事は後世の所領知行と違つて領地の優先権を約束する意味であつて、幕府と雖、琉球を勝手に処分し得る程その統治権が琉球に及んでゐたわけではなく、従つて其授受は幕府と島津氏との間だけの了解であつて、海内諸侯と雖これを知らず、又勿論琉球の関知する所ではなかつたのである。(12)

とし、三宅国秀の挙も後年亀井茲矩が領国として琉球を希望したことも、(13)このような認識の上に起こったことだとしている。しかし、永正の時点では島津氏側に琉球を領国としようとする潜在的な意図はあったとしてもそれが琉球側からうけいれられていたわけではなかったし、亀井氏の事件は戦国動乱を経た遙か後年のことで、周囲の情勢にもかなりの変化が生じている。三宅国秀という畿内またはその周辺の一小豪族が琉球に遠征するということは無謀の挙であり、これを島津氏や亀井氏の場合と比較して同一線上に位置づけることは適当ではない。

また、もし三宅氏の渡航計画をのちの倭寇のような海賊的貿易集団の単なる略奪を目的とした行為とみるならば、その坊津停泊に対して島津氏が討伐するのは十分な理由があったといえるが、倭寇の船団が幕府の下知をうけて琉球に渡航するということはあり得ないことで、三宅氏をいわゆる倭寇の一党と見ることはできない。

いずれにせよ、島津氏にとって三宅氏は不都合な存在であったものと考えてよいであろう。すなわち三宅国秀の琉球征伐の意図の有無にかかわらず、島津氏としてはこれを討つに足る理由があったのである。

船団については「兵船」とか「闘艦」とかの文字が使用されているが、船の規模についての記述はない。遣明船程

度のものと想像するならば、一隻に一五〇人から二〇〇人くらいの人数が乗船していたことになるが、その発遣のために要する費用は莫大なものであった。[14] このような大船を一二隻も一度に派遣することは、細川・大内などの大勢力であっても決して容易なことではない。ちなみに現在史料によってしられるところでは、遣明船団のうち最大のものでも九隻の編成であった。しかもこのような大船団の派遣が他の中央史料にまったく記載されなかったということはありえないから、一船の規模はよほど小さなものであったとみなければならない。慶長十四年島津氏の琉球遠征の折に用いられた船は七十余艘、兵員は三千余人で山川港より出船したという。[15] 平均すれば一船四〇人強になる。しかもこの軍団は朝鮮出兵を経験した精強な兵員と多量の鉄砲を所持していたのである。

このようにみてくると、三宅側が、幕命をうけて琉球遠征のために坊津に至ったという解釈も疑わしいが、島津側が幕命を請うてこれを誅戮したという解釈は一層疑わしく信じがたい。誅戮の理由を記しているのは〔史料三〕と〔史料五〕であるが、「琉球ハ我属国」「琉球者永亨(享)以来当家附庸之国」ということをあげている。しかし、永正年代において琉球が島津氏の附庸国であったという事実は存在せず、[16]〔史料三〕〔史料五〕が事件を遠くへだたる時代の編纂書であることからみてこの誅戮の理由には説得性がまったくないといってもよい。後世になって琉球に対する島津氏支配の正当性を主張するための一材料として書き加えられたものと考えてよいであろう。

縷述したように、私は永正十三年の事件の発生について深い疑いをいだくものであるが、一歩退いて、もしもこの事件が実際に永正十三年に発生していたとしても、琉球が島津氏の附庸国であった故に三宅氏を討ったという記述には承服することはできない。島津氏としては琉球貿易独占の障害となる三宅氏を討つのは、自己の利益を護るために当然の行動であったし、三宅氏の琉球渡航を琉球征伐とすりかえることにより琉球に対しては恩を売る行動として正当化しようとし、国内に対しては既成事実をつくってこれを認めさせようという、まさに一石三鳥の効果をねらった行動であったとうけとるのが妥当ではないだろうか。

四　第二の事件の検討

第一の事件から五年ののちに第二の事件が起こる。大永元年（一五二一）四月二十五日に備中の兵船が坊津を焼いたという事件である。しかし、この事件は〔史料一〕に書かれているだけで他の史料はいずれも沈黙している。第二の事件が実在したか否かという問題は、わずかに残存する二〇字程の記載からは明確な判断の下しようもないが、この事件の実在を想像させる史料として〔史料七〕がある。このなかに「日本三津之其一薩州坊津為敵破却候」とある記事は、第一の事件を述べた記事の一部ともとれるが、第一の事件が終ったのちに新たに起こった事件ともとることができるからである。このことから、後世の者が第二の事件の年代を推定して、それを大永元年のこととしたのではないかとも考えることができよう。

しかし、第二の事件の存在については疑いをさしはさむ余地のあることを指摘しておきたい。その理由の第一はこのような大事件が〔史料一〕以外に一切記されずに終ったこと、第二は事件の月日が四月二十五日であることである。さきに永正十三年（一五一六）に文船が薩摩に来航したことを述べたが、『前編旧記雑録』所引の「□年代記」と『島津国史』とはその来航の日付を四月二十五日としている。第二の事件の日付の四月二十五日と文船来航の日付の四月二十五日とが同一の月日であることは、偶然の一致とみられないこともないけれども、一方では年月日記載上の混乱があったのではないかとも考えられるのである。

これまでの考察がもし当をえたものであるとするならば、第一・第二の事件に関する史料はその根拠の多くを第三の事件の史料である『島津家文書』所収の文書案に負っているということになる。そして疑問の点を除去した後にのこるものといえば、『島津家文書』に収められた〔史料六〕〔史料七〕に語られている三宅和泉守国秀なる人物が薩摩坊津に下着して、島津忠隆のために殺害されたという事実だけで、他の記載はいずれも粉飾や偽作・推測の疑いがきわめて濃いといわねばならぬ。

五　第三の事件の検討

いよいよ第三の事件の検討に移らねばならない。第三の事件については〔史料六〕〔史料七〕〔史料八〕があるが、〔史料六〕の内容が晦渋であるのに対して、〔史料七〕の内容は比較的明快である。〔史料八〕は〔史料七〕を漢文に書き改めて祖述したものにすぎず、とくに問題とすべき点はない。

まず〔史料七〕から検討をすすめることにしたい。

文書差出の年月日は『島津家文書』では天文三年（一五三四）九月十六日であるが、『古案写』の方は「天文五年癸巳九月十六日」となっている。しかし天文五年（一五三六）の干支は丙申で、癸巳は天文二年である。『古案写』は転写の過程で誤りを犯したのであろう。『史料綜覧』巻九が、天文三年九月十六日条に『島津国史』『古案写』によって「薩摩守護島津貴久、備中三宅国秀ノ残党ノ、薩摩及ビ琉球ヲ襲ハントスルニ依リ、琉球ヲシテ、之ニ備ヘシム」という綱文を掲げ、さらに天文五年九月十六日条に『琉球薩摩往復文書案』（『古案写』）をあげて「備中三宅国秀ノ余党、琉球ヲ攻メントスルニ依リ、薩摩守護島津貴久、琉球ヲシテ、警固ニ努メシム」としているのは、同一のことを重複して記したものであり、天文五年条の綱文は削除すべきである。(17)また綱文の文章が適当ではないことは後述する通りである。

差出書は『島津家文書』所収の第一通には「老中」とあるが、第二通と第三通では「伊周」「村右」とし、『古案写』ではこれに「伊地知周防」「村田右衛門」と注記している。〔史料八〕の『島津国史』は伊周・村右について「当是二人、其人不詳」と記している。充書の三司官は琉球の国務大臣に相当する官職である。

〔史料七〕の内容を個条書に改めるとつぎのようになる。

(一)、手紙を拝見した。
(二)、先年三宅国秀が琉球を競望して下着したが、琉球と薩摩とは「同躰之儀」なので即時に誅戮した。
(三)、このため幕府と島津氏との関係が断絶し、坊津港は破却されたが、これは覚悟していたことである。
(四)、右のことを貴国が忘れていないことを聞いたのは喜ばしい。
(五)、ところが、三宅の一類が遺恨をふくみ再度琉球渡航を企てている。
(六)、彼等がたとえ幕府の下知をうけて軍兵を派遣しようとも、島津家でこれを阻止して渡海させることはない。
(七)、詳細は聖現寺から説明させる。

これをみれば、島津方が琉球に対して三宅事件について払っている負担と努力がいかに大きいかを宣伝し、琉球に対して恩を売ろうとしている意図を明らかに読みとることができよう。なお文中で、貴邦と当邦とは「同躰之儀」(あるいは「同程之儀」)であるといっていることは注目する必要がある。〔史料八〕の『島津国史』は「本藩以与貴国同盟之故」としているが、同躰を同盟と解釈したのである。ここには琉球と薩摩との特殊関係の強調は見られるが、附庸国に対する態度は見られない。そして三宅事件によって琉球に恩を売ることは特殊関係を一層緊密にするための一つの布石と理解されるのである。〔史料七〕は偽文書の疑いがまったくないわけではないが、そう断定する極め手も見あたらない。

この〔史料七〕の前提になると考えられるのが〔史料六〕である。正確な年代を推定することは困難であるが、

〔史料七〕の前年、またはそれに近い年代の文書と考えてよいであろう。差出人の今岡民部太輔道詮は、文書の本文中に「蓮嶋事我等中付在所」とあるところから、三宅一類の在所を支配する立場の者であったことはわかるが、それ以上のことはわからない。充書の徳永隼人佐・安来某も本文の文意から薩摩辺の港湾を所有する豪族であることが想像されるが、具体的にどのような人物であるかは知ることができない。

〔史料六〕の内容を要約して個条書に改めればつぎのようになる。

㈠、先年三宅和泉守は将軍の下知をうけて琉球に行くため、薩摩に至ったが不慮の死をとげた。

㈡、三宅の一類は薩摩の人達の強引な態度に遺恨を含んでおり、かれらは自分の支配する土地の者であるので、かれらに味方するつもりでいた。

㈢、ところが今岡三郎兵衛が貴国に下ったところ、貴国の人達が三宅和泉守は琉球遠征を企てたために殺害されたのであるという事情を今岡に話し、それを聞いて自分も納得した(「同名」を『鹿児島県史』のように三宅氏とみるか、今岡氏とみるかは問題になるところかもしれぬが、文意からみて今岡氏とみる方が適当であろう)。

㈣、当方との関係をなおざりに思われずに琉球渡航の警固を願えれば幸いである。

㈤、もし、それが不可能ならば琉球渡航のための港湾の借用を許されたい。

㈥、詳細は今岡三郎兵衛が御説明する。

私の理解するかぎりでは、この文書の要旨は琉球渡航の警固ないし港湾の利用を今岡道詮が薩摩辺の徳永・安来に対して依頼していることであって、文言に記されているのは琉球渡航のことであって琉球遠征のことではない。

〔史料七〕はこの文書を根拠として書かれているものと思われるが、琉球渡海を琉球遠征と推測させるような巧みな曲筆がある。

『鹿児島県史』が、

天文の初め、三宅国秀の党類は、前年の島津氏の処置に対し遺恨を含み、三宅三郎兵衛は今岡道詮なる者により て徳永隼人佐、安来某・蓮島三郎兵衛と語らひ、再度琉球を討たんとしたので[18]（下略）

としているのは、明らかに〔史料七〕を根拠としてその文意の影響をうけて〔史料六〕を解釈した結果、ためらうことなく渡航計画を遠征計画としたための誤解であろう。

諸般の情勢から判断すると、今岡氏の琉球渡航は結局実現をみるに至らなかったらしいのであるが、第三の事件の核心は、今岡氏が琉球渡航をめざしたという事実にあると考えるよりは、むしろ島津氏がこの事実を琉球に通報することによって、琉球への侵略者に対して島津氏がそれを阻止し、琉球を保護防衛する立場にあることを強調して確認させようとした点にあったと考える方が妥当と思われるのである。〔史料八〕が故意か偶然かわからないが、〔史料六〕を無視し、〔史料七〕のみによって記事をなしている点にも、この事件に対する島津氏の態度の一端を見ることができるような気がする。

六　三宅国秀事件の歴史的意義

史料の冗漫な検討を重ねてきたが、三宅事件が中世対外関係史のうえで、いかなる意味をもつ事件であったかを考える段階にきた。すでに繰り返して述べているように、この事件には不明な個所がきわめて多く、事実としてみとめられるものは結局〔史料七〕の語る部分のみであって、島津氏の側に立ってみるとき、〔史料七〕以外の史実や史料はすべて〔史料七〕を説得力あらしめるための伏線でしかなかったといって過言ではあるまい。

この〔史料七〕の意義を考えるためには、中世における島津氏と琉球との関係の性格を明らかにしておかなくてはならない。

島津氏と琉球との関係を考えるうえで最初に問題にされるのは、嘉吉元年(一四四一)に島津忠国が日向で大覚寺尊宥(義昭)を討伐したときに幕府から琉球をあたえられたという薩摩側の所伝である。このことに関しては確実な史料が焼失したということになっているので不審な点が少なくないが、喜舎場一隆氏の「それを推知しうる記録類(後世のものをさす——引用者)がのこされている以上、事実に近いものとして考察しうる」としているのが一般に通用している見解のようである。(19)

しかし、薩摩と琉球との通交関係が頻繁になるのは、応仁の乱によって琉球船の畿内渡航が困難となり、堺商人等の畿内の人物が薩摩を経由して琉球に渡航することが多くなってきてからのちのことである。

島津氏の琉球に対する立場は応仁の乱以後慶長の琉球経営までの間につぎのような変容をみせる。すなわち、(A)琉球渡航船の警固者、(B)幕命による琉球渡航船の保護監督者、(C)幕府の意志の琉球への伝達者、(D)琉球との直接通交者、(E)琉球渡航船の保護ならびに妨害者、(F)幕命によらず島津氏独自の意志による琉球渡航船の統制者、(G)琉球貿易の独占監督者、(H)琉球に対する来貢不履行の譴責者、(I)琉球侵略者、(J)琉球の実質的支配者、である。

この間に、琉球からは島津氏に対して正式の官貢船たる文船が派遣されるようになり、両者の関係は順次緊密不可分となったのであるが、島津氏は自己の印判状を所持しない船舶の琉球渡航を禁止して、ついにそれを琉球側にも承認させることに成功した。

永正五年(一五〇八)島津忠治が琉球王にあてて「専願自今以後不帯我印判往来商人等、一々令点検之、無其支証輩者船財等悉可為貴国公用」と記した書状は前に引用した。そして、この要求が実現したのは、実に半世紀後の永禄二年(一五五九)のことであった。同年三月三日付で、那覇主部中より島津氏の宿老河上久朗・伊集院忠倉・村田経定にあてた書状には、「万一無御印判船者、申合候用申間敷候、就其無理子細共候ハヽ、可致其成敗候、可有御心得候、於此方難成事等者、以一通可申入候、於向後仰恩下外無他候[20]」と明記してある。永禄十年頃と推定される書状で、朝倉義景が島津義久にあて「今度琉球渡海勘合之儀、令申候処、御同心之旨、本望此事候[21]」と書いているが、この場合の「勘合」は前の史料にみられる「印判」と同義のものと考えることができる。島津氏の「印判」すなわち琉球渡航許可証は、島津氏が希望する通りに、大きな機能をそなえた存在となり、「印判」の有無が日琉通交の極め手となったのである[22]。このことによって島津氏の琉球に対する特権は内外ともにこれを認めるようになったことが知られる。

さて、三宅国秀の一件は、ちょうど島津氏の琉球への通交独占の要求と琉球から許可の回答のあった年の中間に発生したことになっている。三宅国秀の一件は、島津氏が琉球を侵略しようとする者から琉球を庇護防衛する立場にあることを強く印象づけようとして種々の粉飾をほどこした疑いの濃い事件であることは史料の検討の際に縷述した。このことは中世薩琉関係の全体の動きのなかに位置づけると一層動かしがたい真実と思われてくる。本件は島津氏の琉球に対する態度が、前記の(C)(D)から(F)(G)に変容する契機としての(E)の段階を示すもので、島津氏の動静をみるうえで重要な意味をもつものであったといえよう。

三宅事件の真相は私はつぎのように考える。すなわち、「この事件は三宅国秀の坊津下着、島津氏の誅戮、数年後における今岡氏の琉球渡航計画という三つの事実を、島津氏が日本と琉球間における自己の立場を琉球側に対して有利に宣伝するために三宅国秀およびその党類の遠征計画事件にすりかえたものであり、島津氏の琉球貿易独占体制確立の過程のなかでつくりあげられた虚構の事件であった」と。そしてこのことは、一方では幕府や諸大名に琉球に対する島津氏の特殊権益を既成事実として認めさせるためにも大きな役割を果したのである。

この事件は、あらゆる手段を弄して琉球との通交貿易の関係を確保独占しようとした島津氏の態度の一端を物語るとともに、それによって形成された中世日琉通交の性格の一面を象徴的に示しているということができるであろう。

（1）『大日本史料』第九編之六、三一一頁。永正十三年六月一日条に「備中三宅国秀、琉球ヲ攻略セントシ、兵船ヲ率キテ、薩摩坊津ニ泊ス、同国守護島津忠隆、之ヲ幕府ニ報ジ、是日、国秀ヲ殺ス」とある。『同』第九編之十二、四〇九―四一〇頁。大永元年四月二十五日条に「備中ノ兵船、薩摩坊津ヲ焼ク」とある。

（2）『史料綜覧』巻九、七一三頁。同七六四頁。

（3）伊波普猷・真境名安興『琉球の五偉人』三三―三四頁（一九一六年）。『鹿児島県史』第一巻、六〇九頁（一九三九年）。小葉田淳『中世南島通交貿易史の研究』五五―五六頁（一九三九年）。東恩納寛惇『黎明期の海外交通史』一七―一八頁（一九四一年）。同『琉球の歴史』七四―七六頁（一九五七年）。豊田武『堺――商人の進出と都市の自由――』四〇―四三頁（一九五七年）。比嘉春潮『新稿沖縄の歴史』一六〇―一六一頁（一九七〇年）、喜舎場一隆「中世薩琉交通の性格――修好国・附庸国の問題について――」（『海事史研究』一一、一九六八年）。坊津町郷土誌編集委員会『坊津郷土誌』上巻、一五一―一五四頁（一九六九年）。

（4）『鹿児島県史』および『鹿児島県史料』では『旧記雑録』の称を用いているが、『大日本史料』第九編之六では、二九四頁では『薩藩旧記』、三一一頁では『薩藩旧記雑録』を、三一一頁では『薩藩旧記』の書名を用いている。なお、九州史料叢書は『薩藩旧記雑録』をとっている。

（5）豊田武、前掲書、四一―四二頁。

（6）『親俊日記』天文八年閏六月十三日条。『大館常興日記』天文八年閏六月十四日条。『足利季世記』四。『蔗軒日録』文明十六年八月一日条。『開口神社文書』所収「念仏差帳日記」等。

（7）喜舎場一隆「「あや船」考――島津氏琉球支配への経緯――」（『日本歴史』二四一）。

（8）『島津国史』巻之十二に、文明十三年の条に文船に関してつぎの記事がある。

先是布施下野守以奉書告公（島津忠昌）曰、往年天下騒動、琉球久絶朝貢、至於今日海内安寧、宜諭琉球王遣貢舟如先例、（円室公旧譜）同上、蔭涼軒実録、文正元年八月、琉球正使芥隠西堂、上下闕文、続本朝通鑑、文正元年七月、琉球国使西堂芥陰来朝、文正元年歳在丙戌、明年丁亥改元応仁、蓋応仁以後琉球不復朝貢、奉書云、往年天下騒動、即謂応仁之乱、而文正以前琉球朝貢、亦無所考、奉書謂奉幕府旨之書、秋八月六日、琉球文船至、拠円室公旧譜、福昌寺年代記、文船者、載貢物之船也、舳画青雀黄竜、故以為名、拠慈眼公旧譜、按此云文船至、蓋到薩摩、然則応有琉球使者如京師事、而不見旧譜、別無所考、

これが文船に対する島津家の一般的な考え方であったと思われる。

しかし、喜舎場氏、前掲「「あや船」考」は、琉球側史料である。『球陽』四に文船の記事がはじめてみえるのは尚清王の時代（一五二七～一五五五）であるとし、『鹿児島県史』第一巻、六一〇頁には、琉球国書に文船の名称がみえるのは永禄年間以後としている。

(9) 喜舎場一隆、前掲「「あや船」考」。

(10) 東恩納寛惇『琉球の歴史』七四頁には、永正五年における薩摩の琉球に対する要求を文明三年に幕府から島津氏に達せられた書状と比較して、

幕府では、無鑑札の琉球渡海船は抑留し、その船財は幕府に送附して欲しいという注文を出したことに対し、島津氏からは、島津家の印判を持たぬ船船は抑留し、その船財は琉球の所有にして欲しいといつている。このことは、薩摩に送還させるほどの命令権がなかったからで、せめて薩摩以外の船を受け付けないというだけの要求で満足したものであつた。又それ以上の要求を出すほどの因縁もなかつたものであった。

として、当時の島津氏の琉球に対する統制力は弱いものであったことを指摘している。

(11) 『鹿児島県史』第一巻、六〇八頁。

(12) 東恩納寛惇『黎明期の海外交通史』一七頁。

(13) 『寛政重修諸家譜』巻四二六は、つぎの話を伝えている。天正十年六月八日、豊臣秀吉が明智光秀誅戮の謀を議した折、さきに秀吉は亀井茲矩に出雲をあたえることを信長に申達して約していたが、今回出雲半国は毛利輝元にあたえることになったので他邦に領地を望むようにいった。これに対して茲矩は「ねがはくは琉球国をたまはらむ」といい、秀吉はその壮勇を感賞し、腰の団扇をとって表に琉球守殿と書し、裏に秀吉と記して判形を加えてあたえた。文禄元年朝鮮役の際、茲矩は「さきに琉球国をあたへらるゝのうへは、今度琉球征伐使の朱印を下したまふべし」と請うたので、秀吉はやむを得ず朱印をあたえた。ここにおいて茲矩は兵船五艘を造り、兵士三五〇〇人を率いて名護屋に至ったが、琉球征伐は朝鮮を討つ妨げとなるとて黒田長政の手に加えられて朝鮮に渡海したという。『寛永諸家系図伝』巻一五〇が伝えるところもこれとほとんど変らない。

ちなみに、島津氏は右のような亀井氏の動きに対して大きな関心をもっていた『大日本古文書　島津家文書之二』四二〇頁に、（天正二十年）正月二十一日付で石田三成と細川藤孝から島津義久・義弘にあてた連署状案を載せているが、その中に、

琉球之事、是又被成御朱印候、先年対亀井被仰付候段、雖連綿候、御断之儀達上聞、亀井ニ替地被仰付、如前々可為御与

力之由、被仰出候、

として、亀井氏に替地があたえられた背後に島津氏の運動があったらしいことを記している。また『大日本古文書　島津家文書之二』四二一頁の慶長九年二月付の中山王（尚寧）あての島津義久書状案には「先年新納伊勢守遣使之時、大閤公之令旨幷亀井武蔵守起兵之趣、件々達之、疑是有遺已乎」として、亀井氏に関する情報を伝えたことを琉球に対する恩恵として強調している。このことは『島津国史』巻之二十三の慶長九年の条にも記されていて「先是、亀井武蔵守将伐琉球、請於関白秀吉、許之、貫明公《島津義久》為琉球請、琉球獲免、而不謝」とある。島津氏が琉球に対して侵略者からの保護者であることを揚言している点は三宅国秀事件のときに島津氏が琉球に示した態度と異なるところはない。

また、茲矩が秀吉から「亀井琉球守とのへ」という充書のある書状をうけていることは『亀井文書』に明証があるし、朝鮮出征のおりに「亀井琉求守」と称していたことは『李忠武公全書』二所収の「状啓」三によって知られる。なお茲矩はのちに明の台州を秀吉に望んで許され、『亀井文書』『宮部文書』にはそれぞれ「亀井台州守殿」「亀井台州守とのへ」と記した秀吉の朱印状が収められている。茲矩には日本以外の地の受領名を望む一種の僻があったらしい。茲矩の朱印船貿易については、川島元次郎『朱印船貿易史』（一九二一年）および山根幸恵『亀井朱印船私考』（一九五五年）に詳しい。

(14) 拙著『倭寇と勘合貿易』一〇九―一一三頁参照。

(15) 『喜安日記』。ただしこの日記の記述は慶長十四年のことを慶長十三年と誤っている。

(16) 注3所引の東恩納寛惇・喜舎場一隆の論著参照。

(17) 『鹿児島県史』第一巻、六〇九頁、ならびに小葉田淳の前掲書の五五頁は天文三年のこととしてこれを記している。

(18) 『鹿児島県史』第一巻、六〇九頁。

(19) 喜舎場一隆、前掲「中世薩琉交通の性格――修好国・附庸国の問題について――」。

(20) 『大日本古文書　島津家文書之二』四一一―四一二頁。

(21) 同右書、四一三頁。

(22) 現存する印判状の形式については、喜舎場、前掲「中世薩球交通の性格」の注41参照。

〔後記〕 本稿は昭和五十三年（一九七八）竹内理三博士古稀記念会編『続荘園制と武家社会』に掲載し、竹内先生

の業績と長寿とに敬意を表わした。旧稿では〔史料六〕〔史料七〕を『古案写』（史料編纂所影写本の題名は『琉球薩摩往復文書案』となっている）に拠ったが、発表後安田次郎氏から同文書案と同文のものが史料編纂所所蔵の『島津家文書』の写真帖の中にもあることの指摘をうけ、本書に収録するにあたっては同写真帖に拠ることとし、関係する部分を修正した。

その後、昭和五十六年（一九八一）十二月に桑波田興氏「三宅国秀事件について――嘉吉附庸に関連して――」（『鹿児島中世史研究会報』40）が発表された。この論文は昭和五十三年に発表した拙稿を対象にして書かれたものであるが、その主な論点はつぎの二点である。

第一は、拙稿の〔史料七〕の年代推定の誤りを論じたもので、拙稿が『古案写』所収の文書案によって天文二年と推定したのに対し、桑波田氏は昭和五十五年刊行の『鹿児島県史料　旧記雑録前篇二』所収の二二二七号文書によって天文三年であるとしていることである。

第二は、いわゆる嘉吉附庸に関する問題である。桑波田氏は『後編旧記雑録』巻九八にある寛永十八年（一六四一）十月十二日付の島津久慶書状に「従普《(広)》光院御所琉球御給之儀一箱、但伊勢兵部殿手跡上包書付之まゝ」の文言があることとすなわち足利義教の琉球充行状を借用した記事のあることと、『島津久慶自記』に「琉球を従　普《(広)》光院御所御□之儀檜之箱に入有之候」という記事のあることをあげている。しかし桑波田氏が別に引用している伊地知季安の『南聘紀考』には、すでにこの充行状の存在が寛永十八年の『島津久慶剳記』に見えていることと、この充行状は延宝八年（一六八〇）に焼失したことを記しており、『鹿児島県史』第一巻六〇二頁、喜舎場一隆氏「中世薩琉交通の性格――修好国・附庸国の問題について――」も『南聘紀考』のこの記事をひいているので、桑波田氏の指摘は従来の知見に新しいものを加えたとはいえない。

足利義教の琉球充行状が存在したか否かは室町幕府・島津氏・琉球三者の関係を考えるうえできわめて重要な問題であるが、桑波田氏は結論を書かず、「他日を期したい」としている。

第一の論点については、すでに私自身『古案写』所収の文書案が史料として最良のものではないことに気付いたので『島津家文書』所収の文書案に拠ることにして改稿したのは前述の通りである。

第二の論点はいわゆる嘉吉附庸の問題であるが、「附庸」という言葉自体が中世において使用されていたわけではなく、後世から中世の薩球関係を説明する用語として使用されたものであって、適切な表現とは思われないのである。用語のことはともかくとして、すでに本文中にしばしば述べたように、私は東恩納寛惇・喜舎場一隆両氏の見解にしたがい、義教の充行状の有無にかかわらず、歴史的事実としては附庸の事実は存在せず、慶長以前に島津氏が琉球を領国として支配したことはなかったと考えている。桑波田氏の論文は、この問題に関しては直接拙稿を批判の対象にしているようでもないが、私の考えには変化がないことを念のために記しておく。

遣明船とバハン船

室町時代に海を渡って外国に行った船には、玄海の波濤をこえて朝鮮に渡ったものと、東シナ海を踏破して中国に渡ったものとがある。

スピードを誇る日本船

十四世紀中葉以後、さかんに朝鮮半島や中国大陸の沿岸に行動した船は、いわゆる倭寇の船である。倭寇の行動は高麗王朝倒壊の原因の一つに数えられるほどで、高麗とその後をうけた朝鮮はともにその対策には手を焼いた。そのためか朝鮮には日本船に対する関心がはやくからあった。

室町時代はじめの応永二十年（一四一三）に、朝鮮王太宗は、そのころ朝鮮に投化していた日本人の平道全に倭船の製造を命じた。漢江で朝鮮兵船と倭船を競走させたところ、水の流れにしたがって下りながら競走したら兵船は倭船におくれをとること三〜四〇歩であった。つぎに流れにさからって競走したら幾百歩もおくれをとってしまった。ついで太宗は臨津渡で朝鮮の亀船と倭船とを戦わせて見物した。

応永二十四年（一四一七）には日本人船匠の藤次郎という者が朝鮮側の依頼によって船を造り、その余った材木の下付をうけようとして問題になったことがある。

永享三年（一四三一）五月、朝鮮の総制李蔵は造船について上書した。その中で、朝鮮で造った大船は水が漏ったり湿ったりすることを述べ、応永の外寇のとき対馬から分捕ってきた倭大船の製法をまねするようにといっている。日本船は表面を月外松板でつつんでいるので月外船と俗称する、などと書いている。内容が明確ではないが、朝鮮船が生木を使用しているのに対し、日本船が十分乾燥した材木を使用したことを指摘して、朝鮮船の作製にもそれを応用しようとするものであるらしい。かれによれば、日本船はなかなか軽快だったらしい。兵曹参議朴安臣も上書中に「倭船はすばしこくて、旋転するさまは飛ぶようである。東にむかっているかと思えば、反転して西を侵している。わが兵は奔っても賊と遭遇できない」としている。倭船の機動性には、眼を見張らせるものがあったらしい。

船の構造については、投化倭人の皮古沙古が「朝鮮の船は一船ただ一尾がついているだけなので風浪にあえばたちまち傾き覆ってしまう。倭船は平時一尾を懸け、風浪にあえば両方におのおの一尾を懸けるから傾覆の心配がない。倭船の例によって尾部を改造すべきだ」といっている。また大護軍李藝も、「江南・琉球・南蛮・日本諸国の船はみな鉄釘を用いていて、堅緻軽快である。耐用年数も二〜三〇年は大丈夫である。それに比し、朝鮮の船は木釘を使用しているから軽快でなく、耐用年数も八〜九年にすぎない。よろしく鉄釘を使用すべきである」といっている。

また、朝鮮では日本からくる船の大きさを規定し、その大きさによって乗組員の数を制限していた。日本から朝鮮にゆく船は原則として食料をあたえられることになっていたからである。『海東諸国紀』に「使船大小船夫定額」というのがある。それを見ると、船に大中小の三等があり、大は三〇尺、中は二八〜九尺、小は二五尺以下である。舡夫(乗組員)は大舡四〇、中舡三〇、小舡二〇である、としている。しかし、これはあくまで食料をあたえる基準のための規定である。これより大きい船も朝鮮におもむいたことは想像にかたくない。ちなみに日本国王使船(室町幕府の船)には大きさの規定はなかった。

『海東諸国紀』には「日本船鉄釘体制」という記事もある。これは船に使用した釘の規定である。大船は、大釘長さ八寸、重さ二斤、中釘長さ六寸、重さ一斤一四両、小釘長さ五寸、重さ一一両、鉅末釘長さ六寸、重さ二斤七両。中船は、大釘長さ七寸七分、重さ一斤一四両、中釘長さ五寸七分、重さ一斤七両五銭、小釘長さ四寸七分、重さ九両、鉅末釘長さ五寸七分、重さ二斤五両。小船は、大釘長さ六寸五分、重さ一斤一〇両、中釘長さ五寸、重さ一斤三両、小釘長さ四寸、重さ七両、鉅末釘長さ五寸、重さ二斤、としてある。

季節風にのって

中国の明とは、室町幕府の足利義満のときに正式の外交関係が成立し、日本からは勘合という明の渡航証明書をあたえられた船だけが、明に渡って通交貿易することになっていた。

この遣明船がどのような航路をたどって入明したかを天文十六年（一五四七）の例によって示そう。

二月二十一日　山口発
三月　三日　博多着
三月　八日　志賀島に渡る
三月二十一日　出船
三月二十八日　平戸着
四月　一日　川地浦（河内浦）着
四月　十一日　出船、五島着
五月　四日　船四隻にて出船
五月　十日　洋中にて大風にあう
五月　十二日　中国の山を発見
五月　十三日　明の台州に一号船のみ到着
五月　十四日　三号船が温州で二八隻の賊船に追われ、死者九人を出し、はし船を取られる
六月　一日　四隻ともに定海に入る

右の行程をみると、遣明船が山口を発してからの明の定海に入るまでに実に四か月近い日数を費していたことがわかる。このうち博多における二週間余は種々の艤装のために必要としたものであるが、平戸到着から出船までの一か月半にわたる時期は、単に風をまつためにのみ消費された時間としか考えようがない。

遣明船は普通、五島列島の奈留《なる》島の奈留浦あたりで風待ちして、季節風に乗って一気に東シナ海をこえ揚子江河口まで帆走するのである。天文十六年の例では帆走の途中で大風にあったため、第一号船が出帆後一〇日目に台州に着き、他の船はそれぞれ離れ離れになって明に行き着き、勢揃いして定海に入ったのが、約一か月後の六月一日だったのである。

春大迅とよばれる季節風が利用されることが多く、ときに秋小迅も利用された。その利用の比率は二対一くらいである。ともに東北の季節風だが、春と秋では多少方向がちがっていたから、春は南方の五島の奈留浦から、秋は北方の肥前大島小豆浦（的山湾《あずち》）から外洋へ出た。

航海術は、朝鮮半島の沿岸を陸地ぞいに航行していた初期遣唐使船のころにくらべれば格段の進歩をとげていて、天体観測や羅針盤による方位測定が行なわれた。しかし、満足できる海図があったわけではなく、島影の確認や、乗組員の経験やカンに頼らなければならない点も少なくなかった。そのため、風待ちのために一年以上の期間を空費したり、一度洋上に出ながら、また引き返すということはめずらしくなかったのである。

遣明船の構造

遣明船の船体構造は、あまり詳しいことはわからない。『真如堂縁起絵巻』の成立は、大永四年（一五二四）であるから、この絵巻に描かれている船が、大体室町時代の渡洋船の構造をもっともよく表現しているものと考えられる。船首は平らな戸立造りとなっていて、全体の形状は箱型に近く、船の形は大きい。幅広い棚板と梁《はり》で構成された早期日本型構造である。帆は蓆帆であって、まだ木綿帆は使用されていない。帆柱は二本あり、前の帆柱の弥帆《やほ》が補助用の帆、後の帆が主帆である。櫓床のあるところから、帆走と櫓の航走が併用されていたと思われる。

船の大きさに関しては、応仁度の遣明船の記録である『戊子入明記』に、文正元年（一四六六）閏二月呼子浦で荒天により被害をうけたときの編成をつぎのように記している。

豊　前　国　門司和泉丸　二千五百斛
　　是ハ大船ニテ不渡唐也。
同　　　　　門司　寺丸　千八百斛
　　此寺丸モ大船ニテ度々及難儀也。
同　　　　　同　　宮丸　千二百斛
　　是ハ無子細也。
周　防　国　富田弥増丸　千斛
同　　　　　上関薬師丸　五百斛
同　　　　　深溝熊野丸　六百斛
同　　　　　楊井　宮丸　七百斛
備後国々料　尾道住吉丸　七百斛
同　　　　　鞆　　宮丸　千斛
同　　　　　田島　宮丸　七百斛
同　　　　　院嶋熊野丸　六百斛

同書の別のところには翌年再編成したときの記事があり、

門司寺丸　千七百石
宮丸　千二百石
フカミソ熊野丸　千二百石
田島宮丸　千石
トモ宮丸　千五百石
弥増丸　千四百石
上関薬師丸　七百石
ヤナイ宮丸　七百石
門司夷丸　七百石
牛窓田原丸　千石
尾道国料　八百石
カマタ夷丸　上関

とある。右に示された石（斛）数は貨物の積載量によって船の大きさをあらわしたものと思われるが、前後の史料で数字がくいちがっている。石井謙治氏は、この相違は呼子浦遭難を境として使用枡の基準に変更があったため生じたものであるとしている。石井氏は、二五〇〇石積の和泉丸は江戸時代の公定枡換算で約一八〇〇石、寺丸は一三〇〇石となり、いずれも大船で、準構造形式の和船から本格的な構造船に移行する過程を示すものであったともいっている。なお右の史料にある門司・富田・上関・深溝・柳井・尾道・鞆・因島・牛窓はいずれも瀬戸内海航路の要衝で、今日でもその繁栄を誇っている場所が大部分であるが、遣明船はこれらの土地で民間船が調達されたのであって、これらの地は要港であるとともに造船にもゆかりのあった地方と考えられる。

遣明船の乗組員

遣明船が渡航した回数は、応永八年（一四〇一）から天文十六年（一五四七）までの約一五〇年間におよそ一九回で船舶総数は一〇〇隻に満たない。宝徳三年（一四五一）度のように九隻、一二〇〇人からなる大船団が渡航したこともあるが、普通は船三隻、人員三〇〇に限られた船団であった。

遣明船は、形式的には朝貢船で、日本国王（足利将軍）から明の皇帝に貢物を献ずるのを建て前としていたから「日本国進貢船」という旗を立てて渡航した。旗は絹で、長さ一丈三尺、引両・桐紋がつけられていた。

遣明船は朝貢船だから、まず外交使節としての官員が乗る。そのほかに従商人と水夫が乗るわけである。その比率は天文八年（一五三九）の場合を見るとつぎのようになっている。

	（官員）	（従商人）	（水夫）	（全員）
一号船	一五人	一一二人	五八人	一八五人
二号船	五人	九五人	四〇人	一四〇人
三号船	六人	九〇人	三五人	一三一人

官員は、正使《せいし》・副使《ふくし》・居座《こざ》・土官《とかん》・従僧・通事・総船頭とからなる。

正使は幕府から任命される正式の外交代表で、京都五山の僧の中から選任された。正使・副使は入明後は奉天殿の謁見・表文の捧呈・進貢物の献進などの任務を行なうため当時の日本で最高の教養のある人物がえらばれた。しかし遣明船は一方貿易船の性格をもっていたから、正使はまた貿易代表として事務的才腕にも長じたものでなければならなかった。このために正使・副使の選任はつねに難航した。

居座と土官は、遣明船の経営者の委任によりその代理者として乗船するもので、居座は五山またはこれと関係のある禅僧がえらばれ、土官は俗人からえらばれた。富裕な商人がなる場合が多かった。従僧は正使に従う僧、通事は通訳官である。

従商人は便乗を許された商人であるが、人数は官員・従商人・水夫の三者のなかでもっとも多い。遣明船がいかに貿易船としての性格が濃いものだったかは、この一事をもってしても明らかであろう。

水夫は船頭方をのぞいた船の運航をつかさどる人びとである。

貿易の方法は、進貢貿易・公貿易・私貿易にわかれている。進貢貿易は、足利将軍から馬・黒漆鞘柄太刀・撒金鞘太刀・長刀・硫黄・鎧・瑪瑙・硯・金屏風・扇・鎗などを献上し、明皇帝から頒賜(回賜)として白金・粧花絨錦・紵糸・羅・紗・綵絹または鈔や銅銭などをあたえられるもので、大体のきまりがあった。

公貿易は遣明船の積載貨物について明の政府との間に取引きされる貿易である。貨物は、幕府の貨物のほか遣明船経営者の貨物、従商人の貨物があったが、数量がもっとも多いのは従商人の貨物であった。貿易品の主流になったのは、蘇木・銅・硫黄・刀剣類である。とくに応仁以後は刀剣が公貿易の中心になった。刀剣は一度に二万四〇〇〇把とか、三万七〇〇〇把とかいう大量が取引きされた。これに対して明からあたえられたのはおおむね銅銭であった。

私貿易は民間人との貿易である。これは寧波の牙行という特権商人とのあいだで行なわれたり、公貿易の終了後北京の会同館で行なわれたり、または使節が移動する沿道で行なわれたりした。生糸・絹織物をはじめ、糸綿・布(麻)・薬草・砂糖・陶磁器・書籍・書画・紅線や各種の銅器・漆器などが輸入された。

莫大な費用をかけた遣明船の派遣

遣明船を一回派遣するのにどれくらいの費用がかかったであろうか。宝徳度の遣明船のうち多武峰船に関する史料がのこっている。総額は一八二〇貫文である。内訳はつぎの通り。

一〇貫文　安藝国高崎へ船を借りにゆくための費用
三〇〇貫文　船の借り賃
三〇〇貫文　船の艤装費
四〇〇貫文　船方（船夫一人一〇貫文として四〇人分）の費用
五〇貫文　船頭・揖取の費用
四〇〇貫文　｛三〇〇貫　硫黄五万斤の代価／一〇〇貫　右の船賃｝
一〇〇貫文　四月より八月まで毎月一五貫文ずつの船方御丁間水、一〇〇人分（計算がちがっているようだ）
一〇〇貫文　渡粮米一〇〇石、一〇〇人分
一〇〇貫文　炭・木・油・水樻・糒・蠟燭・茶・色々事・味噌・塩の代金
六〇貫文　通訳二人給分

これによると、遣明船とする船をまず安藝の竹原（高崎）で賃借りしてきたことがわかる。ほかの費用は、硫黄をのぞけば船の運行だけにかかった費用である。永享四年（一四三二）の一三家寄合船の経費は一五〇〇貫であったが、それとほぼ同額であった。

遣明船は一面貿易船の性格をもっていたから、かの地で貿易するための積荷が必要であった。永享四年の場合は、幕府船が商売物として積んだ貨物だけの価格が一四五七貫三〇〇文におよんでいる。

このほかに、大名や社寺の船は、遣明船の渡航証明書、すなわち勘合を得るための費用が必要であった。普通幕府に納める礼銭は三〇〇貫文くらいだったらしい。

これらの費用は、当時の経済状態から考えてけっして少ない費用ではなかった。大名・社寺・商人はその費用の工面にいろいろ苦心しなければならなかった。乗組の商人に人別・荷駄別に何貫文という賦課をかけたのはもちろんである。大乗院では遣明船の費用を農民から臨時に調達し、そのため農民一揆が起こっている例もある。

このように莫大な経費をかけた船の派遣で、船の航行には海上風波の危険があり、海賊の襲撃などという不慮の事件も予想せねばならず困難をきわめた。

それにもかかわらず、諸氏はきそって船の派遣に狂奔した。それは、船の派遣が巨大な費用や困難をうわまわる利益をもたらしたからである。

遣明船は帰朝後、積荷総額の一〇分の一にあたる銭を幕府に納めるのをつねとした。これは抽分銭とよばれる。ところが、応仁の乱後抽分銭請負ということが行なわれるようになった。これは貿易の利易に関係なく、派船にさきだって抽分銭を納入する制度である。請負額は三〇〇〇貫文から四〇〇〇貫文である。派船には莫大な費用がかかったが、利益もまた巨大だったのである。

倭寇とバハン船

十六世紀の中葉、遣明船の貿易が途絶するころから、東アジア海上にまた倭寇とよばれる集団が横行して、海上密貿易を行なったり、また大侵寇をしたりするようになった。

ところで、倭寇という言葉は奇妙な言葉である。文字通り解釈すれば「日本人の暴行」という意味だが、この時期に中国沿海を荒らしまわった倭寇は決して純粋に日本人のみの集団ではなかった。そのなかに日本人もまじっていることはいたが、その数は一〇パーセントから二〇パーセントくらいにすぎない。このことは中国人自身が書いてあるから疑う余地はない。倭寇という言葉は、もとをただせば、朝鮮人や中国人が用いはじめたものであるが、日本人が無批判にこれをうけ入れて、そのうえ、倭寇とは日本人の海賊の異名だときめこんでいるのであるから、きわめて不思議な現象といわなければならない。

このようなわけで、私は倭寇が乗っていた船は大部分が中国船で、そのなかに何割かの日本船もまじっていたと考えるのが隠当なのではないかと思っている。

中国側の史料から、倭船の乗組人員に関する記事をひろってみよう。一隻二十余賊、一隻約倭七十余賊、一隻約倭二百余人、一船六〜七〇人、毎船約五〜六〇人、二隻百十余賊、二隻各賊約有八百余人、三隻四〜五〇人、六隻約倭三百余人、などとある。二隻で八百余人とは少し多すぎるような感じがするので、これを除外すると、大体二〜三〇人から六〜七〇人が倭寇の船の乗組員であり、船の大きさもそれと見合ったものであったことが想像される。

ところで、倭寇はまたバハン船ともいわれる。そして八幡船とも書かれることがある。しかし、いろいろな書物をしらべてみても、実際に倭寇の船団をバハン船と書いている用例はないのである。古文書や古辞書にあらわれるバハンという言葉は仮名書きのほか「八幡」「八番」「奪販」「発販」「番舶」「破帆」「破幡」「波発」「白波」「彭亨」などの文字が使用されている。慶長八年（一六〇三）長崎イエズス会版の『日葡辞書』では Bafa と記している。語源はこれまで多くの学者に検討されてきたが、外国語からきたものだという意見が優勢のようである。

バハンの言葉の意味は、戦国時代から安土桃山時代の用例では大体海賊的行為をさすものと考えてよいが、江戸時代になると密貿易の意味に転化している。また長崎の港の唐船から積荷を陸揚げすることもバハンとよばれた。江戸時代の中期に書かれた『南海通記』に、倭寇が八幡宮の幟《のぼり》を立てていたので八幡船とよばれたという意味の記事を載せ、この考えが江戸時代から明治に至るまで行なわれた。現在大三島の大山祇《おおやまずみ》神社には、三島水軍の旗というのを伝えていて、それには伊勢大神宮・八幡大菩薩・三島大明神の三神の名が書いてある。こんなことが『南海通記』の根拠となったのかもしれない。しかし、このことだけで八幡＝バハン＝倭寇という推定をくだすのにはいかにも短絡といわなければならない。

中国人がみた日本船

倭寇が暴れまわった時代は、近代以前では中国人がもっとも日本に関心をもった時代であった。そのため、この時代には数多くの日本についての研究書がつくられた。その代表と思われる鄭若曾の『日本図纂』の日本船に関する記事を紹介しよう。

日本の造船は中国とはちがい、かならず大木を用い、角材を取ってつなぎ合わせる。鉄釘は使用せず、ただ鉄片を連ねるばかりである。継目の水もりを防ぐには、麻縄・桐油は用いず、ただ短水草という草でふさぐ。労力と財力とを要するので、大力量のものでなければ簡単に船を造ることはできない。およそ中国に寇するものは、みなその島の貧乏人である。だから従来、日本が千百隻の船を造るなどと伝えられているのは、みな嘘である。

船は大きいものは三〇〇人、中は一～二〇〇人、小は四～五〇人から七～八〇人を乗せることができる。その形は低く狭く、もし巨艦にあえば、仰いで攻めることもむつかしく、沈没されそうになってしまう。それ故、広東・福建の船はみなかれらから恐れられている。ことに広東船は舷側がけわしく垣のようになっているので、もっとも恐れられている。日本船の底は平らで、浪をきることができない。その布帆は帆柱のまんなかに懸けて、中国の帆が片方に寄っているのとはちがう。また帆柱はつねに取りはずしができ、中国のが固定してあるのとちがう。順風のときだけ使用し、無風・逆風にあえば、みな帆柱を倒して櫓をこぎ、帆の方向を変えることができない。だから日本船は渡洋するのに月余の日数を費さねばならぬのである。いま、易々としてくるものがあれば、それは福建沿海の奸民が海外で日本船を購入して、二重底をとりつけて渡ってきたものである。その船底はとがっていて浪をきることができ、横風や逆風をおそれず、使いやすい船で、数日で中国沿岸に至り着くのである。

およそ、日本船がくるときは、人一人について水三～四〇〇斤、約七～八〇〇碗を携帯する。毎日五～六碗ずつ用い、非常に大切にして欠乏に備えている。水味は海水とはちがう。鹹水《かんすい》は飲まない。飲めば下痢する。それで、かの国を船出するときは、かならず五島で水を取り、中国に近づいて、下八山・陳銭山等の処を通れば、かならず停船して水をかえる。何故かえるのかというと、冬の寒い時は、まあよろしいが、五〜六月ごろなどは、水を桶の中に入れておくと、二〜三日で腐り、きわめて清冽なものでも数日もたせておくことができない。海洋は浩渺として風濤もはかりしれず、行程も予測できない。島をみれば、かならず水を汲むのも、やむをえないことである。手足を洗ったり沐浴したりするには、海水でも真水でもよい。海水に浴すると皮膚が裂けるという人がいるが、近ごろ人にたずねたところが、それはまちがいで、ただ肌が黒くなるだけだという。日本人には一つの秘法がある。泉水を煮ること一〜二沸、これを瓶のなかに入れておけば、よくもって腐らないという。しかし、これも半月以上ながくはもたない。島を見つけると登るのは、ただ水をくむだけでなく、登船の遠近や明兵の防備の虚実を偵察する意味もある。（普陀山でかならず上陸するのは、水をかえるためでも焚香を欲するためでもなく、兵防の虚実を偵察するだけである）そののちに下海し、漁戸や樵夫を捕え、消息をたしかめて先導させる。船は満潮のときふかく入りこんでくる。毎月初めの一、二、三、四、五、六、十五、六、七、八、九、二十等の日と定めている。また子・午の日は潮汛が長大の水となり、どの港にも自由に入れるようになるので、水陸の官兵は、この時期は汲汲然として守備をかためている。また毎日朝晩、海表の高山に旗をあげ、銃を放って、わが備えるのあることを知らせれば、あえて登泊することはない。

外国人の観察は往々にして見当ちがいもあるが、また日本人が気付かずにいるようなところをするどく指摘している場合もある。

「鉄釘は使用せず、ただ鉄片を連ねる」とあるのは見当ちがいの例。石井謙治氏は、棚板を結合する通《とお》り釘の平らな頭が並んでいるのを見て「鉄片を連ねる」という表現をしたのかもしれない、としている。また短水草も、槙皮《まきはだ》が使われている以上何かのまちがいであろうという。

帆・帆柱・船底に関する記事などもどこまで信用してよいのかわからないが、一応は室町時代の日本船の特徴をとらえているということができよう。

倭寇の貿易

倭寇の構成人員は、すでに述べたように中国人が大部分であった。しかし、中国側の『日本図纂』は、入寇者は、薩摩（鹿児島県）・肥後（熊本県）・長門（山口県）の三国の人がもっとも多く、つぎは、大隅（鹿児島県）・筑前・筑後・博多（ともに福岡県）・日向（宮崎県）・摂津（兵庫県）・紀伊（和歌山県）・種子島（鹿児島県）の人で、豊前・豊後（福岡県・大分県）・和泉（大阪府）の人もたまにはいて、商売のため薩摩にゆき、それから中国に至るものだとしている。

東アジアの海上にあらわれて、明に貿易を求めて許されず、密貿易に従事していたポルトガル船も中国側から見れば当然倭寇の同類と目された。

かれらは中国沿岸を侵略する場合のほかは密貿易者の集団として行動した。

明では、朝貢船以外の外国船の渡来は認めず、また自国人が海上に出ることを一切禁止していたのだから、貿易しようと思えば、密貿易しか方法がなかったのである。島陰を利用するとか、海上で船と船とがおちあって交易するとかいう方法が用いられた。

密貿易者の集団が好んで日本にもち帰った品は生糸・糸綿（真綿）・麻布・綿紬・錦繡・紅線などの糸・織物類をはじめ、水銀・針・鉄錬・鉄鍋・磁器・中国の古銭・古名画・古名字・古書・薬品・氈毯・馬皆氈・粉《おしろい》・小食蘿・漆器などがある。とくに古書は五経では、『書経』『礼記』が尊重され、『易経』『詩経』『春秋』は軽んぜられ、四書では『論語』『中庸』を重んじ、『孟子』はにくまれたという。『孟子』には易世革命を是認する思想が説かれているので、そのために日本では古くから敬遠されていたのである。『孟子』を載せた船は日本の神の心にかなわないので転覆してしまうという伝えもあった。

〔後記〕　本稿は昭和四十一年一月(一九六六)発行の『海の世界』第一二六号に「遣明船とバハン船の活躍」と題して執筆したものを増補して、昭和四十三年に須藤利一編著『ものと人間の文化史　船』に転載したものである。同書は日本海事史学会の会員が各時代の船について分担執筆し、本格的な船の歴史を書くための基礎作業にしようと意図したものであった。本書に収録するにあたっては、石井謙治氏「中世の海洋技術」(豊田武・児玉幸多編『交通史』〈体系日本史叢書　24〉所収、山川出版社、昭和四十五年)・同「船と航海の歴史」(『遣明船と倭寇』〈図説人物海の日本史　3〉所収、毎日新聞社、昭和五十四年)を参考にして船の構造に関する部分の記述を補正した。

中世東アジアにおける国際認識の形成

一　国際関係と国際認識

外交・貿易・文化交流その他もろもろの対外関係が成立するのは、その根底に「人と物との交流」があるからである。しかし、「人と物との交流」というものは決して無制限・無秩序・無差別に行なわれるものではない。「人と物との交流」は多様な諸条件の組み合せのうえにはじめて展開する。その諸条件とは、大きくわければ自然的な条件と人為的な条件とである。

「人と物との交流」を可能にし、あるいは不可能にする自然的な条件とは、地理上の位置、方位、海洋、海流、山岳、河川、気象等である。しかし、これらの自然的条件は決して永久に不変不動なものではない。すなわち、気象の変化はもとより、船舶の発達、航海知識・技術の拡大等は海洋のもつ条件を変革するし、道路・電信・交通機関等の交通手段の発達が地球を狭いものとしたことは周知の事実に属しよう。

「人と物との交流」に関する人為的条件とは、政治・戦乱・通交の体制・諸国家間の内部事情などが考えられる。分業と交換、貿易、新知識や新技術の導入などが、政治的な諸要因から、あるいは国政を担当する者の意向により閉鎖的になったり開放的になったりすることは、現在の世界情勢を見ても明瞭なことである。それに民族や言語などの問題がからみ、さらに国際認識が国際上の政治や経済の動向を決定することも少なくない。

国際認識は対外関係の帰結として形成されるものであるが、同時に国際認識が対外関係に反映して先入観念となり、その方向を規制する要因として働く場合も多い。

対外関係と国際認識とを結びつけた研究はこれまでにもすでに数多く発表されてきている。

辻善之助氏『増訂海外交通史話』（一九三〇年、内外書籍）は三九の史話によって構成されているが、そのなかには「遣唐使と国民元気の萎縮」「源平時代より鎌倉時代に至る国民の自主観念」「鎌倉幕府の外征計画と国民の敵愾心」「懐良親王の対外硬と足利義満の国辱外交」「足利幕府の卑屈と国民の自覚」「鎖国中の西洋交通と開国の気運」「開国思想の発展と西洋文化の移植」等の章があり、いずれも対外関係の諸問題を日本人の国際認識や対外意識との関連の面から論じている。

戦前に対外関係史分野で大きな業績をあげた秋山謙蔵氏にも国際認識に関する論稿が少なくない。『日支交渉史話』（一九三五年、内外書籍）には「朝鮮使節の観たる中世日本の商業と海賊」「倭寇と支那人の中華思想」「支那人の画く日本地図の変遷」「支那人の日本研究」などがあり、『東亜交渉史論』（一九四四年、第一書房）はその第四編を「支那史上の日本観」とし「中華思想と夷狄思想」「古代の日本観」「大化改新前後の日本観」「奈良平安期の日本観」「元寇前後の日本観」「中華思想の昂揚と日本観」「中華思想の動揺と日本観」「支那人の日本研究」をあげ、おもに中国史籍の検討から中国人の日本認識の問題を取りあげている。

戦前から戦後にわたって日宋貿易研究の分野で活躍した森克己氏には「日宋交通と日宋相互認識の発展」（『増訂日宋文化交流の諸問題――森克己著作選集第四巻――』所収、一九七六年、国書刊行会）という雄編があり、ほかにも「中世に於ける対外認識の展開」（『続々日宋貿易の研究――森克己著作選集第三巻――』所収）など広い視野から国際認識について論じたものが多くある。

石原道博氏の『明末日本乞師の研究』(一九四五年、生活社)、『文禄慶長の役』(一九六三年、塙書房)、『倭寇』(一九六四年、吉川弘文館)以下一連の研究は、中国人の日本観に視点をおいた論著である。最近の研究で直接国際認識を取りあげたものには、藤間生大氏『東アジア世界の形成』(一九六六年、春秋社)、佐々木銀弥氏「東アジア貿易圏の形成と国際認識」(岩波講座『日本歴史』七、一九七六年)がある。

日本文化論、中世思想史などの論著も広い意味では国際認識研究ということができる。戦前の平泉澄氏『中世に於ける社寺と社会との関係』(一九二六年、至文堂)、『中世に於ける精神生活』(一九二六年、至文堂)、戦後の家永三郎氏『外来文化摂取史論』(一九四八年、岩崎書店)、永原慶二氏「中世の世界観」(『日本歴史講座』三、一九五一年、河出書房)、玉村竹二氏『五山文学——大陸文化紹介者としての五山禅僧の活動——』(一九五五年、至文堂)、芳賀幸四郎氏『中世禅林の学問および文学に関する研究』(一九五六年、丸善株式会社)、和島誠一氏『中世の儒学』(一九六五年、吉川弘文館)、黒田俊雄氏『日本中世の国家と宗教』(一九七五年、岩波書店)のほか、宗教史・思想史・科学史・美術史等の分野での数多くの研究も国際認識論にふくめることができよう。

二　国際情報の選択

つぎに国際認識とは何かという問題と、それが形成される過程について述べよう。国際認識とは「国際的な情報が受容され意識として形成されたもの」と定義したうえで、それが具体的な形になる過程を考えてみたい。

まず、情報とは何か、という問題だが、歴史的な事象がある種の取捨選択を経て言葉あるいは文字として結晶したものといえよう。情報の内容としては政治・経済・文化の万般にわたる事象が考えられるが、それが取捨されて、軍事情報になったり、文化情報になったりする。情報選択者の存在が情報形成の第一の段階の問題として注目されねばならない。選択の態度には積極的選択と消極的選択があるが、そこには当然のことながら理解・誤解・曲解・独断・偏見等が混入する。

国際認識の場合、情報の選択者としてもっとも大きな役割をもっているのは、外交上の使節とその随行者とであるが、留学生・学問僧・商人・船頭・漂流者・帰化人・外客に対する応接者などの役割も看過することはできない。外交使節のもたらす情報が公的な交渉の結果の表むきのものであるとすれば、留学生・学問僧・商人、その下の従者や水夫などの情報は相手国の内実にせまるものである。なお相手国からの漂流者や渡来人・帰化人も無限の情報源であったといえよう。

情報は右のように人びとを介して伝えられるほかに、物を介して伝えられることにも注目しなければならぬ。物には唐物《からもの》として日本人をよろこばせた生糸・絹織物・陶磁器・工藝品・書画などのほかに貨幣などがあるが、もっとも大きな意義をもったものは書物すなわち文字にほかならない。仏教・儒教・法制・文学等に関する経典や文献や文書がどれだけ大きな影響を日本におよぼしたかはまことに量りしれぬものがある。人とともに物が果した役割の重要性を強調するゆえんである。

以上述べた情報は、情報伝達者によって口頭・文書・紀行・詩文等の形で伝達されるのであるが、伝達の過程において、伝達者の興味や関心、被伝達者の興味や関心が働いて第二の選択が行なわれる。すなわち為政者には政治情報や軍事情報が最大関心事だろうし、僧侶にとっては宗教的な関心や文学的な関心が主となるであろう。さらに一般的な好奇心がこれに加わるとみてよい。現在、史料として文書や日記・記録等の形で残存するものは、伝達者あるいは被伝達者が、これまで述べたような過程を経て見聞または入手したものを文字にしてのこしたものであるが、ここにもまた第三の選択があったと考えられる。外国と近い九州あたりから中央に伝えられた海外情報に例をとれば、大宰府や対馬の宗氏、博多の商人などが何回かの選択を経た情報を入手し、そのなかから自分に都合がよく、また中央で必要とすると考えられるものを選択して中央に送ることになり、それをうけた被伝達者は自己の選択を加えて筆録したりするわけであるから、ここには曲解・潤色などが入りこむ余地がかなりあるわけである。すべての情報が正確に伝達されることは皆無といってもよいくらいである。公家や僧侶の日記を読む場合に心しなければならぬところである。

つぎに問題となるのが被伝達者の情報に対する対応である。受容・批判・摂取等といいかえることもできよう。対応の形態には能動的な対応と受動的な対応とが考えられる。能動的な対応によって、観念として定着した国際情報が国際認識となると、それはしばしば外交・外征・貿易などに反映するほか、国内の政治・経済・文化へも反転する。受動的対応は、国際的な無知、あるいはいわれなき対外恐怖心や対外自尊心となる場合が多いが、これもまた対外関係の動向と無関係ではなかった。

国際情報を受容するときに忘れることができないのは、外国に対する先入観である。すなわち、すでに蓄積されてきた国際認識の存在が、新しい国際情報の受容を容易にしたり困難にしてしまったりする場合はきわめて多い。さらに相手の国が、先進の国であるか、対等の国であるか、後進の国であるかという問題、相手の国が至近の位置にあるか、はるかな遠方にあるかという地理上の問題、受容する側の国の立場、あるいは受容する階層の立場およびその時期など多くの面の考察をはぶいて国際情報の受容の問題を論ずることは危険である。

日本人が国際情報を受容する場合に、つねに背後にあったり、前面に出たりして、受容の形態を決定するのに大きな役割を果していたのは神国思想である。反面、神国思想は国際情報受容の舞台で形成され、展開したと考えられるふしが少なくない。そして神国思想が現われる根底につねに天皇の存在があったことも看過できないであろう。

三　国際認識の地域的類型

東アジア諸国における国際認識の特質を考えるには、それが形成される諸要因について検討を加える必要があるが、この問題について第一に考えられるのは、地域別による諸要因である。すなわち、中国を中心として諸地域における認識の差異が存することを明確にする作業が取りあげられなくてはならない。近代以前の国際社会において、中国はつねに最先進国の地位を確保していたからである。諸国家の個別的な事情について私自身ははなはだ曖昧な知識しかもっていないので、蕪雑な分類しかできないが、こころみに㈠中華型、㈡中国周辺型、㈢島嶼孤立型、と分類してみた。㈠の中華型はもちろん中国、㈡の中国周辺型は朝鮮・琉球、㈢の島嶼孤立型には日本を想定した。匈奴・蒙古・女真・安南・交趾等はさしあたり㈡に入れてもよいかと思っているが中国隣接型として別のいくつかの類型を考える方が適当かもしれない。

つぎに諸類型のそれぞれについて特質を考えてみよう。

㈠　中華型　中華思想にもとづく国際認識であり、中国中心的なのはもちろんだが百科全書的な情報把握がなされているところに特色がある。中国の皇帝は天の意をうけてその徳化を四夷におよぼすのが建て前であるが、徳化を伸べる方法の一つに「知」ということがある。「知」の字は周知のように「つかさどる」とも読む。認識と統治とは一体表裏のものと考えられたのである。いわゆる『魏志倭人伝』すなわちかの『三国志』の「魏書」東夷伝倭人の条が三世紀以前の日本を知る有力な手がかりとなっているのは、その地理・政治・経済・習俗等にわたる百科全書的な記述が、かなり不明確な点のあるものとはいえ、割合に客観的になされ、史料的価値の高いものとなっていることに由来している。しかし、ひとたび中国の文献にのせられた情報は、よほどのことが起こらないかぎり変更されることはまれであった。そのことは中国の歴朝正史の日本伝を通読すれば、明瞭に理解されるところである。

中国の清代に編纂された『欽定古今図書集成』は、全一万巻からなり、現在世界最大の類書とされている。このうち日本に関する記事が収められているのは第三三巻から第四〇巻に至る八巻であり、これをみれば清代以前の中国歴朝の日本に対する関心の大体の傾向を知ることができる。内容は、第三三巻に後漢から宋に至るまでの日本記事を収め、第三四巻に元と明の一部、第三五巻以後第四〇巻までの六巻はすべて明代の記事や詩文等を収めている。すなわち日本関係の八巻のうち六巻余が明代の書物で占められているわけで、いわゆる『魏志倭人伝』以後ほとんど変改されることのなかった中国人の日本認識が明代に至って急激な増加を見せたことの証明とすることができよう。明代に急激に日本認識が増大したのは、いわゆる倭寇の問題があったからである。倭寇の構成員のうち日本人のまじっている割合はすでに明らかにされているように一〜二割程度にすぎず、大部分は中国人の密貿易者や海寇だったのであるが、ともかく「倭」寇ということで、日本に対する関心が高まったと考えられるのである。日本に関する中国人の著書の内容をみると、初期の『日本図纂』『籌海図編』等に海防・地理関係のものが多いことは容易に理解できるが、年次が下がるにしたがって、日本の政治・経済・文化・習慣等に関する記述が増加し、『日本風土記』などでは歌謡や遊戯などまで取りあげられるようになる。中国人の関心の多様性は驚くばかりであるが、これも中華思想にもとづく百科全書的認識ということができるのではないだろうか。

中国における対外認識は、国威を異国に輝かす場合と、異国の脅威が直接中国に感じられる場合には高揚するが、それ以外にはおおむね鎮静していたようである。

㈡ 中国周辺型　匈奴・蒙古・女真・安南・交趾等の隣接地とその他にわけて考えてみる。隣接型の地域は中国に影響をもっともおよぼしやすいかわりにもっとも影響をうけやすい立場にもあり、軍事的な征服・被征服の関係が生ずる場合があり、国境そのものが移動することさえもある。きわめて緊張した国際認識が存在したと考えられるが、これらについては詳細に述べるだけの用意がない。

ここで問題にしたいのは朝鮮・琉球・暹羅等の地域で、比較的中国に近いが一応独立した国家形態を維持することのできた諸国である。情報の蒐集にきわめて熱心であり、総合的な判断にすぐれ、積極的に国際社会に対応しようとする類型である。国際認識がただちに対外政策に反映することが多く、国際環境への順応は機敏かつ積極的である。直接中国から軍事的侵略をうけたり、政治支配によって文化選択の余地をあたえられない場合も少なくなく、つねにある程度の緊張状態におかれていたことが、このような積極性への一要因になったのであろうと考えられる。

朝鮮では、事大・交隣を外交政策として、中国には賀正使以下の使節を送り、日本には通信使を派遣したが、このような使節には、派遣目的の一つに情報蒐集があり、かれらは帰国すれば、かならず詳細な復命書を提出している。応永の外寇ののち応永二十七年（一四二〇）回礼使として日本にきた宋希璟の『老松堂日本行録』を見れば明瞭なことであるが、かれの使命は、回礼は名であって実は外寇後の正しい情報を得ることが主要な目的だったのである。宋希璟とともに来日した通事尹仁甫の復命報告は、日本事情を詳しく伝えて応永の外寇以後の朝鮮の対日政策の決定に大きな役割を果したし、一〇年後の永享元年（一四二九）に渡来した通信使朴瑞生の復命報告も同様に重要な意味をもったものであり、文安元年（一四四四）の壱岐島招撫官姜勧善の報告、康正元年（一四五五）の対馬島敬差官元孝然の報告などもそれぞれ重要な役割を果した。これらの報告は史料としてみても価値のきわめて高いものであった。

朝鮮ではまた、日本人や琉球人等の漂着者からの事情聴取、日本や琉球に漂流して朝鮮に帰国したものからの事情聴取、日本・中国・琉球等の商人からの事情聴取、朝鮮人で諸外国に赴いた商人等からの事情聴取なども行なっており、それらの情報を中央政府に集積した。康正元年に倭護軍藤九郎は九州の形勢や対馬の宗氏と足利将軍の関係などにつき礼曹の官人の問に答え、文明二年（一四七〇）に朝鮮に渡った日本国王（足利義政）や畠山義勝・伊勢政親らの使者は日本の風俗や制度に関する情報を朝鮮に伝えている。

とくに朝鮮では対馬の宗氏に対して日本事情の提供を期待し、宗氏から朝鮮に緊急の情報を伝える場合は約条に定められた使船以外に特送船を派遣することを認め、特送船には優遇の措置をとったのである。一六世紀における倭寇の日本近海における動きなどは宗氏の特送船により逐一朝鮮に伝えられたのである。

なお、中国で『日本国考略』なる日本事情書が刊行されると、朝鮮ではいちはやくそれを輸入して、復刻するということがあり、日本事情の蒐集にはきわめて真剣であったことが察せられるのである。

文明三年（一四七一）領議政申叔舟が撰した『海東諸国紀』は、このような史料の集成として注目されるものである。所収の日本・琉球の地図は、印刷されたものとしてはいずれも最古の地図であり、記された内容もきわめて精細である。また本文の記事の内容も正確であり、これによって日本側の史料の記述の誤りが訂正されることも少なくない。本書に記された諸種の通交上の規定は、江戸時代までもつねに先例・規範とされ重視された。なお『海東諸国紀』に収められた日本・琉球の地図を朝鮮に伝えたのは博多の倭僧道安であったことも忘れてはなるまい。

琉球の場合も朝鮮の場合とほぼ同様であったと考えられるが、朝鮮が陸つづきで女真や中国と接していたのとくらべると、琉球の情報蒐集活動は朝鮮ほど緊迫していたものとは思われない。しかし、立国の基礎が貿易であることは、日本本土とは大いに異なるところであって、つねに海外事情の正確な把握を必要としたにちがいない。この点は、対馬の場合と似るところが多かったかもしれない。琉球の場合は朝鮮や対馬の場合ほど史料が整備されていないので、的確な推論は下すことができない。琉球の国際認識の型は中国周辺型よりも日本本土により近い島嶼孤立型の変形とみる方が適当であるかもしれない。

かもしれない。

㈢　島嶼孤立型　日本は島嶼に拠る農業国家であり、日本にとっては外国はすべて海外であり、海外はすべて外国であった。このことは東アジアにおける独特な国際認識を作りあげた大きな要因と考えられる。情報への対応はおおむね受動的であり、判断は不正確であり、独善的・恣意的である場合が少なくない。島国的国際認識といえばよいかもしれない。

日本と外国の間に緊張関係のあった白村江の戦・刀伊賊の入寇・元寇・倭寇・応永の外寇・文禄慶長の役などにおける日本の対応を見れば、このことは容易に理解されるであろう。元寇のとき、武士がこれに対して武力的な対応を示したことはもちろんであったが、公家以下は神仏に対する祈願以外に適当な対応策を知らなかったのである。また戦闘にあたった武士とても国際情報を十分に把握していたわけではなかった。日本では元寇ののちながい間北九州などの地方の沿岸に石塁を築いて、それに多くの武士を配置し、蒙古軍の来襲に備えた。川添昭二氏の研究によれば、石塁の関係史料は応永十一年（一四〇四）までのものが残っている。これは蒙古軍が最初に来襲した文永十一年（一二七四）から数えれば一三〇年、再度の来襲の弘安四年（一二八一）から数えても一二〇年ののちにあたる。元王朝の滅亡は一三六八年であるから、石塁はその後四〇年近くも存続し、防衛体制がしかれていたわけである。中国大陸ではすでに消滅してしまっていた蒙古（元）再襲の幻影を恐れ、多大の経費と人力とを投入していたことは、日本支配階層の国際認識の貧弱さを物語る以外のなにものでもあるまい。

蒙古とともに来襲した高麗は、かならずしも日本侵略を企図した勢力ではなかったのにもかかわらず、その実体を究明することなしに恐怖の対象にされた。「蒙古・高麗」の恐怖を典型的に示しているのは伏見宮貞成親王の『看聞御記』の記事である。応永二十六年（一四一九）朝鮮の上王太宗が倭寇の根拠地と考えていた日本の対馬を兵船二〇〇隻をもって攻撃させた応永の外寇に関する記事があるが、貞成親王は「蒙古・高麗一同に引合せて軍勢五百余艘」

が来襲した、としている。この場合高麗はすでに滅び李氏の朝鮮となっていたから厳密にいえば高麗という国は存在しなかったのであるが、中世の日本人も近世の日本人も朝鮮半島のことを高麗とよびならわしていたからとくに問題にはならない。問題になるのは「高麗」の上に「蒙古」がついてあることである。外敵といえばためらわずに「蒙古・高麗」と考える恐怖の認識があったのである。

日本人の国際認識の誤りが招いた最大の悲劇は文禄慶長の役である。この戦争は、豊臣秀吉が日本国内の統一を完成したのちに起こされたもので、国内で独裁者に近い地位を獲得した秀吉個人の意志によって決行された。秀吉は国内統一戦争の延長線上に大明出兵を考え、ここには外国とか異民族とかいう特別の意識や配慮はまったくうかがうことができない。結果としてもっとも大きな惨害をあたえた朝鮮については、当然日本に朝貢すべき国あるいは明への進入路としてしか意識していなかったようである。朝鮮は日本国内の諸大名と同様に威をもっておどせば入貢し、さらに大陸進入の道を開くものと考えたらしい。対馬の宗氏に交渉させるという方法も国内の大名に対して行なった近隣の大名に交渉させる方式と変るところがなかった。またその交渉が拒否されると直ちに大軍を送りこむという方式も国内の場合と異なることはなかった。秀吉の出兵以前に堺出身の大名小西行長や対馬の宗義智、博多商人島井宗室等が出兵を阻止するための行動を示しているが、これらの反戦運動家はいずれも豊富な海外情報を握っていた人たちであったことは注目に価しよう。明との講和交渉の過程で秀吉が示した態度も国際認識の欠如にもとづくものであった。いわゆる講和の七条件のなかに勘合復活の要求がある。勘合はいうまでもなく、明の皇帝から冊封をうけた国の王に対して出される渡航証明書である。ところが、秀吉の理解は冊封のことは念頭になく、単に貿易船の証票という程度のものでしかなかったらしい。そのため明皇帝の「なんじを封じて日本国王となす」という誥命を見たとき、秀吉はこれを明側の譲歩とはうけとらず、無礼と考えて再征軍出兵を決意するのである。秀吉が明に期待したのは、国内の大名に求めたのと同様な「大明よりの御詫言」だったのである。

つぎに、国際認識が形成されるとき、日本国内の地域によっても差異があらわれることも見逃してはならない。史料としてもっとも豊富な、公家や僧侶の日記にあらわれるものを中央型と名付けよう。外交文書の起草の経験をもつ瑞渓周鳳の『善隣国宝記』『臥雲日件録』、渡航僧侶の見聞を集めた『釈笑雲入明記』『戊子入明記』『壬申入明記』『策彦和尚初渡集』『策彦和尚再渡集』、三宝院満済の『満済准后日記』、蔭凉軒主および鹿苑僧録の『蔭凉軒日録』『鹿苑日録』、堺に居住した季弘大叔の『蔗軒日録』、奈良興福寺大乗院尋尊の『大乗院寺社雑事記』『唐船日記』、大乗院経覚の『経覚私要鈔』など僧侶の日記は、対外関係の最大の史料集であるが、中央型認識を示すもので、記主により、文化志向、経済志向等の別が見られる。これらの認識は政治や文化の動向に影響をおよぼしたことが少なくない。

中央型に対し地方型ともいうべきものは地方大名や博多商人、対馬・薩摩等の商人や僧侶などの認識である。中央型にくらべ、認識は即物的であり、実践的、実用的なものである。博多の道安は日本や琉球の地図を朝鮮にもたらし、これが『海東諸国紀』の日本図・琉球図のもとになったことはすでに述べたが、このような豊富な知識は日本の中央にもたらされて支配階層の認識として定着することはなかった。総じて地方型認識は、内容が比較的正確で、価値の高いものと思われるにもかかわらず、それが後世に伝えられることが稀であった点に特色を見ることができよう。

日本が四面を海に囲まれた島国であったこと、農業生産物により一応の生活が保障されていたこと、大部分の人口が単一民族によって占められ、同系統の言語を用いていたことなどにより、日本人の外来文化に対する対応は比較的ゆるやかなものであったと考えられる。日本人は外国の影響に対してつねに自主的に選択して自己のものとする自由と余裕とを確保していたのである。このことは外国の事情に対して無関心の態度をとり得る自由にもつながっていたともいえよう。中国周辺諸国とは大いに異なるところである。神国思想などに見られる精神主義的な世界観はこのような地理的・精神的風土から生み出されたのである。日本人の対外意識は、ときには卑屈となり、ときには尊大となり、その振幅がかなり大きなこと、中華思想に対応する小中華の意識をもっていたこと、などの諸現象も島嶼孤立型国際認識に根ざしていたものであったということができよう。

四　文化的落差・経済的需給関係・軍事的緊張

国際認識形成の要因については、地域的な問題のほかに　㈠諸国家間の文化的落差の問題、㈡経済的な需給関係、㈢軍事的な緊張関係、なども考慮する必要がある。

㈠　諸国家間の文化的落差　　中国は東アジアにおいては十九世紀以前はつねに先進国としての位置を確保しつづけてきた。それは文化面に限らず政治・経済等の面においても同様であった。これに対する日本と朝鮮との立場にはどのような差異があったのであろうか。

日本においては先進の中国に対する自国観は仏教思想の影響もあって「粟散《ぞくさん》小国」あるいは「粟散辺土」として意識されたのであるが、それが一転すると小中華思想となり、朝鮮に対して自からを先進国として位置づけようという態度を示すようになるのである。

中世の日本が中国からうけたもっとも大きな文化的影響は禅宗文化の影響である。中世は武士の時代であるといわれるが、武士層の教養をささえたのは禅僧集団の教養にほかならなかった。蒙古の興起と南宋内部の朋党の対立、さらには南宋の滅亡によって、多くのすぐれた禅僧が亡命僧として日本に渡来したことは、新興武士と結びつくことによって日本の禅林の教養を中国のそれと比肩しうる程度にまで引きあげる役割を果した。禅僧は宗教としての仏教ばかりでなく中国士大夫階級の風俗習慣と教養文化を日本に伝え、それが中世の武士階層の文化として定着するようになったのである。近世になって江戸幕府の保護をうけ日本教学の主流を占めるに至った朱子学も禅僧によって五山の中で育まれたのである。印刷術・絵画・彫刻・建築・工藝・陶藝・織物・嗜好・医学・暦学・遊藝・礼式、さらには農業技術などの先進文化が禅僧を中心とする交流によって日本に伝えられた。

朝鮮は日本にとって先進文化の媒介者としての役割を果すとともに、また朝鮮自体が日本に対する先進文化国としての一面をもっていた。大蔵経をはじめとする朝鮮の印刷経典類は室町幕府や諸大名にとっては垂涎の的であり、仏教界の必需品であったし、水墨画の周文が朝鮮画の影響をうけていると指摘する研究者もいる。

朝鮮の中国・日本に対する基本的な認識・政策は事大交隣である。朝鮮は中国の藩属国としてつねに中国を尊敬し、「大に事《つか》える」ことを国是として、政治的および文化的な諸影響を強くうけたことは論をまたない。実際、中国は宗主国として朝鮮を女真や日本の脅威から防衛する責任を果したのである。文禄慶長の役における明軍出兵の事実は何よりの証明となろう。交隣は敵国抗礼の対等関係である。朝鮮国王も日本国王（足利将軍）もともに明の皇帝から冊封をうけた者同志であるから、朝鮮側では日本を対等の国と考えたわけである。しかし、足利将軍は明に対する外交文書では日本国王を称し、臣を称し、また明の年号を用いたにもかかわらず、朝鮮に対する外交文書には単に「日本国源義政」のような称呼を用い、原則的には明の年号を用いることはなかった。足利義持が朝鮮に対して日本年号の使用を求めたのは、日本が朝鮮より上位の存在であることを示そうとした事実といえよう。

朝鮮では、中国中心の冊封関係を重視したから足利将軍を日本国王として遇したのであるが、これは外交上の建て前であって、室町幕府を強力な日本の統一政府として認識していたわけではなかった。幕府は山城周辺に勢力を張るいわば地方政権にすぎないというのが朝鮮のホンネの認識であったようである。そのため、朝鮮にとって日本との関係でもっとも重要な課題である倭寇の取締りは、室町幕府に要求するよりも、実力があると考えられた今川氏や大内氏や大友氏・少弐氏などに要求することを主としたのである。対馬の宗氏が朝鮮渡航者の管理者として、また日本側情報の提供者として重要な地位を獲得するようになったのも朝鮮側の日本認識から発したのである。ほかに朝鮮では日本の造船・製紙・食糧の栽培法などの技術や文化の摂取に積極的な姿勢を示している。

㈡　経済的需給関係　日本や朝鮮や琉球は経済的先進国としての中国の物資を強く要求した。中国の入貢要求に対してこれらの諸外国がそれをうけいれた大半の理由は朝貢が割のよい貿易行為と思われていたからである。大抵の場合進貢品よりも回賜される頒賜品の方が高価なものであった。それに、明では、海禁政策を強行することによって南海産の胡椒・蘇木・薬種等が入らなくなると、それを琉球や日本から入れる必要が起るなど、物資の環流は中国人の生活にとっても不可欠なことであった。日本は中国から生糸・絹織物・陶磁等を輸入したが、典籍の文化的意義、貨幣の政治・経済的意味の重要さは見逃すことができない。とくに中国銅銭は統一通貨を持っていなかった中世日本の標準貨幣になったほどで、経済生活にとって欠くことのできないものであった。

朝鮮からの輸入品のうち数多くの仏典・仏具は、日本仏教界の動向に大きな影響をもち、木綿類は日本人の衣生活に革命をもたらしたと称しても過言ではない。これは経済的な影響というよりもむしろ、文化的影響といった方がよいかもしれない。南方産の物資で日本を介して朝鮮にもたらされたものや日本の銅・硫黄等の鉱産物、刀剣をはじめとする工藝品などは朝鮮で珍重された。

十五世紀における琉球王朝の発展は明の海禁政策が背景となっている。島内にみるべき産物をもたない琉球が飛躍的な海外発展をみせるのは、実に中国海商が海禁によって行動を封じられていたからにほかならない。地域的な分業と交換の組織とその必要性とは、国際認識の形成に大きな要因となったと考えられるのである。

㈢　軍事的緊張関係　外国が国防の対象として認識されるとき、それが国際認識におよぼす影響はきわめて大きい。白村江の敗戦以来、新羅海賊への警戒心、刀伊賊の入寇（実際には朝鮮人の入寇ではなく、女真人の入寇であったのだが）に対する恐怖心など、日本人は朝鮮に対してつねに畏怖の念をもちつづけてきたが、元寇に至ってそれが極点に達した。元寇の恐怖は現在でも日本の各地の伝承や言語のなかに根強くのこされているほどで、いかに大きなものであったかは想像にかたくない。しかし、それが反転すると対朝鮮強硬態度に変じて倭寇や秀吉の出兵となるのである。明治初年の征韓論や大正の関東大震災時における朝鮮人殺害事件などもこの系譜の国際認識の発露といえるかもしれない。元・明に対する畏怖の念は朝鮮に対するよりもさらに大きなものがあった。しかし、日本ではそれが軍事情報の蒐集という方式をとらず、屈折した対外優越感としての神国思想を生みだしたことについてはすでに述べた通りである。

朝鮮・中国の日本に対する軍事認識は倭寇の巣窟としてのそれである。とくに倭寇が朝鮮人や中国人を被虜人として掠奪したことは両国にとって決定的な日本嫌悪感を生ぜしめたということができる。統治下の人民が外国人によって海外に連れ去られるという事実は政権担当者の統治能力を直接問われる問題であって、被虜人の送還に朝鮮・中国両国の為政者が非常な努力を示したことは、けだし当然のことであった。こうした意味で倭寇は朝鮮にとっても中国にとっても北方の蒙古・女真とともにいわゆる「北虜南倭」として恐れられ、その対策が重視されたのである。秀吉の出兵——文禄慶長の役——は両国にとって大規模な倭寇と認識され、その討滅は重要な課題となったのである。軍事的緊張はいずれの場合も関係諸国家間に憎悪・軽侮の念を育てたことは否定することができない。

五　中世の国際認識と近世の国際認識

近時、「東アジア世界」「東アジア文化圏」「東アジア通商圏」などの存在がしばしば学界討議の対象としてとりあげられているが、論者の概念に統一した基準がなく、現在のところまだ定説といえるものはない。しかし中国を中心に日本・朝鮮・琉球・安南（ベトナム）等の諸国家間に密接な関係が存在したことは事実で、この間を連繫するものに文字・法律・宗教・貨幣などがあり、文化や物資の交流があったことは否定することはできない。交流の主体が国民全体でなく、ごく少数の政権担当者や貿易商人・宗教人等であり、物資も一部階層の人びとの需要に応じるものでしかなかったことも事実である。しかし、それでもなお日本には日本人特有の国際認識があり、朝鮮にも中国にもそれぞれの国際認識が形成されていたのである。

以上述べてきた中世の国際認識にくらべ近世の国際認識には大きな変革がみられる。普通江戸時代は「鎖国」の時代と考えられ、日本の国際認識は長崎出島の小さな窓を通してのせまいものと思われがちであるが、私は江戸時代の国際認識は、近代以前の日本においてはもっとも充実したものであり、もっとも広範な世界知識を集積していたと考えるのである。第一は江戸幕府の海外情報蒐集の機構が整備されたことである。オランダ風説書や唐船風説書の存在が何よりの証拠である。また幕末風雲期を迎えると、それに対応する『通航一覧』のような対外関係の尨大な参考書を即時に準備することができたことも幕府の対外姿勢が決して対外関係に目を閉じることを本旨としていたものではなかったことを示している。第二は学問の興隆である。官私の学者はこぞって海外知識と情報との蒐集に熱心であった。京都の儒医松下見林によって『異称日本伝』のような大著が世に問われ、それが印刷されるほど一般の認識も向上していたといえよう。海外との貿易も江戸時代ほどさかんであった時代はいまだなかった。アジアばかりでなくヨーロッパの文物までが大量にとりいれられたのである。

江戸時代はかつてどの時代にもなかったほど豊富な海外情報をとりいれた時代であったが、それによって国際認識のあり方に変化が生じたか否かということは別の問題である。日本は相変らず島国であったし、国際情報に対する独善的摂取の自由は前の時代と変ることなく保持されていた。だから中世以来の神国思想も天皇観も江戸時代の海外認識によっては根本的に変改させられることはなく、中世と同様の対外認識の態度が明治時代にひきつがれていったと考えてよいのではあるまいか。国際認識とは一見無関係のように見える幕末の尊皇攘夷論も畢竟は国際認識の一表現であったといえよう。

〔**後記**〕　本稿は、国史学会昭和五十四年（一九七九）度大会の公開講演として国学院大学で同年五月十九日に発表したものに手を加え、翌年の『歴史と地理』第三〇一号に掲載したものである。

第二部　対馬史の諸問題

『海東諸国紀』に見る中世の対馬と壱岐

一　離島対馬の生活と習俗

『海東諸国紀』は、朝鮮の領議政申叔舟が文明三年(一四七一)朝鮮王成宗の命を奉じて撰進した書物である。申叔舟は朝鮮における知日派の雄で、日本にきたこともあり、日本との親善外交を推進した、いわば日本通の人物であった。『海東諸国紀』に書かれた対馬および壱岐に関する記事は、日本側の史料によっては知ることのできない多くの重要な内容をふくんでいる。ここでは、この書物の記述の順序に従って中世の対馬と壱岐の情勢を考察する。

瘠せた土地と貧しい民

『海東諸国紀』にいう海東諸国とは、日本の本州・四国・九州および壱岐・対馬両島ならびに琉球国である。すなわち本書の構成は、海東諸国総図・日本本国図・日本国西海道九州図・日本国一岐島図・日本国対馬島図・琉球国図の六葉の地図と、日本国紀・琉球国紀・朝聘応接紀とからなり、朝鮮三浦の図や畠山殿副官人良心曹饋餉日呈書契および琉球国情に関する聞書が追加付録とされている。

本書は、日朝通交の先例旧規をたずねる場合にはいつも参考にされたものであるが、日本と朝鮮との関係の沿革を考察しようとした新井白石をはじめ、『朝鮮通交大紀』の撰者松浦霞沼(允任)、『太宰管内志』の編者伊藤常足などはいずれも本書に注目し引用している。また対馬の宗氏でも自家の系譜を作製する場合には重要な典拠として用いた。『海東諸国紀』は、中世以前においては対馬や壱岐に関する唯一のまとまった地誌であったと断言しても誤りではない。たとえそれが外国人の手に成ったものであったとしても、いな外国人の手に成ったものであるからこそ、一層その価値は他に比肩するものがないほど貴重だということができよう。このような理由から、『海東諸国紀』の叙述は中世の対馬や壱岐の社会事情を知ろうとするものは第一番に検討しなければならないものなのである。

つぎに『海東諸国紀』の「対馬島」の条の記事を順を追って考察しよう。

郡は八。人戸は皆沿海の浦にして、居はおよそ八十二浦なり。南北は三日程。東西は或は一日、或は半日程なり。四面は皆石山にして、土硝せ、民貧しく、煮塩・捕魚・販売をもって生となす（原漢文）。

右の記事の内容は、有名な『魏志倭人伝』（正しくは『三国志』「魏書」東夷伝、倭人条というべきである）のつぎの記事ときわめて類似している。

居る所絶島。方四百余里ばかり。土地は山険しく、深林多く、道路は禽鹿の径《みち》のごとし。千余戸あり。良田なく、海物を食して自活し、船に乗りて南北に市糴《してき》す（原漢文）。

これを見ると、対馬の自然的および経済的条件は、『魏志倭人伝』の時代から『海東諸国紀』の時代まで一〇〇〇年あまりを経過してもほとんど変改は加えられなかったことが推察されるのである。

『海東諸国紀』の「郡八」とは豊崎郡・豆豆郡・伊乃郡・卦老郡・要羅郡・美女郡・雙古郡・尼老郡である。これは豊崎《とよさき》・豆酘《つつ》・伊奈《いな》・仁位《にい》・与良《よら》・三根《みね》・佐護《さご》・佐須《さす》の八郡のことである。中世文書には「八かい」の名称で見え、近世には八郷と改められた。古来対馬で郡というのは北部の上県《かむつあがた》、南部の下郡《しもつあがた》の両郡であり、『海東諸国紀』の郡名は、これとは関係がない。対馬の地理的環境は九学会連合対馬共同調査委員会編『対馬の自然と文化』所収の佐藤久氏「対馬の地形」、田山利三郎氏「対馬の海岸並に海底地形概説」、関口武氏「対馬の気候」、前川文夫氏「対馬の自然としての植物」等の論文で詳しく説明されているが、『海東諸国紀』の「四面は皆石山にして、土硝せ」という表現は対馬の地形的環境を一言に要約したものといえる。それにつづく「民貧しく、煮塩・捕魚・販売を以て生とナす」の表現もまた対馬の経済生活をもっとも短い文章であらわしたものである。国境の島という、この島の空間的な位置と、右にあげた地形的・経済的環境が対馬の歴史の方向を決定したのである。

戦後の対馬は巍峨たる山を切り開いて南北を縦貫する自動車道路が開通し、本土からは飛行機の便も開かれ、交通手段は大きな変貌をとげたが、全島七百余平方キロメートルのうち耕地面積が三・三パーセント程度、二〜三〇〇メートル級の山が連なり、島の大部分が森林という状態は、『海東諸国紀』の時代から現代に至るまであまり変化がない。朝鮮側の記録で『海東諸国紀』以外のものを見てもこのことは変らない。文安元年（一四四四）に壱岐から朝鮮に帰った招撫官姜勧善の報告、文明十一年（一四七九）の李仁畦の報告、文明十三年（一四八一）の金自貞の成宗への答申などは、いずれも対馬が良田に恵まれず、食糧が極度に不足している状況を報じている。長享元年（一四八七）の宣慰使鄭誠謹の報告では、対馬島の人は多く飢餓の色があるとまでいっている。

生活の道

このような苛烈な自然環境のもとで、対馬の食糧獲得はどのように行なわれたのであろうか。対馬の土地利用として第一に注目されるのは木庭作である。木庭作は切替畑と同様に焼畑式の粗笨な農法であって、現在でも一部の地方では行なわれている。木庭は「木場」とも記されるように、本来は木の生えている所、すなわち山林を意味するものであったものが焼畑地の意味に転用されたのである。「こば」の名称は対馬に現存する古文書のなかに多く見ることができるが、もっとも古いものは嘉暦三年（一三二八）のものであり、以後建武・康永・貞和・建徳・永享・文明・大永・天文・慶長等の年代の文書があり、中世の各時代を通じて見ることができる。一般的にいうと、中世文書は大部分が領主側のものであり、耕地に関する史料も年貢を賦課された土地が中心になっている。対馬以外の地方でも木庭作農法は中世では各地で行なわれていたに相違ないのであるが、その生産性がきわめて低かったために年貢賦課の対象からはずされることが多く、文書に記載されて後世までのこされる機会はめずらしかった。ところが、対馬では木庭作に関するおびただしい史料がのこされている。このことは、対馬の農地の生産性が他の地方にくらべると低く、木庭のような他の地方ではかえりみられることがなかったような土地までが賦課の対象とされたこと、対馬農民の負担は他の地方にくらべていちじるしく苛酷であったことを如実に物語っている。ちなみに近世になって、諸藩が石高制を採用したときでも、対馬では独特の間高《けんだか》制を採用し、間尺《けんしゃく》法によって田畑・木庭の等級を定め、これを基準に租税を賦課した。

水田面積の狭小にもとづく米穀生産の不足を補う手段としては、葛根や蕨根の食用も行なわれた。倭通事として対馬にきたことのある尹仁甫は、朝鮮において救荒の策を開陳したとき、日本人は葛根・蕨根を常食しているといい、朝鮮でもその採食の法を学ぶべきであると建言して容れられたことがある。近世対馬の農政家陶山訥庵が甘藷の栽培に積極的で、「栗・孝行芋植立下知覚書」を書いて八郷にくばり、甘藷栽培を奨励したのも、田畑の乏少を補うためのやむをえぬ方策だったのである。対馬では甘藷を食べると米穀の備蓄の助けとなるために親孝行になるというので、これを「孝行芋」とよんだが、この名称は甘藷そのものとともに海を越えて朝鮮にまでも伝えられた。

以上のような消極的な土地利用や代用食の利用では、対馬の食糧事情はけっして解決されなかった。積極的な食糧獲得の方途が講ぜられなくてはならない。対馬の努力はまず北九州方面にむけられた。筑前・肥前方面において土地を獲得することは、宗氏にとっては悲願といってもよいほどの宿望であり、宗氏は非力の少貳氏を援護して幾度か玄海の波濤を越えて兵を九州に進めた。しかし海洋はやはり越えがたい障壁であり、加えて北九州の争乱は対馬を九州から遠ざけて朝鮮に接近させる結果をもたらしたのである（拙著『中世対外関係史』参照）。

年代	戸口＼三浦	薺浦(乃而浦)		富山浦(釜山浦)		塩浦		計	
		戸数	人口	戸数	人口	戸数	人口	戸数	人口
1436	世宗 18 永享 8		(253)		(29)		(96)		(378) 266
1439	世宗 21 永享 11		200余		160余				
1455	世祖 1 康正 1	92	416						
1466	世祖 12 文正 1	300	1200余	110	330余	36	120余	446	1650余
1474	成宗 5 文明 6	308	1722	67	323	36	131	411	2176
1475	成宗 6 文明 7	308	1731	88	350	34	128	430	2209
1475	成宗 6 文明 7	(26)		(5)		(13)		(44)	(100)
1493 ?	成宗 24 明応 2	204	781	74	288	51	152	329	1221
1494	成宗 25 明応 3	347	2500	127	453	51	152	525	3105
1497	燕山君 3 明応 6	300余							
1503	燕山君 9 文亀 3	400余	2000						

朝鮮三浦の戸口の変遷　表中（　）内は対馬に送還した数。1436年の266名は残留許可数である。

米と豆とは李氏朝鮮のはじめから宗氏に対して送られてきていたが、これにあきたらない対馬では朝鮮に土地を要求した。応永三十三年（一四二六）、対馬の早田《そうだ》左衛門大郎は朝鮮礼曹に書を送って巨済島に農田を下賜されるように要求したが、これは実現しなかった。けれども朝鮮半島南部の薺浦《せいほ》（乃而浦《ないじほ》）・富山浦《ふさんぽ》・塩浦《えんぽ》の三浦における日本人居留者の増加は、対馬島民の海外移住の一形態と考えることができよう。中村栄孝氏の作った表（『日鮮関係史の研究』上所収）をもとにして、三浦における日本人の戸口の変遷を表示すれば前頁のようになる。

　この表のうち文明六年（一四七四）の欄が『海東諸国紀』の記事によったもので、他は『李朝実録』によって知られるものである。三浦に定住した恒居倭人は、朝鮮からその居住を公認されることが原則であり、許可なしに増加することはできなかった。そのため、しばしば三浦居留人の送還が行なわれた。カッコに示したのがその送還の人数である。三浦にはいずれも寺院があり、人口構成も老若男女にわたり、固定した人口をもつ港湾都市となっていたようである。恒居倭人の生活は、日本の船舶が入港した際に行なう商取引きや近海漁業でささえられていた。浦所の附近に公私田を入手して耕作に従うものもあり、貿易の上前をはねたり密貿易の仲介にあたるものもめずらしくなかった。宗氏は代官を派遣して恒居倭人を支配し、これに課税した。税は毎年木綿布などで納めさせたが、かなりの重税であった。

　三浦の繁栄は永正七年（一五一〇）の三浦の乱の時までつづいた。乱ののち永正九年（一五一二）に通商が再開された時には、浦所は薺浦一港に制限されて恒居倭人は禁止されてしまった。その後浦所は大永元年（一五二一）に富山浦が加えられたが、天文十三年（一五四四）にまた通交関係が断絶したため廃止され、天文十六年（一五四七）になって富山浦一港だけが開港された。

　恒居倭人以外にも三浦に往来して商業を行なう日本人の数は多く、十五世紀中葉までは毎年数千人を下らず、消費した食糧は一万二〇〇〇石から二万余石におよんだという。

　『海東諸国紀』の「朝聘応接紀」を見ると釣魚禁約の規定があるが、これは対馬島民が生活の資を得るために朝鮮沿海まで出漁するものが多かったからである。漁業は三浦の近海だけで許されていたが、対馬からのたび重なる要請によって嘉吉元年（一四四一）には全羅道海中の孤草島で捕魚することが許された。漁船は対馬島主が発行する特別の証明書を所持し、朝鮮の知世浦で所定の税を納めることが要求された。

このように対馬島民の生活は朝鮮とのあいだに断ちがたいきずなで結ばれており、朝鮮側においても対馬の動向にはかなり神経質であった。対馬が飢饉で苦しんでいるときは、朝鮮ではこれに食糧を送るとともに倭寇の再発をおそれて海防を厳重にしていたのである。

『海東諸国紀』の対馬に関する記事に戻ろう。前掲の引用文につづき、宗氏の宗慶から貞国に至るまでの世系を説明し、さらに郡守についてつぎのように述べている。


郡守にして土官に下るものは、皆島主の差任にして、また世襲なり。土田・塩戸をもってこれに分属せしむ。三番となし、七日に相逓会して島主の家を守らしむ。郡守は各々その境において毎年損実を踏験して収税し、三分の一を取る。またその一を三分し、二を島主に輸し、その一を自用す。島主の牧馬場は四所にして、二千余匹ばかりなり。馬は多く曲背なり。所産は柑橘・木楮のみ（原漢文）。


対馬の政治・経済・産業に関する記述である。郡守は在郷の地方官である。軍事的義務と経済的負担とを負って、島主に奉公したわけであるが、収取の根拠となる土田や塩戸の生産量が貧弱なのであるから、郡守の懐具合もまた火の車であったであろうと想像される。なお塩竈は対馬の古文書によれば給分の対象であったことが明らかであり、製塩の担い手は郡守等の有力武士層であった。また古文書のなかに「しほふねの一へうもの」、すなわち塩舟の一俵物などという記載があるところから考えれば交易品としての塩も生産されていた事情がうかがわれる。

文中に牧馬場の記載がある。「曲背の馬」とはツシマウマとよばれている馬種のことであり、現今通常目にするアラビア馬にくらべると体軀が小形で鈍重であるが、性質が温順で、よく嶮阻な路を踏破することのできる体力をそなえている。対馬には現在でもこのような馬種が残存しており、婦女子の農耕用や乗用になっている。牧場四所とは、佐護の中山、廻《まわり》の池田、横浦の長崎、国府（厳原）の有明であるという。なお寿永三年（一一八四）、源平合戦の宇治川の先陣争いで有名になった名馬池月と磨墨とはともに対馬の産であったという伝説が対馬にあるが、これは信じられない。

木楮についての記載があるのは、朝鮮において日本の紙に対する関心が深かったからであろう。正長元年（一四二八）、朝鮮王世宗は通信使を日本に送るにあたり、日本の紙は堅くしなやかであるから造作の法を伝習するように、と命じている。これにより、永享元年（一四二九）に日本にきた通信使朴瑞生は、日本の造紙の法を朝鮮に伝え、翌年世宗は礼曹に命じて人を対馬に派遣し、造冊紙倭楮を求めさせた。現在対馬の村落に伝えられている中世文書の用紙は対馬産の楮を原料として作られたものと想像されるが、当時の本土の文書の紙とはその質を異にし、むしろ粗末な感じをうける。しかし、このあまり上質とも思われない対馬の和紙も朝鮮の土質を多くまじえた紙と比較した場合には魅力的なものとうつったのかもしれない。

対馬の天道山

『海東諸国紀』のつぎの記事は、対馬南北の天道山に関するものであるが、これは文献に見えるものとしては天道山に関する最古の記事である。

南北に高山あり。皆天神と名づく。南は子神と称し、北は母神と称す。俗、神を尚び、家家、素饌をもって之を祭る。山の草木・禽獣は人あえて犯す者なし。罪人神堂に走入せば、すなわち亦あえて追捕せず（原漢文）。

対馬で天童地・天道地・天道茂などといわれるところは、北方の佐護と南方の豆酘をはじめ島内に多く存する。豆酘の『主藤定氏所蔵文書』をみると、「天堂御山」「天道御山」「天道大ほさつ」（大菩薩）などと書かれている。天道地および天道信仰に関する研究はすでに先学によって多く発表されているが、いまだ解決されない問題も少なくないので、ここではそのうち代表的と思われる見解のいくつかを紹介することにしよう。

対馬の天道地について詳細な研究を行ない、これを西欧との比較からアジールと断定したのは平泉澄氏である。アジールとは、犯罪人や外国人や奴隷などが逃げこんで保護をうける場所で、宗教的なものと世俗的なものとがある。アジールという言葉は、ギリシア語の to asylon からでて、もとは聖域の権を意味したものであるが、この権の行なわれる場所がアジールとよばれるようになったのである。平泉氏は、対馬のアジールは、朝鮮古代の蘇塗とともに未開人もしくは古代人の間に行なわれていた一種のアジールと同じもので、その場所が神聖であるために、ここを犯すことが禁ぜられた、と考えている。

平泉氏の『中世に於ける社寺と社会との関係』（一九二六年）のなかには、龍良《たてら》山天道地の大正時代の景観が活写されているので、左にそれを引用しよう。

龍良山は一に多氏良、又は多氏羅、立良などともかき、対馬の南端、豆酘と与良と西村の中間に聳えて居り、東を雄龍良、西を雌龍良といふ。而してアジールの研究に最も主要なる場所は、雌龍良山東南、浅藻村に向ふ麓に存する森林であった。この森は古来八町角と伝へられてゐる。即ち八町四方の謂である。而してその中に一つの石壇がある。石壇は大小の平石を以て層々重畳し、基底は正面二十尺（約六・〇三メートル）、側面十八尺（約五・四メートル）、段数すべて七層、上るに従つて次第に狭く、最上層には凡そ三尺（約〇・九メートル）四面の平盤の石を載せてある。（中略）予がこの森に入ってこの石壇の前に立ったのは、大正八年五月十三日の、最早暮近き頃であつた。古来曾て斧を入れぬ樫の密林は、欝葱として殆んど天日を見ず、木は千年を経て自然に倒れ朽ち、落葉は地に堆くして深く足を没した。怪鳥の声、幽渓の響、聞くものすべて物凄く、壇前に立つて四顧する時、鬼気の直ちに迫り来るを覚えた。（中略）

これらの森の中には古来人怖れて入る事なく、もし誤つて森に入つて石壇を見る時は、直ちに草履を脱して之を頭上に戴き、壇に背を向けることなく後退して去る風習であるといふ。

ここに記された光景は現在八丁角の地を訪れてみても、ほとんど変化はない。ただ「鬼気の直ちに迫り来る」といった雰囲気はもう認められない。

昭和八年（一九三三）に対馬の天童信仰について詳しい実地調査をこころみた三品彰英氏は「対馬の天童伝説」（『日鮮神話伝説の研究』所収）のなかで、「筆者はこの石壇を目撃して直ちに聯想したのは朝鮮の神樹の下にある神壇たる累石壇（石先王《トルツヌワン》と云ふ）であつた」とし、朝鮮の壇との関係を論じ、さらに天童出誕伝説を分析して、新羅の始祖伝説や日本の八幡伝説との類似点を指摘している。氏はまた天童が母子神であることに注目し、天童と観音・神功皇后・安徳天皇との関係におよび、竜良山の名については、朝鮮に起源をもつタタラの語と関係があるとし、鍛冶の神としての八幡神との関係などを述べている。

神道史の立場からの研究としては、鈴木棠三氏『対馬の神道』（一九七二年）がある。氏は、

対馬における神仏混淆は、修験道との結び付きにおいて、特別な発達を見せた。いわゆる天道信仰である。天道法師の縁起は、要するに諸国に多い類型的な説話であるが、この信仰における特徴は、母神と子神、ユキとスキ、表八町角と裏八町角、雄タテラ山と雌タテラ山といったぐあいに、常に双称的な一対に仕立てられている点で、母神子神の関係は神功皇后、応神天皇を併祀する八幡信仰に原型をもとめられる。こうした対照の法則が発展して、南端の豆酘《つつ》に対して、上県に佐護《さご》の天道が形成されたものと見られる。天道信仰の淵源は何か、簡単に明らめえないが、おもうに阿連などで行われるヒデリ神の信仰に仏教的修飾が加えられ、修験たちの山嶽宗教のシンボルとして特異な発展をしたのではなかったかと、仮りにじぶんは考えている。

として、修験道と天道信仰の関係がふかかった事情を想定している。

『新対馬島誌』は、八丁角について、天道法師の伝承を記したあとにつぎのように書いている。
昔から沢山のタブーが伝えられているが、もし誤って霊場を犯すようなことがあれば、草履を脱いで頭に冠り、四つ這いになって「インノコ、インノコ」と唱え、後ずさりして外に出なければならなかった。タブーの違反に基く罪の意識がどんなにきびしいものであったか、たとえ知らずに犯したとしても決して罪の消滅するものではなかった。

右のことは、すでに平泉氏も報告していたことであるが、禁忌の風習は最近までかたく守られていたようである。

文引と歳遣船

『海東諸国紀』の記事は、つぎに島主文引のことと歳遣船のことを述べている。すなわち、
島は海東にありて諸島の要衝なり。諸酋の我に往来するものは必ずこの地を経、皆島主文引を受けてのちきたる。島主以下各遣使船は歳ごとに定額あり。島は我に最も近きをもって、貧甚だしき歳は米を賜ふこと差あり（原漢文）。

としている。文引は宗氏が朝鮮の意をうけて発行した渡航証明書で、朝鮮に渡る船はかならずこれを携帯しなければならなかった。宗氏以下の豪族が毎年朝鮮に送る船は歳遣船とよばれた。

二　対馬と壱岐の集落

対馬の八郡と八十二浦

『海東諸国紀』には、対馬と壱岐の集落に関するきわめて詳細な記載がある。
この部分は記述を簡略にするために一覧表で示すことにする。まず対馬の八郡と八十二浦から見よう。

卦老郡は発音から考えただけでは何処に比定してよいかわからない。「或称仁位郡」の注記があり、仁位のことか

対馬八郡関係図

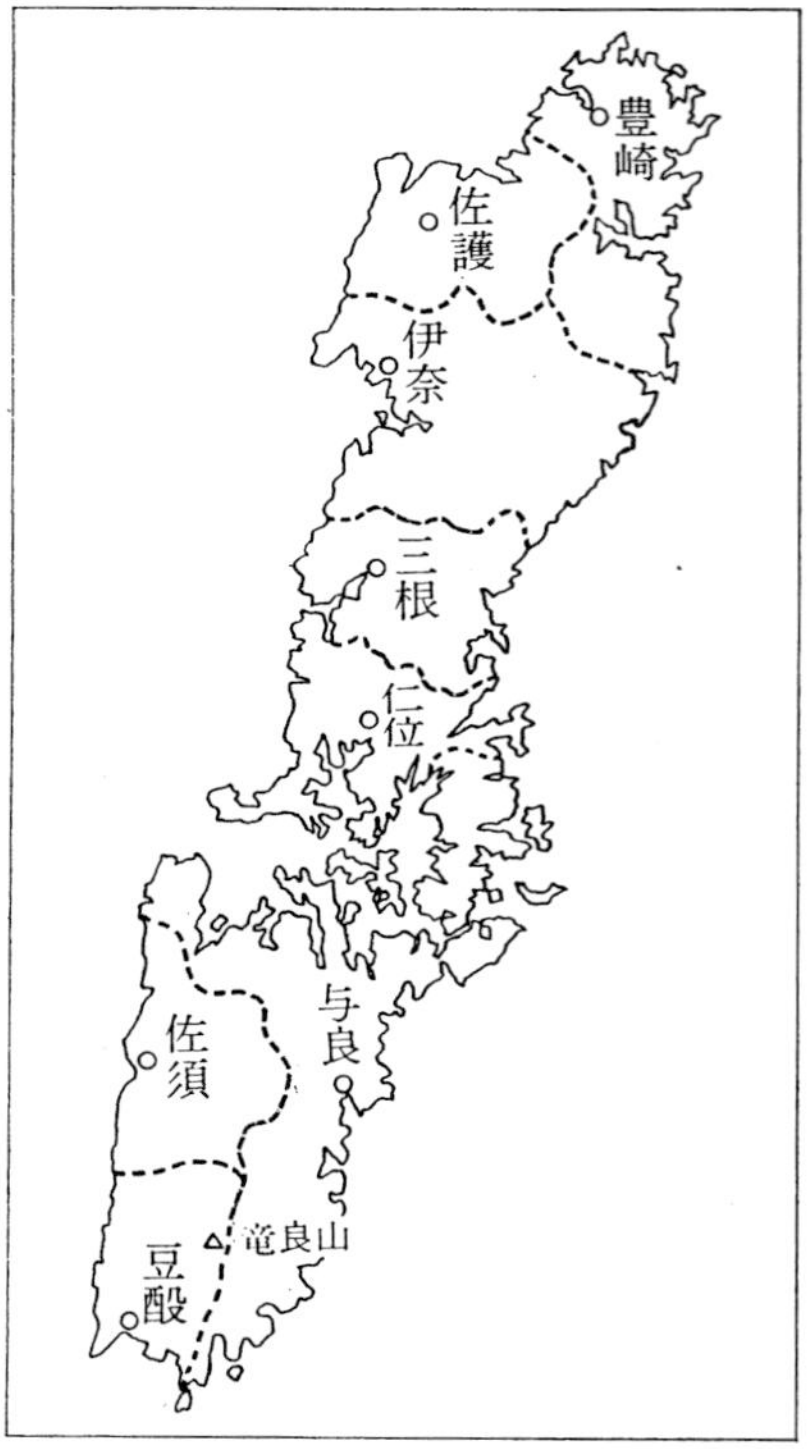

対馬の八郡

郡名	比定現地名	郡守
豊崎郡 或称都伊沙只郡	豊崎	宗盛俊（宗貞国異母兄、居古于浦遙治）
豆豆郡	豆酘	宗彦次郎盛世
伊乃郡	伊奈	宗盛弘（宗貞盛妹婿）
卦老郡 或称仁位郡	佐須	宗茂秀
要羅郡	与良	島主（宗貞国）
美女郡	三根	島主
雙古郡	佐護	島主
尼老郡	仁位	宗盛家（宗貞盛再従弟、貞盛女婿）

とも考えられるが、仁位に当るものには尼老があり、地図と対照してみても尼老は仁位以外に比定すべきところがない。そこで八郡中の不明の所という意味と八十二浦の記述との関係からみて一応佐須にあてておく。

つぎは八十二浦である。表中の地名の比定には、地理調査所の二万五〇〇〇分の一地図のほかに、日野清三郎・中村栄孝・浜田敦ら諸氏の説を参照した。

各浦の戸数に関する記事はきわめて詳細で、集落間の大小関係などを明らかにしていて興味深いものであるが、数字は対馬に来訪したものの印象または伝聞をもとにしたものと思われ、そのまま信じることはできない。『海東諸国紀』成立の年より五年あとの文明八年（一四七六）に対馬に来島した宣慰使金自貞の見聞記の数字は、『海東諸国紀』の西泊が百余戸であるのに対して人居五十余戸、船越が百余戸であるのに対しては同数の百余戸、久田が三十余戸に対して六十余戸とかなり異なった書き方をしている。

『海東諸国紀』記載の八十二浦の戸数を総計すると八四六〇余戸となる。これは江戸時代初期に書かれたと推定される『対馬国記』に五二七七軒とある数字よりもはるかに多い。また江戸時代の宗門改帳によって人口を計算すると寛文五年（一六六五）で二万三九〇〇人、貞享・元禄・宝永ころで三万人台を上下している。これから考えると、江戸時代の戸数は、大体、五〜六〇〇〇くらいと推定される。『海東諸国紀』の戸数はこれよりも五〇パーセントも多いわけで、多少誇張された数字と考えざるをえない。

しかし、数字が語る集落相互間の大小の関係や地図に示された位置などは中世の対馬を理解するために欠くことのできない素材ということができる。表中居住者の欄にみえる司直・上護軍・護軍・司正・副司果・中枢等はすべて朝鮮の官職である。これらの者は対馬島に在住したままで朝鮮国王から官職とそれに相当する冠服とをあたえられていたもので、朝鮮からは官職とみあう通交上の特権を許されており、受職倭人とよばれていた。

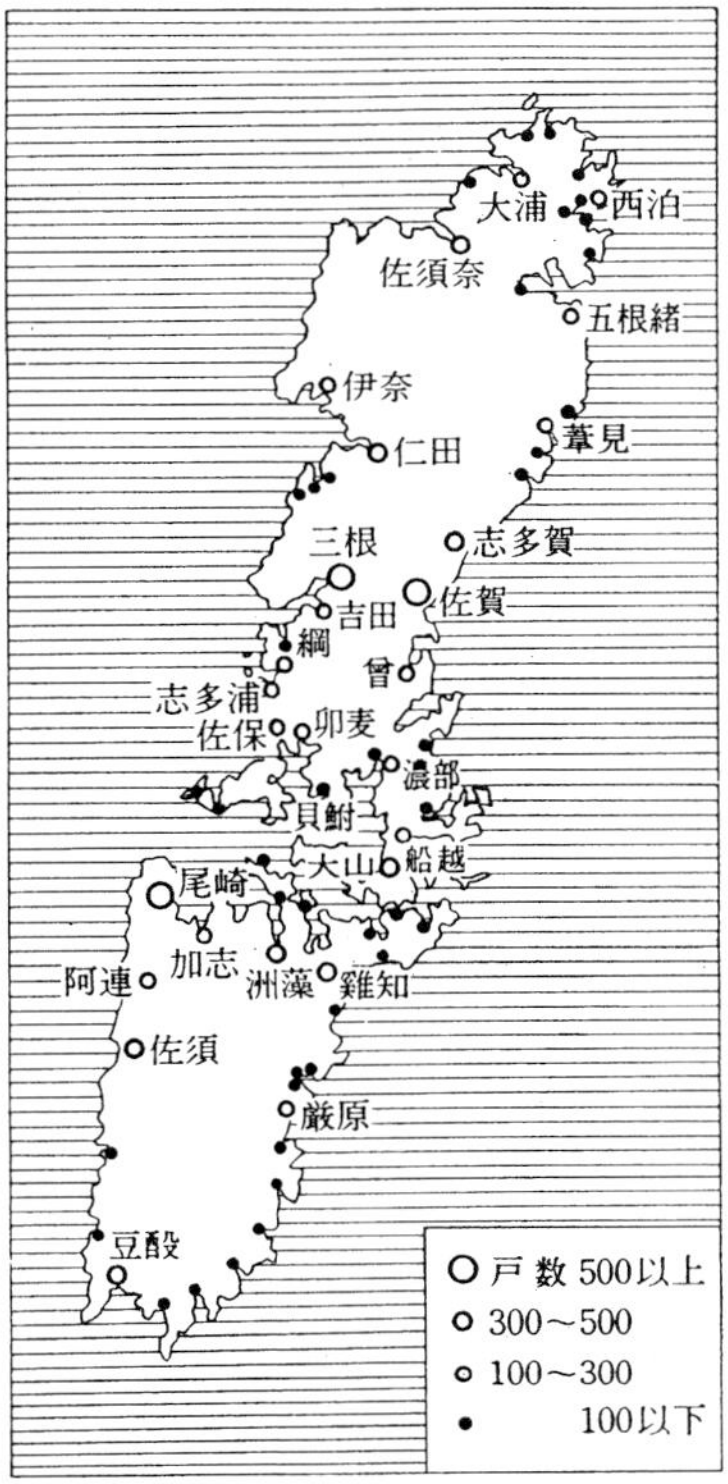

対馬の浦名と戸数　永留久恵氏『対馬古跡探訪』による。

壱岐の七郷と十三里・十四浦

壱岐島に関する『海東諸国紀』の記事は、対馬の場合と同様に、最

対馬の八十二浦

浦名	比定現地名	戸数	居住者
時古里浦	志古里（泉）	二〇余	
尼神都麻里	西泊	一〇〇余	
皮多加地浦	比田勝	五〇余	
安而老浦	網代	二〇余	司直源茂崎
守于時浦	舟志	一五余	
郎加古時浦	南護志（『津島紀略』による）	三〇余	
頭未浦	富ヶ浦（カ）	一〇余	
蘊要浦	五根緒	一〇〇余	
緊浦	琴	四〇余	
阿時未浦	葦見	一〇〇余	
皮都浦	一重	二〇余	
和因都麻里浦	南風泊（『対馬島誌』による）	二〇余	
五時浦	小鹿	二〇余	
時多浦	志多賀	三五〇余	
沙加浦	佐賀	五〇〇余	護軍六郎洒文・護軍阿馬豆・司正都羅馬都・司正都羅而老・秦盛幸・職盛（故代官宗盛直之子）
時羅浦	品江（中村栄孝氏の比定による）	一〇余	
仇時老浦	櫛浦	三〇余	
所温老浦	曽	一〇〇余	
温知老毛浦	大千尋藻	六〇余	
昆知老浦	小千尋藻	四〇余	
也里古浦	鑓川	三〇余	
要古浦	横浦	二〇余	
時羅古浦	白子浦	二〇余	

要時浦	蘆浦	一〇余	
可門諸浦	鴨居瀬	三〇余	
訓羅串	(小)船越	一〇〇余	上護軍平茂持・護軍皮古時羅・副司果平伊也知(早田彦八)
仇愁音夫浦	久須保	二〇余	
吾可多浦	緒方	二〇余	
桂地浦	鶏知	四〇〇余	
尼于浦	根緒	一〇余	
那無頼浦	南室	三〇余	
古浦	小浦	一〇余	
安沙毛浦	阿須(カ)		
古于浦	国府(厳原)	一〇〇余	島主宗貞国・宗貞秀(貞国長子)・盛俊(豊崎郡守)・国幸
仇多浦	久田	三〇余	
造船五浦	尾浦	一〇余	
仰可未浦	安神	一〇余	
卦伊老浦	久和浦	二〇余	
那伊老浦	内院浦	二〇余	
安佐毛浦	浅藻浦	一五余	
豆豆浦	豆酘	三処合三〇〇余	宗茂世(宗貞盛之姪)
世伊浦	瀬	二〇余	
仇女浦	久根	二処合 五〇余	
沙愁浦	佐須	四処合三〇〇余	国久・宗彦九郎貞秀・上護軍宗盛吉・宗茂秀(卦老郡守)・宗茂直(茂秀同母弟)
阿里浦	阿連	一〇〇余	
麻吾里浦	廻	二〇余	
于那豆羅浦	女連	五〇余	

多浦	田	一〇〇余	
美女浦	三根	六五〇余	
仇知只浦	朽木（吉田）	三処合一五〇余	
伊乃浦	伊奈	二処合一〇〇余	
尼多老浦	仁田	三〇〇余	
是時未浦	鹿見	三〇〇余	
仇波老浦	久原	二〇〇余	
豆那浦	網	一〇〇余	
加羅愁浦	唐洲	五〇〇余	
沙愁那浦	佐須奈	四〇〇余	国吉
吾温浦	大浦	一〇〇余	護軍皮古汝文・司正所温皮古破知・宗茂次
尼時老道伊浦	西津屋	七〇余	
道于老浦	豊浦	四〇余	
也音非道浦	矢櫃	無人戸	
臥尼老浦	鰐浦	一〇余	
可吾沙只浦	郷崎	有神堂	
阿吾頭羅可知浦	大連河内	一〇〇余	
可里也徒浦	仮宿	二〇〇余	
敏沙只浦	水崎	二〇〇余	
頭知洞浦	土寄崎	二〇〇余	中枢平茂続・護軍中尾吾郎
可時浦	加志	一五〇余	護軍井可文愁戒
皮老浦	昼ヶ浦	四〇余	
多計老浦	竹ノ浦（竹敷）	八〇余	
仇老世浦	黒瀬	一四〇余	護軍皮古仇羅
愁毛	洲藻	四〇〇余	
吾也麻浦	大山	三〇〇余	
老夫浦	濃部	二〇〇余	

臥伊多浦	和板	一〇〇余	
古老世浦	海鼠瀬浦	五〇余	
介伊侯那浦	貝鮒	二〇〇余	護軍時難洒毛
吾甫羅仇時浦	大船越	五〇余	
雙介浦	嵯峨	五〇余	
完多老浦	和田ノ浦（仁位カ）	一〇〇余	
古茂応只浦	卯麦	二〇〇余	
沙吾浦	佐保	二〇〇余	

壱岐七郷関係図

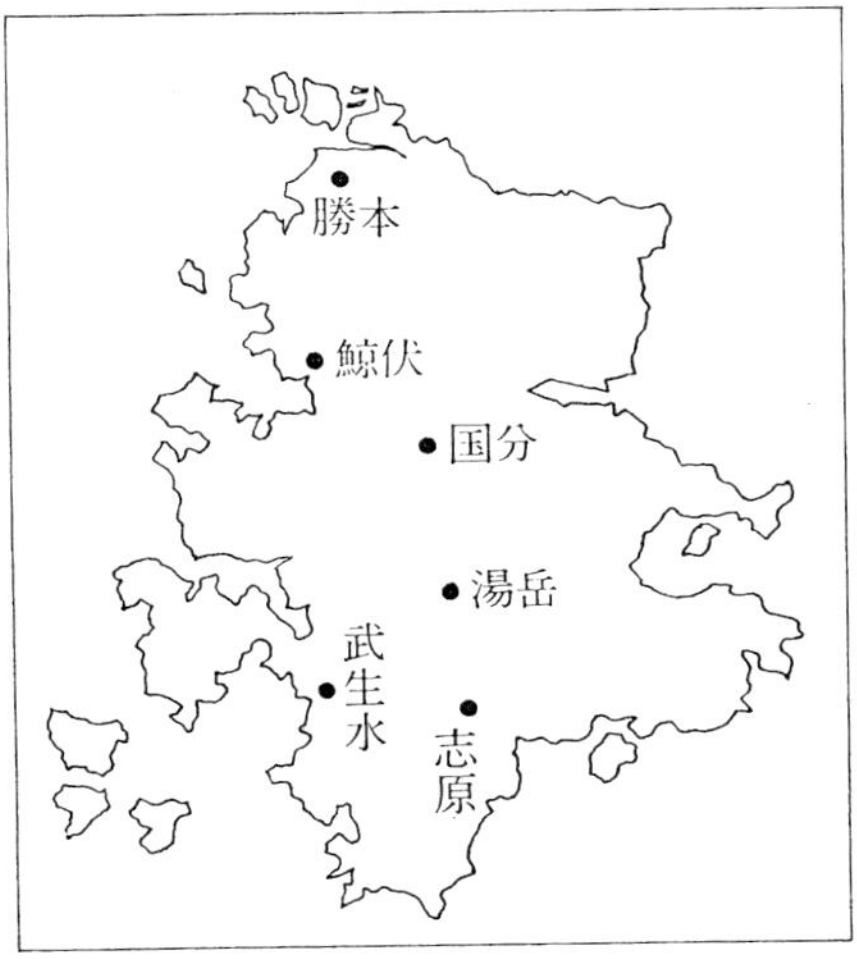

壱岐の七郷

郷名	比定現地名	郡主	居住者
加愁郷	加須（勝本）	佐志代官	
唯多只郷	湯岳	志佐代官（真弓）源武	
古仇音夫郷	国分	（塩津留）源経	（塩津留）源重実 （塩津留）宗殊
小于郷	（不明）	呼子代官（牧山）源実	
無山都郷	武生水	鴨打代官	
時曰羅郷	志原	呼子・鴨打分治、各有代官	
郎可五豆郷	鯨伏（カ）	呼子・鴨打分治、各有代官	

初に総論風の記事があり、そのつぎに七郷・十三里・十四浦を列記するといった順序で記されている。

郷は七。水田六百二十町六段。人居、陸里十三、海浦十四。東西は半日程。南北は一日程なり。志佐・佐志・呼子・鴨打・塩津留分治す。市は三所あり。水田・旱田相半す。土宜は五穀。収税は対馬の如し（原漢文）。

壱岐は対馬と異なり、峻嶮な山岳はなく、地形は平坦な所が多く、水田にも恵まれている。壱岐の田積に関する史料は『海東諸国紀』のほかにもあり、『倭名類聚抄』に六二〇町、『掌中歴』に一五八町、『色葉字類抄』に六二一町九段、『拾芥抄』では六二〇町と見える。『海東諸国紀』の田積はこれらのものを参考にしたのか、あるいは他の伝聞によったものか明らかではないが、六二〇町という数字を『海東諸国紀』の撰述された文明三年（一四七一）の時点の記録と考えるのは危険であろう。

壱岐島の支配関係は、対馬が宗氏の全島支配であったのにくらべると、かなり複雑である。『壱岐郷土史』の著者後藤正足氏は、支配者の変遷にしたがって、つぎのような時代区分を行なっている。

上古時代――国初より壱岐国造設置のころまで――

大宰府管轄時代――大宰府初期のころより源平時代の末年まで――

少貳氏守護時代――鎌倉幕府の始めより建武新政まで――

松浦党割拠時代――元弘の乱より朝鮮海峡の倭寇が跳梁するころまで――

波多氏領有時代――波多泰の領有より日高喜の自立まで――

松浦氏領有時代――松浦隆信の領有より松浦詮の版籍奉還を経て廃藩置県に至るまで――

後藤氏は、鎌倉時代を通じて壱岐が少貳氏（武藤氏）の守護国であったよう考えているが、現存の史料からはかならずしもそのように断定することはできない。佐藤進一氏は、文永十年（一二七三）の武藤資能あての関東御教書に記された武藤氏所帯の守護職のなかに壱岐がはじめてあらわれることを指摘し、壱岐の守護職が武藤氏の手に帰したのは弘長から文永の間のことであったとし、そのときより前のことも、そのときより後のことも不明であるとしている（佐藤進一氏『増訂鎌倉幕府守護制度の研究――諸国守護沿革考証編――』）。

壱岐には、全島を統一する強力な支配勢力がながく生まれなかったために、島内には北九州諸勢力の領有地が数多く散在していた。長沼賢海氏は「海外航路上の壱岐」(『日本海事史研究』所収)において、『宗像大宮司文書』によって石田郷薬師丸の本領主が宗像氏であったことを述べ、尼長阿→草野氏→佐志氏の支族浜田氏横領→今川了俊が教書を下して宗像氏に還付→宗像氏重より博多妙楽寺に寄進、と経過した過程を明らかにしている。しかし、志佐氏は石田郷を後世まで横領し通していたようであり、のちにその一部を壱岐安国寺に寄進している。長沼氏は、このほかに中村氏の所領(小牧村)、箱崎八幡宮の社領(箱崎村一円)が壱岐島内にあったことを述べ、筑前の香椎・住吉の両社や太宰府天満宮もまた社領を壱岐にもっていたろうと推測している。

『海東諸国紀』に記された壱岐の状態は、後藤正足氏の時代区分にあてはめれば「松浦党割拠時代」の末期に相当する。志佐・佐志・呼子・鴨打・塩津留の諸氏はいずれも松浦党の一員である。湯岳の志佐代官源武については「戊子年(一四六八)、図書を受け、歳遣一~二船を約す。書に一岐守護代官真弓兵部少輔源武と称す」(原漢文、以下同じ)とある。図書とは朝鮮王から日本の通交者にあたえられた銅印で、歳遣船とは毎年一回朝鮮に渡海させる通交貿易船である。志佐氏は鎌倉時代以来壱岐に所領をもっていたから源武はその代官ということであろう。国分の源経についでは「己丑年(一四六九)図書を受け、歳遣一~二舡を約す。書に上松浦塩津留助次郎源経と称す」、源重実についでは「丁丑年(一四五七)歳遣一舡を約す。書に上松浦塩津留松林院主源重実と称す」、宗殊についでは「己卯年(一四五九)遣使来朝す。書に一岐州上松浦塩津留観音寺宗殊と称し、歳遣一舡を約す」とある。また呼子代官源実については「歳遣一舡を約す。書に上松浦呼子一岐州代官牧山帯刀源実と称す」とある。壱岐在住の松浦党の代官等はいずれも朝鮮に対して歳遣船を派遣することができる定約者となり、通交貿易による利益を手中に納めていたのである。

十三里・十四浦の表示にあたり、地名の比定には、中村栄孝氏・浜田敦氏・長沼賢海氏の説を参照した。

壱岐の十三里

里　名	比定現地名	戸　数
波古沙只	箱崎	一五〇余
信昭于	新城	七〇余
侯加伊	深江	一三〇余
阿里多	当田触(カ)	五〇余
伊除而時	射手吉(カ)	一〇〇余
愁未要時	住吉	七〇余
也麻老夫	山信	九〇余
也那伊多	柳田触	三〇〇余
牛時加多	牛方触	一三〇余
多底伊時	立石	九〇余
毛而羅	(不明)	五〇余
侯計	布気	八〇余
戸応口	本宮	五〇余

壱岐の十四浦

浦　名	比定現地名	戸　数	居　住　者
世渡浦	瀬戸	三〇余	
豆豆只浦	筒城浜	二〇余	
仇只浦	久喜	二〇余	
因都温而浦	印通寺	四〇余	
阿神多沙只浦	(不明)		
頭音甫浦	坪触	四〇余	
火知也麻浦	初山	一〇〇余	
毛都伊浦	本居(郷浦)	一〇〇	護軍三甫郎大郎 司正有羅多羅 司正豆留保時
訓乃古時浦	船越(カ)	四〇余	
臥多羅浦	渡良	一〇〇余	
無応只也浦	麦谷	一四〇余	
仇老沙只浦	黒崎	二〇余	
于羅于未浦	(不明)	五〇余	
風本浦(倭訓問沙毛都于羅)	勝本		

十三里・十四浦の戸数の総計は二〇六〇余である。対馬の八四六〇戸に比べると約二四パーセントである。対馬の面積は、上島と下島とあわせた対馬本島の面積が六九九平方キロメートル、本島以外の島の面積が一〇・四平方キロメートルであるが、それに対して、壱岐は一三九平方キロメートルであるから約二〇パーセントである。対馬の地形と壱岐の地形の相違を考えると、戸口を示したこの数字は安易に信用することはできない。面積あたりの人口比率は壱岐の方がはるかに多かったはずだからである。

以上が『海東諸国紀』に記された壱岐島に関する記述である。かつてわたくしは中世史料採訪の目的で壱岐島に渡り、郷土史の耆宿山口麻太郎氏の懇切な案内で島内を一巡したことがある。しかし、目的とした中世古文書の原本は求めてもこれを見ることができず、わずかに中世関係の金石文数点を採訪したにとどまった。これは対馬が中世文書の宝庫であるのと比較すると大きな相違である。思うに、松浦氏の支配が完成する以前の壱岐島は支配者の交替がめまぐるしく、そのため古文書は分散や焼失の難にあうことを繰り返したのにちがいない。『海東諸国紀』の記事は、簡単ではあるが応仁以前における松浦党分治の形勢を明示しており、諸集落間の関係もまたかなり明瞭に推測させるものがある。『海東諸国紀』をもっていわゆる『魏志倭人伝』にも比すべき貴重な外国人による中世日本の記述であると考えるゆえんである。

〔後記〕　本稿は昭和五十二年（一九七七）に『地方文化の日本史』の第四巻として刊行された佐々木銀弥編『下剋上時代の文化』に「対馬と壱岐――日朝通交の接点――」の題で発表したものの後半部分を補正したものである。

宗　義　智——離島の勇将——

江戸時代三百諸侯の中で、中世以来の所領を封地として保持し、明治維新に至ったものは、九州の島津氏、東北の伊達氏、それに対馬の宗氏くらいのものである。

対馬の名族　宗氏が、転封改易のはなはだしい江戸時代のはじめに、その洗礼をうけることがなかったのは、それなりの理由があった。

宗氏の遠祖は、鎌倉時代に大宰府の府官惟宗氏の一流である対馬国在庁官人の惟宗氏が武士化したものと考えられているが、宗氏と対馬との関係が明らかにわかるのは、元寇のとき宗右馬允資国が渡島した時期以後である。宗氏は、南北朝、室町、戦国時代を通して対馬の島主であり、対馬島内の土豪層を制圧し、一方では朝鮮貿易の独占をはかって領国大名への道を着実に歩みつづけた。

このような、対馬島が日本と朝鮮とを結ぶ通交上の要衝に存在したこと、そして島は産業に恵まれず朝鮮貿易が島民の経済のうえできわめて大きな比重をもっていたこと、宗氏が朝鮮との通交を独占しようと画策してほぼそのことに成功していたこと、などが宗氏と対馬島とを切り離すことのできないものとしたのであり、また宗氏もそのことを十分理解したうえで、幕藩制のなかに対馬藩を位置づける努力を惜しまなかった。宗氏が中世以来の封地をそのまま維持しえた理由は、実にここにあったのである。

宗義智《そうよしとし》が離島対馬に生をうけたのは永禄十一年(一五六八)、四十八歳でその生涯を終えたのは元和元年(一六一五)である。かれが生きたこの五〇年に近い歳月は、日本歴史のうえでは戦国時代・安土桃山時代・江戸時代とよばれる三つの時代にまたがっており、中世から近世に移る激動の時期であった。またこの時期に、豊臣秀吉は無謀な外征を決行し、義智は自己の意向とはまったく無関係にその渦中にまきこまれていったのである。その一生はめまぐるしい時代の変転への対処に明けくれた動乱の生涯であった。

秀吉との出会い

義智は、天正五年（一五七七）、兄義純のあとを嗣いで、対馬の守護（島主）になったが、わずか十歳の若年だったので、すでに隠居していた宗義調《よししげ》が義智を補佐することになった。義調は義智にとっては兄晴康《はるやす》の子で甥にあたる人物であるが、義智よりは三十六歳も年長で、すでに天文二十二年（一五五三）から永禄九年（一五六六）まで守護として国政をとった経験があった。義智は幼名を彦三、あるいは彦七と称したが、天正五年十二月に、将軍足利義昭から「昭」の一字をあたえられて、名を「昭景」と改めた。足利義昭は、天正元年織田信長との対立に敗れ、天正四年以後は、備後の鞆に移っていた。義昭としては不遇をかこっていた時期に宗氏との交渉があったのである。昭景は天正十四年七月以後は名を義智と改めて、対馬守を称した。

天正十五年（一五八七）は、秀吉が九州征伐を決行した年であるが、この年を転機として、義智にも対馬にも新しい事態がもたらされた。秀吉は、この年三月一日、みずから島津氏征伐の将兵を率いて大坂を発し、四月二十七日には薩摩の出水に進出、五月一日には阿久根に至った。ここで島津義久もついに抵抗をやめて和議を申し入れ、五月三日、秀吉は川内の泰平寺で義久の降伏を許し、薩摩一国を安堵した。この翌四日、宗義調の使者として柳川調信《しげのぶ》・柚《ゆ》谷《たに》調広《しげひろ》らが泰平寺の秀吉の陣所に到着した。秀吉は義調の書状をうけとり、これに対して、九州のことはすべて平定し、予定よりはやく片づいたので、高麗（朝鮮）に軍兵を渡したいから、そのつもりで忠勤をはげむこと、今回の人質では不満だから実子を差し出すこと、以後、秀吉と交渉するときは小西行長の指示をうけること、を申し送った。

宗氏と秀吉との最初の出会いのときから、秀吉は宗氏に対して朝鮮出兵の際の先兵となることを予定していたのである。また、このとき宗氏と小西氏との結びつきができたことは、文禄慶長の役における両氏の行動に大きな影響をおよぼすことになった。

秀吉は筑前箱崎まで引きあげ、ここに滞在して九州一円の戦後処理を行なった。宗義智は義調とともに、さきの秀吉の指示に従って渡海し、箱崎の秀吉の陣所に出頭した。義調と義智とは、ここで秀吉から対馬一円の知行を許す旨の朱印状をうけた。義智二十歳の夏である。このとき秀吉は、両名に対して「高麗のことは、軍兵を差しむけて成敗するように申しつけたが、義調が理由をあげて謝絶してきたので延期することにした。朝鮮国王が日本の京都にいる秀吉のところまできて挨拶するなら、何事も先例のようにするが、もしも遅滞するようなことがあれば、即刻軍勢に渡海を命じ、朝鮮に誅罰を加えるつもりである。これに対する返事を至急してほしい」という意味の書状をあたえた。これを見てもわかるように、秀吉の朝鮮に対する態度は、国内の諸大名を服属させるときの方法とまったく異なるところがなく、外国とか異民族とかいう要素は少しも考慮されていなかった。このような要求が対馬にとってきわめて迷惑なものであることはいうまでもない。まして、朝鮮との貿易が、これまで離島の経済生活をささえる大きな一つの柱であったことを考えるならば、この要求は軽々しくうけ入れることのできるものではなかった。

秀吉は、七月二日に箱崎を発して大坂に凱旋した。

朝鮮出兵に抵抗

天正十五年（一五八七）、九州征伐を終えて大坂に帰った秀吉から対馬の宗義智に対して、朝鮮のことについて矢のような督促が繰り返された。宗氏はやむなく同年九月に、家臣の柚谷康広を日本国王使に仕立てて朝鮮に送りこみ、秀吉が日本国内を統一したことを告げ、その祝賀のために朝鮮から通信使（友好国に送る正式の使節）を派遣するようにと要求させた。朝鮮側では、この使者を迎えて、簒弑の国に通信使を派遣するという問題について協議を重ねた。これまで朝鮮は足利将軍を日本国王と認めて交隣の関係をつづけてきたが、足利氏以外のものを日本国王として認めることは、当時、朝鮮の宗主国であった明に対しても憚りの多いことであった。結局、朝鮮では水路迷昧という理由をあげて柚谷に要求の拒否を告げ、翌天正十六年、使者は帰島した。

秀吉の度重なる催促をうけ、義調は再度の使者を朝鮮に送った。今度は対馬に寄寓していた博多聖福寺の僧景轍玄蘇を日本国王使とし、義智が副使となり、外交問題に明るい柳川調信を随行させて、交渉の成功を期した。義智等はながいあいだ釜山の倭館に滞留して、執拗な折衝を繰り返したが、成功を見ずに空しく帰島しなければならなかった。この年、義調が五十七歳で世を去り、曙光すら見出せないまま朝鮮との交渉の大役と対馬統治の責任とが二十一歳の青年義智の双肩にかかることになった。

天正十七年になると、秀吉の督促がさらにきびしくなったので、義智と玄蘇は六月朝鮮に渡り、八月二十八日にようやくソウルで朝鮮国王に接見を許された。孔雀・鉄砲・鞍・馬等を私献し、極力低姿勢で折衝を重ね、朝鮮側もようやく十一月になって通信使の派遣を決定した。

このときの日本側使節団の中に博多商人の島井宗室がいた。宗室は商人としてはやくから朝鮮の物資を取扱っていたが、日本国王使にあげられた玄蘇とはかれが博多にいた時代から親交があり、宗氏とも親密の関係にあった。小西行長の書状によると、宗室は行長の使として使節団に同行したことが記されている。堺商人の出身といわれる行長が、博多商人の宗室を信頼して一行に加えたのかもしれない。この行長・義智・玄蘇・宗室の四人は、文禄慶長の役発生以前における出兵反対グループを形成していたのである。

義智が行長の娘マリアを妻とし、天正十九年に宣教師ワリニヤーノによって受洗して、キリシタン大名になったことも、この間の事情を解く一つの鍵となるかもしれない。もっとも、マリアは関ケ原合戦ののちに義智から離婚されている。乱世の浪にもてあそばれて犠牲となった一人の女性の典型であった。

天正十八年三月、義智は通信使の一行をともなってソウルを発し、同年七月ようやく京都に着き、大徳寺にはいった。この間の五月三十日の日付で、義智は宗室に対して、大名が一商人にあてたものとしてはきわめて違例な起請文を書いている。内容は、「義智は生涯を通じて宗室に異心をいだくようなことをしない。義智の一身上のことと対馬のことについては、どんな些細なことでも宗室の指南をうけ、少しも隔心なく相談する。宗室が義智に話したことは絶対に外部に漏らさない。宗室の用事はどんなことでもする。もし義智と宗室の間をさまたげようとするものがいても、一層親密にしてゆきたい」というのである。これを読むと被征服者が征服者にあてて差し出す起請文と変わるところがない。背後にどのような事情が存したのか明らかにできないのは遺憾だが、この時点で宗氏と島井氏との間によほど緊密な関係が結ばれたことは想像にかたくない。

通信使の一行は、聚楽第で秀吉と会って朝鮮国王の書を呈した。内容は、秀吉の国内統一を賀して隣交をいたすというものにすぎなかったが、秀吉は通信使が渡来したことで満足した。これは、秀吉が国内の大名が帰服したときに示した態度と似ている。秀吉は通信使に渡した返書の中で、自分は太陽の生まれ代わりであると述べ、大明四百余州計略の大抱負を語り、朝鮮国王は秀吉の軍が明に攻め入るときの先導をすべきであるとした。この文書の中には朝鮮国王を閣下とよんだり、入朝とか方物とかいう字句が書かれていたので、朝鮮使節はこれをもち帰ることに逡巡して修正を求めたが許されなかった。

通信使の一行は、天正十九年二月に玄蘇や調信に護送されて朝鮮に帰った。義智は通信使同行の功によって、従四位下侍従に任ぜられ、羽柴の姓を名乗ることを許された。

朝鮮国王に対して征明の日本軍を先導せよと要求した秀吉の文書は、明を宗主国と仰ぐ朝鮮では、当然、うけ入れがたいものであった。秀吉と朝鮮国王との中間にあった義智や行長は、窮地に追いこまれた。そこでかれらは、秀吉の要求を、中国遠征を決行するときは日本軍が朝鮮の地を通過することを許してもらいたい、という要求にすりかえたのである。

義智は、玄蘇や調信につづいてみずから朝鮮に渡り、外交折衝の手段によって、秀吉の要求と朝鮮の立場との調整をはかって、その融和点を見出そうとした。秀吉は、このような裏面工作が進行していることはまったく知らなかった。そして天正十九年、弟秀長と長子鶴松があいついで死んでから、朝鮮出兵の計画は急速に実行の段階に移され、明年三月一日が出兵の時期と決定され、肥前名護屋の築城は十二月にははやくも大部分が完成した。

悲運の猛将

天正二十年（文禄元年、一五九二）になって、義智は行長とともに、秀吉の急速な戦争準備に対して、最後のはかない抵抗をこころみた。すなわち、出兵前に行長自身が渡海して、朝鮮帰服の状況をたしかめる必要があると説き、出兵の時期を少しでも先に延ばそうとしたのである。秀吉はこれを了承して出兵の延期を指令したが、出兵の準備はそのまま進行させ、折衝の最終期限をこの年四月十日と指定した。しかも秀吉は、この最終期限を無視し、三月十三日に諸将に命令して部署を定め、以後、七年間にわたった大戦争に突入した。

義智が行長とともに精魂をかたむけた外交折衝と出兵拒否の希望は、独裁者秀吉によって粉砕された。かれの若さも、かれの智謀も、かれの勇気も、かれの努力も、秀吉の意志の前にはまったく無力なものでしかなかったのである。しかもかれに課せられた任務は、出征軍の先頭に立って進むことであり、対馬を中軸とする長大な海上兵站線の確保であった。さらに皮肉なことに、かれの勇猛はこの戦争の過程で遺憾なく発揮されて、衆人の眼をそばだたせることになった。『松浦平戸家譜』を見ると、文禄慶長の役のときの諸将が小西行長のことを批評して「宗義智の猛才と松浦鎮信の智謀とがなかったならば、小西行長はどうして名誉をまったくすることができたであろうか」と語ったという話が載っている。松浦氏の家譜だから、鎮信が偉大な人物として書かれたのは当然だが、義智の勇猛はそれ以上の評価を得ていたのである。

陣立書によって文禄役の出征軍の人員をみると、九軍、合計一九万五一二〇人、舟手を合わせると、二〇万四三二〇人におよぶ大軍であった。このうち小西・宗らの第一軍と加藤・鍋島らの第二軍とが先鋒で、いずれも九州の軍勢で編成されたものであり、両者が緒戦でめざましい行動を競ったことはよく知られている。とくに第一軍は「ちやうせん国さきがけの御せい」としてもっとも重要な任務をあたえられていた。宗氏に割りあてられた人数は五〇〇〇であるが、これは一〇万石の大名の負担する人数に相当する。対馬では十六歳から五十三歳までの男子はすべて動員の対象となったが、到底五〇〇〇には足りない。行長の人数を借りたり、諸国の浪人を二〇〇人ほど集めたりしたが、総数は三〇〇〇には満たなかった。

天正二十年四月十二日、第一軍は対馬北端の大浦を発して、同日のうちに釜山に着き、翌日戦端が開かれた。五月三日ソウル入城、六月十四日にははやくも平壌を占領した。平壌における義智の行動は、黒田長政とならび称せられるめざましいものであった。七月には明将祖承訓の兵五〇〇〇の襲撃があったが、義智らは撃退した。九月には明の遊撃沈惟敬が朝鮮にきて、講和に関する折衝がはじまった。

文禄二年（一五九三）、明では大軍を出動させて、朝鮮を救援することになった。豊臣秀吉・豊臣秀次・景轍玄蘇をとらえ殺したものには銀一万両と封伯世襲、義智・宇喜多秀家・小西行長らを殺したものには五〇〇〇両と指揮使世襲がかけられた。正月六日、明将李如松は五万余の大軍で平壌を奪回、行長も義智も敗走してソウルに退いた。かくて、ふたたび沈惟敬を中心に交渉が進められ、四月十八日、竜山の和議が成り、行長と義智は明将謝用梓らをともなって、五月十六日に名護屋の本営に帰ってきた。

講和の折衝の過程はきわめて複雑で、少ない紙数で語ることは困難だが、義智は行長とともにつねに講和推進派であり、陰に陽に、ときにはきわどい詐謀を弄しながら、秀吉の意向に抗して講和を実現させようとした。しかし、それも空しく、慶長再征となり、義智はふたたび戦塵の人とされたのである。

朝鮮との通交にささげた生涯

秀吉が死に、慶長役出征軍が引きあげたのが慶長三年（一五九八）、対馬と朝鮮との間に通交貿易に関する約条（規定）ができたのが、慶長十四年であるが、この十年間ほど義智にとってながくて忍耐を要する期間はなかったと思われる。戦争によって荒廃した対馬島内の政治・経済を建てなおすこと、さらに決定的な破滅状態となった日本と朝鮮との通交貿易関係を復活させること、この二つの問題が義智に課せられた重要問題であり、また、この二つの問題の解決なしには、宗氏も対馬もその方途を失わねばならなかったのである。義智の後半世のすべての努力は、このためにささげつくされたといっても過言ではない。義智が四十八歳で世を去った年が、大坂夏の陣により江戸幕府の基礎の確立した元和元年（一六一五）であったということは偶然の一致ではあるが、まことに象徴的であるといえよう。朝鮮国王は、義智の生前における和議の労をおもい、とくに万松図書の銅印を送り、対馬から毎年一船を朝鮮に送って貿易することを許し、その祭奠を助けさせた。

対馬藩は義智が生涯をかけた朝鮮との通交関係を維持することにより、幕藩制下において特殊な立場を確立し、その道を歩みはじめたのである。

〔**後記**〕　宗義智の伝記は、昭和四十一年（一九六六）に児玉幸多・木村礎編『大名列伝』(2)武功篇下に執筆したが、本稿はそれを文禄慶長の役を中心に短縮要約して補筆したもので、昭和五十二年（一九七七）に『江戸三百諸侯列伝』（別冊歴史読本）に掲載した。

対馬藩の歴史

対馬藩の概略

対馬藩は、対馬国（長崎県）を領有した外様中藩で、府中藩とも称し、肥前国・筑前国・下野国の一部に飛地を有していた。

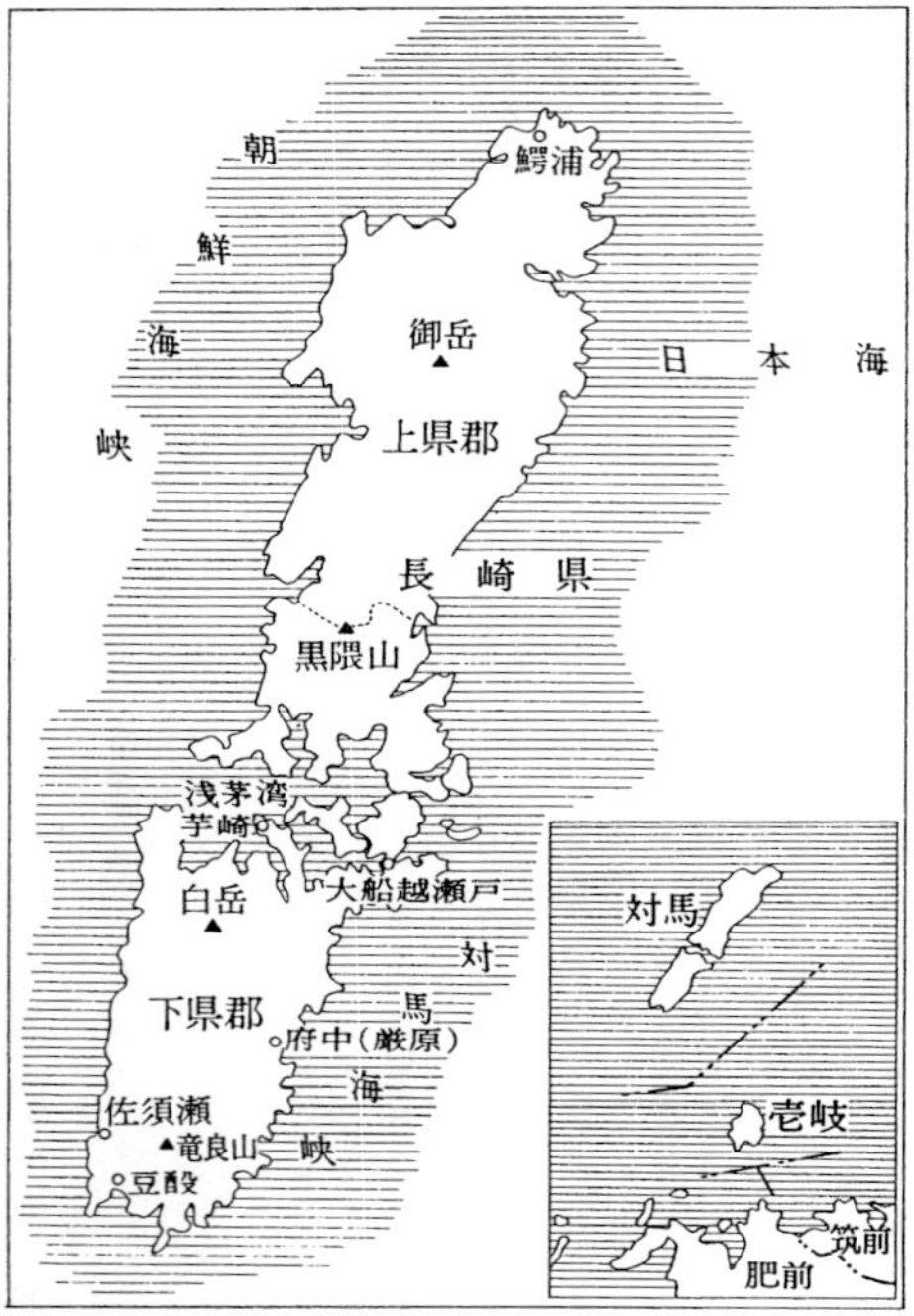

対馬藩領国図　ほかに肥前国基肄・養父・松浦郡，筑前国怡土郡，下野国安蘇・都賀郡内に飛地を領有。

対馬島は朝鮮半島に近接し、古代から交通・防衛上の要衝であった。島主宗《そう》氏は鎌倉時代以来対馬に定住し、朝鮮貿易の独占をはかって全島を支配し、天正十五年（一五八七）に至り、宗義調《よししげ》が豊臣秀吉から旧領を安堵された。だが、藩成立期に文禄慶長の役が起こり、それまで宗一族がつちかってきた朝鮮との関係も水泡に帰し、最大の収入源を失った。その後、義智《よしとし》は家臣柳川調《しげ》信《のぶ》とともに朝鮮との修好の回復につとめ、江戸幕府成立後の慶長十四年（一六〇九）に通交貿易規定「己酉約条」をむすぶことに成功した。宗氏は、朝鮮の通信使を護行する責任者となり、貿易の管掌と貿易船派遣の特典をあたえられた。朝鮮釜山におかれた倭館には、藩の役人が滞在したが、これは江戸時代を通じて唯一の海外居留地であった。

朝鮮との国交回復の努力を買われて幕府から特典と加封をうけ、優遇された宗氏だが、義智の跡を継いだ義成《よしなり》のときに、権臣柳川調興《しげおき》の国書改竄事件が発覚し、以後、幕府は朝鮮通交文書の管掌権を対馬藩から奪い、京都五山の僧を輪番制で対馬の以酊庵に駐在させて管理させた。

対馬藩の制度が整うのは、義真《よしざね》の時代である。義真は一度子息の義倫《よしつぐ》に封を譲ったが、三年後に義倫が没したため、ふたたび藩主となり、その治世は前後で四〇年をこえ、対馬藩政の黄金時代をつくりあげた。義真は検地を実施して間高《けんだか》制を採用し、禄制を確立した。また、大身の家臣を城下に移住させ、城下町府中を整備し、藩主の居館を桟原《さじきばら》に新造するとともに、民政・文教政策にも意を用い、対馬上・下島の間に大船越瀬《おおふなこしせ》戸《と》を開削した。とくに佐須銀山の復活は対馬藩の財政に大きく寄与し、他国からの人口流入がみられた。義真に登用された農政家陶《す》山訥庵《やまとつあん》は野猪の掃蕩をはじめ果敢な農業政策を現実に移した。

義真（再封）の跡を継いだ義方《よしかた》は、元禄十三年（一七〇〇）に幕府に郷村帳を提出し、一〇万石以上の格を自称した。対馬藩が一〇万石を称したのは朝鮮との関係のためであって、対馬にはもともと二万石程度の生産高しかなく、義真の隆盛時代に朝鮮貿易の利益と鉱山の収入をあわせたものが一〇万石に近いものであった。しかし、以後は朝鮮貿易は衰退し、府中がしばしば大火に見舞われ、藩財政は窮乏し、幕府の援助をうけねばならなかった。

宗氏は義方のあと、義誠《よしのぶ》・方熙《みちひろ》・義如《よしゆき》・義蕃《よしあり》・義暢《よしなが》・義功《よしかつ》（猪三郎）・義功（富寿）・義質《よしかた》・義章《よしあや》・義和《よしより》・義達《よしあきら》（重正《しげまさ》）と襲封した。幕末を迎えると、藩内では尊攘・佐幕両派が激しい抗争を繰り返す一方、イギリス軍艦が全島海域を調査測量し、ロシア軍艦も借地を迫り、幕府内では対馬開港案も考えられた。こうした内外のあわただしい動きの中で、文久二年（一八六二）に長州藩との同盟を結んだが、藩論を統一できずに維新を迎え、明治二年（一八六九）の版籍奉還により藩名を厳原《いずはら》と改めた。

明治四年廃藩となり、藩領は厳原県となり、伊万里県・佐賀県を経て、長崎県に編入された。

一　朝鮮との修好回復

1　隠密の目に映った対馬

『土芥寇讎記』は、元禄三年（一六九〇）当時の全国の大名二四三人について、個別に、家系・略歴・居城・家老名・石高・人柄・民政の様子などを列記し、これに編者の批評を加えている。記述の形式が、幕府の意向をうけて諸国を探索した甲賀の家にのこされた「探索書」の下書きに類似しているところから、金井圓氏は、この史料は幕府隠密の報告をもとにして幕府当局かそれに近いものが編集したものだろうと推測している。

この書物の巻三四に、対馬の宗《そう》対馬守平義真《よしざね》のことが出てくるが、その中につぎのような記述がある。

居所対馬府中自二江戸一海陸三百七十一里半十四町有リ。其ノ外、肥前ニモ領知アリ。本知二万石余。国中米乏《トボシ》シク、壱岐・肥前ヨリ求ル。朝鮮国ノ諸運上、莫太也。右運上、米一石ニ銀子一枚積リニシテ、四ツ抨《（はじき）》シ凡十万石ニ及フト云云。家中へ米ヲ不レ渡。朝鮮へノ渡海、百石ニ付何ソ度遣スト云事有リ。最モ分テ有リレ之。在江戸之年、百石ニ付五人扶持、外ニ撲合有リ。在所ニ禽獣魚柴薪等多シ。土地下也。住所、国ノ南、海近、有リレ山。不自由ナル事、他ニ比スベキ地ナシ。国家ノ仕置中也。家士ニ渡リ者希レ也。遠国タル故、諸浪人、（此脱カ）家ヲ不レ望。家士ノ風俗・衣服以下、甚タ華麗ニ奢テ見ル。

ここには、対馬の特色が要領よく書かれている。米穀の生産が少ないこと、生活の資を多く朝鮮との貿易に頼らなければならないこと、家臣統制の極め手が朝鮮貿易であること、領地が海中の交通不便のところであり、しかも農業生産に不適なこと、等である。なお府中は藩庁のおかれたところで、現在の長崎県下県郡厳原町である。

これらのことがらは、対馬の歴史を理解するうえできわめて重要な鍵となるものである。対馬藩が他藩と異なる歴史的展開を見せるのは、このような地理的および経済的な理由によるところが多い。

ところで、豊臣秀吉の朝鮮出兵は、文禄元年（一五九二）から慶長三年（一五九八）まで前後七年にわたり二〇万余の大軍を動員して行なわれた空前の外征であったが、慶長三年の秀吉の死去によって終りを告げた。前田利家や徳川家康らの五大老は、遠征軍の撤退を命ずるとともに、朝鮮との講和のことについて対馬の宗氏に指示した。

対馬にとって、朝鮮との貿易は中世以来命の綱ともいうべきものであった。ところが、ひとたび秀吉の朝鮮出兵の意志が固められると、対馬の宗氏は朝鮮との交渉の先導とされた。そして戦端が開かれたとき、その戦争反対の気持とは逆に、対馬の兵たちは小西行長軍の先兵としての任務を担わされていた。朝鮮にもっとも近いところに位置を占める対馬としては、到底避けることのできない運命であったといえよう。

朝鮮の人民がうけた戦禍が大きかったのはいうまでもないが、加害者側の日本軍のなかでは対馬がうけた被害が種種の点から考えてもっとも大きかった。そのため朝鮮と修好関係を回復することは、戦後の対馬が第一に解決しなければならない課題であった。

慶長四年、宗義智《よしとし》は梯《かけはし》七太夫と吉副《よしぞえ》左近とを朝鮮に送り、翌年も柚谷《ゆたに》弥介を送って朝鮮と交渉させたが、対馬に帰ってきた者は一人もなかった。

慶長五年二月、義智は家臣の柳川調信《やながわしげのぶ》とともに、小西行長・寺沢正成《まさなり》と連名で書を朝鮮礼曹に送って講和使節の派遣を要求し、朝鮮出兵の際に日本軍が連れ帰った朝鮮人捕虜を送還した。こののち数回の折衝がつづき、同年九月にようやく朝鮮側から、男女の朝鮮人捕虜すべてを送還して誠意を示すならば、対馬島との和議に応じてもよいという回答があった。

対馬にとってこのような重要な時期に、関ヶ原の合戦が起こった。合戦に先立つ慶長五年七月に義智は毛利輝元・毛利秀包・島津義弘・秋月種長らとともに大坂城に至り、西軍の将として伏見城の攻略にあたったりした。九月の関ヶ原における戦闘には義智の兵は直接参加しなかったけれども、家臣の柳川調信の子景直《かげなお》（のち智永《としなが》）が石田三成の軍にあり、敗走のときに島津義弘に従って逃げ帰った。黒田長政は家康に対して「義智は景直を使って三成を助けさせ、また鉛丸や火薬を大坂城に搬入したということであるから糾問してほしい」と申し出た。

そこで、黒田の臣栗山某と柳川調信とが対決することになった。調信は「対馬の商人中里利三兵衛という者が、鉛薬を大坂で売ろうと思い、一時これを義智の屋敷の蔵に入れておいたところ、大坂城の城将がこのことを知って密かに奪い取ってしまったのである。このことがわかったので商人は入獄させた。また自分の子息景直は、先に駿府に差し出したのち、三成を訪問しようとして大坂にきたところを三成がとどめたにすぎない。別に三成に味方したわけではない」と陳弁した。

このため、宗氏は家康からとがめられることがなかったという。多分家康には宗氏を朝鮮との修好回復にあたらせようという内意があったので、宗氏を糾弾するというような措置は避けたのであろう。

2　己酉約条の成立

慶長九年(一六〇四)、朝鮮から僧惟政と孫文彧とが対馬にきて、文禄慶長の役後の朝鮮との関係の新しい幕が開かれた。かれらは、対馬島民が朝鮮の釜山で貿易することを許可する旨を伝えたが、戦後の日本国内の事情をも偵察する目的をかねて派遣されたのである。

義智は調信とともに両人を伴って京都にのぼり、翌慶長十年三月、伏見で家康ならびに秀忠と会見させた。幕府側からは、本多正信と相国寺の西笑承兌が出て折衝にあたった。幕府としてのいい分は、朝鮮出兵はもっぱら秀吉の意に出たものであって、徳川氏は関東にあり軍事にはまったく関与しなかった。関東の兵は一人も朝鮮を侵していない、それゆえ、朝鮮は幕府との間に速やかに修好を復すべきだ、というものであった。

この折衝があったのち、宗氏は日本・朝鮮両国外交のことを命ぜられてこの事務を管掌することになり、慶長四年以後宗氏の所領であった肥前国基肄《きい》・養父《やぶ》両郡のうちの所領一万三七石に二八〇〇石が加増された。宗氏は日本・朝鮮間における特殊な地位を、朝鮮と幕府との双方に主張し、双方から認められることに成功したのである。

慶長十一年七月、朝鮮では、二つの条件がみたされれば「相報の道」が開かれるであろうと回答してきた。二つの条件とは、第一は日本の家康のほうから先に国書を朝鮮に送ること、第二は朝鮮出兵のとき朝鮮の先王の陵を荒らした犯人をとらえて送ること、であった。この第一の条件は、当時の外交上の慣習によれば、日本側が降伏の意志表示をすることを意味していた。幕府としては簡単にうけいれられる条件ではない。朝鮮側では、このような、いわば難題をもち出すことによって交渉の引伸しをはかり、日本側の反応を見ようとしたのである。

ところが、対馬では修好の回復を熱望するのあまり、この年の十一月に家康の文書を勝手に偽造し、対馬島内にいた罪人を犯陵の罪人に仕立てて朝鮮に送ることにした。こうした対馬側の間に合わせの偽装工作は朝鮮側には筒抜けに知られており、朝鮮ではこれに対する処置が問題になったが、結局、翌年正月に回答使を派遣することに決定した。

慶長十二年正月、回答使兼刷還使呂祐吉・副使慶暹・書状官丁好寛の三使を中心とする使節団四六〇人が対馬にきた。義智と景轍玄蘇とが護行の責任者となって対馬を発し、閏四月江戸に到着、五月六日将軍秀忠に謁して、人参二〇〇斤、虎皮五〇枚以下の進物を献じた。帰途は駿府で家康と会見し、七月には朝鮮に帰国した。事態は一応平穏裡に進行し、宗氏は両国通信の第一段階の仕事に成功した。しかし、このとき回答使が持参した朝鮮国王の文書は、前年対馬で偽作した家康の文書に対する返書の体裁をとっていたので、対馬藩としてはこれをそのまま幕府に提出させるわけにはゆかず、今度は朝鮮の国書を改作するという二重の工作によって表面を糊塗せざるをえなくなった。

苦しくてながい折衝のすえ、慶長十四年五月、宿願を達して対馬はついに朝鮮との間に通交貿易に関する協定を成立させることができた。

主要な内容は、第一に日本からの渡航者は、国王使（将軍の使）・対馬島主の特送使・対馬の受職人（朝鮮の官職をうけた人）の三者に限定する。第二に対馬島主が毎年朝鮮に送る船（歳遣船）の数は二〇艘に限る（戦前は二五艘であった）、第三に受職人は戦前の者はいっさい認めず、戦争中諜者などとして功労のあった者、戦後朝鮮人捕虜の送還に努力して功績のあった者などに限る、第四は船の大小や過海糧の支給などの細かい規則をきめたこと、などである。己酉の年にできたので、朝鮮側では己酉約条、日本側では慶長条約などともよんでいる。

往来の港には釜山浦一港だけが許され、前例によって倭館がおかれ、日本からの渡航者はすべてここで応接されることになった。そして、使者は室町時代のようにソウルにのぼることは許されなかった。戦前の上京道路がそのまま秀吉軍の進撃路として用いられたからである。

慶長十六年、対馬から約条成立後最初の歳遣船が渡航し、日本と朝鮮との通交は正常なルートで再開されることになった。この年、義智の嫡子義成も朝鮮から図書（通交の証とする銅印）をあたえられ、毎年一船を朝鮮に出すことができるようになった。家臣の柳川景直（智永）も図書をうけた。慶長の役が終ってから十年あまりが経過していた。

二　初期の藩政

1　盛大な朝鮮使節団

元和元年（一六一五）正月三日、朝鮮出兵とその後の講和交渉に精魂をかたむけた宗義智が没し、同年十二歳の子息義成が京都で徳川家康から遺領の相続を許された。この年はまた大坂の陣で豊臣氏が滅亡した年でもある。その翌々年の元和三年、朝鮮では回答使呉允謙・副使朴梓・従事官李景稷らの一行を日本に派遣した。一行四百余人は対馬を経て京都にのぼった。

たまたま平戸の初代イギリス商館長リチャード・コックスは、イギリス国王の書翰を徳川将軍に捧呈する目的で京都に向かっていたが、路次朝鮮使節の一行と前後することになった。

八月三十一日（八月十一日）当地（下関）に於て、朝鮮使節が、四百五十人の朝鮮人を供に、昨朝当地を出発せし事を知り得たり、彼等の中三人は、主なる人にして、皆同様に威儀を整へたり、皇帝は対馬、平戸の壱州、博多及び当下関等に於て為したる如く、彼等の通過する各地に於ては、鄭重に彼等を遇することを命じ、日本皇帝経費を負担して、海上には彼等を輸送する船、陸上には馬乗物〔轎輿〕を備へ、又各地に新館を設けて、彼等を迎へしめたり、或者〔平民なり〕は、彼等は敬意を表し、貢物を献ぜん為め来れるものにして、若し然せざれば、皇帝は彼等に対して、戦争を行ふ可しと云ふ、然れども他の者は之に反し、彼等は対馬の住民をして、今後復朝鮮に通商せしめず、寧ろ朝鮮人の対馬其他日本各地に到るを許さんことを、皇帝に歎願せん為めに来れるなりとの意見なり、（中略）九月七日（八月十八日）、（中略）予が右書状を認めゐたる際、朝鮮使節は、壮麗なる様子にて、水路此町（大坂）を通過したり、皇帝の命に依りて、彼等は、到る処に於て、王者の如く待遇せられて、喇叭《らっぱ》・オボイ等は、彼等の前方二三ヶ所にて吹奏せられたり、（『大日本史料』第十二編之二十七）

皇帝すなわち徳川秀忠が沿道の諸大名に命じて、盛んな歓迎陣を張らせた模様が目に見えるようである。また一般の人びとの朝鮮使節に対する感想なども面白い。

回答使の一行は、八月二十六日に伏見城で秀忠と会見し、九月五日に返書をうけとったが、この返書がまた問題になった。これは黒衣宰相といわれた以心崇伝が書いたものであるが、対馬の柳川調興・島川内匠が「日本国王」と署名するようにあらかじめ申し入れていたにもかかわらず、「日本国源秀忠」とだけしか書かれていなかった。このため対馬では、また文書を流芳院の玄杲首座に改作させて「王」の字を付け加えるという操作をした。

寛永元年（一六二四）徳川家光の嗣立を賀する朝鮮の使者がきたが、名称は前回同様に回答使であった。そしてまた、前回と同じように文書の改作が行なわれた。このときは崇伝が「日本国主」と書いたものを対馬以酊庵の僧規伯玄方が「主」の点を削って「王」に改めたという。

2　柳川一件

このように積み重ねられた交渉上の無理が破裂する日がやがて訪れた。寛永十二年（一六三五）に終末をみた柳川一件である。事件は最初対馬の権臣柳川調興と藩主宗義成との対立という形で起こった。

柳川調興の祖父にあたる調信という人物は、上方と往来する商人であったが、宗義智の先代の宗義調に見出されて宗氏に仕えるようになったと伝えられている。秀吉の九州征伐のときは、義調の使者として薩摩川内泰平寺の陣所まで出向いて秀吉に会い、宗氏の対馬支配が許されるため種々画策した。文禄慶長の役では、宗義智をたすけ、もっぱら外交上の折衝にあたった。天正十八年（一五九〇）義智とともに朝鮮使節を伴って上京したとき、秀吉は義智を侍従にする一方、調信を諸大夫に任じた。また、朝鮮使節を送って朝鮮に渡ったときは、朝鮮国王から官職をあたえられている。朝鮮出兵の際には柳川党を率いて出陣したが、かれの本領は戦争よりも外交交渉にあり、戦後も外交の面で活躍した。

調信の子が智永（初め景直）で、宗義智が僧惟政来聘の功で肥前国基肄・養父二郡のうちに二八〇〇石の所領を加増されたとき、智永はそのなかから園部一〇〇〇石の地を分けあたえられた。これは幕府の閣老本多正純よりの達に従ったものであった。智永は慶長十一年国書の偽造にあたり、同十四年には己酉約条を成立させて、景轍玄蘇とともに歳遣船を毎年一艘渡航させることを朝鮮から許され、貿易上の権利を手にしている。

智永の子調興が家督を嗣いだのは慶長十八年で、このころ柳川氏の権勢は対馬島内ではならびないものとなっていた。調興は義智に対し、駿府と江戸にのぼって家康と秀忠とに拝謁することを申し出た。調興にはすでに幕府直参としての意識があったのかもしれない。義智は参勤のときに同道する旨を告げてこれを制したが、調興はこれをきかずに先行して義智の参勤を待った。調興が家康に謁したおり、布施元甫は義智に、対馬は辺土で遠いから調興を幕下において公用を達せさせたらいかがであろうとはかり、義智も同意した。以後調興は本多正純に預けられて駿河に滞在し、朝鮮との外交にあたることになった。義智は再三帰国を命令したが調興は応じなかった。

すでにみたように、文禄慶長の役後における日本と朝鮮との交渉は、対馬の宗氏を中心として動かされていた。ところが、宗氏の内部に、さらに外交のことを専門の職とするものが現われてきた。柳川一族のごときである。幕府では、この柳川氏に特別の食禄をあたえさせ、そのうえ柳川氏を宗氏のもとから切り離して駿府におき、あたかも幕府の直参であるかのように処遇することによって、宗氏の朝鮮外交独占を多少なりとも牽制しようとしたらしい。一方、柳川氏は外交事務が自分以外にはできない専門の職であるという意識をもつようになり、そのことを一種の特権と考えて藩主の立場をもないがしろにするようになった。

元和元年（一六一五）義智が死に、義成が十二歳の幼年で家督を嗣ぐと、藩主と権臣との対立はついに極点に達した。翌二年、義成は江戸に出て将軍秀忠に謁したが、このとき義成は侍従に叙せられ、調興は五位の諸大夫に叙せられた。こののち、調興は義成の帰国命令を無視した。また対馬の家臣の中には調興につく者が多くなり対馬の政治は二分される形勢となった。

義成と調興との最初の大きな衝突は寛永三年（一六二六）に起こった。調興が、自分の所領二〇〇〇石は直接幕府からあたえられているものであって、自分は宗氏の家臣ではないといい出したのである。所領二〇〇〇石というのは、さきに智永があたえられた肥前国園部一〇〇〇石と、祖父調信の所領一〇〇〇石とをあわせたものだというのである。これに対して義成は、肥前の所領はもともと宗氏が幕府からあたえられたものだが、そのうちの一〇〇〇石を本多正純の指示によって智永にあたえたものであり、これは調興が直接幕府からうけているものとしてもかまわないが、調信が領していた一〇〇〇石はもともと宗家のものであって、調興がこれをも幕府からうけたようにいうのは宗氏の所領を調興が奪おうとするもので断じて許すことはできない、というものであった。

両者の間には、このようにきわめて険悪な対立の空気がただよいはじめたが、寛永八年に調興は義成に対し、所領および歳遣船の権利を返納して君臣の関係を絶ちたいと申し入れた。調興としては、幕府の直参となり、幕府の命で義成に返納した所領と歳遣船の権利とをふたたび手中に取戻す目算が立っていたのであろう。

かくて、義成はついに調興の「不臣」を閣老土井利勝に訴えてその処置を願い、調興もまた義成の「横暴」を利勝に訴えた。寛永十年、義成は閣老によばれて事件の調査がはじめられ、翌十一年には土井利勝から横田角左衛門、松平信綱から篠田九郎左衛門が現地調査のため対馬に派遣された。この調査の過程で、あいつぐ国書改竄事件をはじめ御所丸送使事件が明るみに出た。御所丸とは将軍使船のことである。元和七年（一六二一）調興は義成の病中に、幕府の許可なしに御所丸を朝鮮に派遣したが、これが発覚したのである。

寛永十二年（一六三五）三月、将軍家光は自ら江戸城において諸大名・老臣列座のなかで、調興と義成とを対決させた。あいつぐ国書の改竄は義成が幼年であったために関知せぬことであったし、御所丸の件も柳川氏の勝手な計画であったことが明らかにされ、訴訟は義成の全面的勝利となり、義成はひきつづいて朝鮮との外交にあたり、貿易することを認められた。これが柳川一件とよばれた事件である。この結果、さしもの権勢をふるった柳川調興は津軽に流罪となり、その一味の島川内匠らは死刑、偽造国書の作成に参加した規伯玄方は盛岡（南部）に流された。事件の落着は、権臣の没落をもたらし、対馬藩政確立のうえで藩主宗氏にとっては好ましい結果がもたらされた。

3　宗義成と宗義真の治世

国書改竄事件の弊をふたたび繰り返さないために、幕府では新たに以酊庵輪番の制を定めた。以酊庵は、かつて柳川調信とともに外交僧として活躍した博多聖福寺の景轍玄蘇が対馬の府中に創建した禅院である。幕府はここに京都五山の一つである東福寺宝勝院の玉峰光璘を派遣して滞在させ、朝鮮との外交文書を管掌させることにした。輪番制は、京都五山の僧を一年ないし三年の輪番で対馬に滞在させて朝鮮との往復文書を管掌させる制度で、のちには朝鮮通信使の接待にも以酊庵の住僧があたるようになった。

またこのとき国書の様式を定め、問題のあった「日本国王」については、朝鮮側からは「日本国大君殿下」と書くこととし、日本側からはただ「日本国源某」とだけ記すことにした。幕末になって欧米の諸国が日本の将軍を「タイクーン」の称号でよんだのはここに由来している。年号は朝鮮側では宗主国である中国の年号を用い、日本側の国書は日本の年号を使用することにした。

柳川一件が落着した翌寛永十三年（一六三六）、朝鮮でははじめて通信使の名称で使者を日本に派遣して、泰平の賀を幕府に告げた。このときの国書から「大君」号が用いられた。藩主義成は通信使一行を護行して江戸にむかい、さらに一行を伴って日光の東照宮に参詣した。これは通信使の日光参拝のはじめであった。

寛永二十年にも将軍家光の世子家綱の誕生を祝う通信使が渡来したが、義成はまたこれを江戸に伴い、さらに日光にも参拝した。

義成は父義智の菩提所として府中に万松院を創建した。そして、この地は宗家歴代の墓所となった。藩の重大な政務がこの墓前で決定されたこともある。寺は寺領二〇〇石をあたえられ、対馬の天台宗の中心となった。正保二年（一六四五）には、徳川家康の画像を祀って東照宮を勧請した。このときの画像はいまも万松院に所蔵されている。

明暦三年（一六五七）義真が父義成の跡をうけて藩主となった。義真の治世は、元禄五年（一六九二）に義倫《よしつぐ》が襲封するまでの三六年間と、同七年に義倫が没したのち藩主義方《よしかた》が幼少であったため、それに代って藩政をみた同十五年までの八年間を合せて、実に四十余年におよぶ長期政権であった。義真に最初に課せられた政治的課題は、窮乏した藩財政をいかに建てなおすかという問題であった。当時対馬の藩債は数百万両に達していたという。

義真は大浦権太夫成友《なりとも》を登用して種々の新政策を果敢に実行に移し、藩の面目を一新した。藩政に新しい動きをもたらす大事業があいついで着手された。対馬の上島と下島とを繋ぐせまい地峡を断ち切って浅茅湾《あそう》と日本海との間に水路を開くことは対馬永年の夢であったが、この事業が寛文十二年（一六七二）に完成した。傜役三万五千余人、経費五九貫目余を要した大船越瀬戸《おおふなこしせと》の開削である。初めは堀切の長さ六〇間（約一一〇メートル）、幅一〇間（約一八メートル）であったが、以後四期にわたって合計一六九貫目を投じた拡張工事がつづけられた。

義真はまた桟原に居館を新造し、城下町として府中を整備した。居館は町の北端に置き、馬場筋通りを中心道路として上級武士の屋敷を配置し、朝鮮の通信使を迎える国際都市としても恥しくない威容を整えることも考えていたようである。

阿須川の開削、時鐘の創設、朝鮮釜山における倭館の新築移転などの数多くの土木事業のほかに、銀山の開発、朝鮮貿易の振興、文教政策の推進など、それぞれ強力におしすすめられ、大きな成果があがった。

さらに義真時代のもっとも大きな業績として土地制度の確立と禄高制の制定とがあり、対馬藩政の基礎がかためられた。また、日本と朝鮮との両国間でながいあいだ外交上の懸案になっていた竹島問題も、義真の治世中の元禄十一年（一六九八）にその解決を見た。

義真統治の時代は対馬の黄金時代であり、義真が宗家中興の祖として称賛されるゆえんである。

三　郷村と城下

1　木庭作と間高制

山地の多い対馬では作付面積はきわめて少ないが、そのなかでもっとも多いのは畑で、そのつぎが木庭《こば》であった。木庭は元来木場で、木の生えているところという意味であるが、普通には森林原野を焼いて、そのあとにつくった焼畑のことをさしている。焼かれた草木の灰が肥料になるもので、農耕の方法としては原始的な部類に属する。

木庭作の実際は、最初の年をアラケ・アラキ、二年目をヤクナ・ヤキナ、三年目を三年ヤクナなどとよび、二～三年の間に麦・蕎麦・粟・豆などを植え、そのあとは少なくとも一〇年くらいは放置して荒らすという方法をとる。第一年目の作物の種類により麦コバ・蕎麦コバ・粟コバの三種があり、それぞれ一年一毛作である。コバナギは種類によって時期が異なる。麦コバは旧八～九月、蕎麦コバは七月、粟コバは三月である。コバナギをすると約一か月間そのままにしておき、木や葉が枯れたころをみはからってコバヤキを行ない、その後鍬で耕す。これをパルという。パルでは、大きな根株などは取り除かず、畝《うね》をたてるようなこともしない。土を耕すと、木庭の高所に立って種子をバラマキする。念入りな人は種をまいたあとに鍬で土をかけることもあるが、たいていはそのままにして、鳥などのついばむにまかせる。そのためにバラマキには多量の種子が必要となる。鍬で耕作せず、焼いたあとに地面に棒で穴をあけ、そこに種子をまくという方法もあったらしい。麦の後作として、地味がよければつぎの年もまた麦をつくるが、地味が悪ければ粟に変え、第三年目には前年作のいかんにかかわらず大豆・小豆などをつくり、その翌年以後は荒らす。すなわち、どの木庭も豆を最後として、もとの山林に戻されるわけである。

対馬藩の検地は、寛文元年（一六六一）から四年にかけて全島にわたって実施された。検地には四尺八寸の検地竿が使用されたというが、このことは他の地方には類例のない検地の仕法であった。検地の直後、地方《じかた》の知行は大部分が藩の公領とされ、均田や割替の政策が強行された。木庭もこのとき百姓持高のなかに組み込まれて、物成の対象とされた。これによって、村々の百姓株・百姓竈《がま》がきまり、これを農中・公役人といい、のちに本戸《ほんこ》と称した。物成・公役銀・触番薪《ふればんたきぎ》などの貢租を負担する百姓であった。耕地の割替をしばしば施行するのは村落の秩序を乱すので禁止されたが、実際は数年に一度は実施されたようである。一戸あたりの経営面積は二～三反から四～五反程度のきわめてせまいものであった。

普通の藩では検地ののち石高をもって生産高の単位としたが、対馬では独特の間尺法をもとにした間高制を採用した。間尺法は上々畑と麦とを本位とし、水田や木庭の生産高はこれを基準にして換算することになっていた。一間というのは面積の単位ではなく、上々畑一町の面積に対して、その蒔高一石五斗に対する収穫麦二二石八斗を基準生産高としたもので、物成はその四分の一の五石七斗とされていた。一間は四尺に当り、尺以下の寸分厘毛は十進法を用いた。土地には上々田から下木庭までの等級があったが、それに従って一間の面積と播種量とが定められていた。表示すれば第1表のとおりである。

第1表　間高の等級

等級	間尺	坪数	面積	蒔高
			畝 歩	石 合
上々田	1間	3,000	100.00	1,000
	1尺	750	25.00	250
上田	1間	4,500	150.00	1,500
	1尺	1,125	37.15	375
中田	1間	6,000	200.00	2,000
	1尺	1,500	50.00	500
下田	1間	10,500	350.00	3,500
	1尺	2,625	87.15	875
上々畑	1間	3,000	100.00	1,500
	1尺	750	25.00	375
上畑	1間	4,000	133.10	2,000
	1尺	1,000	33.10	500
中畑	1間	7,000	233.10	3,500
	1尺	1,750	58.10	875
下畑	1間	20,000	666.20	10,000
	1尺	5,000	166.20	2,500
上々木庭	1間	40,000	1,333.10	20,000
	1尺	10,000	333.10	5,000
上木庭	1間	48,000	1,600.00	24,000
	1尺	12,000	400.00	6,000
中木庭	1間	68,000	2,266.20	34,000
	1尺	17,000	566.20	8,500
下木庭	1間	100,000	3,333.10	50,000
	1尺	25,000	833.10	12,500

『新対馬島誌』による。

第2表　元禄16年の惣高

	面積	間高
	畝 歩	間
惣高	232,211.17	1,352.2420
田	20,277.02	136.1941
畑	157,586.23	806.1908
木庭	54,347.22	409.2581

『新対馬島誌』による。

なお、元禄十六年（一七〇三）の田・畑・木庭の惣高は第2表のようであった。

量目は一般に使用されていた京枡によらず、対馬の伊奈の十合枡が用いられたが、この一斗は京枡では一斗四升二合五勺にあたったという。しかし、元禄十五年以後は京枡に統一された。

木庭の物成は畑の三分の一以下であり、無肥料のうえに比較的労働力も軽くてすみ、さらに休耕年を短縮することによって多くの利益があげられたため、木庭の増大がみられるようになった。しかし、木庭作の増大によって山林は伐採され、ひいては土砂の崩落による良田畑の地味衰耗をもたらすことになった。農政学者陶山訥庵は木庭作を停止して段畑に改めることをしきりに藩当局に献策し、享保十年（一七二五）木庭作停止令が出され、まず伊奈郷に実施され、ついで他の八郷にもおよぼそうとしたが、あまりにも理想にすぎて結局は成功をみることはできなかった。

2　禄制と郷村支配の確立

寛文二年藩主義真は従来の地方知行の制度を蔵米知行に改め、郷村在住の士のうち大身の者の多くを府中に移住させることにした。石高には一定の標準を定めて、二〇〇石・一五〇石・一〇〇石・七〇石に分け、さらに馬廻とよばれた上士の知行は米の代りに代銀をあたえ、これを石銀と称した。石銀は、貞享年間（一六八四〜八七）以後朝鮮・九州などの買米を支給するように変えられたものもあり、これは石米とよばれた。上士の馬廻のほか、中士は大小姓、下士は御徒士とよばれたが、寛文時代には在府の士四〇四人、禄米六〇三〇石であった。のちしだいに増加し、貞享年間では一万三六五〇石、元禄十二年には九八〇人、一万四一六石にのぼった。

行政の組織の最高責任者は執政・家老・年寄などと称し、四〜五人で庶務・農政・朝鮮関係事務・財政などの政務にあたった。政庁は政事堂とよばれていた。

対馬島以外の機構は、江戸・大坂・京都・博多・長崎・壱岐勝本・肥前田代ならびに朝鮮の釜山にあった。江戸藩邸は、上屋敷は下谷に、下屋敷は柳原にあり、江戸家老・大目付・勘定奉行のもとに、留守居・案書役・勘定調役等の諸役が詰めた。大坂藩邸は天満十一丁目に上・下屋敷があり、朝鮮貿易品のことにあたった。京都は三条小橋にあって、特鋳銀のことにあずかった。博多は対馬小路に、長崎は簗町に、それぞれ屋敷が置かれた。博多の屋敷は田代米の集積および博多商人との連絡のために、長崎の屋敷は中国からの輸入品の購入と朝鮮貿易品の販売および長崎奉行との連絡を目的に設けられたものである。壱岐は上方・九州への中継点として置かれた。田代には代官と佐役《さやく》がおかれて、領内の統制と年貢の徴集にあたった。釜山には倭館があり、館守・裁判・代官・東向寺僧等の役人が駐在し、朝鮮関係のいっさいの貿易事務をここで行なった。

対馬の行政区画は、城下の府中のほかは、豊崎・佐護・伊奈・三根（以上、現、上県郡）、仁位・与良・佐須・豆酘（以上、現、下県郡）の八郷（はじめ八郡といった）に分れていた。

第3表　給人・足軽の分布
（元禄13年ころ）

	給人	足軽
	人	人
豊崎郷	55	2
佐護郷	31	14
伊奈郷	33	3
三根郷	12	16
仁位郷	36	24
与良郷	56	9
佐須郷	18	5
豆酘郷	17	0
計	258	73

八郷には各郷ごとに奉役という役人が任命され、その下の各村に下知役があり、さらに肝煎・血判などの村役人がこれに属した。奉役は諸藩における大庄屋（総庄屋）・割元に相当し、下知役以下は形式からみれば村方三役にあたる。しかし奉役と下知役とは土着の給人であって百姓ではない。肝煎・血判には在郷の足軽があてられた。また一郷に一〜二名の山川役がいて、山林・道路・河川・堤防を取締る役にあたった。草使は各郡から一人ずつ府中に派遣され、府中に居住して馬の飼養にあたるとともに、各郡との連絡役であった。

元禄十三年ころの調査では、各郷の給人・足軽の分布は第3表のようであった。

給人の資格は若干人が上士格をあたえられたほか、ほとんどすべて下士すなわち御徒士格で、奉役・下知役をはじめ山廻役・川役・遠見番などを勤め、さらに、鉄砲を預かって村の者に交付し、一朝事あるときは海岸防備の指揮に任じることになっていた。農村における給人の地位はきわめて高く、その責任も大きかった。足軽は下級の村役人のほか、鉄砲預り、海岸防備を分担した。

百姓は均田を請け持つ独立の農民だが、その経営は小さく、耕作だけで生計をたてる場合はまれで、材木・薪・魚介・海藻などを採集して生活に資した。

ほかに隷農的な地位におかれた被官、分家または貧農のために本家や地主に付属していた名子などがあり、いずれも土地を所有していなかった。被官の数は延宝五年（一六七七）に府中在住の士の地方知行が復活したこともあって総数一二二〇人が数えられ、在郷給人の被官はとくに「田舎被官」とよばれた。名子は百姓の二、三男で百姓竈が得られぬ者、密貿易の罪により百姓株を取りあげられて拝領奴婢となった者、年貢・公役銀の滞納により百姓竈を取りあげられた者がなり、村落内の下役に任じてようやく生計を維持した。被官・名子よりさらに下位に下人があった。下人は主として密貿易や藩法違反により百姓竈をつぶされて拝領奴婢や拝領下男・下女として給人にあたえられた場合や、「上方抱え」（京・大坂方面から流入した年季奉公人）を又抱えにする場合、百姓の子女が借財の抵当として提供される場合などにより生じた。かれらは居所の移動を禁じられ、不行跡のある場合には給人に処罰権があった。

対馬藩の特権商人に「古六十人」といわれた家柄のものがある。「六十人」「六十人格」などとも称せられる。所伝によると、この「古六十人」は、室町時代に宗貞盛から筑前や肥前に知行所をあたえられていた家臣が、嘉吉元年（一四四一）大内氏との戦いに敗れて九州の地を失い対馬に戻ったとき、とくに知行の代りに商業上の特権を認められたものであるという。府中においてもふつうの町人が桁間四間に入七間の屋敷であったのに対し、古六十人屋敷は桁間五間に入八間と優遇されていた。また年行司・町乙名などの町役人となり、藩と密着して特権的な商行為をし、長崎貿易や朝鮮貿易、藩の御蔵物販売等を担当した。しかし、藩との癒着による弊害も現われ、「古六十人」とは別に、のちには「新六十人」が設けられるようになった。

四　農政と諸産業

1　陶山訥庵の登場

土地制度や郷村の構造についてはすでに前節で述べたので、ここでは、きわめて不利な条件のもとで離島対馬の食糧確保に努力した何人かの人物を中心に述べてみたい。

対馬の農政上忘れることができない第一の人物は、対馬聖人と称された陶山訥庵である。訥庵は藩主義真の治世の晩年に登場し、積極的な農政を推進した。訥庵の事業は、朱子学の教養にもとづき『農業全書』の理解と実践とによる農業改革である。『農業全書』は筑前の宮崎安貞（一六二三〜九七）が元禄十年（一六九七）に著わした江戸時代前期の代表的農書で、農事総論・五穀之類・菜之類・山野菜之類・三草之類・四木之類・菓木之類・諸木之類・生類養法にわかれている。著者の経験と諸国巡歴による見聞をもとにしていて、農業の栽培技術に関しては当時もっともすぐれた指針であった。

訥庵はこの書を全面的に対馬農政に活用しようとした。このことは、対馬の粗笨農業を集約農業に転換させようとする努力であり、土地経済の自給自足性を確立し、すすんで藩の独立性をも確保しようという遠大な理想に燃えたものであった。

訥庵は通称庄右衛門、名は存《ながろう》、字は士通、また鈍翁と号した。西丘老人・海隅小生の別号もある。明暦三年（一六五七）府中の藩医陶山玄育の子として生まれ、幼名を五一郎といった。寛文七年（一六六七）はじめて国を出て京都に行き、木下順庵（一六二一〜九八）の門に入った。まもなく師の順庵に従って江戸に遊学し、門弟六百人のなかでも頭角をあらわし、室鳩巣（一六五八〜一七三四）や雨森芳洲《あめのもりほうしゅう》（一六六八〜一七五五）とならび称せられるようになった。同十一年に江戸を去り大和におもむいて心学を学んだという。延宝元年（一六七三）対馬に帰り、翌二年十八歳ではじめて藩侯に仕えた。ついでまた京都に遊学し、同五年に帰島した。

延宝八年訥庵は家督を嗣ぎ、天和元年（一六八一）馬廻格に進んで一〇〇石を給せられ、五月迎訳使すなわち訳官の迎えとして朝鮮に渡り、翌二年には雨森芳洲・松浦霞沼（允任《まさただ》）とともに朝鮮の通信使に従って江戸にのぼった。貞享二年（一六八五）から翌三年にかけては平田直右衛門真賢らとともに『宗氏家譜』を編纂した。

元禄八年には竹島の帰属をめぐって朝鮮との間に外交問題が起きたが、訥庵は朝鮮に渡ったり、また江戸におもむいたりして奔走し、その解決をはかった。結局、問題となった竹島は、日本側では磯竹島と呼んでいた朝鮮の鬱陵島のことであって、日本の領土としては何らの証拠もないことを明らかにして争論を中止した。さらに、同十二年には肥前田代の対馬藩領と久留米藩領との境界争論が起こったが、訥庵はこれをも解決して、五〇石を加増された。

元禄十二年、訥庵は兄の平田類右衛門喬信（一六五三〜一七一五）とともに郡奉行に登用された。郡奉行は家老につぐ要職であって、民政上の広範な権限があたえられていた。

2　猪狩りの決行

郡奉行としての訥庵が最初に手がけた仕事は、対馬における野猪を全滅させようという大計画であった。自然の条件に恵まれない対馬が農業生産に不適で収穫が十分に得られない土地であることはすでに述べたが、このうえに対馬農民の生活をいっそう深刻にしたのが野猪・鹿・雉・蝮の害であった。とくに野猪の害はその第一とされた。猪の害を防ぐには、木庭のまわりに牆を建てて番人をおくのであるが、猪はしばしば牆を突き破って木庭のなかに侵入し、草生いを掘り返し、結実前の収穫物を食いつぶした。山に近いところでは、木庭だけではなく畑作物をも襲い、海辺の畑や人家に近い畑までも猪によって荒らされた。そのため、山に近くて牆にする適当な材木の手に入らないところでは、耕作を断念しなくてはならないという有様であった。所伝によると、訥庵は十六歳のとき、すでにひそかに猪・鹿狩りの志をいだいていたという。

訥庵の建議をめぐって賛否の両論が対立した。反対論には、ものにはすべて一利一害があるという常識論、猟師の生活苦をまねくとする論、天種を断つのは不仁であるとする論などがあったが、もっとも大きな壁となったのは生類憐みの令の存在であった。周知のように、この悪法は将軍徳川綱吉が施行したもので、貞享二年（一六八五）に始まり、同四年からはそれが極端な傾向にむかい、元禄八年（一六九五）には江戸に四谷・大久保・中野の犬小屋が建てられ、十万匹におよぶ野犬が収容されたという。生類憐みの令下に野猪狩りを実行することは、かなりの冒険であったといわなくてはならない。しかし、訥庵は平田類右衛門の協力を得て藩論を動かし、野猪狩りは藩の方針として採用されることになった。

野猪狩りの準備として、全島を六つの区画に分け、その境界を猪の越えることのできない牆で区切り、区画ごとに順次野猪を全滅して全島におよぼそうというものである。この大計画が「猪鹿追詰之次第」として郡奉行の名で通達されたのは元禄十三年（一七〇〇）九月で、その冬の農閑期から実行に移された。この大事業が完了したのは宝永六年（一七〇九）の春で、一〇年の歳月を要し、最初の計画からみれば二倍以上の年月がかかったけれども、ともかく古今に類をみないこの事業が順調にすすめられて成功したのは、対馬農業史の面からだけでなく、日本農業史全体からみても特筆大書してよいことがらといえよう。

ところで、猪・鹿追詰のために要した多額の費用はどのようにして捻出したのであろうか。第一は薪売却による利益である。これまでは対馬郷村の浦々に他国から薪積船が入ったとき、百姓は船頭から五尺縄三〆半について銀一匁をうけ取っていた。訥庵はこれを三〆で銀一匁に改め、百姓は従来どおりの代銀をうけ取り、余剰となった半〆分の値上分は船頭が府中で郡奉行所に納めることにした。第二は猪皮・鹿皮の売上金で、これに触番薪のこりの売払代銀を加えて狩飯米にあてた。猟師・百姓の飯米代や公役銀上納にも薪の代銀があてられた。薪を伐り出すことは山を荒らすことにはなるが、荒れたあとは人力を用いずとも木は育つことであるから、目前の利害にとらわれて永世の実利を見失ってはならない、というのが訥庵の考えであった。

訥庵は猪狩りの成果について、まず人口増加のことをあげている。すなわち、猪狩り以前の二〇か年間の人口は一万四七四〇人から一万五七八〇人の間であったが、近年はそれが一万七〇〇〇人になったというのである。以前大損毛の年は郡中の出費は莫大なものであったが、猪狩りがはじまってからは、大損毛があっても以前ほどの出費を必要としなくなった。百姓の人数が増加しているのに凶年の出費が減少しているのは、藩主にとっても利益といわなくてはならない。以前猪が荒らしていた木庭のうちを耕作して畑にし、畑としての物成を上納してその土地の永代作人になりたいと願い出るものがあれば、願いのとおりにすればよい。しかし、以前は荒地として軽い税がかけてあった土地を、収穫が多くなり、百姓が木庭を開いて畑にしたからといって、ただちに畑の物成を課することは一考を要する。百姓は耕作に精を出してもその利益が少ないことを知れば、すぐに別の仕事をさがすものである。そうすれば凶年の損毛は大きくなり、それに要する出費も増加する。これは上のためにも下のためにもよろしくない。このような百姓の利益は竿延《さおのべ》の余分の類と考えてすませばよい。

以上が訥庵の野猪狩りの成果に関する自賛と主張であった。

これをみても、訥庵の第一のねらいは、百姓の富を安定させることにあった事情がよく理解されよう。かくて、以前は筵《むしろ》の上で生活していた百姓も猪狩りののちには薄縁《うすべり》の上で暮すようになり、薄縁を敷いていた者は畳を用い、屋作・器物のすえに至るまで贅沢の風潮が現われてきたという。

3　甘藷栽培と新田開発

農政家としての陶山訥庵は、甘藷の効用にいちはやく着目した。甘藷はカライモ・サツマイモなどともよばれるが、対馬では孝行芋という。これを食べることにより、家計が楽になり、孝行になるというのである。この孝行芋が対馬でひろく栽培されるようになったのは正徳五年（一七一五）以後である。孝行芋の移植に熱心だったのは伊奈郷久原《くはら》村の原田三郎右衛門（?～一七四〇）で、かれは訥庵の熱心な共鳴者であった。三郎右衛門は対馬と薩摩との間を再々往復して研究につとめたという。

訥庵は八郷の老農から農作物栽培の実験談を集め、享保七年（一七二二）に『老農類語』を編した。この中で、孝行芋については、伊奈郷久原村の六郎右衛門、三根村の利右衛門、与良郷大山村の儀兵衛などの談話を聴取した。この結果、他の諸作物に風損・水損・旱損などのある年にも孝行芋の損毛は軽く、畑・木庭から四〇～五〇俵ずつの収穫が得られることを確認した。

享保九年（一七二四）正月、訥庵は「栗・孝行芋植立下知覚書」を書いた。これは栗の栽培を奨励するとともに、それよりもはるかに効用の大きい孝行芋の栽培をすすめたものであって、内容は、栽培に適当な場所、植立ての時期、栽培法から始まり、食べ方や貯え方にまでおよんだ懇切なものであった。訥庵はさらに、今後も経験談の取るべきものを集めて奉役から村々の肝煎に徹底させ、百姓に周知させるべきであると加えている。

青木昆陽が『蕃薯考』を著わして将軍徳川吉宗に献じ、甘藷をもって救荒食物となすべきことを論じたのは享保二十年のことであったが、訥庵が「栗・孝行芋植立下知覚書」を書いたのはそれよりも十年も先んじていた。しかも内容はきわめて即物的・実践的なものであった。享保十七年の飢饉は、ほとんど日本全国がその被害をうけ重大な社会不安を引き起こしたが、ひとり対馬はこの影響をうけることが少なかった。

訥庵はこのほかに、救貧対策・鉄砲僉議・旅人吟味・密貿易取締りなどに多彩な業績をのこし、多くの農書・意見書をはじめ数々の著述を著わして、享保十七年に七十六歳でその生涯の幕を閉じた。

陶山訥庵のあとをうけて対馬の農政を指導したのは、佐須郷久根《くね》村の斎藤四郎治定輝である。定輝は貞享三年（一六八六）の生まれで、宝暦十一年（一七六一）に没した。十五歳のときに家を嗣ぎ、二〇戸の被官をもって勢威をはった。宝永四年（一七〇七）に藩主義方の参勤に従って江戸におもむいたが、江戸において農耕・治水のことを大いに研究した。同六年佐須郷の奉役にあげられ、享保八年（一七二三）には八郷普請奉行に登用されて、いよいよその才腕を発揮することになった。定輝は、佐護《さご》川・久根川・矢立《やたて》川・瀬《せ》川の治水をはかり、流域の水田を開いて二毛作を行なった。農民に対しては熱意と親切をもってあたり、みずからすすんで実地に踏査して事に処したために、その計画には失敗がなかったという。また、訥庵の晩年には農事顧問として献策するところが多かった。

定輝は寛保元年（一七四一）に郡奉行にあげられて、訥庵のあとを継ぐことになった。在郷の給人が郡奉行にまで昇進することは破格のことで、対馬では異例中の異例とされたが、定輝はよくその任を辱しめなかった。定輝には藩庁にゆく途中独語する癖があったので、世人は定輝が藩政に不満をもっているのではないかと案じたが、ある日定輝が家人に答えて、「上司は郷村のことにはうといので、これをどのように説得すべきかをつねに考えているので、それが独語となったのだ」と語ったという逸話がのこっている。

農政の指導者には、訥庵・定輝のほかに、佐須郷今里村の大石阿吉（一七一五〜九五）や佐護郷恵古《えこ》村の佐護長右衛門（一七一三〜九三）、与良郷加志村の増田定七《じょうしち》（一七八四〜一八三九）、三根郷狩尾村の扇忠作（?〜一八四一）などが知られる。なかでも佐護長右衛門は佐護布《さとぬの》という白麻の織布を創案して普及させ、増田定七は土木工事に手腕を示したことが知られている。

4 対馬の産業

(一) 海士・網漁・捕鯨

農産物には恵まれない対馬も、海産物には恵まれていた。中世には朝鮮の南部の多島海にまで出漁していた。現在厳原町の曲《まがり》は海士（海女）の部落として有名である。所伝によれば、寛文年間に筑前鐘崎の漁夫がここに移住したものであるというが、曲部落に伝えられている寛正六年（一四六五）の古文書によれば、この地の海士の先祖が対馬一帯の地曳網に関する漁業権をあたえられていたことがわかる（『対馬島誌』）。海女はおもに鮑を採集して今日に至っている。

曲の海士についで和泉国佐野の漁師が対馬に定着して鰯網に従事した。鰯は干鰯にして府中の問屋佐野屋その他の手を経て島外に売りさばかれた。また長門の大敷網（定置網）や肥前平戸の建網の漁師も少数ながら対馬で鰤《ぶり》等の漁に従事したが、定着することはなかった。

文化年間（一八〇四～一七）には、藩主義和《よしより》が浅野安藝守斉賢《なりかた》の娘と結婚したのを機として、安藝の漁夫が対馬で漁業に従うようになり、鰤・平鰤・鯛などの一本釣りおよび延縄《はえなわ》の漁が行なわれた。さらにスルメ製造の有利なことが着目され、いか釣りが盛んになって入漁定住者が漸増した。しかし、入漁者は藩の厳重な統制下、厳原の問屋の従業員のような立場におかれており、資本の蓄積などは到底不可能であった。

また、対馬近海は古くから鯨の遊泳するところであった。対馬における捕鯨の起源は明らかではないが、延宝年間の小田善左衛門・服部甚三郎の名が知られている。対馬の捕鯨業者としてもっとも大をなした者は亀谷《かめたに》卯右衛門（一七八七～一八五八）である。冬漁は蘆浦で行ない、春漁は廻《まわ》浦および伊奈浦で行なった。卯右衛門四十六歳のときの天保三年（一八三二）の捕獲数は二七頭であったが、翌年には三〇頭、翌々年には四〇頭におよんだという。卯右衛門は捕鯨によって得た利益を藩に献じ、六十人格から年行司格にすすみ、同十年には三六〇〇両を献じて中士となり、さらに弘化三年（一八四六）には上士に列せられて捕鯨差配役兼産物方頭取役浦奉行に任ぜられた。これに対して卯右衛門は、その富力によって銅熕一〇門を鋳造して藩に献じ海岸防備の用にあてた。このようにして卯右衛門は一代にして巨富をなしたのであるが、その晩年には西洋船で対馬近海において操業する者が多くなり、ついには年間十余頭の捕獲しかできないようになってしまった。

㈡　銀山の繁栄

対馬の銀の産出は古くから有名で、『日本書紀』の天武天皇三年（六七四）三月丙辰の条には、対馬国司守忍海造大国が「銀始めて当国より出づ、すなはち貢上す」と言上して小錦下の位を授けられたことが記されている。またこのことは永観二年（九八四）奝然によって中国の宋にも伝えられ、『宋書』の日本伝には「東の奥洲は黄金を産し、西の別島は白銀を出だす」と書かれている。しかし、その後対馬の銀は放置されたまま中世には顧みられることがなかった。

江戸時代になって、諸藩の鉱山開発が盛んとなり、また朝鮮貿易にも銀が必要なことが注目され、義成の時代から対馬の銀がまた開発されることになった。慶安三年（一六五〇）採掘がはじめられ、同年七月には京都から採掘師善二郎がきて佐須銀山について「一段結構なる山ニて銀幾久敷さかへ可ㇾ申」という報告をなすに至り、採掘を願い出る者が続出し、採掘個所も佐須から椎根《しいね》山・久根山と拡大した。藩では、鉱山を直轄地として銀山奉行や目利役をおいて統制にあたることになった。

銀山が活況を呈するにつれて諸国から流入する者も多く、延宝七年には一三四九人を数え、人口問題が藩政を悩ますほどになった。陶山訥庵の『財政問答』によれば、銀山の利潤は最盛期には八万石に達し、その物成は三万二〇〇〇石に匹敵すると計算されている。銀高にすれば一九二〇貫に相当し、当時の全領内の田畠・公役銀高一万石の約三倍に相当するものがあった。実に対馬財政の八割を占めたことになる。

㈢　釜山窯と対州窯

文禄慶長の役が日本におよぼした文化的影響をいう場合にかならずあげられるのは、朝鮮陶磁の技法が多くの朝鮮人捕虜とともに日本に伝えられたことである。上野《あがの》焼・八代焼・有田焼（伊万里焼）・唐津焼・薩摩焼・萩焼等は諸藩の保護のもとに朝鮮の技法が日本に根をおろし開花したものであることは周知の事実であるが、対馬の窯業については意外に論ぜられることが少ない。

諸藩の御窯焼に対して、江戸幕府が宗氏に命じ朝鮮で陶磁をつくらせたのが釜山の窯である。釜山は中世以来倭館の所在地で、ここには対馬から役人が派遣されて通交貿易の事務にあたっていたが、この倭館の一部に窯がつくられたのである。将軍の注文によってつくられた朝鮮茶碗であって、これが拝領品として諸藩に頒たれた。そして、上は将軍御用となり、下は大坂・堺の商人にまで売り出した。朝鮮風と日本風とが混合したものであったが、これがきわめて珍重された。このことは寛永十六年（一六三九）にはじまり約八〇年間にわたって行なわれた。

しかし、陶土や薪木の供給に関する交渉が煩雑で難航し、享保二年（一七一七）には廃窯のやむなきに至った。対馬側が求めた白土は御馳走土とよばれ、数百石の多量にのぼり、慶州・蔚山・河東・晋州・金海・密陽・梁山等広範囲におよんで、朝鮮側もこれに応じきれなくなったのである。

対馬から多くの燔師《やきし》が釜山に渡ったが、なかでも中庭茂山《なかにわもさん》（はじめ阿比留《あびる》）と松村弥平太とが知られている。茂山は都合一〇回、二一か年にわたって釜山に渡り、多くの作品をのこした。茂山の作品について浅川伯教氏は「大体質がざんぐりして軽い薄手のものが多く、茶碗や鉢に事の外秀でた技能を見せて居る」「自然にして従順な強さと、冴えた轆轤《ろくろ》の跡と、すっきりした気持のものである」と評している。

釜山窯が廃窯になってから対馬で窯業が行なわれるようになった。府中を中心にして、小浦皿山《こうらさらやま》窯・久田《くた》窯・志賀《しが》焼《やき》窯・立亀《たてがめ》茶碗窯・阿須《あず》窯・小浦窯の六か所の窯跡があるが、小浦皿山窯以外はいずれも享保以後にはじめられたものである。対州窯の特質について浅川氏は「土質が粘り気が強くねっとりして居る為、素地の質が重く焼けて居るものが多い」「大体対馬のものは青磁掛ったものでも素地に青味があって、白い釉を透してこの青味が表に見える。それで全体がほっとして見える」と書いている。対州窯は吉田又市とその子孫によって伝統が守られていたが、大正四年（一九一五）に廃絶した。しかし、最近また復興の動きが起こっている。

㈣　肥前田代の売薬

肥前国基肄・養父両郡にまたがる対馬藩領田代は、一万三四〇〇余石の飛地である。この地で生産された米はほとんどが対馬に送られ、一部が大坂に送られて蔵米として取引きされた。

田代領の山は多くが草地であったために、しばしば洪水の被害をうけた。救恤のためには飯米・塩・飲料などとともに薬が支給された。延宝八年の洪水被災者一九七人中死亡者が一四人のみで他は全員回復したというのは、すでに田代領内に製薬の方法が普及していたことを物語っている。対馬藩は釜山に薬種方をおき、朝鮮貿易によって人参をはじめ多くの薬種を容易に手に入れることができたのが大きな原因であった。小林肇氏によれば、農民が田畑を売り、田代のもつ地理交通上の位置を利用して売薬人となって領域外に進出し、田代売薬が行なわれるようになったのは宝暦年間(一七五一~六三)のことであるという。天明八年(一七八八)には売薬制度ができ、富山売薬人の九州進出と競合しながら肥前・肥後・筑前・筑後・豊後方面に販路を拡大した。田代売薬で有名なのは奇応丸で、人参・沈香・麝香・熊胆・金薄を調合したものであるが、腹の痛み、食中毒、小児の五疳・驚風などに効いた。

田代領ではまた、文化年間から蠟燭の製造が注目されて櫨の栽培がはじまり、嘉永五年(一八五二)には生蠟会所が設置されて藩営専売が行なわれた。売薬では運上銀を納めさせ、櫨では専売制をとって幕末藩財政の強化に役立てようとしたのである。

五　通信使の渡来と朝鮮貿易

1　朝鮮の日本通信使

江戸幕府にとって朝鮮は唯一の外交関係を保持した相手国であった。中国(明・清)・南蛮(ポルトガル・スペイン)・紅毛(イギリス・オランダ)等の諸外国との関係は、幕末に至るまでは通商の関係に終始したのであって、主権者相互間の正式国交はなかったのである。また琉球は一面では薩摩藩に属しながら一面では独立国として中国の冊封をうけ

第4表　朝鮮使節一覧表

年代 西暦	年代 朝鮮 日本	年代 干支	正使	副使	従事官	製述官	総人員（大坂留）	使命	使節関係の記録および編纂物	備考
一六〇七	宣祖40 慶長12	丁未	呂祐吉	慶暹	丁好寛		四六七	修好、回答兼刷還	海槎録（慶暹）	国交回復
一六一七	光海君9 元和3	丁巳	呉允謙	朴梓	李景稷		四二八（七八）	大坂平定、回答兼刷還	扶桑録（李景稷） 東槎上日録（呉允謙）	伏見行礼
一六二四	仁祖2 寛永元	甲子	鄭岦	姜弘重	辛啓栄		三〇〇	家光襲職、回答兼刷還	東槎録（姜弘重）	
一六三六	仁祖14 寛永13	丙子	任絖	金世濂	黄戻	権侙	四七五	泰平の賀	丙子日本日記（任絖） 海槎録（金世濂） 東槎録（黄戻）	以降「通信使」と称す 日本国大君号制定
一六四三	仁祖21 寛永20	癸未	尹順之	趙絅	申濡		四六二	家綱誕生	海槎録（申濡） 東槎録（趙絅） 癸未東槎日記	
一六五五	孝宗6 明暦元	乙未	趙珩	兪瑒	南竜翼		四八八（一〇三）	家綱襲職	扶桑録（南竜翼）	
一六八二	粛宗8 天和2	壬戌	尹趾完	李彦綱	朴慶俊	成琬	四七五（一一二）	綱吉襲職	東槎日録（金指南） 東槎録（洪禹載）	
一七一一	粛宗37 正徳元	辛卯	趙泰億	任守幹	李邦彦	李礥	五〇〇（一二九）	家宣襲職	東槎録（金顕門）	新井白石の改革
一七一九	粛宗45 享保4	己亥	洪致中	黄璿	李明彦	申維翰	四七五（一〇九）	吉宗襲職	海槎日録（洪致中） 海游録（申維翰） 扶桑紀行（鄭后僑）	
一七四八	英祖24 寛延元	戊辰	洪啓禧	南泰耆	曹命采	朴敬行	四七五（八三）	家重襲職	日本日記 奉使日本時聞見録（曹蘭谷）	
一七六四	英祖40 明和元	甲申	趙曮	李仁培	金相翊	南玉	四七二（一〇六）	家治襲職	海槎日記（趙曮）	崔天淙被殺
一八一一	純祖11 文化8	辛未	金履喬	李勉求		李顕相	三三六	家斉襲職		対馬聘礼

注　中村栄孝・李元植両氏の作製の表をもとに一部訂正した。

るというきわめて変則的な状態におかれていた。それ故、朝鮮使節の渡来に対する応接は、幕府にとって国際社会における自己の立場を明確に表現しうる重要な舞台であり、幕府の威信を内外に誇示するセレモニーの一つとして大きな意義をもっていた。通信使は、琉球の賀慶使・恩謝使の江戸参府、オランダ商館長の参府とともに、外国の使人を迎える盛儀として上下の注目をあびたが、中でも通信使の規模がいちばん大きく、その歓迎には多大の費用が投ぜられた。

江戸時代における朝鮮使節の江戸幕府に対する渡来は、慶長十二年（一六〇七）にはじまり、元和三年（一六一七）と寛永元年（一六二四）にもそれぞれ使節が派遣されてきた。しかし、これらはいずれも回答使という名称の使節で、朝鮮側としては江戸幕府を正式の交隣の対象とすることにはいささかの躊躇があったのである。朝鮮国王が江戸幕府を対等の主権者と認め通信使の名称の使節を派遣したのは、柳川一件が落着したのちの寛永十三年である。この後、朝鮮からは第4表に示すように、日本通信使は九回にわたって派遣された。

通信使団は三使（正使・副使・従事官）・上々官・上判事・学士・上官・次官・中官・下官からなり、使節のほか随員としての通訳や文書起草者、武官、医師、贈答品の管理者、儀仗に関する者、船員などまでがふくまれており、ときには五〇〇人におよぶ大集団となったこともある。

通信使の一行はソウルを出て釜山で乗船、対馬・壱岐・下関を経て海路瀬戸内海を通過して大坂に上陸し、陸路で江戸にむかった。この間近江の野洲《やす》と鳥居本の間は朝鮮人街道を通った。一行の通過が発表されると、道路を修理し、旅館を整え、天竜川・富士川・酒匂川・馬入川などには船橋を架け、大井川の輦台渡しには多くの人足を準備した。通信使一行の往復は五か月から八か月の日数を要し、一回の通信使の応接に幕府の投じた費用は五万両に達したといわれ、沿道二十二か国はもちろん、全国の負担は莫大なものとなった。

2　新井白石と雨森芳洲の論争

正徳元年（一七一一）六代将軍徳川家宣の襲職を賀するために、趙泰億を正使とする通信使の一行が渡来し、このとき新井白石がその応接にあたった。白石は内外の故実をひろく検討して一〇項目からなる改革案を作成した。

第一は、従来通信使の「来朝」といっていたのを「来聘」と改めること。第二は、日本の将軍の称号を朝鮮の国書では「日本国大君殿下」と記し、幕府側からは「日本国源某」と記していたのを、双方ともに足利将軍以来の例にならって「日本国王」と記すように改めること。復号問題といわれるのがこれである。第三は、使節の世子への拝謁、老中との書状や贈物の交換を廃止する。第四は、路次における通信使の饗応を改めて経費の節減をはかる。第五は、使節が客館（天和度までは馬喰町の本誓寺であったが、正徳以後は浅草の東本願寺があてられた）に入るときは輿から降り、幕府の上使が客館に至ったときは階下に降りて送迎し、上使の席は正使と対座の宗氏の上とする。第六は、江戸の客館への上使は従来老中であったのを高家にする。第七は、進献の日と賜饗の日とを別にする。第八は、国書は従来上々官が捧呈したのを、正使が上々官からうけとり、ひざまずいてこれを高家に渡すことにする。第九は、通信使の将軍への拝位が三家と同位であったのを下げて高家と同位にする。第十は、賜饗の宴における使節の席を東から西に改め、相伴役を改める。以上であった。

右の改革論のうち朝野の大問題となったのは第二項の復号の件である。白石によれば、「大君」は中国では古来天子の意味に用いられた。日本国大君とは日本国天子ということになるから、この称号を用いては天朝に対しておそれ多い。また朝鮮では、諸王子のうち王の正妃の生んだものに大君の称号をあたえ、その他の者は君という由である。これによれば、わが将軍は朝鮮における臣子の号を用いるわけで納得できない、というのが復号の理由であった。

この白石の議論に対しては、従来外交文書のことを取扱っていた林家や、対馬の儒者松浦霞沼などが激しく批判したが、もっとも痛烈をきわめたのは木下順庵門下で白石とともに木門の十哲とならび称された雨森芳洲（誠清《のぶきよ》・橘窓《きつそう》、通称東五郎）であった。

白石の復号意見に対し、芳洲は正徳元年三月十四日、長い和文と漢文の手紙を送ってこれに反駁した。芳洲の基本的な立場は、天皇と将軍の関係については実情と名分とを区別して考え、実際上は将軍が国主であっても皇位は絶対的なものであるから、将軍が国王を称するのは僭称であり、臣子恭順の一節を失ってはならない、というものであった。これに対して白石も、対馬のなま学匠が知らずにとやかくいう、として大いに反論した。

この問題の根底には、将軍を覇者であると同時に王者すなわち日本の完全な支配者として認めさせようとする白石の立場と、王・覇の別を明確にし、王権は朝廷に、覇権は幕府にあると考えた芳洲の立場との対立があった。そのため、両者の論争は出発点から別の方向を志向しており、合致点は見出すことができなかった。

論争における芳洲の明快さ、白石説の矛盾・撞着・牽強付会にも関わらず、通信使の応接は白石の計画どおりに実行された。

3　雨森芳洲の業績

雨森芳洲は、近江国伊香郡雨森村の雨森清納《きよのり》の子で、寛文八年（一六六八）に生まれ、十八歳のとき木下順庵の門に入った。元禄二年（一六八九）二十二歳のとき師順庵の推薦をうけて宗義真に仕え、二〇〇石を給せられ、ついで三〇石を加増され、対馬における文教と朝鮮との外交にあたることになった。

二十四歳のときから中国語を習い、元禄九年には長崎におもむいて稽古し、簡単なことなら中国人と会話することができるようになった。そして以後五〇年間、芳洲は中国語の学習を廃することがなかった。また、朝鮮との外交についてはとくに心をくだいた。朝鮮人の風俗・習慣・生活などにはつねに強烈な関心をもちつづけていたが、三十六歳のときには、韓語（ハングル）を学習する目的でわざわざ釜山に渡った。後年芳洲は「韓語は大変やさしい、自分は朝鮮で五年間勉強して大体のことはわかるようになった、文章の構造が日本語と同じだからである」と書いている。『隣交始末物語』『交隣提醒』『雞林聘事録』『朝鮮風俗考』などの著述とともに、ハングルを日本語訳した『交隣須知』『全一道人』という特殊な語学書をものこしている。

芳洲は教育家としても大きな業績をのこした。対馬の藩校小学校は貞享二年（一六八五）藩主義真のときに設立され、八歳から十五歳までの武士の子弟の教育を目的とした。芳洲が対馬の地を踏んだのは学校創立の七年後であった。のちに芳洲はそのころを懐古して、当時は学校が隔日に開かれ、就学者は三〇〜四〇人で、塩川伊右衛門が指南にあたり、文書を解する者は佐治勘介・陶山平助の二人にすぎなかったと述懐している。このような教育環境で芳洲は大いに責任を感じたらしく、宝永元年（一七〇四）藩主のために『孟子』を講じ、『治要管見』を呈して大いに藩主の学問をすすめ、対馬は他国とくらべて儒官を招くことが困難である事情を述べ、さらに朝鮮との外交文書を処理するために博学多識の者が必要であることを説明し、対馬のうちでどうしても有用の人材を育成しなければならぬと説いた。

ここにおいて、芳洲自身は栄達を退け、小藩の小禄に甘んじ、絶海の孤島に永住すること六四年、公務の余暇には塾を開き、老いを忘れて一藩の子弟の教育につくした。このために対馬の文教は大いに振興し、他藩に遜色のないようになった。芳洲の教えをうけた門下生に阿比留惣太郎・大浦東皐・松浦賛治・朝岡一学・満山左内などがあり、芳洲の学統につながる者が多く儒官となり、また小学校の学頭や職員となって活躍した。

芳洲は晩年に至ってもいよいよ学問に精励し、八十一歳で和歌に志し、八十四歳の夏には古今集千遍読みという大記録をなしとげた。宝暦五年（一七五五）八十八歳で世を去ったが、子孫もながく芳洲の志を継ぎ、対馬教学の中心となった。

なお対馬では小学校のほかに、思文館が天明八年（一七八八）に、日新館（はじめ文武館）が元治元年（一八六四）に創立され、十五歳以上の子弟を対象に教育が施された。

4　釜山倭館の貿易

対馬藩の朝鮮貿易は釜山の倭館を中心に行なわれた。倭館は朝鮮政府が対馬の人を滞留させるために設けた場所で、幕府がオランダ人や中国人に対して長崎に出島や唐人屋敷を設けたのと性格がよく似ている。倭館には対馬藩から派遣されて倭館の総責任を負う館守が常駐し、朝鮮との交渉にあたる裁判、貿易と経理とをつかさどる代官、書記役の書僧倭（東向寺僧）や通詞がいた。その他の役人をふくめると四〇〇〜五〇〇人にのぼる人数が滞在し、朝鮮の官民と接触して貿易や外交の事務にあたった。倭館は文禄慶長の役の直後は釜山の入口の絶影島におかれていたが、国交の回復後旧釜山鎮城跡に移り、さらに延宝六年（一六七八）に草梁項に移転し、明治五年（一八七二）外務省の直轄となって役割を失うまで二百年間つづいた。

倭館における貿易は、大きく分けると官営貿易と私貿易とになる。

官営貿易は進上貿易と公貿易で、慶長十四年（一六〇九）の己酉約条によって運営された。進上貿易は取引品目・数量にしたがって進上・回賜という形式で輸出入が行なわれた。進上（のち封進）の品はおもに胡椒・丹木・白礬・朱紅・銅盤等で、回賜の品は人参・虎皮・花席・油芚・筆・墨等であった。公貿易は朝鮮政府と行なう貿易で、銅・錫・丹木・水牛角の四品を輸出し、一定の交換率で木綿（公木）を支給されるものであった。木綿の代りに米が支給されることもあり、それは公作米とよばれた。私貿易は、朝鮮政府と取引きするものではなく朝鮮の商人と直接交渉して行なう貿易で、倭館の開市大庁（交易場）で毎月六回取引きが行なわれた。対馬側からは主に銀が輸出され、朝鮮からは中国産の生糸や人参が輸入された。とくに人参の輸入は対馬にとって大きな利益となった。私貿易には多くの対馬商人が参加したが、天和三年（一六八三）藩では私貿易係官として商売掛一〇名を任命し私貿易を統制した。商売掛はのち元禄九年（一六九六）元方役と改称され、朝鮮貿易の藩営化が完成した。

貞享三年（一六八六）に朝鮮との貿易額は年間一万八千両（銀で一〇八〇貫目）とすることが定められた。しかし実態はこれとは異なる。十七世紀末から十八世紀初めにかけての貿易額は対馬藩の貿易帳簿から知ることができるが、それによると、当時の貿易額は輸出入ともに平均すると年に五万両（三千貫目）であり、多いときは一〇万両（六千貫目）にもなっていた。幕府が定めた制限額の数倍の規模の貿易が行なわれていたのである。利潤は輸出入を合わせてだいたい一〇万両くらい、多いときは実に二〇万両以上にのぼった。私貿易により輸入した生糸・人参を国内で販売することにより、このように大きな利潤が得られたのである。とくに十七世紀末においては、生糸の輸入量が長崎貿易による輸入量よりも多かったことは注目されねばならぬであろう。

人参や生糸を輸入する代りに対馬からは銀が輸出された。当時の東アジアの経済は銀が中心になって行なわれていたため、朝鮮では輸入銀を吹きかえて中国にゆく使節団の献上品にしたり、中国から輸入する生糸や絹織物の代価にあてたのである。日本と中国との貿易関係には、長崎における唐人貿易のほかに、朝鮮を経由する方法があったのである。

交易銀には当時日本国内で貨幣として通用していた丁銀があてられていたが、幕府は元禄八年以後しばしば貨幣の改鋳を行なって品質を低下させた。この品位の劣った悪銀は朝鮮でうけ取られなかったので、幕府は宝永七年から約二〇年間、薬用朝鮮人参輸入を容易にするという名目で京都の銀座に命じて良質の丁銀を鋳造させ、対馬藩に渡した。「人参代往古銀」と称せられるもので慶長銀と同位の丁銀であった。この銀は朝鮮貿易にのみ使用され、国内の通用は禁ぜられていた。年間の鋳造高および輸出高は一四一七貫五〇〇目であった。この特鋳銀の吹賃等すべての経費は幕府の負担によってまかなわれた。しかし、銀座の引替遅滞によって、特鋳銀の輸出高は次第に減少した。加えて元文三年(一七三八)以後は吹賃等の経費が対馬藩の負担に変えられたため、輸出高ははじめの四分の一となり、その後も下降し、宝暦四年(一七五四)には鋳造が中止され、したがって輸出も杜絶した。銀とともに重要な輸出品の一つであった銅も国内銅産の低下につれて調達難となり、対馬藩の朝鮮貿易はふるわなくなっていった。

六　藩政の動揺

1　藩財政の窮乏

陶山訥庵が志した対馬の自給自足体制の確立方針は、対馬の進むべき方向を示した卓見であったが、その達成のためには自然の条件があまりにも厳しかった。一方、朝鮮との貿易も行詰りをみせ、藩の窮状を救うためにのこされた唯一の道は、外交と国防上に占める対馬のもつ重要性を誇大に宣伝することにより、幕府の援助をひきだすことであった。

幕府はもとより対馬の立場を認め朝鮮との外交を重要視していたから、つとめて対馬の要求にこたえる方策をとった。つぎに示すのは、朝鮮との通交貿易を理由にして対馬が幕府から借り入れたものである。

正徳元年(一七一一)　五万両　朝鮮使節接待のための費用。

享保三年（一七一八）　二万七五〇〇両　正徳期の例にしたがう。
享保十九年　一万両　輸入の人参払底により貿易の利潤が少ないため。
延享三年（一七四六）　三万両　通信使来聘のため。返納は一〇か年賦。
宝暦四年（一七五四）　一万五〇〇〇両　人参貿易中絶のため。
同　八年　一万両　朝鮮貿易不振のため。五か年賦。
明和四年（一七六七）　一万五〇〇〇両
天明二年（一七八二）　五〇〇〇両　訳官応接のため。十か年賦。
寛政五年（一七九三）　拝借米一万石
文化六年（一八〇九）　三万両　朝鮮通信使易地行聘の費用。
天保五年（一八三四）　一万両　朝鮮貿易断絶のため。
同十一年　一万両　通信使費用。
同十二年　二万両　通信使来聘準備金。

以上のほかにも少額の借金がかなりあった。それに返納もきわめてルーズで、内実は賜与と変わるところがなかった。

つぎに、返済を期待せずに幕府が対馬にあたえたものをあげよう。

延享三年　朝鮮貿易不振のため、以後毎年金一万両を支給。
宝暦五年　貿易不振のため島中困窮につき、三か年間毎年金一万両支給。
同十三年　朝鮮通信使接待の費用として、九万七〇〇〇両支給。

第5表　府中大火年表

	年　月　日	被害と救恤状況
1	万治　2（1659）.12.27	1,078戸，船4艘，橋8か所焼失，死者16人。翌年正月，幕府，米1万石を賑恤。
2	寛文 元（1661）.12.24	中須賀町より出火，715戸，船10艘焼失。
3	延宝　5（1677）．1.22	280戸焼失。
4	元禄 元（1688）.12.	290戸焼失。
5	享保　8（1723）．5.16	319戸，土蔵18焼失。
6	享保 17（1732）．3.26	1,219戸焼失。幕府，米1万石を賑恤。
7	享保 19（1734）．4.11	1,058戸焼失。幕府，米1万石を賑恤。
8	宝暦　9（1759）．9．1	約1,000戸焼失。幕府，米1万石を賑恤，上納金の期限を延ばす。
9	宝暦 11（1761）．2．4	902戸焼失。翌年，幕府，米1万石を賑恤。
10	文化　5（1808）．1.22	202戸焼失。
11	文政　6（1823）．4.24	1,023戸焼失。幕府，5,000両を賑恤。
12	天保　2（1831）．1．8	320戸，神社その他53か所焼亡。幕府，5,000両を貸す。

『改訂対馬島誌』により作表

明和七年　朝鮮貿易途絶のため、貿易再開まで大坂御金蔵より毎年銀三〇〇貫をまわす。
安永五年（一七七六）以後毎年金一万二〇〇〇両下付。
安永八年　訳官応接費として三〇〇〇両下付。
文化二年（一八〇五）朝鮮通信使易地行聘の費用として金一万両下賜。
同四年　八万両下賜。
同九年　以後二〇か年間毎年二五〇〇両下賜。
同十二年　朝鮮国飢饉のため米一万石下付。
同十三年　朝鮮貿易不振のため米一万石下賜。

また府中はしばしば大火に見舞われた。冬期の強風は被害を増大させた。町の要所に防火壁などを設備したあとは現在でものこっていて、城下の人びとがどれほど火事に悩まされたかを物語っている。そして記録されている被害も決して少ないものではなく、幕府はこれに対しても救恤の手をさしのべねばならなかった。一覧表で示せば第5表のとおりである。

2　藩財政の打開策

(一)　朝鮮通信使易地行聘

対馬藩が財政窮乏のためにとった二つの方策がある。それは朝鮮通信使を対馬で行聘（易地行聘）しようという案と、転封を申し出て国替によって活路を見出そうとする移封論とであった。

天明六年（一七八六）将軍家治が死に、翌年の春家斉が将軍になり、同年、松平定信が老中にあげられて幕政をみることになった。定信は対馬藩主宗義功《よしかつ》（富寿）に指令し、江戸の大火と凶年の連続とを理由として、通信使派遣の延期を朝鮮に申し入れさせた。さらに三年後に、定信は通信使は従来のように江戸には参府させずに対馬で応接することにし、この交渉を宗氏にゆだねた。当時、対馬藩内では杉村直記蕃祐《ありすけ》（一七四一～一八〇八）と大森繁右衛門功久《かつひさ》（一七四四～一八〇九）の対立があり、朝鮮側でも簡単に易地行聘の案に応ぜず、折衝は難航をきわめたが、結局寛政十年（一七九八）になって対馬藩主と朝鮮東萊府使との間に戊午易地行聘約条が成立した。

易地行聘の実現により、対馬では、通信使旅館の新築、宗氏居館の増築工事、諸役所の改築、市区の整備、佐須奈や鰐浦《わにうら》などの通信使乗船の寄港地の改修事業などがあいついで着手された。幕府はその費用として、文化二年（一八〇五）に金一万両、同四年に八万両を下付した。巨額な費用が短期間に狭い離島に投入され、一挙に巨富をなす島民も現われた。こうして易地行聘はどうやら無事にすみ、同十四年になって、幕府は対馬藩主宗義質《よしかた》の襲封に際し、とくに肥前国松浦郡、筑前国怡土郡、下野国都賀・安蘇両郡のうちで二万石の加増を行なった。

寛政三年から文化八年まで前後二〇年をかけて成立した易地行聘は、対馬の経済事情を一時的には大いに潤したが、聘礼の場所はのちに大坂に改められ、また対馬に戻されたりした。もっともこれらはいずれも幕末多事のときであったため実現はせず、文化八年の対馬での行聘が朝鮮通信使渡来の最後のものとなった。

(二) 移封問題

鎌倉時代以来の父祖の地をすてて新天地に移ろうとする移封論は、藩財政の行詰りを打開するための最後の切札であった。移封論はつとに藩内ではくすぶっていたのであるが、幕末に海岸防備の問題が重要視されるようになってから急速に具体化した。

移封論の先頭に立った人物は江戸詰家老の佐須伊織で、その論の大要はつぎのようなものである。

① 宗氏は封を五畿内河内国三〇万石の地に移す。朝鮮貿易は幕府の直轄にするが、宗氏は多年朝鮮の事情に通じているからこれに参与する。対馬の地は幕府の直轄として開港場をおき完全な防禦態勢をたてる。

② 宗氏は河内に城を築き、和歌山・彦根・姫路の諸藩とともに譜代となって幕府をまもる。

佐須伊織が右の意見をたずさえて大老井伊直弼と折衝したのは、安政五年(一八五八)のことである。直弼はこの案に耳をかたむけ、見通しには明るいものがあったが、万延元年(一八六〇)桜田門外にたおれた。一方、対馬島内では唐坊《とうぼう》長秋などが先頭に立って移封反対論を展開した。伊織はこれに屈せず、老中安藤対馬守信正に対して猛烈に運動した。あたかも文久元年(一八六一)にはロシア軍艦が対馬に滞泊する事件が起こり、幕府としても移封と対馬開港のことを真剣に考えるようになった。けれども、ロシア軍艦が退去して再度来泊の危険が去り、安藤信正が同二年に坂下門の変で幕閣を退くに及び、藩内における移封反対の空気はいよいよ濃くなった。

文久二年、尊攘運動の波に乗ろうとする藩士四二名が脱藩して江戸におもむき、伊織を襲撃して斬った。ここにおいて伊織が努力を重ねてきた移封問題も終止符が打たれ、対馬藩は莫大な借財をかかえたまま維新を迎えなければならなかった。

3　幕末の風雲

(一)　ロシア軍艦の浅茅湾滞泊

幕末になって欧米列強が東アジアの海域でその勢力を競うようになると、日本と朝鮮との間に位置する対馬は軍事上の意味から注目を集めるようになった。万延元年(一八六〇)八月長崎出島滞在中のシーボルトは長崎奉行に対し、中国の北京でイギリス使節とフランス使節の間で対馬を海軍根拠地にしようという話合いがあったことを伝えた。この噂は当時北京に駐在していたロシア公使の耳にも入り、ロシアのシナ艦隊司令長官リカチョフ大佐の対馬派遣が決定された。

すでに、万延元年の十一月にはイギリス軍艦が対馬全島の海域を測量して、列国を刺激し、その測量図は翌年には上海にいたリカチョフの手に入っていたのである。

文久元年(一八六一)正月、リカチョフは長崎において箱館駐在ロシア領事ゴシケヴィッチと協議した。ゴシケヴィッチはロシア軍艦が対馬にゆくことには反対で、イギリスの対馬占拠の野望を長崎奉行と老中安藤信正とに告げて、箱館にひきあげた。

これに対し、リカチョフは配下の軍艦ポサドニック号艦長ビリレフに令して、ただちに対馬におもむき海軍根拠地を設定させることにした。ビリレフは二月三日対馬浅茅湾内の尾崎に入り、船体の修理を名目にして滞泊の許可を藩当局に求め、付近を測量した。同艦の乗員は三六〇余人であった。三月三日にはさらに芋崎に入り、乗員が上陸して営舎を構築し、井戸を掘って永住のかまえをみせた。この古井戸の跡は現在ものこっている。この間に、対馬の壮士たちが諸肌ぬぎで気勢をあげ、ロシア人側がホースで水をかけて撃退するという茶番の一幕もあった。ビリレフはさらに藩主義和との面接を要求し、土地の貸与を求めた。

対馬藩は事件を幕府と長崎奉行とに報告し、穏便に処理しようとはかった。ところが、四月十二日、大船越瀬戸で小者松村安五郎が銃撃され、吉野数之助が捕えられて憤死するという異変が起こり、翌十三日には一〇〇人くらいのロシア人が数隻のボートに分乗して瀬戸番所の前に乗りつけ、番人二人と足軽一人をボートに連れ去り、武器を奪い、村内で略奪をはたらき、さらに牛七匹を本船に持ち帰った。先に対馬から急報をうけた幕府は、四月六日に外国奉行小栗豊後守忠順と目付溝口八十五郎勝如《かつゆき》とを対馬に派遣して、折衝にあたらせることにした。長崎奉行も、支配組頭永持亨次郎等を対馬に派遣した。しかし交渉は空転し、小栗らは空しく江戸に帰った。こうして、現地における退去要求の交渉はいっこうにはかどることがなかった。

しかし、箱館奉行の村垣淡路守範正と領事ゴシケヴィッチとの直接談判があり、また駐日イギリス公使オールコックと東シナ艦隊司令長官ホープとの協議にもとづくロシアに対する強硬な抗議などがあって、八月十五日にポサドニック号は対馬を去り、七月二十六日から対馬にきていたロシア軍艦オプリチニック号も八月二十五日には対馬を去った。実に六か月余におよぶ事件であった。

(二) 勝井騒動

ロシア軍艦の撤退後、移封論も消えたが、尊王攘夷論をめぐって内訌が起こり、対馬の藩政はいっそう大きくゆさぶられることになった。文久二年には村岡近江・幾度《いくど》八郎・大浦遠《とお》などが中心となって長州との同盟が成立し、翌年正月には対馬藩主宗義達《よしあきら》に対して攘夷の勅諚と御沙汰書が伝えられた。対馬尊攘派は、元治元年（一八六四）に創立された藩校日新館に集結して長州尊攘派の動きに呼応した。尊攘派の動静を危険視してその前に立ちはだかったのは義達の外戚の叔父にあたる佐幕派の勝井五八郎である。勝井は元治元年の六月に肥前田代に至り、十月十三日には二六人の武装集団をひきつれて府中に帰り、君側の奸を討つと称して屋形を占領し、十八歳の義達を擁して反対派の弾圧にかかった。尊攘党の中心人物であった家老の大浦教之助は十九日に揚屋《あがりや》入りを命ぜられ、二十三日に絶命、獄門にかけられた。大浦とならび称せられた幾度八郎は二十三日に自刃。その後も尊攘派に対する残虐な処刑が繰り返され、勝井の圧政がつづいた。しかし時勢の急転が勝井の圧政を許さず、慶応元年（一八六五）には平田大江が諸藩の尊王党の応援を得て尽義隊を田代で結成した。そして、ついに五月二日義達の命により勝井は討ち取られた。甲子事変または勝井騒動とよばれる。

平田は勝井の誅戮後五月六日に帰国したが、十一月には主命によって討ち取られた。

こうして血で血を洗う政争には一応の終止符が打たれたが、対馬藩はなお内外に多くの難問題をかかえながら明治維新を迎えたのである。

対馬藩主宗氏系図

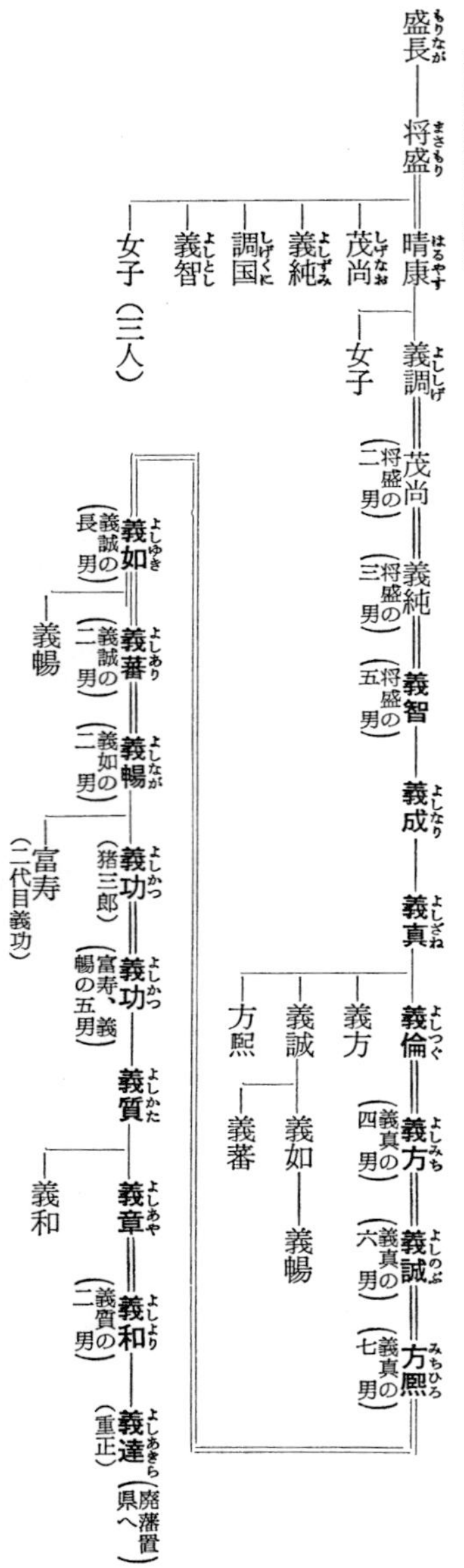

注　‖は養子相続　太字は藩主

〔後記〕　本稿は「対馬藩」の題で最初昭和四十年（一九六五）児玉幸多・北島正元編『物語藩史』第八巻に書き、ついで昭和五十二年（一九七七）金井圓・村井益男編『新編物語藩史』では、前稿を全面的に書き改め、新稿として掲載した。私は近世史を専門の研究分野としていなかったので、執筆にあたってはかなりのためらいがあったが、先学の研究に依拠しながらまとめてみた。しかし私に執筆の依頼がきたのは、そのころ適当な執筆者が他に見あたらなかったからであろうと思い、私はその要請にこたえ、手ごろな藩史を書いて対馬の実情を紹介することは中世の対馬に関心をもっているものにとっても責務の一部でもあると考えて執筆をひきうけた。本稿発表後、森山恒雄・田代和生・泉澄一・荒野泰典等の諸氏による対馬の藩政・貿易・窯業・学問などに関するすぐれた研究があいついで発表されているが、『新対馬島誌』（一九六四年）と『長崎県史　藩政編』（一九七三年）以外には対馬藩政を概説したものはないから、本稿はいまでも手引きくらいの役割りを果しうるのではないかと思っている。本書に収録するにあたり、旧稿に補正を加えるとともに、旧稿にあった参考文献と対馬藩年表をのぞいた。参考文献はさらにかなりの論文を追加する必要があってそのまま掲載するのは不適当であり、年表は本書所収の「対馬史年表稿」と重複するところが多かったからである。

『朝鮮通交大紀』と松浦允任

『朝鮮通交大紀』は、対馬の儒臣霞沼松浦允任《まさただ》（一六七六～一七二八）の撰。中世から近世前期にかけての日本（とくに対馬）と朝鮮との関係を、両国往来の文書を中心に通観・解説したもので、その間に允任の独自の意見や故実の説明が加えられており、日朝関係史研究の重要史料である。本書の活字化は、朝鮮総督府朝鮮史編修会によって企画され、すでにかなりの作業が進行していた由であるが、敗戦によって惜しくも廃絶された。

一　対馬宗氏の史料

宗氏の藩政史料は、全国諸大名家の中でも屈指の数量と内容とを誇るものであるが、史料集として刊行されているものは、その九牛の一毛にすぎない。従来研究史料として利用されてきたものに、陶山訥庵の著述の主要部分を収録した『日本経済叢書』および『日本経済大典』、農林省編纂の『日本林制史資料（福岡藩・厳原藩）』があり、長崎県史編纂委員会の『長崎県史　史料編第一』には「宗家御判物帳」が、『同　第二』には「壁書控」が収録されている。また鈴木棠三氏編集の対馬叢書では、藤定房『対州編年略』、平山棐『対馬紀事』、鈴木文『笠淵奇聞』（以上東京堂出版刊）、中川延良『楽郊紀聞』（平凡社刊）、『宗氏家譜略』、『対州藩覚書・御勘定所田代覚書』、『十九公実録・宗氏家譜』（以上村田書店刊）等が出版されている。泉澄一氏編『宗氏実録　㈠』（清文堂史料叢書）には「天龍院公実録」を収めている。このほかにも、いくつかの単行書や雑誌の類によって対馬の史料が、印刷発表されているが、いずれも藩政史料の全貌をうかがうには遠いものである。

対馬藩の未公刊史料は、その大部分が長崎県下県郡厳原町所在の宗家文庫をはじめとする左の五か所に収蔵されているので、その概略について説明する。

一、宗家文庫　長崎県下県郡厳原町にあり、宗武志《たけゆき》氏の所蔵にかかる。現在は宗氏の菩提寺万松院に隣接して建てられている木造倉庫に収められているが、近い将来全史料が厳原町所在の長崎県立対馬歴史民俗資料館の鉄筋コンクリート収蔵庫に移されるとのことである。本文庫は長い間本格的な調査が行なわれず、たまたま訪れる研究者が部分的にその史料を利用するにすぎなかったが、最近になって長崎県立長崎図書館・文化庁・東京大学史料編纂所等の手で整理と写真撮影が行なわれるようになった。史料の内容は、藩庁記録の毎日記約一六〇〇冊、御馬廻奉公帳・大小姓御奉公帳等の家臣団史料約一五〇冊、藩制・経済・司法・以酊庵・鉱山・外交等に関する個別史料約一〇〇〇冊、典籍類約二〇〇冊である（『東京大学史料編纂所報』一二）。なお森山恒雄・泉澄一・田代和生氏等にはそれぞれ本文庫の史料を利用した研究論文がある。

二、東京大学史料編纂所　宗家から南葵文庫を経て東京大学総合図書館に帰属し、さらに昭和三十七年（一九六二）同大学史料編纂所に移管されたもの。内容は、在府日記・留守日記・信使方日記などの藩政関係の日記類を中心とし、書状の控、家督相続や冠婚葬祭に関するもの、所領関係、江戸屋敷関係、宗門改、朝鮮通信使応接関係、人参貿易関係などの多方面の史料を含んでいる。総数二七一七冊余におよぶ。

三、国立国会図書館　明治二十七年（一八九四）十一月に外務省記録課から帝国図書館に移管された宗家記録で、朝鮮釜山倭館の館守日記、通信使および貿易関係の記録が中心で、移管時の総数は一五五三冊であったが分冊などの結果現在の冊数はこれを上廻っているという。これを研究解説したものに長正統氏「日鮮関係における記録の時代」

（『東洋学報』五〇ノ四）がある。

四、慶応義塾大学図書館　通信使記録を主とし、藩政関係、キリシタン関係等の史料がある。冊子類六七四冊、雑録類一〇八束である。なお国立国会図書館および慶応義塾大学図書館所蔵史料については、謄写刷ではあるが長崎県史編集室で作製した『国会図書館所蔵文書目録・慶応大学図書館宗家記録雑集目録抄』がある。

五、韓国国史編纂委員会　旧朝鮮総督府朝鮮史編修会が宗家から購入・借用した日朝関係史を中心とする史料。中村栄孝氏によると、大正十五年（一九二六）五月編修会の所蔵に帰した史料は、古文書類六一四六九通、古記録類三五七六冊、古地図類三六枚、古画類一八巻および五三枚であったという（中村栄孝氏『日鮮関係史の研究』下、六八二頁）。最近韓国を訪問した佐久間信子氏の報告では、書契一万二〇〇〇通、和古書約七〇〇〇冊、任命表等約八〇〇〇点、合計約二万八〇〇〇点で、カード目録は昭和五十二年中に完成の予定とされている（佐久間信子氏「韓国で見た日本の本」『国立国会図書館月報』一九七七年三月号）。なお本委員会所蔵史料の報告としては前記中村氏・佐久間氏のもののほかに、黒田省三氏「在韓対馬史料について」（『古文書研究』六）、三宅英利氏「在ソウル史料採訪記」（『北九州大学文学部紀要Ｂ系列』四ノ二）等がある。

右のほか対馬史料全般について記したものには、森山恒雄氏「対馬藩の研究史と史料」（『長崎県史　藩政編』一一九一—一一九五頁）、竹内理三氏「対馬の古文書」（『九州文化史研究所紀要』一）、黒田省三氏「対馬古文書保存についての私見」（『国士館大学人文学会紀要』一）、田代和生氏「史料の所在—特に宗家記録を中心に」（『近世日朝通交貿易史の研究』一七—二七頁）、拙稿「対馬の古文書」（拙著『中世海外交渉史の研究』一〇八—一一五頁）等がある。

二　『朝鮮通交大紀』の写本とその系統

管見に入った『朝鮮通交大紀』の写本類を系統にしたがって分類するとつぎのようになる。

〔甲類〕　一〇巻一〇冊本

①国立公文書館内閣文庫所蔵　函架番号271―527

各冊表紙に「外務省記録局」の朱印がある。

②国立公文書館内閣文庫所蔵　函架番号271―315

外務省用箋を使用し、「外務省図書印」の朱印がある。題簽は「朝鮮通交大紀副本一」のようにしてある。

①の副本であることは明らかである。

③国立公文書館内閣文庫所蔵　函架番号178―504

「修史館図書印」の朱印の捺されている修史館旧蔵本で、明治十二年（一八七九）二月に①の外務省本を写したものである。

④国立公文書館内閣文庫所蔵　函架番号178―505

「昌平坂」の黒印、「浅草文庫」の朱印、「大学蔵書」の朱印等がある。

⑤対馬厳原町宗家文庫所蔵

⑥東北大学狩野文庫所蔵　巻一を欠く。九冊本。

⑦東京大学史料編纂所々蔵　函架番号2051・9―117

〔乙類〕　一〇巻一〇冊本

奥書に、

右朝鮮通交大紀巻之二至巻之十

東京市小石川区竹早町七十七番地狩野亨吉氏蔵本

明治三十七年十二月謄写

とあり、⑥の謄写本であることを明記している。巻一を欠く。九冊本。

⑧京都大学所蔵

『国書総目録』に「巻一欠」とある九冊本であること、および狩野亨吉氏が京都帝国大学教授として在任した経歴がある事情などから考えて、⑥の写しと想像される。私はまだ現物を実見していない。

〔丙類〕　一〇巻一〇冊本

⑨早稲田大学図書館所蔵　　函架番号リ5―4978

第一冊のみを①より、第二冊以下第一〇冊までの九冊を⑦より写して完本としたもの。

⑩天理図書館所蔵　　函架番号221―381

「今西龍図書」「春秋文庫」の印がある。内容は⑨と同様に第一冊のみを①より、他の九冊を⑥あるいは⑦より写したと推測されるもの。

〔その他〕　旧宗伯爵家に所蔵されていたもので、朝鮮総督府朝鮮史編修会に移譲されたもの。一一巻本をふくむ二種類の本があったという。

以下に右の諸本についてやや詳細に紹介しよう。

まず甲類の①は、明治時代のはじめに、対馬の宗家から外務省に対して朝鮮に関する外交事務の参考用に提出したものと考えられ、「外務省記録局」の朱印が捺されている。書物としての体裁は諸本の中でもっともよく整っている。縦二七・三センチメートル、横二〇・〇センチメートル、四つ目袋綴和装本で、毎半葉九行、一行の字数は一九字（漢文の場合は正確に一九字だが和文の場合はかならずしも一定していない)、漢文史料には返点がつけられている。目次・本文の墨付丁数・所収史料の年代はつぎの表の通りである。

巻数	(序)	目次丁数	本文丁数	所収年代
巻一	(序)二	三	三八	応安元年（一三六八）——永正六年（一五〇九）
巻二		三	五四	永正七年（一五一〇）——天正九年（一五八一）
巻三		二	二八	天正十六年（一五八八）——慶長三年（一五九八）
巻四		二	三一	慶長四年（一五九九）——慶長十年（一六〇五）
巻五		三	三九	慶長十一年（一六〇六）——元和元年（一六一五）
巻六		三	三三	元和元年（一六一五）——寛永六年（一六二九）
巻七		六	五二	寛永八年（一六三一）——元禄十一年（一六九八）
巻八		三	三一	元禄六年（一六九三）——正徳六年（一七一六）
巻九		一	六二	海槎録（金誠一著）
巻十		一	四〇	海槎録（金誠一著）

第一巻には松浦允任自撰の序があり、「享保十年乙巳至月中浣」の日付があって、享保十年（一七二五）に成立した書物であることを明らかにしている。

②③は、①の写本であることが明らかなのでとくに問題とすることはない。修史館は現在の東京大学史料編纂所の前身で、明治十年（一八七七）より同十九年まで存続した。

④は、系統としては①とまったく同一のものであるが、「昌平坂」の蔵書印が示すように、すでに幕末の海警を告げた文政・天保のころには、対馬の宗家から提出されていて、昌平坂学問所の所蔵となっていたことが明らかである。後述するが、長崎県教育会対馬部会編『郷土史料 対馬人物志』（一九一七年）の「松浦儀右衛門」の項には「公命を奉じて通交

大紀十一巻を選す、公之を幕府に献ず」と見えている。この記事が正しいとするならば、『朝鮮通交大紀』はすでに撰者松浦允任の在世中に幕府に献上されたということになるが、この点は疑わしい。なお④は一〇冊本で、『郷土史料 対馬人物志』に一一巻とある記事と巻冊の数が相違するが、このことについてはのちに述べる。

幕府官撰の『通航一覧』は巻二五から巻三七までが「朝鮮国部」となっており、ここには『朝鮮通交大紀』を引用した記事や参照した記事がきわめて多い。また正斎近藤守重の『外蕃通書』も第一冊から第五冊までが「朝鮮国書」となっているが、ここにも『朝鮮通交大紀』がひかれている。『通航一覧』の撰者が大学頭林煒であり、近藤守重が幕府書物奉行であったことが、官府の書庫に収められた『朝鮮通交大紀』の閲読を可能にしたのであろう。この④の体裁は、縦二七・七センチメートル、横二〇・〇センチメートル、毎半葉九行、一行一九字詰で、①とほとんど異なるところはない。ただ、本文中で、①の方の漢字の部分を仮名書きにしている場合や、それと反対の場合などがあってまったく同一のものということはできない。なお「大学蔵書」の朱印は『内閣文庫蔵書印譜』によれば、明治二年（一八六九）から四年にかけて昌平坂学問所の後身で文部省の前身であった大学において使用されたものであったという。また、「浅草文庫」の朱印があることは、明治八年から同十四年まで浅草八番堀に開設された官立の公開図書館であった浅草文庫に本書が所蔵されていたことを物語っている。

つぎに乙類について説明する。乙類は宗家文庫本および狩野亨吉氏旧蔵本とその写本である。

宗家文庫本、すなわち乙類⑤は一〇巻一〇冊の美濃本で、四つ目袋綴、表紙は刷毛染である。各冊の表紙の左上方には「朝鮮通交大紀　一」のような題簽があり、右下方に「表書札方」と墨書してある。毎半葉九行、一行の字詰は漢文の場合は一八字、和文の場合は約二〇字である。墨付丁数の合計は六六八丁、史料編纂所本⑦および内閣文庫本①と対比するとつぎの表の通りで、その数量は諸本中でもっとも多い。

巻数	宗家文庫本（乙類⑤）			史料編纂所本（乙類⑦）			内閣文庫本（甲類①）		
	凡序例	目次	本文	凡序例	目次	本文	凡序例	目次	本文
巻一	序二 凡例三	四	六〇	（欠）	（欠）	（欠）	序二 凡例（欠）	三	三八
巻二		四	七〇		三	六〇		三	五四
巻三		三	四三		三	三六		二	二八
巻四		三	四四		三	三七		二	三一
巻五		五	六五		四	五二		三	三九
巻六		六	五四		五	四六		三	三三
巻七		九	八四		八	七三		六	五二
巻八		五	六二		五	五一		三	三一
巻九		二	八一		二	七一		一	六二
巻十		二	五七		二	五〇		一	四〇
合計	五	四三	六二〇		三五	四七六	二	二七	四〇八
	六六八			五一一			四三七		

この宗家文庫本の巻一には甲類本にはない凡例三丁が載せられていて、『朝鮮通交大紀』の成立事情やその性格を物語る貴重な材料を提供している。

また宗家文庫本で特記すべきことは巻一の巻頭の遊紙の裏面に左の朱書のあることである。

通交大紀別ニ校正被　仰付候節、除之候条々、いつれも〽此印シ付置候事、

右に見える朱勾は、全巻を通して付けられているが、場所によっては朱勾の脇または下にわざわざ「此一条全除之」「以上除之」「已上除之」「以上全除之」のような注記が加えられている。この朱勾部分を削除せぬ前の部分はおお

むね他の乙類本（狩野本）の記載と一致し、削除した後の部分の記載はおおむね甲類本の記載と一致するから、甲類本は乙類本をもとにして削除の作業を行なった結果成立したものであることが明らかである。ただ宗家文庫本に朱勾が付けてあっても甲類本には文章が削られぬままのこっていたり、朱勾が付けてなくても「附」「按」の類で甲類本では削除されている場合などがあり、宗家文庫本と甲類本との間には直接の因果関係は指摘できない。また、宗家文庫本で「莊藝王」と誤記してある個所が甲類本では「莊憲王」と正しく書かれている例などがある。甲類本は宗家文庫本・狩野本以外の乙類本によって作られたと考えるのが妥当であろう。

乙類本の⑥⑦⑧はいずれも巻一を欠く欠本である。⑥東北大学狩野文庫本についてはいまだ調査の機会を得ていないが、その本のかなり忠実な謄写と思われる⑦史料編纂所本の体裁は、毎半葉九行、一行二〇字詰で、漢文史料に返点が付してあることは①と同様である。内容の構成も①と同様で、巻二から巻八までの所収年代は全く同一、巻九・巻十は『海槎録』である。

乙類本のもっとも大きな特色は撰者松浦允任の按文および割注が各所に豊富に挿入されていることである。この按文は、外交上の先例・慣習・故実を知るうえできわめて貴重なもので、一種の外交事務上の秘伝ともいうべきものである。割注もまた本文の理解のうえに必要なものである。甲類本にこれらの按文や割注がのぞかれているのは、官府への提出本であるために、按文・割注のうち外交事務担当者以外には直接必要のないもの、また対馬にとって不利に解釈されるおそれのあるものを削除したからであると考えられる。乙類本はこの按文・割注があるため、甲類本にくらべると量的にはかなり多くなっている。

丙類本の、⑨早稲田大学所蔵本は、一〇巻一〇冊の完本であるが、前述のように第一冊は甲類本①の忠実な写本であって、毎葉の行数や一行の字詰、漢文に付した返点・送り仮名等すべて同一である。第二冊以下第十冊までは乙類本⑦の写本で、毎葉の行数、一行の字詰、返点・送り仮名等が同じであるばかりでなく、⑦に見える朱書の校正の文字をそのまま墨書にして本文中に入れたところや、朱訂をそのまま墨書に改めて行側に傍書した箇所などがある。早稲田大学図書館特別資料係松本弘氏の御教示によると、同図書館では明治四十年（一九〇七）二月にこの書物を購入したとのことである。価格は九円であったという。ただし、同図書館では購入といっても書肆または個人から直接に購入するとはかぎらず、写本を作製させて購入の形式で支払いをしたこともあるとのことである。したがって、この写本がどのようにして作製され、どのような経緯により早稲田大学図書館の所蔵となったかは明らかにすることができない。しかし、⑦が謄写されたのは明治三十七年十二月であるから、早稲田大学本が作製された時期は、明治三十七年十二月から同四十年二月までの約二年の期間のうちであったことだけはまちがいない。

⑩天理図書館所蔵本も、大体⑨と同様の写本である。この本は、「今西龍図書」「春秋文庫」の印が示しているように、朝鮮史の研究者として著名な旧京城帝国大学教授今西龍氏（一八七五〜一九三二）の旧蔵書であり、令息の今西春秋氏を経て昭和四十年（一九六五）九月天理図書館の所有に帰したものである。本書第一冊（巻一）を①の外務省記録局本と比較すると①が毎半葉九行であるのに対してこの本は毎半葉一〇行で一行多く、一行の字詰は①にくらべると一〜二字少ない。しかし、文字の使用、変体仮名の書体、送り仮名の用法などは①とまったく異なるところがない。また漢文史料の訓点・改行も同じで、これらのことから考えると本書第一冊が①の写本であることは疑う余地がない。第二冊以下については十分に検討する機会をもっていないが、中村栄孝氏の御教示によれば、乙類本の諸本にのみ見えて甲類本の①以下の諸本には見えない記事が記されている由であるから、乙類本の⑥または⑦の写本と考えて大過ないであろう。ちなみに、今西龍氏は、『大人名事典』（平凡社）によると、明治三十六年（一九〇三）七月東京帝大文科史学科卒業、大学院において朝鮮史を専攻、同三十九年韓国に渡り、新羅の古都慶州を調査し、大正二年

（一九一三）京都帝大講師となって朝鮮史を講じた、としてある。もし想像を逞しくして、この写本の成立期を⑨と同時期であったと推定するならば、今西氏が東京帝大の大学院で朝鮮史の研究に没頭していた時期にあたる。今西氏が史料編纂所の写本を閲覧し、内閣文庫の写本をもってその欠を補ったとしても決して無理な想像とはいえないであろう。中村栄孝氏の言によると、今西氏の旧蔵本にはほとんど奥書または挿紙があって写本や伝本の由来が記されているとのことであるが、この本にはそれがない。結局、この本の成立、伝来は不明としかいいようがない。なお、本書は、昭和四十一年（一九六六）十月八・九の両日、天理大学において開催された朝鮮学会第十七回大会のおりに一般に展示された。『朝鮮学報』第四二輯（一九六七年一月）一八三頁所載の解説文には「一〇巻一〇冊、写。対馬島主宗氏歴代の朝鮮通交貿易に関する通史、未刊本。展示したのは、今西龍博士の所写。（下略）」としてある。本書の所在について筆者の注意を喚起し、さらに種々の便宜と御教示とをあたえられた中村栄孝氏に厚く御礼を申しあげる。

甲・乙・丙の三類の分類からのぞいた旧宗伯爵家本は、私がいまだ実見する機会をもたないものであり、いずれかの類に属するものであるのか、あるいはまったく別の系統に属するものであるのかも明らかにすることができない。ただこれを甲・乙・丙三類以外の系統の書物と想像させるいくつかの材料はある。中村栄孝氏の言（名著出版社の『朝鮮通交大紀』の内容見本所載の「推薦のことば」）によれば、

私は、大正十三年、朝鮮との外交関係に興味をもったはじめに、旧宗伯爵家から、本書写本二部を借用する便宜をえた。これは、大正十五年に朝鮮史編修会に譲渡され、のち『朝鮮史料叢刊』の最終計画として組版中に、朝鮮の解放をむかえた。本書も、他の宗家旧蔵の朝鮮関係記録文書類とともに、大韓民国に引きつがれている。

とある。また、『朝鮮史料叢刊』所収予定の『朝鮮通交大紀』（未刊）を担当した黒田省三氏の文が『古文書研究』第六号（一九七三年十月）の七一頁に「在韓対馬史料について」と題して掲載されているので、それを左に引用する。

『朝鮮通交大紀』十一巻写本　松浦嘉（儀）右衛門允任号は霞沼の著、宗氏初代から第廿四代義誠までの朝鮮との通交の事蹟を、朝鮮側史料を参看して編修し、按文を掲げてその所見を述べている。江戸時代に成った日鮮関係史研究書としては纒ったものである。写本が多数あって、伝写の誤りもあるので、朝鮮史編修会では、校訂本を作成し、これを出版しようとしたが、活版校正中に終戦となった。

ここで問題になるのは「十一巻写本」とあることと、「第廿四代義誠まで」とあることとである。これまで管見に入った諸系統の本はすべて一〇巻一〇冊の構成であった。また所収の年代は正徳六年（享保元年、一七一六）宗義方《よしかた》の時代までであって義誠《よしのぶ》の年代にまでおよんだものはない。しかし、巻首の松浦允任の序文の日付が享保十年であることから考えれば、義誠時代の記述が『朝鮮通交大紀』の中にふくまれることもありえないことではない。ちなみに義誠の襲封は享保三年であり、翌四年には徳川吉宗の将軍襲職を賀する朝鮮の通信使の渡来があった。このときの記事が第九巻あるいは第十一巻としてまとめられたとしても、あながち無理な推量ともいえないであろう。黒田氏は「記憶を辿って主要なものを列挙し、簡単な説明を試みる」と書いているが、もし氏の記憶に誤りがなかったとするならば、この一一冊本は、これまで述べてきた甲・乙・丙のいずれの系統とも異なり、内容のより豊富なものであったと考えなくてはならない。

なお、さきに④の説明のところでふれたが、『郷土史料対馬人物志』所収の「松浦儀右衛門」の項にも「公命を奉じて通交大紀十一巻を選す、公之を幕府に献ず」という記事がある。もしこれが正しいとすれば、『朝鮮通交大紀』はもと全一一冊の書物として撰述されたことになる。しかし、幕府に献じた書物として現在明らかなのは④であるから、一一冊本を幕府に献上するにあたって、何らかの理由で一〇冊に改めて提出したというようなことも考えられる。また献上の時期を允任の生前と想定すれば、巻首序文の享保十年（一七二五）から允任死没の享保十三年（一七二八）までの間ということになる。

旧宗伯爵家本の内容を推測させるさらに一つの材料を追加しよう。それは、昭和十一年（一九三六）十月に刊行された『瀬野馬熊遺稿』の二三二頁のつぎに「図版三」として挿入されている写真である。この写真は、瀬野氏が大正四年九月『史学雑誌』第二六編第九号に掲載した論文「正統癸亥約条に就いて」を本遺稿集に収録するにあたり、該論文の参考史料として編纂者（代表は中村栄孝氏）が新たに附載したものであって、『史学雑誌』掲載のもとの論文にはなかったものである。このことは『瀬野馬熊遺稿』の凡例に明記されている。説明の文には、「図版第三　朝鮮通交大紀　巻一、第九代円通寺公条　朝鮮総督府朝鮮史編修会所蔵」としてある。中村氏と黒田氏の言及している旧宗伯爵家本はおそらくこれであろう。体裁は毎半葉九行、一行の字詰は仮名まじり文であるためか二一字から二七字くらいまでであって不規則である。①と比較すると、文章は同文であるが、用字は一方が漢字を使用していても他方が仮名書きしていたり、変体仮名に別の書体の文字を使用するなどの相違がある。中村氏の談話によると、旧宗伯爵家の写本の二部のうち、「一部は割合に文字がまばらであり、他の一部は割合文字がつまっていたように記憶している」とのことである。写真のものはおそらく前者に相当するものとおもわれる。しかし、黒田氏のいう一一冊本がこの写真のものであるかどうかは明らかにできない。また、この写真の部分から推察するだけでは甲・乙いずれの系統の書物なのかも明らかではない。

なお中村栄孝氏『日鮮関係史の研究』下、二八三頁に慶長十四年（一六〇九）の己酉約条の全文を『朝鮮通交大紀』によって掲げているが、同書二八九頁の注記にはその理由を説明して、

『朝鮮通交大紀』巻五、万松院公、己酉約条の事、所収。（旧朝鮮史編修会所蔵、宗家襲蔵本による。東大史料編纂所本には、第六条に脱文がある。）ただし、原本には、第六条が、前条の末に割りがきになっているが、文末に「事」と

あるところで、独立の条文に改め、はじめに「一」字をおぎなってみた。(中略)朝鮮の文献で、全文が収録されているのは『通文館志』巻五、交隣、約条に「万暦己酉約条」として、十三カ条があり、『増正交隣志』巻四、約条に「光海元年己酉改定約条」として、成立の経過を述べたあとにつづけて、やはり十三カ条が列記されている。条数では一致しても、序列は異なり、また内容にちがいがあり、しかも『光海君日記』に見える本約条に関する記事とも照応しない。また、もっとも成立時期に近い『攷事撮要』下、接待倭人事例の「己酉年新定約条」は、条文の形式をとっていない。そこで、『朝鮮通交大紀』が、『攷事撮要』を引用しながらも――著者松浦允任は、享保五年(粛宗四六・一七二〇)にできた『通文館志』を見ていない――別に対馬に伝わった本約条の全文を収め、『善隣通書』とも校合してあるだけでなく、成立経過を考えあわせてみると、これが現在では、原態にちかいものを伝えているようである。(下略)

と書き、『朝鮮通交大紀』の史料的価値の高さとその限界とを論じている。

右の文章が明らかにしているように、中村氏の引用した『朝鮮通交大紀』と乙類本との間には筆写によるかなりの相違がみとめられるのである。

なお、甲類本についてみると、乙類本で第五条の末に割書きされていた第六条はまったく脱落している。旧宗伯爵家本は、現在韓国にあり、閲覧の便宜のないのははなはだ遺憾とするところであるが、黒田氏や中村氏の所説から考えれば、対馬宗家に秘蔵されていた史料的価値のかなり高い善本であったように思われる。

三 『朝鮮通交大紀』の編纂目的とその内容

宗家文庫本にだけあって他の諸本では省略されている凡例は『朝鮮通交大紀』撰述の目的や編纂方針・内容・性格

等を検討する際きわめて重要なものであるから、その全文を掲出する。

凡例　九条

一、この書の編める、三の主意あり、第一ハ今此の編によりてかつて彼れか我州をまつの情を察すへきの事、第二ハもつて凡の事我彼れに応するの手段を心得へきの事、第三ハ我州以前の事　公儀御尋なとあらむ時これに答へらるへき心得の事、此三を主として編しものなり、覧る人この区々を察せられむことをたのむのミ、

一、我州通交の事　刑部(宗経茂)少輔公以来書契往復ありし類、おもふにこれに限るへきにあらす、今姑らく其考しを採りて編しものなり、また両間の事、其考証たる彼国の書にしくはあらすといへとも、其謬妄たる、かの趙重峰集のことさハ拠るへからさるところなり、

一、凡そ此年此月といふハ、其の事果して此事(年)此月の事と明らかに考へ拠りしもの也、此の時此の頃なといひしハ、今年月の考ふへきなしといへともおふかた此頃の事なりしとなり、

一、復号・竹島・移館の類、いつれもミな其始末を挙て大段をあらハせしハ、其各別に記録せしあるによりてなり、

一、高麗の時、我国に来聘し、また寇賊なとなし、文永・弘安の事の類、凡そ我州通交の事にあつからさるもの、また其事あるひハ刑部少輔公以前にありて我宗氏に係らさるハ今ミな略して録せさりしなり、

一、此書の編める、和文をもつて主として、また真文を録してもつて其考証とせしものなり、また真文にいたりては字義すてに深奥にして我国の言語翻訳し尽しかたし、また我国の文体とおふひに同しからさるのゆへをもつて、其の句語を逐てこれを訳せむとする時ハ、和文の勢連続しかたく、またかへつて其意趣を見かたきかごときに至るをもつて、今姑く其大意をとりて和文となしゝなり、宜しく和文によりて其の大略を暁して後また

真文を読て其子細を尽し究むへし、

一、此の書に按とあるハ真文・和文を論することなくいつれも愚按を附しゝものなり、

一、真文の事、彼か書契・文稟、また我か　国書・別幅のごときハいつれも其の全文を録し、一字の増減をいたすることなくして、もつて他日の考に備しなり、但我か州の書契其文語甚た拙して通しかたきものハ、やむことなく姑く其の意を取りて時に其文理をあらためて天龍院公《(宗義真)》・霊光院公《(宗義倫)》両実録の例ニ倣しものなり、覧る人宜しく疑を書稿の文句におなしからさるにいたさゝるへし、

一、およそ事参へ考へきものあるハ　大衍院公《(宗義方)》捐館の後にありといへとも、今年以前にありしものハ、また其の条下に附してもつて考に備へしなり、

第一条は、撰述の目的に三つの主意があるとして、朝鮮側が対馬に対してどのような態度であるか、それにどのようにこちらから対応したらよいか、幕府に対し対馬と朝鮮との関係の沿革を如何に報告すべきであるか、の三点をあげているが、この記述は序文の記述と較べれば一層具体的かつ明確である。とくに本書撰述の目的の一つに江戸時代以前の対馬と朝鮮との特殊な関係の歴史を幕府に理解させることがあったことは注目されてよい。

十七世紀後半以後明治維新に至るまでの時期は、対馬の朝鮮関係史料がそれ以前の時代に比して飛躍的に増大し、内容も組織的かつ体系的となり、その記述の具体性・直接性は朝鮮史料をしのぐほどになった時期である。長正統氏はこの時期を「記録の時代」と規定したが（同氏「日鮮関係における記録の時代」（『東洋学報』五〇ノ四）、『朝鮮通交大紀』もまた、この「記録の時代」の産物であったということができるのではないだろうか。ただ、記録整備の主要因は長氏のいうような国際社会への対応の面にのみかぎられるべき問題ではなく、国内すなわち対幕府関係においても必要であったことをこの凡例は明らかにしているのである。

凡例の第二条以下第九条までは、『朝鮮通交大紀』撰述の体例を示したもので、記述の範囲、取捨の基準、年月のたて方、記述の方法・体裁等を述べている。ここには外交事務担当者の実践的な要求に対応しようとする姿勢が強くうちだされている。

各冊表紙右下方に「表書札方」の文字が墨書されているが、このことは、宗家文庫本が表書札方に常置されていたことを示すものである。表書札方は『新対馬島誌』三五八頁以下の説明によれば、文書方とも別称し、筆頭のもとに佐役・案書役・祐筆・日帳付があり、執政（家老）の命をうけて庶務・文書を掌った役で、今日の秘書課にあたるものであったという。対馬藩の行政機構としては、他に朝鮮方・与頭方・勘定奉行所・郡奉行所・大目付方・町奉行所・浦奉行所・船奉行所・典獄方・仕立物方・生産方があり、表書札方との関係はかならずしも明瞭ではないが、表書札方が藩庁の中枢機構の一つであったことは疑う余地がない。そして、この部局に『朝鮮通交大紀』が常置されていたという事実は、この書物が藩政運営上の重要参考書の一つであったことを推察させるものであり、本書が実務の書として取扱われていたことを意味するものである。

以上のように、宗家文庫本の存在は、『朝鮮通交大紀』が幕府に対して対馬藩の特殊性を主張する一つの典拠とされていたことを示すとともに、実用の書としてもかなり重要視されていたらしい事情を推察させるに十分な素材を提供しているということができよう。

つぎに宗家文庫本の序文と甲類本①の序文とを比較してみよう。左に宗家文庫本の序文を引用し、甲類本①の用字でこれと異なるものは〔　〕を用いて傍注してその相違を示すことにする。本文中「　」でくくった部分は甲類本①では別の文章となっているので、のちに示す。

朝鮮通交大紀序

この〔斯〕書、我州朝鮮と交を通せられしこのかたを紀〔記〕せしものなり、刑部少輔公〔宗経茂〕に始りて　大衍院公〔宗義方〕に至る、また〔又〕海槎録一編を後に附し〻なり、「蓋し我州海外にありて土地薄し、農稼の出すところ固に斯の民日用のもとめに足らす、これ助を彼れに取らさることあたハさるものにして、また両国の間に居るをもつて、彼れにありてこと終に相絶つへからさるの理然るなり、こ〻におゐて、かの富強に依りて我を制し、操縦伸縮の柄を執て我を困ましめ、我をして肯て其の下に出てミつから擅ま〻にすることとあたハさらしむ、彼れか為るところ巧作多端なりといへとも要するに終にこ〻に外ならす、」大抵ミな〔皆〕申叔舟・李徳馨か故智に取りしものなり〔也〕、且かの風俗趣向のす〔既〕てに異にして情偽の識る〔るナシ〕へからさるに至りてハ、苟く〔し〕も能〔よ〕くこれを已往に鑑ミ〔み〕、徴をいまた然らさるの前に視るにあらすして、姑ら〔らナシ〕く試ミ〔み〕にこれを為すのミといわ〔は〕〻、能くこれ〔是〕を失ハ〔は〕さるものすくなからむ、この書の著す〔は〕ところ〔所〕なり、覧る人をしてあるひ〔ナシ〕ハ〔よ〕能く熟く読ミ〔み〕ふか〔深〕く惟ひ、覆轍をここ〔爰〕に存して、徒にいわ〔は〕ゆる記録をもつ〔以〕て概しなつくるに至らさらしめは、ひとり区々の幸甚たるのミならさらむ、　時

享保十年乙巳至月中浣

府臣松浦儀右衛門允任〔任〕謹題

右に「　」を付した部分は甲類本①では宗家本よりもはるかに簡単なつぎの文章と換えられている。

我州通交以来書契往復有し類、想ふに是に限るへきに非す、今姑く其考しを採りて編しものなり、蓋我州両国の間に在て、彼れか為る所巧作多端なり、

この文章は前にあげた宗家文庫本の凡例の第二条の文章の一部分と序文の文章の一部分とをつなぎ合わせたものであるが、ここには宗家文庫本の序文に示されているような撰述者の感想や意見はまったく影をひそめている。宗家文庫本の序文の記述が、対馬の実情を率直に吐露した撰述者の本音であったとするならば、甲類本の序文は外部を意識

した余所行きの顔すなわち建て前をあらわした文章といえるかもしれない。

宗家文庫本を同系統の乙類本（狩野本）と比較してみると、用字や仮名遣いに異同があるほか、宗家文庫本が欠損部分を□を用いて示している個所に狩野本では適切な文字が埋められている例や、宗家文庫本には傍注があるが狩野本にはそれがない例などがある。宗家文庫本と狩野本との関係は、親子の関係よりも兄弟の関係をあてはめることが適当と考えられる。

このように見てくると、宗家文庫本をもとにして作製された甲類本の一種や、現在知られる甲類本のもとになった乙類本の一種等、甲類本にも乙類本にもこれまで紹介した諸本以外にいくつかの写本が存在していたことを想定しなければならなくなるのである。

甲乙両類の序文の中に引かれている申叔舟とかれが撰述した『海東諸国紀』については、中村栄孝氏の『海東諸国紀』の撰修と印刷」（『日鮮関係史の研究』上、所収）という詳細な論文がある。申叔舟は朝鮮の太宗十七年（一四一七）に生まれ、世宗二十五年（一四四三）に通信使書状官として日本にきたことがあり、世祖八年（一四六二）には領議政（首相に相当する）にのぼり、世祖の没後も睿宗・成宗を輔け、成宗六年（一四七五）五十九歳で病没した。かれは経史に通じ、詩文をよくし、ながく礼曹判書を兼ねて、外交および文教を主宰し、ことに事大交隣の国策確立を期し、みずから外交文書をつくり、制度の整備をはかった。成宗二年（一四七一、文明三）にかれが王命によって撰進した『海東諸国紀』は、以後ながいあいだ、外交事務処理上の軌範とされた。とくにそのなかの「朝聘応接紀」は、外交上の問題が起こった際にはかならず参考にされたといってもよい。ちなみに新井白石は「朝聘応接紀」の抄釈をつくっている（『新井白石全集』四）。松浦允任が序文のなかで、朝鮮側の対馬に対する巧妙な政策は、大抵「皆申叔舟・李徳馨か故智に取りしもの」であるとしているのは、決して誇張の言ではなかったのである。ところで、申叔舟と並記されている李徳馨とはいかなる人物であろうか。李徳馨は領議政克均の五代の孫として永禄四年（一五六一）に生まれて慶長十八年（一六一三）に五十三歳で没した。天正十七年（一五八九）、文禄慶長の役の勃発のまえに日本から豊臣秀吉の使者と称して博多聖福寺の景轍玄蘇と対馬島主宗義智《よしとし》とが朝鮮に渡ったとき、李徳馨は吏曹正郎としてこれとの応接にあたった。また文禄元年（一五九二）日本軍が朝鮮になだれこんだとき、かれは請援使として明に派遣されその任務を果した。文禄慶長の役ののち慶長六年（一六〇一）対馬から南忠元ら二百余名の被虜人を朝鮮に送還して講和をもとめたことがあったが、このとき李徳馨は都体察使として明の逃亡兵を駆り集めて扮装させ、詐謀をもって対馬の使者を威嚇し、一時を欺瞞した（『李朝宣宗実録』巻一三九、三十四年七月己亥条、中村栄孝氏『日鮮関係史の研究』中・下、参照）。さらに慶長八年（一六〇三）対馬から橘智正等一九人が被虜人九四人をともなって朝鮮に渡ったとき、領議政の職にあった李徳馨はみずから筆をとって、礼曹参議李鉄の名で対馬の宗義智・柳川調信あての答書を書いている（『李朝宣宗実録』巻一六一、三十六年四月戊子条）。このように李徳馨は、文禄慶長の役の前後を通じて朝鮮側の対日交渉にはつねに第一線にあって活躍した人物であった。なお、かれは詩文集『漢陰文稿』（『漢陰集』）の著者としても知られている。申叔舟といい、李徳馨といい、朝鮮における知日派の雄であったというべきであろう。

さて、『朝鮮通交大紀』は、甲類・乙類ともに一〇巻一〇冊よりなり、巻一から巻八までの八巻は、応安元年（一三六八）より正徳六年（一七一六）までの高麗・朝鮮の日本通交文書を年代順に掲げて解説し、その和訳文を付した外交文書集である。巻九・巻十の両巻は、『海槎録』を掲げてそれに和訳文を付けたものである。巻一から巻八までの記事は、高麗と対馬との交渉の開始から、癸亥約条による朝鮮の通交統制、三浦の乱、文禄慶長の役前後の外交折衝、戦後の修好回復折衝、竹島問題、釜山倭館をめぐる貿易問題などの外交上の重要問題をはじめとして、潜商（密貿易）、漂流・漂着者の送還、特鋳銀、キリシタン禁制の報告など、きわめて多岐・多様な内容におよんでいる。和訳文はかならずしも直訳ではなく、多分に意訳した箇所が少なくない。

『海槎録』は天正十八年（一五九〇）豊臣秀吉のところにきた通信副使金誠一の著わした日本紀行文である。金誠一（一五三八〜一五九三）は鶴峰と号し、李退渓に学び、弘文館副提学となった。日本から帰国してのちは日本の実力を過小に評価して朝議を誤らせたが、戦争中は慶尚道観察使となり、文禄二年（一五九三）陣中に没した。その詩文集を『鶴峰集』という。『海槎録』はこの『鶴峰集』に収められているほか『金鶴峰海槎録』（五巻）の名で『海行摠載』にも収められている。

なお、前間恭作氏『古鮮冊譜』第一冊一五八頁には、「鶴峰集全八巻　四冊　木刻本」とし、

此本は対馬文庫の蔵印あり　第一（巻カ）至六詩文にして　巻七　八には海槎録一篇　朝鮮沿革攷異及朝鮮風俗考異一篇を収む　終りの両篇は槎行中日本の僧に執筆して与へたる原稿なり（吉田東伍氏蔵書所見）

と見える。これは対馬に伝わった『鶴峰集』のことを記したものであろう。

申維翰『海游録』の享保四年（一七一九）十一月四日壬申条の大坂における記事をみると、「大坂書籍之盛、実為天下壮観、我国諸集中、倭人之最尊尚者、無如退渓集」とし、大坂で朝鮮の書籍とくに李滉（退渓）のものが尊重されていることを述べ、その理由として「自我邦関市以来、厚結館訳博求諸書、又因信使往来、文学之途漸広、而得之於酬倡答問之間者漸広故也」ということをあげている。さらに注目すべきはつぎの文章である。

最可痛者、金鶴峰海槎録、柳西厓懲毖（毖）録、姜睡隠看羊録等書、多載両国隠情、而今皆梓行于大坂、是何異於覘賊而告賊者乎、国綱不厳、館訳之私貨如此、使人寒心、

これによれば、朝鮮の国情をよく伝えて日本に対しては秘密にしておかねばならぬ性質を有する金誠一の『海槎録』、柳成竜が文禄慶長の役について詳述した『懲毖録』、姜沆の日本被虜中のことを書いた『看羊録』等が、すべて

大坂において梓行されており、朝鮮使節の心胆を寒からしめたというのである。なお、松下見林の『異称日本伝』には、『三国史記』『慕斎集』『東文選』『経国大典』『海東諸国紀』『懲毖録』等の朝鮮書が引用されているが、『異称日本伝』は元禄六年（一六九三）には刊行されていたから、申維翰の目にふれたかもしれない。

つぎに『朝鮮通交大紀』の引用書すなわち典拠となった諸書について述べよう。大別すれば、(1)日本書および対馬所在の記録、(2)朝鮮書、(3)中国書、の三種である。

(1)日本書および対馬所在の記録としてあげられているのは、『善隣国宝記』（瑞渓周鳳）、『続善隣国宝記』（編者不明）、『京都将軍譜』（林羅山）、『殊号事略』（新井白石）、『方長老の記』（規伯玄方）、『宗氏家譜』（雨森芳洲・松浦允任）、『天龍院公実録』（雨森芳洲）、『分類紀事』、『善隣通書』、『柳川一件記録』、『信使記録』（「寛永十三年信使録」以下数種がある）等であり、そのほかに「我が記録」として引用してあるものがある。『宗氏家譜』『天龍院公実録』『善隣通書』などの編纂書ができたのは、このころは対馬の藩政が安定して記録類の整理がはじまり、またその必要が生じたからである。

なお、『方長老の記』は、文禄慶長の役後まもなく規伯玄方が宗義成のために撰進した『太閤秀吉朝鮮征討起本』（朝鮮総督府朝鮮史編修会旧蔵、現在韓国国史編纂委員会所管）のことかもしれない（中村栄孝氏『日鮮関係史の研究』中、七五頁・八二頁参照）。また、『善隣通書』は、中村栄孝氏の解説によれば、旧朝鮮総督府朝鮮史編修会所蔵の宗家文書の中にあり、対馬藩の編纂で、慶長ころの日朝往復文書を収録したものである（『日鮮関係史の研究』上、六一二頁）。

(2)朝鮮書としては、『高麗史』（趙浚等）、『海東諸国紀』（申叔舟）、『攷事撮要』（魚叔権）、『東文選』（徐居正等）、『慕斎集』（金安国）、『懲毖録』（柳成龍）、『西厓集』（柳成龍）、『隠峰野史別録』（安邦俊）、『白沙集』（李恒福）、『清陰集』（金尚憲）、『鶴峰集』（金誠一）、『海槎録』（金誠一、『鶴峰集』にも収められている）、『倭人礼単志』（金誠一）、『漢ている。

陰集』(李徳馨)、『青陸集』(金徳謙)、『高峰集』(奇大升)、『佔畢斎集』(金宗直)、『芝峰類説』(李晬光)、『海東名臣録』等の史書や詩文集の類があげられている。基本的な対外関係史に関する著書が多いが、釜山での貿易か、あるいは朝鮮使節から贈物として対馬にもたらされたものであろう。なお『懲毖録』は元禄八年(一六九五)京都で刊行されていて、松下見林の『異称日本伝』にも引かれており、『隠峰野史別録』は嘉永二年(一八四九)に日本で復刻されている。

(3)中国書には、『皇明従信録』(陳建・沈国元)と『図書編』(章潢)の二部が引かれているにすぎない。

本書の撰述目的から考えても、(1)および(2)に重点がおかれていることは、当然である。

のちに述べるように、『朝鮮通交大紀』は、対馬における一種の外交上の秘伝書の性格をもった書物であり、誰もがこれを閲覧利用できるというものではなかった。江戸時代における本書の利用は、私の知るかぎりでは、『外蕃通書』および『通航一覧』の二書に引用されているものがあるにすぎない。『外蕃通書』二七冊は正斎近藤守重(一七七一~一八二九)の撰、文化五年(一八〇八)から文政二年(一八一九)まで、幕府の書物奉行であったときに作ったもので、第一冊から第五冊までが「朝鮮国書」にあてられている。『通航一覧』三五〇巻は、大学頭林煒の撰。嘉永六年(一八五三)幕末外国関係が騒がしくなったとき、その参考のため幕命によって作られたものである。巻一二五から巻一三七までが「朝鮮国部」である。引用文の仮名遣いなどからみると、甲類本が使用されたと考えられる。

この外交上の秘書が、学術研究の史料として一般にひろく利用されるようになったのは、明治十七年(一八八四)外務省の『外交志稿』に引かれたのをはじめとして、明治三十六年神宮司庁から出された『古事類苑』の「外交部」に詳しく引用されてからのちのことである。そして、東京大学史料編纂所の『大日本史料』が『朝鮮通交大紀』を室町時代における日本国内の数少ない朝鮮関係史料の一つとして重視したことは勿論である。

朝鮮史研究の草分けの一人である幣原坦氏の『日韓関係よりの対州研究』(一九一三年、広島高等師範学校地理歴史学会)の「第二章　嘉吉条約と慶長条約との成立せる精神の異同」には、参考書類として『朝鮮通交大紀』が引かれている。大正時代には『朝鮮通交大紀』の史料批判がすすみ、瀬野馬熊氏は「正統癸亥約条に就いて」(『史学雑誌』二六ノ六、一九一五年、のち『瀬野馬熊遺稿』に収録)を発表して、嘉吉三年(一四四三)の癸亥約条成立に関する『朝鮮通交大紀』の記事を『李朝世宗実録』と対比して、その誤謬を明らかにした。

ついで、中村栄孝氏は、大著『日鮮関係史の研究』の中で、しばしば『朝鮮通交大紀』を引用し、これを「名著」としながらも、『朝鮮通交大紀』の宗貞秀に関する記事を批判し、

これは、宗氏自身の記録の不備と『朝鮮通交大紀』編集当時における朝鮮側参考資料の不足とに因るとはいえ、この書の杜撰、ならびに当時における朝鮮役以前の日鮮関係に対する無識を暴露した一例ともいえるであろう。

とし(同書、上、五三二頁)、また、三浦の乱に関する『朝鮮通交大紀』の記事については「家譜によった記事に、見のがしがたいものがある」としながらも、「事変の原因については、記録の不備から、誤りが多い」(同書、上、七一一頁)と批判している。

以上のように、『朝鮮通交大紀』は、その細部についてみれば、杜撰・誤謬のそしりをまぬがれがたい箇所が少なくない。しかし、瀬野氏や中村氏の批判は、いずれも文禄慶長の役以前の記述を問題にしているのである。文禄慶長の役以前の時代は対馬においては記録のもっとも不備な時代に属し、記述の杜撰・誤謬はやむをえない一面をもっていることに注意しなければなるまい。文禄慶長の役後の記述は、その正確さと対馬の立場を明らかにしている点において、むしろ他書の追随を許さない特色をもつものと断言してはばからぬものがある。

本書は、辺陬の対馬にあっては可能な限りの史料の蒐集がなされた結果編纂されたものであり、また対馬ならでは

得られない記事も少なくない。『李朝実録』や『備辺司謄録』等の朝鮮側の史料は、今日では自由に見ることができるが、当時としては一見するすべもなかったものであり、これを根拠にして、『朝鮮通交大紀』の史料的価値を云々することは酷というべきではないだろうか。本書の記述に限界のあることを認めながら、本書を十全に利用することこそ研究者に課せられた課題でなくてはなるまい。

四　撰者松浦允任の伝記

白石新井君美の『停雲集』上巻には、松浦允任の漢詩四篇が収められているが、そこには「松禎卿」として允任の略伝を載せている。白石は允任と同時代を生きた人物であり、允任の伝記としてはもっともふるいものと思われる。

松浦儀、字禎卿、播州人、号霞沼、年甫十三、対州太守見以為奇才、因請木先生授業焉、禎卿文学生知、不煩師訓、日弄翰墨、灑々数百千言、不甚経思、而有作者之風、与祇南海同年生、衆推為二妙、学既通、為州書記、屢為韓人所称云、

木先生とは順庵木下貞幹、祇南海とは南海祇園瑜のことである。白石はこの小伝のあとに允任の漢詩「舟中作」「赤間関」「中秋」「少年行」の四篇を掲げ、最後に、

霞沼嘗以与韓人酬和詩巻所贈、今則失之矣、少作及舟中諸作等、曽所記者、即載于此、

と付記している。

明治以後に書かれた松浦允任の伝記のなかでもっとも要領よくまとまっていると思われるのは、大正六年（一九一七）五月二十五日、長崎県教育会対馬部会著作発行の『郷土史料対馬人物志』一七八頁以下に収められたものである。なお同書の執筆者は対馬の郷土史家静山歌野詮二・立軒川本達の両氏である。昭和三年（一九二八）七月、日野清三郎

氏がまとめ、対馬教育会の名で発行された『対馬島誌』も本書の記事を踏襲しているにすぎない。つぎに掲げるものは、その二三項「松浦儀右衛門」であるが、読点は原文にはないので便宜上私が加えた。

故対馬の記室松浦霞沼先生、享保十三年戊申九月朔日を以て、病で対馬の府中に歿す、瑞泉院に葬る、先生諱は允任、字は禎卿、霞沼と号す、儀右衛門と称す、初め佐太郎、中ろ権四郎、後ち儀右衛門と改む、源姓松浦氏、其先は肥前守守任に出づ、守任封を泉州の当城に受けて六万石を食む、其子守宗浅野紀伊守長幸に仕へ禄四百五十石、前手物頭となり銃手二十名を領す、次子守之慶長九年広島に生る、守之松平大和守直基に越前勝山に仕へ禄三百五十石、長子守興寛永九年七月越前の大野に生る、後ち播州姫路に於て仕を罷め、後又江戸に抵る、乃ち先生の父なり、

先生延宝四年を以て播州姫路に生る、母は越前の人下川善兵衛元全の女、父に従うて江戸に長ず、是より先き先生幼にして京都に遊び、南部草寿に学ぶ、大に奇才あり、善く詩を属す、嘗て詩草を案上に置く、草寿取りて之を読み歎賞已まず、既にして其の自作するを聞き、大に驚て曰、吾以為く、唐詩を抄写せるものなりと、時に年十二、対馬侯之を聞き、元禄元年先生年甫めて十三、対馬守宗義真公見て以て奇才と為し、之に禄せんと欲す、父弥五左衛門守興書を出して之を請ふ、公賜ふに五口の俸を以てし、十一月十七日藩老平田直右衛門伴うて木下順庵に到り、請うて業を受けしむ、二年正月、時修治学舎に就て学ぶこと十数年、文筆の名藝苑に著はる、紀州の人祇園南海と並び曰て双玉の称あり、学成るに及んで対馬の記室と為り、十六年新に禄二百石を受けて藩学たり、九月十一日江戸を発して藩に還る、父母猶ほ江戸に留る、禄を分つて給す、而して崇信庁の長と為り、専ら交隣の事を司る、編纂総裁の職を兼ぬ、公命を奉じて通交大紀十一巻を選す、公之を幕府に献ず、執政篠山侯命を伝へて曰く、隣交の事ありてより事実剴切未だ此書の如きものあらずと、正徳中新井白石志を幕府に得て通信

の旧格を変ずるもの多し、然りと雖ども得失相半して、人或は便とせず、享保中復旧格に依り新法を用ひず、霞沼乃ち芳洲と相議し、新旧を折衷し其の適当とする所を取りて典礼を作為す、其後幕府之を循用し、著して永式とす、著す所殊号辯正、殊号事略正誤、善隣原始録、通志彙編、霞沼寓筆等あり、先生子なし、雨森芳洲の次男賛治を以て養子と為す、賛治諱は守経、龍岡と号す、性果断にして文学あり、宝暦四年十月十二日、裁判を以て朝鮮に抵る、時に別議献上人参の事あり、韓人毎約に背き劣悪なる人参を出す、龍岡検して後害を慮り、以て火中に投じて之を讐む、是に於て彼此の論起る、職罷めて家削らる、佐々木氏笹右衛門の姉を娶りて三男一女あり、長は乃ち桂川なり、

前半部の記述には『停雲集』所収の略伝と矛盾するところはない。

右の記述が明らかにしているように、松浦允任は延宝四年（一六七六）播磨姫路に生まれ、元禄元年（一六八八）十三歳で宗氏に仕えてから享保十三年（一七二八）に五十三歳で没するまで、その生涯の大部分を対馬の儒官としての活動にささげたのである。生母の下川善兵衛元全の女は国学者契沖の妹である。したがって允任は契沖の甥にあたる（伊東多三郎氏の御教示による）。幼年の日、京都に出て南部草寿のもとに遊学したとあるが、草寿は、その先祖は越後長尾氏といわれ、京都にあって醇儒と称された学者で、寛文十二年（一六七二）長崎奉行牛込勝登の招きに応じて学政を掌り郷学を設け、在職八年にして文教大いに興ったという。ついで富山藩に招かれ禄一五〇石をあたえられた。元禄元年（一六八八）に没しているから、允任が草寿から激賞されたのは、草寿の死の前年ということになる。允任は元禄二年より十数年間、宗氏の臣として順庵木下貞幹（一六二一〜一六九八）のもとにあって修学することになるが、後世の活動の基礎はこの修業時代に形成されたのである。周知のように、貞幹は藤原惺窩の門人松永尺五に学び、天和二年（一六八二）徳川綱吉が将軍のとき幕府の儒官に召出され、将軍の侍講となり、林鳳岡・人見竹洞等と『武徳大

成記』を編纂した。また、教育面でも大きな足跡をのこし、世に木門の五先生・木門の十哲などといわれる多くの俊秀を育成した。すなわち新井白石・室鳩巣・雨森芳洲・祇園南海・榊原篁洲が木門五先生、これに南部南山・松浦允任・三宅観瀾・服部寛斎・向井三省の五人を加えたものが木門十哲である。

允任とともに木門の双玉とも二妙とも併称された祇園南海（一六七七〜一七五一）は、柴野栗山から「文章則祇園瑜伯玉」と評された逸材であった。南海は元禄十年（一六九七）紀州藩の儒官となって二〇〇石を得、その後事に坐して禄を奪われたが、宝永七年（一七一〇）徳川吉宗によって赦され、朝鮮通信使応接の功により旧禄二〇〇石を復されている。白石新井君美（一七五七〜一七二五）はいうまでもなく木門第一の学者で、のちに柳営の中枢にあって活躍したが、朝鮮通信使を迎えるにあたっては允任や雨森芳洲とは対立する立場をとることになった人物である。なお白石の詩集『白石詩草』は朝鮮・琉球・清にも伝えられて高い評価を得たものであることを付言しておこう。南部南山（一六五八〜一七一二）は長崎の医者小野昌碩の子であったが、のちに允任の最初の師南部草寿の養子となった人である。

木門十哲のうち允任ともっとも親しい関係にあったのは雨森芳洲（一六六八〜一七五五）で、允任より八歳の年長であった。はじめ俊良、なかごろ東、のちに誠清《のぶきよ》と改めた。字は伯陽、通称は東五郎という。元禄二年（一六八九）二十二歳のとき木下貞幹の推薦をうけて対馬の宗義真《よしざね》に仕えて二〇〇石を給せられ、ついで三〇石加増、文教および朝鮮との外交にあたることになった。二十四歳のときから中国語を習いはじめ、元禄九年には長崎に行って稽古し、中国人との間に日常の会話ならできるまでになった。その後五〇年間芳洲は中国語の学習を廃することがなかったという。また朝鮮の風俗・習慣・生活につねに強烈な関心をもちつづけ、三十六歳のときには朝鮮語学習の目的でわざわざ朝鮮の釜山に渡っている。後年芳洲は、朝鮮語は文章の構造が日本語と同じなので大変容易であり、自分は三年間朝鮮で学習して大体のことは理解できるようになったと書いている。『交隣提醒』『雞林聘事録』『朝鮮風俗考』『交隣須知』『交隣始末物語』等の朝鮮関係の著述のほかにハングルを邦訳した『全一道人』という特殊な語学書さえものこしている。

正徳元年（一七一一）朝鮮通信使渡来のとき、新井白石がその応接にあたって徳川将軍の称号の「大君」を改めて「日本国王」としたことに対して雨森芳洲が条理をつくして猛然と反対の立場に立って論陣を張ったことはすでによく知られているところである。允任はこのときも芳洲と同一の立場にあった。また允任が芳洲とともに通信使の一行と漢詩の唱和をしたことについては『鳩巣小説』に記事がある。享保四年（一七一九）将軍吉宗の嗣立を賀するため朝鮮通信使が渡来したときも允任は芳洲と行動をともにして応接にあたった。

『海游録』は、朝鮮の粛宗四十五年（享保四、一七一九）徳川吉宗の将軍襲職を賀するために来朝した通信使洪致中等に随行した製述官申維翰の日本紀行で、旅行中の見聞や所感を記し、日本の風俗史料としても価値が高い。製述官は学問・詩文に通じて一行の文事を職掌とした者である。東京大学附属総合図書館には三冊本の朝鮮の写本があるが（A00-5576）、活字本は韓国珍書刊行会から『通文館志』と合冊で明治四十年（一九〇七）に、姜在彦氏の釈注は平凡社『東洋文庫』二五二として昭和四十九年（一九七四）五月に刊行されている。

同書東大本の、同年六月二十七日の対馬府中（現在の厳原）滞在中の記事には、

記室両人、一曰雨森東、橘姓雨森氏、字白陽、号芳洲、俗呼東五郎、又呼院長、紀伊州人、一曰、松浦儀、源姓松浦氏、字爾瞻、号霞沼、俗呼儀左衛(右)門、播摩(磨)州人、皆博学能文、廪食歳二百斛、是晋用楚材也、

とある。記室とは、いまの書記・秘書官に相当する官名である。「是晋用楚材也」とは、対馬出身ではない芳洲・允任の両人が対馬の儒官となっていることを中国の晋の国が楚の国の人材を登用するのに譬えたのである。

允任は対馬から芳洲らとともに通信使の一行を護行して江戸にのぼった。七月十九日、壱岐の風本浦（現在の勝本）に着いたときに允任ははじめて申維翰と歓談する機会を得た。『海游録』にはつぎのように記されている。

余就館小休、雨森東・松浦儀来見、余謂儀曰、子非霞沼詩人乎、誦芳名久矣、頃自釜山斉帆而渡滄波、留馬州匝旬、不得一当晤語、泄泄至今、何見之晩也、儀不解鮮語、雨森東従旁訳之、儀遽驚謝曰、不図公之念我深也、日有采薪之憂、足不及公門、所以皮面伊阻、今猶病株未抜、而被国事黽俛来矣、即為詩倡酬、交筆而談、余問、白石公無恙乎、儀曰、公何以識此人、余云辛卯信使臣平泉趙侍郎得其人詩草帰、以示我、我毎称才華不離口、儀回語雨森東曰、趙侍郎長者可感至意、又問、公見其詩何似、余曰、婉朗有中華人風調、即手頂而謝曰、昔在木先生門下与白石同衿友也、幸蒙君子嘉賞甚荷甚荷、但恨其人病謝事杜已久、公今至江都必無以見也、（中略）儀時年四十、為人短小、有翩翩才士気、詩論絶奇、所作亦往往可愛、

右の記事により、允任の文名はすでに朝鮮文人の間でも相当ひろく知られていたこと、朝鮮語は解することも話すこともできず芳洲の通訳にたよらねばならなかったこと、病をおして通信使護行の一行に加わったこと、正徳元年（一七一一、朝鮮粛宗三十七年）に渡来した通信正使趙泰億が持ち帰った『白石詩草』が朝鮮文人の間で注目をあびていたこと、允任が小男であったこと、所作に愛すべき点があったこと、などが知られる。

『海游録』八月十八日の条には、赤間関（下関）で芳洲と允任と月心性湛の賦した詩がのっている。また九月二十八日、江戸において通信使の旅宿を大学守林信篤が訪問した際、允任は記室として対馬奉行平真長・通事茂助とともに陪席した。十二月二十七日、帰途対馬府中における記事にはつぎのように記されている。

松浦儀、頃自江戸先帰、聞其母在播摩（磨）州、弟亡而無依、欲買一葉、将母而向馬島、情甚可惻、至是来見、自言行李幸無恙、余憐其困窮、問有子女乎、曰、生年四十未見一襁褓、命也如何、余慰之曰、君之詩能使君至此、第以

孟貞曜自勉焉、儀復嘆曰、海外窮島豈有孟貞曜、其言亦慽矣、

允任は家庭的には恵まれること薄かったが、詩才は唐の詩人孟郊（貞曜）に比肩されるほどに評価されており、その本領は漢詩の作製にあったことがうかがわれる。弟とは、水戸藩の彰考館に勤め、この年六月に死んだ新之允のことである。新之允については福田耕二郎氏「契沖と水戸家の人々（六）」（『契沖全集』巻一六、付録月報、一九七七年）に詳細な紹介がある。名は守約、字は子鮮、鉄崖また霞池と号した。新之允十八歳のおり、彰考館に推薦されたが、徳川光圀は「青年秀才」と称して満足したという。

実子を得ることができなかった允任は、芳洲の次子賛治を養子とし、その遺風を嗣がせることにした。

「通交大紀十一巻を選す」とあるが、これは前掲黒田省三氏の文と符合する。『郷土史料対馬人物志』編纂のころは対馬に一一巻本の『朝鮮通交大紀』が現実に存在していたのであろうか。

昭和三年（一九二八）五月に竹林貫一氏の編した『漢学者伝記集成』六〇〇―六〇六頁の記載も右の『郷土史料対馬人物志』の記事と大同小異であるが、同書では松浦賛治（龍図）のこととして書かれていた朝鮮貿易における行動や逸話が本書では允任の事績として一層詳しく述べてあるので、つぎに掲出しておく。

名は儀、字は禎卿、霞沼と号す。通称は儀右衛門、播磨の人、対馬侯に仕ふ。

霞沼の父を弥五左衛門といひ、旧《もと》越後侯従三位中将光長卿に仕へ、侯命によりて、其の支藩姫路侯従四位下松平大和守直矩に附属し、故あつて致仕し、江戸に到る。霞沼をして木順菴に従学せしむ。時に小三郎と称せりと云ふ。

霞沼歳十三の時、西健甫に従ひて、対馬侯に謁す。侯一見して以て奇童となし、学資を賜与して、益々心を経史に専らにし、誦読に従事せしむ。是より孜々として怠らず、未だ弱冠に至らずして、文筆の名、宿儒碩学の間に著称せらる。

霞沼詩稿を案上に置く。南部艸寿偶々来り見、吟誦して已まず。既にして其の自作なりと聞き、大いに驚いて曰く、「吾唐人の詩を抄写すと謂へり」と。時に歳十四。

霞沼天資頴敏、文学性知、師訓を煩はさず。日に翰墨を弄し、博渉宏猟、甚だしく経思せずして成る。尤も詞藻に長ず。紀伊の祇南海と甲子を同じうす。同門の士推して二妙と称せり。

南海嘗て評して曰く、「霞沼少壮の作、太だ盛唐に邇《せま》る。但々恐らくは字句の雷同せる、唐人の二王の帖を臨摸するに譬ふ。晩年韓人と応対し、自ら気格の流れて彼の調に入れるを覚らず」と。案ずるに南海の鍾秀集、霞沼の古今体詩四十余首を載す。中に白玉の寄懐に次韻し、却て呈するの古詩あり。其の高華誦すべし。

元禄壬寅、歳二十七にして、雨芳洲の薦に因りて対馬侯に筮仕す。居宅を下谷の邸中に賜はり、居ること四年にして対馬に移る。正徳辛卯韓使来聘の時に及び、芳洲と同じく書記を掌る。文章の声海内に馳す。彼の製述官李東郭称して謂へらく、隣交起りてより以降、未だ曾て有らざるの人なりと。

霞沼人と為り雄俊疎達、平生矜飾して世に炫耀するを欲せず。能く其の長とする所を長として隠さず。曰く、「華音の辞令を学ばんと欲せば、芳洲に往け。経義文章を学ばんと欲せば我が許に来れ。人各々自ら得て長ずる所あり、必ずしも強ひて之を為さしめず」と。

霞沼歳不惑を踰え、志を善隣に専らにす。嘗て侯命を奉じて通交大記(紀)五十巻を撰ぶ。享保己亥韓使来聘の時に至りて、侯之を大府に献ず。特旨もて銀錠十枚を賞賜す。執政篠山侯信庸松平紀伊守命を伝へて曰く、「交隣の事ありてより、徴実剴切、未だ嘗て此の如き書あらず。宜しく既廩を優にし、資給を豊にし、以て之をして益々其任に従事せしめよ」と。侯是に於て擢でて原任儒学教授兼掌書記用人格となす。是より屢々釜山浦に祇役せりと云ふ。

享保中対馬侯官命を奉じて、人参一万斤を朝鮮より貿買す。霞沼以酊に在りて、佳悪を監督し、其の輸致せるものを按ぜり。蓋し鮮参邇年価貴く、漸く贋偽を雑置するに至る。若し明晰して之を辨覈すること能はずば、啻に巨万を費して欺詐を受くるのみならず、之を病者に施して、害を貽すこと少なからず。彼れ独り産参の諸国に勝れるを以て、閫外に誇驕す。然りと雖も生熟常ならず、豊歉時あり。寒暄定まらず、乾湿変あり。外に富饒を示すも、内は実に贍《(た)》らず。毎に自ら其の蕃殖茂熟せざるに苦しめり。故に奸黠の徒、最も巧に利を射、形状の参に似たる物を以て、能く之を偽造し、言を土に在るの浅深、山を出づるの早晩、乾烘の収拾、形色の厚薄なるに託して、種々の名目を立て、品類を衆多にし、彼の鑒定に精しき者と雖も、往々之が為に欺詐せらる。而も贋偽を以て售《う》らんことを求むれば、動々もすれば輒ち覘《うかが》はれ、反つて罪戻に入るを恐るゝや、緻密縝固にして、辨識し難きを為す。故に誣を受けざるものは鮮《すく》なし。霞沼一見乃ち謂ふ、「上品に非ざれば、固より以て我が用に充つるに足らず。我既に情を以て告げき。若し請ふ所を得ずんば、其の斤量を半にして可なりと。而るに已に之を許し、今輸致せる所のものを見るに、畢く是れ中の下品なるのみ。僅に数斤を鑒して、業《すで》に已に此の如し。豈近似せざるか、信約なきか」と。彼の士怫然色を作して曰く、「弊邦偏《(褊)》小なりと雖も、敢て粗物を以て高価に易へず。意ふに牙儈の徒、粉飾装成して、主司を誑賺し、此に至れる所以なり。俺輩預め認知せずんば、礼曹宰臣、豈能く此に関係せんや。請ふ須らく貨に憑つて上中下に品題し以て之を貿買すべし」と。霞沼又数十斤を見る。悉く佳品ならず。彼の士多方回護し、巧に遁辞をなす。只曰く、「豈敢て言疑似に渉らんや」と。頗る慙愧の色あり。霞沼断然として曰く、「貴国産物を貿易し、有無互に資するは今に始まらず。素より貲を求め財を貪るが為ならず。而も一々検覈して之を審治せば、人を窮むるに似たり。数千斤の封署猶全し。今悉く之を劫《(却)》け、再び我が用に充《あつ》るものを択べ」と。彼の士騎虎の勢に因り、退くべからざるを知り、憤然として曰く、「万斤既に些も用に充てず。用に充てずば、則ち人命に係らん。人命は至重、豈耗羨折利を以て之を論ぜんや」と。霞沼曰く、「然らば用捨損益、処置する所あれ。僕等の揣度を待たず、必ず薄故なきを確保せよ」と。彼れ畏縮して一言を発せず。稽核憶量して、其の国体を損ぜんことを恐れ、之を久しうして曰く、「公等情を遣《や》れ、俺《われ》一隄調の区画する所あり」とて、薪木を請うて之を庭に積み、参万斤を烈火中に投じて、暫時に之を焼く。聞くもの之を快とせり。

語に曰く、「天壊の間、隣を善くして存せざるものなく、隣を善くせずして亡びざる者はあらず」と。東西相並ぶ。何ぞ睚眦して永図を保つことを得んや。宗氏の対馬を拠有するや既に久し。其の朝鮮に於ける、一葦相航し、利沢互に関し、未だ曽て背憎違迂せること有らざりし也。豊臣氏強梁にして武を黷すに及び、一国の群霊、糜爛して殆ど尽く。慶長丁未に至り、中款初て成り、乃ち復た周旋す。我爽《たが》ふなきの盟を修むれば、彼共に天を戴かざるの讐を解き、蠢爾の民、永く其の賜を受く。善隣の政、偉なりと謂ふべし。故を以て宗氏藩鎮を襲封し、世々西陲の管鑰を掌る。歳時の聘問、行李の往来、慶弔に其の好を修め、貿易に其の利を通ずること、此に二百有余年、境域以て安し。寛永中監舎を釜山浦の地に置き、以酊菴といひ、五山の禅侶をして此に祗役せしめ。三年に交替して、通信文翰の事を考検す。霞沼此に往来すること数次、正徳中新井白石志を時に得、建議して通信の旧格を変革すること多し。然りと雖も得失半し、人或は之を便とせず。享保中復た旧格に依り、新法を用ひず。霞沼芳洲と相議し、必ずしも偏倚せず、新旧を折衷し、其の当る所を取りて、其の典礼を賛け成せり。今に至るまで循用して変せず。皆霞沼の参謀預画する所に依る者なりと云ふ。

芳洲霞沼より長ずること八歳、後進を以て之を遇せず、情交最も密なり。嘗て謂へらく、「我輩桑梓を離れ、都下に遊学し、又弾丸黒痣の地、万里夐絶の域に羈官し、弟と休戚を同じうせず。則ち与に語るべきものなし」

と。霞沼之に依頼することの厚き、四十年一日の如く、終始変ぜざりき。其の知命の歳に及び、嗣子なかりしかば、芳洲の第二子、名は権允、字は文平を請うて養ひ、禄を襲がしむ。権允通称は賛二郎、頗る学術あり。箕裘を墜さず。

芳洲の橘窓茶話に云ふ、「霞沼は余と同じく雉塾木順菴の家塾の名、に寓せり。余より少きこと八歳、成翠虚の富士山を賦せる「浮《ブノ》レ空《ニ》積翠開《ク》ニ煙鬟《ヲ》ニ」の句を最も喜び、吟賞して已まず。一日我に問ふ、杜詩の中何者か尤も意に可なると。我答ふるに「万里蒼茫《ノ》水。龍蛇只自深《ラシ》。」を以てせり。時に霞沼年十四五、余今将に六十に近からんとす。之を追想すれば、天稟の資する所、敏鈍迥に別るゝこと此の如し」と。

対馬の地、元禄中より今に百五六十年、其の士大夫学術を語れば、必ず芳洲霞沼といふ。嘉言懿行、以て一国に師表たるに足り、議論勧戒、以て四民を栄辱するに足る。敢て之を優劣する者なし。

霞沼嘗て芳洲に謂つて曰く、「吾れ兄と、生きては其の師受を同じくし、其の出処を同じくし、其の志趣を同じくす。死せば当に其の墓地を同じくし、其の伝記を同じくすべし」と。其の情境の真、以て想像すべき也。余さきに対馬の医員上田玄龍といふ者と交歓し、霞沼の事実を問へり。玄龍役畢り、国に帰りし後、遠く霞沼の遺事一巻を寄せ来る。是に依りて其の概を知るを得たり。又雨森勘兵衛といふものあり。旧役して都邸にあり。此人芳洲の玄孫にして、余が為に屢々高祖の遺事、及び霞沼の官途に功績ありしことを語る。其の説話は之を文苑雑志に載せたり。故に此に贅せず。

霞沼の著述、通交大記(紀)の外、君命に依りて、宗氏家譜三十二巻を作る。又新井白石の殊号事略を辨駁し、殊号辨正二巻、殊号事略正誤一巻を作る。其余の善隣原始録三巻、通志彙編十巻、霞沼寓筆若干巻、皆家に伝ふ。享保十三年戊申九月朔日歿す。歳五十三。其の病革《すみやか》なるや、子弟に命じて、其の作れる詩文数巻を焼燼せしむ。故に片言隻辞も世に遺すものなし。其意に以謂らく、近時浮華の風習、詩文を刻行し、世人に誇示す。深く厭悪すべくして之に懲艾せりと。其言激詭に似たりと雖も、絶俗の見、以て其の人と為りを想ふべし矣。案ずるに霞沼の詩文、世に伝はるもの尠なからず。白石の停雲集、南海の鍾秀集、京師の書肆瀬尾維賢の校刻せる正徳辛卯韓館唱酬等の諸書、畢く之を載す。好事の人、以て就いて見るべし。

「元禄壬寅、歳二十七にして、雨森芳洲の薦に因りて対州侯に筮仕す」とあるが、この事実は『停雲集』および『郷土史料対馬人物志』の記事と矛盾する。ちなみに元禄年間には壬寅の年はなく、允任が二十七歳だったのは元禄十五年壬午の年であった。

「嘗て侯命を奉じて通交大記(紀)五十巻を撰ぶ。享保己亥韓使来聘の時に至りて、侯之を大府に献ず」とある記事にも疑問がある。『朝鮮通交大紀』の五〇巻本の存在は現在では確認することはできない。また享保己亥すなわち享保四年(一七一九)にこれを大府に献じたとあるが、現在の『朝鮮通交大紀』巻一の序の日付は享保十年乙巳(一七二五)であって六年後のことになる。おそらく『漢学者伝記集成』の誤りとおもわれる。村松志孝氏『近世儒家人物誌』(一九一四年)および岡儀一郎・関義道両氏共編『近世漢学者伝記著作大事典』(一九四三年)も五〇巻と記しているが信ずべき根拠は示されていない。なお、『漢学者伝記集成』の記述中の以酊庵についても誤解がある。以酊庵は対馬府中の禅院で、京都五山の僧が一年ないし三年の輪番でここに滞在し、朝鮮との応接、往復文書の管理にあたった。詳細は『通航一覧』巻三〇や『江雲随筆』によって知ることができる。朝鮮の釜山に置かれていたのは倭館である。

五　ロシア軍艦の対馬滞泊と『朝鮮通交大紀』

国立公文書館内閣文庫所蔵の外務省記録局引継本『朝鮮通交大紀』すなわち甲類①の巻首に貼紙があり、つぎのように記されている。

文久元年辛酉年八月、魯西亜人浅海芋崎へ碇泊之一件ニ付、　公義御役之下向有之、右御一行御徒士目付之内桜井（ママ）　と申人、通交大紀之書目被聞伝候と相見、黒瀬村江居込之節、村岡近江殿・仁位孫一郎殿江所望有と候得共、朝鮮向重キ御考用之書ニ付、輒く難被入一覧、朝鮮御用向ニ付下向之御役筋ニも無之、別御用筋と申、当節迄ハ先御並之応対有之、不被入一覧との御評儀ニ相成、近江殿より役方江被仰聞候付、為後考書記置候事、

この貼紙には、幕末の文久元年（一八六一）にロシアの軍艦が対馬浅茅湾の与良郷芋崎に碇泊した事件があったときに、対馬に派遣されてきた公儀の役人に対して『朝鮮通交大紀』を閲覧させることの可否が問題となり、結局は拒否したという事情が語られている。

ロシア軍艦の対馬滞泊事件については、すでに多くの研究が発表されているが、対馬の現地における諸般の動きについては日野清三郎氏著・長正統氏編『幕末における対馬と英露』の記述がもっとも詳しい。日野氏は対馬の郷土史家で、大著『対馬島誌』（対馬教育会編、一九二八年）の事実上の編者であり、『改訂対馬島誌』（一九三九年）・『陶山訥庵先生小伝』（一九二七年）の著者でもある。この日野氏の著書をたよりにしながら、貼紙に書かれた事項の背景をさぐってみよう。

ロシア軍艦ポサドニック（Possadonick）号が対馬の尾崎浦に姿をあらわしたのは、文久元年（万延二年）二月三日で、対馬藩庁では人を派して交渉させ、一方幕府にも報告して指示を仰いだ。三月三日になるとロシア軍艦は昼ヶ浦村芋崎に碇泊し強行上陸した。対馬藩では穏便の処理を希望したが、ロシア側は傍若無人で対馬藩を軽侮する態度をとり、三月十九日にはさらにロシア艦スエラナ号ならびにナエセニック号が来泊した。四月九日になると佐賀藩の観光丸（幕府軍艦、佐賀侯御預）・雷流丸が府中に寄港し、十二日にはイギリス艦レーベン号も府中に寄港して去り、鴨居瀬にむかった。四月十二日には船越瀬戸で小者松村安五郎がロシア人に銃撃され、吉野数之助がとらえられて憤死すると

いう異変が起こった。

長崎奉行は、しばしば対馬藩主の使者や書面による報告をうけていたが、四月二十四日に至って役人の対馬派遣を決定した。使者の一行はさきの観光丸に坐乗して四月二十七日に長崎を発し、五月朔日に府中浦に到着した。支配与頭永持亨次郎、調役並小杉右藤次、御徒士目付桜井仁十郎、定役兼松亀次郎以下、通詞・小者をあわせて三〇人におよぶものであった。永持は五月の三日・五日・七日の三回にわたってポサドニック号艦長と同艦の対馬退去について談判した。

ついで、幕府は外国奉行小栗豊後守忠順を対馬見廻に命じ、小栗は咸臨丸に乗って五月四日対馬着、五月十日よりポサドニック号艦長ビリレフとの会談に入った。小栗とビリレフとの会談中にロシア艦アラズボイニク号、キリーベルガイダマク号が来泊し、ついで去った。そして小栗もまた交渉不成立のまま五月二十日には対馬を去った。

八月になると事態が急変した。すなわち、八月十五日、ビリレフは、前日対馬に来着した僚艦オプリチニック号を対馬に留めて、ポサドニック号を箱館に回航した。さらに二十五日にはオプリチニック号も浅茅湾から姿を消した。五か月余にわたった滞留ののちにロシア軍艦が突然対馬から去ったのは、イギリスからの強い干渉があったからである。

さて貼紙にもどって検討しよう。「文久元年辛酉八月」とあるので、この貼紙の記された時期は、ロシア軍艦滞泊一件の落着をみた月であることが知られる。桜井某は、長崎奉行配下の御徒士目付桜井仁十郎である。黒瀬村は浅茅湾に面した与良郷の集落で、現在は長崎県下県郡美津島町に属する。長崎奉行の一行は、五月二日朝府中浦を発ち、対馬の南端豆酘《つつ》崎を廻り、同日午後黒瀬村に上陸したのである。

長崎奉行所配下の一行は、ビリレフとの交渉を小栗に引継いだのちには対馬を去ったらしい。ロシア軍艦の対馬滞泊を重視したイギリスは、対馬にイギリス艦の派遣をきめ、エンカンテール（Encounter）号・ウリンダフ（Ringdove）号二艦を回航することになったが、これに坐乗したイギリス公使館参事官ヲリハントは、対馬への出発に先立って長崎奉行岡部駿河守長常と会談した。桜井仁十郎はこの会談の筆記役をつとめている。

村岡近江・仁位孫一郎はともに宗家の臣であるが、天保九年（一八三八）藩主宗義質《よしかた》の急死によって引き起こされた御家騒動のときに政敵の家老杉村但馬によって失脚させられて謹慎蟄居していた人物である。しかし、ロシア軍艦来航によって事態が急を告げると、藩当局は、二月九日仁位孫一郎に家老職への復帰を命じ、ついで四月七日には村岡近江も家老職に復帰させた。急変する時局の動きが実力者の蟄居を許しておかなかったのである。両人はロシア軍艦との交渉では終始中心になって活躍した。ロシア側の土地租借要求などに対しても冷静に対応しているところからみても対馬では一流の人物だったのであろう。桜井仁十郎が『朝鮮通交大紀』を一覧することを仁位・村岡の両人に申しいれたのも右の事情によるものと思われる。

けだし、桜井は長崎奉行の配下として、はやくから朝鮮と対馬との通交関係に関心をもっており、対馬島訪問の機に、かねて聞き知っていたところの『朝鮮通交大紀』の閲覧を申しでたのであろう。しかし、桜井に対する対馬側の応待はきわめて冷やかであった。

前記貼紙の記事の要点は箇条書にするとつぎのようになる。

（一）この書物は、朝鮮との通交に関するきわめて重要な参考書である。

（二）この書物は、容易に他見を許すべき性質の書物ではない。

（三）まして、朝鮮通交の用件で来島したものでもない役人に見せる必要はない。

（四）評議の結果、見せないことにきめた。

（五）この書物の今回の取扱い方を、後世の者の参考のために書き記しておく。

これによってみれば、『朝鮮通交大紀』は、対馬では、朝鮮との通交に関する虎の巻として非常に重要視され、貴重視されていたことが明瞭である。すなわち本書の内容は、いまでいう外交上の秘密事項に関わるものであって、直接外交折衝にあたるものは心得ておかねばならないが、むやみに外部に漏らすことは許されない性質のものであったのである。覚書の一紙は、対馬藩で『朝鮮通交大紀』を管理する者を対象として書かれたと想像されるが、たまたま官府への提出本のなかにまぎれこんでしまったのではあるまいか。

もともと、対馬藩には、朝鮮のことは対馬が取りしきるものであるという意識がながいあいだに培われていたのであり、朝鮮通交のことは余所者が軽々しく踏み入ることを許さない分野であった。それに外交上のことには、対馬と朝鮮とのあいだだけで暗黙に了解しているようなことがらもあり、あまり外部には知られたくない事情もあった。『朝鮮通交大紀』は、よほどのことがないかぎり、他見を許してはならない対馬外交の秘伝書の一つであったということができよう。

最後に、諸本の閲覧を許された国立公文書館内閣文庫・宗家文庫・東京大学史料編纂所・早稲田大学図書館・天理図書館ならびに種々の御教示と便宜をあたえられた中村栄孝氏・宗武志氏・松本弘氏・田代和生氏の高誼に深い感謝をささげるものである。

〔**後記**〕　本稿は『朝鮮学報』第七十九輯所載の「『朝鮮通交大紀』雑考」および同誌第八十四輯所載の「『朝鮮通交大紀』補考」をもとに改稿し、昭和五十三年（一九七八）田代和生氏と共同で校訂して名著出版社より刊行した『朝鮮通交大紀』の解題として発表したものを補正したものである。その後、昭和五十四年対馬に調査のためおもむいたおり、厳原町の対馬歴史民俗資料館において、同館に寄託されている斎藤定樹氏所蔵の『朝鮮通交大紀』を見ることができた。これは一〇巻一〇冊本で、按文のある宗家文庫本と大体同一系統の善本である。十分に調査をしたわけではないが文章の配列に多少の相異があるにすぎないように見うけられた。本稿で乙類と分類したものの一本であるが、宗家文庫本との比較についてはなお検討の余地があろう。

対馬史年表稿

西暦	年号	事項
前七五〇〇〜三〇〇		縄文式の遺跡—上県町志多留・峰村佐賀・峰村吉田・豊玉村仁位・厳原町阿礼・上県町佐護・上県町仁田など。
前三〇〇〜後三〇〇		弥生式の遺跡—上対馬町津和・上県町仁田内・上県町中山・上県町佐護クビル・上県町佐護白岳・上県町井口浜・上県町樫滝・上県町大浦鉾山・上県町志多留・上県町伊奈・峰村三根井手・峰村三根高松壇・峰村吉田・豊玉村仁位清玄寺原・豊玉村佐保・美津島町賀谷・美津島町黒瀬城山・厳原町小茂田・厳原町阿礼・厳原町宝満山など。
五七		**倭の奴国、後漢に朝貢し、光武帝から印綬をうける。**
一〜二〇〇		このころ、対馬の大官を卑狗、副を卑奴母離といい、千余戸の住民がいた（魏志倭人伝）。
三〇〇		前期の古墳—上県町志多留大将軍山・峰村志多賀椎の浦・美津島町鶏知エビスガクマ・美津島町黒瀬コウゴ崎。
三五五		中期の古墳—上対馬町浜玖須朝日山・上県町佐護白嶽・峰村三根シオツボ・豊玉村曽桑原蒙古塚・豊玉村卯麦唐船蒙古塚・豊玉村貝口赤崎。
五〇〇		後期の古墳—上対馬町古里・上対馬町芦見剣島・上県町志多留万人塚・峰村三根ガヤノキ・峰村吉田蒙古塚・美津島町樽ケ浜オデンノクマ・美津島町高浜根曽・美津島町洲藻。 末期の古墳—美津島町高浜サイノヤマ・美津島町高浜根曽・厳原町小茂田矢立山・厳原町豆酘保床山。
五三〇	（継体）二四	この年、近江臣毛野、任那より召還され、帰国の途中対馬で死去（日本書紀）。
五三八	（欽明）七	この年、百済聖明王、仏像と経論を贈り、仏教伝来（上宮聖徳法王帝説）。
六〇一	（推古）九	**9**・8新羅の間諜対馬に至り、捕えられて上野に流される（日本書紀）。
六〇七	一五	**7**・3小野妹子、遣隋使となって隋におもむく（日本書紀）。

六三二	(舒明)四	8月、唐使高表仁、対馬に泊す（日本書紀）。10・4高表仁等、難波津に泊す（同上）。
六三三	五	1・26唐使高表仁等帰国（日本書紀）。
六四六	大化 二	1・1**大化改新の詔発せらる。**
六六三	(天智)二	8・27白村江の戦（日本書紀）。
六六四	三	この年、対馬・壱岐・筑紫等に防人と烽をおき、筑紫に水城を築く（日本書紀）。
六六七	六	11月、対馬国金田城を築く（日本書紀）。
六七一	一〇	11・10対馬国司、沙門道久等が唐からきて、唐国使郭務悰等二〇〇〇人が来朝することを告げたことを大宰府に報ずる（日本書紀）。
六七二	(天武)元	6月、**壬申の乱。**
六七四	三	3・7対馬国、はじめて銀を貢す（日本書紀）。
六七七	六	この年、対馬国与良清水山八幡宮鎮座（対州編年略）。
六八三	一二	12月、諸国の境界を定める（日本書紀）。
六九八	(文武)二	12月、対馬島に金鉱を冶錬させる（続日本紀）。
七〇一	大宝 元	3・21対馬島より金を貢したので大宝の元号を建てる（続日本紀）。6・8使を七道諸国に派遣し、大宝新令によって政をすることを告げ、新印様をわかつ（同上）。8月、これより先、大倭国忍海郡人三田首五瀬を対馬につかわして黄金を冶成させ、ここに至り五瀬に正六位上を授け、対馬島司・郡司・主典の位階をすすめ、封戸ならびに物を賜う（同上）。
七〇二	二	2・1大宝律を天下にわかつ（続日本紀）。28諸国司鑰を給わる（同上）。10・14律令を天下諸国にわかつ（同上）。
七〇四	慶雲 元	4・9鍛冶司をして諸国印を鋳させる（続日本紀）。
七〇六	三	7・28大宰府、所部の九国三島が亢旱大風のため年穀を損した由を言上。よって使に巡省させ、被災甚しき者の調役を免ずる（続日本紀）。
七一〇	和銅 三	3・10**平城遷都。**
七一三	六	5・2諸国の郡郷の名は好字を用いさせ、その風土記を献上させる（続日本紀）。
七二〇	養老 四	5・21舎人親王、太安万侶等日本紀を奏上。書中対馬の文字はじめて用いられる（日本書紀、続日本紀）。
七二二	六	4・16大宰府管内の大隅・薩摩・多褹・壱岐・対馬等の司の闕に府官人を権補させる（続日本紀）。

七二四〜二八	神亀年間	筑前志賀村の荒雄の対馬送料船遭難（万葉集）。
七二九	天平 元	**10**・7大宰帥大伴旅人、対馬島狭河内村結石山梧桐の孫枝で造った和琴一面を中衛大将藤原房前に贈る。ついで房前これに答える（万葉集）。
七三〇	二	**1**・13大宰府官人および所部の国司等、大宰帥大伴旅人宅で梅花の宴を行なう。対馬目高老の詠歌あり（万葉集）。
七三一	三	**12**・1大宰府をして、はじめて対馬の医師を補任させる（続日本紀）。
七三二	四	**5**・24対馬島司は年粮を給したが、秩満つるの日にわかに常粮をとどめたため、食粮が欠乏したことを奏し、年粮を給される（続日本紀）。
七三六	八	**6**月、このころ、遣新羅使阿部継麻呂の一行、順風を得ずに対馬浅茅浦に停泊、和歌を作る（万葉集）。
七三七	九	**1**・27遣新羅使阿部継麻呂、帰途対馬において死す（続日本紀）。 **9**・22東国の防人を停止して本郷に帰し、筑紫の人に壱岐・対馬を守らす（続日本紀）。
七三九	一一	**3**・21大宰府、対馬島目養馬飼連乙麿が神馬を獲たと奏す。よって孝子等に賑給する（続日本紀）。
七四一	一三	**3**・24詔して国ごとに国分寺（対馬は島分寺、のち国分寺）を設置（続日本紀）。
七四二	一四	**1**・5大宰府を廃す（続日本紀）。 **8**・25大隅・薩摩・壱岐・対馬・多褹等の官人の禄は、筑前国司をして廃府の物をもって給させる（同上）。
七四三	一五	**12**・26はじめて筑紫鎮西府をおく（続日本紀）。
七四五	一七	**6**・5大宰府を復し、石川加美を大宰大弐に、多治比牛養および大伴三中を大宰少弐に任ずる（続日本紀）。
七五五	天平勝宝七	**12**・20大宰府、民部省符により、大隅・薩摩・対馬・壱岐・多褹等の講師を停止（続日本紀）。
七五九	天平宝字三	**3**・24大宰府、辺戍の不安四条を述べ、博多大津および壱岐・対馬等要害のところには船一〇〇隻以上を備うべきをいう（続日本紀）。
七六〇	四	**8**・7大宰府所管の諸国の地子稲をさいて、大隅・薩摩・壱岐・対馬・多褹等司に給す。守一万束、掾七五〇〇束、目五〇〇〇束、史生二五〇〇束（続日本紀）。
七六一	五	**11**・7大宰大貳吉備真備、西海道節度使となる（続日本紀）。
七六七	神護景雲元	**9**・1右大臣吉備真備、対馬島墾田三町一段・陸田五町二段・雑穀二万束を献ず。もって島の儲とする（続日本紀）。
七六八	二	**2**・5対馬島上県郡の人高橋連波自米（ハジメ）の女、孝義を表賞される（続日本紀）。

七六九	三	**10**・11新羅使級飡金初正ら一八七人および導送者三九人、対馬に漂着（続日本紀）。
七七二	宝亀　三	**12**・13大宰府、壱岐島より対馬に送る年糧が漂失したのを塡備することを免ぜられるように請い、許される（続日本紀）。
七七六	七	**12**・22渤海使史都蒙等一八七人、はじめ対馬島竹室之津をさして南海府を発したが、漂流して越前加賀郡に着く（続日本紀）。
七八〇	一一	**2**・15新羅使の帰国にあたり、筑紫府および対馬の戍に勅して、以後表をもたざる使人の入境は許さぬ旨指示したことを知らせる（続日本紀）。
七九四	延暦一三	**10**・22**平安遷都**。
七九五	一四	**11**・22防人を廃すも、壱岐・対馬は隔海懸遠のため前例によらせる（類聚三代格）。
八〇五	二四	**6**・5遣唐第一船、対馬島下県郡阿連村に到泊（続日本紀）。
八一一	弘仁　二	**12**・28大宰府、新羅の賊船対馬佐須浦を窺う由を奏する（日本後紀）。
八一三	四	**9**・29大宰府の請により対馬島に新羅訳語一人をおく（類聚三代格）。
八一七	八	この年、阿比留氏の祖畔蒜太郎・二郎・三郎の兄弟、異賊を追討し、太郎戦死、二郎・三郎在庁官人となる（対州編年略）。
八二三	一四	**3**・27大宰府、対馬島の請により、同島貢上の神祇官卜部等の廝丁は、陸国より差送させることを請い、許される（類聚三代格）。
八三六	承和　三	**7**・20大宰府、馳駅して、遣唐第三船の水脚が対馬島南浦に漂着した由を奏する（続日本後紀）。　**8**・25大宰府、馳駅して、遣新羅使の進発と遣唐第三船対馬島南浦漂着の状況を奏する（同上）。
八三七	四	**2**・5対馬島上県郡和多都美神・胡籙御子神、下県郡高御魂神・住吉神・和多津美神・多久都神・大祝詞神に従五位下の神位を奉授（続日本後紀）。
八四〇	七	**9**・15大宰府、対馬島司の解により、新羅船を同島に分給することを請い、許される（続日本後紀）。
八四一	八	**11**・8対馬島和多都美御子神・波良波神・都都知神・銀山神、官社に預かる（同上）。
八四三	一〇	**8**・19大宰府の曹一〇四人を対馬島にあて、防人とする（続日本後紀）。　**8**・22大宰府、対馬島上県郡竹敷埼の防人より新羅国の鼓声が聞ゆる由を奏し、対馬島の防人は筑紫人をもってあてることを請う（続日本後紀）。　**9**・19対馬島雷命神に従五位下を奉授（同上）。　29対馬・壱岐、飢饉のため賑給される（同上）。

八四五	一二	**6**・7大宰府、大隅・薩摩・日向・壱岐・対馬等の国島の博士・医師は、内位に叙することを請い、許される（続日本後紀）。
八四九	嘉祥 二	**2**・25大宰府、対馬島司の解により、同島に弩師一員をおくことを請い、許される（続日本後紀）。
八五〇	三	**12**・1大宰府、対馬島の卜部の断丁は、本島人をもってあてることを請い、許される（類聚三代格）。
八五一	仁寿 元	**1**・27天下の諸神、有位無位を論ぜず正六位上に叙せられる（日本文徳天皇実録）。
八五五	斉衡 二	**11**・9大宰府、対馬島司の解により、同島に講師をおくことを請い、許される（類聚三代格）。
八五七	天安 元	**5**・8大宰府、対馬島司の解により、筑紫防人一〇二人のうち一二人をもって、在京および府の卜部の断丁にあて、その替は土人をもって補うことを請う（類聚三代格）。 **6**・25大宰府、飛駅して、対馬島上県郡擬主帳卜部川知麻呂・下県郡擬大領直浦主等、党類三百余人を率い、島守正七位下立野正岑の館を襲い、正岑および従者を射殺した由を報ずる（日本文徳天皇実録）。 **7**・16制により、大宰府、対馬島の賊党に劫入された者および無実者の妻子を免ずる（同上）。
八五九	貞観 元	**1**・27対馬島従五位下和多都美神・高御魂神・住吉神、従五位上に進階（日本三代実録）。 **3**・13大宰府、対馬島の解により、筑紫防人一二人を減じ、在京および府の卜部の断丁をあてることを許される（類聚三代格）。
八六五	七	**3**・22筑前国水田三〇町をもって対馬島上県・下県両郡司統領職田にあてる（日本三代実録）。 **5**・8対馬島分寺の三綱供は三宝布施大豆百斛の利息をもってあてられる（同上）。 **8**・15大宰府、対馬島銀山の穴が霖雨によって水没したので、同島例挙の大豆および租地子をもって開掘することを請い、許される（同上）。
八六六	八	**7**・15大宰府、馳駅して、肥前国人等の新羅人と謀を通じて対馬島に来寇せんとする由を奏する（日本三代実録）。
八七〇	一二	**1**・25従五位下小野春風対馬守となる（日本三代実録）。 **2**・12大宰府、新羅国に捕えられた対馬島人卜部乙屎麻呂の報じた新羅の国情を申す。この日、勅して沿海の諸郡に警固につとめさす（同上）。 **3**・16対馬島守小野春風の請により、大宰府の庫布をもって、保侶衣千領、納糒帯袋千枚を造らす（同上）。 27対馬守小野春風、肥前権介を兼ねる（同上）。 **6**・7大宰府、勅により対馬島に選士五〇人をおく（同上）。 13大宰府、肥前国杵島郡の兵庫震動せる由を報ずる。この日、勅して筑前・肥前・壱岐・対馬をして戒慎さす（同上）。 **8**・28大宰府、対馬島に弩師一員をおく（同上）。
八七三	一五	**9**・25新羅人三二人対馬島に漂着し、島司これを大宰府に送る（日本三代実録）。

八七四	一六	8・8大宰府、新羅国人一二人が対馬島に漂着した由を報じ、勅して放還させる（日本三代実録）。
八七五	一七	3・13対馬島司の請により、大宰府、同島島分寺料幡一六流を造る（日本三代実録）。
八七六	一八	3・9大宰権帥在原行平の起請により、六国運漕の年粮二〇〇〇斛に替え、壱岐島水田一〇〇町を公営して、対馬島年粮にあてる（日本三代実録）。　13大宰権帥在原行平、対馬島の防人を六国より差遣するのを停め、役料を輸して、同島に留住しているものを雇役することを請い、許される（類聚三代格）。
八七九	元慶　三	10・4大宰府、壱岐島の営佃一〇〇町の穫稲を対馬島に運送して、防人の年粮にあてるのを停める（日本三代実録）。
八八六	仁和　二	2・3対馬守正六位上紀経業、任国に赴かず尋問される（日本三代実録）。
八九四	寛平　六	8・9大宰府、対馬島の防人は、功物を送って雇役するを停め、旧により六国より差し遣わす（類聚三代格）。　9・9大宰府、飛駅して、新羅賊対馬に来寇し、島司防戦してこれを破る由を奏す（扶桑略記）。 30対馬正五位上和多都美神・正四位下多久豆名神等の神位一階を進める（日本紀略）。
九二二	延喜二二	6・5大宰府、官符により対馬来島の新羅使人を帰還させる（扶桑略記）。
九二七	延長　五	12・26「延喜式」成る。
九二九	七	3・25対馬検非違使秦滋景、新羅より帰る（扶桑略記）。　5・17新羅甄萱の使張彦澄等二〇人、対馬島に至る（同上）。
九七二	天禄　三	9・23大宰府、高麗使の対馬来着を奏する（日本紀略）。
一〇〇八	寛弘　五	8月、正六位上権掾阿比留宿祢良家、洪鐘を鋳て豆酘寺に寄進する（豆酘観音堂鐘銘）。
一〇一九	寛仁　三	3・27刀伊の賊、対馬を襲う。伊予三島社司越知近清戦死（伊予三島縁起）。　4・7刀伊賊五〇艘、対馬を侵し、壱岐に転ずる（小右記）。　7・13大宰府、対馬島判官代長岑諸近が高麗に渡り、刀伊賊に掠奪された者を連れ帰ったことを奏する（同上）。　9・19大宰府、高麗国使が刀伊賊に掠虜された者を対島に送ってきた由を奏する（同上）。　12・30大宰府、対馬到著漂船の解文を奏する（同上）。
一〇二二	治安　二	4・3左兵衛尉従五位上藤原蔵規を対馬守に任ずる（小右記）。
一〇四九	永承　四	9月、対馬より高麗の漂民二〇人を送還（東国通鑑）。
一一〇一	康和　三	7・3対馬守源義親、鎮西を劫掠し、追討の官符下る（殿暦）。
一一六〇	永暦　元	4・28諸道をして、高麗金海府が対馬島民を禁錮したことを勘申させる（百錬抄）。　12・17公卿、高麗国で対馬商人が拘留されたことを議する（山槐記）。
一一八五	文治　元	3・24壇の浦戦　11・29源頼朝の奏請により諸国に守護、地頭を設置すること勅許される。

一一九二	建久 三		7・12**源頼朝、征夷大将軍になる。**
一一九五	六		5・5対馬の掾官等、御神宝料物内京進并博多交易算用目録を注進する（対州編年略）。
一二〇六	建永 元		2月、高麗国金州防禦使、牒を対馬島に送る（平戸記）。 10・14大宰府、正六位上対馬掾藤原秋依を従五位下に叙する（下津八幡宮神社文書）。
一二二六	嘉禄 二		5・14高麗国金羅州道按察使より、対馬人が高麗沿岸を侵寇したことを大宰府に告げた牒が、幕府に至る（吾妻鏡）。
一二四九	建長 元		7・27少弐資能、筑前・豊前・肥前・対馬の四か国御家人に蓮花王院用途召銭御教書を頒布する（龍造寺文書）。
一二六〇	文応 元		7・20少弐資能、六斎日ならびに二季彼岸日殺生禁断の関東御教書を、豊前・筑前・肥前・対馬の地頭に施行する（青方文書）。
一二六一	弘長 元		4・2少弐資能、百姓臨時役等に関する関東御教書を対馬地頭に施行する（青方文書）。
一二六九	文永 六		3・7大宰府、蒙古国使者黒的等、対馬に至り、島民を掠め去るを報ずる（帝王編年記）。 9・24大宰府、高麗国使金有成等対馬来着の由を報ずる（本朝文集）。
一二七四	一一		10・5蒙古軍、対馬佐須浦を襲う。宗資国等拒戦して死し、資国の郎党急を博多に報ずる（八幡愚童記）。
一二八一	弘安 四		5・22元軍、壱岐・対馬を侵す（壬生官務家日記抄）。
一二七八〜八七	弘安年間		大宰少弐経資、対馬国次郎右衛門尉定能に所領安堵の下文をあたえる（宗家御旧判控）。
一三三三	元弘 三	正慶 二	5・22**鎌倉幕府滅亡。**
一三三六	延元 元	建武 三	5・25宗頼茂、少弐頼尚とともに足利尊氏の軍に属し、和田岬において新田義貞の軍と戦う（北肥戦誌）。
一三四一	興国 二	暦応 四	12・14少弐頼尚、宗経茂をして肥後国岩崎村地頭職を弾正忠兼宣が妨げるのを止めさせる（深江文書）。
一三六〇	正平一五	延文 五	7・15肥前河上社雑掌高木貞房等、大宰府に至り、宗経茂に属して料所のことを訴える（深堀記録証文）。
一三六八	二三	応安 元	11・9対馬島万戸崇宗慶（宗経茂）、高麗に使者を送り、米一〇〇〇石をうける（高麗史）。
一三七四	文中 三	七	このころ、宗澄茂、宗経茂より対馬支配の実権を奪う（李朝実録）。

一三七八	天授　四	永和　四	**4**・29宗澄茂、対馬上県郡木坂八幡宮造営の際棟札を掲げる。
一三八四	元中　元	至徳　元	この年、宗頼茂、願主として対馬府中に八幡宮修造（同社棟札）。
一三八九	六	康応　元	**2**月、高麗の賊、対馬を侵す（朝鮮通交大紀）。
一三九二	九	明徳　三	**7**月、高麗滅亡し、李成桂、朝鮮を建国。閏**10**・2**南北朝合一**
一三九八	応永　五		この年、宗貞茂、仁位中村の宗頼茂を滅ぼす（李朝実録）。
一四〇二	九		**7**月、宗貞茂、一族宗賀茂を討つ。**12**月、宗貞茂、封を継ぎ、対馬の島主となり、筑前守護代を兼ねる（寛政重修諸家譜）。
一四〇八	一五		**8**月、宗貞茂、筑前より対馬に赴き、はじめて三根の佐賀に府をおく（寛政重修諸家譜）。
一四一六	二三		**8**・20宗貞茂・大内道雄、朝鮮に使を遣わして大蔵経を請い、許される（李朝実録）。
一四一九	二六		**6**・20朝鮮軍の兵船二二七隻・軍兵一七二八五人、対馬を侵す（応永の外寇、己亥東征）（李朝実録）。
一四二〇	二七		**1**・23宗都都熊丸（宗貞盛）、朝鮮より図書（日本人の通交者にあたえられる銅印）の支給をうける（李朝実録）。
一四二八	正長　元		**7**・9宗貞盛、朝鮮より大般若経をうける（李朝実録）。
一四二九	永享　元		この年より、少弐小法師丸資嗣、対馬に兵乱を避ける（李朝実録）。
一四三四	六		**3**・23宗茂直、筥崎八幡宮油座神人奥堂弥次郎に博多屋敷等を安堵する（筥崎神社文書）。
一四三五	七		**2**・6宗貞盛、朝鮮より大般若経をうける（李朝実録）。
一四四三	嘉吉　三		この年、宗貞盛、朝鮮との間に歳遣船五〇隻、歳賜米豆二〇〇石の約条を定める（癸亥約条、嘉吉条約）（李朝実録）。
一四四四	文安　元		**8**・19宗貞盛の弟盛国・盛世、大内氏の兵と筑前春日山に戦い戦死する（宗氏家譜抜萃）。
一四四五	二		**5**・14宗貞盛、朝鮮より大蔵経をうける（李朝実録）。
一四四六	三		この年、宗貞盛入京し、管領細川勝元につき、少弐教頼の窮乏を幕府に訴える（歴代鎮西要略）。
一四四七	四		この年、少弐教頼、対馬より帰って、肥前に潜匿し、旧業回復を謀る（歴代鎮西要略）。
一四四八	五		この年、少弐教頼、肥前与賀に拠る（歴代鎮西要略）。
一四五二	享徳　元		**6**・22宗貞盛死す。成職、封を嗣ぐ（寛政重修諸家譜）。
一四五五	康正　元		**8**・27幕府、宗成職を召し、朝鮮および明のことを問う（宗氏世系私記）。
一四五九	長禄　三		この年、少弐教頼、筑前に入り、大内教弘と戦い、敗れて対馬に奔る（宗氏世系私記）。
一四六一	寛正　二		**6**・14宗成職、朝鮮より判中枢院事兼対馬州都制使の職をうける（李朝実録）。

一四六五	六	**6・5**幕府、大内教弘および小浜代官伊賀次郎左衛門に宗成職の入勤を阻止することのないように命ずる(親元日記)。
一四六七	応仁 元	**5・26応仁の乱起こる。**　この年、少弐教頼東軍に応じ、宗盛直と対馬の兵を率いて筑前に入り、大内氏の兵と戦い、ともに敗死(宗氏家譜)。
一四六八	二	**7・5**宗成職死去、貞国嗣ぐ(宗氏世系私記)。　この年、山城清水寺の昌堯以下二二氏、宗貞国の求請により朝鮮に入り接待をうける(海東諸国紀)。
一四六九	文明 元	**9・5**宗貞国、筑前仙林寺に同国児井荘の地を安堵させる(大倉氏採集文書)。　この年、山城深修庵の用書記以下一二氏、宗貞国の求請により朝鮮に入り接待をうける(海東諸国紀)。
一四七〇	二	**11・14**少弐頼忠、宗貞国をして肥前の千葉胤将を助けさせる(歴代鎮西要略)。
一四七一	三	この春、海賊鈴木某、対馬を侵す(宗氏家譜抜萃)。　**12**月、朝鮮の申叔舟、『海東諸国紀』を撰進。
一四七八	一〇	**10・12**大内政弘、宗貞国をして、少弐政資の残党の対馬に入るものを討たせる(正任記)。
一四八〇	一二	この年、幕府、宗貞国をして山城万寿寺に備うべき法器を朝鮮に求めさせる(李朝実録)。
一四八一	一三	**8・11**足利義政、宗貞国に太刀をあたえる(親元日記)。
一四八四	一六	**8・3**宗貞国、物を足利義政に進める(諸状案文)。
一四八六	一八	この年、宗貞国、佐賀より国府に移り、中村に居館をおく(対州編年略)。　このころ、宗貞国、豊後より坑夫二百余人を招き、対馬の銀を採掘させる(同上)。
一四八七	長享 元	このころ、少弐政尚、筑前に敗れ、宗氏も筑前の釆地を失う(対州編年略)。
一四九二	明応 元	この年、宗貞国死し、子盛貞(材盛)嗣ぐ(宗氏家譜抜萃)。
一四九七	六	**4・19**少弐政資(政尚)、大内義興のため肥前晴気城に敗れ、自殺(北肥戦誌)。
一五〇五	永正 二	この年、宗盛順(後、義盛と改む)、封を嗣ぐ(対州編年略)。
一五〇七	四	**3・6**宗材盛死す(李朝実録)。
一五一〇	七	**4・4**朝鮮釜山浦・薺浦・塩浦に居留の日本人、宗盛順の援を得て蜂起し、釜山浦を陥す(三浦の乱)(李朝実録)。
一五一一	八	この年、宗義盛、上洛して足利義尹(義稙)に謁し、偏諱を授けられたのを謝す。　義尹、義盛に近江八〇〇〇貫の地をあたえ、京都におく(宗氏家譜抜萃)。
一五一二	九	**8・21**日本・朝鮮の通交復旧なり、対馬島主の歳遣船は二五隻に減じられる(壬申約条、永正条約)(李朝実録)。

一五一八	一五	この年、宗義盛、京都より対馬に帰る（対州編年略）。
一五二〇	一七	**12・6**宗義盛死す。甥宗盛長嗣ぐ（宗氏家譜）。
一五二六	大永 六	この年、宗盛長死す。宗盛賢（将盛）、家督を嗣ぎ、居館を国府中村より池（今屋敷）に移す（対州編年略）。
一五二八	享禄 元	**10・7**筑前宗盛治兄弟、宗盛賢を攻む。やがて盛治降る（宗盛治の乱）（対州編年略）。 **11・21**宗盛賢、山下神七の忠節を賞する（山下文書）。この年、居館を府中金石の地に移す（対州編年略）。
一五三九	天文 八	この年、宗将盛、対馬上県郡豊崎豊村に隠居す。宗晴康、還俗して家督を嗣ぐ（対州編年略）。
一五四四	一三	**4・12**倭寇、朝鮮慶尚道蛇梁を襲い（蛇梁倭変）、朝鮮、対馬との通交を断つ（李朝実録）。
一五四六	一五	この年、宗晴康、島中の宗氏を名乗る者に新しい姓を名乗らせる（対州編年略）。
一五四七	一六	**2**月、朝鮮と対馬島との講和成立（丁未約条、天文条約）（李朝実録）。
一五五二	二一	**11・26**朝鮮、丁未約条の条件を緩和する（李朝実録）。
一五五三	二二	**3・20**幕府の命により検地（対州編年略）。この年、宗義調、家督を嗣ぐ（同上）。
一五五五	弘治 元	**5・11**倭寇、朝鮮全羅道達梁を襲う（乙卯達梁倭変）（李朝実録）。
一五五七	三	**4**月、朝鮮、対馬島主歳遣船を旧に復し三〇隻とする（丁巳約条、弘治条約）（李朝実録）。
一五五九	永禄 二	この年、津奈調親ら、西海の賊船を率いて対馬船越を襲う。宗義調、謀をめぐらして壱岐風本にこれを誅する（対州編年略）。
一五六三	六	**2・18**宗晴康死す（対州編年略）。
一五六六	九	**8**月、宗義調、府中宮谷に退隠し、宗茂尚、家督を嗣ぐ（寛政重修諸家譜）。
一五六九	一二	**5・18**宗茂尚死し、宗義純、家督を嗣ぐ（寛政重修諸家譜）。
一五七三	天正 元	**7・19室町幕府滅亡**。
一五七七	五	この年、宗義純、封を弟昭景（のち、義智と改む）に譲り、国府日吉に隠居し東殿と称する。義調、国政を補佐する（宗氏家譜）。
一五八〇	八	**3・14**宗義純死す（宗氏家譜）。**11・13**日本国王使景轍玄蘇・柳川調信、朝鮮漢城（ソウル）に赴き、対馬島主歳遣船の増加を交渉する（朝鮮通交大紀）。
一五八六	一四	**2**月、壱岐の賊船、対馬仁位郷を侵す。**3**月、宗義調、壱岐を討つ。対馬兵士に戦死者多し（対州編年略）。

一五八七		一五	5・4宗義調、柳川調信を薩摩川内の豊臣秀吉の陣所に遣わす（宗伯爵家文書）。 5月、宗義調、島主となり、義智を嗣とする（対州編年略）。 6・15宗義調・宗義智、筑前箱崎の秀吉の陣所に参じ、対馬一円の知行を許される（同上）。
一五八八		一六	12・12宗義調死す。宗義智、あとを嗣ぐ（対州編年略）。
一五九二	文禄	元	1・5豊臣秀吉、征明の軍を部署（黒田文書）。 4・13小西行長・宗義智ら、釜山を陥す（**文禄の役起こる**）（西征日記）。 5・3小西行長・宗義智ら、朝鮮ソウルに入る（同上）。
一五九三		二	5・16石田三成・小西行長・宗義智ら、明使謝用梓・徐一貫とともに肥前名護屋に着く（時慶卿記）。 21豊臣秀吉、宗義智に現米一万石の支給を約す（榊原家文書）。
一五九五		四	4・26豊臣秀吉、宗義智に薩摩出水郡の地一万石を加増する（宗伯爵家文書）。
一五九六	慶長	元	9・1豊臣秀吉、明の冊封日本正使楊方亨・副使沈惟敬らを大坂城に引見、明の国書を見て再征を決意する（武家事紀）。
一五九七		二	1・14加藤清正・小西行長・宗義智ら、朝鮮に上陸（**慶長の役起こる**）（鍋島家文書）。 5・1豊臣秀吉、宗義智に朝鮮巨済島をあたえる（宗伯爵家文書）。
一五九八		三	8・18豊臣秀吉死す（義演准后日記）。 出征軍、逐次撤退する（島津家文書）。
一五九九		四	1月、宗義智、薩摩出水郡の地の代わりに肥前田代領を給される（寛政重修諸家譜）。 3月、宗義智、梯七太夫を朝鮮に遣わし、隣交を復すことを請う（乱中雑録）。 6・1豊臣氏の年寄衆、宗義智に米一万石を給する（宗家朝鮮陣文書）。
一六〇〇		五	3・23小西行長・寺沢正成・宗義智ら、朝鮮に講和を求め、被虜一六〇人を送還する（事大文軌）。 6・26日蓮宗不受布施派僧日奥、対馬に流される（亀鏡録）。 9・15**関ケ原の合戦** これより先、宗義智、九州の西軍諸将とともに大坂に赴く（寛政重修諸家譜）。
一六〇三		八	2・12**徳川家康、征夷大将軍になる。**
一六〇四		九	12・27宗義智、朝鮮使節僧惟政および孫文彧をともなって京都に入る（方長老朝鮮物語付柳川始末）。
一六〇五		一〇	3・5徳川家康、朝鮮使節僧惟政および孫文彧らを伏見城に引見して講和のことを議させ、宗義智の功を賞し、肥前のうち二八〇〇石を給す（義演准后日記・寛政重修諸家譜）。
一六〇七		一二	3・21宗義智、朝鮮使節呂祐吉らをともなつて江戸に赴く（方長老朝鮮物語付柳川始末）。
一六〇九		一四	3月、宗義智、景轍玄蘇・柳川智永を朝鮮に遣わし、歳遣船の事等を定める（已酉約条、慶長条約

一六一三	一八	（通文館志）。 この年、柳川智永死す。調興嗣ぐ（対州編年略）。
一六一五	元和　元	**1・3**宗義智死す。宗義成襲封（寛政重修諸家譜）。この年、義成、上京して徳川家康および秀忠に謁し、大坂の陣に参じて丹波口を守備する（対州編年略）。
一六一七	三	**8・21**宗義成、朝鮮来聘使呉允謙をともない京都に至る（孝亮宿禰日次記）。**8・26**徳川秀忠、呉允謙らを山城伏見城に引見する（本光国師日記）。
一六二四	寛永　元	**12・19**宗義成、徳川家光の嗣立を賀する朝鮮回答使鄭岦らをともない江戸に入り、この日、家光引見（本光国師日記）。
一六三五	一二	**3・11**徳川家光、宗義成とその臣柳川調興との訴訟を断じ、調興を津軽に、僧規伯玄方を南部に流す（柳川一件）（柳川調興公事記録）。**4・14**幕府、宗義成をして旧の如く朝鮮国来往のことにあたらせ、国書の様式を改めさす（寛政重修諸家譜）。**10**月、幕府、宗義成の請により山城東福寺玉峰光璘を対馬に遣わし、以酊庵において朝鮮通交の文書を管掌させる（同上）。
一六三六	一三	**10・12**泰平を賀する朝鮮通信使任絖ら対馬に来着（日韓書契）。**12・13**宗義成、朝鮮通信使をともない江戸に赴き、この日、徳川家光、通信使を引見する（寛永日記）。
一六四三	二〇	**7・18**将軍世子徳川家綱の誕生を賀する朝鮮通信使渡来、宗義成護行し、徳川家光引見する（通航一覧）。
一六五〇	慶安　三	**5**月、佐須に銀山をひらく（対州編年略）。
一六五五	明暦　元	**10・8**将軍徳川家綱の襲職を賀する朝鮮通信使渡来、宗義成護行し、この日、家綱引見する(徳川実紀)。
一六五七	三	**10・26**宗義成、江戸において死す。義真、封を継ぐ（寛政重修諸家譜）。
一六五八	万治　元	この年、大浦権太夫登用され、対馬藩の財政改革にあたる（権太夫支配）（対州編年略）。
一六五九	二	**12・27**府中大火、一〇七八軒罹災する（一番火事）（天竜院公実録）。
一六六一	寛文　元	**12・24**府中大火、七一五軒罹災する（二番焼亡）（天竜院公実録）。この年、検地を行ない畠の等級を定める（対州編年略）。
一六六二	二	**12・27**宗義真、家臣の賜田を収めて石銀をあたえ、府中に移住させる（対州編年略）。
一六六五	五	**2**月、大浦権太夫処刑される（天竜院公実録）。
一六七二	一二	**1・11**大船越瀬戸の開鑿はじまる（対州編年略）。
一六八二	天和　二	**8・27**将軍徳川綱吉の襲職を賀する朝鮮通信使渡来、宗義真護行し、この日、綱吉引見（徳川実紀）。

一六九二	元禄五	6・27宗義真隠居し、義倫嗣ぐ（寛政重修諸家譜）。
一六九四	七	9・27宗義倫、江戸において死し、義方襲封。義真ふたたび国政をみる（寛政重修諸家譜）。
一七〇〇	一三	9月、陶山訥庵の建議により、対馬全島の猪鹿追詰が指令される（猪鹿追詰之次第）。
一七〇二	一五	8・7宗義真死す（寛政重修諸家譜）。
一七〇九	宝永六	この春、対馬全島にわたる猪鹿追詰完成（陶山訥庵遺著）。
一七一一	正徳元	3・14対馬の儒者雨森芳洲（東五郎）、新井白石が外交文書に日本国王の称を復したのに反論する（殊号事略）。11・1将軍徳川家宣の襲職を賀する朝鮮通信使渡来、宗義方護行し、この日、家宣引見する（徳川実紀）。
一七一八	享保三	9・5宗義方、府中において死す。義誠襲封（寛政重修諸家譜）。
一七一九	四	10・1将軍徳川吉宗の襲職を賀する朝鮮通信使渡来、宗義誠護行し、この日、吉宗引見する（徳川実紀）。
一七二四	九	1月、陶山訥庵、「栗・孝行芋植立下知覚書」を書く（陶山訥庵遺著）。
一七三〇	一五	11・6宗義誠、参府の途中大坂において死す。方熈襲封（寛政重修諸家譜）。
一七三二	一七	9・11宗方熈隠居し、義如襲封（寛政重修諸家譜）。
一七四八	寛延元	6・1将軍徳川家重の襲職を賀する朝鮮通信使渡来、義如護行し、この日、家重引見する（徳川実紀）。
一七五二	宝暦二	1・5宗義如、府中において死す。義蕃襲封（寛政重修諸家譜）。
一七六二	一二	閏4・28宗義蕃隠居し義暢襲封（寛政重修諸家譜）。
一七六四	明和元	2・27将軍徳川家治の襲職を賀する朝鮮通信使渡来、宗義暢護行し、この月家治引見する（徳川家紀）。
一七七六	安永五	3・4朝鮮との交易断絶により、この年以降、宗氏、毎年一万二〇〇〇両を幕府よりうらく（通航一覧）。
一七七八	七	1・5宗義暢、府中において死す。義功（猪三郎）襲封（寛政重修諸家譜）。
一七八五	天明五	7・8宗義功死す。藩老は義暢の次子富寿を立て、義功（二代目）と称し藩主の死を秘す（対馬島誌）。
一八〇八	文化五	この年、朝鮮通信使を対馬で行聘するため、通信使旅館の新築、宗氏居館の増築にとりかかる（文化信使記録）。
一八一一	八	5・22将軍徳川家斉の襲職を賀する朝鮮通信使一行渡来、府中において聘礼を修する（文化八年信使易地記録）。
一八一二	九	7・4幕府、以後二〇年を限り、毎年二五〇〇両を宗氏に下付す（通航一覧）。10・2宗義功死し、義質襲封す（対馬島誌）。
一八一七	一四	2・28宗義質、易地行聘の賞として、肥前松浦郡・筑前怡土郡・下野安蘇郡・都賀郡のうちに新たに二

		万石を給される（通航一覧）。
一八三八	天保九	**8・9**宗義質、江戸において死す。義章嗣ぐ（対馬島誌）。
一八四二	一三	**6**月、宗義章死す。義和襲封（改定対馬島誌）。
一八六一	文久元	**2・3**対馬浅茅湾内尾崎にロシア軍艦ポサドニック号滞泊。対馬藩、戸田惣右衛門を問情使として応接させる（唐坊荘之助日記）。**12・3**宗義和隠居し、義達（重正）襲封（対馬島誌）。
一八六四	元治元	**10・13**勝井五八郎、尊攘派の大浦党（日新館党）を弾圧し、藩政をにぎる（厳原藩藩務用録）。
一八六五	慶応元	**5・2**勝井五八郎殺される（厳原藩庁記録）。
一八六七	三	**10・15大政奉還**。
一八六九	明治二	**6・19**宗義達、版籍奉還を許され厳原藩知事に任ぜられる。このころ、府中を厳原と改称（改定対馬島誌）。
一八七一	四	**7・14**藩知事宗重正、**廃藩置県**のため職を免ぜられる（改訂対馬島誌）。**8・7**厳原藩を厳原県と改称（同上）。**9・4**厳原県を伊万里県に合併（同上）。
一八七二	五	**5・29**伊万里県を佐賀県と改称（改訂対馬島誌）。**8・17**長崎県の新管に移される（同上）。

〔**後記**〕　本稿は昭和四十二年（一九六七）児玉幸多編『総合地方史大年表』において「対馬国」を担当、執筆したものである。対馬の歴史を原始より明治まで通観することができるので本書に収録したが、取捨には未熟な部分があり、不十分なものである。未定稿として将来の完成を期する意をこめて「対馬史年表稿」と改題した。博雅の教示を得てよりよいものにしたいと念願している。

第三部　文化交流史点描

海洋文学と日本の海賊

四面環海の島国でありながら、日本には、海洋や海賊を主題とした文学には、あまりみるべきものがないようである。

『古事記』などは、海洋に関する記事のもっとも豊富な作品の一つであるが、四世紀ころから七世紀ころにかけて、大和朝廷が朝鮮半島に進出したので、その影響がかなり強く反映しているように考えられる。

平安時代の文学作品で海洋や海賊がしばしば登場するのは、『土佐日記』『源氏物語』『今昔物語集』『宇治拾遺物語』『古今著聞集』『十訓抄』などである。しかし、そこに表現されているものは、海洋渡航の恐怖と、海賊の襲撃に対するおののきばかりである。

遣唐使の派遣は、万里波濤の彼方に、外国文化の光を求めた壮挙であり、波瀾曲折に富む行為の連続であったにもかかわらず、文学の反応はこれまた意外に少ない。これに関する歌は『万葉集』に長短二三首、『古今集』には一二首があるだけである。しかも、内容は、海路の平安を祈る送別の歌か、異郷から故国をなつかしみ慕った歌ばかりである。

室町時代の謡曲には、倭寇の捕虜となって日本にきた父と、それをたずねて来朝した子の邂逅を記した『唐船』があり、古い伝説や史実をもとにした『玉の井』『浦島』『海士』『船弁慶』『八島』『碇潜《いかりかずき》』なども生まれたが、海洋文学と称するにはいささか貧弱である。幸若舞曲の『百合若大臣』は、ギリシア神話のユリシーズと共通性をもつものだが、広い意味では海賊の文学とすることができよう。

江戸時代では近松門左衛門の浄瑠璃『博多小女郎浪枕』と滝沢馬琴の読本《よみほん》『椿説弓張月』の二つが代表作である。いわゆる鎖国という特殊な事情があったこともちろん考慮しなくてはなるまいが、文藝興隆の時代の作品にしては、やはり物足りない感じがする。

どうして日本には海洋文学が発達しなかったのであろうか。明治以前の日本人にとっては、海洋はおそろしいものという意識がおおむね支配的だったのではないだろうか。おそろしい海は、外敵の侵入をくい止めてくれるところではあるが、それを乗り越えて富の獲得や安住の楽土を目ざしてゆくところではなかったらしい。四季の循環する瑞穂の国は、日本人にとっては理想の楽園で、それをうち捨ててまでわざわざおそろしい海洋にとびだしてゆく理由は、おそらく存在しなかったにちがいない。日本の和船は中国のジャンクなどにくらべると、姿は美しいが、外洋を航海する性能ではいちじるしく劣っている。聡明で器用で中国の技術をたくみにとり入れた日本人が、造船にかぎって中国の技術を採用しなかったことは、まことに不思議である。海は雄飛の対象ではなく、畏怖の対象であったことが、日本の造船技術の歴史の中にも読みとることができるようだ。

「海国日本」という意識が国民感情として定着したのは、明治時代である。日本の資本主義の発展は、海外貿易の伸張、造船技術の進歩、海軍力の整備などの事象を生み、さらに日清・日露の海戦における勝利、植民地の獲得、大陸政策、南進政策の進展などが、海国日本の意識をさらに大きく強いものに育てあげていったのではないだろうか。

だから日本の海賊は、ヨーロッパのバイキング（Viking）、プライバティア（Privateer）、コーセア（Corsair）、バッカニア（Buccaneer）などの海賊と、同日に談ずることは困難である。以下、日本における海賊の盛衰とその性格などを、簡単にたどってみたい。

文献に海賊のことがみえるのは天平二年（七三〇）以後であるが、舟運の便のよい瀬戸内海や北九州には、当然これよりも前から海賊の行動があったことであろう。九世紀になると、新羅の海賊がしばしば日本に来寇したが、それに刺激されたように、日本でも大規模な海賊が蜂起するようになった。天慶二年（九三九）における藤原純友の反乱は、瀬戸内海の海賊の行動を代表する大がかりなもので、平安中期に律令体制がゆるんで中央政府の統制がきかなくなると、海賊の行動はいよいよはげしくなった。かれらは海賊といっても単なる海上浮浪者の群れではなく、多くは地方の荘園内の武士によって統率されていた水軍であった。

鎌倉時代には、幕府は海賊の取締りを強化し、西国の守護や地頭は、その任務の一つとして、海上交通の保護を行なった。しかし、幕府の統制力がゆるむと、各地にはふたたび海賊が起こり、北九州の海賊などは、活動の範囲を高麗にまで伸ばすものもあらわれた。文永と弘安の二度にわたる蒙古軍の来寇と、長期間にわたった南北朝の争乱は、倭寇とよばれた海賊集団の発生をうながし、海外における跳梁を助長した。倭寇が掠奪の目標にしたものは、朝鮮の官米と沿海地方の人民とであった。沿海の人民は、奴隷として日本に連れてこられたのである。倭寇のなかには、海賊衆とよばれた沿海の豪族や、武装した商人が加わったこともあった。

海賊衆というのは、海岸や島嶼に根拠地をもった豪族で、これは海上の盗賊というよりは水軍（海軍）とよぶほうがふさわしい。御家人または地頭級の武士で、幕府の命をうけて貿易船の警固にもあたったので、警固衆ともよばれた。

海賊衆は、幕命によらずに一般の船舶の警固にもあたって警固料をとったり、海上に関所を設けて関料を徴収したり、上乗《うわの》りと称して、現在の水先案内のような仕事をして、利益を収めた。また時には、海上掠奪を行なうこともあったようである。私は、海賊衆の史料を求めて瀬戸内海・対馬・壱岐・北九州など各地を調査してまわったことがあるが、かれらの根拠地はいずれも狭隘の土地に限られ、かれらの集団の規模は、きわめて小さいものであったことが明らかになった。

室町時代になると、海賊はその行動の地域をひろげ、瀬戸内海や北九州方面から南九州・伊勢湾・琵琶湖・日本海沿岸などにまでおよぼしていった。なかには地頭職を奪いとるのもあらわれた。室町後期に起こった倭寇は、平戸にいた中国人の王直や徐海らが中心になっていたもので、日本人の参加者はその一割か二割にすぎなかったといわれる、密貿易者の群れであるが、中国の官憲は、これを日本人の海賊として宣伝していたし、中国の民衆もまた、日本人の海賊として恐れていた。この時代、中国では倭寇の鎮圧という目的のために、日本事情にかなり注意をはらうようになったが、中国で編纂された『日本風土記』には、いくつかの日本の俗謡を紹介している。これは、室町時代の歌謡資料としても貴重なものである。万葉仮名のように漢字を用いて日本語の音を写したものである。

いとしの殿や、おいとしの殿や、賜れ弓肩よ、靫《うつぼ》いただからに（夫婦妻接）
十五夜の月は、宵々曇れ、暁冴えよ、殿御もどそよの（月夜私情）
十七〜八と、寝て離るるは、ただ萍《うきくさ》の水ばなれよの（少女別郎）
十七〜八は、ふたたびそろか、枯木に花が咲き候かよの（青春嘆世）
峰の松山、ささら浪は越ゆとも、御身と我等は千代を経るまで（雑唱小曲）

いずれも切々たる哀歓の情を歌ったものであるが、なかには狂言や隆達節と共通の文句もみられる。

戦国時代に大名領国制がすすむにつれて、小規模な海賊衆の多くは、大名の配下にくみいれられていった。そして、織豊政権の成立により、海賊の活動には一応の終止符が打たれた。もっとも、中国や朝鮮からみれば、秀吉の朝鮮出兵は、大規模な倭寇としてしか眼にうつらなかった。

江戸時代は、いわゆる鎖国のために船舶の統制がきびしく、大がかりな海賊行動は見られないが、抜け荷とよばれる密貿易はかなり広く行なわれていた。

このように、日本の海賊の行動と性格の実態は、従来いいならわされてきたような、輝かしい大和民族の海外発展というイメージとは、かなり異なったものであった。日本人の夢を託すに足る雄大な海洋文学が生まれなかった事情も、おのずと理解されるであろう。

〔**後記**〕　本稿は昭和三十八年（一九六三）『世界ノンフィクション全集』第四八巻の付録に掲載した。

ムクリコクリ

評判にひかされて、おくればせながら井伏鱒二氏の広島原爆を扱かった小説『黒い雨』を読んでみた。大変感動をうけたところが多かったが、その中で、原子雲を扱かったつぎの文章が強く印象にのこった。

「あの雲のこと、みんな何雲と云うとるんですか。何雲でしょうか」

「何雲ですかなあ。鉄橋の手前の人たちのなかに、ムクリコクリの雲と云うとる人がおりました。ほんま、ムクリコクリでがんすなあ。でもなあ。子供づれじゃあ横川鉄橋は渡れんでしょう」

（中略）

茸型の雲は、茸よりもクラゲに似た形であった。しかし、クラゲよりもまだ動物的な活力があるかのように脚を震わせて、赤、紫、藍、緑と、クラゲの頭の色を変えながら、東南に向けて蔓延《はびこ》って行く、ぐらぐらと煮えくり返る湯のように、中から中から湧き出しながら猛り狂って今にも襲いかぶさって来るようである。蒙古高句麗《ムクリコクリ》の雲とはよく云い得たものだ。さながら地獄から来た使者ではないか。今までのこの宇宙のなかに、こんな怪しなものを湧き出させる権利を誰が持っているのだろうか。これでも自分は逃げのびられるのだろうか。これでも家族は助かるだろうか。今、自分は家族を助けに帰っていることになるのだろうか。一人避難していることになるのだろうか。

足がぐらぐらして歩が運べない。身震いが止まらない。

まことに無駄のない、迫力のある表現だが、私は山陽地方の元寇の恐怖を伝えたムクリコクリ（蒙古高麗）という言葉と原子雲とを結びつけた井伏氏の筆の運びのたくみさにいたくおどろきうたれたのである。

数年前壱岐に旅したおりに郷土玩具ムクリ人形というのを買って帰った。これは元寇の際の蒙古人の姿をかたどった素朴な木切れの人形で、最近では郷土物産とか称して東京の百貨店にも進出してきている。蒙古襲来の被寇地の壱岐の伝承がこのような郷土玩具を生みだしたものだろうと軽く考えて気にとめることもなかったのだが、井伏氏の文章に接したら、元寇が日本人の心底に焼きつけた畏怖の念は意外に根深く、強かったのではないかと思えてきた。

明治百年といわれるが、明治以後昭和二十年（一九四五）に至るまでの日本は、富国強兵、海外発展、勢力拡張の連続であった。そうした時代背景をもつ、明治以後の日本の歴史学、中でも対外関係史の研究は、もっぱら海外雄飛という面に力がそそがれて、日本人の海外畏怖の感情に対する考察などはほとんど扱われることがなかった。

しかしながら、公平に歴史をふりかえってみるならば、日本人の活力がこの小さな島国からあふれ出て、朝鮮半島や大陸におよんだ時期は、ながい日本歴史の年代の中で何パーセントも占めてはいないのである。

大まかな表現を許されるならば、白村江の敗戦後、日本人の朝鮮半島に対する考えは、無関心か畏怖の念かのどちらかであったといってもよいのではなかろうか。新羅海賊の襲来に対する恐怖、防備態勢の強化などは『六国史』をひもとけば枚挙にいとまないが、風声鶴唳におどろくという表現がよくあてはまると思う。

そうして、新羅―高麗に対する恐怖の念は、元寇――蒙古《ムクリ》・高麗《コクリ》連合軍の襲来――にきわまったのである。

元寇後一三〇年を経た応永二十六年（一四一九）に朝鮮の兵船が対馬島に襲来した事件は応永の外寇として知られているが、日本人は、これを、朝鮮軍だけの来襲である事実を無視してムクリコクリの再来と考えたのである。伏見宮貞成親王の『看聞御記』が「蒙古・高麗一同に引合せて軍勢五百余艘」と記しているのをはじめとして、『日蓮註画賛』『神明鏡』も蒙古・高麗とし、『皇代略記』は蒙古軍船としている。ムクリコクリの恐ろしさの記憶は一三〇年の時間の経過を一瞬に短縮したのである。

このようなムクリコクリに対する畏怖の念はながく日本人の心情の中にとどまった。慶長十八年（一六一三）イギリス人ジョン・セーリスは平戸から江戸に行く途中でつぎのような経験をしたことを『日本渡航記』に書いている。

予らの上陸の際から、ここ博多にいる間、また日本全国を通じてそうであるが、予らの行く先々至る所、子供や下等の惰民が予らの周囲にたかり、後について来、口々に「コレ、コレ、ココレ、ワレ」Coré, Coré, Cocoré, Waré すなわち「汝、虚偽の心をもてる朝鮮人」と呼び、その騒がしさで、たがいの話も聞き取れぬほどである。ときどきは予らに石を投げつけること（これはそうでない都市も方々あるが）もある。予らの後ろでどなるのは至る所同様で、誰もそれを咎めない。（村川堅固氏の訳文による）

「コレ、コレ、ココレ、ワレ」というのはムクリコクリのことであるが（三四二頁参照）、これを見ればヨーロッパ人もまたムクリコクリと同類のものと考えられたのである。

倭寇の跳梁も、豊臣秀吉の外征も、黒船に対する恐れにも、西郷隆盛の征韓論にも、その外国に対する対応の心底にはムクリコクリに対する日本人の恐怖観念の存在が皆無だったとはいいきれまい。日本人の対外コンプレックスは単に欧米人に対してのみ存在したのではなかったことにも注意してみたいのである。

日清・日露の戦いでは、ときの指導者はムクリコクリの恐怖をいわず、ムクリコクリを撃破した鎌倉武士の勇敢をたたえることにより国民の志気を鼓舞しようとしたのである。

明治維新以後の、西欧諸国を目標にした「追いつき、追いこせ」式の後進国意識は、西欧人との接触によって突然生まれたものでは決してない。東アジア海上に位置する島国という地理的環境と、ながい歴史的環境とがこれを培ったのである。

以上は、井伏氏の文章に触発されて思いつくままを記したにすぎないが、日本人の外国観の問題は、今後さらにふかく追究されねばならぬ問題であろう。

現代の日本の姿が外国人に誤解されていると嘆く知識人は多いが、そういう人びとは一体どれほど正確に外国のことを理解しているのであろうか。われわれの先祖が外国というものをどのように考えてきたか、どのように理解し、どのように誤解し、どのように尊敬し、どのように侮蔑し、どのように畏怖してきたのか、日本人の国際感覚の底にひそむこのような問題を、現在の国際情勢をはなれて謙虚にふりかえってみることも必要ではないだろうか。

〔**後記**〕 本稿は、昭和四十二年（一九六七）『日本歴史』第二二八号に掲載したものを補正したものである。掲載誌を井伏鱒二氏に直接送って「ムクリコクリの雲」の出所について質問したところ、つぎのような懇切な御返事をいただいた。その一部を紹介して、井伏氏の御好意に感謝したい。

御引用の文章のところは私の想像で書きましたが（但、茸雲の形、色、動いて行く方向、動きかたは記録に従いました）ムクリコクリの雲といふ言葉は従来からある「元寇の恐怖をつたえるムクリコクリといふ言葉」から取りました。橋の手前で子供に逢ったことも小母さんに逢ったことも架空のことです。従って学問的には嘘を書いたことになり御手数をかけ相すみませんと思ひます。雲のはびこって行く姿からムクリコクリを思ひついたわけでした。いつか海音寺潮五郎氏（九州出身者）がムゴイことをするといふのは蒙古のムクリから出た言葉だと書いてゐました。真偽はともかく、仰せのごとく新羅・蒙古に対する恐怖の念は云々……であると思ひます。以上「ムクリコクリの雲」は私の造語ですと告白します。

中世日本人の高麗・朝鮮観

国家間の諸関係は、政治・経済・文化などの現実的、具体的な要因によって規制されながら展開するものであるが、それと同時に両国間で一国が他の相手国をどのように認識していたかという心的な環境の影響をうけることも少なくないようである。国際関係を正しく維持するためには、それが友好的なものであれ、非友好的なものであれ、正確な相手国の認識が前提になければならぬことは論ずるまでもないことであろう。

中世の日本人が高麗・朝鮮をどのように認識していたかという問題について、結論を先にいうならば、それはきわめて乏しいものであり、しかも認識の仕方もかなりゆがめられたものであったということである。日本人の認識は、大別すると、①無関心、②恐怖心、の二つをその特徴として指摘することができるであろう。

①無関心の認識は、主に日本の貴族支配層に強くあらわれている。日本の歴史を通観すると新しい政権が生まれる場合、何らかの契機を外国に求めている場合が多い。そして新政権はつねに外来文化の輸入摂取には積極的姿勢を示すのが例である。律令政権が中国の文物・制度の性急な摂取によって国家の組識を完成し、明治政権が西欧の文化の摂取をその政権確立の大方針としたことなどを考えれば、この間の事情は明白であろう。ところが中国にならった律令体制が一応完成し、その諸矛盾があらわれはじめた時期が中世の日本であり、この時期には貴族層の対外関心はいちじるしく減少していたのである。一〇一九年、満州の女真族が五十余隻で高麗の東岸を南下し、壱岐・対馬から北九州地方を侵寇した事件があった。このときの日本側の被害は被殺害者三六五人、捕えられたもの一二八九人、牛馬

の被害三八〇という莫大なものであり、これは刀伊の賊とよばれた。ところがこの事件に対して示した貴族層の無関心ぶりには驚くべきものがある。かれらはまず、当時の国際事情に対する無知から侵寇者の正体が女真族であることにまったく気付かなかった。はじめ高麗人来襲の誤報が伝えられたが、これは新羅海賊に対する恐怖心がそのまま投影していたとしか考えようがない。したがって戦闘の経緯についても、被害の実情についても、戦闘者の論功行賞についても、かれらはまったく無関心だったのである。貴族にとって必要なのは政治理念でも施政の方策でもなく、先例に従って事を処理し、あとの始末はやかましくいわないという事なかれ主義だったのである。もっとも実際に外敵と戦った九州地方の武士や被害をうけた庶民の感想は史料にのこっていないので推察することもできないが、日本人一般の考え方は中央貴族の感想とそれほどかけ離れたものではなかったのであろう。とくに高麗王朝の時代には日本の中央政府との間に正式の外交関係が結ばれておらず、このことが両国の無関心を一層助長したと思われる。特定の商人などは日本・高麗間を私的に盛んに往来してかなりの知識をもっていたことが想像されるが、そのような知識が国民全体の認識にまでひろげられることはなかったのである。

つぎに②恐怖心の問題であるが、六六三年、忠清道錦江河口における白村江の戦いで日本軍が唐・新羅連合軍に敗れて以後、日本の為政者の胸底には根強い恐怖心がひそむようになったのである。『六国史』に記された新羅海賊の襲来におびえた記述、防備態勢の強化に関する記事などは風声鶴唳におどろくという表現がそのままあてはまるものであったといえよう。

それをさらに決定的にしたものは、元寇と称される蒙古・高麗連合軍の日本本土来襲であった。現在われわれは、高麗が国をあげて蒙古軍に抵抗してながい血みどろの戦をつづけたことを知っている。また李蔵用のごときは蒙古の使者に日本遠征の不可能なるを説いた事実を知っている。しかし、当時の日本人はこのような事実は知るよしもなかった。蒙古軍と連合し、その先導者となって日本本土に襲いかかったのが高麗軍であるという認識が日本朝野の人心に強くのこされた唯一の認識であった。蒙古の襲来、その大規模な軍隊移動、新兵器の活用等は、海外からの大規模な侵入を経験することのほとんどなかった日本人を未曾有の恐怖に追いこんだのである。現在石川県では子供が悪戯をすると「ボーボ」がくるといって制するとのことである。そして「ボーボ」とは蒙古のことであるといい伝えているという。すなわち蒙古人に対する日本人の恐怖はいまもなおその痕跡をあざやかにとどめているのである。また壱岐の「ムクリ」、瀬戸内海沿岸の「ムクリコクリ」も同様である。ただここで注意しなければならぬのはムクリと並列されるコクリは高麗であることである。作家井伏鱒二氏は、広島の原子爆弾をあつかった小説『黒い雨』を書いているが、その中で、原子雲の恐怖を表現する言葉として「ムクリコクリの雲」という言葉を創作し、そのおそろしさを如実に表現することに成功している。このことについて直接井伏氏に質したところ、雲のはびこって行く姿からムクリコクリを思いつき、従来からある元寇の恐怖をつたえるムクリコクリという言葉とむすびつけた、とのことであった。ムクリコクリは明らかに「蒙古・高麗」から転化し外敵の恐怖を表わした言葉であった。

日本では蒙古の襲来後、ながいあいだ北九州などの地の沿岸に石塁を構築して、それに武士を配置し、蒙古の再来に備えたのであるが、その石塁の関係史料は川添昭二氏の研究によれば一四〇四年までたどることができるのである。これは元が滅亡した一三六八年から数えれば約四〇年ののちにあたる。すなわち、日本は約半世紀に近い期間、中国大陸ではすでに滅びてしまっていた蒙古（元）の亡霊の再襲をおそれ、多大の経費と人力とをそそぎこんで警備をつづけていたのである。ちなみに鎌倉幕府滅亡の一因に元寇後の負担をあげることは日本学界の定説になっている。このように、おそろしい蒙古と連合して日本に襲来した高麗もまたおそろしいものであると考えた中世日本人の心情は、あながち責めるわけにはゆかないであろう。しかし、もし中世の日本人が、この恐怖心を探究心に変えて、蒙古なり高麗なりの国情をよりふかくより正しく知ろうという努力をしていたならば、元寇後の東アジアの情勢は余程変ったものになっていたかもしれないのである。ところが、現存の史料から知り得る日本人の努力は、もっぱら石塁の警備と外敵をうちはらうための社寺への祈禱にのみささげられていたのである。

「蒙古・高麗」の恐怖をもっとも典型的に示しているのは伏見宮貞成親王の日記『看聞御記』の記事である。一四一九年、李朝鮮の太宗が倭寇の根拠地と考えていた日本の対馬を兵船二二七隻をもって攻撃した事件は、朝鮮側では己亥東征、日本では応永の外寇とよんでいる。このときの報を京都できいた貞成親王は、その日記に「蒙古・高麗一同に引合せて軍勢五百余艘」が来襲したと書きつけている。この時期高麗はすでに滅び李朝鮮となっていたから厳密にいえば高麗という国家は存在しなかったわけであるが、中世の日本人も近世の日本人も朝鮮半島のことを高麗とよぶのがふつうであったから高麗の称呼はとくに問題にすべきではない。問題なのは高麗の上に「蒙古」の文字がついていることである。これは、外敵といえばただちに、「蒙古・高麗」と考える元寇に対する恐怖の後遺症として指摘することができよう。

貴族政権の対外無関心とそれからみちびかれる国際社会に関する無知とくらべると、武家政権はかなり海外に対して柔軟な姿勢をとっている。平氏政権が日宋の貿易に熱心だったのもその例であるし、室町政権もまた海外との交渉に積極的であった。室町政権が朝鮮側の倭寇禁止要求をうけいれて、朝鮮との間に正式の外交関係を結び、対馬の宗氏が朝鮮との密接な関係を保持したことは、日本にとっても朝鮮にとっても、その相互認識をふかめる絶好の機会であった。しかし、朝鮮側は倭寇禁止や貿易統制のために都合のよい対馬の宗氏を直接の交渉相手として重視するようになり、室町政権もまた朝鮮との折衝に熱意を示さぬようになったため、日本の京都を中心とする知識層はこの機会にも従来の高麗や朝鮮に対する認識を転換させることができなかったのである。

以上のような日本人の海外に関する知識の貧困、とくに朝鮮半島に対する知識の不足が招いた最大の悲劇が壬辰倭乱（文禄慶長の役）ではなかったろうか。この戦争は、豊臣秀吉が日本国内の戦乱を統一したのちに起こされたものであり、日本においてほとんど独裁者に近い地位を得た秀吉の個人の意志にもとづいて決行された朝鮮侵略戦争であった。出兵の原因については、国内の諸大名の目を豊臣政権の批判からそらすためとか、諸大名の軍事力を海外で消耗させるためとかいう論があるが、秀吉は国内統一の完成よりも七年も前にあたる一五八五年にすでに「唐入り」（明に対する出兵）の意図を明らかにしているのであるから、これらの論は成立しない。思うに秀吉は、国内統一戦争の延長線の上に大明出兵ということを考えていたようであり、ここには外国とか異民族とかいう特別な意識や配慮はまったくうかがうことができない。とくに結果的にもっとも惨害をあたえた朝鮮については、最初のうちは明への進入路としての意識しかもっていなかったようである。すなわち朝鮮は国内の諸大名と同様に威をもっておどせば簡単に入貢し、大陸進入の道を開くと考えていたのではあるまいか。秀吉が九州平定後、対馬の宗氏に朝鮮との交渉を命じたのも、国内の大名に対して行なった方式とまったく同一のものであったということができる。秀吉の朝鮮出兵以前に堺出身の大名小西行長や対馬の宗氏、博多商人島井宗室などは出兵を阻止するための行動をとっているが、これらの反戦運動家たちは、いずれも豊富な海外知識をもつ人びとであったことは注目に価しよう。秀吉は自分の要求が朝鮮から拒否されたことを知ったときに大軍を朝鮮半島に送りこんだのであるが、その方法は国内戦の場合とほとんど変るところがなかった。

明との講和交渉において秀吉が暴露した無知もまた同様に国際的知識の欠乏にもとづくものであった。いわゆる講和の七条件のなかに日明勘合復活の要求がある。勘合はいうまでもなく、明と冊封の関係を結んだ国の王に対して明皇帝から下付される渡航船の証である。ところが秀吉の理解は勘合は貿易船の証票という程度のものだったらしい。

そのため、明から「なんじを封じて日本国王とする」という誥命が届いたとき、秀吉はこれを明側の譲歩とうけとることができず、明使の無礼をとがめて再征の軍を出すという事態までもひき起こしてしまったのである。秀吉が明に対して期待したのは「大明よりの御詫言」すなわち前非を悔いて服属するということであった。これは国内の諸大名に秀吉が求めたところと少しも変りがない。秀吉に海外の知識の提供したのはポルトガル人や堺・博多の商人であったと考えられるが、秀吉の海外理解はまったく独善の一語に尽きるものであったといえよう。

これまで、中世の日本人の高麗・朝鮮に対する認識は、無関心と恐怖心とにもとづく無知や独善的理解であることを述べてきたが、さらにこの無関心や恐怖心が生まれてきた原因について考えてみたい。

周知のように、日本はほぼ単一の民族からなる単一の国家であり、それが三つの島を中心に割合平均化された社会生活を営んできた。このことは、日本人の海外知識ときわめてふかい関係をもっているのである。島の内側が日本、島のそと、海の向うが外国という考え方は現在の日本人においてもあまり変っていない。ちなみに日本では外人・外国人という言葉はきわめてしばしば使用されるのであるが、韓国人・アメリカ人とかイタリア人・フランス人などと特定の国名を冠した呼び方が使用される頻度は少ない。このことは歴史の上からも指摘することができる。外国人はふつう唐人《とうじん》と称された。ヨーロッパ人も唐人の一種だから毛唐と呼んだりしたのである。舶来品は唐物《からもの》といって珍重された。また中国人はふつう唐人、韓国人はふつう高麗人と史料に書かれており、宋人・清人とか百済人・朝鮮人とかいった用例は少ないのである。また韓もカラであって韓物も唐物も区別はなかったのである。

日本の古典『古事記』『日本書紀』をみると、日本人は「顕国《うつしくに》」「高天原《たかまがはら》」「黄泉国《よみのくに》」「滄海原《あおうなばら》(海原)」「常世郷《とこよのくに》」の五つの世界を考えていたことがわかる。これはそれぞれ、現実の国土、天上の世界、地下の世界、海洋、海外の神仙境、である。ここに見る五つの世界は相互に対立するものでなく併存するものであった。朝鮮半島からの渡来者が容易に安住の地を見出し得たのも、このような古代の日本人の世界観と関係があるかもしれない。日本人が自国以外に外国というものを明確に意識するようになったのは、仏教伝来以後のことであると考えられる。『今昔物語集』は十一世紀末ごろできた世界の説話を集めた書物であるが、その分類は「天竺（インド）」「震旦（唐）」「本朝（日本）」となっている。この三国が古代日本人の意識した全世界であった。朝鮮半島の場合は震旦世界の一部と考えられたのである。このように、中国大陸と朝鮮半島を同一の文化圏と想定し、その間に厳密な区別をすることもなく曖昧な海外認識をもちつづけることができたのは、やはり日本が島国であって、中国大陸や朝鮮半島と直接につながらない位置におかれていたことに由来するのである。このことはアジアと遠く離れた地域の欧米人が中国・朝鮮・日本の間の区別についてあまり厳密な知識をもっていないのと同類である。

日本に対する外国の影響には直接の場合と間接の場合とがある。直接の場合とは、外国軍隊の襲来とか駐留とかで、そのもっともよい例は元寇である。このような場合、日本は好むと好まざるとに関わらず、戦闘・外交折衝・警備・敵状偵察などを行なわねばならず、その影響から逃れることができない。これに対し間接の影響とは、人物の往来や物資の交易である。間接の影響は、政治・経済・文化の各方面にわたっており、それは日本文化の発展や社会の変遷に対しては直接の影響の場合よりもはるかに大きな比重をもつものであった。しかし、この間接的影響というものは、日本にとっては、つねに自主的に選択して自己のものとする自由と余裕とを確保できるものだったのである。このことは逆の面から考えれば外国に対してつねに無関心でありうる自由にもつながっていたのである。これは日本が外来文化を摂取するときの一つのパターンでもあった。このことが、日本が東アジアの一角に位置し、政治・文化の各面でその影響下に生活しながらも、対外的無関心をながく維持し得た理由と考えられるのである。

日本の対外認識と比較すると朝鮮半島の場合はつねによりきびしい状態のもとにおかれていた。十四世紀の中葉以後倭寇の問題が起こると、高麗および朝鮮ではこれに対して、①軍備の拡充、②使節を日本に送り、折衝によって倭寇の禁止を要求する、③倭寇を懐柔し、生活を保障し、経済活動を許すことによって暴力的行動を鎮静させる、というきわめて巧みな方法をとっている。これは倭寇という恐怖から出発しながらも、それを国際的知識の拡充、その知識にもとづく適宜な措置の策定という方向にむけて、みごとに成功しているのである。

これを見れば、同じ外敵の脅威という問題に対しても日本と朝鮮とでは対応の仕方にいちじるしい相異があったことが理解されるであろう。すなわち日本では石塁の警備と神仏への祈禱という国内問題として終始していたのに対し、朝鮮ではこれを国際的認識の拡大↓外交貿易の問題というかたちで解決の方向をうち出したのである。朝鮮半島が中国大陸と直接に接続した位置にあったために、中国の影響を戦闘や政治支配などのかたちで直接にうけることが多かったため、国際問題に対しては日本と異った敏感な対応を示し得たのであろう。

両国の以上のような国際認識の仕方の相違は、史料の遺存という面にもっとも具体的にあらわれている。今日、日本の研究者が中世における対外関係について検討しようとするとき、『高麗史』および『李朝実録』はもっとも信頼すべき史料であり、この両史料なしには中世の対外関係史は明らかにすることができないといっても過言ではない。また一四七一年に申叔舟の撰した『海東諸国紀』は、朝鮮の対外応接の規準とするために作られたものであるが、その日本関係記事には、日本側に現存する史料によっては知ることのできない多くの重要な記載がもりこまれており、日本史研究者はこの書物から限りない恩恵をうけているのである。このことは、朝鮮側が日本の国内事情の掌握についてつねに積極的な努力を重ねており、また集められた情報が適確に中央政府に集積されていたことを物語るものである。

以上、中世における日本の対朝鮮認識、朝鮮側の日本認識について、大体の傾向を論じ、相互の認識はその姿勢にも内容にもいちじるしい相異が存したことを指摘したが、細部についてはは検討のゆきとどかぬ部分もあり、私自身の誤解も多いかと思われる。厳正な御批判をいただきたい。

〔後記〕　本稿は昭和四十七年（一九七二）八月に韓国ソウルにおいて開催された第二回韓日文化シンポジウムで「中世の日本人は高麗・朝鮮をどのように考えていたか」の題で発表したもので、同年の『韓』第一巻第八号に掲載し、のちに「中世日本人の高麗・朝鮮観」の題で『アジア公論』および『日本問題』に転載された。ソウルでの発表では菅野裕臣氏が同時通訳を担当して韓国語による報告に協力してくれた。

なおムクリコクリに関する一逸話を補記しておこう。『日本歴史』第四〇七号所載「史料編纂事業の継続――三上参次先生談旧会速記録（第十五回）――」にある明治三十二年（一八九九）における三上氏とイギリス公使サトーとの対話に関する一節である。

それから『セーリース・ダイアリー』に、セーリースが九州から江戸の家康のところに出て来る時に、子供が「こころあるい、こころあるい」と言って小石を投げたと云うことが書いてある。これはどうだろうと言うから読んでみると「こころあるい」ではなく「こくりもくり」と云うのです。それは蒙古来襲の時のもので「こくり」は高句麗、「もくり」が蒙古なんです。高句麗・蒙古を大変怖れた訳で、今は西洋人のことを毛唐と云う風に「こくりもくり」とやったのです。それは今でも九州の端の方にはそう云うことがあると云うことを山田安栄君が『伏敵編』を作る時に聞いて来たと言うのです。それで「こくりもくり」も「こころあるい」と聞えたのです。それをサトーに教へてやったところが、大変面白いことだと喜んだのです。

この記事は、ムクリコクリの意味の範囲、明治時代におけるムクリコクリの使用区域などを物語っている。

もと対馬にいた島雄成一氏の文書を見ていたらつぎの一通がでてきた。

合薬のため入事候、しやからのへそ一被尋進候者目出候、恐々、

十月十一日　　本通（花押）

須母藤次殿

文書の差出者本通は少貮頼尚である。南北朝の争乱のときには足利尊氏に味方して活躍し、そのため『太平記』の作者などからはあまりよくいわれないその少貮頼尚である。少貮氏はこのころ対馬を支配していた。このことから文書の大体の年代は推定しうるだろう。充書の須母藤次とあるのはどんな人物か明らかではない。けれども対馬には現在洲藻という地名があるし、記録にも正応・元徳・応安のころに須毛大輔坊慶覚・須毛師法眼慶印・須毛三位宗慧の名を伝えている。こんなことから考えると須母藤次というのはこの三人の中の一人か、あるいはこれと関係ある一族のものであったのではないだろうか。ともあれ須母藤次が対馬の住人であることにまちがいはあるまい。それでこの文書は、対馬の支配者である少貮頼尚が対馬の住人頼母藤次にあてて合薬のために入用だから「しやからのへそ」を一つ何とか都合つけてほしい旨依頼した書状であることは明瞭である。

さて「しやかうのへそ」であるが、これはいうまでもなく麝香の臍であり、『和漢三才図会』によれば、麝獣の香

気のあるところが臍であり、もっとも珍重されるものだとし、さらに悪気邪鬼を避ける霊薬で、枕の間におけば悪夢をさけ、心を鎮め、神経を安んずるものだなどと書いている。このように麝香の臍は薬品とし、香料として珍重されていたものであるが、ではなぜ少弐氏はその調達方を対馬の須母氏に依頼したのだろうか。

秦の始皇帝が不死の霊薬を日本に求めさせたという話はあまりに有名であるが、歴史の事実はこれとはまったく逆で、日本はつねに薬品を海外に依存している。『徒然草』に「唐の物は、薬の外はなくとも事かくまじ」としていることはこの間の消息をもっとも簡潔にいっているし、中国人鄭若曾の『籌海図編』も「倭好」の中に薬材を掲げている。こうした薬品はすべて輸入品であるという事情が実に少弐氏をして須母氏に麝香の臍を依頼させた根本原因なのである。すなわち対馬こそ麝香を調達することができうるもっとも有利な立場にあったというに外ならない。対馬が朝鮮貿易において独占的な立場を中世以来保持していたことは一般によく知られているが、対馬の貿易ルートが琉球にまでおよび、対馬が朝鮮―日本、琉球―朝鮮、日本―琉球をむすぶ線上に有力な地位を占めていたことはあまり知られていない。けれども『李朝実録』をひもとけばこの間の事情はかなり明らかになる。麝香は琉球を通して対馬に入り、さらに日本の各地にもたらされていたのである。文明六年（一四七四）には琉球国から大内氏に贈った麝香を、大内氏がさらに朝鮮に進献して綿布を贈られていることなどがある。このように麝香は中世貿易史上に重大な地位を占めていた。麝香は薬材―生命の糧として、また香料―貴族の奢侈的欲望を充足させるものとして中世の日本には一種の必需品であったにちがいない。日本と琉球をむすぶうえにも予想以上の役割を果していたかもしれない、前掲の文書はこうした事情が発生する以前の状態の片鱗を物語るものとしてきわめて興味ふかいものがある。

最近街頭や電車内で、しばらく忘れていた香水の香りに接するようになった。けれどもヘリオトロープ・ローズ・バイオレット・キャラ等の植物性香料、麝香・海狸香・霊猫香等の動物性香料、これらがすべて輸入にまたねばならないことは昔もいまも変りがない。しかしこれらの香料が今日、日本と外国をむすぶうえにどれだけの役割を果しているのか私にはわからない。

〔後記〕　本稿は昭和二十六年（一九五一）『日本歴史』第三九号に掲載した。生まれてはじめて書いた歴史随筆である。当時はまだ敗戦後の風俗が払拭されきれておらず、焼けあとの臭いが消え去らない街の中を、通勤者にわずかなやわらぎをあたえようとしたのか、香水電車などが走っていた。

室町初期における日本の技術の朝鮮への影響

戦争が憎むべきものであり悲しむべきものであることはいつの世においても変りがない。しかし戦争を契機に当事国民の相互が認識をふかめ理解を増す機会をあたえられるということは戦争のもたらすわずかなプラス面の一つである。日清戦争後の日本と中国の関係は史上空前の親密さであったといわれるし、太平洋戦争後の日米関係もあるいはそれにあてはまるかもしれない。

室町初期における日本と朝鮮の関係がちょうどそれとよく似た面をもっている。日本の倭寇は南北朝時代すなわち朝鮮の高麗朝の末葉さかんに朝鮮の沿海を荒らしまわって大きな恐怖を朝鮮の朝野にあたえた。それが、室町幕府の成立、李朝鮮の成立のころからようやく下火になってきた。朝鮮側では異常な熱心さで日本の政治権力の所在を理解しようとし、国民性や国民生活の実態をさぐろうとした。

朝鮮側が倭寇の懐柔政策としてはじめたものに授職倭人の制度がある。これは倭寇の首領に投降をすすめ、投降したものに対しては衣糧・官職をあたえてこれを優遇するものであった。のちには日本本土に在住したままで朝鮮側から官職をあたえられた者もあらわれた。

応永四年（一三九七）八月、日本の僧で原海という者が妻子とともに朝鮮に渡ったが、少しばかり医術に通じていたため長髪にさせられて典医博士を授けられた。かれは朝鮮では平を姓としていたが、そのころ朝鮮にいった人びとは平とか源とか藤原とかを勝手に称していたらしい。応永二十四年（一四一七）には日本人船匠の藤次郎という者が朝鮮側の依頼によって船を造り、その余った材木の下付をうけようとして問題になったことがある。中世における造船技術の実態は今日ほとんど明らかにされていないが、朝鮮側が造船技術者として日本人を重要視していたことは推察にかたくない。その翌年の八月には、司正という職をあたえられていた表沙貴という日本人が、銅鉄匠をひきつれて朝鮮に入っている。銅鉄匠とは銅の採掘か吹錬の技術者のことであろう。このような点からみると、当時日本の技術的な水準は朝鮮と比較して決して低いものではなかったばかりか、むしろかれに影響をあたえていたことがわかる。

応永二十六年、朝鮮の上王太宗は倭寇の勢力に徹底的な打撃をあたえるために対馬に対して攻撃をかけてきた。朝鮮の動員兵力は一万七二八五、船数二二七と称せられる大規模なものであった。これが応永の外寇であるが、外寇後対馬と朝鮮の関係が断絶し、両者の間に平和的な交渉が再開されるまでにはいくらかの時間を必要とした。この期間もまた朝鮮が日本に対する認識を増大させるうえでは重要な期間となった。

応永の外寇の翌年、応永二十七年に回礼使として日本にきた宋希璟はその紀行を『老松堂日本行録』にまとめているが、日本の貨幣経済に注意をはらったり、日本の農業技術の進歩を認めて尼崎附近ですでに三毛作が行なわれていたことを記しているなどはきわめて興味がふかい。この後も朝鮮側ではしばしば使を送って日本の情報を集め、また日本の商人でも情報を提供する者は優遇したりしている。またこれらの情報を正確に理解するための日本語の学習も中国語や女真語の学習とならんで大いに重視されていた。

この時代の日本文化の朝鮮への影響のうち、とくに朝鮮人の現実の生活にまでむすびつきをもったと考えられる技術的な問題のいくつかを紹介しよう。

正長元年（一四二八）朝鮮の世宗は、通信使の派遣に際して、「日本の紙は堅くしなやかであるから造作の法を伝習させるように」といっている。永享元年（一四二九）日本にきた通信使朴瑞生は造紙の法を朝鮮に伝えているし、また永享二年世宗は礼曹に命じて人を対馬の島に派遣し、造冊紙倭楮を求めさせた。対馬には現在でも中世の古文書がたくさんのこっているが、その用紙は本土の古文書の用紙にくらべれば世辞にも高級だといえるものではない。しかも、このいわば対馬で使用しているような粗末な和紙も朝鮮にとってはかなり魅力的なものであったにちがいない。

永享元年十二月中軍捴制李蔵が啓して「銅はもともと朝鮮の産物であったが、炒鉄の法が久しくすたれて、忘れられてしまったから、日本の法を伝習して各道の産出をあげるように」といっている。銅は中世の日朝貿易では日本からの主要な輸出品の一つであった。朝鮮では世宗の初年以来とくに熱心に採銅精錬をこころみたが、なお十分の成果をあげることができず、ついに日本の精錬法を伝習させようということになったのである。

永享二年六月には、朝鮮水軍の沈乙というものが日本刀を献じた。かれはかつて日本に入り造剣の法を伝習して、一剣を鋳してこれを進めたのである。倭剣と異るところがなく、賞として軍役を免除され、衣一襲、米・豆あわせて一〇石をあたえられた。剣の製法に「鋳」という文字を使用して「鍛」の字を用いていないが、果して日本刀の作り方が正しく伝えられたのであろうか。倭寇がふりまわした日本刀の威力がこのころまで忘れられずにいたものであろう。倭剣とその製法を知っているものに対する尊重の態度がうかがわれる。日本刀の鍛造技術はたしかにすぐれている。日明貿易でも日本刀は重要な輸出品になっていた。この技術を朝鮮人のなかに一人でも習熟したものがあったということは注目に価しよう。

永享三年五月、捴制李蔵は造船の法について上書した。その中で朝鮮で作った大船は水が漏ったり湿ったりすることを述べ、応永の外寇の時日本から分捕ってきた倭大船の製法をまねするようにといっている。日本船は表面を月外松板でつつんでいるので月外船と俗称するなどと書いている。内容はあまり明確でないが、朝鮮船が生木を使用しているのに対し日本船が十分乾燥した材木を使用したことを指摘して、朝鮮船の作製にもそれを応用しようとするものであるらしい。かれによれば日本船はなかなか軽快であったらしい。兵曹参議朴安臣も上書中に「倭船はすばしこくて、旋転するさまは飛ぶようである、東にむかっているかと思えば、反転して西を侵している、わが兵は奔っても賊と遭遇できない」として、倭船の活動の敏捷さを賛美している。

ちなみに投化倭人の皮古沙古は船の構造について「朝鮮の船は一船にただ一尾がついているだけなので風浪にあえばたちまちに傾き覆ってしまう、倭船は平時一尾を懸け、風浪にあえば両方におのおの一尾を懸けるから傾覆の心配がない、倭船の例によって尾部を改造すべきだ」といっている。大護軍李藝も「江南・琉球・南蛮・日本諸国の船はみな鉄釘を用いていて、堅緻軽快である。耐用年数も二〜三〇年は大丈夫である、それに比し朝鮮の船は木釘を使用しているから軽快でなく、耐用年数も八〜九年にすぎない、よろしく鉄釘を使用すべきである」ということをいっている。江戸幕府のいわゆる大船建造禁止により渡洋船の造船技術は先細りになってしまったが、朝鮮側から見れば当時の日本の造船技術は範とするに足るものだったらしい。

つぎに農業技術の輸出を紹介しよう。永享元年日本にきた朴瑞生は、その十二月に帰国報告の中で日本の水車についてつぎのように報告した。日本の農夫は水車を設けて灌漑している。部下の金慎にその構造を調べさせたところ、その車は水勢を利用して自転するもので、朝鮮で昔造った人力で動かすのと異っている。ただ日本水車は急流で使用すべきもので、ゆるい流れにおいてはいけない。水砧も同様である。しかし自分が考えるに、ゆるい流れでも人をして踏ませれば灌漑に使用できる。いまその模型を作って献上するから、各官にこれをおくべき処は、この模型によって水車を造り、灌漑の利を助くべきである、と。朴瑞生は工曹参議となったが、永享三年六月水車のことについてふたたび建言した。その中では、日本の水車が中国の水車より優秀であること、朝鮮の工人が作った水車は金慎のいうことを十分に理解せずに勝手に作ったものだから役に立たないことをいい、水車造作の方法などを細かく述べている。その結果瑞生と金慎に命じて匠人に水車を造らせ試験することになった。同年十二月の判書安純の啓によると「今度日本の水車と呉致善が製作した水車を試験したところ、日本の水車は灌漑用に適しており、呉致善の水車は井戸水を汲むのによいことがわかった。日本の水車は農事に甚だ便益だから、工匠を諸道に分送してこれを作らせるようにしていただきたい」とある。世宗はこれを大いに可とした。そして、唐水車と倭水車の工匠をそれぞれ京畿・忠清と全羅・慶尚の各道に送った。このようにして朴瑞生の建言によって水車は朝鮮各道にひろまったが、期待したほどの成果があがらず、永享五年には結局これを廃止してしまった。しかし自動廻転式の水車だけは存続した。この日本の水車について宝月圭吾氏は『石山寺縁起』に描かれた水車と同様のものであったろうといっている。

このほか、永享八年倭通事尹仁甫・尹仁紹等は旱魃に対する救荒の策として、日本人が葛根・蕨根を常食としていることを述べ、これを採用するように進言している。世宗はこれを許し、仁甫を慶尚道、仁紹を全羅・忠清道に派遣してその採食の法を教えさせたことがある。

右は『李朝実録』に記された室町初期における日朝技術交流史の一端である。中世の技術史は日本歴史ではもっとも不明瞭な分野の一つであるが、これらの事例は日本の文字によっては伝承されることのなかった日本の技術史の解明の上にも何か示唆をあたえるものとなるかもしれない。

〔**後記**〕　本稿は昭和三十六年（一九六一）『日本歴史』第一五一号に掲載した。

南蛮船と黒船

南蛮船とか黒船とかいう称呼は中世以来の日本人が外国船につけた名称であるが、その概括的な表現が茫漠としていて、いかにも日本人らしい。いちいちポルトガル船とかイギリス船とか書かずに南蛮船とか、黒船とか簡単に概括してしまうのである。

さて南蛮船であるがこれは元来ヨーロッパ船をさしたものではなかった。鹿児島県の『阿多文書』に応永年間に南蛮船が着岸したことを記した文書が収められている。高柳光寿氏の考証によればこの文書の年代は応永二十六年（一四一九）で、小葉田淳氏の考証にもとづけば南蛮船は旧港（パレンバン）船である。また『若狭国税所今富名領主代々次第』には応永十五年と十九年とに南蛮船が若狭に着岸したと記している。さらに『看聞御記』は応永の外寇のことを記して、「大唐国・南蛮・高麗等」が日本に攻めてきたとしている。応永の外寇のときの来寇国は朝鮮一国であったけれども、中国・朝鮮・南蛮の連合軍が来襲したと考えられたためにこのように記されたのである。これらの用例でわかるように南蛮はけっして特定の国とか特別の地域とかをさしたものでなく、きわめて漠たる、中国・朝鮮以外の外国といつた意味しかもっていなかった。

この南蛮の語がこんどはヨーロッパ船の来航にあたつて適用されるようになり、今日ふつうに南蛮船といえば、ただちに十六世紀に来航したポルトガル・イスパニヤ等の船を想像するようになった。のちのイギリスとオランダとは紅毛として南蛮と区別される。南蛮の語はさらに南蛮酒・南蛮犬・南蛮寺・南蛮笠・南蛮鉄・南蛮甲・南蛮宗・南蛮菓子・南蛮餅・南蛮朝顔・南蛮料理等々きわまりない新造語を生んだ。

つぎは黒船である。種子島に最初に来航したポルトガル船が当時の人びとからどんな名前でよばれたかは興味をそそられる問題であるが、いまは残念ながら正確な史料がのこっていない。ただ『松浦文書』の中にある天正十五年（一五八七）の豊臣秀吉のキリシタン禁制にはヨーロッパ商船との貿易を明らかに「黒船之儀」と記している。また『島津家文書』の中に島津義弘の時代に「黒船」が薩摩加世田片浦に着岸し、秀吉がその船に舶載の糸を買わせるために銀二万枚を奉行に添えて遣わしたことを記した秀吉の朱印状がある。この黒船はポルトガル船なのかイスパニヤ船なのか、明らかでないけれども天正十七年（一五八九）イスパニヤの小船が薩摩に寄港したことがあるからあるいはそれであるかもしれない。種子島にポルトガル人が来航してから五〇年に満たない時期のできごとである。この後黒船の呼称が一般化したので『采覧異言』『外蕃通書』『通航一覧』等の書はひとしく黒船の字を用いている。『采覧異言』によると黒船の呼称が生じた所以は「蕃瀝青」を塗ってあるからだとしている。蕃瀝青とはコールタールである。

現在常識的に南蛮船とは近世初頭のヨーロッパ船、黒船とは幕末来航の蒸汽船と考えられているようなので、念のために、それは一時代ずつさかのぼりうることをいってみたのである。

〔**後記**〕　本稿は昭和二十八年（一九五三）『日本歴史』第六二号に掲載した。

琉球の「鉄放」

いまから五百年ほど前に、琉球国王から使者が派遣されて京都にきた。かれらは、将軍足利義政に謁して土産の物を献じ、退出する際に、総門の外辺で「鉄放」を一～二度はなち、それを聞いた人はみな驚いたという。『蔭凉軒日録』文正元年（一四六六）七月二十八日の条に見える記事である。

この話で、注目すべきことが二点ある。第一は、琉球人が「鉄放」というものをもってきたこと、第二は、日本人がそれを驚嘆の目で見たことである。

このときから一七〇年ほど前に作られた『蒙古襲来絵詞』には、蒙古軍の使用した火器の炸裂するさまがあざやかに描かれていて、そのそばに「てつはう」と注記してある。琉球の「鉄放」も、発音は同じで、これと同類のものと考えてよいであろう。しかし、文正元年から八〇年ほどのちに種子島に伝来した西洋式鉄砲とはまったく別のものとして区別すべきである。「鉄放」が、爆竹程度のものか、手投げ弾なのか、発射装置を備えていたか、もし備えていればどのような形態のものであったか等の疑問は、解明する手がかりがない。ただ、これが一種の火薬の爆発装置であったという推定だけはなり立つであろう。火薬の主原料は、硝石・硫黄・木炭である。ところが、硝石は琉球には産出しない。琉球がそのころ中国の明と頻繁に通交していたことから考えれば、この「鉄放」は中国から伝来したと考えてよい。だが、明代の中国では、硝石・硫黄・武器の類は、輸出禁制品にしていた。琉球の「鉄放」入手は、密貿易等の非合法の手段によったと思われるのである。硫黄は、日本の特産品の一つで、遣明船はしばしば多量の硫黄を明に輸出しているし、琉球船もまた多量の硫黄を明に運んでいた。

日本人が「鉄放」の破裂音に驚いたという事実は、火薬類が日本人にはきわめてなじみのうすい存在であったことを物語っている。日本で火薬兵器の発達がおくれた理由には、硝石の産出のなかったことが第一に考えられるが、ほかにも強力な火器の出現を切実に要求する社会環境が存在していなかったことを考える必要があろう。

火薬が東アジアの国際交流のうえで果たした役割の解明は、琉球船の海外活動の研究とともに、今後ふかめられなくてはならぬ研究課題の一つである。

〔後記〕　本稿は昭和五十年（一九七五）『朝日新聞』八月五日付夕刊に掲載した。発表後、沖縄出身の山城馨氏から朝日新聞社に来信があり、「鉄放」は現在沖縄で素人村芝居のとき開幕前に用いる棒火矢《ボウビヤー》と同様のものではないかとの教示があった。棒火矢は、棒の先に口径約四センチメートル、深さ約一〇センチメートルの鉄製の筒が打ちつけてあり、筒の中に一定量のヒンス（煙硝）を入れ、用意された木片を口の開いた上部から打ちこみ、下部の小穴に火縄をさしこんで点火すると強烈な爆発音を発するものであるという。私は「鉄放」をただちに棒火矢と考えてよいか否かにためらいがあるが、火箭・手火矢・棒火矢などの火器との関連は配慮しなければならない問題と思っている。

海外刊行の日本の古地図

はじめて日本全図を作製したのは奈良時代の僧行基であるというが、日本で地図が印刷されるようになったのは江戸時代になってからである。ところが行基式の日本全図は十五〜六世紀にはすでに朝鮮や中国に伝えられ、日本で印刷されるよりも前から印刷されていた。朝鮮人申叔舟が一四七一年に編集した『海東諸国紀』に収められている地図と明《みん》人鄭若曽が一五六一年に編集した『日本図纂』に収録されている地図とである。測量して製図することなどなかった時代の地図だから、現在の地図とくらべれば当然相違がある。しかし、その相違は寒暖計の目盛りが示す温度と直接身体で感じる温度との相違のようなもので、両者を比較するといろいろなことに気がつく。現在の地図が実測によった事実を表わしているものとするならば、古い地図は体験にもとづく真実を表わしているといえるのではないだろうか。

『海東諸国紀』の地図で注意をひかれるのは対馬・壱岐・琉球に関する部分である。同書の「日本本国之図」が行基式の日本図をほぼそのままうつしたものであるのに、対馬・壱岐・琉球の地図は朝鮮で新たに加えられたものである。大きさは対馬・壱岐・琉球がほとんど同じで、九州よりも心もち小さく、本土の五分の一くらいである。地名や海岸線の記載は本土の部分よりもはるかに詳しい。このことは対馬・壱岐・琉球が朝鮮人の心のなかで占めていた大きさの反映とみることができる。十四世紀の中ころから倭寇が朝鮮半島の各地を襲い、それにともなって朝鮮における日本への関心が高まったが、対馬と壱岐とは朝鮮にとって、日本の他の地方とは比較にならぬほど大きな存在とし

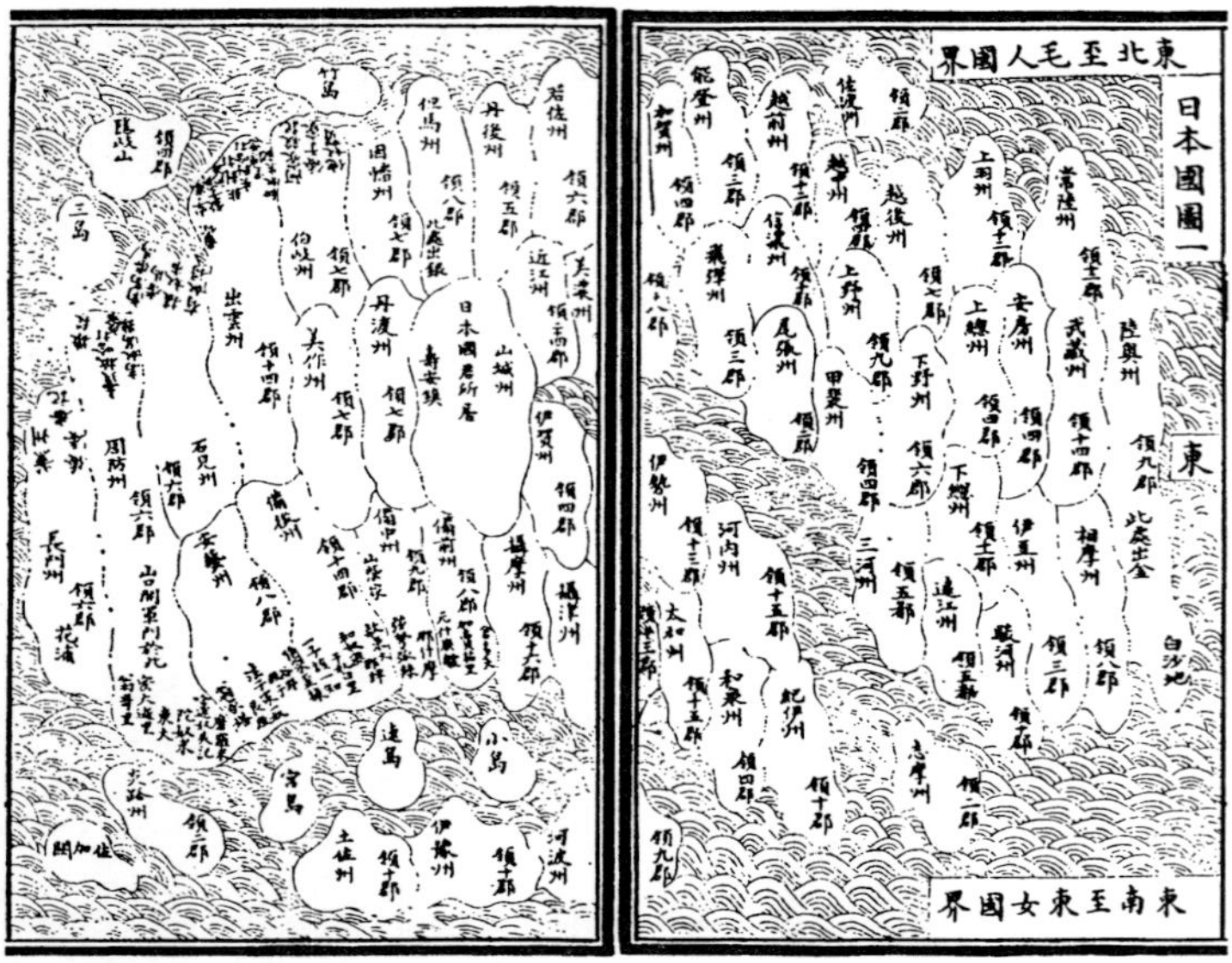

て意識されるようになった。日本全図が日本国内よりもさきに朝鮮で印刷された理由は倭寇の跳梁にあったのである。

『日本図纂』の「日本国図」についても同様のことがいえる。ここでは五島列島の地図が異様に大きく描かれている。九州と同じくらいの大きさで、本土の約半分である。十六世紀に中国大陸の沿岸で行動した倭寇の首領に明人王直がいるが、かれがその根拠地を日本の五島列島においたことが明人の関心を五島列島に向けさせ、五島列島は明人にとっては大きな存在となったのである。

古い地図を眺めているとさまざまな思いにかられるが、これらの地図は、対馬や五島などの小島が対外関係史上ではきわめて重要な存在であったことを語りかけているのである。

〔**後記**〕本稿は昭和五十七年（一九八二）『朝日新聞』四月五日付夕刊に掲載した。

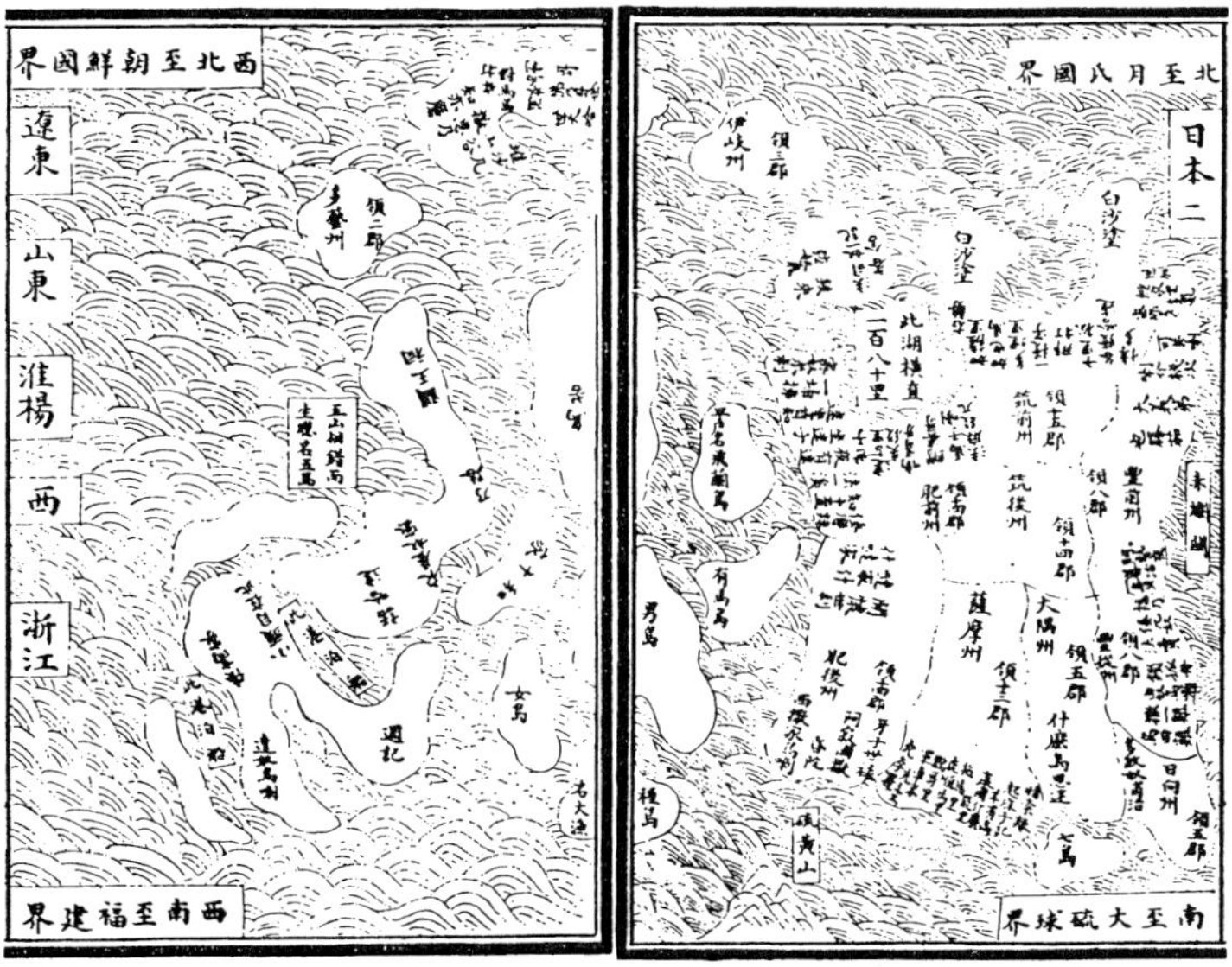

『日本図纂』所載「日本国図」

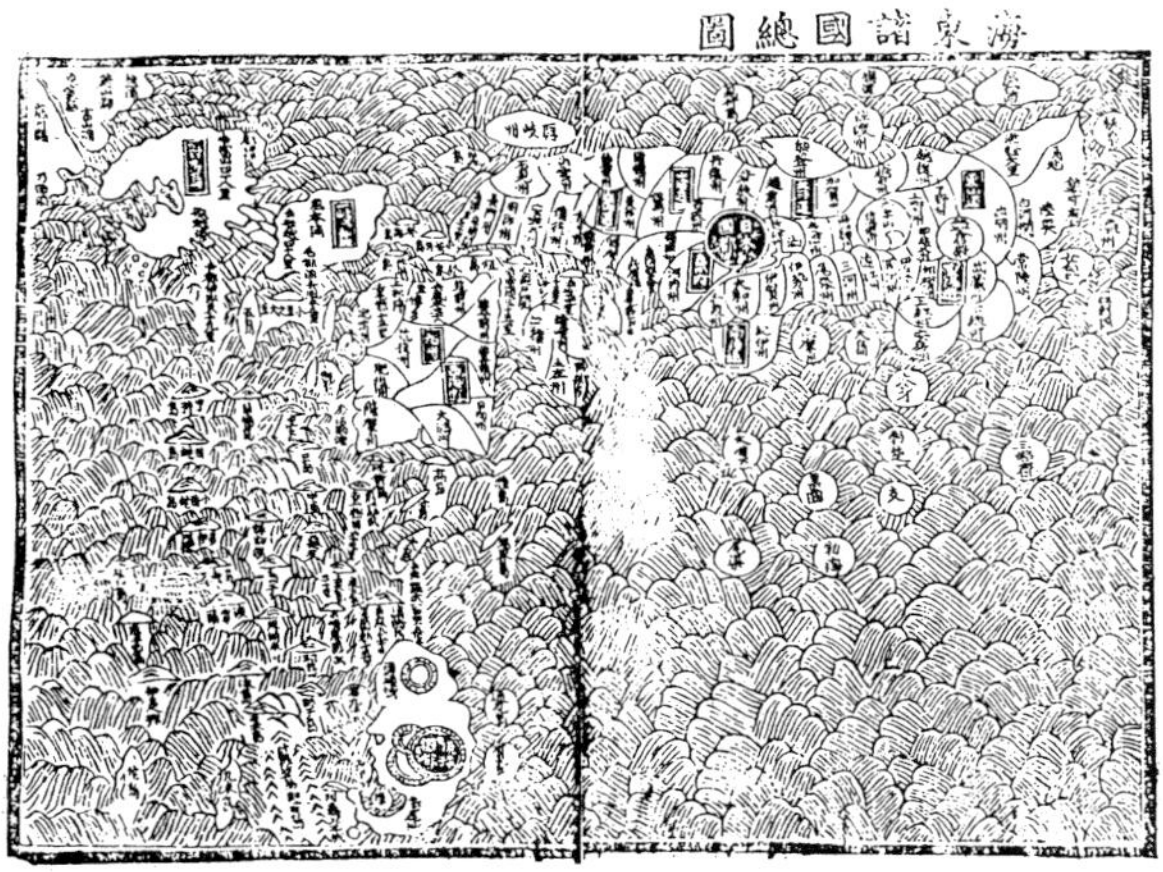

『海東諸国紀』所載「海東諸国総図」

朝鮮で刊行された明人の日本研究書

戦後間もないころ、神田の古書店で明人薛俊の纂述した日本研究書『日本国考略』を手に入れた。この書物の巻首には「白河」「桑名」の円形の朱印と「立教館／図書印」「楽亭文庫」の長方形の朱印が捺してある。いうまでもなく寛政改革の中心人物松平定信の蔵書印である。定信は田安宗武の子で、はじめ白河藩主松平定邦の養子となり、文政年中に桑名藩に移封されているから、この書物は白河から桑名まで定信に同行したことになる。なお立教館は桑名藩の藩校の名。楽亭は定信致仕後の「楽翁」の号か、別荘の「共楽亭」にもとづくものであろう(『内閣文庫蔵書印譜』参照)。

定信が学問を愛し和歌を好んだ文化人であるということは聞いていたが、このような書物にまでも関心をはらっていたのかと、その人がらの一面に触れる思いがした記憶がある。

では『日本国考略』とはいかなる書物なのか、その概略を説明しよう。

内容はつぎの項目にわかれる。すなわち「日本地理図」「沿革略」「疆域略」「州郡略」「属国略」「山川略」「土産略」「世紀略」「戸口略」「制度略」「風俗略」「朝貢略」「貢物略」「寇辺略」「文詞略」「寄語略」「評議略」「上当道書略」「防禦略」である。なお巻首に嘉靖癸未歳秋孟月吉旦文林郎知定海県事閩人鄭餘慶の「日本国考略引」があり、重刊本には、さらに嘉靖庚寅季夏吉日文林郎知定海県事金陵王文光の「重刊日本考略序」と補遺として「国朝貢変略」がつけられている。

このうち「沿革略」から「朝貢略」までの部分は、中国の歴朝正史の日本伝(倭人条)をそのまま写した部分が多いが、その他の部分は本書独特の記事であって、とくに「日本地理図」は秋岡武次郎氏・秋山謙蔵氏らによって注目されているように中国で書かれたもっとも古い日本地図の一つである。また「寄語略」は一五類三五八の日本語を漢字で音訳したもので、国語学者の注目をあつめているものである。その他の記事も、いわゆる『魏志倭人伝』以来踏襲されてきた中国人の日本観をいちじるしく改めて前進させたものであって、明末における日本研究書の先駆とされるものである。

『日本国考略』の初刊本の出版は鄭餘慶の序によれば嘉靖癸未二年すなわち日本の大永三年(一五二三)である。これは大内船と細川船の遣明使節が明の寧波で激突して争乱を起こした直後の時期にあたる。そしてこの事件を契機として本書を執筆したのであると編者薛俊みずから巻首に書いている。

重刊の嘉靖庚寅は七年後で日本の享禄三年(一五三〇)にあたるが、明における日本への関心が高まってきたことを示すものであろうか。とくに王文光の重刊序に「日本即倭奴也、其狙詐不情尤甚、鎮辺重臣咸以備倭為名可見矣」としているのは、ようやく倭寇に対する中国人の警戒心が強くなってきたことを示すものといえよう。

『日本国考略』は右のような事情を背景にして編述され、重刊され、これにつづく中国の『籌海図編』『日本一鑑』『日本風土記』『説郛続』『海防纂要』などに多くの影響をあたえた。また福島邦道氏の研究によれば、日本においてもひろく読まれ、尾崎雅嘉の『続異称日本伝』、林恕の『国史外考』、山本北山の『日本外志』などに引用されている。

正徳年間長崎奉行の職にあった大岡備前守が編纂した『崎陽群談』も、

本邦の消息も悉く唐土へ相知候事と聞へ、薛氏の日本考略の書には秀忠公御晩年の頃迄の事を具に相記、其事本

邦にて流布し候沙汰に違ふ事なく候、

と、『日本（国）考略』の記述の正確であることをたたえている。しかし「秀忠公御晩年」のころの記事まであったというのは誤りで、何かの誤解であろう。

さて、家蔵の松平定信旧蔵『日本国考略』は写本として伝えられたものであるが、そのもとになった本は明の初刊本でも重刊本でもなく、明の重刊本をもとに朝鮮で刊行したものである。このことは嘉靖乙丑春（永禄八年、一五六五）の鈴平府院君尹漑の跋文によって知られる。それには、尹漑が北京に使した友人からこの書物を見せてもらったところ、日本事情がはなはだ詳細に書いてあり、これを朝鮮の礼曹が所蔵している『海東諸国紀』に比較してみてもすこぶる詳しい。とくに「評議略」「防禦略」などはよくできていて、中国で役立つばかりでなく、わが国（朝鮮）でも知らねばならぬことであるとし、朝鮮における倭寇防備の資料として刊行するのであると説明している。

尹漑は己卯の士禍に関係して官をしりぞけられたが、漢語にたくみであるという理由でわずかに世に容れられ、乙巳の士禍ののち鈴平府院君となり、さらに一五五一年（天文二〇）には右相左議政にのぼった人物である。

福島邦道氏は『日本(国)考略』の諸系統の本を広範に検討し、その研究を京都大学文学部国語学国文学研究室編『日本寄語の研究』に発表しているが、とくに写本では朝鮮本の存在に注目すべきことを指摘し、氏の管見に入った京都大学付属図書館所蔵『日本国考』・内閣文庫蔵『日本国考略』・『日本外志』所引『日本国考略』および家蔵『日本国考略』をあげている。それは日本に伝来した『日本国考略』の諸本の写本のなかでも朝鮮の刊本からの写本がすぐれているためであろう。

この事実は、日本と朝鮮との関係を考えるうえに重要な示唆となるものである。日本では、鎌倉・室町時代を通じて外国事情を研究した編著は、いくつかの入唐記の類をのぞけばほとんどなかった。わずかに瑞渓周鳳の『善隣国宝記』が、日本で最初の外交史書として注目されるが、その編著の目的とするところは日本と外国との仏徒往来の記述と外交文書の収録とであって海外事情の紹介ではない。これに対して、朝鮮で刊行され、その礼曹で所蔵し、外交事務の参考としていた申叔舟の『海東諸国紀』は、日本および琉球の国内事情や歴史について実に正確で詳細な記述を載せているのである。日本では外交の事務が五山の学問僧にゆだねられて、その主な関心が外交文書をいかに手ぎわよく作製するかという点にあったのに対し、朝鮮では日本の国内事情とその歴史との理解のうえに立って外交事務をいかに自国に有利に処理しようと努力していたかということの差異が『善隣国宝記』と『海東諸国紀』との比較によって明確になるのである。

朝鮮における『日本国考略』刊行の場合も同様な発想にもとづくものであって、中国で刊行された日本研究書を利用して日本の国内事情を明らかにし、倭寇防衛の参考にしようとしたのである。

すでに述べたように『日本国考略』は江戸時代の日本ではかなりの範囲の人びとの関心を集めたのであるが、この中国人によって書かれた日本研究書が、直接中国からもたらされたものだけでなく、朝鮮刊行の本もまたかなりの範囲に流布していたという事実をとくに指摘し、近代以前の中国・朝鮮・日本の関係を考える際にはこのような相関関係が無視できないものであることを理解していただきたいとおもう。

〔**後記**〕　本稿は、昭和四十八年（一九七三）『日本歴史』第二九六号に掲載した。藤本幸夫氏「東京教育大学蔵朝鮮本について」（『朝鮮学報』第八一輯）は、旧東京教育大学には養安院曲直瀬正淋旧蔵書二〇部をふくむ朝鮮本五八部があり、そのなかに『高麗史』一三九巻七〇冊のあったことを報告している。この『高麗史』は鈔本で、毎冊首に「桑名」（円朱文、直径三・五センチメートル）、「立教館／図書印」（朱文、三・六センチメートル×二・一センチメートル）、「桑名文庫」（朱文、六・四センチメートル×二・三センチメートル）、「楽亭文庫」（朱文、六・一センチメートル×一・八センチメートル）の四印がある。これらの印のうち「桑名文庫」以外の三印は、家蔵の『日本国考略』巻首の印と重復するものである。「白河」の印がないところからみると松平定信が桑名に移封になったのちに入手したのであろう。定信の蔵書の全貌を知ることができないのは残念であるが、定信が朝鮮の書物に対して示した関心が尋常ではなかったことを物語るものといえよう。

海乱鬼と加延助機

ケンペル（Kaempfer, Engelbert）は一六九〇年（元禄三）長崎出島のオランダ商館付の医員として来朝したドイツの博物学者であるが、かれは日本に滞在中の見聞をまとめて『日本誌』（Geschichte und Beschreibung von Japan）を著わした。この一部は「ケンプエル江戸参府紀行」として邦訳も出されている。この書の一六九〇年七月七日条はつぎのように記されている。

我船は湄南河口より二哩、六糸の深さの処にあり。暹羅《シャム》と柬埔寨《カンボジア》との間なる海浜にあり。湄南河口にはジャンク及び商船多く、又漁業多くして魚を漁ること夥しく、就レ中鮫魚 Roggen 多し。日本人は鮫皮より美術的の製作をなす。

一六九〇年といえばいわゆる寛永鎖国をへだたることすでに半世紀余を経た時期であり、南海における日本人の活動をケンペルが記していることには奇異な感にうたれるのである。ところがこれにはちょっと面白い理由があるのであって、実は鮫と日本人とは切っても切れない関係があったのである。

十六世紀中葉倭寇とよばれる海賊船団が中国南海方面を荒らしまわっていたことは誰でも知っていることであるが、この時期には海防の必要もあって、中国人の手によって多くの日本研究書が書かれた。その中に『日本一鑑』があるが、著者は張鶱を理想とする冒検家で、来日の経験をもつ安徽省新安郡の人鄭舜功である。この『日本一鑑』につぎのような記事が見える。甲子の年、すなわち一五六四年、中国の嘉靖四十三年、日本の永禄七年、浙江・福建・広東に賊が襲来したが、詳細は「海乱鬼録」にのせてある。なお海乱鬼とは「倭海魚名」であり、「倭賊」につけた名前である、としている。大陸沿岸に猛威をふるう海賊をよぶのに海乱鬼とはいかにもふさわしいよび方といえよう。ところで倭海魚名とあるので、当時の日本側の書物にも何かこれを裏付ける記事がないかと『節用集』などを見た結果、海乱鬼はカイラギと訓ずべきであり、鮫の一種であることを明らかにし得た。『饅頭屋本節用集』や『伊京集』には「鰄」という文字を使用し、『経亮本節用集』（印度本）では「鰄《カイラキ》」の注として「刀ノ鞘、海来《∧乱》鬼、梅花皮、海老皮、」とあり、『運歩色葉集』（元亀二年京大本）では「梅花皮《カイラギノカワ》　海来乱鬼《同》　海老皮又鰄《同》」とある。『和漢三才図会』には「加《カ》伊《イ》羅《ラ》介《ケ》鮫」の名称を記してある。ちなみに手近にある『日本国語大辞典』には「①東南アジア原産の鮫の皮。あらい地粒の中に花形の大粒が混じっている。刀剣の鞘（さや）や柄（つか）を巻いたり装飾に用いた。さめかわ。②①で飾った太刀」とある。『太平記』にも「鰄の太刀」という言葉が出てくるから、刀の鞘や柄にはこの鮫皮がひろく用いられ、そのころは決して珍らしいものではなかったのであろう。いなむしろ鮫皮の工藝品はひろく海外にも紹介されて外国人の眼をそばだたしめ、その結果が鎖国時代のケンペルをして「日本人は鮫皮より美術的の製作をなす」といわせる根源を作ったのであろう。なお『邦訳日葡辞書』にも Cairagui（カイラギ）とあって「鮫に似た魚の一種であって、その皮は刀（Catana）の柄（つか）を巻き包み、飾るために使われる」とし、さらに Cairaguizzuca（カイラギヅカ）は「この魚の皮できちっと合わせて巻きかぶせた刀の柄」としている。長崎版の『日葡辞書』ができたのは一六〇三年（慶長八）であるから、そのころカイラギはすでにヨーロッパ人の認識するところとなっていたことを知りうる。

獰猛な鮫を日本人は古来カイラギとよび、獰猛な倭寇を中国人は鮫とよび、しかもそれにカイラギの訓をあて、「海乱鬼」の文字をあてたというのはいかにも気のきいた話である。「南海の鮫」などというと、いささか映画の題名じみてくるけれども、実際に倭寇は鮫とよばれ、しかも憎しみをこめた海乱鬼の字で書かれていたのである。

これから先はまったく想像であるが、倭寇の連中はおそらく鯨柄の一刀を腰にたばさんでいたか、または鯨柄の刀剣を貿易品として持参して交易する場合が多かったのではなかろうか。かくて鯨は中国・南海の貿易商人達のもっとも好むところとなり、日本人と鮫の皮とは切っても切れない関係のものとして認識されていったに相異ない。『唐通事会所日録』元禄八年（一六九五）の条に柬埔寨船が日本刀をのせているのを長崎官憲に発見された記事が見えるが、これもその間の事情を語るものといえよう。されば倭寇を海乱鬼と称したことはかえって親愛の情をこめた表現であったのかもしれない。逆説的な言い方であるが、倭寇は大いに日本の鮫皮工藝を世界に宣伝するのに役立ち、その証拠がさきにあげたケンペルの文章だといえるのではなかろうか。

話のついでに、もう一つ海賊の史料を紹介しておこう。これは朝鮮の『中宗大王実録』に見えるもので、一五一〇年（永正七）三浦の乱のあとで平時羅（恐らく平次郎であろう）という日本人が朝鮮側に対馬の様子を密告した中に出てくる文章である。それは海賊を「加延助機」と記し、「倭の別種であり、博多等の島にちらばっており、いつも妻子を船中に乗せ、賊をなすのを事としており、顔は黒く、髪は黄色で、言葉や服装も一般の日本人とは異り、射ることと剣を用いることが上手で、水底にもぐって船に穴をあけるのがもっとも得意であり、対馬島主は加延助機に三浦の乱の復讐をさせようとしている」としている。

この記事はいろいろなことを考えさせる。第一に海賊衆といわれるものは地方豪族を中心とした水上兵力の集団であるのに、ここに示される加延助機はむしろそれとは別の海上生活者群とでも名付くべきもので、一定の根拠地をもたず、水上を流浪し、ときには地方豪族に雇われてその爪牙となったものであることを示している点である。第二は海賊の称呼がすでに語音のまま朝鮮に伝えられるほどポピュラーになってしまっていること、第三に加延助機は朝鮮にとってはもとより倭人である平時羅にとっても唾棄すべき憎むべき存在として眼に映じていること、等である。

このような海上生活者の集団の存在を明瞭に認識することは当代の海外交通、国内交通、経済活動、外国人の日本観、日本人の海外にあたえた影響等を知る上にきわめて大切なことであろうと思われる。

「海乱鬼」も「加延助機」もともに倭寇に対してあたえられた名称であるが、こうした言葉を理解することにより倭寇が国際的にいかなる印象をまきちらしつつあったかということがわかるのであって、一文字の解剖もけっして暇つぶしに行なった作業ではないことをお断りしておく。

〔**後記**〕　本稿は昭和三十一年（一九五六）『日本史の研究』第一四輯に「鮫と海賊」の題で掲載したものを改題し補正したものである。『日本国語大辞典』と『邦訳日葡辞書』についての記述は今回新たに加筆した。なお昭和五十六年（一九八一）秋東京国立博物館の正倉院宝物展に出陳された金銀鈿荘唐大刀は聖武天皇佩用の大刀といわれているが、把は鮫皮纒きである。作者や生産地など詳しく知りたいものである。

パイロット

船をあやつるには特殊な技術がいる。ましで航海術の幼稚だった時代に、操船技術者が重要視されたことはいうまでもない。按針手とか「ひろうと」とか称ばれたものが、水先案内すなわち今日のパイロットである。これと類するもので、これよりも古い時代に「指路船主」とよばれた日本人のあつたことが、朝鮮の記録にのこっている。船主とか船頭とかいうのは、中世の日本や朝鮮では一般に船長と航海長を兼ねた者をいい、ときには船の持主がそうよばれていたこともあるが、こうした文字の使用例から考えても、指路船主がパイロットであることは容易に想像できる。しかも、この記録では、都船主・指路船主と並べて書いてあるから、この時期にはすでに船長と航海長の職分上の分化の行なわれていたことがわかる。この記事が記されたのは、一五一四年であるから、戦国時代ヨーロッパ船の来航以前に、日本ではすでに水先案内を専門の業とするものが存在していたことになる。もっとも、室町時代の初期に瀬戸内海航行の船が海賊を一人やとったという話があり、これも一種の水先案内と考えられるから、実際上の分化はもっとはやかったのかもしれない。

〔後記〕　本稿は昭和二十八年（一九五三）『日本歴史』第五六号に掲載した。

しらなみ

「白浪五人男」といえば、弁天小僧菊之助や日本駄右衛門のでてくる芝居であることは誰でも知っているし、白浪が盗賊の別称であることもよく知られている。けれども「しらなみ」はもとを洗えば中国から伝えられた言葉である。『後漢書』霊帝紀に、中平元年（八四四）張角なるものが叛乱を起こし、その余賊が西河白波谷によって盗賊をはたらいたので時人は白波賊と俗称したと記しているが、これが白波↓白浪となって今日ふつうに用いられるようになったものらしい。『太平記』には高麗人来朝の条に「海上には海賊多くして舟人白波の難を去り兼ねたり」と記しているから、ここでは海賊のことをさしているが、『運歩色葉集』には「山賊之異名」として「白波《ナミ》」をあげている。けれども山賊を緑林とし、海賊を白波とするのが一般の用例であったらしい。

明人鄭舜功の『日本一鑑』には海寇を名づけて「破帆」といい、又「白波」といい、かれらはこれをふかく恥じている、と記している。中国人がわざわざ珍しがってこの事を記しているのだから、中国ではすでに白波を盗賊の別称として用いることは稀になり、いわば言葉の逆輸入が行なわれたのではないだろうか。

こんなことから思いついたのだが、中国語と日本語で同じ文字でも内容の異なる言葉をたくさんにさがして、両国の使用例の差異を子細にしらべていったら、日本史や、中国史を理解する上に随分重要なことがわかってきそうな気がしてならない。日本文化の性格をさぐる鍵も案外こんなところにあるかもしれない。

〔後記〕　本稿は昭和二十七年（一九五二）『日本歴史』第五四号に掲載した。

足利学校の中門の扁額

十六世紀の倭寇活動の時期に、中国でいくつかの日本研究の書物ができたが、その頂点に立つものの一つに、鄭若曾の『籌海図編』がある。この書物は、『魏志』の倭人伝以来ほとんど変わらなかった中国人の日本観を一変させたといえるもので、詳細な日本に関する知識がおりこまれており、後世におよぼした影響も大きかった。日本に関する情報を著者に提供した人物を蔣洲という。

倭寇の構成員は、日本人はせいぜい一割から三割くらいまでで、主体は中国人の密貿易者集団であった。倭寇の首領の一人として有名な王直は、日本の平戸や五島を根拠地とし、大船団をひきいて、中国沿岸をはじめタイ・南洋方面まで広い範囲を行動した。

蔣洲は、倭寇を禁止するには武力で制圧するよりも、首領の王直や日本の要路を説得するのが必要だという意見の持ち主で、これを建言して容れられ、その使命をおびて天文二十二年（一五五三）に来日した。

かれは、五島・平戸・博多・豊後等をめぐり、対馬の宗氏と接触し、さらに山口から京都にのぼって足利将軍と会う計画をもっていたが、それを果たさずに二年後に帰国した。しかし王直の誘引には成功した。その活動は「縦横之士」とか「弁士」とかよばれるのにふさわしい多彩なものであった。

ところで、この蔣洲の書いた「学校」の文字が、現在足利市にある足利学校遺蹟の中門の扉額にのこされているのである。額は、寛文八年（一六六八）に領主の土井利房が学校に寄付したものであるが、所伝では、蔣龍渓すなわち蔣洲が書いたものとなっている。

足利学校は、周知のように、中世における関東唯一の学校施設で、サビエルはじめ多くのキリシタン宣教師に注目され、「坂東の学院」として遠くヨーロッパにまで紹介された。蔣洲に先だって豊後に来た明人鄭舜功も、この学校のことをその著書の『日本一鑑』のなかに書いている。

蔣洲がどこで「学校」の文字を書いたのか、どのような経緯でこれが足利学校に掛けられるようになったのか等は知りたい問題であるが、いまは明らかにすることができない。それにしても倭寇の時代に大きな役割を果たした冒険家的人物の筆跡が、意外なところにのこされていたものである。日中文化交流のあとを四百年後に見て、ふかい興趣にさそいこまれずにはおられない。なおこの扁額については水戸藩の歴史家小宮山昌秀も注目し、その撰するところの『投化記』の中に記している。

〔**後記**〕　本稿は昭和五十二年（一九七七）『朝日新聞』十一月十八日付夕刊に掲載した。

倭寇と技術者

肥前有田や薩摩苗代川の陶業は、文禄慶長の役のとき捕虜として日本に連れられてきた朝鮮人技術者によって伝えられたものとして有名であるが、日本人の技術者が朝鮮に渡って、その技術をかの地に伝えた事例も少なくはない。その一例を紹介しよう。

戦国時代も終わりに近い永禄二年（一五五九）に、いわゆる倭寇が朝鮮半島の南岸各地を襲撃した。この年六月、朝鮮沿海の防衛を担当していた備辺司からソウルの中央政府につぎのような報告が送られた。

各道で生けどりにした倭人は、その犯行から考えれば、みな殺しにするのが適当です。しかし、なかには日本の国情にくわしいもの、銅精錬のできるもの、瀝青（松脂に油を加えて練った漏洩防止剤または防腐剤）のつくり方を知っているもの、石硫黄の採掘の法にくわしいもの、鉄匠（鉄工）、船匠（舟大工）がいます。これらの人は国家備辺（朝鮮防衛）の策に利益となるものです。さらに監司で究問したうえで処置したらどうでしょうか。（『李朝明宗実録』原漢文）

これをうけた中央政府は、報告の通りに処置したという。朝鮮ではこのような技術者が切実に要求されていたのである。

日本の鉱山技術は、十六世紀以後飛躍的な発展をとげ、銀は朝鮮にも多量に輸出されている。多くのすぐれた採鉱や製錬の技術者が日本人のなかにいたのは事実であるが、船の運航とは直接関係のないこのような技術者群が倭寇船団に乗りこんでいたのは、一体いかなる理由によるのであろうか。この問題には容易に解答がでそうもないが、産業技術というせまい視野でなく、時代の大きな流れと国際関係の動きを十分に考えて検討しなくてはなるまい。

この時代の倭寇の主要な構成員は日本人ではなく中国人であったことは、すでに明らかにされているが、それには武装商人や無頼の暴漢だけでなく、高度の知識や科学技術を身につけていたものも多くふくまれていたのである。東アジア海域における倭寇の活動には、海賊活動や商業活動のほかに、国際技術交流というこれまであまり注意されることもなかった一つの側面があったことを指摘することができよう。

〔**後記**〕　本稿は昭和五十三年（一九七八）『朝日新聞』八月十一日付夕刊に掲載した。

「前期倭寇」「後期倭寇」というよび方について

「倭寇」とのつきあいをはじめてから三〇年以上になる。つきあいがふかまるにつれて、わからないことが多くなってくるからこまる。原因は、史料にでてくる「倭寇」という文字であらわされているものの内容が、時代や地域のちがいによっていろいろ変っていて、一定していないところにあるようだ。

「倭寇」の文字を史料から拾ってゆくと、古くは高句麗広開土王碑の文章にまでさかのぼることができるし、くだっては最近の日中戦争も「倭寇」である。地域も、朝鮮半島・中国大陸の沿岸の北から南まで、さらには台湾・フィリピンや南洋方面にまでひろがっている。人の面から見ると、文字通り日本人の海賊である場合をはじめとし、朝鮮の賤民、中国の商人や海盗、ポルトガルの貿易商人がふくまれる。行動では陸戦・海戦・放火・殺戮・掠奪などのほか密貿易や海上の商行為までもが「倭寇」の語で総括されていることが少なくない。

しかし、たいていの人は、「倭寇」という文字から右に述べたような多様複雑な内容は考えない。ふつうに「倭寇」とよばれているのは、十四～五世紀に朝鮮半島から中国大陸にかけて行動した倭寇と、十六世紀に中国大陸の南岸から南洋方面で活動した倭寇とである。この二つの時期の倭寇は、有史以来倭寇とよばれている活動の中で、もっとも重要な意義をもつものであるが、内容や性格には大きな相違があり、共通点といえば朝鮮や中国の人から「倭寇」の名でよばれたという事実くらいである。

わりあいに近い二つの時期に起こった「倭寇」を区別するために、いつのころからか「前期倭寇」「後期倭寇」というよび方が用いられはじめた。私の知るかぎりでは、昭和八年（一九三三）に『岩波講座日本歴史』の一冊に収められた秋山謙蔵氏の「日明関係」などが古い方の例である。しかし、秋山氏はその後に発表した『日支交渉史話』（一九三五年）、『日支交渉史研究』（一九三九年）、『東亜交渉史論』（一九四四年）では「前期倭寇」「後期倭寇」のよび方を用いていない。理由の説明がされていないから、どうしてこのよび方をやめたのかはわからない。

倭寇研究の先覚の一人に市村瓚次郎氏がある。氏は、秋山氏よりはるかに以前から倭寇に関心をいだき、諸論を発表してきたが、その集大成というべき『東洋史統　巻三』（一九四三年）では、明代の倭寇を「初期」と「後期」とにわけて、つぎのように記している（四〇五—四〇六頁）。市村氏の方が秋山氏よりもはやくから倭寇を前期と後期とにわける考えをもっていたのかもしれない。

倭寇とは日本人が高麗から元・明の沿岸を侵したのを、彼の国人から称した名称に過ぎない。若し広汎の意味よりすれば、或は豊臣秀吉の朝鮮経略も同じく倭寇と視るかも知れぬ。けれどもこれは国家としての行動であるから倭寇とはいはれない。その国家の行動でなくして、国民の或る部分或る団体が、恣に攻掠をしたのを倭寇と称したのである。倭寇の事実は日本の歴史には殆見えて居らぬが、高麗や元・明の史上には頗重大事件として記載されて居る。特に明に於ては南倭北虜といふ熟語があつて、倭寇と蒙古民族の侵寇とを並び称した。倭寇の出没した土地は朝鮮の沿岸は勿論、支那は渤海から黄海沿岸の各地に及び、福建・広東の地方にまで及んで居る。その間盛衰があつて時には中絶したこともあるが、前後を通じて殆二百余年に亘つた。これを初期の時代と後期の時代とに分ち、茲には先づ初期の時代の事実を述べることにしよう。

この文章をみると、市村氏は倭寇の内容を「国民の或る部分或る団体が、恣に攻掠をした」ものと狭義に規定したうえで、「中絶したこともあるが、前後を通じて殆二百余年に亘つた」存在と理解し、中絶の時期を分岐点として

「初期」と「後期」とを設定していることがわかるのである。

「倭寇」の内容をせまく規定し、活動の時期を明代に限って考えるならば、市村氏の「初期」「後期」のわけ方は成りたつようにも思われるのであるが、実はこのような分類に関してはつぎのような疑問を消し去ることができない。

疑問の第一は、倭寇の内容を市村氏のいうようにせまく規定することが可能かどうかということである。すなわち、倭寇を国民のある部分やある団体の私的な攻掠と局限し、秀吉の朝鮮出兵や日中戦争の日本軍などを、倭寇の枠の外におくことが妥当であろうかということである。秀吉の行動が「万暦倭寇」であり、日中戦争の日本軍が「二十世紀的倭寇」だったことは、石原道博氏が『倭寇』(一九六四年)で指摘していることであり、これらを除外して倭寇を明代の一時期だけのものとして論ずるのは、むしろ不自然というべきではなかろうか。

疑問の第二は、十四〜五世紀の倭寇と十六世紀の倭寇とを二百余年にわたった一連の明代の倭寇として把握していることとである。「後期」の倭寇については、秋山氏が「支那人の倭寇」という表現を用いて構成員の大部分が中国人であったことを論じているし、石原氏も倭寇の本質を述べるにあたって中国人に主体性があったことを強調し、倭寇の実体は「従倭」ではなくて「勾倭」であったことを明らかにしている。この点については、私も異論をさしはさむ余地はない。「前(初)期」の倭寇が日本人と朝鮮人とからなる海寇集団であったのとは大きなちがいである。前(初)期倭寇と後期倭寇とは、まったく本質を異にするものであって、連続性のあるものと考えることには無理があり、それを前後にわけることは歴史的にみても適切なわけ方とはいえないのではなかろうか。それに、「前(初)期」「後期」の表現は、それ以外の時期には倭寇がまったく存在しなかったかのような印象をあたえる危険性もある。

つぎに、私自身の自己批判を書かねばならない。これまで私は何度か倭寇について執筆する機会があったが、「前期倭寇」「後期倭寇」というよび方をむしろ積極的に用いてきた。近接する二つの時期の倭寇を区別して記述する必要があり、「前期」「後期」の表現がそのことを理解してもらうのに便利であると考えたからにほかならない。しかし、この用語の使用はあまりにも安易であり、不適当であった。「封建社会」「院政」「室町幕府」等の歴史的概念については、その時間的な推移や相異をあらわすのに「前期」「中期」「後期」等の表現が許されるであろうが、「倭寇」の場合はこれにはあてはまらない。「倭寇」はむしろ「海賊」「一揆」とか「密貿易」「農民運動」とかいうような概念と同類のものと考えるべきであろう。「前期海賊」とか「後期密貿易」といっても、内容を明確にいいあらわしたことにはならないのと同様に、倭寇を前期と後期とにわけることも不適当だったのである。市村氏のように倭寇活動の内容をせまく考え、時期を明代とかぎった場合には「初期」「後期」の表現が可能かもしれないが、市村氏の場合でも正しくは「明代初期倭寇」「明代後期倭寇」と書くべきだったのだと思う。

それでは、これまで「前期倭寇」「後期倭寇」とよんできたものを、今後はどのようによんだらよいのであろうか。当然のことだが時期・地域・構成員等がよび方の規準として考えられる。「高麗時代の倭寇」「朝鮮初期の倭寇」「麗末鮮初の倭寇」「元代の倭寇」「明代の倭寇」「嘉靖の大倭寇」「万暦倭寇」「二十世紀的倭寇」等が時期を中心としたよび方、「朝鮮半島の倭寇」「山東の倭寇」「中国大陸沿岸の倭寇」「浙江の倭寇」「杭州湾の倭寇」「雙嶼の倭寇」「台湾の倭寇」「ルソン島の倭寇」「南洋の倭寇」等が地域中心のよび方、「シナ人の倭寇」「朝鮮人の倭寇」「ポルトガル人の倭寇」「王直一党の倭寇」「徐海一党の倭寇」「林鳳一味の倭寇」等が構成人物を中心としたよび方である。

個々の倭寇活動については以上のようにそれぞれの場合に適したよび方をすることができるのであるが、やはり同時期の倭寇を一括できるよび方が欲しい。「前期倭寇」のよび方では、一応高麗末から朝鮮初期の倭寇や元代・明代初期の倭寇をそのなかにふくめることができたし、「後期倭寇」では、中国大陸の倭寇、ルソン島の倭寇、王直・徐海等の倭寇をふくめることができて都合がよかった。

私が提案したいと思っているのは、「前期倭寇」の用語を「十四〜五世紀の倭寇」に改め、「後期倭寇」の用語を「十六世紀の倭寇」に改めることである。単なる文字の入れ替えにすぎないではないか、といわれそうであるが、この二つの時期以外にも倭寇が存在したことを示すことができるし、また二つの時期の倭寇が同質で連続性のあるものではないことも一応あらわすことができるのではないだろうか。私はこのよび方を用いることの方が倭寇の実体をより正確にとらえるための一歩前進だと思う。御批判をおねがいしたい。

〔後記〕　本稿は昭和五十七年（一九八二）『日本歴史』第四〇四号に掲載した。拙著『倭寇——海の歴史』（教育社歴史新書）の補論のつもりで書いたものである。

博多商人の系譜

福岡県の県庁所在地で日本でも有数の大都市である福岡市の表玄関は、国鉄博多駅であって、福岡駅ではない。都市の名称と鉄道の駅名とが相違している例は少なくないが、近年はそれが一つに統一される傾向がめだっている。しかし「博多」駅は最近駅舎が移転新築されたのにもかかわらず、かたくなに古い「はかた」の名前を守っている。

「はかた」の名称には、ながい伝統をもつ博多商人のおもいがこめられており、またそれを継承しようとする人びとの心意気がおりこまれているのである。黒田藩の居城として福岡がめざましい発展をとげた江戸時代を通じて、博多はあたかもこれに屈服したような姿勢を見せながらも、その魂までもささげることはなかったのであろう。現在でも、土地の人びとは「はかた」の呼び名をこよなく愛する。そして、この心情がつづくかぎり、博多駅が福岡駅と書き改められる日は永遠におとずれることはないのである。

博多は、日本と大陸とをつなぐ門戸にあたり、ある意味では日本文化発祥の地ということができる。いわゆる『魏志倭人伝』の奴国《なのくに》、『日本書紀』の儺県《なのあがた》は、いずれも博多地方のことといわれる。大和政権の発展にともなって、この地方の重要性は増し、九州地方の統治と朝鮮半島に進出する拠点として脚光を浴びることになった。

天智天皇二年（六六三）朝鮮の白村江《はくすきのえ》の戦で日本軍が敗れ、大和政権が国内の統治に専念するようになり、大宰府を現在の都府楼址に移し、翌年水城《みずき》を、さらにその翌年大野城を築くころになると、ここはその都城の外港となり、鴻臚館が設けられ、外客の接待や貿易の中心になった。

遣隋使・遣唐使はすべてこの地を通過し、大陸の最新の文明、珍奇な貨物はまずこの地に上陸したのである。鴻臚館は西部の福岡の部分に設置されていたらしいが、遣唐使廃止後は官設の貿易機関は衰微し、大宰府の管理もおよばなくなり、荘園地帯であった博多の方面に外国船が多く入港するようになった。宋人などで博多に居住するものも多く、仁平元年（一一五一）に大宰府の目代宗頼らが五百余騎で筥崎・博多を掠奪したときには、宋人王昇の後家以下千六百余家の資財を運び去ったという。

鎌倉時代に入っても、この地が政治・経済・外交・軍事の西国における中心であることには変わりがなかった。幕府は鎮西奉行をおき鎮西探題を設置した。

文永・弘安の役には博多は戦場になった。海に面する地域には石塁が築かれ、警固の武士は日夜外敵の襲来にそなえた。室町時代になり、幕府は今川了俊を九州探題に任命し、ついで渋川氏がその任務を継承したが、博多は守護大名の少弐氏・大友氏などにとっても争奪の地点となった。

足利義満が、明《みん》との間に正式の通交関係を開いたのは、応永八年（一四〇一）であるが、応永の初年筑紫の商客肥富《こいつみ》が明から帰って両国交通の利益を義満に説いたのがその動機だという。筑紫の商客とは博多商人のことである。応永八年五月、義満は祖阿を正使とし、肥富を副使として船を明に送った。のちの遣明船の正使・副使はすべて京都五山の僧侶によって占められるのであるが、最初の遣明船には博多商人が副使に選ばれたのである。

十五世紀の前半、多彩な活動をした人物に宗金がいる。朝鮮側の記録はかれのことを「日本筑州石城管事宗金」「石城小吏宗金」「石城府代官宗金」などと記している。石城は博多の別名であるが、管事とか小吏・代官などという呼び名は、かれが守護大名のもとで博多の都市行政を管理していたことを示している。かれは大友氏の代官をつとめていたと思われるが、商人が都市行政に参加していたことを物語る早期のめずらしい例ということができる。

宗金は、九州探題や少貳氏・大友氏の使者として朝鮮との貿易にしたがったばかりでなく、室町幕府ならびに管領斯波氏の朝鮮貿易を代行し、朝鮮の使者が渡来したおりには、その接待や先導の役をつとめている。さらにみずからも、朝鮮国王から貿易を許可する銅印をあたえられており、かれの子弟や使人にも貿易をさせている。宗金が朝鮮と貿易した総額は九州探題の貿易額などよりは、はるかに多かった。

宗金の子の宗性春は、応仁二年（一四六八）の遣明一号船の土官《とかん》に選ばれた。土官は遣明船経営者の代理として乗船するもので、裕福な商人がなるのが常であった。性春は、文明七年（一四七五）には幕府の命によって朝鮮に渡り、「明から送られてきた新しい勘合が賊に奪われたので、今度遣明船を出す場合は古い勘合を使用するが、明国で疑問に思わないよう、あらかじめ朝鮮から明に伝えてほしい」ということを依頼した。この要求は朝鮮からは拒絶されたが、性春が幕府からも朝鮮からも大きな信頼を得ていた事情を推察することができる。

宗金と同じころ活動した博多商人には、藤安吉や田原の藤原貞成、藤原信重、僧の道安などがあり、朝鮮貿易や中国貿易ばかりでなく、琉球との貿易などに広範な活躍をしていた。

文明三年（一四七一）に、朝鮮の申叔舟が著わした『海東諸国紀』は博多のことを、「住居は一万戸以上あり、少貳氏と大友氏とが分治している。小貳氏は西南の四千戸余り、大友氏は東北の六千戸余りで、藤原貞成を代官として統治させている。住民は商業に従い、琉球・南蛮の船が集るところである。朝鮮にくるものの中では博多の人が九州のなかではもっとも多い」と記している。

文明十二年（一四八〇）に博多を訪れた連歌師の宗祇も、博多の殷盛を「沖には大船が多くかかり、唐土の人も乗っているようである。仏閣・僧坊も数えられぬほど多く、人民の上下門をならべ、軒を争い、其境は四方にひろい」と賛嘆している。

文明十年、少貳氏の勢力を博多から駆逐した大内政弘が、幕府礼物等の費用として、筥崎地下人に千貫文、博多に千貫文の進納を命じたのは、博多商人の富裕を守護大名が抜け目なく利用した好例とすることができよう。

文明十一年、貿易のため琉球に渡った博多商人の新四郎は、琉球国王から漂流朝鮮人を本国に送還するように命ぜられた。新四郎は漂流民を送還する途中博多に立寄ったが、そのときの印象を漂流民は、「人家稠密我が国都のごとし、城中市あり、また我が国のごとし」とし、大内氏の家臣の屋敷に招かれて「居所瓦屋甚だ壮麗」といっている。

大内氏が博多を支配下におき、明との貿易を細川氏と争って勘合を手中にしていた時代は博多の黄金時代であった。遣明船はすべてこの地で艤装し、積荷を調達し、博多商人を乗りこませ、貿易風を待ってこの地に碇泊するのが常であった。

神屋主計は遣明船の船頭として天文八年(一五三九)に入明した。この船は大内氏の経営による船で、正使には博多新篁院の湖心碩鼎が、副使には京都天龍寺妙智院の策彦周良が選ばれた。主計は永富の子で、養子の太郎衛門をともなって入明した。主計の船頭としての活躍ぶりは、策彦が『初渡集』に詳しく書きとめている。

この一行が帰朝したのは、天文十年であるが、主計の子の寿貞は五島まで船に乗って出迎えにいった。寿貞は大森銀山の開発者として名高い。所伝によると、寿貞は毎年雲州銅を買うために石見におもむいていたが、石見の海岸を通過したとき、偶然廃鉱となっていた大森山から赫然たる金色の光気ののぼるのを見て、ゆたかな銀鉱脈であることを発見したという。そこで出雲の銅山師三島清右衛門とはかり、大工や掘子をつれて銀山にゆき、山腹をうがって坑道をつくった。坑道すなわち間歩《まぶ》による掘鑿法が採用されたのはこれがはじめてであり、大永六年(一五二六)のことであったという。さらに天文二年(一五三三)に、寿貞は博多の宗丹・桂寿の二名の吹工によって銀の製錬に成功し、現地で多量の銀がとれるようになった。この製錬法は、銀鉱石に鉛を加えて熔焼して貴鉛をつくり、灰吹法で鉛を灰に吸収させて白銀を残す方法で、中国や朝鮮で行なわれていたものである。この製錬法の採用によって銀産が飛躍的に増大し、つづいて日本の各地で銀山が続々と開発されるようになった。そして、これらの銀は、海外では東アジアの国際市場を征覇し、国内では戦国大名の重要な財源となっていった。

博多を手中にして強勢と富裕を誇った大内氏は天文二十年（一五五一）家臣陶氏の謀反によって滅亡した。大内氏にかわって博多を手に入れたのは豊後の大友氏である。このころ日本にきていた宣教師のガスパル＝ヴィレラは博多についてつぎのように書いている。

同地は大きな市で、他の地方に戦争があっても、やゝ平静なので、遠からず多くの（布教の）収穫を期待することができそうだ。同市の富裕な商人等は戦争が起こりそうになると進物を贈って交渉し、これまで破壊されたことがない。

博多は当時、商人の代表によって町政が運営されていたようで、堺とともに自治都市として珍しい存在であった。ルイス＝フロイスは博多のことを「まったく商人を基礎として作られた国家組織」であると評している。そのころの博多が防衛のために門と柵によってかこまれていた様子は、ジョアン＝フェルナンデスによって報告されている。

しかし、博多は市民の手によって完全に防衛されたわけではない。天文元年、同二年、永禄六年（一五六三）、同十二年、天正二年（一五七四）、同十一年それぞれ合戦によって戦災をうけた。とくに大内氏のあとをうけた毛利氏と大友氏とが激突した永禄十二年（一五六九）の災害はひどかった。しかし、博多の商人等は決してひるまなかった。元亀元年（一五七〇）のダルメイダの報告によると、博多の市の跡は戦争のために森林となり、約二〇軒の家があったにすぎなかったが、二か月後にここを通過したら三五〇〇戸になっていた、さらに四か月以内には人口一万になるだろう、と驚嘆している。

不幸なことに、博多はこの後さらに、大友氏・龍造寺氏・島津氏ら九州諸大名の合戦の余波をうけなければならなかった。大内氏の隆盛時代に栄えた遣明船貿易が途絶してからは、外国船は直接諸大名の所領に寄港するようになり、博多は日本の表玄関としての地位を失った。そして袖湊といわれた博多港は埋もれて良港ではなくなっていた。

このような博多の苦難の時代ともいうべき時期に出現し、荒廃の博多を復興し、博多商人の力量を存分に発揮したのが島井宗室である。

〔後記〕　本稿は本書に収録するために旧稿を整理していたら見つかったもので、昭和三十七年（一九六二）ころに執筆していたものではないかと思う。博多の古代・中世の概観は、すでに川添昭二氏の『中世九州の政治と文化』（文献出版、一九八一年）に発表されているが、本稿は島井宗室等があらわれる十六世紀以前の博多商人の歴史を概観したものとして多少は異なる視点からの記述もあり、捨ててしまうのも惜しく、拙著『島井宗室』（人物叢書）の序章ともなるものであり、あえて収録することにした。

島井宗室と景轍玄蘇

樹樹庭桜手自栽、
簷前朝暮為誰開、
千般堪恨坐花客、
未問主人安在哉、

これは、景轍玄蘇の詩文集『仙巣稿』に載っているもので、天正七年（一五七九）の春、玄蘇が博多で宗虚・宗叱・梅岩・宗慶・宗伝らの人びとと観桜の宴を催したときの詩である。「答宗叱翁」と記されていて島井宗室（宗叱）の詩に答えたものである。

玄蘇は天正五年以来博多聖福寺の住持であった。観桜の宴が行なわれたのは聖福寺の境内であろうか。

宗叱はいうまでもなく博多の巨商島井宗室である。宗室はこのころすでに、博多を中軸として対馬をはじめ豊後の大友氏、堺の天王寺屋などの商人と連絡をとりながら広範な商業活動を行なっていた。

梅岩は対馬の人で、元亀・天正年間には、ほとんど毎年船を朝鮮に送って貿易していた。宗室とも親交があり、梅岩が調達した品物は宗室の手を経て、ひろく日本国内の諸大名などに売りさばかれていたらしい。

宗伝も博多の商人で、堺の天王寺屋の津田宗及の茶会日記によると、天正八年五月十六日・九年十一月四日・十年十二月十七日・十一年閏正月十六日・十二年九月二十三日・十三年六月二十一日・十四年正月二十四日・十五年十二月十九日の各条に名前が見えている。あるときは宗室と同席し、あるときは神屋宗湛と同席している。また九州下向のはなむけの茶会の記事などもある。商人としても、茶人としても有数の人物であったらしい。

『仙巣稿』には、右の詩につづいてつぎのように書いてある。「去年の春、宗室が諸友とともにわたくしの旧院をたずねて、庭の桜をみて歌を詠じた。今年（天正八年）の春、私が旧院に至ると、翁（宗室）はすでに平陽（平戸をすか）に在って、ともに花をみることができない、ああ、唐人のいわゆる〝明年各自東西去、此地看花是別人〟という言葉はまことに味わうべきものだ、ここに感懐を賦して翁の旅宿に呈す」として、しきりに宗室のことをなつかしんでいる。

このようなことから、宗室と玄蘇との親交の程度が推察され、また博多商人グループの中の一人として、あるいはその交遊の潤滑油的存在としての玄蘇の立場をも知ることができるのである。

天正八年といえば、天王寺屋の茶会記の八月二十五日の条に宗室の名前が見える。かつて私は、この茶会記の記事をもって宗室が京畿方面に現われたことを示す最初の確実な史料としたが（拙著『島井宗室』）、『仙巣稿』によれば、この年の春、上京の前に宗室は博多を去って平戸方面で行動していたことを知りうるのである。

一方、玄蘇もこの年対馬の宗義調《よししげ》の招きをうけて、閏三月十二日に博多をたって対馬にむかい、同年日本国使として朝鮮に渡った。玄蘇の外交僧としての活動はこの年からはじまったのである。『朝鮮送使国次之書契覚』の同年八月二十一日条には「国王殿之御印推申候、上官宗像蘇西堂、船頭柳川権介方」という記事がある。この船は、日本側からは御所丸とよばれ、朝鮮側からは日本国王使船とよばれたものだが、その実際の経営者は宗氏であり、宗像蘇西堂すなわち玄蘇が上官人に選ばれたのである。上官は正使の役にあたる。朝鮮の『宣祖実録』には、この年十二月日本国使玄蘇と平（柳川）調信とがきて朝鮮を仲介にして明に通貢したいと希望したが、断わったと書いてある。

玄蘇はこののちひきつづいて対馬に滞在して朝鮮との外交交渉に活躍している。天正十五年の島津征伐ののち豊臣秀吉の大陸出兵計画はいよいよ具体化してきたが、その先鋒を命ぜられたのは対馬の宗氏である。しかし、秀吉の野望は朝鮮貿易を生命とたのむ宗氏にとってはきわめて迷惑なことであった。宗氏は小西行長などの援助をうけながら、戦争を不発に終らせるための努力をはじめた。天正十五年九月、まず家臣の柚谷《ゆたに》康広を朝鮮に送って通信使の派遣を要求させたが、康広は翌年三月空しく帰島した。さらに十七年六月には玄蘇を日本国使に仕立てた船が釜山におもむいた。宗義智が副使となり、柳川調信も同行した。八月二十八日、玄蘇・義智らは許されて朝鮮国王に接見し、孔雀・鳥銃・鞍・馬などを献上、強引で執拗な折衝のすえ、朝鮮側でも十一月には通信使を派遣することを決定した。

この交渉は、宗氏がその命運をかけたものであった。玄蘇は国王使として折衝の表面に立っていたが、宗室は裏面でこの折衝を支援した。『島井文書』によると、この折衝中の十月八日付で、義智は宗室に対して御所丸経営のことにつき依頼している。また交渉の妥結後、十一月八日付で小西行長が浅野長政にあてて九州の情勢を報じた書状には、つぎのように記している。これは『武家事紀』に収められている。この書状の内容は長政を通して秀吉に伝えられた。

従高麗対馬守飛脚ヲ差越申候、高麗へ出船仕儀、シカト御請申之由申越候、雖然、異国ニテ御座候故、年内彼国往来モ難成候間、正月中ニ召連可罷渡由申候テ、対馬守ハ高麗ニソレマテ逗留仕候、対馬守ニ相添高麗へ遣申候拙者使島井宗室、今明中ニテ罷帰候間、是又召連罷登、彼国之様体可申上候、兎角日本へ罷渡候由申旨、慥ニ申越候間、先御註進申上事、右之趣、宜御披露奉頼候、

これによると、宗室が行長の使者として玄蘇らの一行と朝鮮で行動をともにしていたことが明らかであるが、堺商人出身といわれる行長が、博多商人の宗室を信頼して、みずからの使者として交渉使節の一行につけたのであろう。

この間における宗室と玄蘇の関係は、現存史料では明らかではないが、おそらく緊密な連絡が保たれていたにちが

いない。しかもそれは、十年以前の観桜風雅の交わりではなく、開戦の前夜白刃下に狂瀾を既倒に廻らそうとする血盟の友の刎頸の交情であったに相違ない。

朝鮮との交渉の背後で宗室が果した役割については、すでに拙著『島井宗室』の中で縷述したからここでは繰り返さない。玄蘇もまた開戦後は小西行長・宗義智の軍にしたがって朝鮮に渡り、その意向を体して和平交渉のために粉骨した。文禄慶長の役における和平グループとしての小西・宗・島井、そして玄蘇らの緊密な動きには注目すべきものがあった。

戦後の和平回復交渉においても玄蘇の活動はめざましい。慶長九年（一六〇四）朝鮮から僧惟政と孫文彧が派遣されてきたとき、玄蘇は宗義智・柳川調信と同行して上京し、一行を徳川家康と秀忠とに会見させた。

また慶長十二年、呂祐吉・慶暹等四六〇名の朝鮮使節団来朝のときも、義智とともにこれを江戸までみちびいている。この間に玄蘇は「病中別虚白老友」という二首の詩を賦している。虚白老友とは宗室のことである。また呂祐吉等と帰途について、無事対馬まで帰ったときは、宗室から西帰を賀する詩を玄蘇に贈り、玄蘇また詩をもってこれに謝した。

最近、私は長正統氏の「景轍玄蘇について——一外交僧の出自と法系——」（『朝鮮学報』二九）という論考に刺戟され、『仙巣稿』を再検討してみて、玄蘇と宗室との交友がきわめて深刻重大であったことを再確認させられた。文禄慶長の役で、なぜ宗室があのような立場に立ち、あのような態度をとったかを解明する鍵の一つが両者の交友の中に見出されるように思われてならない。あるいはまた、和平交渉における玄蘇の行動を理解するための鍵も両者の交友の事実の中にかくされているかもしれない。宗室が陰で応援しながら玄蘇を表面におし出していったとする推理も、まったく不可能なわけではない。ともあれ、和平グループの一員としての玄蘇と宗室との関係は、さらに考えなおしてみる必要があろう。

最後に、玄蘇が博多の宗室から酒を贈られたときに賦した「謝冷泉虚白老人恵酒」の詩をあげて、この稿をむすびたい。冷泉は博多のことである。醸造家でもあった宗室が、特製の練貫酒を海路はるかに玄蘇に送った晩年の友情がよくあらわされている。

美酒遙来自冷泉、
夜斟月下昼花前、
今春甚矣吾衰也、
樽未眠時酔正眠、

米産の乏しい対馬では、現在でも清酒は島外に多く依存している。壱岐あたりから対馬を訪ねる人はしばしば一升壜を携えてゆく。朝鮮の焼酒などを普通の飲料にしていたらしい玄蘇にとって、博多の酒は心あたたまる贈物であったにちがいない。

〔**後記**〕　本稿は、昭和三十九年（一九六四）『日本歴史』第一九三号に掲載した。拙著『島井宗室』（人物叢書）刊行後三年目にその補論のつもりで書いた小品である。

対馬の「さうけ」

福岡市の島井家に伝蔵されている文書のなかに、十月晦日付で鎮信から宗叱にあてた書状がある。鎮信は大友宗麟の家臣吉弘宗佡、宗叱は博多の巨商島井宗室である。この書状は、宗佡と宗室の関係ばかりでなく、堺商人、博多商人、戦国大名大友宗麟の関係を明らかに示していて、きわめて興味深い文書なので、その一部を拙著『島井宗室』に紹介しておいた。

この文書には大友氏が、宗室に調達を依頼している種々の品物があげられている。紗綾《さや》・風炉・珍肴・紬・木綿（紬も木綿も袴の用だとしている）・照布《てるふ》（朝鮮から輸入していた上質の布）・船縄・天目茶碗・北絹《ほっけん》（黄繭からとつた黄糸で製する絹、明からの主要輸入品だった。宗佡は「ふるきこそ一入にて候由」と書いている）・灰ふるい・対馬さうけ、がそれである。

右の品は、朝鮮や明との交易によって得られるものが多く、広範な商業活動をしていた宗室の一面がよくあらわされている。また茶人としての宗室の一面も、これらの品目からうかがうことができよう。

さて、最後にある「対馬さうけ」は宗佡が宗室に二つ三つほしいと所望しているものであるが、当時の海外との貿易品や茶道具などを検討しても、これに該当するものを見出せなかったので、拙著では名前だけ挙げて意味がわからない旨を付記しておいた。ところが、はからずもこれが壱岐の歴史家山口麻太郎氏の眼にとまり、氏から懇切な御教示の手紙をうけとった。つぎにその一部を引用させていただく。

「さうけ」は壱岐・対馬あたりでは現在も籠のことをソウケと呼んでいますが、これではありますまいか。対馬産のソウケは著名なものだったらしく、明治頃まで壱岐にも商品としてまいりました。飯を入れる（夏期）蓋付のつる籠にもいったようです。丸形の上開の籠にもいいました。籠のことをソウケ・テボ・ゴの三通りに呼び分けています。メシゾウケ・サゲゾウケ・マルゾウケ・一斗ゾウケ・ミゾウケ等食物を入れるものばかりのようです。メゴ・サナゴ等は器物を入れるものでしょうか。イソテボ・ニネテボ・ゾウテボ・カゴテボ・コエテボ等は屋外の仕事に使うものに多いようですが。

対馬の籠類が貿易品であったことをはじめて知りまして驚いています。対馬にはどうも立派な籠類が多いようです。「対馬さうけ」の歴史が調べたくなります。

山口氏の御指摘によって、宗室に関係のある品物なら舶来品か茶道具だろうと単純に考えていた私の迂闊さを思い知らされた。

ちなみに江戸の越谷吾山が編輯した諸国の方言集『物類称呼』を調べてみたら、「器用」の「筲」の項につぎのように書いてある。

いかき○畿内及奥州にて。いかき　江戸にて。ざる　西国及出雲石見加賀越前越後にて。せうけと云　武州岩附辺にて。せうぎ　安藝にて。したみ　丹波丹後にて。いどこ　遠江にて。ゆかけ　越後信濃上野にて。ぼてといふ。

私の郷里群馬県では竹製の笊の一種を「しょうぎ」とよんでいたが、『物類称呼』の「せうぎ」がこれにあたるのであろうか。対馬の「さうけ」もこのような一連の称呼の系列に位置づけて考えてもよいのであろうか。

山口氏は、ソウケは大体食物を入れるもので、メゴは器物を入れるものらしい、としているが、それに関連して一言したい。島津氏の老臣上井覚兼の日記には、しばしば食籠という文字と食籠肴（目籠肴とも書く）というものが書かれている。天正三年（一五七五）四月二十三日の条には琉球の者が連珠の瓶二対とともに食籠二つを島津氏に進上している記事がある。メゴはこれにあたるのではなかろうか。

アルミニュームやプラスチックやボール紙などがなかった時代のことだから、容器としての籠の効用と普及度は、おそらく今日の想像を絶するものがあったにちがいない。

中国人が書いた『籌海図編』や『日本風土記』は、日本人の好むものとして「小食蘿」をあげている。その説明としては、竹を編んで造り、漆を塗ったもので、古いものを尊び、新造のものはたとえ精巧でも喜ばないと書いている。これによれば、当時の日本は中国からも食籠を輸入していたのである。

十六世紀における「対馬さうけ」は一体どのようなものであったか明確にできないが、おそらく山口氏が指摘された対馬の籠類の先祖と想像してよいであろう。そして、それは豊後辺でも珍重されていたように意外にひろい地域から多量の需要があったのではないだろうか。

農業生産物に乏しい対馬が、交易品のなかに自島で生産した竹の工藝品をもっていたということはなかなかに興味ふかいことといわねばならない。

今日では、その製品も、生産の状態も、流通の過程もあまり問題にされていない籠が、いまから四百年ほど以前には、国内で広範囲に活用され、遠く海外にまでもとめられたのである。

籠を中心にした東アジアの文化史でもまとめることができたら、これまで気付かれなかった歴史の一面に新しい光をあてることができるかもしれない。

〔後記〕　本稿は昭和三十九年（一九六四）『日本歴史』第一九六号に掲載した。前稿と同様に拙著『島井宗室』（人物叢書）の補注のつもりで書いたものである。この稿はたまたま著名な沖縄史の研究者仲原善忠氏の眼にとまり、氏は一面識もない私に関連事項について懇切な教示の手紙を寄せられた。当時私は『日本歴史』の編集委員をしていたので、仲原氏にそのことについての原稿の執筆を依頼した。同年の『日本歴史』第一九九号掲載の「連珠の瓶と食籠」がその依頼にこたえられた仲原氏の論考である。それは、

> 竹製品の名称が沖縄のそれと交錯している外、文中に引用された島津の老臣上井覚兼日記の「連珠の瓶二対、食籠二つ」というのも見逃しがたい問題である。

と書きはじめられ、「連珠の瓶は錫製の瓶で、南京玉を貫いた紐でぐるぐる巻いた玉貫（タマヌキ）、食籠は沖縄の籠飯（クハン）と呼ぶ器」であることを推定した興味ふかい小品であった。「玉貫」の中味は酒、「籠飯」の中には米（又は餅）が入っていて、相手に敬意を表わすときに進呈したものであるという。また沖縄には竹カゴに肴を入れる習俗があり、目籠肴（食籠肴）はそれをさしたものであろうとしている。

「籠を中心にした東アジアの文化史」などと大袈裟なことを書いたのが沖縄史の碩学によって裏づけられ、うれしかった。

宇治茶の普及

『日本歴史』第四〇号の歴史手帖欄に奥野高広氏が、「宇治茶」と題する一文を草している。それは狂言「鱸庖丁」や尊経閣文庫所蔵天文二十二年（一五五三）東福寺あての陶晴賢書状等によって、宇治茶の品質の等級に「極」とか「無上」とかよばれるものがあったこと、天文の末年には宇治茶が商品として発展をとげていたことなどを明らかにしたものであった。

茶産地としての宇治が文献にあらわれるのは南北朝時代の『異制庭訓往来』に記されたのなどがはやい方の例であるが、足利義満の時代に七種の茶園が経営され（『宇治旧記』）、足利義政の時代になると「本茶」の産地栂尾を凌駕する勢を示し、「宇治者当代近来之御賞翫、栂尾者此間雖衰微之体候、名下不虚之諺、不可被思食忘者乎」と一条兼良の『尺素往来』に記されるほどになった。

近世になると茶道の興隆とあいまって、宇治茶の普及範囲もますますひろがってゆく。ここでは天正年間における一～二の史料を紹介して、それを跡づけてみたいと思う。上井覚兼は島津義久の老臣で日向の要衝宮崎城の城主であったが、かれの日記『上井覚兼日記』によると、天正十一年（一五八三）六月二十五日の朝藤村勘丞なる者が宮崎城を訪問している。この藤村勘丞は宇治の人で鹿児島の島津義久に茶を進上するために下向したのであるが、路次宮崎に立寄り、とくに覚兼に「別儀」五袋を贈った。これを得た覚兼の喜びは大へんなものだったらしく、早速持参の茶をたてて茶会を催したほどである。翌二十六日勘丞はさらに「無上」二袋を覚兼に贈ったが、この日の日記には「終日茶湯ニ而雑談共申候、今夜拙宿へ堪《(勘)》丞留候而、又々茶湯なと也」と記されている。その翌二十七日もまた朝から勘丞を中心とした茶会で、この日覚兼は勘丞に鹿児島にむかう路次の引付をあたえている。やがて勘丞は鹿児島にむけ出発したものと思われる。七月五日、覚兼は鹿児島に人を送って伊地知重秀・税所篤和らの重臣連に土産の鮑を贈ったが、このついでに忘れることなく勘丞にも鮑を贈っている。宇治茶の入手が身に泌みてうれしかったのであろう。『上井覚兼日記』にはこの後七月の八日と十一日に宇治茶振舞のことが見えている。八月二十四日、覚兼は鹿児島に入ったが、翌日ここで山城醍醐寺の使僧から仏像・扇子等とともに「宇治無上」一〇袋を贈られている。また九月二十八日条にも宇治茶賞翫のことが見えるし、天正十三年二月二十日には老臣伊集院忠棟と宇治の「極無」を喫し、「両人感悦不少候」とその感懐をもらしている。なお宇治茶の名称については「極上」というのもあって、それは豊臣秀吉が宇治の茶頭取上林掃部にあてた書状によって知られる（『上林文書』）。

　こうして宇治茶は普及の範囲を薩摩の果てまでものばしていったわけであるが、さらに驚くべきことは、宇治の茶商人が遠く波濤をこえて琉球にまでおしわたっていったことである。東福寺の熙春龍喜の『清渓稿』によると、天正十一年と思われる書簡があり、去年宇治の茶商が琉球から帰って琉球の耳峰の消息を熙春に伝えた、と記している。

　ここで想像を逞しくするならば、当時の琉球の国際性から考えて、琉球に入った宇治茶はそのまま琉球の国内で消費されてしまったのではなく、さらに南方の各地に転売されていったのではあるまいか。しかしこれについてはまだ何の史料もあさってみたわけでもないから、確かなことはいえない。矢野仁一氏の「茶の歴史に就いて」（『続史的研究』所収）によると、一六三七年（寛永十四）から一六五〇年（慶安三）ころにかけて、日本の茶はオランダ東インド会社を通じてヨーロッパにむけてかなりの量が送られたように書いてある。もちろんこの中には宇治茶もふくまれていたことであろうから、まさに世界を半周していることになる。

いずれの場合でもそうであろうが、こうした普及の陰にはかならず贋物の横行がある。永禄十三年（元亀元、一五七〇）三月、室町幕府奉行人諏訪晴長と飯尾昭連の宇治惣中にあてた連署奉書には、近里の輩が在々所々の茶を宇治茶と詐称して諸国に売買しているのは言語同断のことである、としてその停止を命じている（藤田元春氏「宇治茶園史概説」『史林』一二ノ四）。それから一四年後の天正十二年正月には秀吉が宇治郷に禁制を下しているが、その第一には、「他郷之者号宇治茶、似銘至諸国令商買事」と記されている（『京都大学所蔵上林文書』）。宇治が名茶の産地の誉れをほしいままにするとともに、その贋物横行の度もますますひどくなったのであろう。贋の宇治茶をつかまされて、なお得々として茶会を催していた田舎武士の数もけっして少なくはなかったであろう。

〔**後記**〕　本稿は、昭和三十一年（一九五六）『日本歴史』第一〇〇号に掲載した。

近世初頭における囲碁の普及と海外交渉

東大寺の献物帳に木画紫檀棊局というものがあり、正倉院御物中に美事な碁盤が蔵せられていることを知り、囲碁というゲームが千年の長きにわたって、われわれの祖先から親しまれ愛されたものであったことを思い、感懐にふけったのはいつのことであったろうか。

最近では囲碁使節団なるものが中国に派遣され、いまだ国交も回復できないままでいる日中両国の親善に大きな役割を果したときく。囲碁は国際的使命をになったゲームであるということになるが、この事実は古今を通じて変らぬものであった。

ここで記そうと思うのは、近世初頭における囲碁の普及状態と、囲碁を仲介として行なわれた海外交渉史上の一〜二の問題とである。

京都寂光寺の塔頭本因坊に住した僧日海は一世本因坊算砂として知られるが、かれが生まれたのは永禄元年（一五五八）であったという（『碁所旧記』）。信長・秀吉ついで家康が本因坊算砂を重用した近世初頭は、いわゆる囲碁ブームを現出した時代であり、京都では朝野をあげて囲碁を楽しんでいたようである。当時の公家の日記のなかから囲碁に関する記事を拾うことはきわめて容易である。

しかし、囲碁が普及隆盛をきわめたのは京都とその周辺だけではない。遠く九州薩摩の地においてもまたひろく愛好されていた。島津家の老臣上井覚兼の『上井覚兼日記』は戦国時代における地方武将の生活を知るには恰好な史料である。この日記によると、覚兼が戦陣の間に、また政務の余暇に、つねに碁や将棋を楽しんでいた有様がきわめて克明細密に記されている。日記の年代は天正二年（一五七四）から天正十四年におよんでいるが、記事が実際にあるのは六年ばかりの期間である。大日本古記録『上井覚兼日記』の索引によると、この六年の間に、碁に関する記事は実に六九個所の多きにのぼっている。このほか盤の上で日を暮らしたいというような記事もいくつかあり、戦国武士の娯楽として囲碁が大きな要素を占めていた有様がよくわかる。

覚兼はまた、その自叙伝風随筆ともいえるような『伊勢守心得書』の中でつぎのようにいって、碁を上品な遊びとして盛んに推賞している。

盤上の遊びのことは、碁も将棋も双六も、ともに石の並べ方、駒の立て方や、賽の目のことを一通りは知っている。これらは過度の稽古は無益である。しかし、時の興によって、人とのあいさつや気慰みにもなるものである。まず碁は敵手に合ってからでは方法をやり直すことができないのが面白い。そのうえ斧《おの》の柄の朽ちた始めから仙境の翫物であるといわれていて、祝言の座にも似つかわしい。児《ちご》衆・若衆がなされても、（源氏物語夕顔の巻に）空蝉と軒ばの荻と、花を懸物にして碁を打ったことなどがあるから、決していやしいことではない。

林元美の『爛柯堂棋話』には武田信玄と高坂弾正との対局の棋譜、真田昌幸と真田信幸との対局の棋譜というものなどが載せてある。棋譜の内容は素人の私がとやかくいう筋合いのものではないが、なかなかに面白い。ともあれ、このような棋譜が後世にまでのこされているということは戦国武将のあいだに囲碁が、大いに流行し、しかも暇つぶしの遊びという以上の存在であったことを想像させる。

武士の囲碁観に対して、商人の囲碁観は大いにちがっている。博多商人として有名な島井宗室が、慶長十五年（一六一〇）養嗣子の徳左衛門尉信吉にあてて書いた遺言状には、生涯を通じて博打・双六などの賭の遊びをしてはいけない、碁・将棋・謡・舞なども四十歳になるまではしてはいけない、といましめている。この島井宗室の遺言状は「生中心得身持分別いたすべき事」と表題がつけられているように、生活に関するこまごまとした注意書でみたされているが、商人として大成するためには四十歳になるまでは碁などやってはいけない、というのである。この遺言状では四十歳という年齢を人生の一つの峠というようにとらえて、それ以前は奮闘的生活を強要し、それ以後は多少のゆとりをもった生活をしてもさしつかえないとしている。ここにみられる囲碁観は、碁の遊びは奮闘的な生活にとっては有害無益としているのであって、武士が囲碁を上品な遊びとして推賞しているものとは対蹠的である。

ともあれ、このように博多商人の遺訓の中にまで囲碁のことが取りあげられているのは、囲碁の普及がかぎられた階層のものでなくて、ひろくふかいものであったことを物語っている。

囲碁の普及は当時日本にきていた外国人の眼にもとまっている。明の広東省新安郡の人鄭舜功は総督楊宜の命をうけ、日本に対して倭寇禁止を要求するために派遣された。かれは弘治二年（一五五六）七月豊後に至って、大友宗麟のもとに滞在し、倭寇の動静や日本国内の事情を精査して、翌年大友氏の使僧清授をともなって明に帰った。のちに鄭舜功は日本に関する見聞を『日本一鑑』としてまとめあげたが、その中には囲碁の道具に関するいくつかの記事がある。すなわち、碁局は高さは一尺たらず、広さは一尺平方くらい、用材は樫、碁子は、黒は石で澳浜の陽に産し、白は螺で日本の海中から多くとれる、とか、白は豊後の海中から取れるとか記している。

文禄元年（一五九二）、侯継高の『全浙兵制考』に付録とされた『日本風土記』は、明代日本認識の総括とでもいえるような書物であるが、そこにはかなりくわしい囲碁に関する記事がある。渡辺三男氏の訳文を参考にしてそれを示そう。

その囲碁は呼音を「俄《ご》」という。棋盤もまた三六一着《ろ》にわけ、棋子《ごいし》もまた黒白の二様にわける。囲佔の法は、大《おお》意《よそ》中国と同じである。また打急（訳註・所謂劫を打劫・打急という）を知るのを呼んで「過戸之」（訳註・「劫打ち」か）といい、接《つ》ぐ断《き》るを兼ね識るを呼んで「子吾」（訳註・「接ぐ」か）という。その両《ふた》つながら入れないのを呼んで「了無是」（訳註・「駄目地」か）という。ただし勝負は中国と殊《こと》なる。もし囲んで佔《と》れば、その内に得たところの彼《あいて》の棋子を拾い槏《あ》げて、各々これを手に収めおき、盤内互に囲佔し終るのを待って、しかるのち各々得たところの棋子を、かれの佔りたる空内へ塡め、互に皆塡めて満ちたときは、和局《ひきわけ》であり、もし空いた着《め》を塡めて満たないときは、数の多少を数えて勝負を分《き》める。もし一着《ひとめ》でも塡めて満たすことができなければ輸局《まけ》であり、内を塡め満たして、一着でも多いときは贏局《かち》である。なお和局を呼んで「是俄《ぢご》」（訳註・「持碁」）といい、贏《かち》を「各《かっ》打《た》」といい、輸《まけ》を「埋吉打《まけた》」という。

囲棋子《ごいし》は造成《つく》ったものではない。すなわちこの国の沿岸の傍よりとれる石子《いしころ》で、儼《まった》く倣造《つく》ったもののように精緻である。名づけて「天生子」といい、養久山の沿海の処より出る。白子《しろいし》は大隅の山海の傍より出る。皆大隅州所属の地である。（原漢文）

以上の文章によると、近世初頭日本の囲碁として中国人に理解された囲碁の対局方法は、今日行なわれているところとまったく異なるところがない。この文章だけでは当時中国で行なわれていた囲碁の対局方法を推測することはできないが、とくに日本の囲碁の特色としてあげている点が中国の囲碁との相違点であるとするならば、中国の囲碁もほとんど今日行なわれているものと大差なかったのではなかろうか。最近新聞紙上をにぎわした日中棋戦においても日中両国の囲碁のルールのちがいが問題にされていたようであるが、そうした差異はすでに近世初頭にも存在していたわけである。

おそらく天平年間に中国から日本に伝えられた囲碁が、その本国と伝来地で、それぞれに愛好されつつ独自の発達と変遷とをとげたのである。

江戸時代になって、寛永元年（一六二四）日本から朝鮮国王に対して碁盤を進上したことがある。『仁祖実録』の二年十一月辛未条を見ると、左副承旨洪命亨の啓としてつぎのように記されている。

戸礼曹看品倭物進上の単子に金屏画・碁盤・鏡台等の諸具がある。朝鮮は日本と和を結んで、その礼物をうけることは、やむを得ないことである。しかし碁局のようなものは玩戯であって、士大夫の職事に勤励するものにとっては近づけてはならないものである。ましてや九重香案の前には近づけてはならない。すべて進御を許すことなく、有司に還付したらよろしいのではないか。

朝鮮王はこれに従い、胡椒・丹木もまた還下させた。

これによってみれば、朝鮮では囲碁は士大夫の職務の防害になる好ましくない遊戯としてみられていたのである。島井宗室が四十歳になるまではしてはならないとした発想法とよく似ている。

以上のように囲碁は、近世初頭の日本人の上下の階層から愛好されたばかりでなく、在留の外国人の眼にも触れ、その対局方法は遠く中国にも紹介され、さらに碁盤は進上品として朝鮮の王室にまで送られたのである。近年におけるスポーツを仲介とした国際親善、とくに柔道などが欧米各地で愛好されていることなどをきくにつけても、三百年前の囲碁が国際的な規模をもった娯楽として、その果した役割が決して小さいものではなかったことをふり返ってみるのもまた楽しいことではないだろうか。

〔**後記**〕　本稿は昭和三十七年（一九六二）『日本歴史』第一六三号に掲載した。この稿を執筆したころはまだ中華人民共和国との国交がむすばれておらず、囲碁や卓球による日中両国の交流が世の注視を集めていた。

本因坊算砂の大福帳

日蓮宗の僧日海すなわち本因坊算砂（一五五九〜一六二三）は、近世初期織田信長・豊臣秀吉・徳川家康に仕えた碁打である。本能寺の変の前日信長の面前で利玄坊と碁を打ったときに三劫ができたので止めたという話は有名だが、真偽のほどはさだかではない（『爛柯堂棋話』）、山科言経の日記には本胤坊・本音坊などと書かれ、さきの利玄坊や将棋指の大橋宗桂等とともにしばしば登場し、徳川家康・豊臣秀次・細川幽斉・伊達政宗等に対局を見物させており、言経などの公家もしばしば同席している（『言経卿記』）。碁や将棋の対局は社交の場として各界からもてはやされていたのである。

東京大学史料編纂所に所蔵されている『本因坊算砂大福帳』一巻は、この本因坊家の経済生活の一端を垣間見させる史料である。しかし、収められているのは、すべて断簡で、慶長十年（一六〇五）・同十二年・同十四年の大福帳の一部分にすぎず、これによって本因坊家の経済生活の全貌を推量するのは、もとより無理な話である。けれども、本巻を見てゆくと、本因坊算砂の交際の範囲や、贈答に用いた品、支払いに用いた貨幣などを知ることができ興味ふかいものがある。以下にそれを紹介しよう。

大福帳によって知られる算砂と交渉のあった人名は、本多正信・佐竹義宣・鳥居忠政・南部利直・毛利秀就・水谷勝俊・鍋島忠茂・伊達政宗・浅野長重・石川三長・榊原康政・生駒正信・皆川広照・本多正純・真田信之・仙石秀久・大久保長安等であるが、いずれも大名である。大福帳の現存している部分がたまたま大名に関する部分だったのか、本因坊の交際相手に大名が多かったのかは即断することはできないが、本因坊と大名の間に広範な交渉がもたれていた事実だけは動かせない。大名以外の人名には、のちに江戸の金吹座の創始者となった後藤庄三郎光次の名も見える。諸大名から算砂に対して贈られた物品は小袖がもっとも多いが、算砂からこれらに対して進上したものは碁石・いし家（碁笥か）・馬箱・馬作物・馬・蒔絵馬箱（馬とは将棋の駒のことであろう）である。大名家以外から算砂に贈られたものには綿・料紙・米俵・茶壺・みそもち（味噌餅）・樽代銭・銀子・判金が見え、また算砂から贈ったもので贈先の人名が不明のものに『無音抄』『和漢朗詠集』『庭訓往来』などの典籍があるが、ほかにも帯・扇子、硯箱等も記されている。

支払いに用いられたのは、灰吹銀・板銀・細銀などの銀が主で、小判や米が使用されたのは少数の例にすぎない。支払先も「たたみや」「あぶら屋」とか「大工」「表紙屋」とか明瞭に書かれているものはわずかで、ほかは喜作とか甚六とか久三郎とかいう人名が記されているのみで、それがどのような相手で、どのように銀が仕払われていたのかは明らかにできない。

また収入の部分は小袖が多いのに、支出になるとほとんどが銀になってしまうが、それがどのような経路をたどって行なわれたのであるか、知りたいところであるが、これも残念ながらわからない。

つぎに、巻末の識語を引いておこう。

此一巻ハ、親友幸田君ノ贈ル所、以テ珍トスヘシトイヘドモ、亦独リ我書庫ニ秘スヘキモノニアラズ、乃チ東京帝国大学ニ寄贈シテ、学者ノ一覧ヲ待ツ、而シテコレマタ幸田君ノ尤モ喜フトコロナルベシ、

明治三十八年一月　　　　黒板勝美（花押）

親友幸田君とはおそらく露伴の弟成友氏のことであろう。黒板氏は明治二十九年（一八九六）七月東大の国史科を卒業しているが幸田氏も同年同月史学科の業を終えている（『東京大学卒業生氏名録』）。

囲碁史の貴重な史料が、幸田・黒板二大歴史家の手を経て東京帝国大学の所蔵に帰し、今日に伝えられたのである。

〔後記〕　本稿は昭和五十五年（一九八〇）『日本歴史』第三八〇号に掲載した。内容は本書の書名にそぐわないが、前稿と関係があり、また幸田成友・黒板勝美の両氏はともに対外関係史・文化交流史の先覚者であるところから、多少は読者の興味をひくのではなかろうかと考えて収録した。

対馬史の特質

一

対外関係の歴史を研究の対象にしようと思い立って以来、私の脳裏から対馬の存在は離れたことがなかったが、対馬研究がきわめて重要な歴史上の問題であり、しかも魅力にあふれるものであることを痛感させられたのは、昭和二十五年（一九五〇）にはじめて対馬の土を踏んだときのことであり、このときから本腰をいれて取りくもうと決意をしたのである。

この年、八学会連合対馬共同調査委員会による対馬の共同調査が行なわれ、私もその末端の一員に加えてもらうことができ、勇躍して対馬に渡った。八学会というのは日本言語学会・日本考古学会・日本人類学会・日本地理学会・日本民俗学会・日本民族学協会・日本社会学会・日本宗教学会で、明治以来要塞地帯に指定されていて研究の条件がきびしかった対馬に、各学会の俊英が協力して鍬をいれようとするものであり、戦後の学問研究史上の一つの壮挙に数えられて然るべきものであった。なお翌年の調査からは日本心理学会が新たに加わって九学会連合となった。

戦後五年を経過していたが、当時はまだ食糧事情が苦しく、外食券などをもって行っても対馬では食事にありつけないだろうということで、長崎県から米の現物の特配（特別の配給のことをそうよんだ）をうけ、リュックサックのなかにつめこんで島に渡った。

小口偉一・石田英一郎・泉靖一・喜多野清一・金田一春彦・渋沢敬三・高木宏夫・戸田義雄・宮本常一・和歌森太郎等の諸氏をはじめとする学会の元老や新進とともに行なう調査は、弱輩の私にとってはまことに得がたく貴重な経験であり、毎日が緊張と感激と歓喜の連続であった。歴史学と隣接する学問諸分野の研究者の方法や態度を身近に見聞できたことや野外調査の実際に触れることができたのは大きな収穫であった。あのときの強烈な印象は三〇年後のいまも鮮明にのこっている。

二

対馬史の特質を列挙してみると、

(1)山岳が重畳して農業生産がとぼしく、経済的基盤を島の外にもとめなければならないこと、

(2)国境の島であり、国防の第一線であったこと、

(3)朝鮮半島や中国大陸への交通上の要地を占め、海外との文物交流の拠点だったこと、

(4)それにともなって外交や貿易の事務の専職者が必要となり、そのことが対馬の文教が発達する基礎となったこと、

(5)宗氏の全島支配が長期にわたってつづいたため、島内土着勢力の移動が少なく、文書や記録は生活と密着したかたちで伝承され、質量ともにすぐれた史料群をのこしていること、

(6)対馬の歴史や習俗はつねに二つの面をもっていること、すなわち島嶼であるための開かれた面と閉された面、文化交流の道に位置しているための進取性と保守性、朝鮮にむかう面と本土を志向する面、等々多くの相反する側面をもっていること、

などである。

これらのことは、私が最初に対馬の土地を踏んだときに新鮮な印象として確認し感得したことであるが、のちに再度この島に渡ったときも、さらにその後の知見を加えた今日でも、対馬理解の基盤となっているものであり、ある意味では私の対馬史研究の結論であるということができる。

右に述べたところを中心にして、体験的に対馬史の特質を綴ってみよう。

対馬には現在南北を縦貫する自動車道路が走っているが、はじめてこの島を訪ねたころは、いわゆる『魏志倭人伝』に「道路は禽鹿の径のごとし」と記された地形が、ほとんどかたちを変えることなく眼前にあった。厳原から豆酘に行くバスはあったが、北の比田勝に行くには定期船に乗るしかなかった。その定期船も毎日出航していたわけではなかった。佐護から伊奈に抜ける道は雨が降ればそのまま川に変わるという石ころ道であった。水田はほとんど見かけることのできない山また山の島で、小学校の児童が筏をたくみにあやつっていた。魚介類が豊富で美味だったのはうれしかったが、野菜が少なくて身体に変調をきたし、わずかな馬鈴薯をご馳走になって息をつく思いがしたことなどは、今日では信じてもらえぬかもしれない。対馬の人たちが中世から朝鮮近海に出漁したり、朝鮮から米豆の支給をうけたこと、近世には本土の各地にさきがけて甘藷の栽培に成功し、猪鹿狩りを決行して畑作物を確保した話などは、現地を歩いてみてその背景を一挙に理解することができた。

三

島に渡ったのは昭和二十五年の七月だが、ちょうど朝鮮戦争が勃発した直後で、国連軍は韓国の南部の釜山近くまで撤退を余儀なくされていた。佐須奈のあたりでは砲声が直接聞こえてくることもあり、緊迫した雰囲気がただよい、ある中学校の先生はすでに妻子を本土に退避させてひとり暮しをしていた。戦時疎開の記憶をよびさまされ、国境の島の温和に見える人たちの容貌の奥に秘められた峻厳な一面を垣間見る思いがしたのである。観光名所の一つになっている万関の瀬戸は、日露戦争にさきがけて水雷艇が浅茅湾《あそう》から自由に出入できるようにするために切り開かれた地峡であり、その近くの雞知《けち》はいまでも海上自衛隊の駐屯地である。

朝鮮の古書には、対馬が慶尚道に属していると書かれており、戦後李承晩大統領が対馬は韓国の領土だという発言をして問題になったことがある。しかし、歴史的にみた対馬は、朝鮮の支配地であったことは一度もなく、人類学・言語学・宗教学・民俗学・民族学・社会学等の分野からの指摘でも、対馬と朝鮮との文化面や生活面での交流は、意外なほど多くない。ただ、朝鮮と至近の距離にあったために、遣隋使・遣唐使・遣新羅使等の碇泊地となり、倭寇の根拠地となり、豊臣秀吉の朝鮮出兵の基地となった。佐須奈の丘の上から北方の海上を望見し、朝鮮半島の山々がくっきりと視界に浮びあがるのを見て、私はこの島の歴史的な宿命を体感したのである。戦前、比田勝あたりの人は、釜山まで日用品の購入や映画見物に行くことはあっても、福岡まで行くことはほとんどなかったという。

四

対馬のことを後進地だとか僻地だとかいう人がいるが、文教の歴史からみた対馬は決してそのようなものではない。たしかに本土では見られなくなった民俗や信仰がまだ根強くのこっていて、南北の天童信仰、シゲの存在、亀卜の遺品などに古い姿を見ることができる。しかし外交事務を担当する島としての必要性から、対馬の人たちは高い教養の持ち主であることを要求された。木門の逸材として新井白石とならび称された雨森芳洲が対馬に永住して外交と教学とに生涯をささげたのをはじめ、陶山訥庵や松浦霞沼らのすぐれた学人が多数輩出したのである。その学統はいまも対馬在住の歴史家たちにうけつがれているといってよいであろう。明治以後、中央と隔絶された孤島にあって、内野対琴・川本達・歌野詮二・浦瀬済之・滝山政太郎・日野清三郎・内野久策・賀島由己等の諸氏が伝統の灯火を護りつづけたのである。

とくに故賀島氏からは直接に教えをうけ、氏の風姿は忘れられないものとなっている。氏は私の調査の先導役をみずから買ってでられ、数日間寝食をともにして北部の諸部落を歴訪した。終始情熱をこめて対馬の歴史を語られたが、一夜風呂に入ったおり、わたしの身体があまりに貧弱なのに驚かれ、歴史を生涯の仕事と思うならもっと身体を鍛えねばならぬと訓誡された。氏の業績の一部は、昭和三十九年に出版された『新対馬島誌』中の「対馬の歴史」の記述に結実している。

五

古文書採訪の概要は拙文「対馬の古文書」（拙著『中世海外交渉史の研究』所収）にまとめておいたが、対馬には他の地方には見られない古文書尊崇の風習があり、各部落における残存の状態はきわめて良好であり豊富である。厳原町の宗氏菩提寺万松院に隣接する宗家文庫は、主に江戸時代の藩庁の史料が収められているが、韓国国史編纂委員会・東京大学史料編纂所・国立国会図書館・慶応義塾大学図書館などに分蔵されている宗家の史料と合わせると、質・量ともに価値の高い有数な藩政史料となる。厳原の宗家文庫の史料のうちの職務日記の類は最近ようやく整理が終り、『宗家文庫史料目録（日記類）』（昭和五十三年二月）という三〇〇余頁の立派な目録ができあがっている。

なお宗家文庫の全史料は近い将来、厳原町所在の長崎県立対馬歴史民俗資料館に移されるとのことである。文庫の所蔵者宗武志《たけゆき》氏の学問研究に対する理解と、ながいあいだ文庫を守りつづけてきた内野久策氏・津江篤郎氏の静かな情熱には敬意を表わさざるを得ない。

なおこの文庫には松浦霞沼の『朝鮮通交大紀』一〇冊が所蔵されている。朝鮮から対馬にもたらされた通交関係の漢文の文書を年代順に配列して、和文を付し、解説を加えたもので、日朝関係史の研究には不可欠の文献であり、昨年（一九七八年）田代和生氏といっしょに校訂して名著出版から刊行した。底本をきめる段階で諸所の所蔵本をたずねたが、結局東京の国立公文書館内閣文庫の本と厳原の宗家文庫の本との二つを選ぶことにした。両者の間には大きな差異があるが、対馬の本は藩庁の表書札方におかれていて実務の参考にしたものらしく、細かな解説が加えられているのに対し、内閣文庫の本は宗氏が幕府に提出したものであって、いわば表向きの顔をしていて、日朝関係の機微にふれるような部分は省略されている。外交には秘密がつきものであるが、孤島の小藩が外交事務を担当するには、想像以上のこまかな配慮が必要だったにちがいない。江戸時代初期の柳川一件の原因となった国書改竄事件は、弱い立場にあった対馬藩のやむにやまれぬ行動であったとしか考えようがない。

六

以上述べてきたことのほかにも対馬については語りたいことがたくさんある。とくに対馬の二面性については十分に説明できなかったが、すでに予定の紙数も尽きた。ただ、対馬の歴史は単なる辺境の歴史にとどまるものではなく、日本歴史そのもの、東アジア史ないしは世界史そのものであることを強調しておきたいと思う。

最後に私事にわたって恐縮であるが斎藤長樹氏に対する謝辞を述べさせていただきたい。氏は近世の農政家として名高い斎藤定輝の子孫にあたり、東京で実業家として成功された方であるが、郷里の対馬にはつねにふかい愛情をもっており、私どものささやかな研究や調査に対して惜しみない教示と支援と激励とをあたえられた。私がはじめて対馬をたずねたおりには、厳原のお宅でよく整理された斎藤文書を見せていただいたうえに、令息定樹氏夫妻の好意にあまえて数日間泊めていただいてしまった。なにかと不自由な時代に示された温情は貧書生の身にあまるものであった。

対馬の歴史に関心と興味をもちつづけてきた私の研究生活も、いつしか三〇年をこえてしまった。斎藤氏をはじめ、対馬の歴史を愛し、それが正しく解明されることを願っている人たちの期待を思うにつけ、対馬史研究の隆盛を願う心切なるものがある。

〔**後記**〕　本稿は昭和五十四年（一九七九）『歴史手帖』第七巻第七号に掲載した。この号は「対馬の歴史と民俗」の特集号で、中村栄孝・永留久恵・阿比留嘉博・日野義彦・小松勝助の諸氏が執筆している。なお、厳原町宗家文庫の整理はさらに進捗し、昭和五十七年二月『宗家文庫資料目録（記録類Ⅰ）』が刊行されたことを付記する。

朝鮮の鷹

海の彼方からもたらされる舶来品は、いつの時代でもせまい島国の日本人にとってはかぎりなく魅力的なものであった。このことは外来物資輸入の歴史が証明している。中国の絹織物の断片や銘木の細片までが珍重されたことは、公家や僧侶の日記をひもとけば随所に見ることができる。

朝鮮からの輸入品も例外ではない。ここでは、朝鮮の物資をもっとも容易に入手し得る立場にあった対馬の宗氏が、それをどのように利用したかを、宗氏の史料である『大永享禄之比御状幷書状之跡付』を手がかりにして述べてみよう。

十六世紀は、宗氏にとって内外ともにきわめて重要な意味をもった多端な時期であった。すなわち宗氏は、日本国内においては領国大名として独立の道を歩みはじめ、朝鮮との関係では破局に瀕している貿易関係の調整に腐心していた。宗氏の対馬島内における勢力が定着したのは南北朝時代以後のことであるが、宗氏はつねに少貳氏を主家とし、両者の関係は緊密であった。宗氏は、あるときは少貳氏のために玄海の波濤をこえて北九州の地に兵を送り、あるときは敗残の少貳氏をせまい対馬島に迎えて保護した。しかし少貳氏と大友氏との対立等の政情の激動の中で、少貳氏の存在は宗氏にとって大きな負担となり、やがては障害になっていった。かくて、応仁の乱ののち宗氏はながい血盟の関係を破棄して少貳氏から離れ、独立の道を歩むことになった。しかし、このことは一方では宗氏をして大内氏・大友氏その他九州各地の大小豪族との関係を円滑に保持し推進してゆかねばならぬ立場に追いこんだのである。もしも対馬と九州との結接点である博多と対馬との連繋が断たれるようなことがあるならば、宗氏はたちまちにして窮地におとしいれられることは明白だったのである。宗氏は北九州諸氏の動向を適確に把握し、それに対して誤らない対応を示すことが必要となった。『大永享禄之比御状幷書状之跡付』は、大永・享禄・天文・弘治・永禄年間の宗氏（守護および守護代）から北九州各地の大名や豪族にあてて出した書状の控三二四通を集成したもので、当時の宗氏に関するいろいろの興味深い事実を示している。

このころの宗氏にとっては、北九州の豪族は誰人をも敵とすることは許されなかった。すなわちすべての大名や豪族と友好の関係を維持するのでなければ、島国対馬の安全は確保できなかったのである。その心のつかい様はまことにいたいたしい程である。慶弔に関する挨拶はもとよりで、大内氏と大友氏との間に対立が起これば、宗氏は双方に使者を送り、双方に対して戦勝を賀し、また双方の重臣にもぬかりなく取りなしを請うなどの措置をとらねばならなかった。そしてその際贈献の物として使用されるのは、太刀などの儀礼的なものをのぞいてはほとんどが朝鮮からの輸入品であった。

宗氏が進物外交に用いた朝鮮品は、鷹・箸鷹（鷂《はいたか》）・隼・虎皮・照布・紬布・油布・木綿・花席・草氈・小数里・高麗扇・高麗箸・唐硯等であるが、これらのなかで最高の贈物とされ、またもっとも喜ばれたのが鷹であった。

享禄二年（一五二九）、宗盛賢は大内義隆の家督相続を祝って物を贈ったが、それは金覆輪の太刀・赤毛の箸鷹一・虎皮一枚・照布五端・花席二枚であった。この種のものが宗氏としては大体最上級の贈物と考えられる。書状に品名が列記される場合、鷹はふつう太刀のつぎに記されるが、それだけ鷹が重視されていた事情が知られるのである。このとき同時に陶興房に贈っているものは覆輪太刀・虎皮一枚・照布二端・花席二枚で、箸鷹はふくまれていない。

次頁に『大永享禄之比御状幷書状之跡付』に見える鷹・箸鷹・隼の類の贈献を一覧表にして示そう。

年代	種類	贈先	贈献の目的、その他
享録二	赤毛箸鷹	大内義隆	大内義隆家督相続の祝
三	大鷹	杉興重	所望に応ず
〃	赤毛大鷹	臼杵親連	博多津公事に関する礼（宗盛賢より）
〃	赤毛鷹	〃	臼杵次郎左衛門尉へ贈る鷹を託す（〃）
〃	〃	〃	博多津公事に関する礼（宗盛廉より）
〃	鷹	〃	臼杵次郎左衛門尉へ贈る鷹を託す（〃）
〃	赤毛鷹	大友義鑑	大友義鑑家督相続の祝
〃	〃	臼杵次郎左衛門尉	〃
〃	赤毛隼	入田親廉	博多津公事に関する礼
四	大鷹	杉興重	所望に応ず
〃	〃	本庄右述	去年の礼として所望に応ず
〃	〃	臼杵親連	博多津取次の礼、ただし胸白の類はなし
五	赤毛鷹	龍造寺左衛門尉	表慶
〃	巣鷹	臼杵親連	所望に応ず
天文元	赤毛勝*鷹	大内義隆	表慶
〃	勝*鷹	陶興房	〃
四	赤毛鷹	大内義隆	開陣の祝
〃	赤毛鷹	陶興房	〃
五	鷹	〃	陶晴賢家督相続の祝
六	赤毛鷹	大内義隆	所望に応ず
〃	〃	陶興房	〃
七	〃	大内義隆	御綸旨の御祝儀
〃	〃	陶晴賢	〃

＊加藤秀幸氏より勝は塒（トヤ）の誤写ではあるまいかとの教示をうけた。

宗氏が鷹を贈った相手は、龍造寺左衛門尉を唯一の例外として、大内氏と大友氏ならびにその老臣にかぎられる。杉興重・陶興房・陶晴賢は大内氏の臣、臼杵親連・臼杵次郎左衛門尉・入田親廉・本庄右述は大友氏の臣である。中でも陶氏は大内氏の宿老として大きな勢力をもち、興房は天文元年（一五三二）から五年にかけて大軍を率いて九州に出陣しており、宗氏にとっては重要な人物であった。また臼杵親連は大友氏の筑前志摩郡代をつとめており、博多津の支配に重要な役割を果していた。これまた宗氏にとってはもっとも注意をはらわねばならぬ人物の一人であった。

鷹の贈献には二つの場合があった。宗氏から自発的に贈る場合と、先方から所望されて贈る場合とである。しかし、需用に応ずる鷹をつねに対馬島内に確保しておくことはきわめて困難であった。あるときには、宗氏は大内氏と陶氏の両方から鷹を求められたが、それに応ずることができないで断った例もある。

みずから鷹を飼育して鷹狩を実験的な方法で研究している加藤秀幸氏の言によると、狩猟は人類の本能につながる魅力あるスポーツであり、鷹狩は絶対者・王者の楽しみとしてふさわしいものであるという。戦国時代、社会的地位の向上した上流武士の間で、従来は一部の特権階級の専有物とされていた鷹狩が盛んになったのは、時勢のしからしめるところであったのかもしれない。鷹狩はもともと大陸から伝えられた狩猟の方法であり、鷹のうちでは朝鮮の鷹がとくに重んぜられた。『日本書紀』仁徳天皇四十三年条には百済の酒公が鷹狩をはじめて日本で行なったという所伝があり、これが日本における鷹狩の嚆矢とされている。このように貴重な舶来の鷹を手にすることができた大内氏や大友氏は、みずから王者の遊びを十分に楽しんだかもしれないが、また朝鮮の鷹がかけがえのない貴重品であることを知るが故に、これを室町将軍家への献上品として虎皮や豹皮などとともに使用したにちがいない。

後年のことであるが、天正十五年（一五八七）豊臣秀吉の九州征伐のとき、対馬の宗義調は薩摩川内の秀吉の陣営に使者を送って服従の意を示した。そのときは花莚一〇枚、弓五〇張などとともに弟兄（つがいの意か、あるいは大小の意か）の鷹五居を贈った（武田勝蔵氏紹介宗家文書）。やがて徳川氏の天下になると慶長十八年（一六一三）家康は対馬の宗義智に命じて遼東の鷹を馬・筆墨などとともに朝鮮に求めさせている（『接待事目録抄』）。またさらに下って寛永三年（一六二六）十一月、鷹狩好きの細川忠興は、三男忠利にあてて、高麗の売鷹が下関に着いたら兄鷹を購入したいと書き送っている（『細川家史料』）。朝鮮の鷹に対する願望は時代をへだてても変ることがなかったのである。

十六世紀という鷹狩隆昌の時代を背景にして、困窮した対馬の宗氏と本土の強大勢力をむすびつける役割を朝鮮の鷹が果したのである。朝鮮の鷹が宗氏にとって救いの神であったといっても無責任な放言として笑殺することはできないであろう。

〔後記〕　本稿は昭和五十二年（一九七七）『日本歴史』第三四四号に掲載のものに加筆したものである。発表後石井正敏氏から池内宏氏の『元寇の新研究』のなかに高麗の鷹に関する記述のあったことを注意された。池内氏は『元史』と『高麗史』とにより、蒙古の中統三年（一二六二）九月に世祖の詔使が高麗に至って鶻子（海東青）の貢献を督責したことを述べ、高麗側ではこれに対して「聖旨に依ると、鷹鶻子の奉献を遅いとせられたが、これは夙くから然るべき時期に捕へおき、将に貢献しようと飼ひ馴らしておいたのである」と弁明したと記している。朝鮮の鷹が名鷹として蒙古でも珍重されて強く要求されていた事実、鷹の貢献が朝鮮にとっても決して容易ではなかった事実などが知られるとともに、朝鮮の鷹が国際的に果した役割の大きさが理解されるのである。

対馬宗氏の八つの顔

中世・近世を通じて対馬島に君臨した宗氏には、時と所に応じて少なくみても八つの顔があった。ジギル博士とハイド氏の例などは極端だが、個人でもいくつかの顔があるのがふつうである。上長に卑屈、目下に傲慢などは日常目にする例で、表裏のない人物などはまれである。

宗氏のことであるが、対馬島が日本と朝鮮との中間に位置し、宗氏が両者の架け橋のような役割を果していたため、宗氏には朝鮮に対する顔と日本国内に対する顔との両面があった。これが二つの顔である。

この二つの顔にはさらに二つずつの側面があって四つの顔になる。宗氏は、朝鮮に対しては通交貿易によって恩恵をうける立場にあったが、日本（将軍）の代弁者という立場をもっていた。すなわち貿易商人と外交官との二面である。宗氏の日本国内に対する顔も、将軍配下の守護または幕藩制下の大名という立場と、朝鮮国王の代弁者という立場があった。すなわち、将軍に対して奉公する者と外国の利益を代表する者との二面である。

右の四つの顔には、それぞれに建て前の顔とホンネの顔がある。誠実な服従者が卑屈な情報提供者や狡猾な情報隠匿者、誤報の伝達者に変じたり、弱々しい哀願者が虎の威を借る狐のような威嚇者に一転したりする。

これで八つの顔が出揃った。さらに国内の他の大名に対する顔、家臣に対する顔、領内の農民に対する顔、その建て前とホンネなどを考えると百面相どころか千変万化ということになるが、さしあたっては八つの顔の存在を明確にしておくことが宗氏の史料にたちむかう際の最少限の心得である。

『朝鮮通交大紀』は、対馬宗氏にいろいろな顔のあったことを具体的に物語ってくれる好材料である。この書物は、対馬藩の儒臣松浦允任（霞沼）が享保十年（一七二五）に撰したもので、中世から近世前期にかけての日本（とくに対馬）と朝鮮との関係を外交文書を中心にして通観・解説している。さきに私は「『朝鮮通交大紀』と外交上の秘密」（『日本歴史』三二〇）なる一文を草し、本書が対馬では外交上の秘伝書として重視されていて、長崎奉行所の役人が対馬に来島して閲覧を希望したときもそれを拒否したことを述べたが、対馬厳原町所在の宗家文庫本『朝鮮通交大紀』を見ると、宗氏がつねにいくつかの顔をもっていた事情が一層明らかになった。

宗家文庫本『朝鮮通交大紀』は、対馬藩庁の表書札方（現在の秘書課のような役所）におかれて、外交事務の参考として重用されていたものである。この本には他の諸本にはついていない「凡例」があって、本書編述の主意として㈠朝鮮の対馬に対する態度の考察、㈡対馬の朝鮮に対する対策、㈢対馬と朝鮮との通交の沿革を幕府から諮問された場合の答案、の三点をあげている。外交事務処理のための実用の書としての一面とともに対馬の朝鮮関係における特殊性を幕府に理解させようとする一面があったことは明瞭である。

内閣文庫所蔵の『朝鮮通交大紀』は、対馬藩から幕府に提出したものであるが、これを宗家文庫本と比較すると、宗家文庫本に存在していたおびただしい量の案文と注記とは大部分削除されてしまっている。外交上の秘伝を公開することを憚った措置と考えてよいであろう。

両者の序文を比べてみよう。宗家文庫本では、

蓋し我州海外にありて土地薄し、農稼の出すところ固に斯の民日用のもとめに足らす、これ助を彼れに取らさることあたハさるものにして、また両国の間に居るをもって、彼れにありてこと終に相絶つへからさるの理然るなり、こゝにおゐて、かの富強に依りて我を制し、操縦伸縮の柄を執て我を困ましめ、我をして肯て其の下に出て、

ミつから擅まゝにすることとあたハさらしむ、彼れか為るところ巧作多端なりといへとも要するに終にこゝに外ならす、

と対馬島内の苦しい経済事情を率直に吐露し、しかも朝鮮通交の必要性を説いている部分があるが、内閣文庫本ではこの文章が全部削られてつぎの文章におき換えられている。

我州通交以来書契往復有し類、想ふに是に限るへきに非す、今姑く其考しを採りて編しものなり、蓋我州両国の間に在て、彼れか為る所巧作多端なり、

これをみれば、実用の書としての宗家文庫本に書いてあった対馬の内情をそのまま幕府に知らせることは不利と考えて、右の改変を行なったことが容易に理解されるのである。相手のちがいによってホンネが表にあらわれたり、背後にかくされたりする事情がこれによって明らかであろう。『朝鮮通交大紀』がいくつもの顔をもっていたということは、宗氏の八つの顔のうちのいくつかがここに投影されていたということになろう。

ところで、対馬の歴史には一般的な常識では把握しきれない不可解な事実が多い。文禄慶長の役における宗氏の行動、戦後の交渉過程でしばしば外交文書の改作が行なわれたこと、外交事務に堪能な権臣柳川調興と藩主宗義成との対立から御家騒動がおきたときに、幕府から喧嘩両成敗の原則を無視する判決が下され、義成は無罪、調興は津軽に流罪という軽い刑に落着いていること、対馬藩の実際の知行高は一万数千石にすぎなかったにもかかわらず『武鑑』の版元に手をまわして一〇万石に勝手に改めさせていること、朝鮮との人参貿易が不振になったときに幕府が巨額の援助を行なったこと、朝鮮の通信使を対馬で応接することにして莫大な費用を幕府に出させていること、幕末海警を告げたときに、対馬全島を幕府の直轄として宗氏は畿内に移封されるようにという運動を展開したこと等、枚挙にいとまがない。

このような歴史事実を解明するには、それぞれの問題の時代背景を十分に考察したうえで、その史料を詳しく検討することが肝要なことは勿論であるが、史料の表面の記述にとらわれることなく、それが八つの顔のうちのどの顔をあらわしている史料であるかを明らかにすることが先決問題である。どの顔の史料かが明らかになると、問題解決の糸口が意外にはやくつかめる場合が少なくない。

歴史上の事象は、光のあて方で七色に発光するダイヤモンドのようなもので、見る角度の相違でさまざまな相貌をあらわすものである。それ故その多面的な検討を除外して真実に近づく捷径を見出すことは不可能といってよいであろう。

〔後記〕　本稿は昭和五十三年（一九七八）『日本歴史』第三五六号に掲載した。文中に引いた「『朝鮮通交大紀』と外交上の秘密」（『日本歴史』第三二〇号）の大部分は、本書の『朝鮮通交大紀』と松浦允任」中に収録した。

リチャルド・コックスのみた朝鮮使節来朝

元和三年（一六一七）に朝鮮から使節（正式の名称は回答使）が来朝した。呉允謙を回答正使、朴榟を副使、李景稷を従事官とする一行で、七月四日朝鮮の釜山を発し、同七日対馬に入り、八月四日には下関に至り、同二十一日には京都に着き、大徳寺に宿泊した。

初代の平戸イギリス商館長リチャルド・コックスは、このころ平戸にあったが、バンタムから入港したアドバイス号のもたらしたイギリス国王の書翰を将軍に捧呈し、不振におもむきつつあったイギリス商館の権益を拡張する目的で上京した。かれは元和三年八月六日平戸発、同十日下関着、同二十日には京都に到着した。この期間はちょうど朝鮮使節の上京と時期が前後し、コックスは沿道において朝鮮使節に関するさまざまな見聞をした。その内容は『リチャルド・コックス日記』Diary of Richard Cocks. に詳しい。すでに『大日本史料』第十二編之二十七に訳出されているが、一般にはあまり注目されていないようだから紹介することにする。

一六一七年四月六日（元和三年三月十一日）、朝鮮よりの使節皇帝の許に赴く筈にして、近々壱州を通過すべしとの噂あり、

五月九日（四月十五日）、壱州に於ては、朝鮮使節五百人の従者を伴ひ、今にも到着すべしとて待居れりとの噂あり、依て平戸の王は、彼を出迎ふべき命令を下し、町の最も裕にして、風采佳なる者二十人余に命じて、彼の弟主殿様の従者として同行せしめたり、但し失費を防がん為め、彼等各自に費用を負担せしめたり、

二十一日（四月二十七日）、朝鮮使節出迎の為め、当地（平戸）より対馬に赴けるカボキ、即ち日本俳優〔又は娼婦〕は、途中にて、薩摩の海賊船に襲はれ、彼等が平戸にて獲たる金の為め、男女共悉く殺害せられたりとの噂あり、八月三十一日（八月十一日）当地（下関）に於て、朝鮮使節が、四百五十人の朝鮮人を供に、昨朝当地を出発せし事を知り得たり、彼等の中三人は、主なる人にして、皆同様に威儀を整へたり、皇帝は対馬、平戸の壱州、博多及び当下関等に於て為したる如く、彼等の通過する各地に於ては、鄭重に彼等を遇することを命じ、日本皇帝経費を負担して、海上には彼等を輸送する船、陸上には馬乗物〔轎輿〕を備へ、又各地に新館を設けて、彼等を迎へしめたり、或者〔平民なり〕は、彼等は敬意を表し、貢物を献ぜん為め来れるものにして、若し然せざれば、皇帝は彼等に対して、戦争を行ふ可しと云ふ、然れども他の者は之に反し、彼等は対馬の住民をして、今後復朝鮮に通商せしめず、寧ろ朝鮮人の対馬其他日本各地に到るを許さんことを、皇帝に歎願せん為めに来れるなりとの意見なり、（下略）

九月七日（八月十八日）、（中略）予が右書状を認めゐたる際、朝鮮使節は、壮麗なる様子にて、水路此町（大坂）を通過したり、皇帝の命に依りて、彼等は、到る処に於て、王者の如く待遇せられて、喇叭・オボイ等は、彼等の前方二三ケ所にて吹奏せられたり、

以上が、朝鮮使節の京都に至るまでの行程の記録だが、皇帝すなわち将軍徳川秀忠が沿道の諸侯に命じて盛んな歓迎陣を布かせた模様は目に見えるようである。二十一日条のカボキが歓迎におもむく途中海賊に襲撃された記事や、三十一日条の一般の人びとの朝鮮使節に対する感想など、当時の世相・風俗、庶民の勝手な取沙汰などを反映していて、いかにも興味ふかい。使節来朝の事情はのちに説明するが、『コックス日記』にはそれとは別に、幕府や一般の朝鮮使節に対する見方が如実に示されているので貴重である。

コックスが伏見で将軍秀忠に謁して、イギリス国王ジェームス一世からの書翰とともに献上品を捧呈したのは元和三年八月二十四日のことであった。朝鮮使節はそれよりもおくれて八月二十六日に秀忠から引見された。

ふたたび『コックス日記』を見よう。

一六一七年九月二十日（元和三年九月一日）、朝鮮人等は、皇帝に献上品を呈し、且何故に、朝鮮国王より、皇帝の許に派遣せられたるかを説きたり、即ち先づ廟所に参詣し、亡帝大御所様（徳川家康）に弔礼をなし、次で現皇帝が、戦争なく流血を見ずして、静穏に父の位を継承したるを賀し、最後に父なる先帝の如く、朝鮮人を保護し、若し何国民にても其安寧を紊さんとせば、此等外国の侵入に対し、防禦せん事を皇帝に懇願せりとの噂あり、

九月二十二日（九月四日）、（中略）本日日本の領主即ち殿達は、悉く立派なる贈物を携へて、朝鮮使節に面会に行きたり、

九月二十五日（九月六日）、（中略）昨日大炊殿（土井利勝）、上野殿（本多正純）及び其他の皇帝の顧問は、皇帝の贈物を携へて、朝鮮人を訪問する為に都に赴きたり、

このほか、『コックス日記』には、九月十二日（元和三年八月二十三日）付書翰の一節に、

皇帝の命により朝鮮人は到る所にて、王者の如く待遇せられたり、予等の都に入りし時、諸人は予等を朝鮮人と間違へ、予等の通過する時、急ぎて路に砂及び砂利をまき、群衆は予等を見んと押寄せたり、

としている。九月二十七日（九月八日）付の書簡では「贈物を携へて、朝鮮使節を訪はんとせしが、対馬の殿は、予が彼等に接する事を許さ」なかったとし、将軍や大名が多くの贈物を朝鮮使節にする理由がわからないとしている。

一六一八年二月十五日（元和四年二月一日）付の書簡では、将軍や大名から朝鮮使節が盛んな接待をうけたことを記し、ウィリヤム・アダムス（三浦按針）も同席したとしている。

さて、この朝鮮使節来朝に至るまでの事情について記そう。慶長十九年（一六一四）対馬の宗義智は徳川家康の意をうけて、家臣の橘智正（井手弥六左衛門）を朝鮮に送って通信使の派遣を要求させたが成果をみることができなかった。翌元和元年、智正は同じ目的で朝鮮に渡ったが、また拒否された。さらに翌元和二年、智正はまた朝鮮に渡った。このときは、朝鮮に対して、家康の大坂平定は朝鮮のために豊臣氏に報復したものだから、朝鮮から慶賀の使を出すべきだ、というようなことを述べて、通信使の派遣を求めたらしい。これには、朝鮮側も大いに意を動かされたらしく、日本から先に国書を送るならば、明に通報したうえで、回答の使を出そうということになった。なお家康はこの年の四月に死んだ。

元和三年正月、橘智正はまた朝鮮に赴いて通信使の派遣を強請した。『備辺司謄録』には「狡倭之佯示発怒之形」「生怒忙帰」とか「橘倭発怒入去」などと記している。まさに、すかしたりおどしたりという折衝技術が用いられたものらしい。先年の朝鮮からの返答もあったので、このとき橘智正は関白秀忠の書契を持参したというが、これは偽の文書であった。先んじて国書を出すということは外交慣習では臣従を意味していたから、対馬としても幕府に国書を要求することはできなかったのである。

かくて、朝鮮では秀忠の書を得たので回答使の派遣を決定した。しかし朝鮮使節はこちらから要求したような慶賀使でなく、国書の内容が回答の形式をとっていたことは、幕府の代行者としての対馬にとっては都合の悪いことだった。対馬ではこれをまた改作して幕府にさし出すという苦肉の策をとらなければならなかった。『コックス日記』に記された華々しい歓迎の一幕は、以上の舞台裏の経緯をまったく知らされていない幕府や諸大名によって演じられたものである。幕府としては統一政権の勢威が朝鮮にまでおよんだことに満足し、秀吉さえもがなし得なかった朝鮮通信使（実は回答使）の来朝を、しかも五百人におよぶ一行の堂々たる姿を、好意をもって迎えたにちがいない。

回答使呉允謙らは八月二十六日伏見城で秀忠に謁し、九月五日には返書をうけた。この返書は金地院の以心崇伝が書いたものであるが、対馬の柳川調興・島川内匠が将軍の署名について「日本国王」と書くように申し入れたのにもかかわらず、「日本国源秀忠」とだけ書かれていた。このため、十一月一行の帰国にあたり、対馬ではふたたび文書を改作して「王」の字を加えるという操作をしなければならなかったのである。

こののち寛永元年（一六二四）徳川家光の嗣立を賀するため回答使が派遣された際も、前回につづいて文書の改作が行なわれた。このときは「日本国主」とあったものを「日本国王」に改めた。このような文書の改作はのちに対馬の柳川一件という疑獄事件へと発展してゆくのである。

いずれにもせよ、朝鮮通信使の来朝は、日朝通交によって貿易の利を得ようとする対馬の執拗な努力を仲介とし、統一政権の偉容を海外に誇示しようとする幕府、外交上の体面を一応保ちながら最少の犠牲で交隣関係をむすぼうとする朝鮮との意向の合致点の上に成立したものであった。

『コックス日記』には以上のような背後の関係にはふれていないが、それだけに現象面の叙述は生き生きと躍動している。朝鮮・対馬・幕府の態度、それをめぐる一般人の風評や外国人の感想を知るためにはよい参考となろう。

〔後記〕　本稿は昭和三十七年（一九六二）『日本歴史』第一七一号に掲載した。『コックス日記』の訳文は『大日本史料』第十二編之二十七によったが、その後史料編纂所から同日記の原文は『日本関係海外史料　イギリス商館長日記　原文編之中』として、訳文は『日本関係海外史料　イギリス商館長日記　訳文編之下』として、それぞれ昭和五十四年（一九七九）と翌昭和五十五年とに刊行されている。

鎖国について

「鎖国」という言葉は、ふつう江戸幕藩体制のうち海外に対する体制をあらわす言葉として用いられていますが、この言葉は大変便利な言葉であると同時に大変不便な言葉でもあります。それは、「鎖国」という言葉からうけとる史実の内容が、うけとる人によってマチマチであり、また「鎖国」という文字を使用する人の方でも、その内容をはっきり規定して用いている人がほとんどないからです。だから「鎖国」という言葉は、まさに玉虫色であって、いう人、きく人の立場で、どのようにでも変化し、またどのような概念をも包摂してしまっているのです。キリシタンの禁制を鎖国と考えている人もいますし、江戸幕府の貿易統制の面を強調する人もいます。その背後にあった商業資本の動きにこそ注目すべきだという人もいます。また幕藩体制の強化という面に鎖国の意義を見ようという人もいます。さらに西洋の立場を中心にして、オランダ重商主義の日本貿易独占という人もおります。これらすべてが鎖国だという人もいます。百花斉放・百家争鳴です。しかし、歴史上の概念が各人勝手なうけとり方をされており、かぎりない内容をふくんでいるということは、便利ではあるがまことに厄介であり、またこまったことなのです。

「鎖国」の問題を考えるには、交通整理が必要です。それにはつねにつぎの三点を念頭から離してはいけないと思います。すなわち、

①「鎖国」という言葉が、どのような事情から使用されはじめ、それがどのようにして歴史的名辞として固定したかを明らかにすること、

②「鎖国」という言葉で包括されている史実の内容は決して固定したものではなく、時代の変遷にともなって変化したものであることを把握し、その実態を理解すること、

③「鎖国」の問題を日本だけの問題に局限して考えることなく、東アジアの国際関係のなかでとらえること、です。これらのことは、歴史を研究するものにとってはいずれも常識的なことがらとされているものですが、実際に概説書などにあたってみると、やはり混乱はまぬがれがたいようです。

まず第一の問題から考えてみましょう。

「鎖国」という言葉を最初に使用した日本人は、長崎のオランダ通詞志筑忠雄です。かれはケンペルの大著『日本誌』の一章を訳したときに「鎖国論」の名を用いました。ケンペルは元禄三年（一六九〇）から同五年にかけて長崎に滞在したドイツ人で、『日本誌』はかれの死後一七七七年から七九年にかけてようやくヨーロッパで出版され、ヨーロッパ人の日本認識に非常に大きな影響をあたえました。志筑の翻訳は享和元年（一八〇一）ですが、これはロシア使節ラクスマンが日本にきたときから一〇年ほどのちのことです。志筑が「鎖国論」を訳した時代は、日本の「開国」がようやく問題となってきた時期のことなのです。志筑は『日本誌』の邦訳にあたり、当時の日本の対外的体制を「開国」に対置される「鎖国」と意識してこのような題を付けたにちがいありません。この問題を考えるとき、小堀桂一郎氏『鎖国の思想――ケンペルの世界史的使命――』（中公新書）は大変参考になります。鎖国といわれている体制は、江戸幕府が鎖国しようという決意のもとにつくりあげた体制ではなく、幕末の時点で、これまでの幕府の体制をそのようによんだものであることに注意しなくてはなりません。

つぎに、第一の問題と関連させながら、「鎖国」という言葉によって表わされている史実の内容について考えてみましょう。寛永鎖国という言葉があります。寛永十年（一六三三）の奉書船以外の日本船の海外渡航の禁止から同十

八年のオランダ人出島移住までの幕府の一連の政策をよんだものです。内容は、キリシタン禁教の徹底、海外渡航の全面禁止、武器輸出禁止、ポルトガル人の渡航と貿易の禁止、中国船・オランダ船の長崎一港での貿易許可、といったもので、文字通り解釈した場合の鎖国とはかなりかけはなれたもので、むしろ対外関係についての制限あるいは統制と表現した方がよい程度のものでしょう。しかし、このもともとポルトガル一国を対象としたいわゆる鎖国令は時代が下るとともに拡大して適用されるようになります。貞享元年（一六八四）にイギリス船リターン号の貿易要求を拒否したのなどはその例です。そして幕末になって、ロシアはじめヨーロッパ諸国の開国要求が強くなると、幕府はそれをこばむためにいわゆる寛永鎖国令を「祖法」としてもちだし、「祖法之厳」という観念を強調しようとします。

沼田次郎氏は、中国人・オランダ人以外とはいっさい交渉をもたないという方針が通念となったのは元禄の前後であろうといっています（同氏編『日本と西洋』）。「鎖国」という言葉とその内容が、江戸時代のはじめとおわりころではかなり変ってしまっていることに注意しなければなりません。

またアジア諸国との関係を考えると、「鎖国」の意味するところは一層多様になります。日本と朝鮮とは「通信」の国として相互に認めあい、貿易面では盛衰がありましたが、外交面では一貫して善隣友好の関係を維持しました。琉球は、独立国として中国に朝貢する一方で実際には薩摩藩の支配をうけるという特異な立場にありましたが、幕府はこれを朝鮮と同様に「通信」の国と認識していました（『通航一覧』）。中国との関係は、オランダやシャムなどと同様に貿易関係だけがある「通商」の関係です。江戸幕府は、はじめ明との間に正式の外交関係を開くための努力をしたのですが成功しなかったのです。貿易の面からいうと中国船がもたらした物資は非常に多量で、オランダ船の貿易量をはるかにしのぐものがありました。このようなアジア諸国との関係まで、一括して「鎖国」とよんでいることは問題だと思います。

第三の問題として、日本の鎖国を東アジア国際社会の情勢と伝統のなかで考えてみましょう。近代以前の東アジアにおいては中国の存在は圧倒的に大きなものでした。そのため東アジアには中国を中心とした国際秩序が形成され、日本もその埒外にいることはできませんでした。明・清では「海禁」という一種の鎖国政策がとられていて、中国人の海外渡航を禁止していましたが、日本でも志筑以前はこの「海禁」という言葉を幕府の対外政策をあらわす言葉としていたのです。古来、東アジアにおいては、外交権と貿易権とは君主権に付随するものと考えられてきました。だから、君主権が強固になれば、外交・貿易に対して大きな統制力をもつようになるのは当然です。江戸幕府で「海禁」（いわゆる寛永鎖国）が可能になったのは、幕府権力強大化の過程における一面の表現であったと考えることができます。現在の世界でも完全な開国というものはありませんが、江戸時代には今日の観念のような自由貿易は存在しなかったのです。強大な力をもつ幕府が主権者として外交と貿易を主宰し統制するのは当然のことだったのです。交易場の制限は、中国では市舶司の制として唐代からあり、日本人が往来する港は明州（寧波）にかぎられていました。朝鮮でも中世の三浦《さんぽ》、近世の釜山（日本に対する）・会寧（清に対する）などの例があります。長崎のオランダ屋敷や唐人屋敷が、通商貿易だけの場所としてでなく、外国人居留地でもあったことは釜山倭館の場合とよく似ています。江戸幕府が中国船の渡航許可証とした信牌は、明代の勘合の系列に連なるものとすることもできましょう。また貿易を特権商人にゆだねる方法も中国の牙行貿易とのあいだに類似点が見出せます。長崎奉行の制を中国の市舶司の制の移植と考えても少しも不自然ではありません。

このようにみてくると、江戸幕府が海外諸国に対してとった政策は、いずれも東アジアの国際慣習や制度に根ざしたものであり、江戸幕府が生み出した独自の体制ととらえるのはゆきすぎではないでしょうか。

江戸時代の海外との通交貿易の体制を正しく理解するには、一度「鎖国」という言葉から離れて考えなおしてみる必要があるように思います。

〔**後記**〕　本稿は昭和五十一年（一九七六）『歴史と地理』第二五五号の「賢問愚問」欄に掲載した。そこでは〈質問〉として「鎖国とは一般的に海外交通におけるきびしい規制だといわれていますが、鎖国という言葉が使用されるにいたった経緯及び鎖国の概念はどうだったのでしょうか。また朝鮮・琉球・東アジア各国などに対して、幕府はどのような位置づけを与えていたのでしょうか。」という編集者の文章が付けてあった。

第四部　史料二篇

大永享禄之比

御状并書状之跡付

解説

一

『大永享禄之比御状幷書状之跡付』（以下『跡付』と略称する）は、十六世紀の大永・享禄・天文・弘治・永禄年間に対馬の守護（島主）と守護代から北九州地方の大名やその家臣にあてて差出した書状の控を集めたものである。「跡付」は「引付」と同様に、一般には「控」「案文」「写」の意味に解されているが、職務上の記録を後日の証拠のために集成したものである。対馬の宗氏に伝えられた記録である。

対馬は中世史料の宝庫であるが、(1) 宗氏本家に伝えられた中世史料はきわめて少ない。『跡付』は文禄慶長の役以前の対馬史料としては『朝鮮送使国次之書契覚』と双璧をなす貴重史料である。宗氏本家に伝えられた家宝や古記録の類は、享禄元年（一五二八）の宗盛治の乱のとき、池の館（現在の厳原町今屋敷に在った）とともに焼亡したといわれる。寛政七年（一七九五）に書かれた『跡付』の序文に「御家ニケ程年古御書物類尤稀ニ有之」と書かれているゆえんである。

『跡付』の序文はさらに、対馬中興の英王といわれた宗義真《よしざね》（天龍院、一六三九〜一七〇二）が『跡付』を重視した事情を「天龍院様格別被遊御寵宝、御側之御単笥に被召置、虫干等ニも御封印之儘御取扱相成、御大切被成置たると相聞」と記している。そして寛政七年三月には破損きわめて甚だしく、義真自筆の表紙もすりきれたので、別に新しく写本を作製し保存の方法を講じたとしている。これは、『朝鮮送使国次之書契覚』の序に、

此冊者永正比之書物故、至而無他事品柄ニ付、写出来、御用単笥入置也、

寛政七乙卯年三月

とあるのと対照される同類の記述である。両書は中世対馬に関する稀少で貴重な史料として、同時に保存のために写本が作製されたものと思われる。

二

『跡付』所収の文書（正しくは文書案と記すべきであるが、一応この称を用いる）の差出された享禄から永禄に至る年代は日本史上の戦国時代であり、新旧勢力のめまぐるしい交替が見られたが、この時代は対馬宗氏の歴史のうえから見ても、また日本と朝鮮との関係史の面から見てもきわめて特筆に価する時代であった。

応仁文明の乱の過程を通じて宗氏は南北朝時代以来の主家である少貳氏のために終始奮闘し、あるときは北九州の地に兵を派遣し、あるときは逃竄の少貳氏を狭隘な対馬島に庇護した。しかし、少貳氏と大内氏との角逐等の激動する政情のなかで、少貳氏の存在は宗氏にとって重荷であるばかりか障害にさえなってきた。そして、宗氏はついに少貳氏とのながい血盟の関係を破棄して袂をわかつことになったのである。(2) 長節子氏は、『李朝世祖実録』の記事の中で宗氏が従来の惟宗性を改めて新たに平姓を使用していることに着目し、この事実を宗氏の対馬島内における支配権の確立と少貳氏との主従関係の清算を示すものとしてとらえている。なお長氏は改性の時期を文明元年（一四六九）から同八年に至る間であったとしているが、少なくとも文明九年までは少貳氏の力が対馬におよんでいたようである。(3) このようにして宗氏は領国大名として独立の道を歩むことになったのであるが、そのためには錯綜した北九州諸氏の動向を適確に把握し、それに対して誤まらぬ対応をする必要があった。『跡付』所収文書の充先が大内氏や大友氏等の九州支配に影響力をもった守護大名ばかりでなく、中小の地方豪族におよんでいることは、本土の諸氏に対する宗氏の対応の様相をよく物語っているものといえよう。

一方、朝鮮との関係をみると、永正七年(一五一〇)の三浦の乱ののち、宗氏と朝鮮との関係が断絶し、永正九年にようやく壬申約条によって通交関係が回復したとはいうものの、宗氏の朝鮮に対する通交特権は従来のものにくらべていちじるしく縮小されていた。(4)このことから考えても、経済的に自立することが不可能な対馬としては、島内の支配体制をかためておくことと北九州の諸氏との緊密な連繫を確保しておくこととは、その生存上に不可欠な二つの柱となる要件であった。とくに博多津は対馬と九州とをむすぶ接点であり、宗氏が博多津をめぐる諸氏の動きに敏感であったことはあやしむ余地がない。

天文十五年(一五四六)宗晴康が対馬の各地に散在していた宗姓の三八氏に対して新姓を用いさせることにし、宗姓の使用を宗氏本家の家筋に限定したことは、領国大名としての支配権を島内に滲透させるための一手段であったと考えてよいであろう。(5)

朝鮮との関係では、天文十三年に日本船二十余隻が朝鮮慶尚道蛇梁鎮を襲った甲辰蛇梁の変があり、通交断絶の状態となり、天文十六年に丁未約条が成立したが、通交貿易の条件は壬申約条の規定をさらに強化したものとなった。そして倭寇の首魁として知られる明人王直が行動した弘治元年(一五五五)の乙卯達梁倭変を機として、約条規定の緩和に成功した弘治三年の丁巳約条などがあった。朝鮮との関係は概して一進一退の状態を繰り返し、宗氏は朝鮮貿易権をその掌中に集中することをはかるとともに、本土諸氏との関係を一層緊密に確保することに努力したのである。(6)

三

『跡付』所収文書の差出者は、いずれも対馬の守護(7)(島主)と守護代とである。以下これにつき略述する。

宗将盛《まさもり》（盛賢《もりかた》）　宗氏十四代。彦八郎。刑部少輔。豊崎郡主宗能登盛弘の男。十三代宗盛長《もりなが》に子がなかったので大永六年（一五二六）その嗣となり遺領を相続した。守護代は宗兵部少輔国親。同年十二月、中村の屋形を池の地に移し、今屋敷といった。翌大永七年宗兵部少輔盛廉を守護代とした、享禄元年（一五二八）十月支族の宗九郎盛治が叛を企てて叔父の豆酘郡主宗彦三郎盛郷とともに池の地の府を急襲した。将盛は北郡に逃れることができたが、家臣は多く討死し、屋形も焼亡した。のち将盛は守護代盛廉とともに盛治を誅し、この年府を与良郡の金石に移した。将盛は性格が酷薄だったので一族家臣から放逐されて、天文八年（一五三九）五月隠居してこの地を去り、豊崎郡の豊《とよ》に居住し、天正元年（一五七三）没した。歳六十五。

文書の差出書に「平盛賢」と書かれたものが多いが、これは宗氏が朝鮮に対してだけではなく国内の大名に対しても平姓を称していたことを示す貴重な事例ということができよう。また宗盛治の乱についても盛治が一党とともに筑前志賀島に逃亡したこと等の正確な情報を提供するものである。盛賢を将盛と改名したことについて『対州編年略』は天文元年としているが、『跡付』の使用例によれば天文三年が正しいことが知られる。

宗晴康《はるやす》（貞尚《さだなお》・貞泰《さだやす》）　宗氏十五代。大和守。讃岐守。十代貞国の庶兄豊崎郡主宗盛俊の次子。十四代将盛の伯父。はじめ僧となって諸国を遊歴し、帰島して国分寺におり、還俗して貞尚と名乗り、また貞泰と改め、西殿と称された。天文八年将盛が豊崎郡に退隠すると推されて島主となった。守護代は宗盛廉。天文十一年（一五四二）将軍足利義晴の一字をあたえられて晴茂《はるしげ》と改め、のちにまた晴康とした。天文十五年に島内三八氏の宗姓使用を禁じ、翌年には朝鮮との間に丁未約条を成立させた。天文二十二年二月封を世子義調に譲って隠退し、永禄六年（一五六三）二月十八日豊崎郡西泊村で没した。歳八十九。

『跡付』により、晴康がはじめ貞尚や大和守を称していたことがわかり、また将盛から晴康への島主交代については、その家督相続のことをかなり広範囲の本土各地の大名や豪族に報知して認めさせようと努力していた事情が知られる。

宗義調《よししげ》　宗氏十六代。熊太郎。彦七。刑部少輔。讃岐守。晴康の長男。天文十一年十一月将軍足利義晴より一字をあたえられて義親を名乗り、のち義調に改めた。天文二十二年二月島主となった。守護代ははじめ宗（佐須）盛廉、のちにその弟盛円がなった。永禄二年（一五五九）津奈調親・山本康範が西海の賊船を率いて対馬船越浦を襲ったが、義調は計略をめぐらしてこれを壱岐風本に誅した。同九年八月、十四代将盛の二男刑部少輔茂尚に封を譲り、薙髪して閑斎一鷗と号し、府中宮谷に隠棲したが、その後も政務をみること二〇年におよび、天正十五年（一五八七）五月にはふたたび島主となり、天正十六年十二月十二日に没した。歳五十七。

義調は朝鮮との間に弘治三年（一五五七）丁巳約条を成立させるなどの積極策をとった。(8)

宗国親《くにちか》　兵部少輔。摂津守。佐須郡主。十一代宗材盛《きもり》のとき父茂勝（兵部少輔。佐須郡主。貞国から材盛の時代まで守護代。三浦恒居倭送還で有名）のあとをうけて守護代となり、十二代宗義盛《よしもり》・十三代宗盛長・十四代宗将盛（盛賢）の時代もひきつづいて守護代をつとめ、大永七年（一五二七）におよんだ。

中村栄孝氏は、三浦の乱における戦闘と講和交渉の中心人物として『李朝中宗実録』にみえる「対州代主宗兵部少輔盛親」は宗国親のことであるとしている。(9)

宗（佐須）盛廉《もりかど》　兵部少輔。宗国親の弟。佐須郡主。大永七年盛賢のとき兄のあとをうけて守護代となった。享禄元年（一五二八）、宗盛治の乱に功あり、豆酘郡代兼帯を命ぜられたがこれを辞した。十五代晴康・十六代義調の時代もひきつづいて守護代をつとめ、永禄の初年弟の佐須兵部盛円と代った。

充先の大内義隆は、享禄元年十二月父義興のあとをうけて周防・長門・豊前・筑前・安藝・備後・石見七か国の守護となり、天文二十年九月長門深川大寧寺で四十五歳の生涯を終えるまで、しばしば九州地方に軍を進めたうえ、遣明船の派遣を画策し、朝鮮との通交を推進し、キリスト教に対しても大きな関心を示した人物であった。宗氏が本土との関係を考えるうえで第一に重要視しなければならぬ存在であったことはいうまでもない。大内氏の老臣では筑前守護代杉氏・周防守護代陶氏・豊前守護代杉氏との関係文書が多い。これらの守護代のうち筑前守護代杉氏は現地に常駐していた。対馬からもっとも交通の便のよい九州の地点は博多であり、守護代杉氏にあてた文書が多いのはこのような事情によると思われる。大内氏の宿老陶尾張守興房は周防守護代であるが、その勢力は子の五郎晴賢とともに看過しがたいものがあった。とくに興房は天文元年から同五年にかけては大軍を率いて大友氏・少貳氏と対戦するために北九州に出陣している。義隆は天文二年八月九日に筑前守に任ぜられ、天文五年五月十六日には大宰大貳に任ぜられた。なお天文五年には、後奈良天皇が義隆の献資によって即位の式をあげ、同年六月義隆の献資を賞するための勅使として広橋兼秀が周防に下っている。飯田・岡部・伊香賀・吉賀・伊田・矢田等の諸氏は、いずれも大内氏の家臣である。

大友氏関係では義鑑とその老臣とが見える。とくに筑前志摩郡代臼杵氏にあてたものには博多津公事をめぐる書状が多い。田原・入田・津久見・袋・本庄・田北・田口等の諸氏は大友氏の家臣である。

旧主家少貳氏にあてたものは少ないが、そのかわり龍造寺氏・馬場氏・江上氏や横岳氏関係のものが見えている。そのほかには壱岐の波多氏、平戸の松浦氏関係のものが注目される。

四

『跡付』所収の文書が、十六世紀における宗氏の動静を知るための好史料であることはいうまでもない。ここには

『李朝実録』『寛政重修諸家譜』『対州編年略』さらには『宗家判物写』などによってもうかがうことのできない多くの島内事情が語られているし、宗氏と本土の諸氏との交渉の軌跡が明らかにされている。宗盛治の乱や将盛隠退の経緯について『跡付』が有力な傍証となることについてはすでに述べたところである。

文書の内容は、慶弔（家督相続・出陣・戦勝・死没等）の挨拶に関するものが多いが、この間に大内氏・大友氏・少貳氏・龍造寺氏・横岳氏・松浦氏・波多氏などの動静を明らかにしている記述が少なくない。とくに大内・大友両氏の対立および和睦の事情に関するものなど興味ふかいものがある。

宗氏が諸氏に贈献した品目は太刀などのほかはほとんどすべてが朝鮮からの輸入品であることも注目される。すなわち**鷹**・**箸鷹**（鷂）・隼・虎皮・豹皮・照布・紬布・油布・木綿・花席・草氈・小数里・高麗扇・高麗箸・唐硯等である。朝鮮関係では、ほかに漂流朝鮮人の送還に関するもの、高麗御渡船（大内氏や大友氏の朝鮮渡航船）に関するものなどがあり、朝鮮との商買船の密貿易について波多氏に書状を送っている例などもある。また博多は、朝鮮―対馬―博多―国内というルートのうえできわめて重要な位置にあり、宗氏がこの地を着船地として確保しようと努力していたことは想像に難くないが、大内氏と大友氏の双方の老臣に対して博多津公事の軽減について執りなしを依頼しているのは宗氏の苦しい立場を明らかに物語るものといえよう。また大友氏の臣本庄右述が博多の取次であったことも知られる。

筥崎宮造営のための材木が対馬にもとめられていること、高野十穀聖《じっこくひじり》が伊勢大神宮大橋建立の勧進と称して対馬に渡海していること、奈良東大寺大仏殿勧進について大内義隆の書状があったことなどについての文書もある。

（1）対馬の中世史料については、竹内理三「対馬の古文書―慶長以前の御判物―」（『九州文化史研究所紀要』一）・同「九州の地方史研究―対馬の古文書―」一・二（『歴史評論』一一七・一一八）・黒田省三「『宗家判物写』管見」（『国士館大学創立五十年記念論文集』所収）・同「対馬古文書保存についての私見」（『国士館大学人文学会紀要』一）・田代和生「対馬古文書目録」（『対馬風土記』一二）・拙稿「対馬の古文書」（拙著『中世海外交渉史の研究』所収）等を参照せられたい。

『長崎県史』史料編第一には、江戸時代に宗家で各郷給人所持の中世以来の判物を書きあげさせた「御判物写」を収めている。なお明治の末年対馬の史家対琴内野運之助氏が対馬島内を独力調査してまとめた『反故廼裏見』にも中世文書が多く筆写されている。

これらの中世文書の影写本・フィルム・写真帖および『反故廼裏見』のフィルム・写真は東京大学史料編纂所・長崎県立長崎図書館・国士館大学に所蔵されているものによって閲覧することができる。詳しくは『東京大学史料編纂所報』一〇、九三―九六頁所収の長崎県立長崎図書館史料調査報告を参照されたい。

（2）拙著『中世対外関係史』一八九―一九一頁。

（3）長節子「対馬宗氏世系の成立」（『日本歴史』二〇八）。ただし、『長崎県史』史料編第一、四三七頁に文明九年七月四日付（少貳）政尚より宗氏被官の嶋屋《（居）》美作守にあてた書下が収められているところから考えれば、少なくとも文明九年までは少貳氏と宗氏との関係が維持されていたと思われる。

（4）中村栄孝「三浦における倭人の争乱」（同『日鮮関係史の研究』上、所収）・同「十六世紀朝鮮の対日約条更定」（同『日鮮関係史の研究』下、所収）参照。

（5）『対州編年略』。拙稿「中世の対馬と宗氏の勢力拡張」（拙著『中世海外交渉史の研究』所収）参照。

（6）中村、前掲「十六世紀朝鮮の対日約条更定」・拙稿「中世日鮮交通における貿易権の推移」（拙著『中世海外交渉史の研究』所収）参照。

（7）宗氏が守護として対馬島を支配したのは宗澄茂以来のことであるという長節子氏の論考がある。長節子「対馬島主の継承と宗氏系譜」（『史学雑誌』七五―一）・黒田省三「宗氏の承統と対馬守護の職称」（『朝鮮学級』五五）・長節子「黒田省三氏「宗氏の承統と対馬守護の職称」批判」（『朝鮮学報』五八）参照。

（8）森克己「中世末・近世初頭における対馬宗氏の朝鮮貿易」（『九州文化史研究所紀要』一、なお『続々日宋貿易の研究』〈森克己著作選集三〉に再録）参照。

（9）中村栄孝『日鮮関係史の研究』上、七二〇―七二二頁。

凡例

一、本書の原本は、宗家から大正十五年（一九二六）に朝鮮総督府朝鮮史編修会に移譲されたもので、現在は大韓民国国史編纂委員会に所蔵されている。

一、底本に用いたものは、東京大学史料編纂所にある無柱罫紙にカーボン紙を用いて謄写したものである。田北学氏は『増補訂正編年大友史料』の編纂にあたり、本書の中から大友氏関係文書九七通の提供を竹内理三氏からうけている。

一、底本は、文書の本書からは数回の転写を経たものと思われ、いくつかの誤写がある。校訂にあたっては、明らかに誤写を認められるものはこれを改め、体裁についても若干の統一をはかった。

一、文書には、新たに一連番号を付け、読点および人名傍注等を加えた。校訂者が加えた注や案文には〇〇（　）の符号を付して底本と区別した。田北氏の前掲書にある注の類はそのまま収録して参考に資した。

一、底本中に見える文書の年代に関する記載は、原本作製時に推定して付けたものとおもわれるが、疑問の箇所が少なくない。その検討は後日に譲る。

一、傍注ならびに解説文の作製にあたっては、林述斎他編『寛政重修諸家譜』、藤定房編『対州編年略』、史料編纂所編『史料綜覧』九・一〇、竹内理三編『大宰府・太宰府天満宮・博多史料』続中世編三・四・五、対馬教育会編『対馬島誌』、近藤清石編『大内氏実録』、防長新聞社山口支社編（三坂圭治監修・田村哲夫校訂）『近世防長諸家系図綜覧』、福尾猛市郎『大内義隆』、大分県史料刊行会編『大分県史料』、田北学編『増補訂正編年大友史料』、佐賀県立図書館編『佐賀県史料集成』、源棟稿・源清編『松浦家世伝』、『松浦十八公略伝』等の諸書を参考にした。

大永享禄之比
御状幷書状之跡付

此一冊者大永享禄比之御書籍ニ而、御家ニヶ程年古御書物類尤稀ニ有之、殊更（宗義真）天龍院様格別被遊御寵宝、御側之御単笥ニ被召置、虫干等ニも御封印之儘御取扱相成、御大切被成置たると相聞、厥後加納幸之助江御預ケ、表書札方江御出相成居候、然処往昔之御書物故、天然と文字摺、蚋魚相生、年々難見分相成、既ニ天龍院様御染毫之御上ハ書有之し表紙も竟切失候程ニ、至此未不安相見候付、此度写し出来、古帳者年寄中御預り、長持ニ入、写之儀者御用単笥ニ入置、

于時寛政七乙卯稔三月

一　（享禄元年十二月二十日大内義隆家督ヲ嗣グ）御家督之儀、雖尤早々可令啓候、依遼遠于今罷過候、非本意候、仍太刀一腰覆輪金・箸鷹一赤毛・虎皮一枚・照布五端・花席二枚令進献之候、併表御祝儀計候、猶一以斎可達之候、恐惶謹言、

享禄二　十月廿六日　　平盛賢

謹上大内新介殿（義隆）

礼紙アリ、おりかけにて候、

二　（大内義興、享禄元年十二月二十日没）凌雲院殿之御事言語道断之次第不及申候、乍恐奉察候、仍為香典千疋令進覧之候、猶臥龍庵可令演説候、恐

惶謹言、
十月廿七日　平盛賢
謹上大内新介殿（義隆）　礼紙アリ、

三

就御家督之儀、尤早々可申入候之処、依遠路于今遅滞、非本意候、誠千秋万歳候、仍只今令啓候、万端御取合奉頼候、随而太刀一腰覆輪・虎皮一枚・照布二端・花席二枚進覧之候、聊表御祝儀計候、猶一以斎可申候、恐々謹言、
十月廿六日　盛賢
謹上陶尾張守殿（興房）　進覧之候、

四

就御家督之儀、只今被申入候、可然之様御取合奉頼候、仍太刀一腰・照布三端・花席二枚令進覧之候、併表御祝儀計候、猶奉期後喜之時候、恐惶謹言、
十月廿六日　盛廉
謹上陶殿（興房）　進覧之候、

五

追而令申候、仍博多津御領内之仁対当嶋慮外之公事申懸候、自然者可被聞召及候哉、可然之様預御分別候者弥御入魂可為祝着候、此等之趣猶一以斎可申候、恐々謹言、
十月廿六日　盛賢

謹上陶尾張守（興房）殿　進覧之候、　礼紙アリ、

六

御息次郎（興昌、享禄二年四月二十三日没）殿之御事御早世之由承候、不及是非次第候、誠御心中察存候、猶彼使可申候、恐々謹言、

十月廿七日　盛賢

謹上陶尾張守（興房）殿　進覧之候、　礼紙アリ、

七

雖未申通候以次申入候、仍御領内博多津之仁対当嶋慮外之公事申懸候、可然之様可預一途御分別候、次太刀一腰・油布二端令進候、聊表御礼計候、猶一以斎可申候、恐々謹言、

七月廿六日　盛賢

飯田石見守（興秀）殿　御宿所

八

就御家督之儀、只今被申入候、誠千秋万歳候、万端御取合奉頼候、次太刀一腰令進入之候、併表御祝儀計候、猶期後喜之時候、恐々謹言、

十月廿六日　盛廉

杉三川守（興重）殿　参　御宿所

九

就御家督之儀、唯今被申入候、誠千秋万歳候、万御取合馮存候、次太刀一腰令進之候、聊表御祝儀計候、恐々謹言、

十月廿六日　　盛廉

岡部勘解由左衛門尉殿　御宿所

一〇　次郎殿(陶興昌)之御事承及候、言語同断(道)之儀不申(及脱カ)候、乍恐御心事奉察候、猶彼使可有演説候、恐惶謹言、

十月廿七日　　盛廉

謹上陶(興房)殿　進覧之候、

一一　雖未申入候以次令申候、仍至防州以一(大内義隆)以斎被申登候、然者其境上下之儀御取合馮存候、次木綿端広二疋令進之候、聊表御礼計候、猶期後信之時候、恐々謹言、

十月廿六日　　盛廉

竹屋美作守殿　御宿所

一二　凌雲院殿(大内義興、享禄元年十二月二十日没)之御事言語同断(道)之次第不及申候、乍恐奉察候、仍為香典木綿廿疋令進覧之候、猶臥龍庵可令演説候、恐惶謹言、

十月廿七日　　平盛賢

謹上大内新介(義隆)殿

一三　凌雲院殿(大内義興)之御事於于今者不覃言詞候、誠御心中奉察候、仍只今令啓候、万御取合馮存候、猶臥龍庵可申候、

恐々謹言、

十月廿七日　　盛賢

謹上陶尾張守殿（興房）　進覧之候、　　礼紙アリ、

一四

就御家督之儀、雖尤早々可申入候、依遠路于今遅ゝ候、心外之至候、仍唯今令啓候、誠千秋万歳候、万御取合頼存候、次太刀一腰・油布二端令進之候、聊表御祝儀計候、猶一以斎可申候、恐々謹言、

十月廿六日　　盛賢

杉三河守殿（興重）　御宿所

一五

就御家督之儀、唯今令申候、万端御取合頼存候、誠千秋万歳候、仍太刀一腰・草氈二端令進之候、表御祝儀計候、猶一以斎可申候、

十月廿六日　　盛賢

岡部勘解由左衛門尉殿　御宿所

一六

就凌雲院殿様（大内義興）之御事以使僧被啓候、万可預御取合候、猶彼使可有演説之候、恐惶謹言、

十月廿七日　　盛廉

謹上陶殿（興房）　進覧之候、

一七　雖未申通候以次令申候、仍博多津御領内之仁山田又左衛門尉対当嶋慮外之公事申懸候、定其聞候哉、可然之様預御分別候者弥御入魂所仰候、次太刀一腰令進入之候、併表御祝儀計候、猶期御音之時候、恐々謹言、

十月廿六日　盛廉

飯田石見守(興秀)殿　参　御宿所

一八　就家督之儀、預御使僧候、祝着之至候、仍御太刀一腰・具足一両・腹当肩白・同甲・小和泉弓廿張・久賀徳地紙拾束送給候、誠以目出候、次太刀一振・照布拾端・草氈拾端・花席二枚令進覧之候、併表御祝儀計候、猶使僧可被達之候、恐惶謹言、

享禄二年四月十五日　盛賢

謹上陶尾張守(興房)殿　進覧之候、

礼紙アリ、おりかけにてハなし、

一九　去々年至備後御附令申候之処、為御礼御一通幷喉輪一懸・宝幡一足・同毛送給之候、誠御丁寧之至候、仍悉被任御存分御帰国千秋万歳候、将又不慮之儀出来候之処、即時退治本望候、猶期後音之時候、恐々謹言、

四月十五日　盛賢

謹上陶尾張守(興房)殿　進覧之候、

礼紙アリ、おりかけにてハなし、

二〇

凌雲院(大内義興)殿之御事唯今令存知候、不及是非候、雖然如前々不可有相違之由承候、本望候、追自是可申入候之条、不能詳候、恐々謹言、

四月十五日　　盛賢

謹上陶(興房)尾張守殿　進覧之候、

礼紙アリ、おりかけにてハなし、

二一

就家督儀、以御使僧被仰渡候、一段大慶之由申候、殊長々御在陣候之処、悉被任御所存御帰国千秋万歳候、雖去比不慮之儀出来候即時御退治候、可御心安候、次御太刀一腰・織物五端被懸御意候、誠過分之至候、随而照布三端・小数里貳端・花席二枚令進覧之候、聊表空書計候、猶彼御使僧可有演之候、恐惶謹言、

四月十五日　　盛廉

謹上陶(興房)殿　進覧之候、

二二

凌雲院(大内義興)殿様之御事依御貴札令存候、誠不及是非次第候、雖然被任御代々儀不可有御等閑之由承候、弥所仰候、就其被対一以斎御懇切之趣具申聞候、必々可令啓候之条、猶期後期之時申候、恐惶謹言、

四月十五日　　盛廉

謹上陶(興房)殿　進覧之候、

二三

追而令啓候、仍漂流人至博多津逗留之由承候、已前之漂流人其帰貴国之御送使剰当嶋之客船是又申達候、然

者高麗国之内者連々申渡子細候条、彼仁等へ還国事不可有御許容之候、於御入魂者可得御意候、猶委細彼御使僧被申入候、恐惶謹言、

四月十五日　　盛廉

謹上陶（興房）殿　進覧之候、

二四

就高麗御渡船之儀、御懇承候、得其心候、仍御太刀一腰覆輪金被懸御意祝着之至候、次太刀一振令進覧之候、併表御祝儀計候、恐々謹言、

七月三日　　平盛賢

謹上大友（義鑑）殿　御ウラハ一字、礼紙アリ、

二五

就高麗国御渡船之儀、委細示預候、得其心候、然者無相違来朝目出候、仍御太刀一腰給候、祝着候、自是茂太刀一振進入候、表御祝儀計候、猶渡辺主計頭方可被申候、恐々謹言、

七月三日　　盛賢

臼杵安藝守（親連）殿　御返報

（田北氏注）臼杵氏は筑前志摩郡々代たりしのみならず博多に於ける大友氏の対鮮貿易役所の奉行を勤仕せしならん。

二六

就高麗御渡船之儀、委細承候、得其心候、然者無相違帰朝目出候、仍御太刀一腰給候、祝着候、自是茂太刀一振令進入候、表御祝儀計候、猶委曲渡辺主計頭方可被申候、恐々謹言、

七月三日　　盛賢
臼杵民部（長景）少輔殿　御返報

二七

就高麗国御渡船之儀、委細示給候、則申聞候、仍彼御船無相違帰朝、尤千秋万歳候、猶渡辺主計頭方可被達之候、恐々謹言、

七月三日　　盛廉
臼杵安藝（親連）守殿　参　御返報
同民部（長景）少輔殿　参　御返報　文言同前候、

二八

態以使者被申入候、仍於博多津御領分対当嶋之売船公事被仰懸候由其聞候、風説候哉、不及分別候、為可被承急度被申候、商賣仁多々逗留仕候間、自然聊爾之儀候哉、万可預御取合候、奉頼候、次雖軽微候太刀一腰・紬三端令進覧之候、誠表御礼計候、猶委細立石彦五郎方可被申候、恐々謹言、

九月七日　　盛廉
臼杵安藝（親連）守殿　参　御宿所

二九

大永八年
態以飛脚申入候、仍依今度盛治（宗九郎）渡海不慮之企候、然者彼一味之族至志賀嶋逃着候之由其聞候、彼等生害之事早々被仰付候者可為祝着候、猶委細摂津守（宗国親）可申候、恐々謹言、

十一月七日　　盛賢

杉豊後守(興運)殿　御宿所

臼杵安藝守(親連)殿へも御文章同前ニ被遣之候、
又(宗)国親よりも大概此趣にて右之両所へ令進書状候、

三〇　藝州之儀被任御下知御開陣千秋万歳候、依遠渡不承及候之条、于今遅滞為恐之至候、必近日可令啓候、猶摂津守(宗国親)可申候、恐惶謹言、

十一月九日　　平盛賢

謹上大内左京大夫(義隆)殿

三一　豊州(大友義鑑)江被進御印疏候事、於此方可相留之由承候、可然之様彼御方江可被仰談事肝要候、聊非御等閑候、恐々謹言、

十一月九日　　盛賢

岡部勘解由左衛門尉殿　御返報

御ウラハ皆アリ、

三二　追啓、家相続之由早々可申入候之処、依遼遠遅滞心外之至候、次太刀一腰令進覧之候、聊表御祝儀計候、恐々謹言、

八月二日　　盛賢

謹上陶（興房）尾張守殿　進覧之候、　　礼紙アリ、

三三　態申入候、仍御在陣長々御辛労之段、雖早々可申入候、依遠渡遅滞誠心外之至候、殊御勝利候由其聞候、歓悦候、此等之趣可預御取合候、次太刀一腰令進之候、併表御祝儀計候、猶一以斎可達之候、恐々謹言、

八月二日　　盛賢

杉（興重）兵庫助殿　御宿所

三四　雖未申通候以次令啓候、仍至藝州御長陣中御辛労之段、（雖脱カ）早々可申入候、依遠方遅候、誠慮外之至候、此等之趣令申候、其境事御取合頼存候、寔乍軽微油布一端令進之候、猶一以斎可申候、恐々謹言、

八月二日　　盛賢

大通寺侍者禅師　　御ウラ皆アリ、

三五　雖未申通候以次申入候、仍就御長陣為御礼唯今令啓候、然者彼使不知案内候条、万頼存候、次太刀一腰令進之候、表御祝儀計候、猶一以斎可申候、恐々謹言、

八月二日　　盛賢

岡部勘解由左衛門尉殿　御宿所

三六　雖未申通候以次申入候、仍至藝遂御礼候、於其方自然之時者憑存候、次太刀一腰令進之候、御祝儀計候、恐

々謹言、

八月二日　　　　盛賢

田原彦三郎殿　御宿所　　　御ウラハ皆アリ、

三七　態令啓札候、抑至其境御長陣中雖尤早々可申入候、依遼遠于今遅滞、慮外之至候、殊御勝利之由承及候、千秋万歳候、仍直申候、此等之趣御取合奉頼候、次太刀一腰・小数里一端・花席一枚令進覧候、併表御祝儀計候、恐惶謹言、

八月二日　　　　国親

謹上陶（興房）殿　進覧之候、

同杉三河守殿へも文言同前に一通進之候、

三八　追令啓候、家相継之儀、只今令啓状候、此等之由御取合奉頼候、猶一以斎可達候、恐惶謹言、

八月二日　　　　国親

謹上陶（興房）殿　進覧之候、

三九　雖未申通候以次令申候、仍至藝州為御長陣之御礼唯今令啓上候、然者彼使其境不知案内候条、万端奉頼候、

猶一以斎可達候、恐々謹言、

八月二日　　　　国親

岡部勘解由左衛門尉殿　御宿所

四〇　態令啓候、仍至其堺為御長陣之御礼、雖尤々早々可申入候、依遠路于今遅候、心外之至候、殊御勝運之由承及候、千喜万悦候、就夫直申候、可然之様御取合奉頼候、猶一以斎可達之候、恐々謹言、

八月二日　　国親

杉兵(興重)庫助殿　参　御宿所

四一　態令啓候、仍至藝州御長陣御辛労之段、雖早々可申入候、依遠渡于今遅滞、慮外之至候、只今令啓上候、其境事万端奉頼外無他候、猶一以斎可達候、恐々謹言、

八月二日　　国親

大通寺侍(者)奉禅師

四二　御懇示預候、祝着之至候、仍至其御津流着之由伝承候、尤進人可得御意候処、従其之御舟至壱州着岸之由其聞候間、内々待申候て無其儀候、無曲候、然者彼漂流人事従其方雖渡給候、曲有間敷之由承候、更不及覚悟候、既従前々申入候間、於自今不可有相違候、定漂流人重而可流着候、則可得御意候、頼申候、相当御用不可有疎儀候、万一其聞候者可申入候、可預御取合候、乍去遠渡事候間、自然不承事も可有候条、万端貴所様迄頼申候、不移時日被仰渡候者可為大慶候、猶連々可申入候間、御入魂専一候、兼又鹿皮五十枚給候、快悦候、雖乏少候油布一端・木綿三端端広令進之候、表御祝儀計候、委細彼人(使)僧可被報候、恐々謹言、

大永八　六月十五日　　国親

大窪日向守（家次カ）殿　参　御返報

四三

誠不存寄候之処、預御音信候、祝着之至候、如仰可申入候之処、依遠方相過候、慮外候、仍御太刀一腰銀覆輪給候、自是茂太刀一振令進之候、聊表御祝計候、恐々謹言、

九月二日　　盛賢

大村新八郎殿　御返報　　御ウラハ皆アリ、

四四

如仰未通申候之処、示預候、祝着之至候、仍盛賢江御音信則申聞候、連々可申入候由候、次御太刀一腰渡給候、目出候、自是茂太刀一振令進入之候、誠表御祝儀計候、恐々謹言、

九月二日　　盛廉

大村新八郎殿　御報

四五

御尊書拝見珍重候、仍藝州之儀被任御下知御開陣之由蒙仰候、誠千秋万歳候、必御礼可被申候、此等之趣可預御披露候、恐惶謹言、

十一月九日　　摂津守国親

謹上杉三河守（興重）殿

四六　就今度盛治(宗)渡海之儀、彼宗勲僧為一味接不慮之企候、剰対当家可働不儀所存候間、成敗事申付候処、逃失候、無是非候、定至御分国中可滞留仕候、急度生害之事被仰付候者弥可為御入魂之由被申候、恐々謹言、

十一月十三日　国親

杉三川守(興重)殿

岡部勘解由左衛門尉殿　御宿所

四七　態進使者候、仍未堺庄迄不取候間、任嘉例申候、則御領察候者可為祝着候、然者当月吉月にて候間、急度申候、猶委細古川治部少輔可申候、恐々謹言、

六月十一日　盛賢

宗狩野介殿　進之候、

四八　態以使僧申入候、仍就周喆之儀当嶋之商買船至其方被相留候由承候、誠不及覚悟候、然者渡辺主計頭於其方周喆之子細申入候、与彼仁聊爾者候之通淵底可為御存知候哉、就夫中事実儀ニ被思召、対商買船公事被仰懸候、近来無曲存候、殊彼周喆背法度候旨隠商仕、剰当嶋之買人迄罷失候間、高麗之覚如何候之条、従此方雖難申候、先彼国江以短書申渡候之処、其使此一両日已前到来候、既破法度候之間、善悪不可承引之由申、結句短書迄返候、定而不可有其隠候、雖然重而可申渡之由存候、委細者従彦四郎所可申入候、無指題目候之処、買船等被留置候、御隔心之様御見、為此方者更無疎儀候之間、連々無御等閑可申承心中候、猶委曲彼使可申候、恐々謹言、

享禄三　二月十六日　　　　　盛賢

波多壱岐守殿（盛）　御宿所

同野州（波多下野守興）へも此分ニて候、

四九

就周喆之儀以使僧被申入候、仍渡辺主計頭方於其方周喆之子細申入候者、彼仁一々聊爾之仁候、定可為御存知候哉、真実被思召候て対廻船中公事被仰懸候、不及分別之由申候、然者周喆背法度候旨隠商仕、剰当嶋之商人迄罷失候、以前も浜預官神右衛門尉依如此隠商仕候罷失候、其刻即高麗江雖申渡候一向承引不仕候、定可被聞召及候哉、不可有其隠候、就其周喆事、去年預御一通候時御報ニ如申入候、彼国江以短書申渡候之処、其使此二三日已前帰朝仕候、申候分者、既背法度候旨候間、莵角承間敷之由申候、其上此前も隠商にて罷失候者ハ、朝鮮国之法度にて候間、不及沙汰候由申候て、結句短書迄返候、可有其聞候哉、乍去重而可申渡之念存候、若於御不審者御使一人可被懸御意候、此方之使ニ相副渡申彼国之返事精可被聞召候、聊此方ニ不可有無沙汰候、如此申も自其前令無二預申通候之条、于今無疎意候、弥御同前所仰候、猶彼東岸寺可被申入候、恐々謹言、

享禄三　二月十六日　　　　　盛廉

波多殿（盛）　参　御宿所

同野州（波多興）へも同前文章也、

五〇

態以飛脚申入候、尤雖連々可申候、依海路無音相過候、誠心外之至候、聊非疎儀候、御同前可為祝着候、仍太刀一腰・草氈一端令進候、併表御祝儀計候、猶期後信之時候、恐々謹言、

三月廿一日　盛賢

杉豊後守殿（興連）　御宿所

五一

当年御慶雖申旧候尚以不可有尽期候、仍太刀一腰・紬貳疋令進之候、併表御祝儀計候、次立石彦五郎去年已来長々逗留仕、万端得御意之由申渡候、誠祝着之至候、弥馮存候、余其後無音候之間、以飛脚申入候、必重而可申入候条、猶期後音之時候、恐々謹言、

三月廿一日　盛賢

臼杵安藝守殿（親連）　御宿所

五二

追而令申候、仍去年以松田四郎兵衛尉方御懇被仰渡候題目事其御返事延引之様候、雖然聊非忘却候、必態可申入候、先以乍次企一通候、恐々謹言、

三月廿一日　盛賢

臼杵安藝守殿（親連）　御宿所

五三

態以飛脚申入候、仍近代者無音相成候、誠心外之至候、殊前々筋目雖無忘却候、此方取乱条候間、乍存相過候、聊非疎儀候、於自今已後者連々可申承心中候、御同前可為祝着候、次太刀一腰・織筋壱端令進候、併表御祝儀計候、恐々謹言、

三月廿一日　盛賢

五四

草野(永治)殿　御宿所

近代者不通罷過候、心外候、殊前々筋目雖無忘却候、此方取乱条候間、乍存候、(脱アルカ)仍唯今以飛脚申候、可然之様可預御取合候、於自今已後者連々可申通心中候、御同前可為大慶候、次太刀一腰令進候、誠表御祝儀計候、恐々謹言、

三月廿一日　盛賢

留守弥次郎殿　御宿所

五五

就去年漂流人之儀、於戻之子細申入候之処、対一以斎被仰聞候、先日如申入候還国事不可然之由従高麗国内者申渡候、殊多年逗留仕、日本之立栖(柄カ)致存知候間、彼等帰国事於以入魂者不可有御許容之令(由カ)申候喜、雖然頻年候条、此度之事者可任御意之由申候、猶委細彼釣(得カ)斎可被申候、恐々謹言、

五月廿日　盛廉

謹上陶(興房)殿　進覧之候、

五六

態申入候、仍先年以一以斎鷹雖御所望候、無到来候条于今相滞候、折節見来候之間、鷹一連大令進之候、猶(宗盛廉)兵部少輔可申候、恐々謹言、

六月七日　盛賢

杉三川守(興重)殿　御宿所

五七

態令申候、仍就博多津慮外公事之儀、立石彦五郎去年已来致滞留、以御調法落着仕罷渡候、自他至(本)望之至候、併藝州(臼杵親連)御入魂之故候、殊種々得御意候由申聞候、一段祝着至極候、弥連々可申承心中御同前可為本懐候、将又松田四郎兵衛尉方為御使渡海候、御丁寧之段怡悦不少候、次鷹一連、赤毛、大令進入候、誠任現来計候、猶委細崇衆庵可達候、恐々謹言、

享禄三　五月廿六日　　　盛賢

臼杵安藝(親連)守殿　御宿所

五八

追而申入候、仍豊州(大友義鑑)江近日可令啓候、然者鷹一連、赤毛、大可致進覧候、此方鷹之事不知案内候之条、乍恐御方江預ヶ申渡候而唯今令渡進候、雖寔聊爾之至候、連々得御意候之間如斯候、使之事急度可申付候、万端御取合頼存候、次臼杵次郎(長景カ)左衛門尉殿江進之候鷹一連赤毛相副渡申候、細砕松田四郎兵衛尉方可被申候、恐々謹言、

五月廿六日　　　盛賢

臼杵安藝(親連)守殿　御宿所

五九

就博多津公事之儀、臼杵藝州(親連)江以立石彦五郎申入候処、逗留中被副御心御懇之由申聞候、一段祝着之至候、然者彼題目落着仕候、併労御入魂之故候、猶連々可申承候之間、不能詳候、恐々謹言、

五月廿六日　　　盛賢

小金丸大和守殿　御宿所

いつれも此分にて候、

由比紀伊守殿　　古庄兵部少輔殿
元岡右衛門尉殿　　岩限丹波守殿
由比次郎兵衛尉殿

（田北氏注）児玉韞採集志摩郡古文書を参看すべし。

六〇 態以使被申入候、仍就博多津公事之儀、立石彦五郎方逗留中御懇切之趣具被申聞候、忝存候、然者以其辻落着仕候、外聞実儀難申尽候、一段御頼敷存候、於向後弥可得御意覚悟候、御同前所仰候、将又臼杵鑑勝・同御息御両所、是又於以後不可有御等閑之由被仰聞候、誠珍重候、次鷹一連赤毛令進覧之候、併表御祝儀計候、恐々謹言、

五月廿六日　　盛廉

臼杵安藝守（親連）殿　参　御宿所

六一 至豊州（大友義鑑）近日令啓札候之由被申候、就夫此方鷹事一向不案内候条、乍恐藝州様（臼杵親連）ニ為預ケ可申唯今鷹一連被渡進之候、雖近来聊爾至極候、連々被得御意候之間如此候、然者使事則可被申付候、将又臼杵次郎（長景カ）左衛門尉殿江被進之候鷹一連相副被渡申、一見取合奉頼候、猶委細松田四郎兵衛尉方可被達候、恐々謹言、

五月廿六日　　盛廉

臼杵安藝守（親連）殿　参　御宿所

六二　先度永治(草野)江申入候刻、依不知案内不企一通候、心外至候、仍被対立石彦五郎方態以使者被仰候之通具承候、御頼敷存候、然ニ臼杵藝州(親連)江連々御入魂之由承候、尤目出候、此方儀無二得御意候間、弥親連(臼杵)江可被仰談事肝要候、猶委細松田四郎兵衛尉方可被申候、恐々謹言、

五月廿六日　　盛廉

青木出雲守殿　御宿所

六三　就博多津公事之儀、立石彦五郎方被申付候之処、逗留中御懇之由承候、祝着之至候、仍先度草野永治江被申入候刻、色々御取合之由承候、誠御頼敷存候、殊臼杵藝州(親連)江連々御入魂之由承候、尤大慶候、此方茂無御等閑得御意候、弥親連(臼杵)江可被仰談事肝要存候、猶委細松田四郎兵衛尉方可被申候、恐々謹言、

五月廿六日　　盛廉

由比紀伊守殿　御宿所

六四　長々御逗留中無沙汰申候、心外候、仍去年漂流人還国事不可有御許容之由於度々尾州様(陶興房)江申入候喜、而々不被聞召分候哉、対一以斎重而被渡仰候、就夫彼等事多年逗留仕、日本之立栖(柄カ)淵底存知候、返遣候者一定可然之儀不可申候之間、雖先日子細申入候、従尾州様承候条、今度之事者可任御意之由候、然者御渡船之使事適案内者事候間、博多御領津之者ニ可被仰付之由可預御心得候、自然余方初参之仁ニ被仰付候者何ヶ度も斟酌可申候、内々如申候当時無余儀子細候条、暫被相延候者可為祝着候、幸其方江精申候之間、爰元裁判肝要候、猶期面談之時候、恐々謹言、

五月廿一日　　　　　　盛廉

得釣斎　賢　床下

追而申候、今度博多津之仁対此方成疎儀候、人数事一人茂不可有便船之儀候、自然罷渡候ハヽ於此方可相留候、是又為御心得候、

六五

就博多津公事之儀、立石彦五郎方長々在津候之処、始中終以御意落着仕候、千秋万歳候、殊松田方為御使遙被仰渡候、一段御懇志之至不及申候、次以手日記被仰子細精承候、誠畏入候、定而彼方可被申間、令省略候、恐々謹言、

五月廿六日　　　　　　盛廉

臼杵安藝守殿（親連）　参　御報

六六

就博多津公事之儀、去年以来立石彦五郎逗留中一入被副御心之由申誠喜悦候、殊為藝州（臼杵親連）之御使至豊州長々御在府御辛労候、以其辻彼題目落着快然之至候、次弓二張白木進之候、祝儀計候、猶連々可申候之間閣筆候、恐々謹言、

五月廿六日　　　　　　盛賢

成松与一左衛門尉殿　進之候、

長野下野守殿　進之候、　　　御ぅらハ一字、

六七　就博多津慮外之公事、藝州(臼杵親連)江申入候処、折節至豊州(大友義鑑)内々被添御心之由申候、以其辻彼題目落着喜悦之至候、次立石彦五郎在津中色々懇切快然候、猶連々不可有忘却之儀候、恐々謹言、

五月廿六日　盛賢

小田治部少輔殿

六八　如仰当年之御祝詞逐日幸甚猶不可有際限候、仍而御太刀一腰・御馬壱疋鹿毛被懸御意候、祝着之至候、次太刀一振・馬一疋鹿毛令進入候、併表御祝儀計候、恐々謹言、

享禄三　七月二日　盛賢

波多壱岐(盛)守殿　御返報

六九　両度申入候之処、為御礼預御使僧候、怡悦之至候、雖幾日相隔候、聊不可有疎儀候、御同前可目出候、猶安国寺可有演説候、恐々謹言、

七月二日　盛賢

波多壱岐(盛)守殿　御返報

七〇　如仰当年御慶猶以不可有尽期候、雖幾日申隔候、不可有御等閑之儀候、殊盛(波多)連々可申承候、御同前可目出候、猶期後喜之時候、恐々謹言、

七月二日　盛賢

波多(興)下野守殿　御返報

七一

先日両度令申候之処、為御礼御懇被仰候、祝着之至候、仍御太刀一腰被懸御意候、歓悦候、次太刀一振令進入候、併表御祝儀計候、猶安国寺可有演説候、恐々謹言、

七月二日　盛賢

波多(興)下野守殿　御返報

七二

態以飛脚申入候、仍先代為使立石彦五郎罷渡候刻、以御取合肥州(松浦興信)江懸御目候、怡悦之至候、尤其後御礼可申入候之処、打続依繁多于今相滞候、聊以非心疎之儀候、猶連々可申承候之間、期後喜之時候、恐々謹言、

享禄三　八月十一日　盛賢

波多(盛)壱岐守殿　御宿所

同(興)下野守殿も同前、　同盛廉よりも此分にて候、

七三

態以飛脚令啓候、仍先代壱州江為使立石彦五郎渡海之刻、折節就御座以野州(波多興)御取合懸御目得御意候趣具被申誠祝着之由被存候、尤其後御礼可被申入候之処、打続依取乱于今遅滞候、聊非疎儀候、次太刀一腰令進覧候、併表空書計候、必直可被申入候間、令省略候、恐々謹言、

八月十一日　盛廉

松浦(興信)殿　参　御宿所

七四　雖未申通候以次用一行候、仍肥州(松浦興信)江以飛脚申入候、可然之様御取合頼存候、次弓一張白木令進之候、表御礼計候、猶連々可申承候之間、期後信之時候、恐々謹言、

八月十一日　盛廉

中山大蔵丞殿　御宿所

七五　家督之儀、雖早々可申入候、依遼遠遅滞非本意候、仍太刀一腰銀覆輪・鷹一連赤毛・犬一疋赤斑・虎皮一枚・花席二枚令進献之候、併表御祝儀計候、猶使僧清玄寺可令演説候、恐惶謹言、

享禄三　八月廿七日　平盛賢

謹上大友(義鑑)殿

礼紙アリ、

(田北氏注)対馬の宗氏は大友の麾下に在りし事右の文書により明らか也。大友氏より足利将軍家へしば〳〵献上せし虎の皮豹の皮の入手経路は朝鮮対馬より来りしものなり。

七六　就博多津公事之儀、臼杵安藝守(親連)方迄申候之処、以披露役聞入被分如前々被仰付候、誠畏入候、猶委細清玄寺可申候、恐惶謹言、

享禄亖　八月廿七日　平盛賢

謹上大友(義鑑)殿

(田北氏注)年号に享禄四と傍註せるは享禄三の誤ならんか。直前の文書と同年の文書なるべし。対馬と博多津間の便船往復の当時の事情を想像すれば同一日附の文書は同じ便船にて発送せるものと推定せらる。

七七

家督之儀、雖早々可申入候、依遠路相滞候、誠心外之至候、仍唯今以使僧令啓候、可然之様可預御取合候、次太刀一腰・照布一端・花席一枚令進入候、併表御祝儀計候、猶使僧清玄寺可申候、恐々謹言、

八月廿七日　　盛賢

臼杵安藝守(親連)殿　御宿所

七八

就博多津公事之儀、至豊州(大友義鑑)御礼申入候、万端御取合馮存候、委細使僧可申候、恐々謹言、

八月廿七日　　盛賢

臼杵安藝守(親連)殿　御宿所

七九

追而申入候、仍豊州江進覧候鷹事、乍聊爾預申候之処、御懇預御返事候、祝着之至候、併連々無御等閑候故候、猶期後喜之時候、恐々謹言、

同日　　盛賢

臼杵安藝守(親連)殿　御宿所

八〇

家督之儀、早々可申入候之処、依遠渡相滞候、慮外之至候、仍唯今以使僧申入候、可預御取合候、次太刀一腰・鷹一連 赤毛・花席二枚令進候、表祝儀計候、猶清玄寺可申候也、恐々謹言、

八月廿七日　　盛賢

臼杵次郎左衛門尉(長景カ)殿　御宿所

八一　雖未申入候以次企一行候、仍就博多津公事之儀、臼杵安藝(親連)守方迄申候之処、至豊州種々御取合之由承候、一段祝着之至候、弥於向後可申通候、猶使僧可達候之間、令省略候、恐々謹言、

八月廿七日　　盛賢

臼杵次郎(長景カ)左衛門尉殿　御宿所

八二　雖未申入候以次企一書候、仍就博多津公事之儀、臼杵安藝(親連)守方迄申入候之処、於豊州種々御取合之由承候、一段祝着之至候、於向後弥可申通候、次隼一赤毛・照布一端・花席一枚令進之候、聊表御祝儀計候、猶使僧可申候、恐々謹言、

八月廿七日　　盛賢

入田丹後(親廉)守殿　御宿所

紙ハミキヨウシヨ(御教書)ナリ、　カミハアツヤウ、

津久見備中(常清)守殿　油布一・紬一

同臼杵中務少輔殿　照布一・油布一

同臼杵内蔵助殿　油布一・紬一

同袋右衛門尉殿　油布一・紬一

同本庄新左(右述)衛門尉殿　油布一

同臼杵次郎(長景カ)左衛門尉殿　油布二

八三　家督之儀、雖早々可被申候、依遠渡申隔候、不本意候、仍以使僧被申入候、可然之様御取合奉頼候、次太刀一腰・犬一疋・紬二端進覧候、併表空書計候、委曲清玄寺可令演説候、恐々謹言、

享禄三　八月廿七日　　　盛廉

臼杵次郎(長景カ)左衛門尉殿　参　御宿所　　　カミハ厚様、

八四　就博多津公事之儀、藝州(臼杵親連)迄被申候之処、以御裁判落着仕候、誠本望之至候、仍直被申弥於向後可申承候、御同前所仰候、猶期後音時候之間、不能詳候、恐々謹言、

八月廿七日　　　盛廉

臼杵次郎(長景カ)左衛門尉殿　参　御宿所　　　カミ厚様、

同日　臼杵安藝守(親連)殿江　両通同前候、

八五　為先度藝州(臼杵親連)御使渡海候、御辛労候、仍豊州江為御礼使僧申付候、其堺事馮存候、殊鷹事申候之処、懇御届之由承祝着候、恐々謹言、

九月三日　　　盛賢

松田四郎兵衛尉殿　進之候、

御文言同前　成松余一左衛門尉殿　進之候、

八六　今度至豊州為御礼使僧被申付候、万御取合馮申候、猶清玄寺ニ申候、恐々謹言、

享禄三　九月三日　　盛廉

小田治部丞殿　御宿所

八七　先年雖鷹御所望候、其刻依無所持候、于今遅滞候、仍唯今鷹一聯大被進之候、猶連々可被申入候、恐々謹言、

享禄二　六月七日　　盛廉

杉三河守（興重）殿　参　御宿所

八八　其後者依遼遠申隔候、心外之至候、仍雖左道候虎皮壱枚令進覧之候、猶期後喜之時候、恐々謹言、

享禄二　六月七日　　盛賢

謹上　陶尾張入道（興房）殿　進覧之候、

礼紙アリ、折かけにてなし、

八九　稍久無音罷成候之条、唯今直申候、弥御入魂可為本懐之由得其心可申入候旨候、必奉期後音之時候間、不能詳候、恐惶謹言、

同六月七日　　盛廉

謹上　陶（興房）殿　進覧之候、

九〇　享禄二

陶（興房）殿江以飛脚被申入候、其境事万可預御取合之由可申候旨候、仍木綿端広貳端令進之候、併表御礼計候、恐

々謹言、

六月七日　盛廉

矢田備前守殿（義宣）　御宿所

九一

態以飛脚申入候、仍親述（田原）進退之儀、輙被任御所存之由其聞候、御本望之至候、尤早々可申入候之処、依遠路于今相滞候、心外候、猶期後喜之時候、恐々謹言、

六月十二日　盛賢

臼杵安藝守殿（親連）　御宿所

九二

去年令啓候之処、以顕孝寺被仰渡候、殊御太刀一腰・御刀一・鏃百・越布五端被懸御意候、祝着之至候、仍太刀一腰・虎皮一枚・豹皮一枚・照布三端・油布三端令進献之候、誠表御礼計候、恐惶謹言、

享禄二八月七日　平盛賢

謹上大友殿（義鑑）

九三

為去年之御礼唯今顕孝寺御渡海候、祝着之至候、可然之様可預御取合候、猶金龍西堂可有御達候、恐々謹言、

八月七日　盛賢

入田丹後守殿（親廉）

田北大和守殿（親員）

津久見備中守（常清）殿
田口伊賀守（親忠）殿　御返報

九四 為去年之御礼顕孝寺御渡海候、祝着之至候、仍御太刀一腰・袷面貳端給候、次太刀一振・鷹一聯大令進之候、
聊表御礼計候、猶連々可申候間、不能重言候、恐々謹言、
八月七日　盛賢
本庄新左衛門尉（右述）殿　御返報

九五 為去年御礼顕孝寺御渡海候、怡悦之至候、仍刀一荒実高田作賜候、次太刀一腰進之候、表御礼計候、恐々謹言、
八月七日　盛賢
吉岡左衛門大夫（長増）殿

九六 去年申入候之処、為御礼顕孝寺御渡海候、一段御丁寧之儀祝着之至候、弥甚深可得御意候、御取合頼存候、
猶重畳可申承候之条、不能一二候、恐々謹言、
八月七日　盛賢
臼杵安藝守（親連）殿　御返報

九七 先度被申入候之処、為御礼顕孝寺御渡海候、祝着之由被申候、御取合憑存候、仍去年対清玄寺御懇承候、於

拙者茂向後可得御意候、御入魂所仰候、此方相当人用(御カ)聊疎儀候、(不可有脱カ)猶重畳可申承候間、期後音之時候、恐々謹言、

八月七日　　盛廉

本庄新左衛門尉殿(右述)　御返報

九八

追而令申候、仍本庄新左衛門尉(右述)方鷹御所望之由承候、則申聞候、然者唯今鷹一連大被進之候、可預御心得候、就中彼御方博多津御取次之由示預候、如御意無御等閑可申承候、次御方江鷹一連被進之候、雖誠不甲斐候当時不有合候間如此候、猶連々可申入候条、不能一二候、恐々謹言、

八月七日　　盛廉

臼杵安藝守殿(親連)　参　御返報

袖書 尚々申入候、胸白之類此節無所持候間、乍存之由被申候、

九九

態以別通令啓候、仍今度従豊州(大友義鑑)被仰渡候御礼之趣相替已前候、如何御座候哉、乍恐藝州(臼杵親連)迄申入候、御心得奉頼候、委細顕孝寺可有御演説候、恐惶謹言、

享禄二　八月七日　　盛廉

臼杵安藝守殿(親連)　参　御宿所

享禄二　彦山福益坊御同宿御中　御返報　　うらハ御一字、

同日　彦山福益坊　参御同宿御中　御返報　盛廉

享禄五年

一〇〇　雖未申通候連々承及候之条態以使僧申候、尤屋形様(少貳資元)江直可令啓候之処、依不知案内無其儀候、次太刀一腰・鷹一連赤毛進之候、誠表祝儀計候、猶期後喜之時候、恐々謹言、

三月十七日　　盛賢

龍蔵(造)寺左衛門尉殿　御宿所

同

一〇一　追而申候、仍少貳(資元)御一家衆当時無御入魂候之由其聞候、如何候哉、任前々筋目無御等閑被仰談候者外聞実儀専一候、猶委細龍珠院可演説候、恐々謹言、

三月十七日　　盛賢

龍蔵(造)寺左衛門尉殿　御宿所

同

一〇二　雖連々可申通候、依遠渡無音罷成候、慮外之至候、尤御屋形様(少貳資元)江直可令啓候之処、依不知案内無其儀候、仍唯今龍蔵(造)寺方迄以使僧申候、弥彼方江御入魂可為肝要候、次太刀一腰令進入候、聊表御祝儀計候、猶龍珠院可申候、恐々謹言、

三月十七日　　盛賢

横岳彦四(郎)□殿(資誠)　御宿所

御うらハ皆アリ、

同

一〇三　雖未申承候以次企一行候、仍少貳(資元)御一家衆当時御隔心之由其聞候、自他以不可然候、被任前々筋目御入魂候者可目出候、次太刀一腰令進入候、聊表御祝儀計候、猶期後音之時候、恐々謹言、

三月十七日　盛廉

龍蔵寺(造)左衛門尉殿　御宿所

同

一〇四　其後者連々可申入候之処、依遼遠乍存罷過候、心外之至候、仍龍蔵寺(造)方迄(以)御使僧被申渡候、彼方無御等閑可被仰談事専一存候、次太刀一腰令進入之候、猶使僧可有演説候、恐々謹言、

三月十七日　盛廉

横岳(資誠)殿　参　御宿所

同

一〇五　自愛御慶千秋万歳雖申旧候猶更不可有尽期際限候、仍太刀一腰令進覧之候、誠表御祝儀計候、就中先年肥前江音信之儀可預御取合之由雖被仰候、当時依取乱無其儀候、然者唯今龍蔵寺(造)方迄以使僧被申候、其堺事乍惶可奉頼之由被存候、猶彼使可有演説候、恐々謹言、

三月十七日　盛廉

臼杵安藝守(親連)殿　参　御宿所

一〇六

享禄五

如仰未申通候之処、就御造営之儀材木事承候、此方柏木事雖難有合候申付可進之候、仍御巻数一合并五種給候、祝着之至候、次照布二端・油布一端・紬二端令進之候、聊表御祝儀計候、恐々謹言、

三月十九日　　　　盛賢

筥崎宮　（按）梅察法眼御房　御返報

一〇七

同

就御造営之儀材木事承候、比方柏木事雖難有合候、涯分相尋可進之由被申候、仍御巻数并五種以注文給候、怡悦之至候、雖軽微候木綿六端端広令進之候、併表御祝儀計候、恐々謹言、

三月十九日　　　　盛廉

筥崎宮　（按）梅察法眼御房　参　御返報

一〇八

享禄五

如仰当年御嘉祥雖早々可申入候、依繁多于今申後候之処、重而預御音問候、殊御刀一腰・御太刀一振・雁俣一手・御樽・肴以御注文被懸御意候、祝着之至候、次太刀一腰・照布一端令進入候、併表御祝儀計候、必自是可申入候、恐々謹言、

四月廿四日　　　　盛賢

臼杵安藝守（親連）殿　御返報

一〇九　追令啓候、仍鷹御望之由兵部少輔(宗盛廉)迄被仰渡候由申聞候、現来候之間、巣鷹一令進入候、御秘蔵候者所仰候、恐々謹言、

四月廿四日　盛賢

臼杵(親連)安藝守殿　御返報

一一〇　就高麗人帰国御渡船之儀被仰付候、無相違来朝珍重候、仍御太刀一腰長光被懸御意候、畏入候、同一振令進献之候、聊表御祝儀計候、恐惶謹言、

七月廿一日　平盛賢

謹上大内(義隆)左京大夫殿　礼紙、折かけ、

一一一　就高麗人帰国之儀御渡船事被仰渡候、得其心候、然者無事来朝目出候、猶兵部少輔(宗盛廉)可申候之間、不能詳候、恐々謹言、

七月廿一日　盛賢

謹上陶(興房)尾張入道殿　進覧之候、

一一二　就高麗御渡船之儀被仰渡候之趣申聞候、然者船役事得其心候、定而奥左衛門大夫方可被申間、猶期後喜之時候、恐惶謹言、

七月廿三日　盛廉

謹上陶（興房）殿　進覧之候、

一一三

就高麗人還国之儀御船被仰付候、無恙帰朝千秋万歳候、猶奥左衛門大夫方可被申間、令省略候、恐惶謹言、

七月廿三日　　盛廉

謹上陶（興房）殿　進覧之候、

一一四

豊州（大友義鑑）御儀絶之由風説申候、如何御座候哉、無御心元候之間、急度以飛脚被申候、此等之由可預御取合候、可得御意候、恐惶謹言、

八月廿八日　　盛廉

謹上陶（興房）殿　進覧之候、

一一五

御両家（大友・大内）御儀絶之由風説申候、如何御座候哉、無御心元候条、急度以飛脚被申候、尤豊州（大友義鑑）江雖可被申候先以令啓候、可預御取合候、定而可為御案内中候之間、猶奉期後喜之時候、恐々謹言、

八月廿八日　　盛廉

臼杵安藝守（親連）殿　御宿所

一一六

豊州（大友義鑑）御儀絶之由風説申候、就夫至防州（大内義隆）飛脚被申付候、同杉豊後守（興連）殿江被申候、然者其堺往還事馮存候、猶重而可申承候之間、不能詳候、恐々謹言、

八月廿八日　　　　盛廉

山鹿治部少輔殿　御宿所

一一七　為御祝儀預御使僧候、殊御太刀一腰国吉・御腹巻一領肩赤毛黒革被懸御意候、過当之至候、次太刀一振・鷹一聯赤毛勝(時ヵ)・照布拾端・油布拾端・虎皮壱枚・豹皮壱枚令進覧之候、猶大通寺可有演説、恐惶謹言、

天文元十一月十三日　　　　平盛賢

謹上大内左京大夫殿(義隆)

一一八　至豊筑欲出張之由預御札候、如何御座候哉、猶陶方江(興房)令啓候之条、令省略候、恐惶謹言、

十一月十三日　　○差出書ナシ、

謹上大内左京大夫殿(義隆)

一一九　至豊筑欲出張之由示預候、如何御座候哉、乍恐御調儀肝要候、定而可被得御勝利候之条、猶重而可申入候、恐々謹言、

十一月十三日　　　　盛賢

謹上陶尾張入道殿(興房)　進覧之候、

一二〇　御尊書謹令拝見候、抑御太刀一腰長則拝領忝候、仍太刀一振令進献之候、此由可預御披露候、恐惶謹言、

十一月十五日　　兵部少輔盛廉
謹上陶(興房)尾張入道殿

一二一
就大通寺御渡海被成下御直書候、仍御太刀一腰長則拝領過分之至候、次太刀一振令進献之候、此等之趣可預御披露候、恐惶謹言、
十一月十五日　　盛廉
謹上陶(興房)尾張入道殿

一二二
去々年被申入候之間、為其御礼以大通寺被仰渡候、御丁寧之儀直申候、仍太刀一腰□(文字不明、読メズ)被懸御意候、祝着之至候、次太刀一振令進覧之候、併表御礼計候、将亦至豊筑欲出張之由示賜候、乍恐御調儀可為専一候、猶重々可令啓候之条、期後音之時候、恐惶謹言、
十一月十五日　　盛廉
謹上陶(興房)殿　進覧之候、

一二三
去々年令申候之処、預御使僧候、仍御太刀一腰国吉・御腹巻一領肩赤毛黒革過分之至候、此等之趣可預御取合候、恐々謹言、
十一月十三日　　盛賢
謹上陶(興房)尾張入道殿　進覧之候、

一二四　為御祝儀以大通寺被仰渡候、仍御太刀一腰・織物二端共赤給候、祝着之至候、次太刀一振・鷹一連勝(瑞カ)・照布五端・豹皮一枚・花席三枚令進入候、猶期後喜之時候、恐々謹言、

十一月十三日　　盛賢

謹上陶尾張(興房)入道殿　進覧之候、

一二五　先日申入候之処、御懇示預候、仍薫貝二貝給候、恐悦之至候、次油布一端令進入候、猶連々可申承候条、期後音候、恐々謹言、

十一月十三日　　盛賢

杉三河守(興重)殿　御返報　　礼紙ハナシ、

天文元年

一二六　御両家御執逢之由、任風説以飛脚被申入候喜、仍今度就便宜預御札候、尤其以後可被申通候之処、依海上不如意無其儀候、随而貴家・少貳家以筋目被仰談之由承候、其趣則各江申候、祝着存候、然者従豊府可仰渡之由示預候、必申合可致御報候、次従山口使僧渡海連々儀候、可有御察候、猶重可令啓候之条、令省略候、恐々謹言、

十二月六日　　盛廉

臼杵安藝守(親連)殿　参　御返報

一二七
態以飛脚被申候、其境之儀如何御座候哉承度候、仍御弓矢之儀尤同心候、然者此刻致出張雖可得御意候、各不知案内候之条、無其儀候、必可令啓候、将又雖些少至候弓拾張白木・木方千被進之候、此之由能々可申入之旨候、恐々謹言、
天文元　十二月十六日　盛廉
臼杵安藝守(親連)殿　参　御宿所

一二八
天文二年
尤雖可令啓札候先貴所迄令申候、必重而可申入候、此等之由可預御心得候、恐々謹言、
二月廿日　盛賢
謹上　陶尾張入道(興房)殿

一二九
同年同日
去年以飛脚申入候之処、預御取合候、祝着之至候、尤厥後雖可令啓候、依海路相滞候、心外候、然者御出陣御辛労之段察存候、仍御弓矢之儀如何御座候哉、為可承唯今令申候、定而可被得御勝利候之間、期後喜之時候、恐々謹言、
二月廿日　盛賢
謹上　陶尾張入道(興房)殿　進覧之候、

一三〇

同年同日

去年以飛脚申入候処、尤厥後可申入候之処、依遠渡相滞候、心外之至候、然者御弓矢之儀如何御座候哉、為可承唯今令申候、定而可被得御勝利之間、猶期後音之時候、恐々謹言、

二月廿日　　　　盛賢

杉豊後守殿(興運)　御宿所

一三一

同年

御出張之儀、尤厥後可被申候之処、依遠渡申隔候、仍御弓箭之儀為可承直申候、必御勝利之段重畳可被申候之条、令省略候、恐々謹言、

二月廿日　　　　盛廉

謹上陶殿(興房)　進覧之候、

一三二

同年

去年以飛脚被申候処、尤其後雖可被申入候、依遠境相隔候、仍御弓矢之儀為可承直申候、必御勝利之段重畳可被申候、恐々謹言、

二月廿日　　　　盛廉

杉豊後守殿(興運)　御宿所

一三三　態預御音信候、仍御榼以注文給候、祝着之至候、次雖軽微候木綿弐端端広令進入候、併御祝計候、猶連々可申承候之条、期後音候、恐々謹言、
天文二　三月廿日　　盛賢
小金丸大和守殿　御返報

一三四　就幸便預御音問候、祝着之至候、仍近々可有御出張之由承候、大慶候、至豊府必可申入候、殊松田加賀守方渡海候而委細承候、其堺之時色于今如何御座候哉、承度候、定而可被得御勝利候間、猶重々可申入謹候、恐々謹言、
天文二　九月十九日　　盛賢
臼杵安藝守殿（親連）　御返報

一三五　伊勢大神宮大橋為勧進十穀渡海候、従前々如此之方者至当嶋無許容候、於後々可為御心得候、定而彼聖悦可被申候、恐々謹言、
天文三年四月二日　　将盛
杉弾正忠殿（興運）　御返報

一三六　伊勢大神宮大橋建立本願沙門十穀御渡海候、加様之方者従前々至当嶋無許容候、乍恐御存知之前候、於已後雖自何方被仰候渡海事被仰付間敷候、馮存候、連々無御等閑申承候之間、為御心得令申候、恐々謹言、

四月二日　　将盛

波多壱岐守（盛）殿　御返報

一三七　就御進退之儀頼周（馬場）・家兼（龍造寺）同各江被申入候、可然之様可被仰談之条専一候、猶龍珠院可有演説候、恐々謹言、

享禄五　八月廿六日　　盛廉

横岳（資誠）殿　参　御宿所

一三八　就好便預御書信候、祝着之至不少候、雖連々可申入候依不知相過候、仍為横岳資誠御山中之儀被申渡候、万端可然之様御裁判肝要候、次太刀一腰進覧候、聊空書之御礼計候、恐々謹言、

同八月廿六日　　盛廉

馬場（頼周）殿　参　御宿所

一三九　先日者申入候之処、御音問御懇之至候、仍就横岳資誠御進退之儀被申入候、万端可然之様不可過御取合候、次太刀一腰令進之候、聊御礼計候、恐々謹言、

同八月廿六日　　盛廉

龍造寺山城守（家兼）殿　御宿所

一四〇　態以使僧令啓候、仍就豊筑御弓箭之儀御発足之由□（其）聞候、殊被任御勝利之由承候、千秋万歳候、随而太刀一

腰一文字覆輪金・弓廿張白木・虎皮一枚・照布五端・花席二枚令進献候、併表御祝儀計候、猶使僧西山寺可令演説候、恐惶謹言、

天文二　四月十一日　平盛賢

謹上大内（義隆）右（左）京大夫殿

一四一

去年陶方迄以飛脚令申候之処、預尊札候、誠珍重之至候、猶重々可申入候之条、令省略候、恐惶謹言、

同年　四月十一日　平盛賢

謹上大内（義隆）右（左）京大夫殿

一四二

態以使僧令申候、仍豊筑災異之儀被任御所存候、殊立花（少貳資元）落城之由承候、一段御大慶奉察候、次太刀一腰・照布三端・弓十張白木・豹皮一枚・花席二枚令進入候、聊表御祝儀計候、猶西山寺可令演説候間不能詳候、恐々謹言、

同年　四月十一日　盛賢

謹上陶（興房）尾張入道殿　進覧之候、

一四三

態以使僧至長州御陣所令申候、可預御取合候、仍豊筑御弓矢之儀被任御所存候、殊立花（少貳資元）落城之由承候、御祝着察存候、次太刀一腰令進入候、併御祝儀計候、猶西山寺可申候、恐々謹言、

同年　四月十一日　盛賢

飯田石見守（興秀）殿　御宿所

一四四　去年以飛脚令申候之処、以御取成預御直書候、一段本懐之至候、不始于今御懇志難謝候、弥御入魂可目出候、委細兵部少輔（宗盛廉）可申候、恐々謹言、

同年　四月十一日　　　盛賢

謹上　陶尾張入道（興房）殿　進覧之候、

一四五　就豊筑御弓矢之儀、義隆（大内）御発足之由承及候、殊被任御勝運候由其聞候、千喜万悦候、次太刀一腰・油布二端令進入候、誠御祝儀計候、委細使僧可申候、恐々謹言、

同年　四月十一日　　　盛賢

杉三川守（興重）殿　御宿所

一四六　両度以飛脚申入候処、御懇之通祝着之至候、仍豊筑御弓矢之儀被任御所存候由承候、目出候、次太刀一腰・油布三端令進之候、御祝儀計候、委細使僧可申候、恐々謹言、

同年　四月十一日　　　盛賢

杉豊後守（興運）殿　御宿所

一四七　去年大通寺為御使被仰渡候、尤早々雖御礼可申入候、依遼遠遅候、非本意候、此条御取合頼存候、恐々謹言、

同年　四月十一日　　盛賢

謹上陶尾張（興房）入道殿　進覧之候、

一四八

能以使僧被申入候、仍豊筑御弓箭之儀被任御勝運候、殊立花（少貳資元）落城之由承及候、御本望乍恐奉察候、可然之様

可預御取合候、次太刀一腰令進覧候、併表御祝言計候、委細可有演説候、恐惶謹言、

天文二　四月十一日　　盛廉

謹上陶殿　進覧之候、

杉三川守（興重）殿

杉豊後守（興連）殿　へも此文章にて候、

一四九

態以使僧申入候、仍不慮御出退（来）併当時御武略候哉、無余儀候、尤其以後雖可申入候、依往還不輒候于今相滞

候、誠心外之至候、早々可被遂御本意候之条、必御祝言可申入候、猶期後喜之時候、恐々謹言、

天文二　七月十一日　　盛賢

臼杵安藝守（親連）殿　御宿所

一五〇

雖尤直可令啓入候其堺不知案内候之間先貴殿迄申入候、此等之趣至豊府（大友義鑑）御取合憑存候、猶御勝利之儀重畳可

令（申脱）之条、令省略候、恐々謹言、

同年　七月十一日　　盛賢

臼杵安藝守(親連)殿　御宿所

一五一

去春以使僧令申候処、御懇示預候、祝着之至候、仍先度如申入候御一家衆無御等閑可被仰談候、専一候、就中資誠(横岳)当時山中之由其聞候、不思案之故言語道断之次第候、併筋目之儀候之間、可然之様被遂御披露、以御取合本地安堵候者可目出候、猶彼使可申候、恐々謹言、

同年　七月十一日　　盛賢

龍造寺山城守(家兼)殿　御宿所

一五二

御両家御執逢之儀雖早々可申入候、依往還不輙候于今相滞候、心外候、仍豊州(大友義鑑)無二被仰合候之由其聞候、尤可然候、弥御入魂肝要候、必御勝運之儀重而可申候、恐々謹言、

同年　同日　　盛賢

龍造寺山城守(家兼)殿　御宿所

一五三

先度令啓候之処、預御懇報候、祝着之至候、仍御進退之通細砕承候之間、重而以使僧家兼(龍造寺)同各へも申候、定而可被成其分別候哉、弥御思案可為肝要候、兼又御両家御弓矢之儀、雖早々可申入候依往還不輙候遅候、心外候、殊豊州(大友義鑑)御入魂尤可然候、猶龍珠院可令申候、恐々謹言、

同年　七月十一日　　盛賢

横岳右馬頭（資誠）殿　御宿所

一五四　未申通候之処、去十三日預御音問候、芳悦之至候、仍資誠（横岳）当時山中之由承候、不思案候故候ハん、併筋目之儀候間、可然之様被仰談本地安堵候者可為本懐候、家兼（龍造寺）江茂此由申候、御同前馮存候、就中御両家御弓箭之儀、雖早々可申入候、依往還不輙候于今遅候、慮外之至候、弥豊州（大友義鑑）無二御入魂尤可然候、猶龍珠院可申候、恐々謹言、

同年　七月十一日　　盛賢

江上孫六殿　御宿所

一五五　先度龍造寺（家兼）方江以使僧申候折節預御音問候、祝着之至候、殊御一家中之儀委細承候、不及是非候、雖然無二可被仰談事専一候、就夫資誠（横岳）当時山中之由承候、無思案之動故候、併筋目之儀候之間、以御取合本地安堵候者可目出候、家兼（龍造寺）江茂此由申候、為御心得候、将亦先年盛治（宗）以不慮之企渡海候、外聞実儀言語同断（道）候、然処御屋形（少弐資元）各無御存知之由承候、更不及分別候、無曲迄候、此之段何江茂雖申度候、先貴所迄申入候、次御両家御弓矢之儀、雖早々可申入候、通路不輙候間于今遅候、心外之至候、弥豊州（大友義鑑）御入魂可為肝要候、猶龍珠院可申候、恐々謹言、

同年　七月十一日　　盛賢

馬場肥前守（頼周）殿　御宿所

一五六　未申通候之処、去十三日預御書信候、祝着之至候、雖連々可申入候、依不知案内打過候、心外無佗候、仍就横岳資誠御山中之儀唯今御使僧被申渡候、万端不可過御取合候、猶委細龍珠院可被申候、恐々謹言、

同年　七月十一日　　盛廉

馬場肥前守(頼周)殿　御宿所

一五七　態以使僧令啓候、尤雖連々可申入候、依遼遠罷過候、心外之至候、聊非疎意候、仍御弓矢之儀如何御座候哉、遠方事候之間、実否無分明候、定而可被成御退治候之条、千秋万歳候、次太刀一腰(金覆輪)・豹皮一枚・照布三端令進猷候、併表御祝儀計候、猶龍珠院可令演説候、恐惶謹言、

壬正月十一日　　刑部少輔将盛

謹上大友(義鑑)殿

一五八　態以使僧令啓候、仍去年龍造寺山城守(家兼)方江企音問候之処、御尊札拝領過分之至候、尤雖連々可令申候、依当嶋慮外之儀出来候、于今不任所存候、聊非疎意候、就中御弓箭之儀如何御座候哉、遠方事候之間、実否不分明候、定而敵可被加御退治候之条千秋万歳候、次太刀一腰・照布三端・花席一枚令進猷候、併表御祝儀計候、猶龍珠院可申候、恐惶謹言、

壬正月十一日　　将盛

謹上少貳(資元)殿　進覧之候、

一五九　態令申候、仍屋形様（少貳資元）江唯今令啓候、万御取合憑存候、尤連々可令啓候之処、近年者依当嶋不慮之取乱出来候
無音罷成候、心外候、兼亦御弓矢之儀如何御座候哉、遠方事候間、実否無分明候、定而敵可被成退治候之条
目出候、次太刀一腰進入候、誠御祝儀計候、恐々謹言、

壬正月十一日　　将盛

引物ハつむき一たん

馬場肥前守（頼周）殿　御宿所

引物ハ太刀一腰

龍造寺山城守（家兼）殿　御宿所

江上右衛門太夫殿へも此分ニて候、引物太刀一腰、

一六〇　態申入候、其後無音罷成候、心外之至候、仍御弓矢之儀如何御座候哉、依遠渡実否不分明候、定可属御勝利
候之間目出候、就夫唯今豊州（大友義鑑）江令啓候、其堺事万御取合憑存候、此前度々令申候喜、於豊府御披露候哉、次
油布一端・紬一端令進入候、併表御祝儀計候、猶龍珠院可演説候、恐々謹言、

壬正月十一日　　将盛

臼杵安藝守（親連）殿　御宿所

一六一　態令申候、其後者無音罷成候、心外之至候、仍御弓矢之儀如何御座候哉、遠方事候之間、実否不分明候、定

而可属御勝利候之条目出候、次太刀一腰・照布三端令進覧候、聊表御祝儀計候、猶期後喜之時候、恐々謹言、

壬正月十一日　　将盛

謹上陶尾張（興房）入道殿　進覧之候、

一六二

態申候、其已後者無音罷成心外候、仍唯今以使僧令啓候、御取合憑存候、臼杵安藝守（親連）方江者連々申入候之間、定而可有御披露候哉、次太刀一腰令進候、誠表御祝儀計候、猶彼使可申候、恐々謹言、

壬正月十一日　　将盛

本庄（右述）新左衛門尉殿　御宿所

臼杵（鑑続）三郎右衛門尉殿　御宿所

引物ハ油布一端・紬一端、

一六三

態被申候、其後者細々可被企音問候之処、依遼遠無音候、心外之至候、仍長々御在陣御辛労之段乍恐奉察候、定而可為御案中候之間大慶候、次太刀一腰令進覧之候、聊表御礼計候、恐惶謹言、

壬正月十一日　　盛廉

謹上陶（興房）殿　進覧之候、

一六四

態以使僧被申候、尤連々可被申入候之処、近（已カ）前如申候依当嶋慮外之取乱無其儀候、聊非疎意候、仍御弓箭事如何御座候哉、遠方候之間、実否無分明候、弥御調儀肝要候、定而可属御案中候之条大慶候、猶期後喜之時

候、恐々謹言、

壬正月十一日　　盛廉

（頼周）
馬場殿　参　御宿所

（家兼）
龍造寺山城守殿　御宿所

一六五　態被申入候、其後者細々可被申入候之処、依遼遠無音候、心外之至候、仍御弓矢之儀如何御座候哉、遠方事候之間、実否無分明候、乍恐弥御調儀肝要候、定而可属御案中候、大慶候、就夫豊州（大友義鑑）江直申候、御取合馮存候、猶期後喜之時候、恐々謹言、

壬正月十一日　　盛廉

（親連）
臼杵安藝守殿　参　御宿所

一六六　態以使僧被申入候、尤雖連々可被令啓候、依遼遠申隔候、心外之至候、然者臼杵安藝守（親連）方江者度々被申候喜、定而御披露候哉、万端御取合頼存候、次太刀一腰令進入候、聊表空書計候、猶期後音之時候、恐々謹言、

壬正月十一日　　盛廉

（右述）
本庄新左衛門尉殿　御宿所

（鑑続）
臼杵三郎右衛門尉殿　御宿所　引物ハ候ハす候、

一六七　当年之御慶珍重々々、雖申事旧候猶以日新不可有尽期候、仍太刀一腰末行覆輪金・虎皮一枚・照布五端・油布五

端・花席二枚令進献候、併表御祝儀計候、恐惶謹言、

天文三年六月廿四日　　刑部少輔将盛

謹上大内左京太夫殿（義隆）

一六八 其後尤雖可令啓候、依遼遠罷過候、心外之至候、殊御弓箭之儀属御案中之由承候、目出候、猶期後喜之時候、恐惶謹言、

六月廿四日　　刑部少輔将盛

謹上大内左京太夫殿（義隆）

一六九 其後雖可令申候、依遠境罷過候、心外之至候、仍長州御陣江令啓候、可預御取合候、就中御弓矢之儀属御案内之由承候、目出候、次太刀一腰進覧之候、猶期後喜之時候、恐々謹言、

同六月廿四日　　将盛

謹上陶尾張入道殿（興房）　進覧之候、

一七〇 其後者不令啓候、誠心外之至候、尤雖連々可被申候、依遼遠無其儀候、仍御弓箭属御案中之由其聞候、大慶此節候、随而至長州直令啓候、御取合奉頼候、次太刀一腰令進覧之候、万端奉期後喜之時候、恐惶謹言、

同四月廿四日　　盛廉

謹上陶殿（興房）　進覧之候、

杉参川（興重）守殿　御宿所　両所同文章、

一七一

態以飛脚令申候、仍其後無音罷過候、心外之至候、殊於松浦御長陣御辛労察存候、尤雖細々可被申入候、依遠渡無其儀候、聊非疎意候、然者御両家御弓矢之儀如何候哉、大底雖風説候無実否候、相替子細候者可被仰渡候、弥其堺之時色（宜カ、下同ジ）可然之様ニ御調儀肝要候、無申迄候、就中盛（波多）・武（波多）若御座候間、諸篇可被仰談事可目出候、恐々謹言、

八月二日　将盛

波多下野（興）守殿　御宿所

一七二

其後者無音罷過候、慮外之至候、殊於松浦御長陣御辛労察存候、尤雖細々可申入候、依遼遠無其儀候、聊非疎意候、然者御両家御弓矢之儀如何候哉、大底雖風説候無実否候、相替子細候者可被仰渡候、弥其堺之時色可然之様御調儀肝要候、猶重々可申承候間、期後喜之時候、恐々謹言、

八月二日　将盛

波多壱岐（盛）守殿　御宿所

一七三

其後雖可申入候、遠渡候之条罷過候、慮外之至候、仍長々御在陣御辛労之段察存候、次太刀一腰・草氈二端令進入候、猶期後喜之時候、恐々謹言、

六月廿四日　将盛

杉(興運)弾正忠殿　御宿所

一七四

態以使僧令申候、仍御弓箭被任御案中御開陣千喜万悦候、尤雖早々御礼可申入候、依遠渡申後候、心外之至候、次太刀一腰・照布三端・油布二段令進覧候、併表御祝儀計候、猶兵部少輔(宗盛廉)可申候、恐々謹言、

三月五日　将盛

謹上陶(興房)尾張入道殿

一七五

就御開陣以使僧直申候、千秋万歳候、尤御祝言則可申入候之処、依遼遠罷過候、非本意候、仍太刀一振・照布二端・花席二枚令進覧候、誠表空書計候、猶龍女院可申候、恐惶謹言、

三月五日　盛廉

謹上陶(興房)殿　進覧之候、

一七六

追令啓候、去年内野孫兵衛方為飛脚申付候喜、然者於博多津興浜慮外之儀出来候処、以御下知無為帰嶋仕候、不始于今御芳情一段畏入之由申候、猶委細龍雲院可被申候、恐惶謹言、

三月五日　盛廉

謹上陶(興房)殿　進覧之候、

天文四年

一七七　態以使僧令啓札候、仍御開陣之御礼雖早々可申入候、依遼遠延引、非本意候、随而太刀一腰覆輪金国友・鷹一連赤毛・豹皮一枚令進献候、聊表御祝儀計候、恐惶謹言、

八月六日　　刑部少輔将盛

謹上大内左京大夫殿（義隆）

一七八　就御開陣之儀唯今以使僧令啓候、可然様御取合頼存外無他候、猶龍女院可令演説候、恐々謹言、

八月六日　　将盛

謹上陶尾張入道殿（興房）　進覧之候、

一七九　態以使僧申入候、仍以御開陣之御礼尤早々可被申候之処、依遠渡遅滞、心外之至候、次太刀一腰・鷹一連赤毛・照布三端進覧之候、併表御祝儀計候、恐々謹言、

八月六日　　将盛

謹上陶尾張入道殿（興房）　進覧之候、

一八〇　其以後者無音相過候、仍御開陣之御礼早々可申入候之処、依海路相滞候、心外之至候、次太刀一腰・油布三端令進入候、猶連々可申承候之間、不能重言候、恐々謹言、

八月六日　　将盛

杉三川守殿（興重）　御宿所

一八一　其後者無音相過候、仍御開陣之御礼雖早々可申入候、依遠路相滞候、心外之至候、次太刀一腰・油布二端令進入候、猶連々可申承候之条、不能重言候、恐々謹言、

八月六日　将盛

杉弾正忠殿（興運）　御宿所

一八二　就御開陣之御祝儀直申候、可然様御披露奉頼候、尚委細使僧可達候、恐惶謹言、

八月六日　盛廉

謹上陶殿（興房）　進覧之候、

一八三　為御開陣之御礼雖早々可申入候、依遠境于今相隔候、聊非疎儀候、次太刀一腰・豹皮一枚・小数里二端令進覧之候、併表御祝儀計候、恐惶謹言、

八月六日　盛廉

謹上陶殿（興房）　進覧之候、

一八四　御開陣之御礼早々可申入候之処、依遠路相過候、心外之至候、聊非疎儀候、仍直申候、可然之様御取合頼存候、次太刀一腰令進入候、併表御祝儀計候、猶彼使僧可申候、恐々謹言、

八月六日　盛廉

杉三川守殿（興重）　御宿所

一八五
御開陣之御礼早々可申入候之処、依遠境相隔候、心外之至候、聊非疎意候、仍直申候、次太刀一腰令進入候、併表御祝儀計候、恐々謹言、
八月六日　盛廉
杉弾正忠（興運）殿　御宿所

一八六
追而令申候、仍於御（衍カ）分領内高麗人漂流仕候由被仰渡候、可然存候、就其可被懸御意之由承候、此前度々従大内家雖御渡候然々用不申候、殊加様之者者千人万人失候共不闕事之由返疏乗渡候無用之由被申候、得其心候、然者旧冬於五嶋高麗人流着候、此方へ雖可被渡之由承候以其故斟酌申候、併無御等閑申承候之条、依御返答重而可申入候、恐々謹言、
三月十五日　将盛
波多壱岐守（盛）殿　御宿所
天文五年六月二日

一八七
態申入候、仍五郎（陶晴賢）殿御家督之儀千喜万悦候、尤早々可申入候之処、依遠方令遅々候、非本意候、次太刀一腰・鷹一連・照布五端進覧候、誠表御祝儀計候、尚委細東岸寺可申候、恐々謹言、
（六カ）四月二日　将盛
謹上陶尾張入道（興房）殿　進覧

一八八　追令申候、任御代々筋目預御取合候、于今不相替可得御意之由五郎(陶晴賢)殿江令申万端頼存候、尚重畳可申通候之間、不能詳候、恐々謹言、

六月二日　　将盛

謹上　陶尾張(興房)入道殿　進覧之候、

一八九　御家督之儀千秋万歳候、尤雖早々可申入候、依遠渡令遅之候、心外之至候、仍太刀一腰則包、覆輪銀・鷹一連赤毛・虎皮一枚進覧之候、併表御祝言計候、尚委細東岸寺可申候、恐々謹言、

六月二日　　将盛

謹上　陶五郎(晴賢)殿　進覧之候、

一九〇　追而令申候、御代々任筋目預御取合候、于今不相替可得御意候、御指南馮存候、猶連々可申候之間、不能重言候、恐々謹言、

六月二日　　将盛

謹上　陶五郎(晴賢)殿　進覧之候、

一九一　五郎(陶晴賢)殿御家督之儀千秋万歳目出候、尤雖早々可申入候、依遠方令遅之候、聊非疎意候、仍太刀一腰・照布二端・花席二枚令進覧之候、誠表御祝儀計候、尚重畳可得御意候、恐惶謹言、

六月二日　　盛廉

謹上陶尾州江　陶（興房）殿　進覧之候、

一九二　追而令啓候、御代々任筋目預御取合候、于今不相替可得御意之由直申候、弥御指南奉頼候、猶重畳可申入候之間、令省略候、恐惶謹言、

六月二日　　盛廉

謹上尾州江　陶（興房）殿　進覧之候、

一九三　御家督之儀千秋万歳目出候、尤雖早々可申入候、依遼遠令遅滞候、聊非本意候、仍太刀一腰銀覆輪・照布二端・油布一端・花席二枚令進覧候、誠表御祝儀計候、猶連々可得御意候、恐惶謹言、

六月二日　　盛廉

謹上陶（興房）殿　進覧之候、

一九四　追而令啓候、御代々任筋目預御取合候、于今不相替可得御意之由直申候、弥御指南奉頼候、尚重畳可申入候之間、令省略候、恐惶謹言、

六月二日　　盛廉

謹上陶（興房）殿　進覧之候、

〇コノ文書、一九二号文書ト重複ス、

一九五　就当社御造営材木之儀承候、則申聞候、相替此前然々たる木無御座候、雖然内殿之柱弐本可被進之由候、御

望之木無御座候、自然桃（文字不明、シバラク字形ノ似タル此字ヲ充ツ）木なとハ可有候、依御返事可得其心候、巨細猶彼御使可被申候、恐々謹言、

天文五年二月十二日　　盛廉

箱崎宮按察法眼御房御同宿御中

彼柱与良郡ニ一本、佐護郡ニ一本、以上貳本也、

一九六

就八幡宮御造営之儀重而預音信候、然者材木事先日如申入候、内殿之御柱二本彼御使渡進之候、定而可被申候、仍御樽・五爪送給候、祝着之至候、次木綿三端端広進入候、表御礼計候、恐々謹言、

天文五年六月廿八日　　将盛

筥崎宮按察法眼御房　御返報　　御うらはみなあり、

一九七

就御造営之儀材木事重而承候、先日如申入候柱貳本可進之由被申候処、只今三本と承候、聊非其儀候、此前如申柱弐本栢槻彼使ニ被渡進候、然者以御註文材木事承候、先度如申入候此方材木難儀候間、不被御用立候、心外之至候、仍御樽・五爪被懸御意候、芳悦不少候、次木綿二端端広令進入候、誠表空書計候、恐々謹言、

六月廿八日　　盛廉

筥崎宮按察法眼御房　参　御報

一九八

天文五年九月廿七日

態預御使僧候、祝着之至候、仍御太刀一腰・切付一具青漆被懸御意候、次太刀一振・油布二端進入候、□意

之至候、併表御祝儀計候、恐々謹言、

九月廿七日　　盛廉

山鹿治部丞殿

一九九

漂流人十一人之□渡被懸御意候、誠不存寄之儀、芳情之至候、併加様之類不可許容之由従彼国連連申渡候、就其斟酌候、雖然御丁寧之条懸御意候、猶委細御使僧可被達候、必々自是可申入候之間、期後音之時候、恐々謹言、

九月廿七日　　盛廉

山鹿治部丞殿　御報

二〇〇

追而令申候、御領内五郎三郎就漂流人之儀他出之由御使僧被仰候、於其者還住之儀可被仰付事肝要候、委曲御使江申候之間、不能重言候、恐々謹言、

九月廿七日　　盛廉

山鹿治部丞殿　御宿所

二〇一

先日漂流人渡被懸御意候、一段御芳情難謝候、尤雖早々可申入候、依海路無其儀候、心外之至候、猶向後者得御意候、弥可申承候、御同前可為本懐候、委細醴泉軒可申候条省略候、恐惶謹言、

十一月三日　　盛廉

山鹿治部丞殿　御宿所

二〇二　其後無音罷過候之条、唯今以使僧申入候、仍鷹一連幷木綿百端端広令進入候、誠表空書計候、猶期後喜之時候、恐々謹言、

十一月三日　盛廉

山鹿治部丞殿　御宿所

二〇三　天文六年、御教書、立文、礼紙アリ、

御尊札誠畏悦之至候、仍御太刀一腰巻行・腹当一領茶糸也甲同毛被懸御意候、過分之至候、次太刀一振長光・段子五端地朋黄、紋赤、地朋黄、紋茶、唐茶、浅黄、二端・照布十端・虎皮一枚・花席三枚令進献之候、猶明月庵可有御申候、恐惶謹言、

三月五日　刑部少輔将盛

進上大宰（大内義隆）大貳殿

二〇四　小文

就御唐船之儀預御札候、聊不可有疎意候、仍御太刀一腰吉行給候、次太刀一振国宗令進献候、併表御祝儀計候、恐惶謹言、

三月五日　刑部少輔将盛

進上大宰（大内義隆）大貳殿

二〇五

御教書、立文、是ハ謹上書ナク候、

〔御鷹之事承候、当時無所持候之間、乍存心外之至候、必態可令啓上候、猶明月庵可被仰達候、恐惶謹言、〕

三月五日　刑部少輔将盛

進上大宰大貳(大内義隆)殿

二〇六

御教書、立文、礼紙アリ、

為御礼預御使僧候、畏悦之至候、仍御太刀一腰・御具足一領腹当・同毛甲給候、目出候、此等之次第可預御取合候、恐々謹言、

三月五日　将盛

謹上陶五郎(晴賢)殿　進覧之候、

二〇七

小文

就御唐船之儀預御一通候、聊不可有疎意候、仍御太刀一腰畏悦之至候、可得御意候、恐々謹言、

三月五日　将盛

謹上陶五郎(晴賢)殿　進覧之候、

二〇八

御教書、立文、

〔雖御鷹御望候、当時無所持候之間非本意候、必従之可令進覧候、委細明月庵江申入候之条、省略候、恐々

謹言、〕

三月五日　　将盛

謹上陶五郎（晴賢）殿　進覧之候、

二〇九

小文

為御礼以珠森軒示預候、祝着之至候、仍御太刀一腰・鞍一口（伊勢貞宗作　紋薊葉円）・鐙一懸（同作　薄浅黄）被懸御意候、芳悦之至候、次太刀一振・緞子一端・照布五端進覧候、併表御祝儀計候、猶連々可申承候、御入魂可目出候、委細御使僧可被達候、恐々謹言、

三月五日　　将盛

謹上陶五郎（晴賢）殿　進覧之候、

二一〇

小文

従隆房（陶晴賢）以珠森軒示預候、御懇札之至候、連々可申承候之間、御入魂可目出候、仍織物一端浅黄・手綱・腹帯十具加賀染・得地紙百帖給候、御芳情之至候、次照布三端・油布五端・華席二枚進覧之候、併表御礼計候、猶御使僧可有演説候、恐々謹言、

三月五日　　将盛

謹上陶尾張（興房）入道殿　進覧之候、

二一一　御教書、小文

為御礼以明月庵預御音問候、畏悦之至候、仍雁俣大小三十送給候、次油布二端令進入候、聊表御礼計候、猶明月庵可被仰候、連々可申承候条、不能重言候、恐々謹言、

三月五日　将盛

杉(興重)三川守殿　御返報

二一二　小文、厚様

為御礼以明月庵示預候、畏悦之至候、仍轡一口明珍送賜候、祝着之至候、次花席一枚令進入候、併表御祝儀計候、猶連々可申承候之条、期後書之時候、恐々謹言、

三月五日　将盛

杉(興運)弾正忠殿　御返報

二一三　小文

去年被申入候之処、為御礼預御使僧候、祝着之由直申候、仍御太刀一腰・御具足一領腹当・鞦一懸被懸御意候、畏入候、次太刀一振・段子三端萌黄、浅黄、二端・照布三端令進覧候、誠表御礼計候、猶珠森軒可有演説候、恐惶謹言、

三月六日　盛廉

謹上陶(興房)殿　進覧之候、

二一四

御教書、立文

為御礼以明月庵被仰渡候、則申聞候、一段畏悦之由申候、就中任先例可得御意之由候、御入魂所仰候、猶御使僧可有演説候、恐惶謹言、

三月六日　盛廉

謹上陶殿(興房)　進覧之候、

二一五

御教書、立文

雖御鷹御所望候折節無所持候之間不能進献候、聊非疎意候、必々当夏中可被申入候、猶明月庵申候、可得御意候、恐惶謹言、

三月六日　盛廉

謹上陶殿(興房)　進覧候、

二一六

就隆房(陶晴賢)御代始之儀被申入候之処、以御使僧被仰渡候、一段畏悦之由申候、仍織筋五端・轡一口明珍・鞦一懸被懸御意候、畏入候、次段子一端香色・照布三端・花席三枚令進覧之候、併表御祝儀計候、弥連々可得御意候之条、猶珠森軒可被達候、恐惶謹言、

三月六日　盛廉

謹上大幻斎(陶興房)　進覧之候、

二一七

就渡唐船(遣明船)之儀預御音問候、殊可被任吉例之由被仰渡候、得其心候、聊不可有疎略之儀候、猶御使僧江申入候、
可得御意候、恐惶謹言、

三月六日　盛廉

謹上大幻斎(陶興房)　進覧之候、

二一八

今春之御慶重畳不可有窮期候、珍重々々、為去年之御礼明月庵御渡海候、目出候、仍御太刀一腰被懸御意祝
着之至候、次太刀一振令進入候、聊表御礼計候、猶連々可申入候之条、不能詳候、恐々謹言、

三月六日　盛廉

杉弾正(興運)忠殿　御報

二一九

御教書、立文

御鷹之事承候之間、雖不甲斐候一聯赤毛令進覧之候、猶明月庵可被仰達候、恐惶謹言、

三月十三日　刑部少輔将盛

進上大宰大貳(大内義隆)殿

二二〇

御教書、立文

御鷹之事承候之間、一聯赤毛令進覧之候、誠雖比興候折節任現来候、委細明月庵申入候之条、省略候、恐々
謹言、

三月十三日　　将盛

謹上陶五郎（晴賢）殿　進覧之候、

二二一

御教書、立文

御鷹一聯赤毛令進献候、可然様可預御取合候、可得御意候、恐惶謹言、

三月十三日　　盛廉

謹上陶（興房）殿　進覧之候、

二二二

陶（興房）殿江段子一端薄浅黄被進之候、色之儀無書状候之条、為御心得申候、次拙者書状御父子（陶興房・同晴賢）同前候之間尾州（陶興房）様用御斎名候、可有如何候哉、可預御指南候、恐々謹言、

三月十四日　　盛廉

珠森軒侍者禅師

二二三

就先日田原彦五郎方進退之儀、対臼杵安藝（親連）方申入候之処、可為御赦免之由承候、誠畏悦之至候、猶委細親連（臼杵）可被申候之条、令省略候、恐惶謹言、

五月廿四日　　刑部少輔将盛

臼杵安藝守殿　御宿所　〇コノ行、他ヨリ混入セルモノカ、

謹上大友（義鑑）殿

（田北氏注）田原彦五郎の諱未詳。天文元年に始まりし豊前筑前に於ける大友義鑑対大内義隆の争覇大動乱に乗じて沓掛田原氏の支族彦五郎が、大友氏に対して謀叛を起せしものなるべし。

二二四

其後雖可申入候、通路不輙候之条無音罷過候、非本意候、仍段子一端萠黄令進献候、併表御礼計候、猶奉期後札之時候、恐惶謹言、

五月廿四日　　　刑部少輔将盛

謹上大友殿（義鑑）

二二五

其後者路次依難儀無音罷過候、心外之至候、聊非疎意候、必態可申入候、此等之趣可預御取合候、仍照布一端令進入候、誠表空書計候、恐々謹言、

五月廿四日　　　将盛

臼杵安藝守殿（親連）　御宿所

二二六

先日田原彦五郎方進退之儀申入候之処、以御調可為御赦免之由承候、祝着之至候、就其直令啓札候、可預御取合候、猶期後音之時候之間、不能重言候、恐々謹言、

五月廿四日　　　将盛

臼杵安藝守殿（親連）　御宿所

二二七　先日田原彦五郎方進退之儀(臼杵)親連迄令申候之処、依御調可為御赦免之由承候、祝着之至候、就其直令啓候、可預御取合候、尚期後信之時候、恐々謹言、

五月廿四日　将盛

臼杵(鑑続)三郎右衛門尉殿　御宿所

二二八　其後者路次不輙候之条無音罷過候、心外之至候、聊非疎意候、必態可申入候、此之由可預御取合候、仍照布一端令進入候、誠御礼計候、恐々謹言、

五月廿四日　将盛

臼杵(鑑続)三郎右衛門尉殿　御宿所

二二九　其後雖可申入候、依往還不輙候無音罷過候、非本意候、仍油布一端令進覧之候、併表空書計候、恐々謹言、

五月廿六日　盛廉

臼杵(親連)安藝守殿　御宿所

二三〇　就田原彦五郎方進退之儀先度令申候之処、被遂御披露可有御赦免之由承候、誠目出候、就其直申候、可然之様可預御取合候、乍聊爾先用好便候、必態可被申候、猶期後音之時候之条、不能詳候、恐々謹言、

五月廿六日　盛廉

臼杵(親連)安藝守殿　御宿所

二三一

其後雖可申入候、依往還不輙候無音罷過候、非本意候、仍油布一端令進覧之候、併表空書計候、恐々謹言、

五月廿六日　盛廉

臼杵三郎（鑑続）右衛門尉殿　御宿所

二三二

就田原彦五郎方進退之儀、先度藝州（臼杵親連）迄令申候之処、被遂御披露可有御赦免之由承候、誠目出候、就其直申候、可然候様可預御取合候、乍聊爾先用好便候、必態可被申候、猶期後音之時候之条、不能詳候、恐々謹言、

五月廿六日　盛廉

臼杵三郎（鑑続）右衛門尉殿　御宿所

二三三

就御進退之儀、先日臼杵安藝守（親連）方迄申候之処、被遂御披露可有御赦免之由承候、祝着之至候、依其唯今屋形（少弐冬尚カ）様江被申候、同藝州父子江茂被申候、弥御安堵可目出候、必御祝儀（可脱）被申候、委細田鍋新太郎方可被申候、恐々謹言、

五月廿六日　盛廉

田原彦五郎殿　御宿所

二三四

天文七

御綸旨之御祝儀千秋万歳候、仍以使僧令啓入候、次太刀一腰覆輪金国直・鷹一聯赤毛・照布五端・虎皮一枚・花席三枚令進献之候、併表御祝言計候、恐惶謹言、

三月五日　　刑部少輔将盛

進上大宰大貳(大内義隆)殿

二三五　去年預御使僧候、過分之至候、尤雖早々可申入候、依遼遠滞為恐不少候、猶龍女院可申候、恐惶謹言、

二(三カ)月五日　　刑部少輔将盛

進上大宰大貳(大内義隆)殿

二三六　御綸旨之御祝儀千秋万歳候、就其以使僧令啓候、此等之趣五郎(陶晴賢)殿江申入候、可預御心得候、仍段子一端萠黄・照布三端・花席二枚令進覧之候、聊表御祝儀計候、猶龍女院可申候、恐々謹言、

三月五日　　将盛

謹上陶尾張(興房)入道殿　進覧之候、

二三七　去年預御札候、誠祝着之至候、尤雖早々可申入候、依遠渡遅滞候、聊非疎意候、猶連々可申承候条、御同前可為本懐候、委細龍女院可申候、恐々謹言

三月五日　　将盛

謹上陶尾張(興房)入道殿　進覧之候、

二三八　御綸旨之御祝儀尤千秋万歳候、仍以使僧申入候、可然之様可預御取合候、次太刀一腰・鷹一聯・照布五端・

豹皮一枚・花席二枚進覧之候、併表御祝言計候、恐々謹言、
二(三カ)月五日　　将盛
謹上陶五郎(晴賢)殿　進覧之候、

二三九
去年預御使僧候、祝着之至候、尤早々可申入候之処、依遠渡罷過候、心外之至候、聊非疎意候、猶連々可申承候之条、御同前可為本懐候、委細龍女院可申候、恐々謹言、
三月五日　　将盛
謹上陶五郎(晴賢)殿　進覧之候、

二四〇
其後者無音罷過候、心外之至候、仍(大内)義隆江以使僧申入候、可預御心得候、次油布三端令進入候、併表御祝儀計候、猶連々可申承候、委細彼使可申候、恐々謹言、
三月五日　　将盛
杉三川守(興重)殿　御宿所

二四一
其後者無音罷過候、仍防州(大内義隆)江以使僧申入候、可預御心得候、次太刀一腰・油布二端令進入候、併表御礼計候、猶連々可申承候、委細龍女院可申候、恐々謹言、
三月五日　　将盛
杉弾正忠(興運)殿　御宿所

二四二　御当家豊州(大友義鑑)御和睦之由其聞候、千秋万歳候、仍太刀一腰令進献之候、併表御祝儀計候、猶重畳可申入候之条、令省略候、恐々謹言、

三月廿八日　　刑部少輔将盛

進上大宰大貮(大内義隆)殿

二四三　御当家豊州御和睦之由其聞候、千秋万歳候、仍薬袋一店(包カ)令進覧候、幷表御祝儀計候、猶期後喜之時候、恐々謹言、

三月廿八日　　将盛

謹上陶尾張(興房)入屋殿　進覧之候、

二四四　御当家豊州御和睦之由其聞候、千秋万歳候、仍太刀一腰令進覧候、聊表御祝儀計候、猶期後音之時候、恐々謹言、

三月廿八日　　将盛

謹上陶五郎(晴賢)殿　進覧之候、

二四五　就勅使(広橋兼秀、天文五年六月十六日周防ニ下ル)御着国早々御祝儀可申候之処、依遠嶋罷過候、心外之至候、仍只今以使僧直申候、御取合奉頼候、次太刀一腰・照布三端・花席二枚令進覧候、併表御祝儀計候、恐々謹言、

三月七日　　盛廉

謹上陶殿（興房）　進覧之候、

二四六　去年以御使僧預御懇書候、一段畏入候、其後者無音之至背本意候、聊非疎儀候、連々可得御意候、猶期後音之時候条、令省略候、恐惶謹言、

三月七日　　盛廉

謹上陶殿（興房）　進覧之候、

二四七　御当家豊州御和与之由承及候、尤目出候、仍太刀一腰令進覧之候、誠表御祝儀計候、猶重々可申入候、恐惶謹言、

三月七日　　盛廉

謹上陶殿（興房）　進覧之候、

二四八　勅使（広橋兼秀）御着国之御祝儀早々可申入候之処、依遠嶋罷過候、心外之至候、仍唯今以使僧直申候、内々可得御意候、次照布三端・花席二枚令進覧候、併表御礼計候、恐惶謹言、

三月七日　　盛廉

謹上大幻斎（陶興房）　進覧之候、

二四九　去年以御使僧預御芳問候、一段畏入候、其後者無音之条背本意候、連々可得御意候、乍恐御入魂所仰候、猶

奉期来音之時候、恐惶謹言、
三月七日　　　　　　　　盛廉
謹上大幻斎（陶興房）　進覧之候、

二五〇

御当家豊州御和与之由承及候、尤目出存候、仍硯一面唐・小刀一令進覧候、御祝儀計候、猶重畳可得御意候、恐惶謹言、
三月七日　　　　　　　　盛廉
謹上大幻斎（陶興房）　進覧候、

二五一

其後者無音罷過候、心外之至候、聊非疎意候、自然於此方相当之儀不可有余儀候、仍太刀一腰令進入候、併表御礼計候、猶連々可申入候之条、不能重言候、恐々謹言、
三月七日　　　　　　　　盛廉
杉三川守（興重）殿　御宿所

二五二

其後者無音罷過候、心外之至候、聊非疎意候、自然於此方相当之御用不可有余儀候、次太刀一腰令進入候、猶連々可申承候条、不能詳候、恐々謹言、
三月七日　　　　　　　　盛廉
杉弾正忠（興運）殿　御宿所

二五三

隆房（陶晴賢）江以使僧被申候、御取合馮存候、於向後者連々可申承候、御同前可為本懐候、仍雖軽微候油布一端令進入候、聊表空書計候、尚龍女院可被申候、恐々謹言、

三月七日　盛廉

伊香賀宮内少輔殿　御宿所

二五四

其後者申隔候、心外之至候、仍尾州様（陶興房）江使僧被申付候、御取合馮存候、次雖軽微候油布一端令進入候、表御祝儀計候、尚連々可申承候条、不能詳候、恐々謹言、

三月七日　盛廉

吉賀治部入道殿　御宿所

二五五

其後者申隔候、心外之至候、聊非疎意候、仍至山口（大内義隆）使僧申付候、其境事馮存候、自然於此方相当御用等不可有余儀候、次雖軽微候硯一面唐白小数里一端令進入候、誠表空書計候、猶連々可申候間、不能重言候、恐々謹言、

三月七日　盛廉

矢田（義宣）備前守殿　御宿所

二五六

其後者絶翰信候、心外之至候、仍至山口使僧被申付候、為御心得候、尤雖細々可申入候、依遠渡乍存候雖幾日申隔候、不可有御等閑候、殊内々無御心疎之通難申尽候、万端馮存候、次硯一面唐・白小数里壱端令進入

候、表空書計候、委細龍女院可被申候、恐々謹言、

三月七日　　　　　盛廉

有隣軒　床下

同此時伊田美作守殿江用一通候、正布一端令進之候、

三月七日　　　　　盛廉

二五七

対将盛預御音信候、則申聞候、祝着之由申候、尤其後可得御意候之処、依遠方罷過候、聊非疎意候、乍恐御同前所仰候、仍御太刀一腰・喉輪一懸蔆紅被懸御意御芳情之至候、次太刀一腰・照布一端・油布一端令進入候、猶委細彼御使者可被申候、恐々謹言、

六月六日　　　　　盛廉

杉弾正忠殿（興運）　御返報

二五八

就大内之儀預御使候、則申聞候、不可有余儀之由申候、殊御使内々被仰子細候条、当御仁ニ申付候、委細彼御使御存知候、定而可被申候、爰元於御納得者不及御渡海候、必申付候仁至博多津罷渡候、精可得御意候、恐々謹言、

六月六日　　　　　盛廉

印漢僧都　御同宿御中

此御引物照布一端・油布一端・扇子一本高麗以切紙巻籠進之、

二五九　如仰連々可申入候之処、依遼遠罷過候之処、預御音問候、殊御当家豊州御和平之由承候、千秋万歳候、仍御太刀一腰・厚板一端金色給候、芳悦不少候、次太刀一振・照布三端令進入候、併表御礼計候、猶期後音候、恐々謹言、

六月五日　将盛

杉(興運)弾正忠殿　御報

二六〇　就南都東大寺仏殿勧進之儀預御芳札候、得其心候、猶祐全上人可被仰候、恐惶謹言、

七月十一日　刑部少輔将盛

進上(大内義隆)大宰大貳殿

二六一　今春尾州(陶興房)江以使僧申入候之処、預御取合之由龍女院申候、怡悦之至候、於向後茂御入魂憑存候、仍雖軽微候草氈一端進之候、猶(宗盛廉)兵部少輔可申候、恐々謹言、

九月十三日　将盛

肥留備前守殿　御宿所

吉賀治部入道殿　御宿所　何も文章同前、紬一端

同右両人江副状在之、

二六二　去夏令啓上候之処、預御使僧候、誠畏入候、殊御太刀一腰銀作・絵一幅葡萄、山筆　月・円壺一・織色五端被懸御

意候、祝着之至候、就中彼両種一段忝存候、随而太刀一振覆輪金助貞・段子拾端赤地二、萌黄二、浅黄二、香色二、鴾色二・虎皮貳枚・豹皮一枚令進献候、併表御祝儀候、尚新福寺可有御申候、恐惶謹言、

十月廿日　　　　　　宗刑部少輔将盛

進上大宰大貳(大内義隆)殿

二六三

去夏令申候之処、為御礼以新福寺被仰渡候、厚悦不少候、此等之趣可然之様可預御取合候、恐々謹言、

十月廿日　　　　　　将盛

謹上陶五郎(晴賢)殿　進覧之候、

二六四

如仰先度者申入候之処、御懇之預御取合候、祝着之至候、仍御太刀一腰貞宗・御具足一領糸毛腹巻・同毛甲被懸御意候、芳悦不少候、次太刀一振・段子拾端桃色一、萌黄一、鴾色三、浅黄五・虎皮一枚・花席五枚進覧之候、併表御祝計候、弥御入魂可為大慶候、猶新福寺可被仰候、恐々謹言、

十月廿日　　　　　　将盛

謹上陶五郎(晴賢)殿　進覧之候、

二六五

去夏令申候処、只今以御使僧被仰渡候、誠御懇之至候、如仰前々筋目于今不可相替候、弥於向後者可申入候、御入魂所仰候、仍越後布拾端被懸御意候、御芳情不少候、次段子三端地浅黄、紋黄一、香色一、浅黄一・花席貳枚進覧之候、聊表御礼計候、猶新福寺可被仰候、恐々謹言、

十月廿日　　将盛
謹上陶尾張入道殿（興房）　進覧之候、

二六六

如仰先日令申候処、只今示預候、殊織筋貳端給候、快悦之至候、仍照布貳疋進入候、猶連々可申承候間、期後音候、恐々謹言、

十月廿日　　将盛
杉三川守殿（興重）　御返報

二六七

如尊意以龍女院令申候処、只今預御懇札候、畏入候、仍鐙一懸伊勢総州作被懸御意候、拝領于今不少候、次段子二端浅黄・萠黄・花席二枚令進覧之候、誠表御礼計候、就中前々筋目不相替可得御意候、乍恐弥御入魂可為大慶候、委細又新福寺可有御伝達候、恐々謹言、

十月廿日　　盛廉
謹上大幻斎（陶興房）　進覧之候、

二六八

先度者申入候之処、預御懇札候、畏悦之至候、仍御太刀一腰・加賀絹五端被懸御意候、祝着之至候、次段子一端浅黄令進覧之候、誠表御礼計候、於向後者弥得御意可申入候、尚新福寺可被仰候、恐々謹言、

十月廿日　　盛廉
謹上陶殿（興房）　進覧之候、

二六九　以龍女院殿(令)申候処、唯今預御使僧候、御丁寧之至難謝之由申候、猶新福寺可有御伝達候、恐々謹言、

十月廿日　　盛廉

謹上　陶(興房)殿　進覧之候、

二七〇　先度者以龍女院申入候之処、預御音問候、祝着之至候、仍ゆかけ二具被懸御意候、芳悦不少候、次高麗扇二本令進入候、併御礼計候、此方相応御用不可有余儀候、猶期来信之時候条、不能詳候、恐々謹言、

十月廿日　　盛廉

杉三川(興重)守殿　御返報

二七一　今年之御慶千秋万歳目出候、仍太刀一腰令進入候、誠表御礼計候、猶連々可申承候之条、期後喜之時候、恐々謹言、

六月二日　　貞尚

波多壱岐(盛)守殿　御宿所

二七二　態申入候、仍将盛嶋之儀連々無望之由被申候て隠居被仕候、就其家督之儀可存之由被申候、各モ同意候之条任異見候、為御心得令申候、次太刀一腰・油布二端令進入候、表御祝儀計候、於向後者雖無題目候可申入候、弥御入魂可為本懐候、猶委細彼使可申候、恐々謹言、

六月二日　　貞尚

波多壱岐守殿（盛）　御宿所
弾正殿（波多武）にも同案文、

二七三
当春之御慶珍重々々、猶更不可有甚（尽）期候、尤早々可申入候之処、依取乱乍存罷過候、心外之至候、仍五明一本令進覧之候、表御祝儀計候、猶重畳可申入候之間、不能詳候、恐々謹言、
六月二日　盛廉
波多殿（盛）　参　御宿所

二七四
態申入候、仍将盛嶋之儀無望之由被申隠居被仕候、然者家督之儀貞尚可被存之由被申候、各も同意異見申候之条、被任其儀候、為御存知令申候、無別儀候、次太刀一腰令進覧之候、於自今以後者弥御入魂肝要候、猶連々可得御意候間、令省略候、恐々謹言、
（六カ）二月二日　盛廉
波多殿（盛）　御宿所
弾正殿（波多武）　同案文

天文八年
二七五
就家督之儀態令啓上候、仍太刀一腰覆輪金国家・段子三端地浅黄一、紋黄一浅黄二・照布五端・虎皮一枚・花席貳枚令進献候、聊表御礼計候、恐惶謹言、

六月十六日　　　　　　　大和守貞泰
進上（大内義隆）大宰大貳殿

二七六

就家督之儀態以使僧申入候、仍太刀一腰覆輪金忠秀・段子貳端赤地薄浅黄・照布三端・花席貳枚令進覧之候、誠表御礼計候、猶期後期之時候、恐々謹言、
六月十六日　　　　　　貞泰
謹上陶（晴賢）五郎殿　進覧之候、

二七七

追而申入候、任前々筋目可得御意候、万端御取合頼存候、於自今以後弥御入魂所仰候、猶委曲瑞泉院可申候、恐々謹言、
六月十六日　　　　　　貞泰
謹上陶（晴賢）五郎殿　進覧之候、

二七八

尾州（陶興房、天文八年四月十八日没）御逝去之由其聞候、不及是非次第候、于今愁情而已候、仍為香典五百疋令進覧之候、尚崇衆庵可申候、恐々謹言、
六月三日　　　　　　貞泰
謹上陶（晴賢）五郎殿　進覧之候、

二七九　就家督之儀以使僧令申候、任前々筋目可得御意候、御取合頼存候、弥御入魂可為本懐候、仍太刀一腰・照布一端・花席一枚令進入候、併表御礼計候、尚瑞泉院可申候、恐々謹言、

六月十六日　貞泰

杉（興重）三川守殿　御宿所

二八〇　就家督之儀至防州（大内義隆）使僧申付候、其堺之事頼存候、前々筋目不相替可申承候、御同前可為本懐候、仍太刀一腰・照布一疋・花席一枚令進入候、尚彼使可申候、恐々謹言、

六月十六日　貞泰

杉（興運）弾正忠殿　御宿所

二八一　就家督之儀態令啓候、仍太刀一腰覆輪銀一文字・段子一端香色・照布貳端令進献候、併表御礼計候、尚龍珠院可令演説候、恐惶謹言、

六月六日　大和守貞泰

謹上大友（義鑑）殿

二八二　就家督之儀態以使僧申入候、御取合頼存候、弥前々筋目不相替可得御意候、御入魂可為本望候、仍太刀一腰・油布貳端令進入候、尚龍珠院可申候、恐々謹言、

六月六日　貞泰

臼杵三郎右衛門尉殿（鑑続）　御宿所

二八三　就家督之儀態以使僧申入候、可預御取合候、前々筋目不相替弥可得御意候、御入魂可為本懐候、殊其堺之事是又頼存候、次太刀一腰・照布一端・花席一枚令進入候、表御礼計候、委細龍珠院可申候、恐々謹言、

六月六日　　貞泰

臼杵安藝守殿（親連）　御宿所

二八四　御両家御和睦千秋万歳目出候、尤早々可申入候処、依無余儀子細于今相滞候、背本意候、委細龍珠院申含候之条、定而可申候、恐々謹言、

六月六日　　貞泰

臼杵三郎右衛門尉殿（鑑続）　御宿所

二八五　御両家御和睦千秋万歳目出候、尤早々可申入候処、依無余儀子細于今相滞候、非本意候、委細龍珠院申含候之条、定而可申候、恐々謹言、

六月六日　　貞泰

臼杵安藝守殿（親連）　御宿所

二八六　先年者龍珠院為使罷渡候処、慮外之儀出来仕、於豊府帰参申候喜、御懇ニ被副御心候通則申聞候、其後御礼

雖可申候、依遼遠相過候、聊非疎意候、委細彼可申候、恐々謹言、

六月六日　貞泰

臼杵三郎（鑑続）右衛門尉殿　御宿所

二八七

先年者龍珠院為使罷渡候処、慮外之儀出来仕、於豊府帰参申候喜、御懇ニ被副御心候通則申聞候、其以後彼御礼雖可申候、依遠方相過候、聊非疎意候、委細彼可申候、恐々謹言、

六月六日　貞泰

臼杵安藝（親連）守殿　御宿所

二八八

就家督之儀至豊州（大友義鑑）使僧申付候、其堺之事頼存候、於自今以後可申承候、仍紬貳疋令進之候、尚重畳可申候間、不能詳候、恐々謹言、

六月六日　貞泰

田原彦五郎殿　御宿所

二八九

就御家督之儀態以使僧令啓候、誠千秋万歳候、仍太刀一腰覆輪銀一文字・段子一端萠黄・花席一枚令進献候、併表御祝儀計候、猶龍珠院可申候、恐惶謹言、

六月六日　大和守貞泰

謹上少貳（冬尚）殿

二九〇

就御家督之儀以使僧申入候、千秋万歳候、可然之様御取合馮存候、仍草氈一疋令進入候、表御礼計候、尚龍珠院可申候、恐々謹言、

六月六日　　貞泰

横岳(資誠)右馬頭殿　御宿所

二九一

就御家督之儀以使僧申入候、千秋万歳候、可然之様御取合馮存候、仍太刀一腰・照布一端令進入候、表御礼計候、尚龍珠院可申候、恐々謹言、

六月六日　　貞泰

龍造寺(家兼)山城守殿　御宿所

二九二

連々承及候条企音問候、於自今以後無御等閑可申入候、御同前可為本望候、仍太刀一腰・草氈一疋令進入候、誠表御礼計候、尚重畳可申候間、期後音之時候、恐々謹言、

六月六日　　貞泰

筑紫(惟門)下野守殿　御宿所

二九三

就家督之儀以使僧直申候、可然之様御取合頼存候、前々筋目不相替可得御意候、弥御入魂所仰候、尚重畳可申入候之間、令省略候、恐惶謹言、

六月十六日　　盛廉

謹上陶(晴賢)殿　進覧之候、

二九四

追而令啓候、尤連々可申入候之処、依遼遠遅滞、非本意候、仍太刀一腰・照布三端・花席二枚令進覧之候、誠表御礼計候、委細瑞泉院可有演説候、恐惶謹言、

六月十六日　盛廉

謹上陶(晴賢)殿　進覧之候、

二九五

大幻斎(陶興房、天文八年四月十八日没)御逝去之由承候、言語道断不及是非候、乍恐奉察候、猶彼使可申候、恐惶謹言、

六月十六日　盛廉

謹上陶(晴賢)殿　進覧之候、

二九六

就家督之儀以使僧直被申候、可然之様御取合馮存候、弥前々筋目不相替可得御意候、御入魂所仰候、仍太刀一腰・花席一枚令進入候、表御礼計候、猶連々可申候間、不能詳候、恐々謹言、

六月十六日　盛廉

杉三川守(興重)殿　御宿所

二九七

就家督之儀防州(大内義隆)へ以使僧被申候、其堺之事馮存候、弥前々筋目不相替可得御意候、御入魂可為本懐候、仍太刀一腰令進入候、誠表御礼計候、尚期後音之時候、恐々謹言、

六月十六日　　盛廉

杉（興運）弾正忠殿　御宿所

二九八

就家督之儀隆房（陶晴賢）へ以使僧被申候、御取合馮存候、前々筋目不相替可得御意候、乍恐御同前可為本懐候、誠雖軽微候紵布一端令進入候、尚期後音之時候条、不能詳候、恐々謹言、

六月十六日　　盛廉

吉賀治部入道殿　御宿所

伊香賀宮内少輔殿　同案文、引物ハ小数里一疋、

二九九

尾州様（陶興房）御逝去之由其聞候、言語同断（道）不及申候、就其直被申候、可預御取合候、委細彼使可申候、恐々謹言、

六月二日　　盛廉

吉賀治部入道殿　御宿所

伊香賀宮内少輔殿　同案文一通

三〇〇

雖未申通候以次令申候、仍至防州使僧被申付候、其堺之事馮存候、誠雖軽微候油布一疋令進之候、委細彼可被申候条、期後音候、恐々謹言、

六月十六日　　盛廉

林日向守殿　御宿所

三〇一　態申入候、至防州使僧被申付候、其堺之事馮存候、連々無御等閑候之条令申候、委細瑞泉院可被申候、尚期後音之時候、恐々謹言、

六月十六日　　盛廉

山鹿治部丞殿　御宿所

三〇二　就家督之儀以使僧直被申候、可然之様御取合馮存候、弥前々筋目不相替可得御意候、御入魂所仰候、仍太刀一腰・硯一面唐令進入候、表御礼計候、猶重畳可申候間、不能詳候、恐々謹言、

六月六日　　盛廉

臼杵三郎(鑑続)右衛門尉殿　御宿所

臼杵安藝守(親連)殿　同案文、引物ハ太刀一腰、書状一通

三〇三　御両家御和睦千秋万歳目出候、尤早々可被申入候処、依無余儀子細于今延引、非本意候、委細龍珠院申含候条、定而可申達候間、不能細筆候、恐々謹言、

六月六日　　盛廉

臼杵安藝守(親連)殿　御宿所

臼杵三郎(鑑続)右衛門尉殿　同案文一通

三〇四　先年者龍珠院為使被罷渡候処、慮外之儀出来仕、於豊府逗留中御懇ニ被副御心候通則申聞候、其以後彼御礼

雖可申候、依遠方申後候、聊非疎意候、委細彼可被申候、恐々謹言、
六月六日　　　盛廉
臼杵安藝守（親連）殿　御宿所
臼杵三郎（鑑続）右衛門尉殿　同案文一通

三〇五
先年者龍珠院為使被罷渡候処、路次ニて慮外之儀出来仕、種々以御取合御引物等其外堅固被相渡候、則申聞候、一段祝着之由被申候、委細彼可被申候、必後便之時可申入候条、不能詳候、恐々謹言、
六月六日　　　盛廉
小金丸大和守殿　御宿所
田原彦五郎殿へも一通、

三〇六
就御家督之儀直使僧被申付候、可然之様御取合馮存候、尤其後可申候処、依遠渡罷過候、心外之至候、聊非疎意候、仍太刀一腰令進入候、表御礼計候、尚彼使可被申候、恐々謹言、
六月六日　　　盛廉
龍造寺山城（家兼）守殿　御宿所

三〇七
就御家督之儀直使僧被申付候、千秋万歳目出候、其後者無音罷過候、背本意候、此方何も堅固罷居候、為御心得申入候、誠雖軽微之至候硯一面唐令進覧候、表御礼計候、尚龍珠院可被申候、恐々謹言、

六月六日　盛廉
（資誠）横岳殿　参　御宿所

三〇八　其後者無音罷成候、心外之至候、尤連々可申入候処、依遠方乍存候非本意候、於向後可得御意候、乍恐御同前所仰候、仍太刀一腰令進覧之候、併表御礼計候、尚期後喜之時候、恐々謹言、

六月六日　盛廉
（惟門）筑紫殿　参　御宿所

三〇九　雖未申通候以次申入候、於自今以後者連々可申承候、御同前可為祝着候、仍太刀一腰覆輪銀・薫革廿枚被懸御意候、畏悦之至候、次太刀一振覆輪銀・油布三端令進入候、併表御礼計候、恐々謹言、

閏六月廿四日　貞泰
（純定）宇久左衛門尉殿　御宿所

三一〇　連々承及候之条、可令啓折節、就御用船之儀示預候、得其心候、仍御太刀一腰・薫革十枚被懸御意候、祝着之至候、次太刀一振・紬二端令進入候、聊表御礼計候、於向後相当之御用不可有余儀候、尚重畳可申承候之条、不能詳候、恐々謹言、

閏六月廿四日　盛廉
（純定）宇久左衛門尉殿　御報

三一一

追而申入候、漂流人之子細承候、一段大慶之至候、重而着国仕候者可得御意候、妄被申渡候間、如前々可被仰談之事専一候、就(衍カ)其然者其表之儀新方親子以御同意如此候哉、国衆被申旨候哉、伝説不実候之条委承度候、適御渡海之儀候間、波多家筋目不相替之様御調略干要候、毎篇無御等閑之故不残心底令申候、御同意可為本望候、恐々謹言、

七月　　　　義調

松浦肥前守(隆信)入道殿　御宿所

○コノ文書、天文八年ノモノニアラズ、

三一二

禄辰(永禄十一年)二月廿六日肥州(松浦隆信)への案　使寿椿

態以飛脚申入候、旧冬於壱州渡海之砌、神右衛門(吉田)差渡候処、御丁寧之由申渡候、祝着存候、就夫至日高(喜)方申入候之処、貴所同前之由被申候、近日従神右衛門所以飛脚此通申渡候間、重而申入候、多年無御等閑申合首尾候条、鎮(波多信時)入国之儀弥憑存候、別而可得貴意候、恐々謹言、

二月廿六日　　○差出書ナシ、

松浦肥前守(隆信)殿　御宿所

三一三

去十一月一日之回答今月三日到来、委令披見候、先書如申入候、隆信(松浦)壱州渡海候条、和平之儀為可申拵、雖一人差渡候無其実帰国候条、不及是非候、併重而可被仰渡之由預貴報候条、弥可申談所存候、其子細者先年慮外之逆徒壱州逗留之砌、鎮(波多信時)可預御分別之通申入候之処、則一途之儀被仰調候条、其後御親父大和守各以裁

判已互以神文申合候条、其首尾于今無忘却候、日高方事代々忠節之家承及候条歴々雖御座候、此砌被廻思慮、波多家無相違御取合本意と申、外聞実儀偏馮存候、然者於壱州之儀者雖懸嶋之衆申旨候先以無事之調略大望候、就其松浦表之儀貴所各被仰談、鎮公可有入国事専至甲斐守(日高喜)可申談内存候処、肥州(松浦隆信)与風壱州へ在嶋候条、先隆信へ一往可申入之由申聞候、然処和平之儀無同心候、以爰弥甲斐守可申談所存候、殊当時諸国諸嶋乱劇之砌御分別専一候、以御同意其堺之儀被仰調、鎮於本復者向後別而対貴所無二可申談覚悟候、委曲吉田神右衛門可令申候、恐々謹言、

十二月七日　　義調

日高甲斐守殿　進之候、

兵部(宗盛廉)ヨリノ書案　○以下欠、

○脱文アリ、

三一四

(前欠)之由祝着存候、就其内々承子細候哉、以飛脚申渡候、尤無余儀存候条、茂尚(宗)申談、以神文申入候、太郎次郎(波多信時)殿入国於事実者、対貴所別而向後無二可申承候通各不存別儀候、然者入国之後貴所之事者如親父大和守於壱州在嶋尤可然存候、縦遠方候共於入魂申者可為咫尺者哉、委曲吉田方(神右衛門)へ申渡候間、期来喜候、恐々謹言、

二月廿日　　義調

日高甲斐守(喜)殿　進之候、

三一五

対甲斐守(日高喜)申入子細候之条、吉田神右衛門差渡候刻、同可申入覚悟候処、兎角打過候、心外之至候、就其鎮(波多信時)入国之儀甲斐守取成肝要時節候、貴所以同意裁判憑存候、於鎮本復向後別而可申談候、次花席一枚・紬一端進之候、表空書計候、恐々謹言、

二月廿日　義調

日高監物助(勝秀)殿　進之候、

三一六

就鎮(波多信時)入国之儀神右衛門(吉田)逗留候処、始中終取成之由被申渡候、鎮於本復者対甲斐守(日高喜)無二入魂可申通誓約現前候、万端取合頼存候、委曲助七可申候、次白銀貳百目進之候、補空書計候、恐々、

二月廿日　○差出書ナシ、

知覚坊

三一七

雖未申馴(副カ)候其境神右衛門(吉田)逗留之故承候儘染一翰候、遠方と云、彼方老来之儀候条、万端憑入候、乍些少花席一枚進之候、表空書計候、恐々謹言、

二月廿日　○差出書ナシ、

高琢寺　玉床下

三一八

先書如申候鎮(波多信時)入国之儀万端貴所・日高(喜)両人憑存候、於于今御懇情之段吉田(神右衛門)委申渡候、御頼敷存候、就其甲斐(日高喜)守内存共候間、任望候、殊貴所承子細候、得其心候、鎮本復於事実者何条不可有疎儀候、方角大乱之刻候条、

静謐之調儀専一候、恐々謹言、

二月廿日　○差出書ナシ、

鶴田因幡守（信勝）殿　進之候、

三一九

御文ひけん申まいらせ候、よて鎮（波多信時）より御用うけ給候間、とゝのへまいらせ候、御ろうろうの儀候間、よろつおしはかりまいらせ候、なにさま御入国之儀時節をもて申調へき事内々かくこ申まいらせ候、いさゝかおろかを存せす候、くハしくかの申まいらせへく候、ゆくすゑかしく、

三二〇

去十一月十三日之書状、同下旬到来、令披見候、如貴札御入国之段雖於諸方申拵候無其首尾候、無念此事候、併時節窺御本意之段不可有疎略候、仍至元就（毛利）書状之儀慥遣之候、御報於到来者追而可申候、次豊藝御対陣候之条可被仰登候哉、尤存候、就其御用等承候、乍軽微白銀三貫目進之候、御牢籠之条察存候、遠渡之故于今遅之候、委曲彼飛脚可申候、恐々謹言、

正月十一日　義調

波多太郎二郎（信時）殿　御宿所

三二一

貴札令拝披候、如御札御入国之儀、雖於諸方申拵候無其首尾候、所存外候、

○脱文アリ、前後続カズ、落丁アルモノナラン、

来花席貳枚虎皮一枚令進献候、補空書計候、猶期来信之時候条、不能一二候、恐惶謹言、

六月廿一日　　　　　讃岐守義調

謹上大友(義鎮)殿

三二二　雖未申副候承及候条令啓候、仍為御祝儀太刀一腰・鷹一架赤毛・犬一疋白令進入候、於向後別而令申可得貴意候、御同意可為本懐候、尚紹安可申達候、恐惶謹言、

六月廿一日　　　　　義調

謹上大友新太郎(義鎮)殿　進覧之候、

三二三　去夏之比以幸便御札并扇子五本・御絵堂油煙十廷送給候、毎度御懇切之段難謝候、次内々御望之由承及候条、鷹一本進献候、尚

〇脱文アリ、前後続カズ、落丁アルモノナラン、

謹上吉見大蔵大輔(正頼)殿　進覧之候、

三二四　遙絶音問候、心外之至候、遠渡故連々申後候、聊非心疎候、市助不図渡海之由申聞候之際啓便札候、(吉見)正頼江茂乍麁相申入候、其許御取合憑存候、任現来油布貳端進献候、表空書計候、恐惶謹言、

十月十九日　　　　　義調

拝呈永明寺衣鉢閣下

〔後記〕　この史料は、昭和五十一年（一九七六）『朝鮮学報』第八十輯に掲載した。印刷すると一〇〇頁をこえる分量の史料で雑誌の紙面をふさぐことにはためらいがあったが、平木実氏の高配によって全文を載せることができた。原本は韓国にあり、史料編纂所にあった写本も不備なもので、原稿にするのに苦心したが、なんとかして学界の利用に供したいと思った。なお瀬野精一郎氏からはいろいろと御教示にあずかった。

朝鮮送使国次之書契覚

解説

本書は大別して二つの部分に分かれている。前半部は朝鮮総督府朝鮮史編修会編修『朝鮮史』に「宗左衛門大夫覚書」として引かれている無題の記録で、墨付紙数一八葉、後半部は「印冠之跡付」「国次之記録」等と称する部分で墨付紙数総計六七葉よりなるものである。もと対馬の宗氏に伝えられた記録である。

このうち前半の「宗左衛門大夫覚書」は永正七年（一五一〇）から同十二年（一五一五）にわたる三浦の乱後壬申約条成立前後における彼我船隻往来の事情を対馬大浦の宗左衛門大夫が記したものである。書中に「三印」往来のことが記されているが、これは宗氏が他氏と区別して朝鮮に特別の情報提供あるいは要求をする場合に用いたもので、いわゆる対馬島主特送船のことである。『李朝端宗実録』即位年七月丙午条に「国家与貞盛(宗)密約、凡求請切要者三著図書、次則二著、不切者一著」とあるが、三著図書がこの「三印」である。

後半が『書契覚』とよばるべき部分で、内容墨付紙数を示せばつぎの通りである。

	墨付
印冠之跡付（元亀三、元亀四、天正二、天正三）	一二
天正八年庚辰国次印官之引付	八
天正九年辛巳二月九日国次之目録	八
天正十年壬午国次之記録二月吉	七
天正十一年癸未国次之跡付	八
天正十二年甲申国次印官之跡付	九
天正十三年乙酉二月吉国次目録	八

七　天正十四年丙戌八月吉国次之目録

「印冠之跡付」中天正三年（一五七五）度の部分は三月条で終っているが、その後の部分は最初は存在していたものが後世に至って欠失したものであろう。

対馬の宗氏は朝鮮との約条にもとづき日本側から朝鮮に渡航する船隻に対して文引を発行して賊船でないことを証明するのを常とし、文引の発給は府中（厳原）で行ない、対馬島の北端鰐浦港に奉行をおいて通過船隻の大小を検問尺量した。その覚書が本書である。だから公式の朝鮮貿易に従事する船隻すなわち送使船は、対馬から発遣されたものも対馬以外から発遣されたものも、一応はこの『書契覚』に登録されたと考えることができる。元亀三年（一五七二）から天正三年までの冊子が鰐浦における検問の覚帳であり、天正八年以降のものが府中における文引発給の控帳である。

表題および本文中に印冠または印官と記されているものは、印は図書、官は官職、冠は冠服を、それぞれ朝鮮からうけたことを示したもので、受図書人・受職人である。「送使」は他の古文書では「そさ」と訓み、右の受図書人・受職人の送使船をさした。「国次」は、「国並」とも書かれ、古文書では「くになみ」と訓んでいる。国主（対馬島主）の年次（歳条ともいう）の船という意味で、対馬島主歳遣船のことである。歳遣船の船数、船の大小、船夫の定額等は年代によって変化があったが、弘治三年（一五五七）の丁巳約条以後は三〇隻にきめられていた。うちわけは、大船一一（一番から一一番まで）、中船一〇（一二番から二一番まで）、小船九（二二番から三〇番まで）で、若い番号の順に船が大きかった。歳遣船の名義人は島主の宗氏であるが、大部分の所務権は家臣にあたえられていた。本書によって図書の印と授職の告身とはこの時代にはすでに一種の貿易権として固定化し、給与・売買・貸与の対象となっていたことが明らかであり、また一年間の往来者の数・船隻の大小、歳遣船の発遣者、進上品、所望品等の細目をも知ることができる。文禄慶長の役以前の日朝間の通交事情を知るためにはきわめて貴重な史料ということができよう。

本書の第二紙に「此冊者永正比之書物故、至而無他支品柄ニ付、写出来、御用単笥入置也、寛政七乙卯年三月」とあり、寛政七年（一七九五）三月記録整理の際に文禄慶長の役以前の稀覯の記録として合輯され、宗家に保存伝蔵された事情を明らかにしている。寛政七年に写本が作成されたのは『大永享禄之比御状幷書状之跡付』と同じで、宗家においてこの史料がとくに重要視されていたことが知られるのである。ひきつづき本書は旧宗伯爵家に所蔵されていたが、大正十五年（一九二六）に朝鮮史編修会の所蔵に帰し、巻末に八月二十八日付の同会の購入印がある。昭和二十年（一九四五）八月朝鮮史編修会の蔵本が韓国政府の手に移ってからは同国の国史編纂委員会に所蔵されている。

本書の形態につき、史料編纂所所蔵写真の末尾には原寸縦〇・二九メートル、横〇・二三メートルとあるが、『朝鮮史料集真』の解説には縦二一・三センチメートル、横二五・〇センチメートルとしている。計測した部分が異なるために生じた差異であろう。

本書は、史料として『朝鮮史』第四編に利用されたほか、中村栄孝氏・黒田省三氏・長節子氏等の諸論文にも引かれている。田中健夫「中世日鮮交通における貿易権の推移」（『史学雑誌』六三ノ三、のち『中世海外交渉史の研究』に収録）は、本書の分析検討を中心として貿易権の変遷を論じ、その日朝交通史上の意義、国際社会との関連におよんだもの。また、長正統氏「『朝鮮送使国次之書契覚』の史料的性格」（『朝鮮学報』三三）は本書を直接の対象として史料としての性格を論じた研究である。

なお朴性鳳氏は、九州史料叢書所収の本書を底本として全文をハングルに飜訳し、韓国慶熙大学校韓国経営史研究所『韓国経済史文献史料』第一輯（一九七〇年九月）に収録刊行している。

凡例

一、本書は原題に「天正之時分朝鮮送使国次之書契覚帳面」とあるが、これは後世になってつけた題名で、寛政七年に「宗左衛門大夫覚書」と「印冠之跡付」「天正八年庚辰国次印官之引付」「天正九年辛巳二月九日国次之目録」「天正十年壬午国次之記録二月吉」「天正十一年癸未国次之跡付」「天正十二年甲申国次印官之跡付」「天正十三年乙酉二月吉国次目録」「天正十四年丙戌八月吉国次之目録」を合綴したものである。

一、本書の原本は、現在大韓民国国史編纂委員会に所蔵されている。

一、底本は、東京大学史料編纂所所蔵写真「朝鮮送使国次之書契覚」を用いた。

一、標出・読点・傍注は校訂者が新たに付したものである。校訂者が加えた注には（ ）の符号を付して底本と区別した。

一、原本における追記や挿入語で、「。」や「上下」、または線を用いて挿入箇所や転倒の明示してあるものは、その入るべき箇所に入れ、とくに注記はしなかった。原本における塗沫や書直しなどについても同様である。

（表紙）

「天正之時分

朝鮮送使国次之書契覚帳面」

（第二紙）

「此冊者永正比之書物故、至而無他亊

品柄ニ付、写出来、御用単笥入置也、

寛政七乙卯年三月

」

宗左衛門大夫覚書

永正七年
朝鮮中宗五年
一五一〇年
永正八年
朝鮮中宗六年
一五一一年
朝鮮人来着
日本国王使船
御所丸渡航

永正七年かのえむま卯月十九日

高麗儀絶仕候次第、

一、永正八年かのとのひつし三月十二日ニみなとへ唐人《(朝鮮人)》三人つれてまいり候、唐人名ハ一人ハそとき《(諸者)》、年五十七、一人ハきむせうとき《(崔孝同)》、年三十、一人ハはめくそに《(漢明)》、年廿五、然者みなとへ廿一日とうりう申候、朝夕をはさこ《(佐護カ)》のきう《(給)》所持よりくハせられ候、

一、わゆ《(和与)》の御所丸ハ、同卯月八月に御はしり候、唐人も御所丸之つれて御渡候、

一、唐人ハ卯月三日わにのうら《(鰐浦)》にまいり候、是よりさけのませ申候、同七日之日さけのませ申候、同

御所丸上官人朋中入京

惣船頭帰着

八日之日高麗江はしり申候、同九日ニ府中《厳原》へ注進申候、
一、御所丸之御左右聞召候するために唐坊治部少輔殿御渡候、同卯月十三日わにのうらへ御着候、卯月十五日御はしり候、
一、同九日之日、大窪彦次郎はしり申候、○同十五日みなとへつき申候、悦之御左右目出度之由申候、
一、唐坊治部少輔殿ハ同卯月十六日之日高麗より帰朝被申候、
一、五月廿五日之日、唐坊治部少輔殿、又内山左衛門《洒文愁戒》佐殿両人、御所丸之御左右聞召候するために、わにの浦まて御下候、○六月九日御はしり候、同十日之日、けいこ《警固》にゆきあひ候而、しゝみ《鹿見》うらに帰朝候、殊外なぬき《難儀》のよしうけ給候、
一、又あれ《阿連》より船を貳そうつかハし候、○人躰にハかつき殿をつかハし候、○同六月廿六日・七日にあれよりはしり申候、聽而六月中へ参候、○高麗たのうら《多大浦》にて唐人をとらへ候て尋候へは、御所丸之上官人《朋中》ハ五月五日之日京《ソウル》江御登と申候間、此方之御悦にて御座候、
一、永正八年ニ、みなとの大窪彦次郎船ニおくに殿をのせ候而、同七月廿七日之日みなとをはしり候て、聽而廿八日之夜半ほとにみなとへ帰朝申候、御所丸ハ五月廿八日之日京江御立候之間、あそはし被置候御状、又とまりせんとう《留船頭》のふミ、請取候而参候事、殊外御悦にて候、
一、又高麗之御左右おそくきこへ候間、重而大窪彦次郎遣候、○九月七日之日とりの時、さすな《佐須奈》をいたし候て、高麗江はしり申候、○同九月十二日之日酉之時に、さすなに帰朝申候、御悦にて候、惣船頭殿ハ京より同九月九日之日浦着候間、聽而御ふミ請取候て大窪ハ参候、同十五日之日府中《厳原》に

登申候、

弸中鰐浦に帰還

一、同九月廿一日之日、上官人・船頭殿御船二そうともにわにのうら(鰐浦)へ御着候、其以後又御所丸・三印同道候而御渡候、

御所丸、対馬島主特送船と共に渡航

三印殺生船百艘渡航

一、於高麗大小船をつかハしあるましき之由御法度にて候を、十二月十日比に、上郡・下郡よりせつしやう(殺生)船百そう程渡候て、せかいおゝく(鯖魚)取渡候へ共、けいこ(警固)船九そう取申候之間、於此方御せつかん(折檻)かたく被仰付候、去共一身ハさしおかれ候、船ハ悉府中ひらはまへするゑさせられ候、舟数廿八そうにて御座候、

永正九年
朝鮮中宗七年
一五一二年
少貳氏使船鰐浦著

一、永正九年《みつのえさる》正月五日、

一、屋形丸(少貳殿使船)御書二そう、又六地(陸)の御書四そう、大小船八そうにて、正月六日之日わにのうら(鰐浦)へつき候、上官人りんしよきと申人にて御座候、

一、正月廿三日ニ御渡海候、聽而其日注進申候、

一、屋形之御書一そうハのほせ申候、又一そうと小そさ(送使)ハ御所丸と三印の御入候而あとより御座候へと申候て、こなたへもとし申候、○三月十三日之いぬのときにわにのうらへ御着候、御蔵之三郎次郎殿にて候、是より同十四日之とりのときへ(府中脱カ)注進申候、

御所丸鰐浦著
三印衆は宗伊豆守

一、御所丸と三印ハ府中をは同船出候、○三印ハ宗伊頭(豆)守殿(国幸)にて御座候、三月廿三日之日わにのうらへ御着候、

一、御所丸之上官人ハほうしゆく(鳳叔＝弸中)と申人にて御座候、又船頭ハかう山(高山長弘)殿と申人にて候、卯月三日之日わにのうらへ御着候、

御所丸渡航

一、卯月十三日わにのうらを御出船候へ共、風わるく候てさすな(佐須奈)へかけ御もとり候、同十六日に渡海めされ候、

一、高麗之御左右参候事、閏四月(朝鮮暦五月)十一日之日さすなへ三印のとまり船頭殿に三郎右衛門殿参候、御所丸ハ殊外用申候、三印ハ船にしかと番をそへ候ておき申候、殊外六借申候之由承候、

一、同十六日之日又さすなへ船参候、三印は京江御登候すると申候、又米之はつ(初穂)を五俵参候、いまにハすこし御悦にて候、

一、三郎右衛門遣候はや(早)船、みなとより同廿一日之日高麗江出船仕候、

対馬の捕虜朝鮮より脱出

一、はやふね同廿三日(閏四月)之夜帰朝仕候、○せかい船取候時のめしうと(囚人)籠者させ候者、二人共ニ籠をぬけ候て、同七日(五月)之日薺浦(熊川)ニ参候、○此はや船にまいりあひ候て、此方へ遣候、はや高麗ハなをり申候と、此にけ(逃)者とも申候之間、於此方公私共ニ御悦にて候、

大内船渡航首を渡す

一、大内船三号船五月六日(朝鮮暦閏五月)ニ高麗江出船仕候、其時くひ(首)十四五御渡候、

一、大内船六そうたてにて、同五月十九日之日わにのうらを出船めされ候、浦ハふさん(釜山)浦へ御入候、

一、又三印之御左右聞召候するために、大窪彦次郎を遣候、五月廿三日之夜みなとを出船仕候、

一、同廿五日之日参候、○三印ハ六月に入申候、朔日之比京江御登候する、高麗之様ハわゆ(和与)いたし候、殊外三印ハ用申候、○大窪ハ夜る浦江入候へは、三印仰候ふんハ忍ひ事ハ不可然、先嶋江出候て、明日ひる入候へと被仰付候之間、其分仕候、対馬船あらハれ候て浦江入事是か初にて候、

一、三印之御左右聞召候するために、みなとより佐々木ノ左京助殿をつかハし候、同六月十七日之日高麗江はしり候、其日北風きふく吹申候て候、

一、佐々木左京助殿ハ同六月廿四日之日みなとへ御着候、三印いまた御のほりなく候、殊外なんきのよし仰候、大内船ハ六月十六日之日薦浦(薺浦)江御下と申候、

一、一そうのほり申候、屋形之御書、同六月廿六日之夜帰朝仕候、

大内船薺浦に入る

一、大内舟ハふさんかひ(釜山海)へ入候へ共、唐人申事にハ、薦浦に下候へと申候て、驪而薺浦のことくくたり申候、小そさ二三そう御そへ候ハ、同六月ミそかにこなたへもとし申候、

一、御所丸之船頭高山(長弘)殿ハ京よりはや馬にて御下候、浦江六日ニ御つき候、〇七月九日にしゝみ(鹿見)に高麗より御渡候、仰候ふんハ急御役人のつのかミ(摂津守宗国親)殿こなたへ御渡候へ、以後之儀申談候てわゆ仕候すると申候間、於此方御評定御座候、

宗伊豆守死去

一、此分にてハはやきれ候間、三印をこなたへよひ渡候するために、佐々木左京助を七月廿(日脱)之夜つかハし候へは、結句三印の伊豆守殿ハ同今月はしめの八日ニ御いれひ(違例)めされ候て、しきう(死去)候、同廿二日之日酉時に佐々木左京助ハみなとへ御着候、殊外御侘事にて候、

一、かう山殿ハ同八月十二日之日わにのうらより高麗江出船候、

一、三印之人数こなたへ御よひ候するために、みなとの佐々木掃部助を御渡候、同八月十九日之夜、月の出候へは、みなとを出船、

一、掃部助ハ同廿二日之日高麗より参候、〇唐人申候分ハはやふねまてもなく候、もと船をうけ候てやかて対馬江渡し可申と申候、

三印衆帰還

一、三印衆ハ同八月廿六日之日わにのうらへ高麗より帰朝候、高麗之様ハとくす(通事)とも申候ハ、京之沙汰于今かハり候て、わゆ仕候すると定まり候と申候、去共、被召候間、こなたへ渡申候と被仰候、

宗おりへ(織部)殿・同助七郎、

一、御所丸よりはやふね参候、十月一日に峰浦江着申候、辻又太郎方へつしよ(別所殿)との二人はや使に参候、〇三印の副官人・船頭殿急御渡候へ、わゆ仕候すると申候、やかて十月二日ニ大内船よりも此分之はや船参候、

宗大膳の対馬島主特送船と渡航

一、三印ハ伊豆守殿子そく大膳(宗)殿・同おりへの尉殿二人府中をは同十月廿三日之日御出候、驪而わにのうらへ御つき候、〇十一月十五日によきしゆん(順)に御はしり候、驪而十七日にはや馬にて京江御のほり候、

御所丸・大内船帰還

一、御所丸・大内船ハ同十二月二日ニ十そうたてにて帰朝仕候、せと(瀬戸)をは驪而とをり候て、其日佐賀まて参申候、其内之大内船ハせとをおそくおとし候て、とへ(一重カ)に入候、同十二月七日に下申候、高麗之時儀はわゆの儀にさたまり申候、浦篇ハ殊外静に候、又ゑき(駅)篇にも日本人あきなひ心安はたらき申候と聞え申候、従是

朝鮮との和成る

永正十年
朝鮮中宗八年
一五一三年

永正十年ミつのととり

歳遣船を二十五艘とす
三浦に倭人の居留を許さず

一、三印ハ、大膳(宗)殿・おりへ(織部)殿ハ正月廿日に高麗より御渡候、驪而せとを御とをし候て、おてとのう(落手井土)らへ入候、高麗ハわゆつかまつり候へ共、そさ(使送)廿五そうより外はいやと申候、又六地(陸)の書ハ卅九そういやと申候、たゝ国次廿五そうはかり御渡候へと申候、又つのかミ(宗国親)殿御渡候へと申候、又三浦江ハ人はおくましきと申候、

歳遣船の増加を要求す

一、高麗よりいやと申候へ共、三印の御つかはし候、人躰ハあハのかミ(安房守、宗盛永)殿御渡候、〇国次廿五そうをは御渡なく候、御用候ハヽ、一そうなりともまいらせへく候と被仰候、御渡候あハ殿ハ此年之四月

四日ニわにのうら（鰐浦）ゑ御着候、〇十八日に西のつや（西津屋）に御入候、廿一日に高麗江西のつやより御はしり候、

一、三印の御左右聞召候するために、みなとの佐々木掃部助を遣候、五月十日ニ高麗江御はしり候、

一、此掃部助はや船に同五月十三日ニ高麗より参申候、〇三印ハ先例に用申候、何たるとひ（問）事も無御座候、京江ハ同五月廿日ニ登候、人数五人のほり候へ共、殊外上私（様カ）御悦にて候、

一、五月廿五日あきなひふね参候、是もおなしくちに申候之間、御よろこひにて候、

一、同六月四日にきんさうす（金曽順カ）の高麗より御入候、わにのうらへ御着候、三印ハ同五月廿六日に京江御立候、人数六人のほせ候、涯分京にて御しゆうそ（愁訴）候へと申候、自然廿五そうハ卅そうにもなり候する事も候すると申候へのよし被仰候、

一、同六月十九日之夜三印の水主の兵粮遣候、みなとよりはやふね、

一、同廿三日にみなとへ参候唐人申候事、三印下候ハヽ、聽而こへ候へと申候、

歳遣船の増加は困難

一、三印あハのかミ殿ハ同八月廿五日にさなとひ（佐奈豊ー佐護）に御着候、唐人申候ハ、国次廿五そうより外ハ用申間敷候、たゝしとうしゆう（島主カ）之儀によるへく候、いそき三印のこなたへ遣候へと申候、あハのかミ殿ハ御書の一そうも御そへなく候、

一、小林右馬允（盛正）殿を三印に遣候、同十月六日にわにのうらへ御つき候、〇従是、被仰渡事にハ廿五そうの国次渡候へと承候御礼にて候、同十月廿八日に高麗江出船候、四そうにてわにのうらより、

朝鮮人西泊に漂著

一、同十二月四日に西とまり（西泊）江唐人八人なかれ候て参候、朝夕をは郡中よりくハせられ候、高麗江ハわゆの御悦と申候、

一、十二月十三日にいな(伊奈)船高麗より参候、○小林右馬允殿また京江御立なく候、殊外きつかひと申候、廿五そうの国次つかハさす候て、三印をつかハし候ハ、御弓箭めし候するためにて候、心得申候と申候、

一、十二月十九日に西とまりにて酒のませ申候、唐人の名ハ、
とくねき(東萊)の郡の者三人、
一人、そいのんとき(徐□同カ)
一人、かくせうなみ(郭少男カ)
一人、そいゆんてき(徐允徳カ)
りやくさん(梁山)の者二人、
一人、きむさんとき(金山同カ)
一人、はくせんうに(朴性雲カ)
たいこ(大丘)の郡者三人、
一人、そくむとき(諸君同カ)
一人、おめくちやき(呉命長カ)
一人、ちういさに(池義山カ)
以上八人、

一、廿八日にわにのうらへなをり候、つれ被渡候、御使渋川四郎右衛門尉(経実)殿、御引物種々請取被申候、役所(守護代佐須盛円)よりの副使柚谷藤兵衛尉殿、

永正十一年
朝鮮中宗九年
一五一四年

朝鮮、二五艘の厳守、並びに被虜人の送還を請う

歳遣船六艘を送る

六艘難破

永正十一年きのえいぬ正月廿一日、高麗江出船つかまつり候、

一、永正十一年きのえいぬ年、小林右馬允殿被渡候而、帰朝ハ三月廿五日わにのうらに御つき候、高麗よりハ唯国次廿五そう遣候へとかたく申候、

一、唐人つれ候て渡候、使四郎右衛門尉、又柚谷方も六月廿二日にしこり(志古里)に御着候、従高麗仰候分ハ唯国次廿五そう渡候へと申候、又弓箭のときつれ被渡候唐人こなたへ御渡候へ、其後申承へく候と申候、いまハそさ(使送)の一そうも副不申候、

一、高麗より廿五そうの国次遣候へとかたく申候之間、さらはと被仰出候て、廿五そうを遣候するにさたまり候て、七月に入候へは、御用意候而先六そう御渡候、内山左衛門佐殿をそうふきやう(総奉行)としてわにのうらへ御つき候、風たかく候て、同七月十八日にさすな(佐須奈)へ御なをり候、同廿日によきしゆんふう(順風)に御はしり候、唯人数ハふなかた(船方)までにて御渡候、あひ残候書ハ跡よりしたひ〳〵に御渡候、そさハ是かはしめにて候、

一、おひ〳〵にそさ船罷渡候、同七月廿七日に三そう、廿八日に一そう、廿九日に一そう、此之内一そうハ杢兵衛殿ゐたふね(支船)にて候、

一、杢兵衛殿ゐたふねハ八月六日にしゝみ(鹿見)へまいり候、そさハつな(綱)はり候て、日記ハ付申候、同十日之日京江立候と申候、

一、高麗よりはやふね八月廿日に参候、〇同十七日に大風にそさふね六そううちあけ候て、過分料足うせ申候、又そさ之事ハ上十三日・下十三日にさため候と申候、又京江ハ天下(国王殿下)の御意ほうたい(奉戴)と申候、

朝鮮人漂著

一、十二月三日にそさの一番たて一そういな(伊奈)へ参候、兵粮廿人ふんくれ候と申候、

一、同十二月三日にさうさき(棹崎)へ唐人なかれ候て参候、〇九人乗候と申候へ共、唯一人いきてみなと(金)へ付申候、残ハこしけ候てしに候、唐人ハ下高麗之せいしうせ(済州島)ミと申在所の者にて候、名をはきみ□(山カ)すいさにと申候、やかてさつしやう仕候、この唐人ハさこ(佐護)のくんたい(郡代)の御船にて、(永正十二年)卯月一日にさすなより高麗江渡候、使ハいなのゑひね治部尉にて候、

永正十二年
朝鮮中宗十年
一五一五年
三浦の変
安骨浦攻撃

永正十二年きのとのい

永正(七年)かのえむまの年六月廿二日に、対馬より尾崎の浦より出船候て、かとく(加徳)に御着候而、同廿五日あんくつ(安骨)浦江よせ候へは、郡より馬卅疋程うちより候へは、そのまゝひき候而、軈而対馬のことく帰朝候、小山の小田宮内大夫殿・同村山大膳殿船数三百そうにて候、

一、又つのかミ殿薺浦江御下候、〇四月九日にて候、

天文十四年
一五四五年

此本文ハ豊崎郡大浦之村に宗左衛門大夫其時分之儀認置候を此分候、

時于天文十四年卯月十日　書之、

以上十八帳也、

印冠之跡付

元亀三年
朝鮮宣祖五年
一五七二年

印冠之跡付

元亀参年壬申閏二月十一日、印冠之船見之為御使、平田主計允殿・立石四良左衛門尉殿・役所(佐須盛円)之御使波多原木工助殿、閏二月十一日ニ大浦江御着候、四日御滞留候て、鰐浦江御越にて候、同月廿四日ニ以上船数七艘渡海候、両御奉行より被召候て、船之見様、得御指南候、船数之事、

一、古屋惣左衛門　　一、江嶋善左衛門
一、阿比留三良右衛門　　一、三川藤神助
一、長富玄幡(蕃)助　　一、財部木工助
一、神崎善右衛門尉　是七両御奉行御逗留之内也、
船之尺ノ縄、両口ヘフダ封アリ、
一、三月十日ニ初而船見之使ニ両人罷越候、

細川殿使送船
一、細川殿為御使、立石右衛門大夫殿渡海候、両艘トモニ大船也、
三月十六日
一、上松浦源勝ノ印、高本治部所持也、上官人松熊藤右衛門乗渡、船大船也、
三月廿四日
一、安藝州藤原朝臣村上忠重ノ印、康忠所持也、上官人薦田善七良乗渡、船大船也、

大内教満印
同廿四日
一、日本国周防州教満(大内)ノ印、御西(宗義調)ノ御印也、御使蔵本孫左衛門乗渡、船大船也、

田平源兼印
同廿四日
一、日本国肥前州田平源兼ノ印、御西ノ御印也、御使桜本左衛門佐乗渡、船大舟也、
同月廿七日
一、対馬州熊満殿御印、御西ノ御印也、御使桃田弥八良乗渡、船大舟也、

熊満印
四月五日
一、冠、筑前州平盛親、江嶋助左衛門乗渡、船大舟也、

一、同五日古東嶋兵庫頭親忠ノ印、佐須兵部(盛円)少輔殿送使也、上官人江嶋又右衛門乗渡、船ワ御上(宗義純)ノ尺ニハ不足候、両御奉行ノ二重封ニハ余ル也、

陶興房印

一、同五日防長豊筑津州守護代官陶次良多多良朝臣与(興)房ノ印、津江右馬允所持也、上官人ミナト助三郎乗渡、舟大舟也、

一、同五日肥前州上松浦佐思(志)源三良印、小嶋宇渡助所持也、上官人阿祢川市兵衛乗渡、船大舟也、

一、同五日上松浦源ノ康(肆)印、古川山城守所持也、上官人草葉孫次良乗渡、船大舟也、

一、同廿六日壱州飯田殿印、佐須彦六殿所持也、上官人松尾弥十良乗渡、船大舟也、

一、五月廿七日冠、博多冷泉津盛円、平田市左衛門乗渡、船大舟也、

一、同日冠、上松浦源盛満、高本治部丞乗渡、舟大船也、

一、同日冠、三嶋源康次、小嶋市右衛門、大船、

一、同日冠、筑前州胤満、古屋新左衛門乗渡、舟大船、

宗茂家印

一、同日冠、筑前州宗三良茂家ノ印、佐須右馬助殿所持也、上官人串崎善左衛門、大船、

一、同日妻嶋山田左近将軍殿平順治ノ印、兵部少輔殿所持也、上官人平山与三右衛門、大舟、

一、同日筑前州博多新親長、蔵田新兵衛、大船、

一、同日筑前刕冷泉津田原藤原貞種ノ印、臼祇殿送使也、上官人松尾藤右衛門、大船、

一、同日肥前刕松浦志佐源盛印、　御西ノ御印也、御使阿比留神次良、大船也、

一、同日筑前刕冷泉津源家徳、有田勢左衛門乗渡、船大舟、

一、六月五日摂津州忠能印、西山寺所持也、上官人串崎九良次郎、大舟、

同日一、冠、筑前刕源勝長、原田与三右衛門乗渡、船大舟、

熊壽印

同日一、対馬州熊寿殿印也、御使赤木弥六、大舟也、

六月七日一、上松浦壱(岐)波刕代官牧山十良源ノ正ノ印、塩津留主殿助所持也、上官人松熊又左衛門乗渡、船ハ

本ノ尺ニハ不足、二重封余也、

同日一、冠、上松浦居住司猛徳鶴、川村十良、船ワ本ノ尺ニハ不足、二重封ニハ余、

六月十一日一、冠、日本国西海道阿久禰居住司猛、武田又左衛門、大船、

同日一、冠、筑前刕博多居住司猛彦次良、下田林助乗渡、船大舟、

畠山清秀印

六月十五日一、日本国畠山殿源朝臣右金吾守ノ舎第(弟)兵衛督源朝臣清秀ノ印、立石四良左衛門殿所持也、上官人

小田三良左衛門、大船、

六月廿日一、日本国西海道阿久禰嶋主平久成ノ印、久和浦進士殿所持也、上官人阿比留平左衛門、大舟、

同日一、冠、日本国松浦司猛親満、川村左馬允、大船也、

六月廿九日一、冠、対馬州ノ護軍調久、住永与三兵衛允、大舟也、

同日一、冠、日本国薩摩州坊津居住司猛張親久、長野彦右衛門乗渡、船大舟、

同日一、上松浦那久野藤朝臣頼久ノ印、久和浦上総守殿所持也、上官人阿比留孫十良、大船、

渋川政教印

同日一、日本国関西路九州ノ都元師(帥)源(渋川)朝臣政教ノ印、桜本左衛門佐所持也、上官人松井与三良、大舟

也、

宗像氏助印

同日一、筑前州宗像那(郡)知守氏助ノ印、　殿中ノ御送使也、御使小田彦三良、大船、

同日一、肥刕下松浦山城守源行之印、立石大炊助殿所持也、上官人桟敷原与四良、大船、

同日 一、対馬刕平豊唐二郡ノ大守平朝臣宗薩摩守盛氏之御印、御使財部源兵衛允、大船、

七月二日 一、日本国上松浦護軍百松子司猛盛秀、川村木工助乗渡、舟大船也、

七月五日 一、冠、日本国筑前州博多冷泉津司猛虎松、庄司又次良、大舟、

七月九日 一、冠、肥前州司猛廉光、古藤木工左衛門、大船、

同日 一、冠、日本国長門刕赤間関司猛与高伯、佐々木与四良所持也、上官人左近五良、大船、

菊池重朝印

同日 一、日本国関西路肥筑二刕大守菊池藤原朝臣重朝之印、小林左近允殿所持也、上官人古藤木工助、大舟、

同日 一、冠、日本国西海道古東ノ嶋居住司猛平廉継、油(柚)谷藤兵衛允、大船、

同日 一、日本国上松浦塩鶴源常、上官人塩鶴神次良、大舟、

同日 一、冠、日本国西海道筑前州博多冷泉津居住司猛親秀、江口孫兵衛允、大舟、

八月五日 一、日本国五嶋鳴主源繁ノ印、新方所持也、上官人飯新八良乗渡、船大舟、

九月十日 一、日本国肥前州上松浦神田源重之印、阿比留民部所持也、上官人同木助、大舟也、

畠山殿送使船

九月十日 一、畠山殿御送使、両艘トモニ大船也、御使立石四良左衛門殿、

同日 一、日本国壱波(岐)刕居住源壱之印、松尾又次良所持也、上官人小田勢左衛門、船大船、

源吉見の印

同日 一、日本国三嶋守源吉見之印、松雲軒所持也、上官人熊本弥五良、大舟、

大友義鎮の印

同日 一、日本国西海道豊筑守大友修理大夫源朝臣義鎮之御印、石田勝徳丸所持也、上官人上原助五良乗渡、舟大船也、

九月十日 一、日本国西海道筑前州博多居住宗元長、　大浦内匠助殿、大船、

一、九月廿一日　日本国西海道壱波(岐)嶋守護代官真弓源成之印、佐須彦八良殿所持也、上官人小田太良五郎、
一、九月廿六日　日本国西海道筑前州博多居住司杲(果)源胤久、古屋左衛門佐、大船、
一、十月十三日　冠、日本国関西路赤間関居住司猛平康吉子司猛廉清、佐々木与四良所持也、上官人同名彦三良、
大舟、
一、同日　日本国大知賀嶋守護兼尾州大守源朝臣幡ノ印、古藤木工助所持也、上官人竹見彦十良、大船、
一、十一月八日　日本国薩摩刕嶋津殿藤原朝臣持長之印、御西之御送使也、御使今井与三左衛門、大船、
一、十一月廿三日　対馬州平朝臣宗熊満殿御印、柳川大膳亮所持也、上官人小田善五良、大船也、
一、二月六日　日本国長門刕橘康連、立石平左衛門殿、大船也、
一、同日　日本国幡(播磨)摩州室津寓鎮藤久之印、柳川権(調信)介所持也、上官人茂田弥五良、大船也、
一、同日　日本国肥前州平戸寓鎮肥刕大守源豊秋之印、柳川権介所持也、上官人彦左衛門乗渡、船大舟、

元亀四年
天正元年
朝鮮宣祖六年
一五七三年

元亀四年癸酉三月五日ヨリ第一船立始也、并彼角之御法度、当年ヨリ始也、
一、三月五日　対馬州平朝臣宗熊寿殿印、殿中之御送使也、大浦修亮(理脱カ)申請、上官人日高与三右衛門乗渡、
船大舟、
一、同六日　日本国安藝州藤原朝臣村上忠重印、康忠軒所持也、上官人財部彦左衛門乗渡、船大舟、
一、同七日　冠、日本国西海道阿久禰居住司猛、武田又左衛門、大船、
一、同日　冠、日本国西海道筑前州冷泉津居住司猛源家徳、有田勢左衛門、大船、
一、同八日　日本国肥前州松浦鴨打源親、御西之御印也、上官人安心院惣次良、大船也、

島津武久印

役所の書

同日
一、冠、日本国西海道筑前州博多県平氏司猛彼古時羅子司猛長親吉、伊奈富右馬允、　大船也、

同九日
一、日本国下松浦ミクリヤ源光印、小田三良左衛門、大船也、

三月十九日
一、冠、日本国上松浦司猛而羅多羅、古屋惣左衛門、

同日
一、日本国西海道阿久禰嶋主平久成、久和新土殿印也、上官人塩津留彦五郎殿、

同日
一、冠、筑前州冷泉津居住司猛信時、松尾彦次良、

三月廿一日
一、冠、冷泉津、平田市左衛門殿、

同日
一、上松浦、阿比留三良衛門、

同日
一、冠、三嶋、小嶋市右衛門、

同日
一、冠、古東、柚谷因幡介、

同日
一、冠、筑前州守護代官平朝臣宗三良茂家之印、佐須右馬助殿所持也、使江嶋惣右衛門、

同日
一、対馬州、　熊寿殿、御使源次郎、

同日
一、一岐嶋飯田出羽守源集印、役所之御書也、使岩松孫七良、

同日
一、肥前州二(ママ)守大守菊池藤原朝臣重朝之印、小林左近殿書也、上官人森屋神兵衛尉、

同日
一、肥前州松浦志佐源盛之印、　御西様之御書也、御使阿比留神次郎、

同日
一、日向大隅薩摩三刕太守嶋津藤原朝臣武久之印、梅岸(岩カ)所持也、使間長神衛門、

同日
一、対馬刕平朝臣宗熊寿殿御印ノ御使江嶋又五郎、

同日
一、上松浦呼子一岐守源幸之印、　御西様之御印、御使江嶋神四郎、

同日
一、小東嶋大守奈成兵庫頭平朝臣親忠之、役所之書也、上官人松尾弥十郎、

同日　一、対馬州、　宗熊満殿御印、吉田殿所持、使材市右衛門、

同日　一、妻嶋守山田左近将軍平順治之印、役所之書也、使平山与三衛門、

三月廿四日　一、上松浦羽嶋源康印、古川右衛門佐殿所持也、上官早田平七、

三月廿七日　一、冠、筑前州博多居住司直村岳宮内少輔子司猛源勝長、原田与三右衛門、

一、　上松浦居住徳鶴、川村十良、

三月卅日　一、冠、筑前州博多居住司猛彦次良、下田林助、

殿中の屋形丸

卯月四日　一、殿中ノ　屋形丸、都船主立石六郎左衛門殿、

卯月廿二日　一、日本国肥前州上松浦佐思(志)源三郎殿印、庄司又右衛門所持也、上官仁同又右衛門、

五月十四日　一、日本国筑前州宗像郡知守氏助之印、殿中ノ御送使也、御使庄司源七郎、

五月廿三日　一、日本国五嶋宇久守源法、　御西殿様ノ御印也、松尾藤右衛門申請候を川本惣次良正官仁へ上也、

五月廿四日　一、日本国上松浦司猛親満、川村左馬允、

六月二日　一、日本国肥前州上松浦神田源重ノ印、阿比留民部送使也、上官人原源助、

六月六日　一、日本国筑前州博多住人司猛胤満、古屋新左衛門、

買主

同日　一、上松浦呼子一岐州代官牧山十郎源ノ正之印、嶋井右衛門書也、上官人庄司神次郎、買主八鳥彦三郎、

源忠能の印

同日　一、日本国畿内摂津州兵庫津平方式部尉源忠能之印、西山寺之書也、上官人井野上二良左衛門、

同日　一、日本国筑前州博多冷泉津司猛虎松、庄司又二郎、

一、六月八日 日本国上松浦護軍百松子司猛盛秀、川村木工允、

一、同日 日本国薩摩州日向大守藤原朝臣廉久之印、御西様之御書也、上官人扇与三衛門、

一、同日 日本国上松浦那久野藤原朝臣頼久之印、久和浦上総守殿書也、串崎九良次良、

一、六ノ九日 対馬州平朝臣宗熊満之御使材源六、

一、六ノ九日 日本国薩摩坊津居住司猛張親久、長野彦右衛門、

一、六月十一日 日本国筑前州博多居住大護軍橘調秀、立石与三兵衛殿、

一、六ノ十八日 日本国薩摩州嶋津藤原朝臣持長之印、御西様之御書也、上官ハ井野上彦右衛門、

一、六月廿七日 防長豊筑津(肆)州守護代官陶次良多多良ノ朝臣与房(興)印、津江右馬允所持也、上官人森田源左衛門、

一、七月二日 日本国西海路上松浦唐津大守源勝、高本治部所持也、上官人阿祢川市助、

一、七月五日 日本国博多居住宗元長、大浦内匠助殿、

一、同 対馬州護軍住永与三(兵脱)衛尉、

一、同 日本国畠山兵衛督晴秀之印、立石四郎左門殿書也、上官人小田十郎、

一、同 日本国五嶋源之繁之印、新方ノ書也、上官今井助二郎、

一、同 日本国九州源政教印、御西之御印也、御使松井与三郎、

一、同 日本国豊筑大友修理大夫源義鎮御印、吉田美作守殿書也、上官桟敷原与四郎、

一、七月五日 筑前州博多新親長、蔵田新兵衛尉、

一、七月六日 日本国長門州赤間関司猛与高泊(伯カ)、左近五郎、

一、七月七日 日本国肥筑二州大守菊池藤原朝臣重朝之印、小林左近殿書也、上官人扇与七、

菊池為永印

一、同日 対馬州熊満ノ御使財部弥次郎、
一、七月八日 上松浦源盛満、高本治部丞殿、
一、七月廿三日 日本国三嶋守源吉見之印、立石右衛門佐殿所持也、上官人財部彦十郎、
一、八月二日 日本国肥前州田平寓鎮源朝臣兼ノ印、桜本左衛門佐所持也、桜本弥五郎、
一、八月二日 日本国西海道肥前州司猛平廉光、古藤神七郎、
一、八月四日 日本国肥後州大守菊池藤原之朝臣為永之印、殿中ノ御書也、大浦修理亮申請、上官人平山井介、
一、八月七日 日本国筑前州冷泉津田原藤原ノ朝臣貞種ノ印、殿中之御書也、御使財部右衛門佐、
一、九月廿日 対馬州平豊唐二郡ノ大守平朝臣宗薩广守盛氏御印、御西様へ有、御使財部源兵衛尉、
一、九月廿六日 日本国松浦丹後守源茂ノ印、
殿中ノ御送使也、武本左京助申請、上官人田中善左衛門、
一、十月二日 日本国一岐州居住本城源壱ノ印、御西様之御書也、上原助五郎、
一、十月二日 日本国一岐嶋守護代官真弓源成之印、佐須紀伊介殿書也、上官人江嶋善左衛門、
一、十月二日 日本国上松浦塩津留源ノ常ノ印、御西様之書也、江嶋又五郎、
一、十月六日 肥前州平戸寓鎮肥州大守源ノ豊秋之印、柳川権介(調信)殿書也、上官山下助衛門、
一、十月十一日 官職、内野膳右衛門、
一、十月廿四日 官職、古屋左衛門佐、
一、十月廿九日 官職、江嶋助左衛門、

一、十一月七日　官職、佐々木左近助、
一、　日本国大知賀嶋守護兼尾州大守源朝臣幡、上官人飯三助、
一、□（欠損）月十五日　幡广国室津寓鎮藤久之印、柳川権介所持也、上官人間長神右衛門、
一、正月五日　肥前州下松浦山城守源之行之印、　御西様之御書也、正官人武田彦三郎、
一、二ノ十三日　官職、立石平左衛門殿、

天正二年
朝鮮宣祖七年
一五七四年

天正貳年甲戌卯月廿七日、第一船立始也、
一、三月十四日　一州飯田殿書、川村左馬允買之、上官人薦田弥九郎、
一、三月十四日　日本国上松浦源ノ勝ノ印、高本治部との書也、上官人原源助、
一、三月十四日　官職、武田又左衛門、
一、三月十四日　官職、下田林助、
一、三月十四日　官職、古藤神七郎、
一、三月十四日　康忠ノ印、薦田善七郎正官人也、
一、三月十六日　上松浦源ノ重之印、正官人阿比留民部、
一、三月十七日　五嶋宇久源之法ノ印、　御西様ノ御書也、正官人阿比留神二郎、
一、三月十七日　薩广州日向藤原廣久印、　御西様ノ御書也、御使庄司源五郎、
一、三月十七日　肥前州松浦源親印、　御西様ノ書也、御使熊本弥五郎、
一、三月十七日　筑前州宗像郡知守、　殿中ノ書也、御使栈敷原与四郎、

三月十七日
一、松浦志佐源ノ盛之印、　御西様ノ御書也、御使橘助八、

三月十七日
一、対馬州熊満殿御書也、御使江嶋惣右衛門、

三月十七日
一、上松浦波多嶋源ノ安ノ印、古川狩野介殿書也、正官人小田十郎、

三月十七日
一、妻嶋左近将軍順治ノ印、役所ノ書也、上官人平山与三衛門、

三月十七日
一、菊池藤原ノ重朝ノ印、小林左近助殿書也、正官人西山与三衛門、

三月十七日
一、古東嶋平親忠ノ印、役所ノ書也、正官人岩松孫兵衛尉、

三月十七日
一、冷泉津嘉善大夫信俊ノ印、立石右衛門大夫殿書也、上官人小田善五郎、

三月十七日
一、官職、小嶋市右衛門尉、

三月十七日
一、官職、松尾彦次郎、

三月十七日
一、官職、柚谷藤兵衛尉、

三月十八日
一、官職、阿比留三郎右衛門尉、

三月十八日
一、大友殿印、石田勝徳丸所持也、正官人赤木忠衛門、

三月廿六日
一、熊寿殿印、殿中ノ書也、御使材又衛門、

三月廿六日
一、上松浦、　御上ノ書也、御使川本惣兵衛尉、

三月廿六日
一、持長ノ印ノ使小嶋助二郎、

三月廿六日
一、平ノ久成之使塩津留助左衛門、

三月廿六
一、下松浦源ノ光ノ使小田三郎左衛門尉、

三月廿七
一、筑前州平茂家ノ印、佐須右馬助殿所持也、上官人串崎源左衛門尉、

三月廿七日
一、官職、川村十郎、

卯月四日
一、日本国上松浦藤原ノ頼久ノ印、久和浦上総守殿書也、正官原田又二郎、

一、官職、河村左馬允、

五ノ七日
一、日本国兵庫津平方式部尉源ノ忠能ノ印、西山寺ノ書也、正官人江嶋善左衛門、

五ノ廿八
一、御上ノ御印、正官人村山弥七殿、

六ノ十二日
一、肥前州上松浦佐思(志)源三郎殿印、小嶋木工助書也、正官人茂田弥五郎、

六ノ十二
一、官職、蔵田新兵衛尉、

三月十二日跡付比田勝よりおそく参候て、此分に候、
一、官職、有田勢左衛門、

三月十二日
一、官職、峰治部殿送使也、

三月十二
一、熊満、御西様ノ御書也、申請主柳川権助(調信)殿、

三ノ十二
一、熊満、殿中ノ御書也、正官人松熊藤右衛門、

三ノ十三
一、印ノ書　御西様ノ御書也、阿祢川善四郎正官人也、

六ノ廿一日
一、官職、平田市左衛門尉殿、

六ノ廿一
一、日本国畠山兵衛督源ノ晴秀ノ印、立石四郎左衛門殿書也、正官人武田左馬允、

六ノ廿一
一、日本国上松浦塩津留源常ノ印、塩津留主殿助印也、正官人日高彦左衛門、

六月廿二日
一、日本国松浦丹後守源ノ茂ノ印、内山善右衛門殿書也、正官人蔵田孫左衛門、

六月廿二日
一、日本国肥筑二州大守菊池藤原朝臣重朝ノ印、立石平左衛門殿書也、正官人阿比留木助、

六月廿二日
一、官職、左近五郎、

一、六月廿二日　肥前州田平寓鎮源ノ兼ノ印、　御西様ノ御書也、正官人桜本左衛門佐、
一、六ノ廿五日　官職、川村木工尉、
一、六ノ廿六日　日本国一岐嶋真弓源ノ咸之印、佐須紀伊介殿書也、正官人阿根川市助、
一、七ノ廿八　官職、松尾弥十郎、
一、七月廿八　丹後国ノ送使、御西様ノ御書也、上官人江嶋又五郎、
一、七月廿八　立石平左衛門殿送使也、上官人ハ田中善左衛門、
一、七ノ卅日　熊満、佐須右馬助殿送使也、上官清田弥四郎、
一、七ノ卅日　官職、立石与三兵衛尉殿、
一、七月卅日　官職、大浦内匠助殿、
一、七月卅日　官職、住永与三兵衛尉、
一、九ノ七日　官職、庄司又次郎、
一、九ノ十二　日本国上松浦呼子一岐州牧山十郎源ノ正ノ印、塩津留主殿助《財部彦左衛門》殿書也、正官人財部彦十郎、
一、十ノ二　対馬ノ国宗薩广守盛氏ノ御印、御使財部源兵衛、
一、十月四日　官職、古屋新左衛門、其後煩候て罷帰候、
一、十月七日　臼祇伊勢守之印、早田平七正官人に上候、
一、十月廿七日　下松浦山城守源ノ行ノ印、　御西様ノ御書也、上官人阿比留平左衛門、
一、十月廿七日　官職、佐々木左近助、
一、十月廿七日　官職、江嶋助左衛門、

一、（ミセケチ、以下八字線ニテ囲ム）官職、間長神右衛門、
十ノ廿八
一、壱岐本城源ノ壱ノ印、佐須紀伊介殿書也、上官人間長神右衛門、
十一月三日
一、対馬州熊満様ノ御使今井助二郎、
壬十一月十六日
一、五嶋鳴主源ノ繁ノ印、庄司源五郎書也、上官人庄司又衛門殿、
十二ノ廿六
一、印ノ書、古藤木工助所持也、上官竹見□□□（壱岐守カ）
正ノ十
一、藤久ノ印、柳河権介殿書、上官築城惣右衛門、
正月十日
一、タンタ井ノ書、（渋川政教カ）御西様ノ御書也、御使松井与三郎、
正ノ廿四日
一、官職、内野善右衛門殿、
一、官職、立石平左衛門尉殿、

天正三年
朝鮮宣祖八年
一五七五年

天正参年乙亥三月十一日ヨリ印官始也、
三ノ十一
一、熊寿、殿中ノ御書也、正官人庄司又右衛門、
三月十一日
一、官職、立石平左衛門殿、
同日
一、官職、有田勢左衛門、
同日
一、官職、古屋左衛門佐、
同日
一、下松浦源ノ光ノ印、小田三郎左衛門、
三ノ廿六日
一、官職、武田又左衛門、

天正八年国次印官之引付
朝鮮宣祖十三年
一五八〇年
胡椒
草氈
丹木
火鉢
白綿

天正八年庚辰国次印官之引付

(宗義智)昭景様御代始之引付

一番　胡椒拾斤、太刀一振、　(宗義智)御上
二番　胡椒五斤、所望ちやのさうせん、　(宗義調)御西
三番　丹木二十斤、所望さうせん、
四番　丹木十斤、ひはち、　御上
五番　丹木十斤、しろわた、　御上
六番　国分寺
七番　(宗義純)御東
八番　佐須彦四郎
九番　久和浦上総守
十番　柳河右馬助
十一番　立石善左衛門尉
十二番　中原外記助
十三番　佐奈豊安房守
十四番　中原織部丞
十五番　臼祇伊勢守

十六番　清水左京亮

十七番　唐坊民部丞

飯銅

十八番丹木十斤、はんとう、　御上

廿　番　古川土佐守

廿一番　長田治部少輔

廿二番　古川和泉守

廿三番　峰　修理亮

廿四番　立石紹隣

廿五番　吉副勘解由允

廿六番　柳野源右衛門尉

廿七番　峰　帯刀丞

廿八番　森戸左馬允

紫木綿

廿九番丹木十斤、むらさきもんめん、　御上

卅　番　吉副佐渡介

正月廿八日

一通、澄泰、丹木二十斤、　御西、

二月十二日

一通、内野善右衛門、丹木三十斤、　申次平田玄松、

十七日

一通、小嶋主計允、胡椒十斤、　申次同名木工助、

御本書　角

同日
一通、阿比留三良右衛門、丹木廿五斤、　申次立石大炊助、

廿三日
一通、源法、丹木十斤、　御西、

同日
一通、源親、胡椒五斤、　同、

同日
一通、源盛、丹木十斤、　同、

同日
一通、教満、丹木十斤、　同、

同日
一通、熊満殿、丹木十五斤、御本書有、　同、

同日
一通、廣久、角五本、　立石平左衛門尉、

同日
一通、源行、丹木十斤、　同名大炊助、

同日
一通、古川狩野介、丹木十斤、　申次同大炊助、

同日
一通、西山寺、丹木十斤、

廿七日
一通、豊秋、丹木七斤、　御西、

卅日
一通、佐須紀伊介、丹木五斤、

同日
一通、立石右衛門佐、丹木十斤、

同日
一通、古藤木工左衛門尉、丹木十斤、　申次佐須彦四郎、

同日
一通、熊寿殿、丹木十伍斤、御本書有、　御上、

三月五日
一通、佐須右馬助、丹木五斤、茂家印、

九日
一通、津江右馬允、丹木十五斤、

廿一日
一通、小林彦十良、丹木五斤、

同日
一通、石田助三良、丹木十斤、　申次平田玄松、

廿八日
一通、下田林助、丹木十五斤、　申次立石大炊助、

一年を限り印を譲渡
閏三月二日
一通、熊寿殿、丹木拾斤、紫紬、　六十張鑓手代、御上、　当年計御東殿ニ被遣候、一艘也、

六日
一通、江口孫八良、丹木五斤、　申次佐須彦四郎、

同日
一通、庄司又次良、丹木三十斤、　申次平田玄松軒、

七日
一通、熊寿殿、丹木廿斤、　御西、

同日
一通、為永、丹木拾斤、　御上、

賜官初渡海
十三日
一通、松尾、進上丹木五斤、　賜官か初渡海、

廿六日
一通、桜本弥十良、丹木二十斤、　申次小嶋木工助、

卯月一日
一通、源兼、丹木二十斤、　御西、

三日
一通、佐須彦四良、丹木十五斤、　妻嶋之印、

卯月十八日
一通、内山筑前守、丹木拾斤、　申次立石大炊助、

同日
一通、立石紹隣、丹木六斤、

同日
一通、小田将監助、丹木拾斤、　申次　立石平左衛門、

同日
一通、古藤助八、丹木廿斤、

卯月十九日
一通、源幸、進上胡椒五斤、　御西、

五月二日
一通、佐々木勢左衛門、丹木拾斤、　申次佐須彦四郎、

同日
一通、久和浦上総守、丹木五斤、

同日
一通、塩津留神二郎、丹木拾斤、

同日
一通、阿比留四郎右衛門、丹木拾五斤、

同日
一通、梅岩、丹木廿斤、

五月十日
一通、氏助、丹木弐拾斤、　御上、

同日
一通、源壱、丹木十斤、

同日
一通、立石四郎左衛門、丹木廿斤、

同日
一通、長田掃部助、丹木拾斤、

同日
一通、屋形丸、月付壬三月、当年佐須彦四郎、

五月十日
一通、御所丸短書、同十六日出船、長田掃部持渡ル、

五月廿日
一通、平久成也、進上丹木廿斤、月付六月、　(宗義調)宮谷、

同日
一通、源高、進上丹木廿斤、月付五月、　宮谷、

五月廿四日
一通、屋形丸御本書、月付正月、　役所ヨリ、

屋形丸
御所丸

賊船注進の短書

六月十八日
一通、於釜山浦賊船注進之短書、月付六月七日、

廿五日
一通、河村木工允、丹木十斤、　申次佐須彦四郎、

同日
一通、同名十良、当年者嶋居内蔵助方仕前也、丹木十斤、　申次同、

七月三日
一通、臼祇伊勢守、丹木十五斤、　申次立石大炊助、

同日
一通、住永与三郎、丹木拾斤、　申次大浦中務丞、

同日
一通、蔵田新兵衛尉、丹木十六斤、　申次阿比留雅楽允、

五日
一通、佐須出羽介、丹木十五斤、

七月廿三日
一通、豊嶋へ賊船来候時渡遣短書、
蔵田新兵衛持渡ル、

廿八日
一通、大浦中務丞、丹木拾斤、　申次立石大炊助、

八月十九日
一通、古東嶋、丹木拾斤、　佐須彦四郎、

八月廿一日

日本国王印

国王殿之御印推(捺)申候、

宗像蘇西堂

上官宗像蘇(景轍玄蘇)西堂、船頭柳川権(調信)介方、

国王注進短書

八月廿五日
一通、国王殿之注進之短書、

国王殿御吹挙

同日
国王殿之御吹挙、一号・二号・三号、

水木船

水木船四艘認申候、

硯箱

同日
一通、柳川権介、丹木拾斤、

八月廿九日
一通、有田勢左衛門、硯箱五箇、丹木拾斤、　中次佐須彦四郎、

此度御所丸之案内者有田罷渡候、

九月二日
一通、立石近次良、丹木十斤、

同日
一通、伊奈新方、丹木六斤、　中次小嶋木工助、

五日
一通、小嶋木工助、丹木三十斤、　中次立石大炊助、

七日
一通、平田宇渡助、丹木十斤、　当年同玄松前也、

十一日
一通、大浦内匠助、丹木十斤、　中次平田玄松軒、

同日
一通、財部彦左衛門、丹木十斤、　中次古河狩野介、

十月卅日
一通、佐々木左近助、当年神宮主水助被下、丹木廿斤、　中次佐須彦四郎、

十一月十五日
一通、持長、丹木廿斤、

同日
一通、平田宮内少輔、丹木廿斤、

十一月廿一日
一通、古屋左衛門佐、丹木卅斤、　中次津江右馬大夫、

同日
一通、同名源左衛門、丹木廿斤、　同、

十二月七日
一通、河村左馬允、丹木十斤、　中次佐須彦四郎、

十二日
一、屋形丸御吹挙、一号、二号、　船頭立石六良左衛門方、上官賀雲軒也、水木船三通有、御本書別幅有、

右昭景様御代始也、
廿四日
一通、松尾久兵衛、丹木十斤、　中次佐須彦四郎、
同日
一通、松尾専助官代次同名久兵衛子ニつかせ、当年始而渡海仕候、進物丹木十斤、　中次同、
天正九年正月廿六日
一通、立石与三兵衛尉、丹木十五斤、

天正九年国次之目録
朝鮮宣祖十四年
一五八一年

天正九年辛巳二月九日国次之目録
一番　　(宗義智)御上
二番　丹木二十斤、くら、　(宗義調)御西
鞍
三番　丹木十斤、むらさき木綿、　御上
四番　丹木十五斤、水いろの木綿、　御上
五番　丹木十斤、せつすり、　御上
せつすり
六番　　国分寺
七番　丹木十五斤、もゝいろの木綿、　御上
八番　　佐須彦四郎
九番　　久和浦上総守
十番　　立石四郎左衛門尉

十一番　一宮美濃介
十二番　古河狩野介
十三番　吉田監物助
十四番　佐奈豊安房守
十五番　大浦中務丞
十六番　平田玄松
十七番　津江右馬大夫
虎胆
十八番丹木十五斤、こたん　御上
もとろかい
十九番丹木十斤、もとろかい、　御上
廿　番　立石善左衛門尉
廿一番　古河和泉守
廿二番　佐護中務少輔
廿三番　嶋本紀伊守
廿四番　吉賀伊豆守
廿五番　黒木彦太郎
廿六番　中原織部丞
廿七番　村山周防守
廿八番　梅野大蔵丞

廿九番　内山宗玄

卅　番　内山筑前守

二月五日
一通、澄泰、丹木十斤、　御西、

十二日
一通、佐須右馬助、丹木十斤、　茂家之印、

同日
一通、同名紀伊介、丹木十斤、　源成之印、

同日
一通、小林彦十郎、丹木十斤、　菊地（池）之印、

同日
一通、小田三郎左衛門、丹木二十斤、　源光之印、　申次立石平左衛門、

同日
一通、柚谷因幡助、丹木十斤、　官職、天正八年分、月付十一月、　申次佐須彦四郎、

十五日
一通、熊満、丹木拾斤、紫紬、御本書有、　御西、

同日
一通、熊満、丹木拾斤、照布、御本書有、　同、

同日
一通、源法、丹木二十斤、　同、

同日
一通、源兼、丹木二十斤、　同、

同日
一通、源盛、丹木二十斤、　同、

同日
一通、教満、丹木二十斤、　同、

同日
一通、源親、丹木十斤、　当年平田玄松軒、

照布

同日
一通、阿比留四郎右衛門、丹木三十斤、　申次立石大炊助、

同日
一通、天正八年分之渡海 江嶋助左衛門、丹木三十斤、　申次小嶋方、

同日
一通、江口孫兵衛尉、丹木三十斤、　申次佐須彦四郎、

十六日
一通、立石紹隣軒、丹木二十斤、

同日
一通、古河和泉守、丹木二十斤、　申次立石大炊助、

同日
一通、阿比留三郎右衛門、丹木三十斤、　申次（マヽ）

同日
一通、小嶋主計允、丹木三十斤、

同日
一通、石田助三郎、丹木十斤、　申次平田玄松軒、

同日
一通、松尾弥十郎、丹木二十斤、　天正八年分、月付十一月　申次佐須彦四郎、

廿六日
一通、津江右馬允、丹木二十斤、

同日
一通、古藤木工左衛門、丹木三十斤、　申次佐須彦四郎、

同日
一通、久成、丹木十斤、　御西

卅日
一通、熊満、丹木十斤、白紬、御本書、吹挙有、　同

同日
一通、立石右衛門佐、丹木十六斤、

三月九日
一通、古藤彦八郎、丹木廿斤、　申次立石四郎左衛門、

同日
一通、古屋新左衛門尉、丹木十五斤、　申次津江右馬大夫、

同日一通、佐々木勢左衛門、丹木十五斤、　申次佐須彦四郎、
十三日一通、源高、丹木十斤、　御西
同日一通、今井与三左衛門、丹木十五斤　申次立石大炊助、
十七日一通、庄司又次郎、丹木十斤、　申次平田玄松、
廿二日一通、大浦主計允、丹木三十斤、
卯月六日一通、盛氏、丹木拾斤、　御西、
同日一通、廣久、丹木拾斤、　同、
同日一通、立石平左衛門尉、丹木拾斤、
五月五日一通、西山寺、丹木二十斤、
同日一通、佐須後室、丹木拾斤、　源壱、
同日一通、大浦木工助、丹木拾斤、　申次立石大炊助、
同日一通、立石四郎左衛門尉、丹木拾斤、
五月十四日一通、為永、進上丹木廿斤、
同日一通、氏助、進上丹木廿斤、
同日一通、源茂、進上丹木廿斤、

印の隔年所務

彼印一年替ニ内山所務候つれ共、源高相叶候之条、高銅印内山遣、此茂之銅印ハ殿中ニアリ、然者毎年彼印殿中より可渡遣候、為後日記也、

京極殿吹挙

同日
一通、長田掃部助、進上丹木廿斤、

五月廿四日
一通、頼久、進上丹木廿斤、　御上より

同日
一通、貞種、進上丹木廿斤、　御上より

同日
一通、源常、進上丹木拾斤、

同日
一通、梅岩、進上丹木廿斤、

六月三日
一通、桜本弥十良、進上丹木廿斤、

十九日
一通、京極殿、吹挙一号・二号、水木船有、

廿二日
一通、下田林助、丹木二十斤、　申次立石大炊助、

廿八日
一通、持長、丹木二十斤、　御西、

同日
一通、豊秋、丹木二十斤、　同、

同日
一通、源幸、丹木二十斤、　同、

七月十日
一通、住永与三郎、丹木廿五斤、　申次大浦中務丞、

廿九日
一通、蔵田治部少輔、丹木三十斤、　申次阿比留雅楽助、

同日
一通、庄司又右衛門、丹木二十斤、　申次立石大炊助、

八月五日
一通、小林彦十良、丹木十斤、

九日
一通、佐須右馬助、藤久、丹木二十斤、

十日
一通、佐須出羽介、丹木三十斤、

廿三日
一通、河村木工允、丹木三十斤、　申次佐須彦十郎、

同日
一通、同名十郎、丹木三十斤、　申次同、

廿六日
一通、熊寿殿、丹木二十斤、照布、　御上、

同日
一通、熊寿殿、丹木二十斤、さうせん、　同、

廿八日
一通、佐須彦十郎、丹木十五斤、　妻嶋印、

九月五日
一通、新方、丹木廿斤、

同同日
一通、平田宇渡助、丹木廿斤、

十八日
一通、立石近次良、丹木三十斤、

廿三日
一通、源勝、丹木二十斤、　当年始而小田善五郎仕前也、此印平田宮内少輔一年替也、

同日
一通、佐須彦十郎、古東嶋印、丹木二十斤、

廿九日
一通、大浦内匠助、丹木三十斤、　申次平田玄松軒、

十月一日
一通、熊寿殿、御本書、吹挙有、丹木廿斤、所望さうせん、

同日
一通、嶋井右衛門、源正印、丹木廿斤、申次古川狩野介、当年御書就御用ニ書替させられ候、

十一月廿九日
一通、古屋左衛門助、丹木三十斤、　申次津江右馬大夫、

同日
一通、同名源左衛門、丹木三十斤、　申次同、

同日
一通、佐々木左近助、丹木二十斤、　申次佐須彦十良当年辻方、仕前也、

十二月十日
一通、松尾久兵衛尉、丹木三十斤、　申次同、

十八日
一通、有田勢左衛門、丹木三十斤、　申次同、

廿七日
一通、立石与三兵衛尉、丹木三十斤、

同日
一通、河村左馬允、丹木三十斤、　申次佐須彦十郎、

同日
一通、柚谷因幡助、丹木二十斤、　申次同、

同日
一通、江嶋助左衛門、丹木三十斤、　申次石田助三郎、

天正十年壬午国次之記録二月吉

国次之記録

一番　丹木三十斤、大刀一振、　(宗義智)御上

二番　丹木二十斤、青皮、　(宗義調)御西

三番　丹木三十斤、ひやうぶ、　御上

四番　丹木三十斤、くら、　御上

五番　丹木三十斤、せつすり、　御上

天正十年国次之記録　朝鮮宣祖十五年　一五八二年

大刀

青皮

屏風

六番　国分寺
七番　丹木三十斤、コタン、　御上
八番　佐須彦十郎
九番　久和浦越中守
十番　柳河右馬助
十一番　立石善左衛門尉
十二番　中原外記助
十三番　佐奈豊安房守
十四番　中原織部丞
十五番　臼祇伊勢守
十六番　清水左京亮
十七番　唐坊四郎兵衛尉
十八番　柳河権介（調信）
十九番　俵式部少輔
廿　番　古川土佐守
廿一番　長田治部少輔
廿二番　古河宗晴
廿三番　峰修理亮

廿四番　立石紹隣
廿五番　吉副勘解由允
廿六番　柳野源右衛門尉
廿七番　峰帯刀助
廿八番　森戸左馬允
廿九番丹木三十斤、あふらぬの、油布　御上
卅　番　吉副佐渡介

屋形丸

二日八日
一通、屋形丸、本書、月付九月、吹挙、月付十二月、　当年役所より
廿一日
一通、畠山殿吹挙、月付二月、　立石四良左衛門、津江右馬允、　中次
三月二日
一通、長田掃部助、丹木三十斤、
同日
一通、阿比留四良右衛門、丹木三十斤、　申次立石大炊助、
同日
一通、古川狩野介、丹木三十斤、　申次同、
同日
一通、阿比留三良右衛門、丹木三十斤、　申次同、
同日
一通、小嶋主計允、丹木三十斤、
同日
一通、古藤木工左衛門、丹木三十斤、　申次佐須彦十郎、
同日
一通、西山寺、丹木廿斤、

大内丸吹挙
細川殿吹挙
国王の副書

同日一通、熊満殿、御本書有、吹挙有、丹木二十斤、所望さうせん、　御西、
十一日一通、源親、丹木二十斤、　御西、
同日一通、源盛、丹木二十斤、　同、
同日一通、源兼、丹木二十斤、　同、
同日一通、源法、丹木二十斤、　同、
同日一通、教満、丹木二十斤、　同、
同日一通、立石紹隣、丹木二十斤、
同日一通、津江右馬允、丹木三十斤、
同日一通、立石右衛門佐、丹木十五斤、
十七日一通、細川殿吹挙、月付三月、佐須彦十郎、立石紹隣、　申次津江右馬允、
同日一通、小林彦十良、丹木二十斤、
同日一通、石田助三良、丹木二十斤、　申次平田玄松、
十九日一通、内山筑前守、源茂印、胡椒十五斤、　申次立石大炊助、
廿三日一通、大内丸吹挙、船頭立石紹也、月付三月、　申次津江右馬允、
同日一通、細川殿吹挙、国王之副書有、月付三月、佐須彦十郎・立石紹隣出相也、申次津江右馬允、
廿四一通、澄泰、丹木二十斤、　御西、

廿七
一通、久和浦越中守、丹木三十斤、　申次立石大炊助、

四月十二日
一通、内野善右衛門尉、丹木三十斤、　申次平田玄松、

廿七日
一通、大浦主計允、丹木三十斤、　申次津江監物助、

五月十六日
一通、豊秋、進上丹木廿斤、

同日
一通、熊満殿、進上同前、本書、所望てるふ、

同日
一通、廣久、進上同前、

五月廿一日
一通、源成、進上丹木三十斤、　佐須紀伊介、

同日
一通、貞種、進上丹木三十斤、　申次立石大炊助、

同日
一通、源高、進上丹木卅斤、　申次同、

同日
一通、河村木工允、進上丹木卅斤、　申次佐須彦十郎、

五月廿六日
一通、大浦中務丞、進上丹木廿斤、　申次立石大炊助、

同日
一通、立石大炊助、進上丹木廿斤、　申次同、

同日
一通、江口孫八良、進上丹木卅斤、　申次佐須彦十郎、

同日
一通、松尾弥十郎、進上丹木卅斤、　申次同、

六月四日
一通、立石四郎左衛門尉、進上丹木廿斤、

同日
一通、松尾彦二郎、進上丹木卅斤、　申次佐須彦十郎、

同同日
一通、源幸、進上丹木廿斤、　　御西、

十七日
一通、下田左京亮、丹木三十斤、　　中次立石大炊助、

同日
一通、藤久、丹木三十斤、　　柳河権介、

同日
一通、小田将監助、丹木三十斤、　　中次立石平左衛門、

廿日
一通、庄司又次良、丹木三十斤、　　中次平田宮内少輔、

卅日
一通、佐須彦十郎、丹木三十斤、

同日
一通、同名出羽介、丹木廿五斤、

同日
一通、河村十郎、丹木二十斤、　　中次佐須彦十郎、当年者嶋井右衛門尉前也、

七月八日
一通、財部彦左衛門、丹木三十斤、　　中次古川狩野介、此書嶋井右衛門一年替也、

九日
一通、梅岩軒、丹木三十斤、　　中次立石四良左衛門尉、

同日
一通、古藤彦八、丹木三十斤、　　中次同、

同日
一通、住永与三郎、丹木三十斤、　　中次大浦中務丞、

同日
一通、蔵田治部丞、丹木三十斤、　　中次阿比留雅楽允、

八月二日
一通、熊満、丹木二十斤、吹挙有、所望紬、御本書、　　御西、

十二日
一通、佐須右馬助、丹木二十斤、

同日
一通、新方、丹木二十斤、

同日一通、佐々木勢左衛門尉、丹木三十斤、　申次佐須彦十郎、

廿七日一通、桜本弥十郎、丹木三十斤、　申次小嶋又二郎、

九月四日一通、平田宮内小輔、丹木廿斤、

同日一通、小嶋善四郎、丹木三十斤、　申次立石源六、

同日一通、平田宇渡助、丹木廿斤、当年　当年同名宮内少輔仕前也、

十二日一通、持長、丹木廿斤、　御西、

同日一通、久成、丹木廿斤、　同、

同日一通、立石近次良、丹木三十斤、

十月十一日一通、源壱、丹木弐拾斤、

十一月十七日一通、重朝、丹木弐拾斤、

十一月廿三日一通、盛氏、丹木廿斤、

同同日一通、妻嶋、丹木参拾斤、　佐須彦十郎、

廿九日一通、氏助、丹木三十斤、　御上より、

十二月十七日一通、江嶋助左衛門、丹木三十斤、　申次小嶋善四郎、

同日一通、河村左馬允、丹木三十斤、　申次佐須彦十郎、

同日一通、佐々木左近助、丹木三十斤、　申次同、

同日
一通、有田勢左衛門、 丹木三十斤、 申次同、

廿四日
一通、為永、 丹木二十斤、 御上、

廿七日
一通、屋形丸吹挙三通、 御上、

正月十一日
一通、熊寿殿、 丹木廿斤、所望照布、 同、

紫紬

同日
一通、熊寿殿、 丹木廿斤、紫つむぎ、 同

同日
一通、熊寿殿、 丹木廿斤さうせん、 同

十八日
一通、古屋左衛門佐、 丹木三十斤、 申次津江右馬大夫、

天正十一年国次之跡付
朝鮮宣祖十六年
一五八三年

天正十一年癸未国次之跡付

一番 太刀一振、丹木三十斤、 御上(宗義智)

二番 丹木廿斤、はんとう、 御西(宗義調)

菓子盆

三番 丹木三十斤、くわしほん、 御上

あまかみ

四番 丹木三十斤、あまかみ、 御上

五番 丹木三十斤、もとろかい、 御上

六番 国分寺

人参

七番　丹木廿斤、人しん、　伊奈
八番　佐須彦十郎
九番　久和浦越中守
十番　立石四良左衛門尉
十一番　一宮美濃介
十二番　古川狩野介
十三番　吉田監物助
十四番　佐奈豊安房守
十五番　大浦中務丞
十六番　平田玄松
十七番　津江右馬大夫
十八番　当年始而毎年之扶助ニ被相定、　吉副勘解田允

とうたい

十九番　丹木廿斤、とうたい、　御上
廿　番　立石善左衛門尉
廿一番　古川宗清
廿二番　佐護中務少輔
廿三番　嶋本紀伊守
廿四番　吉賀伊豆守

廿五番　黒木彦太郎
廿六番　中原織部丞
廿七番　村山周防守
廿八番　梅野大蔵助
廿九番　内山筑前守
卅　番　同名宗玄

閏二月朔
一通、熊満殿、丹木三十斤、照布、　御西、
同日
一通、熊満殿、丹木廿斤、黄紬、　同、
同日
一通、源親、丹木廿斤、　同、
同日
一通、源兼、丹木廿斤、　同、此御書西山寺ニ当年計御とりかへさせられ候、
同日
一通、教満、丹木廿斤、　同、
同日
一通、阿比留三良右衛門、丹木三十斤、　中次立石源六、
二日
一通、立石平左衛門尉、丹木三十斤、
同日
一通、小林彦十郎、丹木三十斤、
同日
一通、石田助三良、丹木三十斤、　中次平田玄松、
同日
一通、小嶋主計允、丹木三十斤、　中次同名善四郎、

五日
一通、熊満殿、丹木二十斤、むらさきつむぎ、　御西、

同日
一通、豊秋、丹木二十斤、　同、

同日
一通、津江右馬允殿、丹木廿斤、

同日
一通、古川宗清、丹木廿斤、　申次立石源六、

七日
一通、源盛、丹木廿斤、　御西、

同日
一通、源常、丹木三十斤、　同、塩津留神二郎方与一年替也、

賊船注進の短書

十六日
一通、賊船注進之短書、当時之使者江嶋左藤助、

廿二日
一通、立石右衛門佐、丹木三十斤、

同日
一通、大浦木工助、丹木三十斤、　申次立石源六、

同日
一通、下田左京助、丹木三十斤、　申次同、

右武衛吹挙

同日
一通、(渋川)右武衛吹挙、三通有、送使主吉賀伊豆守、申次津江右馬允、

同日
一通、於釜山船之大小仕物也、員数之子細短書遣候、　立石平左衛門方ニ被相加候、

廿九日
一通、賊退出之注進短書、使阿比留右衛門尉、

三月三日
一通、大浦主計允、丹木卅斤、

十日
一通、右武衛、国王之添書ニ被加御印也、　吉賀方、

十九日
一通、松尾久兵衛尉、丹木三十斤、　申次佐須彦十郎、

一通、同日今井与三左衛門尉、胡椒五斤、　申次立石源六、同此書源六方与一年替也、

一通、卅日源幸、丹木三十斤、　御西、

一通、卯月四日源茂、丹木参拾斤、月付三月、　御上、

一通、同日貞種、丹木卅斤、同、　御上、

一通、同日頼久、丹木廿斤、同、　御上、

一通、同日佐須右馬助、丹木卅斤、

一通、同日立石四良左衛門尉、丹木卅斤、

一通、同日立石平左衛門尉、丹木卅斤、

一通、同日古藤木工左衛門、丹木卅斤、　申次佐須彦十良、

一通、同日古藤彦八、丹木卅斤、　申次立石四良左衛門、

一通、同日庄司又二郎、丹木卅斤、　申次平田宮内、

一通、四月廿六日小田三郎左衛門、丹木廿五斤、　申次立石平左衛門、

一通、五月二日佐須紀伊介、丹木廿斤、

一通、五月十一日新方、丹木廿斤、　申次小嶋善四郎、

一通、五月十八日柚谷因幡助、丹木参拾斤、

一通、五月廿一日氏助、丹木三十斤、

同日
一通、西山寺、丹木廿斤、　申次佐須彦十郎、
同日
一、江口孫八郎、丹木参拾斤、
六月一日
一通、平田宮内少輔、丹木卅斤、　申次大瀬藤左衛門、
同日
一通、長田掃部助、同卅斤、
六月五日
一通、角長与三郎、進上丹木卅斤、申付大浦中務丞、
六月七日
一通、熊寿殿、進上丹木廿斤、所望むらさき紬、
同吹挙、
同日
一通、源法、進上丹木卅斤、
同日
一通、庄司又右衛門、進上丹木斤（マヽ）、　申次立石源六、
同日
一通、阿比留、進上丹木卅斤、　申次同　源六、
九日
一通、内山筑前守、進上丹木卅斤、　申次同　源六、
九日
一通、蔵田治部丞、進上丹木卅斤、　申次阿比留神三郎、
十七日
一通、桜本弥十郎、丹木三十斤、　申次小嶋善四郎、
同日
一通、佐々木勢左衛門、丹木三十斤、　申次佐須彦十郎、
廿三日
一通、立石紹隣、丹木二十斤、
同日
一通、同名与三兵衛尉、丹木三十斤、

七月二日
一通、佐須彦十郎、丹木三十斤、古東嶋之印、

五日
一通、嶋居右衛門尉、丹木三十斤、財部彦左衛門方与一年替也、申次古川狩野介、

十九日
一通、為永、胡椒十五斤、御上、

廿八日
一通、持長、丹木廿斤、御西、

同日
一通、久成、丹木廿斤、同、

同日
一通、盛氏、丹木三十斤、同、

同日
一通、佐須右馬助、茂家之印、丹木三十斤、

同日
一通、平田宇渡助、丹木三十斤、当年同蔵大夫前、同名宮内方与一年替、

同日
一通、松尾彦次郎、丹木三十斤、申次佐須彦十郎、

八月十一日
一通、佐須彦十郎、丹木三十斤、妻嶋之印、

同日
一通、梅岩、丹木貳十斤、申次立石四郎左衛門、

廿九日
一通、松尾弥十郎、丹木十斤、申次佐須彦十郎、

同日
一通、河村十郎、丹木三十斤、申次同、

同日
一通、佐々木左近助、丹木三十斤、申次同、

同日
一通、古屋左衛門助、丹木三十斤、申次津江右馬大夫、

同日
一通、同名源左衛門、丹木三十斤、申次同、

九月六日
一通、澄泰、丹木二十斤、　御西、

九日
一通、熊寿殿、御本書、吹挙有、丹木三十斤、所望紫紬、　御上、

同日
一通、立石近次郎、胡椒五斤、

十一日
一通、源壱、丹木廿斤、　豊新方、

廿三日
一通、江嶋助左衛門、丹木三十斤、　申次 小嶋善四郎、

廿六日
一通、小林彦十郎、丹木廿斤、

廿七日
一通、内野善右衛門尉、丹木三十斤、　申次 平田宮内少輔、

霜月十七日
一通、飯田、丹木参拾斤、当年初而コウシツノ御申也、

廿三日
一通、有田勢さへもん尉、　申次 佐須彦十郎、

廿六日
一通、熊寿殿、丹木卅斤、てるふ、

正月十一日
一通、屋形丸、御本書、別幅、吹挙、　当年ハ佐須彦十郎、

天正十二年国次印冠之跡付
朝鮮宣祖十七年
一五八四年

天正十二年甲申国次印冠之跡付

一番　進上、太刀一振・丹木卅斤、所望、　（宗義智）御上

二番　丹木廿斤、くれないのてるふ、　（宗義調）御西

花蓆

三番　丹木卅斤、ゑむしろ、　御上
四番　丹木卅斤、くら、　御上
五番　丹木卅斤、人しん、　御上
六番　国分寺
七番　丹木廿斤、ひはち、　伊奈
八番　佐須彦十郎殿
九番　久和浦越中守
十番　柳河右馬助
十一番　立石善左衛門尉
十二番　中原外記助
十三番　佐奈豊安房守
十四番　中原織部丞
十五番　臼祇大神軒
十六番　清水左京亮
十七番　唐坊四郎兵衛尉
十八番　柳川権介
十九番　俵式部少輔
廿　番　古川土佐守

廿一番　長田治部少輔
廿二番　古川宗清
廿三番　峰修理亮
廿四番　立石紹隣軒
廿五番　吉副勘解田允
廿六番　柳野将監助
廿七番　峰兵庫助
廿八番　森戸左馬允
廿九番丹木廿斤、あふらぬの、　御上
卅　番　吉副佐渡介

二月廿一日
一通、熊満、御本書、丹木卅斤、吹挙、紫つむき、　御西、
同日
一通、源盛、丹木卅斤、本書有、　同、
同日
一通、源幸、丹木卅斤、本書有、　同、
同日
一通、源法、丹木卅斤、本書有、　同、
同日
一通、豊秋、丹木卅斤、本書有、　同、
同日
一通、立石平左衛門尉、丹木十五斤、

一、廿七日通、平田玄松、丹木三十斤、源親之印、　申次立石源六
一、同日通、大浦中務丞、丹木三十斤、　申次同、
一、同日通、古川狩野介、丹木三十斤、　申次同、
一、同日通、阿比留三良右衛門、丹木三十斤、　申次同、
一、同日通、下田左京亮、丹木三十斤、　申次同、
一、同日通、大浦主計允、丹木三十斤、
一、同日通、平田宮内少輔、丹木三十斤、
一、同日通、古藤木工左衛門、丹木廿斤、　申次佐須彦十郎、
一、同日通、源茂、丹木三十斤、　御上、
一、同日通、左武衛（斯波）吹挙、　申次津江右馬允、佐須右馬允、柳河権介、
一、同日通、小嶋主計允、丹木三十斤、
一、卅日通、立石四良左衛門尉、丹木卅斤、
一、同日通、塩津留藤兵衛尉、丹木卅斤、　申次立石源六、
一、同日通、立石右衛門佐、丹木卅斤、
一、同日通、立石源六、丹木卅斤、　今井龍佐与一年替也、
一、同日通、津江右馬允、丹木卅斤、

同日 一通、臼祇太种軒、丹木卌斤、　申次立石源六、
同日 一通、石田助三郎、丹木卌斤、　申次平田宮内少輔、
同日 一通、為永、丹木卌斤、　御上、
同日 一通、教満、丹木卌斤、　御西、
三月四日 一通、氏助、丹木廿斤、　御上、
同日 一通、西山寺、丹木卌斤、
同日 一通、小林彦十郎、丹木卌斤、
九日 一通、梅岩、胡椒拾伍斤、　申次立石四良左衛門尉、
十三日 一通、久和浦越中守、丹木廿斤、　当年久和浦越中守、申次立石源六、
十六日 一通、庄司又次郎、丹木卌斤、　申次平田宮内少輔、
四月五日 一通、桜本弥十郎、丹木三十斤、　申次小嶋善四郎、
同日 一通、新方、丹木三十斤、　申次同、
同日 一通、佐々木勢左衛門、丹木三十斤、　申次佐須彦十郎、
八日 一通、熊満、丹木三十斤、白つむき、　御西、
同日 一通、熊満、丹木廿斤、紫つむき、　同、
同日 一通、源兼、丹木卌斤、　同、

京極殿本書
国王副書

同日
一通、持長、　丹木卌斤、　同、

十一日
一通、佐須彦十郎、　丹木卌斤、古東嶋印、

廿一日
一通、廣久、　丹木廿斤、　立石平左衛門尉、

卅日
一通、京極殿、本書、同国王之副書有、吹挙、　御西・平田宮内・中原外記助存之処、　申次津江右馬允、

同五月六日
一通、松尾久兵衛尉、　丹木卌斤、　申次佐須彦十郎、

同同日
一通、松尾彦二郎、　丹木卌斤、　申次同、

同五月十二日
一通、小田三郎左衛門、　丹木卌斤、　申次立石平左衛門、

五月十八日
一通、住永与三郎、　硯五箇、丹木十斤、　申次大浦中務丞、

同廿一日
一通、佐須彦八郎、　丹木卌斤、

同同日
一通、小嶋善四郎、　丹木貳拾斤、　申次立石源六、

同廿四日
一通、久成、　丹木貳拾斤、　御西、

同同日
一通、熊寿殿、　丹木卌斤、

同
同御本書相被添候、

五月廿六日
一、国王之添書、

同日
一、京極御本書、

六月六日
一通、内山筑前守、　申次 立石源六

同月八日
一通、立石与三兵衛尉、丹木廿斤、

十九日
一通、立石紹隣、丹木廿斤、

廿六日
一通、熊寿殿、丹木卅斤、照布、　　御上、

同
一通、豊崎殿、丹木卅斤、　　御西、

七月三日
一通、藤久之印、丹木卅斤、　佐須右馬助与柳河権介前也、一年替、当年

同日
一通、蔵田治部丞、丹木卅斤、　　申次阿比留神三郎、

同日
一通、柚谷因幡助、丹木卅斤、　　申次佐須彦十郎、

同日
一通、長田掃部助、丹木廿斤、

同日
一通、佐々木左近助、丹木拾伍斤、　　申次佐須彦十郎、

十一日
一通、平田宇渡助、丹木卅斤、　当年平田宮内方存之処也、

八月二日
一通、古藤彦八、丹木卅斤、　　申次立石四郎左衛（門脱）尉、

同日
一通、阿比留四郎右衛門尉、丹木卅斤、　　申次同名源六、

十日
一通、妻嶋、丹木卅斤、　　佐須彦十郎、

同日
一通、源正、丹木卅斤、　嶋井右衛門尉方与一年替、当年財部彦左衛門前也、　　申次古河狩野介

廿一日
一通、茂家、丹木卅斤、　　佐須右馬助、

同日
一通、源壱、丹木廿斤、　当年此送使めされ前、　　佐須彦八郎、

八月廿九日
一通、澄泰、　丹木廿斤、

九月六日
一通、江口孫八郎、　丹木廿斤、

十三日
一通、熊寿殿、　丹木三十斤、黒木綿、　御上

同日
一通、菊地(池)、　丹木廿斤、　月付十月、　当年者従御西めしおかれ候、

十月十日
一通、古屋源左衛門尉、　丹木三十斤、　申次津江右馬大夫、

同日
一通、河村甚助、　丹木三十斤、　申次佐須彦十郎、

十八日
一通、飯田殿、　丹木三十斤、　与州尼公、

同日
一通、内野善右衛門尉、　丹木卅斤、　申次平田宮内少輔、

廿日
一通、屋形丸、　御本書有、吹挙有、　別幅、　御上、

同日
一通、松尾弥十郎、　丹木十五斤、　申次佐須彦十郎、

同日
一通、江嶋助左衛門尉、　丹木三十斤、　申次小嶋善四郎、

十二月十二日
一通、短書、　是ハ於浦火事少アリ、其理ノ書也、

同日
一通、河村左馬允、　丹木拾斤、　申次

同日
一通、古屋左衛門佐、　丹木廿斤、　申次　津江右馬大夫、

天正十三年国次目録
朝鮮宣祖十八年
一五八五年

天正十三年乙酉二月吉国次目録

大船之分

一番　大刀一把、胡椒拾斤、　（マヽ）
二番　古川狩野介
三番　吉田監物助
四番　大浦中務丞
五番　平田宮内少輔
六番　国分寺
七番　津江次良兵衛尉
八番　佐護中務少輔
九番　嶋本紀伊守
十番　立石四郎左衛門尉
十一番　一宮美濃介

中船之分

十二番　吉賀伊豆守
十三番　黒木大炊助
十四番　佐奈豊左馬助

虎の身

虎の胆

十五番　村山周防守

十六番　梅野大蔵助

十七番　内山筑前守

十八番　吉副勘解由允

十九番　内山宗玄

廿　番　中原織部丞

廿一番　古川宗清

小船之分

廿二番丹木拾斤、はんとう、　御西(宗義調)

廿三番丹木廿斤、くら、　伊奈

廿四番　佐須彦十郎

廿五番　久和浦進士允

廿六番　立石善左衛門尉

廿七番丹木廿斤、とらのみ、　御上(宗義智)

廿八番丹木廿斤、ひやうふ、　御上

廿九番丹木廿斤、とらのきも、　御上

卅　番丹木廿斤、くら、　御上

三月二日
一通、佐須彦十郎、丹木十五斤、　古東嶋印、

同日
一通、松尾彦二郎、丹木十斤、　申次佐須彦十郎、

同日
一通、佐々木勢左衛門尉、丹木十斤、　申次同、

同
一通、下田左京亮、丹木拾斤、　申次立石源六

七日
一通、源茂、丹木廿斤、　御上、

同日
一通、源幸、丹木廿斤、　御西、

同日
一通、源盛、丹木廿斤、　同、

同日
一通、豊秋、丹木廿斤、　同、

同日
一通、西山寺、丹木廿斤、

同日
一通、伊奈新方、丹木廿斤、　申次小嶋善四郎、

同日
一通、梅岩、丹木三十斤、　申次立石四良左衛門尉、

同日
一通、立石右衛門佐、丹木十五斤、

同日
一通、古川宗清、丹木廿斤、　申次立石源六、

同日
一通、小林彦十郎、丹木廿斤、

十二日
一通、熊満、丹木廿斤、むらさき紬、　御西、

同日
一通、熊満、丹木廿斤、きつむき、　同、

同日
一通、源常、丹木三十斤、　同、

同日
一通、源法、丹木廿斤、　同、

同日
一通、教満、丹木廿斤、　同、

同日
一通、津江右馬允、丹木廿斤、

同日
一通、石田助三郎、丹木廿斤、　申次平田宮内少輔

十六日
一通、大浦木工助、丹木三十斤、　申次立石源六、

同日
一通、小田善三郎、丹木廿斤、　平田宮内方与一年替也、

同日
一通、今井了佐、丹木三十斤、　立石源六方与一年替也、

同日
一通、小嶋主計允、丹木三十斤、

卯月七日
一通、立石紹隣、丹木廿斤、

同日
一通、大浦主計允、丹木三十斤、

同日
一通、甲斐殿、送使方、佐須右近助・立石善左衛門尉・吉副如雲、
申次津江右馬允、当年始而渡海、

十一日
一通、立石四良左衛門尉、丹木卅斤、

廿日
一通、熊満、丹木廿斤、しろつむぎ、　御西、

同日
一通、佐須右馬助、丹木廿斤、

廿四日
一通、源兼、丹木廿斤、　御西

賊船の短書

同日
一通、持長、丹木廿斤、　同、

同日
一通、源親、丹木廿斤、　同、

同日
一通、教光、進物別幅ニ有、月付四月、当年初而渡海也、　立石平左衛門尉、

五月六日
一通、柚谷因幡助、丹木十五斤、　申次佐須彦十郎、

同日
一通、松尾久兵衛尉、丹木十五斤、　申次同、

五月廿七日
一通、就賊船之儀朝せん《はや船遣候》短書、

五月廿九日
一通、上、丹木廿斤、為永、

同日
一通、上、丹木廿斤、氏助、

同日
一通、立石平左衛門尉、丹木十五斤、　廣久、

六月一日
一通、牧山、丹木廿斤、　嶋居右衛門尉、

同日
一通、長田掃部助、丹木卅斤、

六月三日
一通、貞種、丹木廿斤、　御上、

同日
一通、蔵田治部丞、丹木廿斤、

同日
一通、小田三郎右衛門尉、丹木十五斤、

六月十六日
一通、藤久、丹木卅斤、佐須右馬助殿、

同日
一通、江口孫八郎、丹木廿斤、

六月廿六日
一通、庄司又二郎、丹木廿斤、月付六月、
七月五日
一通、立石与三兵衛尉、丹木廿斤、
九日
一通、古藤彦八、丹木廿斤、　申次立石四良左衛門尉、
同日
一通、古藤木工左衛門尉、丹木廿斤、　申次佐須彦十郎、
廿八日
一通、立石平左衛門尉、丹木十五斤、
同日
一通、江嶋助左衛門尉、丹木廿斤、　申次小嶋善四郎、
八月四日
一通、熊寿殿、丹木廿斤、むらさき紬、　御上、
九日
一通、久成、丹木廿斤、　御西、
十六日
一通、庄司又右衛門尉、丹木廿斤、　申次立石源六
同日
一通、佐々木左近助、丹木廿斤、　申次佐須彦十郎、
廿五日
一通、飯田殿、丹木三十斤、　佐須出羽介殿母儀、
同日
一通、内山筑前守、丹木三十斤、　申次立石源六、
八月一日
一通、源壱、丹木廿五斤、　(宗義純)東之後室、
閏八月十二日
一通、桜本弥十郎、丹木廿斤、　申次小嶋善四郎、
九月十四日
一通、平田宇渡助、丹木廿斤、
同日
一通、小林彦十郎、丹木廿斤、

十八日 一通、立石左近助、丹木三十斤、
十九日 一通、住永与三郎、丹木廿斤、　申次大浦中務丞、
廿六日 一通、阿比留民部左衛門尉、丹木廿斤、　申次立石源六、
十月四日 一通、松尾弥十郎、丹木廿斤、　申次佐須彦十郎、
同日 一通、河村神助、丹木廿斤、　申次佐須彦十郎、
十三日 一通、頼久、丹木廿斤、　申次立石源六、当年御上より、此書久和浦進士允与一年替也、
廿一日 一通、大内丸、一からせん・二からせん・三からせん有、
同日 一通、河村左馬允、丹木廿斤、　申次佐須彦十郎、
廿三日 一通、妻嶋殿、丹木廿斤、　佐須彦十郎、
十一月七日 一通、古屋源左衛門尉、丹木三十斤、　申次津江右馬大夫、
廿二日 一通、佐須彦八郎、丹木三十斤、
廿六日 一通、盛氏、丹木廿斤、御本書有、　御西、
同日 一通、澄泰、丹木廿斤、御本書有、　御西、
十二月八日 一通、内野善右衛門尉、丹木卌斤、　申次平田宮内少輔、
十九日 一通、熊寿殿、御本書、吹挙有、丹木廿斤、　御上、
廿日 一通、屋形丸、本書、月付十月、吹挙有、別幅有、　当年役所より、

廿六日
一通、熊寿殿、丹木廿斤、所望照布、　御上、

天正十四年国次之目録
朝鮮宣祖十九年
一五八六年

天正十四年丙戌八月吉国次之目録

大船　一番　進物太刀一振、丹木卅斤、　御上(宗義智)
　　　二番　進物丹木廿斤、所望并風、　此書ニ賊船無事之段被仰渡候、草案有、それによって当年大船前にて候へ共、御上ニめしおかれ候、
　　　三番　清水左京亮
　　　四番　臼祇玄番允
　　　五番　柳河権介(調信)
　　　六番　国分寺
　　　七番　俵因幡守
　　　八番　古河土佐守
　　　九番　長田修理亮
　　　十番　柳河右馬助
　　　十一番　中原式部少輔
中船十二番　佐須兵部少輔
　　　十三番　久和浦進士允

十四番　立石長門守
十五番　峰修理亮
十六番　立石紹隣
十七番　柳野将監助
十八番　峰兵庫助
十九番　森戸左馬允
廿　番　吉副佐渡介
廿一番　御上
小船廿二番　御西（宗義調）
廿三番　伊奈
廿四番　吉副三河守
廿五番　佐奈豊左馬助
廿六番　中原織部丞
廿七番　古河右衛門尉
廿八番　御上
廿九番　御上
卅　番　御上

四月廿四日
一通、盛氏、丹木廿斤、　御西、
七月十三日
一通、熊満、丹木廿斤、てるふ、　御西、
同日
一通、持長、丹木廿斤、　同、
同日
一通、源茂、丹木廿斤、　同、
同日
一通、梅岩、胡椒十五斤、　申次立石駿河守、
廿三日
一通、熊満、丹木廿斤、さうせん、　御西、
同日
一通、熊寿、丹木廿斤、てるふ、　御上、
同日
一通、西山寺、丹木廿斤、
同日
一通、立石駿河守、丹木廿斤、
同日
一通、同名右衛門佐、丹木十五斤、
同日
一通、佐須伊勢守、丹木三十斤、　宗三郎殿印書、
同日
一通、源兼、丹木廿斤、　御西、
同日
一通、立石源六、丹木廿斤、　今井龍佐与一年替、当年立石源六方前、
廿四日
一通、氏助、丹木廿斤、　御上、
八月二日
一通、佐須兵部少輔、丹木十五斤、　古東嶋之印書、
同日
一通、源勝、丹木廿斤、　小田善三郎与一年替、当年平田宮内前、申次大瀬藤左衛門尉、

同日
一通、頼久、丹木廿斤、　御上与一年替、当年久和浦進士允方前、申次立石源六、

同日
一通、源安、丹木廿斤、　同名右衛門尉与一年替、当年右馬助前也、申次立石源六、

同日
一通、藤久、丹木廿斤、　佐須伊勢守与一年替、当年柳河権介方前也、

同日
一通、小林右衛門佐、丹木廿斤、

同日
一通、津江右馬允、丹木廿斤、

九日
一通、熊満、丹木廿斤、てるふ、　御西、

同日
一通、源盛、丹木廿斤、　同、

同日
一通、源法、丹木廿斤、　同、

同日
一通、為永、丹木廿斤、　御上、

同日
一通、小田三良左衛門尉、丹木廿斤、　申次立石平左衛門尉、

十九日
一通、小嶋宇渡介、丹木廿斤、　申次立石源六、

同日
一通、塩津留神次郎、丹木廿斤、　申次同、

同日
一通、立石紹隣、丹木廿斤、

同日
一通、小貳・畠山注進短書、

廿七日
一通、源幸、丹木廿斤、　御西、

同日
一通、廣久、丹木廿斤、　立石平左当年御書かへ申上られ候、　同、

小貳・畠山注進短書

同日
一通、豊秋、丹木廿斤、　同、

同日
一通、出羽殿母儀、丹木三十斤、

同日
一通、江口孫兵衛尉、丹木三十斤、　申次佐須兵部少輔、

同日
一通、松尾又兵衛尉、丹木三十斤、　申次同、

同日
一通、同名彦次郎、丹木三十斤、　申次同、

同日
一通、古藤木工左衛門、丹木廿斤、　申次（マヽ）

同日
一通、桜本弥十郎、丹木廿斤、　申次小嶋宇渡助、

九月五日
一通、内野善右衛門尉、丹木卅斤、　申次平田宮内少輔、

同日
一通、庄司又次郎、丹木卅斤、　申次同、

同日
一通、下田左京亮、丹木十五斤、　申次立石源六、

十三日
一通、江嶋助左衛門尉、丹木三十斤、　申次小嶋宇渡助、

同日
一通、河村神助、丹木廿斤、　当年者嶋井右衛門尉殿めされまへ、申次佐須兵部少輔、

十七日
一通、柚谷因幡助、丹木廿斤、　申次佐須兵部少輔、

同日
一通、佐々木勢左衛門尉、丹木三十斤、　申次同、

同日
一通、平田宇渡助、丹木廿斤、　当年同名宮内少輔与一替也、

廿七日
一通、平久成、丹木廿斤、　御西、

同日
一通、源親、丹木廿斤、　同、

同日
一通、大浦太和守、丹木廿斤、　申次立石源六、

同日
一通、〔貞種〕臼祇大种、丹木廿斤、　申次立石源六、

十月十六日
一通、畠山殿、立石駿河守、　申次津江右馬允、

八日
一通、大浦主計允殿、丹木卅斤、

同日
一通、長田掃部助、丹木卅斤、短書有、

同日
一通、蔵田治部少輔、丹木廿斤、　申次阿比留神三郎、

同日
一通、石田助三郎、丹木廿斤、　申次平田宮内少輔、

十八日
一通、佐須彦八郎、丹木廿斤、

同日
一通、内山大膳亮、丹木廿斤、　申次立石源六、

十一月三日
一通、立石与三兵衛尉、丹木廿斤、

同日
一通、住永与三郎、丹木廿斤、　申次大浦太（マヽ）和守、

九日
一通、妻嶋、丹木十五斤、　佐須兵部少輔殿、

廿五日
一通、源壱、丹木十斤、　佐須彦四郎殿母儀、

同日
一通、古藤彦八、丹木卅斤、　申次立石駿河守、

十二月七日
一通、立石左近助、丹木廿斤、

同日
一通、新方、丹木十斤、　申次小嶋宇渡介、
十二日
一通、河村右馬尉、丹木二十斤、　申次佐須兵部少輔、
廿二日
一通、屋形丸吹挙、　御上、
同日
一通、古屋源左衛門尉、丹木二十斤　申次津江下野守、
正月五日
一通、短書、
十二月廿三日
一通、熊寿殿、丹木廿斤、　てるふ、　御上、
同日
一通、熊寿殿、丹木廿斤、　さうせん、　同、
同日
一通、古藤彦八、丹木廿斤、　申次立石駿河守、
十八日
一通、教満、丹木廿斤、　御西、

認許短書

同日
一通、大浦右衛門佐認許之短書、

漂民短書

正月廿二日
一通、漂民短書、使者嶋居市右衛門尉、
同日
一通、澄泰、丹木廿斤、　御西、
天正十五、二月廿四日
一通、立石平左衛門尉、丹木廿斤、
同三月九日
一通、佐々木左近助、丹木廿斤、　当年神宮主水助仕前、申次佐須兵部少輔、
天正十五、三月廿七日
一通、菊地(池)、丹木廿斤、小林方与一年替、　御西、

〔後記〕　『朝鮮送使国次之書契覚』の写真は、敗戦前に史料編纂所の嘱託をしていた黒田省三氏によって朝鮮から同所に送られてきたものであるが、その存在を私に教示されたのは奥野高広氏である。はじめてこれを見たときには、なにやら重要な史料らしいとは思ったが、どこから手をつけたらよいのかわからずに途方にくれた。しかし、調べているうちにこの史料が日朝関係史研究上に特別貴重な史料であることがわかってきた。その後、中村栄孝氏や黒田氏にみちびかれて、なんとか論文の形にまとめあげたのが「中世日鮮交通における貿易権の推移」で、昭和二十九年（一九五四）三月発行の『史学雑誌』第六三編第三号に発表した（のち拙著『中世海外交渉史の研究』に補正収録）。この論文発表の直後、竹内理三氏から論文のもとになった史料を『九州史料叢書』の一冊として発表するようにとのおすすめをいただき、昭和三十年六月になって、『九州史料叢書』第三冊として孔版で刊行することができた。さいわい、研究者がこの史料に注目するようになり、直接に本書を対象にして史料としての性格を論じた長正統氏の論文が昭和三十九年に発表されたときには、多少学界のお役に立つことができたような気がした。その後、中村・黒田両氏の、本書を利用した本格的な研究があいついで発表され、私自身の旧説は多少修正しなければならない点も出てきた。しかし、史料そのものの価値と意義とは変わらない。あえて活版印刷に付して本書に収録し、よりひろい研究者の利用を待つ次第である。また私の校訂した本をもとにしてこの史料が韓国でも出版され、日本人の研究者だけのものでなく、日韓両国の研究者の共有の史料となり、本書による研究がさらにふかめられる機会をもつことになった。

今回の収録にあたり、黒田氏や長氏の批判に従って解説文を大幅に修正加筆し、「宗右衛門大夫覚書」の部分の校正については中村栄孝氏『日鮮関係史の研究』下、一六〇―一六八頁を参考にして一部を修正した。

田中健夫著作目録

十四、五世紀における倭寇の活動と構成　昭和二十五年（一九五〇）七月
日本歴史　二六
（改稿して『中世海外交渉史の研究』に収録）

対州旅行談　九月
日本歴史地理学会月報　四
（改稿して『中世海外交渉史の研究』に収録）

倭寇の変質と初期日鮮貿易　十月
国史学　五三
（改稿して『中世海外交渉史の研究』に収録）

対馬の史料調査　十一月
日本歴史　三〇
（改稿して『中世海外交渉史の研究』に収録）

麝香の臍　昭和二十六年（一九五一）八月
日本歴史　三九
（『対外関係と文化交流』に収録）

（紹介）笠原一男著『真宗の発展と一向一揆』　八月
日本歴史　三九

中世の対馬と宗氏の勢力拡張

日本歴史　四〇　九月

（『中世海外交渉史の研究』に収録）

（紹介）『九州文化史研究所紀要』第一号　特集　対馬の史的研究

『人文』一巻一号――特集　対馬調査――

日本歴史　四〇　九月

（紹介）『綜合研究濃尾農村発達史――研究の経過と計画――』

日本歴史　四六　昭和二十七年（一九五二）三月

（紹介）旗田巍著『朝鮮史』（岩波全書）

日本歴史　四七　四月

（紹介）G・B・サンソム著、大窪愿二訳『世界史における日本』（岩波新書）

日本歴史　四七　四月

海乱鬼

日本歴史　五一　八月

しらなみ

日本歴史　五四　十一月

（『対外関係と文化交流』に収録）

パイロット

日本歴史　五六　昭和二十八年（一九五三）一月

（『対外関係と文化交流』に収録）

籌海図編の成立
日本歴史　五七　二月
（『中世海外交渉史の研究』に収録）

初期日鮮交通と博多貿易商人
朝鮮学報　四　三月
（改稿して『中世海外交渉史の研究』に収録）

（紹介）増田四郎著『都市——その根柢にあるもの——』
日本歴史　五八　三月

（紹介）藤岡通夫著『城と城下町』
日本歴史　五八　三月

南蛮船と黒船
日本歴史　六二　七月
（『対外関係と文化交流』に収録）

たばこの伝来
日本史の研究　二　七月

昭和二十九年（一九五四）

中世日鮮交通における貿易権の推移
史学雑誌　六三—三　三月

（補訂して『中世海外交渉史の研究』に収録）

李氏世宗朝における日鮮交通の諸問題

東方学　八　六月

（『中世海外交渉史の研究』に収録）

小豆島の歌

日本歴史　七九　十二月

（紹介）遠山茂樹・佐藤進一編『日本史研究入門』

日本歴史　八四

昭和三十年（一九五五）五月

（紹介）笠原一男著『一向一揆――封建社会の形成と真宗の関係――』（日本歴史新書）

日本歴史　八四　五月

（校訂）『朝鮮送使国次之書契覚』（九州史料叢書　三）

九州史料刊行会　六月

（補訂して『対外関係と文化交流』に収録）

（紹介）大柿町教育委員会編『広島県大柿町史――瀬戸内海島嶼村落の歴史――』

日本歴史　八九　十一月

（紹介）青山公亮著『日麗交渉史の研究』（明治大学文学部研究報告　東洋史第三冊）

日本歴史　九〇　十二月

（紹介）森克己著『遣唐使』（日本歴史新書）

日本歴史　九〇　十二月

昭和三十一年（一九五六）

（紹介）長沼賢海著『日本の海賊』（日本歴史新書）
日本歴史　九一　一月

（紹介）永原慶二著『日本封建社会論』（東大学術叢書）
日本歴史　九一　一月

（紹介）林屋辰三郎著『古代国家の解体』
日本歴史　九一　一月

（紹介）古田良一著『日本海運史概説』
日本歴史　九二　二月

一五二三年中国寧波における細川・大内両氏の抗争について
日本史の研究　一三　六月

（紹介）永島福太郎著『中世の民衆と文化』（創元歴史選書）
日本歴史　九七　七月

（紹介）原田伴彦著『関ヶ原合戦前後』（創元歴史選書）
日本歴史　九七　七月

鮫と海賊
日本史の研究　一四　七月
（補訂し改題して『対外関係と文化交流』に収録）

宇治茶の普及
日本歴史　一〇〇　十月
（『対外関係と文化交流』に収録）
（紹介）歴史学研究会・日本史研究会編『日本歴史講座』
日本歴史　一〇〇　十月
所謂島井宗室日記について
歴史地理　八七―一・二合併号　昭和三十二年（一九五七）一月
（『中世海外交渉史の研究』に収録）
（紹介）地方史研究協議会編『続郷土史物語』（河出新書）
日本歴史　一〇三　一月
（紹介）岡田章雄著『戦国の武士』
日本史の研究　一六　一月
（座談会）歴史文学をめぐって（上・下）〔松本清張・黒板拡子・桑田忠親・児玉幸多・佐治芳雄・進士慶幹・岡田章雄・田中健夫〕
日本歴史　一〇三・一〇四　一月・二月
（紹介）松岡進著『大三島を中心とする藝予叢島史』
日本歴史　一〇五　三月
（紹介）原田伴彦著『日本封建都市研究』

日本歴史　一〇七　五月

（紹介）板津謙六著『金川町史』

日本歴史　一〇九　七月

（座談会）「中世史の問題点」をめぐって（上・中・下）〔阿部猛・笠原一男・杉山博・永原慶二・芳賀幸四郎・福田以久生・松本新八郎・豊田武・田中健夫〕

日本歴史　一一一〜一一三　九月〜十一月

前期倭寇の消長

明および朝鮮との関係

『図説　日本文化史大系』7　室町時代（小学館）　十一月

（一九六七年十月、改訂新版）

（紹介）稲村賢敷著『琉球諸島における倭寇史跡の研究』

日本歴史　一一四　十二月

（紹介）長沢賢海著『松浦党の研究――北九州海賊史――』（九州史学叢書Ⅱ）

昭和三十三年（一九五八）

日本歴史　一一五　一月

（紹介）高知県長岡郡大津村役場『大津村史』

日本歴史　一一八　四月

（紹介）中村均著『日本のシャイロックたち――生きていた博多商人――』

日本歴史　一一九　五月

昭和三十四年（一九五九）二月

日本中世海賊史研究の動向

史学雑誌　六八—二

（増訂して『中世海外交渉史の研究』に収録）

二月

（紹介）東洋文庫刊『華夷変態』上・中冊（東洋文庫叢刊　一五）

日本歴史　一二八

四月

ルイス・フロイスが観察した日本の船

日本歴史　一三〇

四月

（紹介）林屋辰三郎・桑田忠親・芳賀幸四郎・末宗広校註『茶道古典全集』第六巻

日本歴史　一三〇

六月

海賊と倭寇

『図説　世界文化史大系』22　日本Ⅲ（角川書店）

六月

（紹介）赤松俊秀・豊田武監修『郷土の歴史（関東編）』

日本歴史　一三二

七月

博多の豪商　島井宗室の遺訓

日本史の研究　二六

九月

遣明船貿易家楠葉西忍とその一族

『日本人物史大系』2　中世（朝倉書店）

（『中世海外交渉史の研究』に収録）

相撲と拳闘の国際試合
日本歴史　一三六　十月
『中世海外交渉史の研究』（東大人文科学研究叢書）
東京大学出版会　十月
（一九七五年五月、訂正して学術書複製版　一九八一年九月、復刊学術書）
（紹介）杉本尚雄・山口修他編『熊本の歴史』二・三
日本歴史　一三九

昭和三十五年（一九六〇）一月
（座談会）中世史をめぐる諸問題〔笠原一男・宝月圭吾・安田元久・芥川竜男・須藤敏夫・長沢力・蜷川寿恵・田中健夫〕
日本史の研究　三〇　二月
対馬と朝鮮　大陸交通と壱岐・平戸・五島　対馬藩
箭内健次編『長崎県の歴史』（文画堂）　三月
（紹介）高知県岡豊村史編纂委員会編『岡豊村史』
日本歴史　一四八　十月
室町初期における日本の技術の朝鮮への影響
日本歴史　一五一

昭和三十六年（一九六一）一月
（『対外関係と文化交流』に収録）
『島井宗室』（人物叢書　六三）

吉川弘文館　三月
（一九七三年五月、訂正版、一九八六年八月、新装補正版）

（紹介）桑田忠親著『利休の書翰』
日本歴史　一五四　四月

「善隣国宝記」
『群書解題』二〇（続群書類従完成会）　八月

『倭寇と勘合貿易』（日本歴史新書）
至文堂　九月
（一九六六年一一月、増補版）

昭和三十七年（一九六二）

近世初頭における囲碁の普及と海外交渉
日本歴史　一六三　一月
（『対外関係と文化交流』に収録）

リチャルド・コックスの観た朝鮮使節来朝
日本歴史　一七一　八月
（『対外関係と文化交流』に収録）

（紹介）金正柱編『韓来文化の後栄』
日本歴史　一七二　九月

（紹介）韓日文化研究所編『慶南の倭城趾』

日本歴史　一七三　十月

「吉見」の図書について
朝鮮学報　二五　十月
（増補して『中世対外関係史』に収録）

昭和三十八年（一九六三）

中世対外関係史研究の動向
史学雑誌　七二―三　三月

（紹介）荒川秀俊編『日本漂流漂着史料』（気象史料シリーズ）
ニュービルダー　三　三月

長崎県史編纂委員会編『長崎県史　史料編　第一』（竹内理三・瀬野精一郎と共編）
吉川弘文館　三月

（紹介）日本女子大学史学研究会編『大類伸博士喜寿記念史学論文集』
日本歴史　一七九　四月

海洋文学と日本の海賊
『世界ノンフィクション全集』第四八巻付録（筑摩書房）　十一月
（『対外関係と文化交流』に収録）

（紹介）福山市史編纂委員会編『福山市史』上
日本歴史　一八七　十二月

Japan before the opening of the country.

UNDERSTANDING JAPAN NO.7　1963

昭和三十九年（一九六四）

（書評）石原道博著『倭寇』（日本歴史叢書）
東京新聞　六月三日（七八六六）　六月

島井宗室と景轍玄蘇
日本歴史　一九三　六月
（『対外関係と文化交流』に収録）

（座談会）図書寮と帝室博物館の思い出——杉栄三郎博士を囲んで——〔和田軍一・矢島恭介・大久保利謙・桃裕行・児玉幸多・田中健夫〕
日本歴史　一九五　八月

倭寇か、和寇か
東書　高校通信　日本史　三　八月

対馬の「さうけ」
日本歴史　一九六　九月
（『対外関係と文化交流』に収録）

豊臣秀吉の水軍と石井与次兵衛
日本歴史学会編『歴史と人物』（吉川弘文館）　十一月
（『中世対外関係史』に収録）

Japan's first contacts with western culture.

UNDERSTANDING JAPAN NO.11　1964

鎖国成立期日朝関係の性格
朝鮮学報　三四　昭和四十年（一九六五）一月
（改稿して『中世対外関係史』に収録、一九八五年、藤野保編『九州近世史研究叢書』5、国書刊行会に再録）

（序文）呼子重義著『海賊松浦党』
人物往来社　一月

中世海外貿易の性格
永原慶二編『日本経済史大系』2　中世　三月
（改稿して『中世対外関係史』に収録）

対馬藩
児玉幸多・北島正元編『物語藩史』第八巻（人物往来社）　五月

（紹介）竹内理三編『大宰府・太宰府天満宮史料』巻一
日本歴史　二〇四　五月

室町幕府は倭寇を禁止したというが、どのような方法によったのか、その効果はどうだったか
藤木邦彦・芳賀幸四郎編『日本史の教室』（吉川弘文館）　六月

ある日の堺
東書　高校通信　日本史　一四　七月

（紹介）賀島由己著『陶山訥庵先生小伝』

七月　日本歴史　二〇六

松浦党と王直

八月　豊田武編『人物・日本の歴史』6　戦国の群雄（読売新聞社）

島井宗室

九月　岡田章雄編『人物・日本の歴史』7　信長と秀吉（読売新聞社）

（書評）旗田巍著『元寇——蒙古帝国の内部事情——』（中公新書）

十一月　朝日ジャーナル　七—四六

遣明船とバハンの活躍

昭和四十一年（一九六六）

一月　海の世界　一二六

（座談会）「朝鮮と日本文化」を語る〔塩沢富美子・宮崎繁樹・旗田巍・李進熙・松島栄一・田中健夫〕

一月　朝鮮画報　四—一

（紹介）中村栄孝著『日鮮関係史の研究　上』

一月　日本歴史　二一二

（紹介）豊田武編『産業史Ⅰ』（体系日本史叢書10）

児玉幸多編『産業史Ⅱ』（体系日本史叢書11）

二月　日本歴史　二一三

（紹介）京都大学文学部国語国文学研究室編『日本寄語の研究』

三月　日本歴史　二一四

朝鮮・琉球間における中世の対馬　四月
朝鮮学報　三九・四〇合併特輯号
（改稿して『中世対外関係史』に収録）

（紹介）山脇悌二郎著『抜け荷――鎖国時代の密貿易――』（日経新書28）　四月
海事史研究　六

（紹介）宮本常一著『瀬戸内海の研究Ⅰ』　五月
日本歴史　二一六

朝鮮の役の分析視角について　七月
九州史学　三三・三四合併号

（紹介）徳田釼一著・豊田武増補『増補中世における水運の発達』　十月
海事史研究　七

宗義智　十二月
児玉幸多・木村礎編『大名列伝』(2)武功篇　下（人物往来社）

アジア地域の教科書について
――フィリピン・タイ・マラヤ・インドネシア・ビルマ・中華人民共和国・香港・韓国――　十二月
国際教育情報センター歴史委員会編『外国の歴史教科書の中の日本』

昭和四十二年（一九六七）

（年表）対馬国　二月
児玉幸多編『総合地方史大年表』（人物往来社）

（改題、補正して『対外関係と文化交流』に収録）

（紹介）藤間生大著『東アジア世界の形成』　三月
日本歴史　二二六

（紹介）松岡進著『藝予叢島を中心とする瀬戸内水軍史』　四月
海事史研究　八

倭寇と対朝・明貿易　五月
『南北朝』日本歴史シリーズ　7（世界文化社）

ムクリコクリ　五月
日本歴史　二二八
（『対外関係と文化交流』に収録）

（紹介）国際歴史学会議日本国内委員会編『日本における歴史学の発達と現状』　六月
日本歴史　二二九

（紹介）松田毅一著『太閤と外交——秀吉晩年の風貌——』（桃源選書）　七月
日本歴史　二三〇

自由都市と対明貿易　十月
『室町幕府』日本歴史シリーズ　8（世界文化社）

（紹介）田村洋幸編『日麗関係編年史料』　十月
日本歴史　二三三

Losprimeros contactos de Japōn la Cultura Occidental.
PARA CONOCER A JAPAN 17　1967

昭和四十三年（一九六八）

（紹介）田村洋幸著『中世日朝貿易の研究』
日本歴史　二三六　一月

（紹介）日本海事史学会編『日本海事史料目録　第一集』
日本歴史　二三八　三月

遣明船とバハン船
須藤利一編『船（ものと人間の文化史）』（法政大学出版局）　七月
（補正して『対外関係と文化交流』に収録）

明人蔣洲の日本宣諭——王直の誘引と戦国日本の紹介——
『対外関係と社会経済——森克己博士還暦記念論文集——』（塙書房）　九月
（『中世対外関係史』に収録）

昭和四十五年（一九七〇）

東アジア通交関係の形成
『岩波講座世界歴史』9　中世3　二月
（改稿して『中世対外関係史』に収録）

（紹介）中村栄孝著『日鮮関係史の研究　中』
日本歴史　二六三　四月

東アジア通交機構の成立と展開

『岩波講座世界歴史』16　近代3　三月
（改稿して『中世対外関係史』に収録、一九八五年、『中外関係史訳業』上海訳文出版社に翻訳収録）

倭寇について
教室の窓　中学社会　一二八　六月
（紹介）中村栄孝著『日鮮関係史の研究　下』
日本歴史　二七一　十二月
中世対馬のある貿易家
日本歴史　二七二　昭和四十六年（一九七一）一月
（改稿して『中世対外関係史』に収録）
（紹介）金柄夏著『李朝前期対日貿易研究』
日本歴史　二七四　三月
（紹介）石阪孝二郎編『兵庫津岡方惣会所々蔵朝鮮信使来朝帰帆官録附古文書目録』
日本歴史　二七六　五月
菅流水軍の祖菅平右衛門尉道長の生涯とその史料
海事史研究　一八　昭和四十七年（一九七二）四月
（『中世対外関係史』に収録）
朝鮮の役　対馬藩
児玉幸多編『近世史ハンドブック』（近藤出版社）　五月

八月　中世の日本人は高麗・朝鮮をどのように考えていたか
韓　一—八
（『アジア公論』一—四、および『日本問題』一九七三年一月号に転載、改題して『対外関係と文化交流』に収録）

九月　（紹介）大庭脩編著『舶載書目』上・下（関西大学東西学術研究所資料集刊七）
日本歴史　二九二

十月　（紹介）井上秀雄・長正統・秋定嘉和編著『セミナー　日本と朝鮮の歴史』
日本歴史　二九三

昭和四十八年（一九七三）

一月　朝鮮で刊行された明人の日本研究書
日本歴史　二九六
（『対外関係と文化交流』に収録）

二月　中世の九州と大陸
箭内健次監修『外来文化と九州』（九州文化論集　二）（平凡社）
（改稿して『中世対外関係史』に収録）

四月　『新日本史』（高校検定教科書　竹内理三・小西四郎と共著）
自由書房
（一九七七年四月と一九八〇年三月に改訂版）

五月　琉球に関する朝鮮史料の性格
日本歴史　三〇〇

（『中世対外関係史』に収録）

六月　日宋関係　日明関係　付琉球との関係　日朝関係

永原慶二他編『中世史ハンドブック』（近藤出版社）

七月　希有な後期倭寇の風俗描写（『倭寇図巻』解説）

東京大学新聞　七月三〇日（二〇七〇）

十月　義満屈辱外交の内幕

中央公論歴史と人物　三—一〇

（改題して『対外関係と文化交流』に収録）

昭和四十九年（一九七四）

六月　『倭寇図巻』について

複製版『倭寇図巻』解説（近藤出版社）

（『中世対外関係史』に収録）

七月　古代貴族の国際意識

田村圓澄他編『日本思想史の基礎知識』（有斐閣）

（紹介）日本塩業大系編集委員会編『日本塩業大系　史料編　古代・中世㈠』

海事史研究　二三

十月　異国合戦　日本国王　応永の外寇　倭寇とその背景

羽下徳彦他編『日本史の基礎知識』（有斐閣）

十二月　『朝鮮通交大紀』と外交上の秘密

昭和五十年（一九七五）一月

日本歴史　三二〇

海外との交流

一月　『日本生活文化史』四　庶民生活の上昇（河出書房新社）

（一九八〇年十月、増補改訂版）

二月　琉球王朝の発展

勘合貿易の開始

『図説日本の歴史』7　武家の勝利（集英社）

四月　東アジアと日本（明・朝鮮との関係　倭寇）

『図説日本の歴史』8　戦国の世（集英社）

四月　『中世対外関係史』（東大人文科学研究叢書）

東京大学出版会

五月　日明貿易　日明貿易商人

『書の日本史』四　室町／戦国（平凡社）

八月　琉球の「鉄放」

朝日新聞　八月五日夕刊（三三一九六）

（『対外関係と文化交流』に収録）

八月　宋人写大般若経

『書の日本史』三　鎌倉／南北朝（平凡社）

十月　『海外交渉史の視点　1　原始・古代・中世』（森克己と共編著）
日本書籍

十一月　（紹介）中沢温泉研究所編『温泉草津史料』第一巻
日本歴史　三三〇

昭和五十一年（一九七六）三月　小さな記念碑
受験道場　一四四

四月　『朝鮮通交大紀』雑考
朝鮮学報　七九

四月　日本海事史学会創設のころ〈須藤利一副会長の思い出〉
海事史研究　二六

七月　（校訂）『大永享禄之比御状并書状之跡付』
対馬宗氏の『大永享禄之比御状并書状之跡付』について
朝鮮学報　八〇
（補正して『対外関係と文化交流』に収録）

九月　室町時代における日本と海外諸国との関係
豊田武・ジョン＝ホール編『室町時代――その社会と文化』（吉川弘文館）

十二月　鎖国について
歴史と地理　二五五

（『対外関係と文化交流』に収録）

昭和五十二年（一九七七）

一月　朝鮮の鷹　日本歴史　三四四
（補正して『対外関係と文化交流』に収録）

一月　対馬藩　金井圓・村井益男編『新編物語藩史』一二（新人物往来社）
（改題、補筆して『対外関係と文化交流』に収録）

五月　倭寇の顔　吉川弘文館の新刊　二

五月　万年見学の弁　翠巒（京浜高崎高等学校同窓会誌）　二三

七月　宗義智――離島の勇将――　『江戸三百諸侯列伝』（別冊歴史読本）（新人物往来社）
（『対外関係と文化交流』に収録）

七月　『朝鮮通交大紀』補考――宗家文庫本の紹介を中心に――　朝鮮学報　八四

八月　（紹介）石井正敏・川越泰博編『日中・日朝関係研究文献目録』　日本歴史　三五一

（書評）小葉田淳著『金銀貿易史の研究』（叢書・歴史学研究）

史学雑誌　八六—九　　九月

足利学校の中門の扁額

朝日新聞　一一月一八日夕刊（三三〇一四）　十一月

（『対外関係と文化交流』に収録）

対馬と壱岐——日朝通交の接点——

『地方文化の日本史』四　佐々木銀弥編「下剋上時代の文化」（文一総合出版）　十二月

（改題して一部を『対外関係と文化交流』に収録）

対馬藩

児玉幸多・北島正元監修『藩史総覧』（新人物往来社）　十二月

倭寇と遣明船の航跡を追って

産報デラックス　99の謎　二一—一三（産報ジャーナル）　十二月

Japan's Relations with Overseas Countries (with Robert Sakai)

JAPAN IN THE MUROMACHI AGE, John W. Hall and Toyoda Takeshi editors, California　1977

対馬宗氏の八つの顔

日本歴史　三五六　　昭和五十三年（一九七八）一月

（『対外関係と文化交流』に収録）

三宅国秀の琉球遠征計画をめぐって——その史料批判と中世日琉関係史上における意義について——

竹内理三博士古稀記念会編『続荘園制と武家社会』（吉川弘文館）　一月
（補正して『対外関係と文化交流』に収録、一九八三年、『戦国大名論集』16、吉川弘文館に再録）
（紹介）日本塩業研究会編『日本塩業大系　史料編　古代・中世㈡』
海事史研究　三〇　四月
海外文化の伝来の仕方
時事教養　五二五　七月
（校訂）『朝鮮通交大紀』（田代和生と共編、解題執筆）
名著出版　七月
（解題を補正して『対外関係と文化交流』に収録）
倭寇と技術者
朝日新聞　八月一一日夕刊（三三二七五）　八月
（『対外関係と文化交流』に収録）
日明関係の成立と展開
朝鮮および琉球との関係
森克己・沼田次郎編『対外関係史』（体系日本史叢書　5）（山川出版社）　八月
（改題して『対外関係と文化交流』に収録、一九八五年十一月二刷につき一部修正）
（編集協力）『図説人物海の日本史』①〜⑩　毎日新聞社　十二月〜一九七九年九月
歴史と私

歴史手帖　七―二　昭和五十四年（一九七九）二月

（編集委員）『国史大辞典』第一巻

吉川弘文館　三月

「遣明船と倭寇」時代解説

『図説人物海の日本史』3（毎日新聞社）　五月

日朝関係と宗氏の役割

時事教養　五三八　七月

対馬史の特質

歴史手帖　七―七　七月

（『対外関係と文化交流』に収録）

大浦権太夫　陶山訥庵

別冊太陽　二八　九月

（紹介）韓国国史編纂委員会編『韓国史』全二八巻

日本歴史　三七八　十一月

本因坊算砂の大福帳

日本歴史　三八〇　昭和五十五年（一九八〇）一月

（『対外関係と文化交流』に収録）

長崎県史編集委員会編『長崎県史　古代・中世編』（竹内理三・瀬野精一郎と共著）

吉川弘文館　三月

（編集委員）『国史大辞典』第二巻

吉川弘文館　七月

中世東アジアにおける国際認識の形成――日本人の見た外国と外国人の見た日本――

歴史と地理　三〇一　九月

（『対外関係と文化交流』に収録）

室町幕府と琉球との関係の一考察――琉球国王に充てた足利将軍の文書を中心に――

南島史学　一六　十一月

（改題して『対外関係と文化交流』に収録、一九八七年、『日本古文書学論集』8、吉川弘文館に再録）

勘合符・勘合印・勘合貿易

昭和五十六年（一九八一）

日本歴史　三九二　一月

（『対外関係と文化交流』に収録）

めぐりあい――石井謙治さん――

毎日新聞　三月一三日夕刊（三七六九一）　三月

（研究代表者）『前近代対外関係史の総合的研究　研究成果報告書』

（昭和五十五・五十六年度文部省科学研究費補助金による研究）　三月

（紹介）別枝達夫著『海賊の系譜』

海事史研究　三六　四月

（推薦文）温泉をめぐる人間の歴史――風早恂編『有馬温泉史料　上巻』（名著出版）　六月
名著出版
（聞き手）中村栄孝氏回顧談　朝鮮史と私（特集〝国史学界の今昔〟）
日本歴史　四〇〇　九月
海と私
ラメール　三〇　九月
法真寺のころの丸山さん
『おもいで　丸山忠綱追想集』（丸山忠綱先生追悼集刊行会）　十月
「前期倭寇」「後期倭寇」というよび方について
日本歴史　四〇四　一月
（『対外関係と文化交流』に収録）

昭和五十七年（一九八二）

『倭寇――海の歴史』（教育社歴史新書）
教育社（一九八七年、楊翰球訳『倭寇――海上歴史』武漢大学出版会）　二月
海外刊行の日本の古地図
朝日新聞　四月五日夕刊（三四五七八）　四月
（『対外関係と文化交流』に収録）

あとがき

昭和二十年（一九四五）の秋、大学の文学部を卒業して大学院に進むときに、中世日本と中国との文化交流史を研究題目に選びました。敗戦直後の文化国家建設の声の高まりをききながら、祖国日本の姿を世界史の流れの中で再検討してみようという気負いがありました。その後、研究の関心は文化交流の問題をふくんだ東アジアの国際関係史全般へと拡大してゆき、以来ほぼ一貫してこの方面の研究にとりくむことになりました。重要な研究分野であるにもかかわらず、専攻者の数が極端に少なく、ひとりゆく気易さや淋しさよりも、学問の灯を消してはならないという緊迫したおもいに責めつづけられました。

このたび、「思文閣史学叢書」の一冊として論文集を刊行するようにとのお勧めがありましたので、あまり多くもない旧稿を整理し、既刊の拙著『中世海外交渉史の研究』と『中世対外関係史』とに収録しなかったものから若干を選んで本書を編成しました。書名は『対外関係と文化交流』としました。「対外関係」と「文化交流」とを並列することは適当ではないかもしれませんが、本書に収めた諸論稿の内容はこの二つの言葉によってほぼ包括できるように思います。

第一部「中世日本と東アジア」は、国際関係史の概説と個別研究とを収めました。個別研究では、基礎的で重要と思われるいくつかの問題をとりあげました。東アジアへの日本の対応、足利義満の外交の特質、勘合制度の実態と性格、琉球王国の国際的位置、島津氏と琉球との関係、国際相互認識の問題など、私なりの視角から考察して新しい見解を示すことができたように思っています。

第二部「対馬史の諸問題」は、対馬を主題とした諸論稿です。対馬史の問題は、国際関係史を考えるときに避けて通ることのできない課題であるばかりでなく、対馬そのものの歴史的展開もまたきわめて魅力的な研究課題です。啓蒙的な叙述が多いのですが、対馬史研究へのよび水とすることができれば幸いです。

第三部「文化交流史点描」は、比較的短い文章の史話・小品・随筆の類を集めました。取扱った対象は、多くは第一部・第二部と共通しています。人物による国際交流のほかに、技術の交流、対外意識の問題、言葉・書物・地図・香料・籠・茶・囲碁・鷹等種々の物を介して行なわれた交流など、従来一般にはほとんど注目されることがなかった諸問題をとりあげて、多彩な国際関係史の史実を一つ一つ解き明かしてゆく作業は楽しいものでした。日頃の感想をありのままに述べたものが多く、私としては愛着のふかい作品です。「点描」としたのは、点をつらねて線とし、線をあわせて面を作り、面をかさねて立体を構成しようとの意を寓したのです。私は今後も、歴史の立体的叙述のために点描の作業をつづけてゆくつもりです。

第四部「史料二篇」は、十六世紀以前の対馬宗氏の二つの史料を掲げました。論文集に史料を付けるのは場ちがいの感じがなくもありませんが、二史料とも対馬史と日朝関係史の基本的史料として貴重なものであり、また発表したのが範囲の限られた読者を対象とする雑誌と叢書でしたので、あえて本書に再録することにしました。より多くの研究者から利用されることが望まれます。

収録した旧稿には、すべてにわたって用字を統一し、可能な範囲で補筆訂正し、さらに「後記」で補足説明を加えました。しかし、なにぶん三十余年にわたって種々の出版物に書き散らしたものですから、全面的に書き改めるわけにゆかずに発表当時のままにしておかなければならなかった個所が少なくありません。文体をはじめとして、史料の引用の仕方や注の付け方などの不統一も目につきます。そのうえ、それぞれ独立した論稿として執筆したものですから、一書にまとめて読み返してみると重複した記述が多く、見苦しいものになってしまいました。このことはふかくお詫びいたします。捨てがたいままに雑多な論稿をそのままよせ集めましたので、雑炊のような書物になりましたが、雑炊には雑炊なりの風味もあるのではなかろうかとひそかに期待するのは身勝手というものでしょうか。一冊の書物を世に送り出すことは、研究者としては大きなよろこびですが、同時に恥ずかしさと自責の念をおさえることができません。厳正な御批判と御教示とをお願いする次第です。

平素から怠け者の私を督励して研究生活をささえてくださった諸先生・諸先輩・友人各位の学恩には、この場を借りて感謝の気持を表わしたいと思います。本書の公刊には玉村竹二先生の御推輓をいただき、岩生成一先生からは推薦の文章を頂戴しました。また、書物の形をまとめることについては思文閣出版の長田岳士さんと後藤美香子さんにお世話になりました。厚くお礼を申しあげます。

昭和五十七年九月

著者

再版にあたって

本書の初版が出たのは一九八二（昭和五十七）年の十一月で、九年前になります。この九年間は、二十一世紀を前にして世界歴史の激動と転換を現実の問題として体験した時期でした。学問の世界でも、国際化重視の風潮に呼応するように、とかく停滞しがちだった国際関係史の分野で気鋭の研究者が続々と新しい研究を発表するようになりました。研究の傾向として注目されるのは、第一に研究対象の範囲が広げられたことです。国際関係史を日本とか朝鮮とかの当事国間の跼蹐された問題として扱うのではなく、北方史や南方史、さらにはアジア史・世界史までも視野にいれた高次元の視座からの考察がもとめられるようになったのです。第二は、研究の方法に変化が生まれてきたことです。民俗学や老古学の資料が積極的に研究の素材として導入され、社会史や民族史の方法も重視されるようになりました。文字史料中心の平面的な歴史叙述が立体的な歴史叙述へと変容しつつあると表現してもよいのではないでしょうか。第三にあげたいのは、各種の史料が整備され、公共機関による公開とともに、目録・史料集等の公刊があいついだことです。これまで対外関係史研究には断簡零墨を蒐集する作業に多くの時間が投入されてきたのですが、諸機関・所蔵者・研究者の努力により、現今の研究環境は随分恵まれたものとなりました。

このような隆盛の時期を迎えた国際関係史研究の動向を振り返ってみると、かつて私が提起した諸問題に対して、それを深化させる形で書かれた論文や批判する形で書かれた論文が少なくありません。またこの九年間に、私も自分なりの関心からいくつかの論文を執筆公表しました。いま、旧著を読み返してみると発行当時の姿のままで再刊するには忍びがたい思いがあります。現在の学界の水準を踏まえ、私自身の最近の考えを盛り込んで全面的に書き改めたい衝動にかられます。しかし、旧著はいちおう当時の私の研究の到達点を示したものであり、それが学界の評価に耐えられるのであれば、最小の訂正で要望に応えるのも義務かと思います。いつ完成するか分らない研究のために再刊をためらうのもよろしくあるまいと思い直し、あえて刊行してもらうことにしました。

本再版本では、とりあえず旧版の単純な誤植などを含む六〇数箇所を訂正・加筆し、本文中で処理できなかった若干を補注としました。総べてにわたる改訂は他日を期したいと思います。

一九九一年九月二十七日

著者再識

六六頁・九四頁・一一六頁・一六四頁等で「日本国王（足利将軍）」と書いたのは軽率な表現だったと反省している。日本国王は、中国の皇帝が日本統治の主権者と容認した人物のことで、国王と将軍とはかならずしも同一の人物ではなく、国王はむしろ室町政権の首領と称した方が適当である。このことは、拙稿「足利将軍と日本国王号」（田中健夫編『日本前近代の国家と対外関係』所収、吉川弘文館、一九八七年）で詳論し、室町政権は国内に対しては将軍政権（幕府）、国外に対しては国王政権という二重構造をもっていたことを明らかにした。

八四〜八六頁の「勘合の形状」については、拙稿「「勘合」の称呼と形態」（『歴史と地理』三六一号、一九八五年）で再論し、勘合およびその底簿の形態を作成される過程から具体的に推論してみた。

九〇〜九一頁の「琉球渡海勘合」ならびに「豊臣秀吉と勘合」については、藤木久志『豊臣平和令と戦国社会』（一九八五年、東京大学出版会）、紙屋敦之『幕藩制国家の琉球支配』（一九九〇年、校倉書房）、北島万次『豊臣政権の対外認識と朝鮮侵略』（一九九〇年、校倉書房）などによって考察が深められた。

九七頁「体信達順」の印については、新井白石がすでに『殊号事略』下に「体信達順の章、当時朝鮮に用いられし所とみえたり」（『新井白石全集』三、六三八頁）と指摘していたことを補記しておく。

一〇三頁の注（1）では、従来「礼部制書」とよびならわされてきた文書について、礼部から日本国王にあてたものであるから咨文と解した方が適当ではないかと書いたが、この文書はまず礼部から浙江の布政司あたりに出され、それが日本に伝えられたと考えれば、むしろ旧称の方が妥当である。なお中島竦『新訂善隣国宝記』（一九三二年、文求堂書店）補遺一四頁では「此文ハ勘合ニ添ヘシ礼部ノ心得書ニシテ勘合ノ由来仕様方法ヲ記シタル者ナリ」とし、「勘合記文」の題を付している。

一九三頁の『海東諸国紀』は、全文を岩波文庫に収録することになり、南波松太郎氏所蔵本ほかの諸本を検討し、地名については菅野裕臣氏から朝鮮語研究者としての立場よりの協力をうけた。なお地図に関して、「『海東諸国紀』の日本・琉球図——その東アジア史的意義と南波本の紹介——」（『海事史研究』第四五号、一九八八年）を執筆した。

二七〇頁、韓国国史編纂委員会所蔵の宗家史料は、一九九〇年一〇月に同委員会より刊行された『対馬島宗家文書記録類目録集』によれば、記録類六、五九二、古文書一一、二〇〇、書契九、四四二、絵図類一、四八五、印章二二、計二八、七四一である。

索　　引

凡　例

1, 人名・地名・書名・事項名等の中で重要なものと注目すべきものとを選び，五十音順に配列する。網羅主義はとらない。
2, 人名はおおむね慣用の読み方にしたがって氏名をあげるが，まれに通称や号でとるものもある。その場合は（　）内に諱・通称・受領名・官職名等を注記する。
禅僧の場合は原則として字・諱の順で示す。
『朝鮮送使国次之書契覚』（550～623頁）中の受職人および受図書人の名義にかぎっては原則として漢音で読み，ふつうの読み方にはよらない。
3, 外国の人名・地名には（明）（朝鮮）のように所属の国名を注記する。ヨーロッパ人には原語を補記する。
4, 書名は『　』でかこみ，編著者名を（　）内に注記する。

き

く

け

こ

さ

し

す

せ

そ

た

と

な

に

ぬ

ね

の

は

ひ

み

む

も

や

ゆ

よ

ら

り

田中健夫(たなかたけお)

1923年，群馬県高崎市生．1945年，東京帝国大学文学部卒業．東京大学教授(史料編纂所)を経て，現在東洋大学文学部教授，放送大学客員教授，東京大学名誉教授．文学博士．

主要著書：『中世海外交渉史の研究』東京大学出版会，1959年．『島井宗室』吉川弘文館，1961年．『倭寇と勘合貿易』至文堂，1961年．『中世対外関係史』東京大学出版会，1975年．『朝鮮通交大紀』(校訂，共編)名著出版，1978年．『長崎県史 古代・中世編』(共著)吉川弘文館，1980年．『倭寇——海の歴史』教育社，1982年．『日本前近代の国家と対外関係』(編著)吉川弘文館，1987年．『世界歴史と国際交流』(編著)放送大学教育振興会，1989年．など．

思文閣史学叢書

対《たい》外《がい》関《かん》係《けい》と文《ぶん》化《か》交《こう》流《りゅう》

一九八二年一一月一日　発行
一九九一年一二月一日　再版

著　者　田中健夫
発行者　田中周二
発行所　株式会社　思文閣出版
京都市左京区田中関田町二—七
電話（〇七五）七五一—一七八一(代)

印刷　同朋舎　　製本　大日本製本紙工

ISBN4-7842-0694-9 C3021

田中健夫（たなか　たけお）…2009（平成21）年逝去

対《たい》外《がい》関《かん》係《けい》と文《ぶん》化《か》交《こう》流《りゅう》（オンデマンド版）

Digital Publishing

2016年4月30日　発行

著　者　　田中　健夫
発行者　　田中　大
発行所　　株式会社 思文閣出版
〒605-0089　京都市東山区元町355
TEL　075-533-6860　FAX　075-531-0009
URL　http://www.shibunkaku.co.jp/

装　幀　　上野かおる（鷺草デザイン事務所）
印刷・製本　株式会社 デジタルパブリッシングサービス
URL　http://www.d-pub.co.jp/

AJ537

ISBN978-4-7842-7009-5　C3021　Printed in Japan